玄武年鉴

2015

XUANWU ALMANAC

南京市玄武区地方志编纂委员会办公室

方志出版社

图书在版编目(CIP)数据

玄武年鉴.2015/南京市玄武区地方志编纂委员会办公室编.—北京:方志出版社,2015.7
ISBN 978-7-5144-1663-3

Ⅰ.①玄… Ⅱ.①南… Ⅲ.①区(城市)—南京市—2015—年鉴 Ⅳ.①Z525.31

中国版本图书馆CIP数据核字(2015)第191438号

玄武年鉴(2015)

编　　者:南京市玄武区地方志编纂委员会办公室
责任编辑:徐　宏

出 版 人:冀祥德
出 版 者:方志出版社
地址　北京市朝阳区潘家园东里9号(国家方志馆4层)
邮编　100021
网址　http://www.fzph.org
发　　行:方志出版社发行中心
电话　(010)67110500
经　　销:各地新华书店
印　　刷:南京顺和印刷有限责任公司

开　　本:889×1194　1/16
印　　张:24.25
字　　数:834千字
版　　次:2015年9月第1版　2015年9月第1次印刷
印　　数:0001~800册

ISBN 978-7-5144-1663-3　定价:200.00元

玄武区地方志编纂委员会

顾　　问：储永宏
主　　任：徐曙海
副 主 任：杨乐华　陈乙华　梁爱国　李　辉　戴　航　王敬玲
委　　员：陈　静　刘　康　李大海　吕　俊　夏桂萍　吴开芬
庄佳峰　李玉鹏　袁　芳　王冬梅　马千山　魏　超
鲁　中　朱明勇　王　莉

《玄武年鉴(2015)》编辑部

主　　编：王　莉
副 主 编：苏　成　顾　坚
编　　辑：黄红权　张宁芳
摄　　影：袁勤丰　孟　浩
翻　　译：李雪菲
彩页设计：张南海
装帧设计：南京宁润艺术文化有限公司

《玄武年鉴(2015)》审稿人

(按篇目先后排列)

刘　青　朱海峰　蒋　俊　钱钦民　李正云　陈秀芝
张　发　薛惠艳　王　莉　陈玉荣　李　莹　朱　妍
邱　健　汤　浩　尹　征　吴　丹　经　莉　杨　杰
郭　镛　庞晓庆　张　前　袁修来　沈　明　周晓波
郭永强　张金贵　陈晓鸥　李维贵　马学明　徐力行
王培军　林　宁　龚庆亚　陈　瑞　郭建军　梁　静
薛剑春　曹承桂　薛　磊　唐承武　陈若谷　章　凯
李　安　杜景南　周秋云　汤　政　胡建军　王礼铭
卢艳岗　陈　勇　王　荣　卢卫东　颜晓民　卢　惠
刘　云　刘艳军　朱　骏　吴　恒　张　巍　韩春云

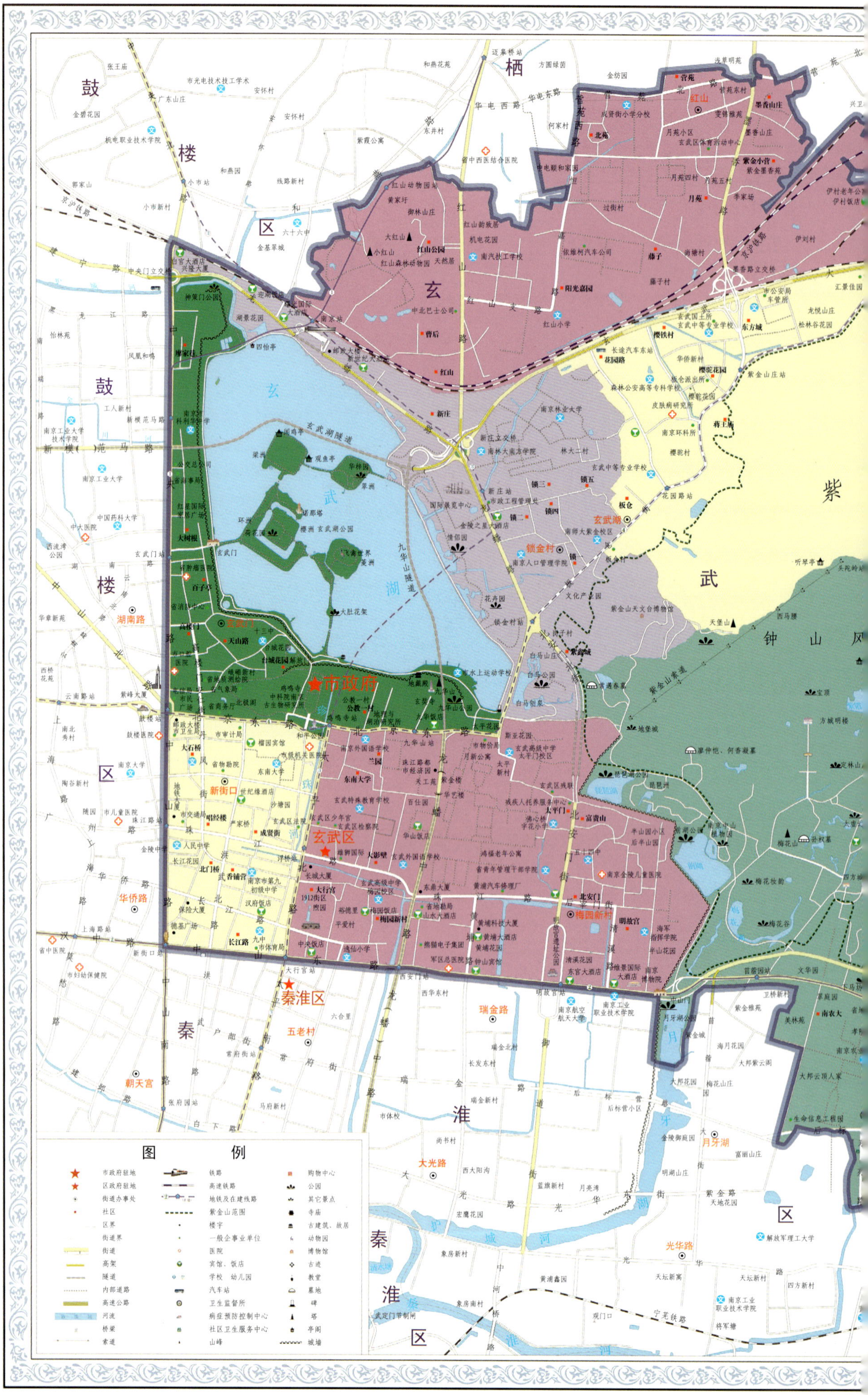

江苏省基础地理信息中心 编　南京市玄武区民政局 监制

审图号：苏S（2013）005号　　2013年1月印刷

4 月 10 日，国家民政部副部长窦玉沛（左一），省民政厅厅长侯学元（左二）视察锁金村街道中心化改革推进工作

6 月 22 日，中央政法委副秘书长、中央综治办主任陈训秋（中），省委常委、政法委书记李小敏（左）到新街口街道调研区“新平安促进会”社会组织工作

10月1日，省委常委、政法委书记李小敏（右三）检查南京火车站国庆保障工作

7月23日，市长缪瑞林（左三）到玄武区调研

3 月 25 日，区委书记储永宏（左二）视察青奥马术场馆

7 月 22 日，区人大常委会主任张萍（左一）率区人大代表视察南京汽车客运站

7月3日，区长徐曙海（左三）视察玄武门街道峨嵋新村小区

2015年2月16日，区政协主席邱小凡到区消防大队慰问一线干警

长江路与龙蟠路的汉府街东延道路打通

整治后的水杉大道——太平北路

竣工后的太平门

明城墙综合环境整治工程——玄武门段

南京 CBD 核心区

9月17日，2014年中国·南京金秋金贸洽会玄武主题活动“智联城市 慧聚天下——玄武区智慧产业推介会暨途牛旅游网智慧旅游平台发布仪式”在汉府饭店举行，副市长华静（中）、区委书记储永宏（右）与途牛旅游网CEO于敦德（左）共同启动途牛旅游网智慧旅游平台

9月13日，第十届南京软博会玄武区专场活动开幕式暨签约仪式在玄武中心大厦举行

4月24日，2014年中国·南京科技创业创新与重大项目洽谈会“创新引领未来 品质汇聚英才——玄武区生物医药产业推介会暨海内外招商引才工作站成立仪式”在紫金山庄举行

3月28日，南京百家汇科技创业社区奠基仪式在徐庄软件园举行

俯瞰徐庄

2月20日，火车站广场春风行动

3月2日，玄武区志愿者进社区活动在锁金村街道社区服务中心广场举行

1月21日，"四进社区、三下乡"活动走进红山街道墨香山庄社区

9月20日，社保进社区活动在明故宫公园广场举行

余粮村经济适用房

编辑说明 BIAN JI SHOU MING

一、《玄武年鉴》是在玄武区委、区政府领导下，由玄武区地方志编纂委员会主办，区地方志办公室、区档案局编辑出版的综合性信息资料文献。旨在准确、科学、系统地记载玄武区域内自然、政治、经济、文化、社会发展等方面基本情况、重大事件，为社会各界了解和研究玄武提供权威、翔实的信息，为领导决策提供参考和依据，为编修志书积累史料。《玄武年鉴》1985 年创刊，逐年编辑出版。

二、《玄武年鉴(2015)》采用分类编辑法，主体内容分为类目、分目、条目 3 个层次，部分分目下设副分目。条目为记述的基本层次。本卷设特载、专记、概览、大事记、党政群团、法治·军事、财政·税务、经济管理与监督、商贸·旅游、产业经济、城市建设与管理、科学技术、教育、文化、卫生·体育、人民生活、街道、人物·荣誉、统计资料、附录、索引 21 个类目。类目标题标于各类目前篇扉页和书眉，分目标题标于各分目的起始处并用蓝体字配以小块蓝底随文标出，副分目标题用蓝体字前后加"·"表示，条目标题则用蓝体字前后加"【】"表示。

三、《玄武年鉴(2015)》对以往的类目和分目架构设置进行了部分调整。类目"党政机关""民主党派·工商联·人民团体"合并调整为"党政·群团"，"法治""地方军事"合并调整为"法治·军事"，"文化·卫生·体育"分为"文化"和"卫生·体育"，"软件与信息化服务业·工业·农业"调整为"产业经济"，设置分目"软件与信息服务业·工业"，不再设置农业内容。

四、《玄武年鉴(2015)》记载 2014 年度玄武区所发生的事。为提高年鉴的时效性，事件主体发生在 2014 年度，但其相关内容延伸至 2015 年初，如劳动模范、先进集体和个人表彰颁布，及科技成果评选结果公布等，予以跨年度记述。部分条目记述时涉及 2014 年度前的情况，为使记述的事件连续和完整，仍予简略记载。所收录的组织机构及负责人名单均以 2014 年内任职为限，有任免的分别予以注明。文中名称"区""全区""区内""区域"均指玄武区。

五、《玄武年鉴(2015)》所载资料，分别由玄武区各部、委、办、局及各街道和有关单位专人撰写，并经领导(主审人)审阅。年鉴引用的工作报告、文件、讲话和新闻报道均按原件记载。统计资料中主要经济社会统计指标由玄武区统计局提供。其他部分统计数据，由于统计数据的来源、口径和时间不同，如教育等由主管单位负责。"玄武区政区图"由玄武区民政局提供。

六、为方便检索，在《玄武年鉴(2015)》卷末附有索引。本刊全文电子版(光盘)与纸质年鉴同时出版。

本刊编辑出版工作得到南京云锦研究所和部分驻区单位的支持和帮助，装帧设计所使用花卉图片为江苏省中国科学院植物研究所提供，在此深表谢忱。

目　录

党政·群团

财政·税务

经济管理与监督

产业经济

城市建设与管理

科学技术

教　育

文　化

卫生·体育

人民生活

人物·荣誉

统计资料

附　　录

索　　引

Contents

特载

Special Records

坚持依法治区　建设法治玄武
全面加快现代化国际性人文绿都标志区建设

政府工作报告

责任编辑　张宁芳

坚持依法治区 建设法治玄武 全面加快现代化国际性人文绿都标志区建设

——在区委十届十二次全体(扩大)会议上的报告

储永宏

2014年12月27日

同志们:

现在,我代表区委常委会,向全会作报告。

一、攻坚克难、实干奋进,各项事业取得新成绩

今年以来,面对国内经济增速减缓、同城竞争更趋激烈的新常态,区委在市委的正确领导下,突出青奥盛会、党的群众路线教育实践活动、国家公祭仪式“三件大事”,坚持改革创新工作主线,较好完成了各项既定目标任务,习近平总书记等党和国家领导人来我区徐庄软件园调研视察。

——“三件大事”圆满完成。区委常委会强化责任意识、勇于拼搏担当,举全区之力圆满完成了“三件大事”。全力保障青奥盛会。坚持全域发动、全民参与,组织机关干部1600余人,动员3.2万名志愿者,改善城区环境,维护赛时运行,确保了青奥5个场馆7大项28小项赛事和明城墙文化交流活动的成功举办,得到国际奥委会主席巴赫、名誉主席罗格高度赞誉和市委、市政府充分肯定。认真开展党的群众路线教育实践活动。作为省委常委、市委书记的联系点,坚持“作出示范、走在前列”,组织全区1277个党组织、21614名党员高质量开展教育实践活动。扭住思想建设这个“总开关”,区四套班子集中学习69场次;依靠批评与自我批评这个法宝,区委常委互相列举“四风”问题194条,各级召开专题民主生活会和组织生活会1200余场次;抓住整肃风气这把“金钥匙”,实施“四风”整治“六个强化、六项行动”,制定“十大专项治理行动”和“二十项制度计划”,群众反映问题整改率达96%,“12345”工单办理满意率提高6.21%,区委作为三家区县代表之一,在全省“学习恩来精神、践行群众路线”活动上发言。精心保障国家公祭仪式。扎实做好南京大屠杀死难者国家公祭仪式的各项保障服务任务,周密组织北极阁、东郊死难者丛葬地悼念仪式,做到社会秩序和谐稳定、城市保障整洁有序、追思活动庄严肃穆、现场运转万无一失，充分展示了玄武开放自信、和平博爱的社会形象。

——*综合改革稳步推进*。出台全区综合改革工作意见，以“1+2+9”改革[1]为框架，全力主攻重点领域和关键环节任务。市定先行先试任务深入推进。深化城市治理全覆盖责任制改革，构建“1+13”制度体系[2]，在全市率先启动街巷停车管理改革，实行街巷停车委托执法，率先将老旧小区楼道、非市政管养设施、地下管线等纳入管理范畴，组建街道行政执法中心，强化“门前三包”，创新“红黑榜”和商户自治联盟管理模式，城市治理考核综合排名位列全市前茅。自主改革创新举措多点突破。街道中心化改革获批国家标准化试点，社区“去行政化”改革全面加快，仙鹤门、孝陵卫等薄弱地区医护人员力量得到加强，荣获全国和谐社区建设示范城区。制定民营经济发展实施意见，建成企业融资报价系统，运营全区重点企业服务系统，为600余家重点企业提供定制化服务。

——*经济发展稳中有进*。坚持特色发展，努力打造质量更高、效益更好、更可持续的玄武经济升级版。预计全年实现地区生产总值517亿元，可比增长10.3%；公共财政预算收入43.96亿元，同口径增长6%。创新活力持续激发。徐庄软件园省产业技术研究院高科技成果展示中心投入使用，苏宁易购总部大楼建成投用，紫金（玄武）科创特区聚慧园主体封顶，钟山生命科学园724所国际社区完成改造。先后举办科技人才创业大赛等招才引智专场活动20余场次，新集聚国家“千人计划”创业人才4人，入选省“双创计划”2人、省双创团队1个，市级及以上科技企业孵化器达14家，总数全市第一。项目支撑持续增强。成立铁北红山新城管委会，全面启动新城建设，森林摩尔、仙鹤新天地等建成开业，长江路九号三期、幸福传媒广场主体完工，熊猫中央广场、新隆基广场等项目有序推进。预计完成固定资产投资110亿元，实际利用外资同比增长12.7%，新增总部企业2家，新引进注册资金千万元以上企业184户，其中亿元以上企业5户。发展质态持续优化。紧扣高端高新方向，突出“4+5”重点产业，强力提升产业能级，新增上市企业2家、新三板挂牌5家，集聚亿元税收楼宇4幢、全口径亿元税收企业5家。预计完成社会消费品零售总额389.8亿元，增长13%；软件和信息服务业收入300亿元，增长74.4%；电子商务销售额180亿元，增长20%；文化产业增加值64亿元，增长12.08%；生命科学产业销售收入40亿元，增长14.3%；旅游业总收入176.9亿元，增长11.2%；服务业、文化产业增加值占GDP比重分别达到95.1%和12.6%，继续领跑全市。

——*环境面貌焕然一新*。突出美丽环境，以前所未有的力度攻坚环境问题，切实提升老城宜居水平。动迁拆违，发展空间实现再扩容。全面实施9322计划，抓好青奥重点工程建设，加大拆违拆破力度，拆除各类违建6.95万平方米，完成柳营、中山门外卫岗段等8个地块8.97万平方米房屋拆迁，青石街地块、省肿瘤医院改扩建项目完成80%以上，汉府新村地块、百子亭项目完成90%以上。建管并重，整体品质实现再提升。实施“大干一百天、环境大扫除”等专项行动，完成汉府街东延、太平门通道、火车站站前广场雕塑等重点工程建设，明城墙（玄武门—解放门段、解放门—太平门段、富贵山段、中山门段）沿线、太平北路、长江路亮化等综合整治，以及蓁巷、东箭道等5个小区出新，无物管老旧小区物管进驻率和无人清扫楼道清扫率全部达到100%，垃圾分类收集覆盖率达81.3%。

——*社会民生持续改善*。坚持幸福导向，幸福都市指标测评全市第一，被评为全市幸福都市建设先进区。社会保障广域覆盖。兜住底线、雪中送炭，启动就业供需直通车计划，为全区居民和家庭购买不定向人身及财产保险，余粮一期保障房南区9幢住宅主体封顶，预计全年城市居民人均可支配收入达46039元、增长8.9%，新增城镇就业24013人，培育自主创业2025人。社会事业协调推进。高位均衡、普惠普益，开展新一轮教育资源优化组合，入选全市唯一的全省首批教育现代化建设示范区；在全市率先实现市民卡社区卫生服务中心全覆盖、率先开通与三甲医院预约挂号；六朝博物馆正式开馆，每万人拥有公共文化设施达472平方米；《幸福就在梦想里》荣获省五星工程金奖；新增养老床位330张，政府购买居家养老服务实现全覆盖。社会治理务实创新。善治善为、筑牢基石，实施幸福玄武能力提升工程，省级和谐社区达标率达97%；平安法治建设深入推进，街道行政复议案件受理中心实现全覆盖，建成区人防指挥所，公众安全感达90%；社会治理不断完善，成立全省首家庭所站共建基地，创新组织社区治理与智慧发展公众日活动，获评2011—2014年省社会治安综合治理先进集体。

——*党的建设全面加强*。进一步完善区委常委会自身建设，修订区委常委会议事决策规则，出台“三重一大”事项决策和监管意见，严格实行重要干部任免票决制和书记末位表态制。广泛开展学习型党组织创建，深入学习党的十八届四中全会和习近平总书记系列重要讲话精神,创新宣教形式,创作“文明玄武在行动”微电影,“玄武发布”官方微博排名全省靠前。不断夯实基层党组织建设,建立党代表工作室26个,实现街道、社区全覆盖,徐庄软件产业社区“红旗飘飘”党建手机服务平台开通运行,“中山路国际名品街区党委”经验做法获《人民日报》刊载,优化作风强服务“个十百千万”专项行动入选全国建设服务型机关党组织优秀案例,制作全国首部“心廉心”微动漫并被中纪委网站采用。出台落实“两个责任”检查考核和常态化问责等制度规定,运行干部选拔任用全程纪实网络系统,党风廉政建设和反腐败工作全面加强。坚持严字当头,严厉问责违反作风建设各项规定的人员45人次,依法依纪处理党员干部18名,对违规违纪行为形成了有力震慑。支持人大、政协依法履职、参政议政,举办纪念人大成立60周年、政协成立65周年系列活动。加大党管武装力度,深化双拥共建工作,壮大爱国统一战线,群团、党史、老干部、关心下一代等工作取得新的进步,区域发展合力不断增强。

一年来的成绩难能可贵,一年来的经验弥足珍贵。我们在复杂形势前不停步,坚定信念、破难前行。面对区域竞争的新常态,我们没有丝毫动摇,紧紧咬定标志区目标定位,秉持“特色发展、幸福导向、美丽环境”三大理念,在集约集聚上下功夫,在精致精细上做文章,走出了一条全力攀升的个性化发展之路。我们在繁重任务前勇担当,顶住压力、扛起责任。作为“第一区”,我们始终坚持“第一人称”、突出“第一标准”,顾大局不提条件、讲奉献不计得失,全力以赴推进“三件大事”,满怀激情答好“三张答卷”,出色完成了一系列急难险重任务,全面展现了玄武人良好的意志品质。我们在顽症痼疾前动真格,从严治党、从严治吏。针对“四风”顽疾,我们动真碰硬祛除作风之弊、扫除行为之垢,把“严”的要求贯穿工作各领域、发展全过程,经历了一场触及灵魂的精神洗礼,广大干部在思想深处点亮了明灯,注入了投身事业的不竭动力。

在总结成绩的同时,我们也清醒地认识到,工作中还存在一些问题和薄弱环节:重点新兴产业的影响力还有待提高,优质公共服务还不够均衡,城市建管任务还较为艰巨,少数干部的破难本领仍需提高等。对此,我们必须高度重视,切实采取措施加以解决。

二、准确领会、认真贯彻,深化法治玄武建设

区十次党代会以来,区委结合自身实际,以建设法治玄武为总揽,打造法治责任链条,创新法治创建活动,取得了明显的成效,我区获评首批全国法治县(市、区)创建活动先进单位、连续六年被命名为省法治区创建工作先进单位。党的十八届四中全会作出了全面推进依法治国的重大决定,为我们贯彻依法治国方略确立了新坐标,也对法治玄武建设提出了新要求。我们要把学习贯彻四中全会精神作为一项重大政治任务,深刻理解全面推进依法治国的方向目标、改革取向和实践要求,在既有工作成果的基础上,全面深化法治玄武建设。

坚持依法治区、建设法治玄武总的要求是:认真贯彻党的十八大和十八届三中、四中全会精神,全面落实依法治国方略,大力实施法治玄武建设工程,着力推动法治城区、法治政府、法治社会一体建设,不断提升科学立法、严格执法、公正司法、全民守法和法治惠民水平,确保依法治区工作始终走在省市前列,为建设现代化国际性人文绿都标志区提供有力的法治保障。

主要目标是:对照中央和省市委要求,结合区情实际,全力推动法治玄武建设理念、内涵和机制的科学化发展,努力实现依法执政、依法行政、公正司法、法治惠民、法治宣传水平和法治建设推进举措“六个全省领先”,确保党风廉政建设满意度、法治政府建设满意度、法治建设群众满意度和全区公众安全感均达90%以上。

推进依法治区,涉及方方面面,需要精心设计、周密部署。要坚持五措并举,织密法律之网、壮大法治之力,为玄武标志区建设稳固基石、构建经纬、筑牢防线。

——*以培育法治精神为导向*。坚持党员干部带头、社会广泛动员,促进法治理念深入人心,法治意识不断增强,建设全民学法、尊法、守法、用法的法治社会。培育党员干部法治素养。完善国家机关工作人员学法用法述法制度,将法治教育列入区委中心组学习内容,健全领导干部任前法律知识考试制度,提高党员干部运用法治思维和法治方式解决问题、推动发展的能力。培育全民法治信仰。实行“谁执法谁普法”普法责任制,建立普法讲师团、志愿者队伍,培育一批民主法治示范社区,开展一系列法治主题教育实践活动,增强全社会厉行法治的积极性和主动性。培育社会道德修养。坚持法治与德治相结合,大力弘扬社会主义核心价值观和中华民族传统美德,培养规则意识、倡导契约精神,营造自觉守法、遇事找法、解决问题靠法的法治社会新风尚。

——*以严格依法行政为关键*。制定实施新一轮法治政府建设行动计划,建立健全权责统一、权威高效的依法行政工作机制。坚持权

责法定。增强“法外无权”意识，按照区级执行为主、街道服务为主的原则，推动区街两级事权分工法定化，建立行政权力运行目录清单及配套制度，做到法无授权不可为、法定职责必须为。推动科学决策。认真执行重大行政决策公众参与、专家论证、风险评估、合法性审查和集体研究等程序，全面推行机关法律顾问制度，探索建立重大决策终身责任追究制度及责任倒查机制，推动决策科学化、民主化、法治化。突出严格执法。切实规范行政自由裁量权，高效整合现有执法主体，深入推进综合执法，加大重点领域行政执法力度，推动严格规范公正文明执法。强化权力监督。加强人大对法律实施的监督，完善行政投诉处理机制，开展专项执法和效能监察活动，推进行政执法和刑事司法有效衔接，建立健全行政权行使纠错问责机制，做到有权必有责、失职要问责、违法要追究。

——以公正廉洁司法为基础。认真落实司法改革工作相关任务，维护司法权威、树立司法公信、体现公平正义。坚持独立公正。探索建立领导干部干预司法活动、插手具体案件处理的记录、通报和责任追究制度，健全行政机关负责人依法出庭应诉制度，支持和保障司法权依法独立公正行使。坚持公开透明。依托网上诉讼服务中心、司法公开平台等载体，依法公开相关信息，深入开展“邀请群众进法院”等活动，保障群众知情权，促进阳光司法。坚持清正廉洁。切实加强对司法活动的监督，严格规范司法行为，强化司法人员职业道德建设，完善司法作风建设长效机制，坚决查处司法领域腐败行为，筑牢社会公平正义的最后一道防线。

——以维护群众利益为根本。坚持法治建设为了群众、依靠群众、造福群众、保护群众，切实将反映群众愿望、维护群众权益、增进群众福祉贯穿法治建设全过程。积极引导群众参与。扩大重大决策公开听证、民意调查范围，推行行政执法公示、人民陪审员“海选”、人民监督员选任制，有序推动决策公开、执行公开、管理公开、服务公开、结果公开。全面保障群众权利。推进公共法律服务体系建设，健全诉求表达、服务援助平台机制，支持群众合法理性表达诉求，及时就地解决群众合理诉求，依法保障群众权利。认真接受群众评判。增加法治建设年度测评的群众主观感受权重，刚性考核法治建设为民办实事成效，做到具体项目由群众选定、实施效果由群众评判，切实提升法治玄武建设的群众满意度。

——以强化组织领导为保障。坚持把党的领导作为依法治区的根本保证，不断增强统筹协调、执行落实能力，确保法治玄武建设有序推进。优化工作格局。完善党委统一领导、政法委牵头负责、各方分工协作、社会广泛参与的法治建设工作格局，各级党政主要负责人承担法治建设第一责任，各级法治建设机构履行具体职能任务。加强队伍建设。注重人才引进，充实一线法治工作力量；发挥辖区高校优势，加大执法人员培训力度，提升全区法治专门队伍的政治素质、业务素养。丰富创建活动。以街道(部门)、社区、企事业单位为主体，扎实开展法治玄武系列创建活动，努力将法治建设延伸到每一个单元，不断提高法治玄武建设的知晓率和参与率。完善考评体系。修订依法治区和法治政府考评指标体系，科学设定考核评分标准，并纳入全区基本实现现代化指标体系，切实做到依法治区任务与改革发展稳定任务同部署、同落实、同考核。

三、乘势而上、聚焦重点，保持发展良好势头

明年是“十二五”规划收官之年和全面深化改革突破之年。要想成功交出“十二五”大考的圆满答卷、实现现代化事业的整体突破，容不得半点懈怠。我们必须正确面对经济发展的新常态，全面落实习近平总书记视察江苏时提出的“努力建设经济强、百姓富、环境美、社会文明程度高的新江苏”要求，紧紧围绕“十二五”发展的各类目标和现代化建设的各项任务，积极抢抓改革创新带来的历史机遇，全身心投入加快现代化国际性人文绿都标志区建设的新征程，努力以出色的工作业绩和发展成效，实现“十二五”圆满收官。

2015年全区工作的总体要求是：深入贯彻党的十八大和十八届三中、四中全会精神，认真学习领会习近平总书记系列重要讲话精神，全面落实省委十二届八次、九次全会和市委十三届九次全会精神，以科学发展观为指导，坚持转型提升主题，把握集约发展路径，突出经济提质、环境优化、民生幸福、改革创新四个重点，统筹推进“五位一体”建设，全面落实从严治党要求，在新常态下不断加快现代化国际性人文绿都标志区建设。

2015年全区经济和社会发展的主要预期目标是：地区生产总值可比增长8%，力争9%；公共财政预算收入同口径增长5%，力争6%；全社会固定资产投资完成115亿元；社会消费品零售总额增长10%，力争11%；城市居民人均可支配收入完成市定目标。政治建设、文化建设、党的建设按有关目标和意见实施。

明年工作要重点抓好四个方面：

(一)加快集约集聚，增创经济发展新优势

牢牢把握空间集成、资源集聚、项目集群的集约发展导向，推动产业空间与城市空间、人才优势与创新优势、项目水平与发展水平互促共进，不断激发区域发展活力。

突出五大片区，推动产城融合。坚持系统谋划、合理布局和科学调控，立足各片区空间特点，完善产业定位，形成区域特色鲜明、整体协调一致的发展格局。推动“大科创特区”建设。放大科创特区政策红利，加快科创特区聚宝山地块与徐庄软件园、钟山生命科学园联动发展。徐庄软件园以“四高地一典范”[3]为目标，建成物联网与集成电路设计产业园、中星微电子研发测试基地，加快先声药业“百家汇”、瑞华金融创新研发基地建设。聚宝山科创特区完成聚慧园组团建设，加快紫金山仓库、新华印务搬迁工作，提升园区整体形象。钟山生命科学园抢抓南京建设中国健康服务与生命科技名城机遇，开园运作生命科学国际社区，推进生物医药园招商和生物基因产业园建设，丰富园区产业内涵。推动“环东大知识创新圈”建设。用足用好东南大学资源，围绕规划设计、工程咨询、电子商务、移动互联等东大优势领域，开展合作共建；建成智汇创业园，加快尚美学院腾笼换鸟，盘活老国土局大楼、南师大后宰门校区等载体，着力提升知识创新圈空间承载力。加快“新街口主城CBD核心区”建设。积极推进青石街、梅园等重点地块开发，建成雨花巷101座、麦哲理长江会、长九三期，确保丽思卡尔顿酒店和苹果旗舰店开业运营，建设高端商务商贸、历史文化和当代艺术相融合的第一街区。加快“紫金山—玄武湖生态文化旅游示范区”建设。突出湖东、湖西、山南三条观光长廊，加快玄武门广场及地下商业设施改造，推进国展中心转型、太阳谷改造和高力新庄商业广场建设，开发顾家营、钟灵街50号地块，开工建设千秋意境文化创意中心二期工程，全面彰显文化主题和旅游特色。加快“铁北红山新城”全面建设。编制铁北红山新城产业规划，加快常发广场建设，推进红山南路东延和藤子村拆迁，实施红山路以西、曹四、沈阳村等地块挂牌，着力打造主城北部更具影响力的城市化建设、现代化发展新地标。

激活五大要素，加速资源转化。集聚高端要素、开发优质资源，放大资源重组、融合、渗透的聚变效应，形成功能完备、运转高效的支撑体系。不断释放政策红利。编制玄武“十三五”发展规划和各专项规划，重点围绕创业创新、产业升级、片区开发、项目建设，强化系统设计、制度创新和实践探索，推动区域持续健康发展。深度挖掘人才潜力。坚持活动引才、机构引才、产业引才，强化分类指导、定向扶持和绩效评估，有效提升创业成功率、企业贡献度和产业带动力，力争全年集聚国家“千人计划”创业人才2名、市领军型科技创业人才53名、科技创业家3名，培育高端人才团队2个以上。用好用活金融杠杆。创新融资模式，抢抓IPO开闸和新三板扩容机遇，开展企业上市辅导，助推企业走资本市场扩张之路；依托科技金融园、江苏长三角技术产权交易中心，引导私募基金、风险投资、天使基金等积极介入，力争全年科技创业新增投资额突破10亿元、新增上市企业2家以上。全力提升企业实力。加大企业招商和在地服务力度，实施科技型企业技术创新工程，建立外经贸预测警示体系，全年新增世界500强或中国500强及其分支机构1家、国家级高新技术企业8家、亿元税收楼宇2幢。积极对接驻区单位。创新资源利用手段，采取军地合作、地企共建方式，全力服务华山饭店综合楼建设、北京东路44号产业园转型和德鸿易生活商业广场招商，加快板仓街9号产业园、王家湾物流园提档升级，实现经济品质整体提升。

(二)持续改善环境，展现城区发展新面貌

倍加珍惜玄武优越的自然环境本底，以“再干两百天”专项行动为抓手，推动区域环境面貌在有机更新、环境出新、治理创新中实现新提升。

加快城市更新。坚持“显山露水”设计理念，将区域禀赋注入城市空间，形成“城在景中、景在城中”的良好格局。突出历史人文特质。完善长江路历史文化休闲旅游街区专项规划，推进百子亭民国记忆文化商业街区城市设计，加快打造碑亭巷、钟岚里、逸仙村等特色街巷，挖掘区域丰厚的历史文化底蕴。突出绿色生态特色。改造中山门、玄武门、盛和家园等街头绿地，加快南北十里长沟清淤疏浚、截污控源，着力打造一批风光秀丽、景色宜人的观光轴线。突出宜业宜居功能。开工建设玄武湖东岸旅游市集、鹤鸣路下穿土城头路涵洞，开展排水达标区创建，深入实施老旧小区二次供水改造，不断提升老城生活品质。

推动环境出新。坚持拆建并举，全力推动产业空间、城市功能、人居环境的全面提升。加大动迁力度。做好青石街、梅园、百子亭、麒麟科创园、明外郭—秦淮新河百里风光带、省肿瘤医院等重点地块拆迁扫尾工作，合理盘整城中小幅地块，为区域发展腾挪空间。加快改造步伐。完成东大影壁道路、锁东路等6条街巷整治和曹后村、花红园等6个小区出新任务，加大楼顶违建和院落违建整治力度，扩大直管公房修缮服务覆盖面，为居民创造更加优美、舒适的生活环境。

深化治理创新。坚持一分建设、九分管理，以城市治理全覆盖责任制为抓手，提升城市治理的科学化、精细化、常态化水平。刚性落实治理要求。构建科学有效的城市治理体制机制，全面推广责任溯源、勤务竖编、达标考核、驻点联系、门前三包、圆桌议事六大工作法，组建区环保执法指挥中心，促进城市治理水平的全面提升。积极破解治理顽疾。推进停车管理智能化平台建设，实现全区道路物理隔离设施全覆盖；开展渣土运输、工地扬尘专项整治，加快推进垃圾分类工作，积极推广垃圾机械收集和密闭运输，年末垃圾分类收集覆盖率达超市定要求。

(三)强化幸福导向，实现民生发展新跨越

以深化幸福玄武建设为抓手，优化制度设计、丰富工作内涵，着力推动群众生活质量提档、幸福指数提高、尊严感受提升，彰显区域发展幸福为先的鲜明导向。

有序有力，用好指标体系“指挥棒”。开展幸福玄武指标测评，让幸福建设可见可感。强化目标导向功能，坚持以人为本，进一步推动部门重心向一线转移、街道职能向民生转型。放大监测评价作用，科学评估幸福玄武建设水平，系统检验民生服务工作实效，为完善优化民生政策体系提供科学依据。优化整合推进机制，完善党委政府组织领导、社建部门牵头抓总、职能部门协同推进、街道社区属地落实的指标运行体系，建立与现代化指标一体联动的考核机制，营造举区一致的幸福共建氛围。

扩面扩容，推动基础保障广受益。在扩大基数的同时，提升保障实效，切实解决群众最关心、最直接、最现实的问题。充分发挥就业优惠政策的倍增效应，组建企业用工联盟和网络服务联盟，开展青年大学生创业引领计划，全年新增创业1500人、就业1.8万人。推进城乡居民社会养老保险改革，开展全民参保登记活动，推动社会保险由制度覆盖向人群覆盖转变。修订《玄武区临时救助办法》，完善“支出型”贫困救助方式，提升社会救助有效性。加快余粮一期南区保障房建设，夯实低收入群体的住房保障。

提标提档，扩大优质服务覆盖面。在高位发展的基础上，提高普惠性，切实满足群众日益增长的各类需求。稳步推进义务教育优质均衡发展，落实幼儿园“三项工程”、教育信息化两年行动计划，推进高中多样化发展和职业教育资源整合，不断提高社会对教育的满意度。深化健康惠民行动，建设公共卫生事件应急处置中心、区域卫生数据中心，改扩建玄武门、锁金村两个社区卫生服务中心，提升基本医疗和公共卫生服务水平。推行“医养融合”模式，以社会化方式提供全方位养老服务，建设2个医养融合健康体验馆，新增养老床位312张。建设社区全媒体科普益民系统，建立市级以上可移动文物信息数据库，争创全省AAAA级数字档案馆。加强政社互动，合理配置社会服务资源，全区社区公共服务体系健全率达到100%。

常态长效，增强居民群众安全感。在抓好保障服务的同时，关注群众安全需求，全力维护社会治安、信访、公共安全、网络舆情等重点领域稳定，让群众享受幸福祥和生活。加强新形势下群防群治工作，进一步创新流动人口服务管理、特殊人群教育管控等机制，全面加强社会治安综合治理。坚持预防、化解、打击、稳控多管齐下，确保矛盾不积压、不激化、不上行，信访总量稳步下降。扎实做好食药品、消防隐患、人流密集场所等安全监管工作，严密防范较大以上安全生产事故发生。抓好“玄武发布”等政务微博群、微信公众平台建设，着力提升网络舆情的引导力和掌控力。

(四)深化综合改革，增强科学发展新动力

始终把握改革主线，坚持对上承接规定动作和立足区情先行先试“两个并举”，抓紧落实全市48项综合改革任务和全区“1+2+9”改革部署，努力破除妨碍科学发展的体制机制障碍。

推动国资改革。全面深化国有资产管理改革，采取股权转让、关闭清算、业务转型等方式，完成国资从传统工商业领域退出工作。制定玄武环境工程公司改制方案，出台市场准入、公开招标、考核监管一揽子实施细则，加快国资从八大领域[4]退出步伐。根据竞争类、功能类、公共服务类企业的不同特点，稳慎推进国有企业混合所有制改革，严格履行财产清查、专项审计、资产评估、公开挂牌程序，推行职业经理人制度，实行集团化管理模式，实现国资监管由“管资产”向“管资本”转变。

激发街社活力。突出街道在社会建设中的主阵地作用，取消街道经济指标考核，建立健全定位准确、职能清晰、权责统一、分工合理、服务高效、执行有力的组织架构和综合服务管理机制。完善民生服务分中心设置，加快剥离社区行政事务，实行社区工作准入制度，推动社区回归自治本位。建成区级社会组织综合管理信息平台，推动政府职能向社会组织有序转移。突出“拆前台、建后台”，积极培养全科社工，完善首问负责、离案办公、错时工作、服务代办等制度，为居民提供多样化公共服务。

加快简政放权。继续转变政府职能，优化政府机构设置，调整工商、质监、食药品及卫生、计生等管理体制；提高行政效率，建成企业设立多证联办并联审批服务系统。加强法制机构建设，大力完善执法机制，制定行政执法协管人员管理办法。出台全区公共资源交易管理办法，建立交易平台，公开交易目录，科学高效配置公共资源。积极承接财税体制改革，稳步推行预算公开，深化零基预算，按部署推进政府债务纳入预算管理工作。

四、从严治党、正本清源，不断加强党的建设

以高度的政治自觉、思想自觉和行动自觉，不断巩固党的群众路线教育实践活动成果，切实担当党要管党、从严治党的政治责任，为推进依法治区、推动科学发展提供坚强保障。

从严落实责任。从严治党，首在落实管党治党责任。细化党风廉政建设"两个责任"落实举措，完善常委会向全委会报告抓党建工作情况、常委会定期讨论研究党建工作和班子成员抓党建工作联系点等制度，全面开展"三级联述联考联评"和全区党组织书记抓基层党建工作述职评议活动，以述职评议和刚性考核的硬约束，倒逼各级党组织书记带头落实党建责任，推动党的建设各项任务落到实处。

从严管理干部。从严治党，重在从严治吏。强化党员干部思想政治教育，深入学习贯彻习近平总书记系列重要讲话精神，充分发挥区委中心组的引领作用，全面加强学习型党组织建设。完善干部管理规定，建立区管领导班子分析研判机制，健全干部档案任前审核制度，开通全区"三员一网"干部监督网络，细化个人重大事项报告、谈心谈话、外出请假报备等制度。贯彻好新修订的《党政领导干部选拔任用工作条例》，制定干部培养选拔实施方案，选优配强各级领导班子。

从严夯实基础。基层党组织是党全部工作和战斗力的依托。加强服务型党组织建设，用好"小红梅"等区域党建平台，引导基层党组织将工作重心转移到服务发展、服务民生、服务群众、服务党员上。加强基层党组织队伍建设，探索机关干部下派、优秀大学生社工重点培养、党建指导员兼任、上级工委派员担任等方式选配基层党组织书记。加强基层党员队伍建设，探索"居民点单、支部下单、党员接单"工作模式，充分调动党员参与区域发展的热情，大力宣传玄武好人、道德模范、最美人物，用先进模范感召人、激励人。

从严执行纪律。党的纪律是全党必须遵守的行为准则。切实维护党纪严肃性，严明党的政治、组织、群众工作等各项纪律规定，确保中央和省市委决策部署不折不扣贯彻落实。建立健全反腐败工作责任追究机制，积极推进查办腐败案件体制机制改革，探索线索处置、案件查办向上级纪委报告实施办法。强化纪律约束，规范干部廉政鉴定程序，全面推行新任干部廉政谈话和任前廉政考试制度，以严明的纪律形成有力震慑。

从严改进作风。作风建设是攻坚战、也是持久战。持之以恒转变作风，组织中央、省市委专项整治任务和区委"十大专项治理行动"回头看，创新开展群众评议机关、"12345"工单办理情况专题监督检查等活动。大力开展专项整治，落实好新一轮外资项目落地情况专项检查、全区干部配备"三超两乱"问题专项治理，加强出国出境、工程征地拆迁和招投标、专项资金管理等重点领域和关键环节监管，切实做到抓常、抓细、抓长，将反"四风"、转作风不断推向深入。

同志们，新的目标催人奋进，新的任务光荣艰巨。让我们更加紧密地团结在以习近平同志为总书记的党中央周围，在市委、市政府的坚强领导下，以奋勇争先的拼搏干劲、务实高效的工作作风，开拓创新、真抓实干，为建设经济强、百姓富、环境美、社会文明程度高的新玄武而不懈奋斗！

名词解释：

[1]"1+2+9"改革："1"指城市治理全覆盖责任制一项重点改革任务；"2" 指教育均衡化和街道中心化两项民生改革实事；"9" 指科创特区管理、上市企业金融服务、重点企业服务、政府资产运营风险防控、国资平台人员管理、征收系统事业单位改制、干部初任考核、基层社区医疗单位人员优化配置、绩效考核等九项改革举措。

[2]"1+13"制度体系："1"指玄武区城市治理全覆盖责任制实施意见，"13"指玄武区城市治理组织网络图，玄武区城市治理议事规则，玄武区城市治理委员会、街道联席会、社区联络室运行规则，玄武区路长、河长、网格责任长达标考核办法，玄武区城市治理督导员管理办法，玄武区关于建立城市治理行政执行绿色通道实施方案，玄武区"门前三包"责任区管理办法，玄武区环卫作业市场化改革方案，玄武区市政养护市场化改革方案，玄武区城市治理全覆盖责任制问责暂行办法，玄武区社会协同参与城市治理四大专项行动实施方案，玄武区停车管理目标及考核办法，玄武区城市治理巡查巡控办法。

[3]"四高地一典范"：新兴产业高地、高端人才高地、经济发展高地、科技总部高地和品质智慧园区典范。

[4]八大领域：设计、施工、监理、养护、环卫、园林、审图、咨询领域。

政府工作报告

玄武区人民政府区长　徐曙海

2015年1月6日

各位代表：

现在，我代表南京市玄武区人民政府，向大会作工作报告，请予审议，并请区政协各位委员和大会列席人员提出意见。

一、2014年工作回顾

过去的一年，全区上下认真贯彻党的十八大、十八届三中、四中全会精神，在市委、市政府和区委的正确领导下，紧紧围绕“经济发展、改革创新、青奥举办”三件大事，全力以赴稳增长、调结构、促改革、惠民生，经济社会各项工作取得新进展，圆满完成南京青奥会、首次国家公祭日活动保障任务，总体实现了区十七届人大第三次会议确定的目标。

（一）经济发展稳中有进

积极适应经济新常态，将稳增长和调结构相结合，推动经济健康持续发展。

主要指标持续增长。全力保持经济运行健康平稳，全年预计实现地区生产总值517亿元，可比增长10.3%。公共财政预算收入44亿元，同口径增长6%。全社会固定资产投资110亿元，同比增长0.9%。社会消费品零售总额389.8亿元，同比增长13%。实际利用外资1.7亿美元，同比增长12.7%。服务外包执行额15.6亿美元，同比增长28.9%。外贸出口总额26.1亿美元，同比增长26%。

产业项目大幅扩容。德基广场二期、苏宁易购、森林摩尔等7个项目相继开业，科创特区聚慧园、长九三期、幸福传媒广场等9个项目主体封顶，先声药业百家汇、中星微、高力新庄等项目启动建设，钟山生命科学园、常发广场、麦哲理长江会、瑞华研发基地等项目有序推进，全年开工80万平方米，竣工63万平方米，完成投资55亿元。全区市重点服务业项目累计达23个，建成市现代服务业集聚区6个。全面调查低效用地，分类推进再开发工作，为未来发展拓展空间。

经济结构不断优化。科技创新驱动作用进一步增强，新增国家“千人计划”人才4名、江苏省“双创计划”人才2名、“双创团队”1个，引进市领军型科技创业人才37人，申请发明专利5320件。申报自主品牌6件，南京1912获评中国驰名商标。亚奥科技等5家企业在新三板挂牌。途牛科技、中生联合在境外上市，标志着我区自主培育企业发展实现突破。

江苏省产业技术研究院高科技成果展示中心在徐庄软件园落成，获得高度关注。招商选资更富成效，创洽会、金洽会签约项目总投资额分别达55.3亿元、85.7亿元。新引进注册资金1000万元以上企业184家。第一太平戴维斯、中国铁塔、方正等企业区域总部相继落户。新兴产业加快发展，电子商务、生命科学、数字文化产业销售收入增幅分别达20%、14.3%、12.1%，物联网与集成电路设计、软件研发与信息技术产业销售收入增幅分别高达71.4%、74.4%。文化产业增加值、服务业增加值分别占地区生产总值12.6%、95.1%，均位列全市第一。

（二）环境面貌焕然一新

以青奥举办为契机，发动全员投入环境综合整治，美化绿化城市，全区环境质量迈上新台阶。

重点整治项目高标准实施。太平北路、龙蟠路、板仓街、中山门大街完成综合整治，长江路亮化增色古都夜景，彰显更加整洁美观的城区形象。中山门至神策门8.2公里的明城墙综合整治全面完成，建成太平门通道，城墙沿线15米范围内脏乱差环境为绿化景观通道替代，外围环境同步整治一新。火车站北广场、汽车客运站地区综合管理平稳有序。玄武大道、绕城公路、铁路沿线等绿色通道全面建成，全区新增绿地21.7万平方米。

城中村危旧房改造大力度推进。实施城中村危旧房改造项目9个，占地26.3万平方米，涉及房屋20.6万平方米。青石街、梅园、百子亭、省肿瘤医院改扩建项目征收正全力扫尾，碑亭巷、前半山园、柳营、卫岗将军岭地块征收顺利完成，城区环境功能品质加速更新提升。沈阳村、曹四地块完成征收拆迁，藤子村地块征收拆迁加速推进，铁北地区向现代化新城迈出坚实步伐。

群众环境诉求得到有效落实。针对脏乱差现象，在全区范围开展“环境大扫除”行动，清理清运卫生死角垃圾1278吨，拆除违规广告门头2283块，拆除违法建筑7万平方米。在拆除192处保洁员居住违建的同时，向保洁员发放租房补贴87.1万元。严格管控渣土车，淘汰黄标车4226辆，全部工地实施封闭管理。有序实施排水达标区建设，清溪河、香林寺沟等整治成效初显，玄武湖水质得到有效保障。出新蓁巷、东箭道等5个老旧小区，将79万平方米无物管小区纳入物管。着力缓解交通难题，汉府街东延及跨河桥工程建成通车，建成樱驼花园地下停车场，新增道路泊位5100个，出台停车管理办法，新街口街道停车管理被评为市城市治理创优项目。

（三）社会事业持续发展

在经济增速放缓的情况下，坚持改善人民生活、发展社会事业不松懈，努力提升群众生活品质。

社会保障全面加强。为全部户籍居民和家庭购买不定向人身及家庭财产保险。区财政向低保户、优抚对象、残疾人等特殊群体发放各类补助资金4866.1万元。余粮村一期保障房项目南区9幢封顶。全年分配保障房4100套。全区新增就业2.4万人，实现再就业1万人。城镇居民人均可支配收入达46039元，同比增长8.9%。

优质教育更加均衡。新增2所普惠民办园、1所省优质园，南师附小与珠江路小学完成合并，仙鹤门南师附小分校开工建设，15所中小学、幼儿园由名校名园托管，4所名校空余学额实行摇号派位，义务教育阶段教育集团覆盖率达100%。高考二本达线率超出市6.1个百分点，中考成绩连续11年居全市第一。我区顺利通过江苏省义务教育优质均衡发展示范区评估，成为全市唯一的首批江苏省教育现代化建设示范区。

健康服务不断优化。加强基层医疗卫生建设，改扩建卫生服务设施1.3万平方米，基本药物制度实现全覆盖，与省中医院签订战略合作协议，部分社区卫生服务中心可预约三甲医院挂号。有效控制禽流感疫情，及时排除埃博拉传播风险。优化人口服务，建设婴幼儿指导服务站8个。全区养老机构医养融合覆盖率达53.5%，建成江苏省示范性社区居家养老服务中心6个。

文化等各项事业协调发展。每万人拥有公共文化设施达472平方米，举办群众文化活动1462场，六朝博物馆正式开馆，红山街道被评为江苏省公共文化服务示范街道，《幸福就在梦想里》获得江苏省五星工程奖金奖。数字档案馆为民服务初显成效。民族宗教基础功能得到强化，对台交流、为侨服务进一步深化。国防教育和民兵组织建设得到加强，人武、人防等工作实现新进展。梅园新村、樱驼花园社区被评为全国和谐社区建设示范社区。我区被评为江苏省双拥模范区、全国社区治理和服务创新实验区、全国和谐社区建设示范区。

2014年是南京青奥会举办之年。为万无一失做好保障工作，我区成立赛时运行指挥保障中心，抽调机关干部组建场馆运行团队，组织3.2万名志愿者参与服务。全区38个青奥节点工程全部如期竣工，南京体育学院、钟山高尔夫等5个场馆全部按期交付使用，安全稳定、医疗卫生、食药品管理等工作全部到位，7大项25小项赛事顺利举行，明城墙文化交流活动精彩丰富，为南京青奥做出了玄武贡献，向海内外展示了玄武风采。

（四）改革创新先行先试

我区城市治理全覆盖责任制改革是全市先行先试改革试点之一，重点是将全区环境细分为585个网格，设路长118名、河长19名，细化19大类73子项治理标准，构建机关、驻区单位、社区居民共同参与的大责任体系，实行动态督察刚性问责。围绕国有资产退出一般竞争领域，制定国企改革方案，明确分类改革形式和时间节点。实施注册资本登记制度改革，新登记企业同比增长87%。整合原工商、质监和食品药品监管部门职责和机构，组建区市场监督管理局。扩大政府向社会购买服务范围，全区50%市政养护、100%园林养护业务实现公开招标，5个社区试点公共服务事项整体外包。清理社区机构41个、任务25项、台账72类，归并社区公共服务站，成立跨社区民生服务分中心7个，街道中心化改革获批国家标准化试点。

各位代表，良好的作风是政府履职的坚强保障。根据区委统一部署，我们认真开展党的群众路线教育实践活动。坚决反对形式主义，严抓压缩会议、文件、评比达标表彰活动。树立正确政绩观，将群众需求贯穿决策、执行与考核之中，将目标任务形成工作菜单，分解到具体人头和时限，全程跟踪督察。坚决反对官僚主义，深入群众解难事办实事，邀请人大代表、政协委员、群众代表列席区政府全体会、常务会，认真办理人大代表建议、政协提案，逐一答复、着力解决12345热线、领导信箱、信访信息系统反映问题。坚决反对享乐主义、奢靡之风，全面禁止违规用公款发放节礼行为，办公用房清理调整到位，三公支出大幅缩减。部门预算试点公开顺利实施，零基预算有序推进。建成财政联网审计系统，公共资金使用实行审计全覆盖。注重建章立制，从公务支出、密切联系群众等方面完善配套制度规定，推进作风建设常态化长效化。

各位代表，过去一年成绩来之不易。这是全区上下团结一心、迎难而上、奋力拼搏的结果。在此，我代表区人民政府，向各位区人大代表、政协委员，向在各行各业辛勤工作的全区广大人民群众，向关心支持玄武建设发展的朋友们，致以崇高的敬意和衷心的感谢！

总结工作的时候，我们分析了存在的问题和不足，主要是：经济增长下行压力大，个别产业项目未能完成年度任务，在建项目发挥支撑作用有待时日，创新发展、转型发展任重道远。居民收入持续增长难度大，群众对择校、看病难、养老难等意见突出，提升群众幸福感满意度任重道远。私搭乱建、扬尘污染、黑臭水质等环境问题整治成效距离群众期盼还有较大差距，实现城市治理常态长效任重道远。个别部门解决群众反映问题不主动不尽力，为民服务意识需进一步增强，作风建设永远在路上。在今后的工作中，我们将坚持问题导向，在全面深化改革中把握机遇、应对挑战、强化落实，把各方面工作做得更加扎实有效。

二、2015年工作总体要求与目标

2015年是实现“十二五”规划目标的收官之年，是全面深化改革的关键之年，也是全面推进依法治区的开局之年。全区上下要认真贯彻落实中央、省、市重要决策部署，以科学发展观为指导，坚持转型提升主题，把握集约发展路径，突出经济提质、环境优化、民生幸福、改革创新四个重点，统筹推进“五位一体”建设，在新常态下不断加快现代化国际性人文绿都标志区建设。

当前，我国经济发展进入新常态，从高速增长转为中高速增长，结构不断优化升级，经济韧性好、潜力足、回旋空间大。玄武经济也处在增速换挡、结构优化和项目扩容提速的转型期、蓄力期，实现经济社会平稳健康发展面临新的挑战和机遇。做好今年工作，我们必须理性看待发展条件和环境的变化，增强定力，顺势而为，把加快发展转移到以质量、效益和惠及民生为中心上来。一是突出改革观念。以改革创新为发展提供动力、释放红利，统筹发挥好市场和政府作用，推出既有年度特点、又利于长远发展的改革举措，重点在“十三五”规划编制、简政放权、国企改革、街道社区体制改革等方面下功夫、求突破。二是突出法治思维。坚持法定职责必须为、法无授权不可为，在法治轨道上开展政府工作，重点在健全依法决策机制、推进综合执法、制约监督行政权力等方面下功夫、求突破。三是突出为民宗旨。始终贯彻群众路线、坚持民生优先,更加注重保障基本民生,甘于为群众做“小事”,重点在促进大众就业创业、增加居民收入、完善公共服务、深化环境群治共管、解决群众最关心最直接最现实问题等方面下功夫、求突破。四是突出实干精神。坚持以实效实绩为工作导向,将年度目标任务逐一明确完成时限、分解到责任主体,重点在稳定经济增长、推进产业项目、实施环境整治、落实民生实事等方面下功夫、求突破,确保人代会确定的各项目标圆满完成。

综合各方面因素,建议2015年全区经济社会发展的主要预期目标是:地区生产总值可比增长8%;公共财政预算收入同口径增长5%;城镇居民人均可支配收入增长完成市下达数;城镇居民登记失业率控制在4%以内;城镇居民基本医疗保险覆盖率达97%;企业职工基本养老、医疗、失业、工伤、生育保险覆盖率均达99%以上。

三、2015年主要任务

实现今年经济社会的发展目标,要着重做好以下五个方面工作:

(一)坚持项目带动,全力推动经济转型发展、创新发展

将稳增长与调结构相结合,全力推动传统服务业升级,大力发展现代服务业、新兴产业。

加快商贸商务业升级步伐。按照“一核多点”布局,扩大全区商业规模,提升现代化水平。推动南京CBD核心区的德基广场二期、长九三期等项目引进总部企业、名牌商品,实现凯润金城国际名品旗舰店开业,加快建设熊猫中央广场等项目。与此同时,推进紫金华府、骋望云邸、翡翠华庭等项目,建设常发广场、高力新庄、钟鼎山庄商业综合体等项目,借助大幅改善的环境、快速集聚的人气,在新建片区打造各自的区域商业中心。加快建设现代城市共同配送体系,以电子商务引导传统商业企业转型升级,争创国家电子商务示范基地。

加快文化旅游资源产业化步伐。按照国家AAAAA级景区标准建设长江路历史文化休闲街区,实现圣和府邸精品酒店开业,规划建设梅园地块,构建一主多辅游客中心体系,通过旅游业将沿街历史文化、商业休闲、博物馆、宗教文化等资源联成共同体。加快紫金山—玄武湖生态文化旅游示范区建设,实现新隆基大酒店开业,建设玄武湖东岸旅游集市,改造建设国展中心、板仓街9号、千秋意境等项目,开发明城墙生态文化体验游,将百子亭片区打造成高品质的休闲街区,进一步优化升级吃住行游购娱服务体系。

加快发展科技创新产业。实施“大科创特区”战略,释放科创特区政策红利,推动重点科技产业园区联动发展。多措并举加快科创特区聚宝山项目建设,全面建成聚慧园,推动工企单位搬迁,做好产业规划、运营招商,重点引进云计算、物联网等领域的企业,创建国家级数字家庭产业基地。徐庄软件园要坚持存量和增量并重,实施投产项目腾笼换凤的同时,加速建设新载体,年内建成先声药业百家汇一期、物联网与集成电路设计产业园、瑞华研发基地。多园并建打造钟山生命科学园,实现国际社区开园,建成生物基因园,推进生物工程园建设。打造环东大知识创新圈,加快实施玄东科技园、东大科技园、江苏软件园等园区升级工程。

(二)坚持民生为先,着力提升群众幸福感、满意度

扎实推进事关民生福祉的实事项目,努力让人民群众过上更好的生活。

促进大众就业创业。深化简政放权、工商登记改革,激发大众创业热潮,力争新增创业1400人、创业带动就业1.2万人。完善创业政策激励机制,健全资本、股权、技术、知识产权等要素市场,营造良好的创业环境。建立全区现代服务业、新兴产业用工需求动态分析机制,打造信息发布、招聘会、公共实训基地等多层次就业平台,开展技能培训、职业鉴定2万人次,努力解决产业和就业之间的结构性矛盾。

办好人民满意的教育。持续完善教育布局,实施现有中小学、幼儿园7.2万平方米改扩建工程,严格落实新建片区教育配套规定,全区新布局4所中小学、4所幼儿园。有序推进合并、托管、办分校等工作,探索教师“区管校用”模式,将教师校际交流面提高至15%。秉持以生为本理念,开展形式多样的课堂教研实践活动,实施学生素质发展测评体系,切实减轻学生课业负担,提升素质教育科学化水平。畅通政府、学校、家长、社会沟通渠道,弘扬全社会尊师重教良好风尚。

提升人民健康水平。推进医疗卫生改革向质量管理延伸,对处方和病历质量、院内感染控制水平等进行管理考核,改进医护人员绩效考评办法,力争各社区卫生服务中心群众满意率达90%以上。大力发展养老事业,建设小卫街社区养老

服务中心、仙鹤门养老活动中心，加快发展健康养老服务业，力争全区养老机构医养融合覆盖率达60%。强化食品安全监管，加强8个餐饮服务食品安全工作站建设，构建农贸市场肉类蔬菜质量追溯系统。开展全民健身进社区活动。争创江苏省“十二五”人口协调发展先进区。

繁荣群众文化事业。精心组织文化惠民活动，建成1个省级公共文化服务示范街道、4个标准化社区文化活动室，进一步优化升级十分钟文化圈。建立公共文化设施多元投入机制，探索社会资本以股份制、冠名权等形式兴办公共文化事业。开展科普宣传周系列活动，建设社区全媒体科普益民系统。继续开展全国第一次可移动文物普查工作，建立市级以上不可移动文物信息数据库。深化档案惠民资政工作，争创国家级综合档案馆。

(三)坚持建管并重，努力实现城市治理全面覆盖、常态长效

适当压缩基础设施建设规模，将更多资源用在直接改善群众生活的项目上，将更多精力用在环境常态长效治理上。

推进城市建设改造。启动红山南路东延等道路建设，对全区街巷破损点进行及时修补。持续缓解停车难，建设人民中学、玄武门广场、柳营等公共停车场，鼓励社会资本投入停车设施建设运营。坚持征收、整治、建设相结合，推进九华山路、藤子村等6个环境综合整治和城中村危旧房改造项目，出新花红园、居安里等5个老旧小区，推进单元防盗门安装、老旧电梯整治工程，实施6个小区二次供水改造，着力改善老旧住宅片区群众居住质量。建成余粮一期保障房南区主体工程，严格实施公开公正的选房程序和规范的物业管理，努力让保障房居民实现从“有的住”到“住得好”。

加强生态建设保护。严格落实治霾措施，打好防控扬尘、淘汰黄标车、倡导绿色出行组合拳，将餐饮油烟集中排放区、综合购物广场纳入在线污染监控，确保干道机械化清扫率达82%，全区工地封闭率、冲洗率、现场道路硬化率均达100%。按照上下游联动、截分并举的思路，规划孝陵卫地区排水管网，基本完成其他片区排水达标区创建，推进河道两侧餐饮及居民生活污水的控源截污，实施珍珠河、友谊河等河道清淤。加快构建生活垃圾现代化分类投放、收集、转运、处理体系。建设红山体育广场、珠江路等地段绿地游园，建成明外郭百里风光带(玄武段)，进一步提升城市绿化水平。

实施环境长效管理。提高城市治理精细化水平，落实网格责任制，实施“数字城管”平台升级改造，建设停车管理智能化平台，加强街道信息化管理平台建设，加大监管和巡查力度，努力将环境管理精确到每一平方米。保持控违拆违高压态势，确保违法建筑“零增长”。推进城市治理社会化，全面强化以沿街商家自治、驻区单位联盟为主体的“门前三包”制度，聘任公众委员驻点督察、媒体观察员动态督察，发动社会和群众参与环境治理，加大环境治本力度。

(四)坚持深化改革，加速释放市场活力、社会活力

突出重点，狠抓落实，力促各项改革任务快落地、早见效。

有序实施国企改革。对全区111家国企实施分类改革，推进竞争类企业股权向社会资本全面开放。保留的功能类区属国企改革法人治理结构，建立职业经理人队伍，努力实现国资监管由“管资产”向“管资本”转变。4家施工、养护等领域的国企今年6月底前退出一般竞争领域。42家传统商业领域的国企年内退出全部国有资本。江苏长三角技术产权交易中心等3家企业实施混合制改革。鼓励社会资本参与国有企业改制重组，促进民营经济发展壮大。严格履行国企改革清产核资、审计评估、公开挂牌等程序，严防国有资产流失，保障相关方的合法权益。

推进政府向社会购买公共服务。制定实施政府购买服务指导性目录，出台政府购买公共服务办法，重点将财务审计、基本养老、公共就业服务等领域纳入范围。建立公共资源交易目录清单，统一发布，动态管理，规范实施。推进市政管养领域市场化改革，有序实施街巷、无物管小区以及玄武湖周边区域、徐庄软件园环卫作业公开招投标，尽快完成市政、河道设施管养作业公开招投标。将公共服务行业标准细化固化到合同之中，对市场化作业企业进行业务考核，落实质量跟踪检查监督。

深化街道社区体制改革。推进街道“去机关化”，剥离街道经济指标任务，强化环境保护、市容卫生、违法建筑等监管职责。推进社区“去行政化”，建立社区公共服务事项准入清单，深化跨社区民生服务分中心建设，推动社委会回归自治和服务本位，大力发展公信力高、竞争力强、能够高效承接公共服务的社会组织。严格要求社区办公面积不超过社区用

房总面积的20%，腾出空间用于居民活动和引进社会组织。建成区级社会组织综合管理信息平台，新增特色服务项目14个、社区治理及矛盾调处类项目5个，实施公益创投项目20个。

（五）坚持依法行政，加快法治政府建设

把全面推进依法治国总体部署与我区法治实践紧密结合，一步一个脚印建设法治玄武。

依法全面履行政府职能。制定实施区法治政府建设实施规划，完善区政府事权法规制度。建立行政审批事项目录清单，健全配套制度和工作机制，实现“清单之外无审批”。围绕市级下放的行政审批事项，强化业务培训，确保履行到位。全面梳理部门职责，明确交叉、相近职责的归属，建立内容完整、边界清晰的部门职责体系。开展规范街道政务服务事项试点工作，探索建立街道统一政务服务目录。在政府部门、事业单位普遍设立法律顾问。

依法规范行政权力运行。出台重大行政决策范围细则，认真落实公众参与、专家论证、风险评估、合法性审查、集体讨论决定等法定程序。建成区政务服务大厅多证联办并联审批系统。精简各类行政事业性收费，及时变更收费许可证，调整维护非税系统。推进综合执法，下移执法重心，健全街道综合行政执法中心，每个街道每月组织不少于2次的综合执法巡查，着力整治违法搭建、油烟扰民、非法行医等损害群众利益的问题。健全行政执法和刑事司法衔接机制，努力实现行政处罚和刑事处罚无缝对接。针对新《中华人民共和国行政诉讼法》，开展全区行政执法人员业务培训。推行重大行政决策实施后评估制度，出台区重大决策终身责任追究及倒查办法。

强化对行政权力的监督。加强对政府内部权力的制约，公开办理流程、承诺时限、举报电话，推行外网申请和预受理工作。探索开展预算执行动态监控，完善国库集中支付制度，逐步实现在银行监管系统中动态管理预算单位账户，全面推进政府总预算和部门预算公开。加大审计力度，对公共资金、国有资产和领导干部经济责任情况实行审计全覆盖。推进政务公开，各部门行政审批事项清单除涉及国家秘密及其他依法不予公开的情形外，均通过门户网站对外公布。自觉接受人大法律监督与工作监督，接受政协民主监督以及社会各界的监督，努力建设法治透明政府。

各位代表，奋斗推动发展，实干才能兴区。让我们在市委、市政府和区委的正确领导下，全面贯彻落实党的十八大、十八届三中、四中全会精神，坚定信心，锐意进取，努力建设经济强、百姓富、环境美、社会文明程度高的新玄武，为创成率先大业、建设现代化国际性人文绿都标志区而不懈奋斗！

南京六朝博物馆特色建筑

专记

Major Events

- 中山路国际名品街区创新党建工作模式
- 专项整治　打造玄武城区名片
- 以青奥会为契机　推进青年志愿服务工作新发展

责任编辑　黄红权

中山路国际名品街区创新党建工作模式

中山路国际名品街区地处华东第一商圈——新街口东北象限，以中山路为轴线向东辐射，面积约1平方公里，是南京市高端商务商贸业集聚区。坐拥德基广场、凯润金城、珠江壹号、地铁大厦、汇杰广场、长发羲和、苏粮国际、中信大厦、江苏广电城等35幢高端楼宇，路易威登、迪奥、香奈儿、宝格丽等奢侈品选择落户中山路国际名品街区。世界500强企业、国际一线品牌云集，税收贡献度和品牌集聚度全国领先。

工作探索

2012年为创新基层党建工作模式，探索促进非公经济组织健康快速发展，在市、区委组织部门指导下，街区成立党委，将传统社区党建工作理念移植到非公党建工作中，构建党建工作与经济同步发展、同频共振、互利多赢的工作格局。在街区党委引领下，党组织和党建覆盖面得以扩大，党建资源全面整合，街区广大党员凝聚力进一步加强，街区经济社会高度和谐发展。现街区党委下属54家非公企业党支部，楼宇党支部8个，企业党员1200余名。三年来企业和白领个人获得国家、省、市级荣誉称号45个。街区亿元楼宇6幢，千万元税收企业37家，自主培育中生联合、建策科技等多家企业上市，常荣声学、幸福蓝海正在筹备当中。街区税收年递增率为15%，整体税收贡献率达75%以上。2014年5月27日，《人民日报》刊登中山路国际名品街区党委经验做法。

适应“街区经济圈”发展需要。2014年，“街区经济圈”已成为新街口乃至中心城区主要商业形态。据统计，在中山路国际名品街区有非公企业3000余家，企业白领3万余人，党建工作与传统的单位党建和社区党建有很大区别。街区党委建立“333”工作框架，即设立“3个目标”：增强非公党建有效性，优化经济发展软环境，凝聚公益力量资源。采用“3种形式”：将工作对象从党员和积极分子拓展为全体白领，从党组织扩大到所有非公企业；将工作方式由原命令任务式转变为吸引凝聚式；将工作模式从传统支部运作转为与楼宇党建、兴趣社团组织党建相结合。通过“3个路径”：通过服务接近企业白领、通过接近企业白领团结凝聚人心、通过团结凝聚人心增强党在非公企业中的政治引领。

探索“跳出党建抓党建”实践形式。街区党建要想有效开展，就不能就党建抓党建，必须打破既有思维定势，通过自身的运作，使企业和白领从了解到理解，从信任到支持。确立街区党委的“五大支撑”体系。即“组织支撑”，强化街区企业、楼宇的党组织与群团组织建设，加强非公党员队伍建设，积极培育入党积极分子，扩大党的覆盖面。“服务支撑”，针对企业及白领的实际需求，提供事务办理、政策咨询、人才引进、素质提升、心理调适、交友联谊、文体活动、公益联动八大类服务；利用网站、短信、微博、微信、QQ群等各种新媒体搭建沟通联系平台，解读政策、传播资讯、扩大宣传。“活动支撑”，以周、旬、月为周期，定期举办街区各类主题活动，促进企业与街区之间，企业与企业之间经常性互动交流，增近了解、达成共识、加强合作，针对白领多层次需求，营造积极向上、正能量满格的新街区形象。“理论支撑”，与南京市社科院、区委党校以及专家团队联动，为街区企业发展、楼宇党建以及街区整体建设开展调研，探索方向，创新思路。街道以佳汇大厦为场所，建设名品街区专属服务基地，实现服务集中性、现场性、便捷性，与高端业态品质接轨，提升硬件建设水平。

践行“以需求为导向”工作理念。街区党委工作对象是企业和白领，找准需求点，得到企业和白领的认可支持。街区党委定期摸排走访企业，了解情况需求、填录更新信息、完善基础数据，及时掌握企业服务需求，组建党建群团组织情况及其发展方向。除经常性联系，街区党委还利用官方网站、微博、微信、QQ群等新媒体平台广泛征集对街区建设方面的意见和建议，及时对接办理。针对需求，街区党委把基础工作分为两大块：一是企业服务平台。面向街区企业提供工商、税务、劳保、卫生、民政、计生、环保、物管等政务服务；协助组建党建群团组织，指导规范运作，发展党员、培养人才；围绕企业发展搭建政企、企企交流平台，提供商务用房出租出售腾空信息，协调解决物管、停车、保洁、送餐、便捷缴费等服务以及科技金融、法律援助、政策咨询等服务；积极推介企业正面形象，扩大企业知名度和影响力。二是白领服务平台。面向街区企业白领提供关系接转、便捷办事、人才培育、素质提升、心理调适、交友联谊、文体交流、优惠让利等个性化服务。为解决下岗群众就业问题，街区党委专门为街区下岗群众设立"24小时就业"服务平台，只要下岗群众提出就业需求，街区党委24小时推荐就业。在这些服务的作用下，街区党委有了可信赖和依托的群众基础。

运作实践

街区党委立足区域特点和企业需求，以服务为先导，通过社会化、项目化运作方式，通过"五大版块"运作实践，聚焦需求提供服务，凝聚松散性、流动性较强的非公经济组织群体，提高非公领域"有序、可控"的组织化程度，为"街区经济圈"发展增添活力，提升了街区党建引领力、感召力和凝聚力。

版块一"发展助推器"。企业和街区都以发展为核心目标，实现共赢是党委主体任务之一。街区党委与街道经济发展中心合作，针对企业发展壮大的各类服务事项，如上市指导、融资贷款、品牌发布、工商注册、税务办理、环保审批、法律援助、政策咨询、发展规划等提供指导帮助。针对企业的实际需求，解读政策、争取扶持，协调关系，搭建多方共建平台，建立政产学研合作链。南京德基广场有限公司是街区龙头企业，根据发展，2014年需要提档升级企业智能化管理系统，街区党委积极参与其中，帮助联系寻找合作伙伴。经过多重筛选与考量，推荐街区企业南京聚立工程技术有限公司承接，双方达成合作意向，实现街区企业互通有无、共赢发展。街区党委利用街域内毕马威、德勤等知名会计师事务所、律师事务所以及金融机构云集的优势，对具有成长潜力的重点企业，开展针对性上市培训和银企对接。2014年1月，街区自主培育的中生联合公司在香港联交所上市，建策科技在新三板挂牌，有多家企业在IPO排队。2014年11月，街区党委专门举办非公企业党组织培训班暨主题论坛，专题讲授党建业务，组织企业到徐庄软件园苏宁集团、先声药业参观学习，开拓眼界。

版块二"科技创新力"。人才与科技创新是企业和街区发展核心竞争力。街区党委把握科技进步方向、产业革命趋势，努力集聚人才，孵化产业，推动创业，为企业和街区创新发展打好基础。精心打造"智汇大厦"，成功举办两届新街口智造"321"人才创业大赛，全面实施高技能人才培养计划。借助街区商业载体，在珠江路设立"321"科技创业投资文化主题俱乐部，定期开展人才交流和科技创新研讨，现已成为街区企业和创业青年集聚地。街区党委依托东南大学打造环东大知识创新区，发挥比较优势，促成科研成果的转化和承接。东南大学自动化学院与聚立集团达成产学研战略合作协议，自动化学院科技成果由聚立集团转化为生产力，先后推出警用机器人、银行防务仓等高科技产品，在东南大学设立聚立奖学金，资助科技型人才。东南大学能源与环境学院与中创水务集团达成产学研战略合作协议，院校向企业提供最新水处理先进技术，定期到企业开讲座，培训企业技术人才。东南大学则把中创水务集团作为学生的实习基地。2013年8月，街区党委着力打造的"杨廷宝故居纪念馆"正式开馆，成为南京建筑设计行业高端人才集聚的新平台，借助东南大学专业优势，加速推进府校合作和周边产业带发展。

版块三"爱心大接力"。街区党委以"双向服务"为理念，做好对企业和白领全方位服务，注重发挥他们的优势作用，为街区发展凝心聚力。街区党委发动企业、白领结合自己的资源优势、行业特色和服务意向，广泛参与街区组织的公益活动。三年来，街区党委成功举办各类公益活动27场，推出"七彩向阳花""梦想飞扬""邮爱就有家""流动儿童怡忻园"等16个公益项目，在助老、爱小、扶贫、帮困等方面凝聚更广泛力量。一年一度义务献血得到街区党员大力支持，争相报名、踊跃参与，截至2014年底，有近千人次参与献血，累计献血20万毫升。珠江壹号楼宇党支部、毕马威会计事务所、赛格数码广场坚持参与"夕阳天使"行动，定期看望、慰问街区13位孤寡空巢老人，举办集体生日，排解老人晚年孤寂。2014年六一儿童节，街区党委组织辖区困难、单亲家庭孩子开展"砽享六一迎青奥"主题活动，街区企业钱旺智能系统有限公司和UME影城为孩子免费提供电影包场，赠送学习用品100余套。9月，街区党委举办"百老庆重阳　爱心汇街区"敬老主题活动，世纪缘、民生银行、中创水务等25家企业，为300位老人送重阳糕、长寿面和压力锅、名家书画等价值3万余元节日礼品，同时带去精彩的文艺节目为老人欢度重阳。街区党委鼓励企业自主牵头开展公益行动，成为"爱心大接力"主导者和牵头人。在街区党委倡导和发动下，企业公益意识越来越强。2012年8月，街区企业三锅演义酒店举办"为城市美容师献清凉"活动，在夏日连续3个月为环卫工人提供清凉饮料。2014年7月，中华联合财产保险江苏分公司牵头开展"关爱独居老人行动"，为街区80位独居老人赠送量身定做的保险，老人一年花10

元钱，获最高5万元的意外伤害赔偿。街区困难老人周代兰因事故不幸去世，其家属获得5万元赔偿。11月，新宝镇教育集团发起“一种关爱，两座城市”活动，号召街区企业一起出钱出力援助贫困山区学子。街区党委积极参与，发动40多家企业爱心行动，捐衣物、书籍，价值10万余元；新宝镇教育集团派出教师团队去山区支教。街区党委与民生银行等单位合作，探索建立爱心回馈激励制度，建立公益服务登记、注册、记录与积分奖励制度，有效体现参与程度，并给予回馈。

版块四“乐活fun轻松”。实践中，街区党委发现楼宇企业白领群体有较高收入和良好的职业声望，但面对竞争危机，普遍存在情感焦虑与心理失衡的状况。减压缓释，加强情绪管理，是建设和谐街区重点。街区党委以“乐活fun轻松”为主题，搭建了一个系统、整体、全方位服务的平台，满足白领阶层不同的爱好、趣缘和需求。三年来，街区党委举办各类文娱活动72场，2014年，开展“运动青春，活力绽放”保龄球比赛、“激YOUNG青春　羽你同行”羽毛球赛、“金秋环保低碳行”紫金山攀登比赛、“登高远眺畅想未来”主题攀爬楼梯比赛、“爱运动享生活”拓展训练等体育类活动11场，举办“民生银行杯”广场舞大赛、成贤诗词歌赋秀、艺之行“小小音乐家”、名人书画展等文化活动8场。一年一度街、社、企联欢会上，街区70家企业220余名代表参与，企业还带来近20个文艺节目，整个活动洋溢欢乐气氛，受到广大企业和白领的好评。同时，街区党委还引进各类社会组织，承接专业服务项目，其中仁智之家针对女性白领开设“她智慧”课堂，采取讲座辅导、小组活动、个案咨询相结合形式，针对职场女性、全职妈妈、未婚女青年等不同群体提供专业的情感和心理疏导，寻找合适的角色定位，树立正确的价值观念，掌握有效的情绪管理方法。社区党委突出趣缘组合，有相同兴趣爱好的白领聚集到一起，组建摄影、美食、美妆、话剧等兴趣社团。社团活动由白领自发策划开展，街区党委负责提供活动场地和指导扶持。社团成立以来，已开展“抢票大擂台”、《十三角关系》读剧会，主题摄影交流分享会、平安夜试吃会、美妆达人秀等活动。

版块五“相约新街口”。街区党委的需求抽样调查显示，在高效高压的工作节奏、巨大的竞争态势和传统择偶观的影响下，单身白领数量与日俱增。为解决共性问题，街区党委自2014年3月起，探索实施“相约新街口”项目，突出在“活动中沟通，在参与中交流，在互动中了解”，为楼宇企业“剩男剩女”搭建多种类型交友平台。采取线上线下并进方式，线上建立会员库与专题QQ群、微信群；线下逐月举办大型和专场相结合的交友联谊活动。年内开展“童话梦工场”“以书会友”“七夕情人节”“军友交友”等活动11场，促成8对单身男女牵手成功。邀请专业人士开设“情感微课堂”“恋爱加油站”与“待嫁点点通”，针对还没有交往对象的白领、刚恋爱或恋爱受阻的白领以及即将步入婚姻殿堂的白领，开设小课堂，端正择偶观、掌握交往心理学与沟通技巧，调适心态，提高情商，提高交友成功率与婚姻圆满率，受到青年白领广泛好评。

初见成效

以街区为单位成立党组织是基层非公企业党建模式的新探索，三年来运作实践，初步取得成效。

突破单位党建瓶颈，实现区域化大效应。街区党委作为一种新的组织形式和载体，体现党建社会化、运作区域化的特征。以街区为单位开展党建工作，一是可以更好地从块上整合区域资源，建立多维度、全覆盖工作体系，形成多元主体参与的党建联合体，促进共驻共建，巩固基层基础。二是可以突破单个企业的界域，使街企、社企以及企企之间横向交流更加便捷，促进互通有无、合作共赢，有利于产生典型示范与跟从效应，带动、影响企业向先进学习靠拢。三是可以通过社会化、项目化的运作方式，聚焦共性的需求提供服务，凝聚松散性、流动性非公组织群体，提高该领域“有序、可控”的组织化程度，提升党在社会建设中的引领力、感召力和凝聚力。三年来，街区创建先进党组织25个，评选先进党员120名，优秀党务工作者30名，服务街区优秀单位30个，服务街区先进个人30名，聚立集团被列为南京市级非公企业党组织六服务创建单位。企业、白领争创先进、争当优秀，形成比学赶帮超的良好氛围。

创新实体党建与虚拟党建相结合的运作模式。网络是非公企业白领在工作和生活中利用最多的工具，在网络上各抒己见，相互沟通，发表对社会、政治、经济等方面的见解，通过网络对接讯息、联络沟通。街区党委在“实体”领域开展基层党建工作同时，向“虚拟”领域延伸，拓展基层党建工作新内容、新方式和新途径。街区已拥有多个新媒体工具：依托街道党建官网开设中山路名品街区专题页面，开发“中山路国际名品街区手机报”“中山路国际名品街区微信公众号”“智汇新街口”专属微博，面向街区企业白领，定期推送工作动态、活动预告、志愿招募、典型宣传、政策解读以及针对会员的街区商家优惠折扣等内容，从虚拟领域拉近企业和白领的距离，促进双向互动，增进共识与理解合作，营造出正能量街区舆论氛围，强化党在网络等“虚拟”领域“引领核心价值”的作用。

探索突破行政权力依托的新党建之路。街区党委没有遵循原有的命令式、指导式的工作模式，适应非公企业和社会快速发展趋势需要，服务为先导，构建服务企业白领工作体系架构，采用政府支持、社会化运作、公益性服务形式，创设服务企业白领的实事项目，开展凝聚企业白领的特色活动，引领企业白领欢迎的时尚潮流，倡导企业白领大力支持参与的公益慈善，有效提升街区企业发展软环境和白领工作生活品质，增强区域发展核心竞争力，奠定党组织在街区的形象与地位。街区党委还组建社会组织“新领空间”，承接相关具体工作和项目建设。体现党建社会化、区域化运作特征，淡化街区党建工作行政色彩，为企业白领所接受和认可。从街区组织活动的参与率、好评率与实际效果看，与组织者——新领空间的性质有一定关系，其青春定位、时尚气息以及重视服务，对人文品质的关注关怀与街区企业白领同声相应、同气相求，形成普遍共识，实现从单纯的管理到管理与服务有机结合，提高党建工作的有效性。（邹玲华）

专项整治　打造玄武城区名片

玄武区城管局以巩固创建文明城市成果实现长效管理为目标，开展“大干一百天、环境大扫除”专项整治行动，圆满完成第二届世界青年奥林匹克运动会、国家公祭日活动等各项保障任务。2014年，玄武区被市城治办评为“城市治理优秀区”，区城管局被省政府法制办评为全省城市管理行政执法案卷先进单位，被区委、区政府评为“环境综合整治立功单位”，在全市城市治理考核中玄武区总分排名第二。

环境治理，提升区域精致化程度

狠抓日常整治。高标准提升环卫保洁，推行小型冲洗设备、机扫设备、人工清洗联合作业模式，保证道路机械化作业率达到80%。高效能改善市容秩序，精心组织实施长江路亮化、进出城通道亮化、重点楼宇清洗等工程，大力开展倚门出摊、占道经营、乱设摊点专项整治行动。针对世界杯、青奥会等重大活动期间的管理难题，开展“市容环境零点行动”等活动，推动整体市容秩序日益改观。高强度拆除重点违建，一方面以保障明城墙沿线、太平门通道等16个“青奥”项目为重点，掀起新一轮拆违热潮；另一方面，严格对照整治脏、乱、差，破硬杠杠，出重拳、下实招强力拆除。高质量修缮市政绿化，完成玄武大道、玄武门广场、鼓楼广场、新庄4处绿雕制作和安装，凸显窗口地区绿色元素。

聚焦专项整治。加强停车秩序整顿，按照“应划尽划、应设尽设、应收尽收、应罚必罚”的总体思路，做到集中整顿与长效整治并举、静态管理与动态执法并重，新街口街道停车经验被市评为城市治理创优项目。大力拆除镂空字广告，3个多月反复协调沟通、上门走访、交流座谈，结合必要的强制手段，先后拆除驻宁部队、金融系统、省市机关等305块大单位楼顶镂空字。拆除包括徐庄软件园在内15块“高炮”广告，拆除167块悬挑广告。全面落实“门前三包”，积极创新管理模式，引导社会力量自治。明确中央路、中山门大街等14个创建示范道路，成立餐饮业、服装店等7个行业自治联盟，新街口、孝陵卫街道开展的积分制、星级挂牌制、红黑榜制，已初步见效。配合“青奥”重点项目，先后组织2000余人次执法力量，配合明城墙周边整治、太平门通道建设、卫岗片区综合改造等项目，为“青奥”前16个重点项目拆违2.4万平方米，拆除门头店招300多处、违规摊点130多处。汉府街东延工程，强拆汉府雅苑门头为突破口，打响东延工程第一枪。

紧盯刚性整治。玄武城管经过近百日奋力整治，完成各项任务，全力消除“脏乱差”。消除卫生死角和清运杂物垃圾，先后打响城中村、铁路沿线、老旧小区、集贸市场周边环境攻坚战，改变薄弱地段环境卫生面貌。对于区属单位及街道社区违建，坚持商业性质无条件拆除、公益性质尽可能拆除原则，对一时难以拆除的，及时召开群众议事会、听证会听取民意，确保70%民调资料无缺失。无条件拆除新增违建。2013年9月以来新增的165处、4088平方米违建，一律按照零容忍目标予以拆除，拆除率100%。同时，充分发挥三级网格优势，加大巡防力度和密度，对新增违建实施24小时高压管控，确保新增违建“零目标”。务实改善进出城通道及场馆周边环境，成立“青奥”场馆周边及进出城通道专项小组，对涉及上述地区的环境卫生、市容秩序、停车管理、市政绿化等六大类问题，开展“每周一次检查、每月一次点评”。

专项整治，改观城市市容市貌形象

开展迎“青奥”环境保障专项整治。以“青奥”场馆、运动员驻地、“青奥”班车线路沿线及道路为重点，拆除楼顶镂空字303处、拆除工地围挡106块4300平方米，拆除楼顶广告4块700平方米，拆除墙体等违规广告367块1575平方米，拆除高炮广告11处，更换公益广告279块，联合取缔玄武湖公园门前长期占道摊点、吉兆营地区涉疆占道烧烤点、总统府附近占道摊点，对新街口廊后街占道烧烤摊点、汇文里巴哈力餐馆占道烧烤、高楼门7号豪客龙虾馆占道烧烤及店外坐吃等夜间占道问题进行集中整治。

完成国家公祭日活动保障。全面启动青奥保障模式，先后召开两次动员部署大会，制定保障方案。每日出动200余人、20余辆机械化设备，对玄武大道、环陵路等重点区域的路面进行机械清洗、路牙进行人工清洗，实施全方位、多层次作业，达到路面见本色、无积尘、无落叶。针对绿岛内落叶难清理情况，创新方法，实行“人机结合”的清理模式，购置4台森林防火灭火用的风机用于辅助清理落叶，先由专业操作工人用鼓风机将落叶吹至路面，随即路面清扫队进行快速清扫、堆放、装袋，清理效果好、效率高。

实施市容环境联合整治。组织联合执法力量，取缔各类占用道路(绿地)的摊点(群)、夜市排档、马路市场、倚门出摊等违章行为。道路景观定人、定岗、定责管理；对全区户外广告设施和标志标牌进行全面检查，对严重破损有安全隐患的户外广告进行全面清理，对广告店招画面破损、店招亮化断亮等及时维修。组织区环卫公司对主次干道和街巷花坛、绿岛杂物及时清理，保持道路整洁有序。全力做好青奥会铁人三项游泳场地玄武湖西南湖水质保障工作，督促维护单位加强对玄武湖周边区属管养河道日常养护管理工作。对全区路名牌进行全面清理整顿，投入资金80余万元重新制作安装新路名牌500余块。健全青奥会期间保障体系及指挥动作体系，开展高频次、高密度执法巡查工作，加大对违法行业的执法处罚力度。

日常管理，稳固城市管理新常态

推进“9322”环境综合整治。依托城市治理全覆盖管理网络，加大巡查督查力度，对辖区内新增违建做到第一时间发现，及时制止并组织力量进行拆除。顺利拆除列入“青奥”前任务菜单159处25260.5平方米的违建，完成全区保洁员住所违章建筑拆除工作，拆除乱搭乱建192处，面积2864平方米，拆除率100%。4月28日市政府发布《南京市人民政府关于加强户外广告和店招店牌等设施管理的通告》，区城管局第一时间将通告内容和《致户外广告和沿街店家业主的一封信》送达全区商家手中，对全区楼顶镂空字和违规广告大牌进行全面摸排，加大楼顶镂空字、广告大牌拆除力度。

深化“门前三包”责任区管理。在新街口街道试点基础上，通过探索成立企业管理联盟，推动店家成立自治委员会等形式，摸索“门前三包”责任区管理方法，有效推进责任区管理工作向纵深发展。与区环保局联合发放《致餐饮单位(店家)的一封信》2160封，开展餐饮业规范化整治。开展沿街建(构)筑立面集中整治活动，重点整治主次干道、街巷建(构)筑外立面及玻璃橱窗内外立面及橱窗乱张贴、乱涂写、乱刻画、乱悬挂，沿街建(构)筑立面破损或违规的店招、违规设置的广告灯箱(含LED显示屏)等问题。在全区范围内选取17条道路进行“门前三包”责任区管理工作推进试点，统一整治内容、标准和要求，规范整治工作程序，明确考核评比细则，为全面推进“门前三包”责任区管理工作提供经验。

推进垃圾分类工作。将玄武湖街道和红山街道2个街道6个社区纳入2014年垃圾分类推进社区。全区垃圾分类人口覆盖率81.4%，超过市下达80%目标任务。完善分类设施。全区投入经费约100万元，集中采购分类垃圾桶3200个。搞好协调对接。青奥会期间，玄武区承担5个比赛场馆，3个接待酒店餐厨垃圾监督、管理和收运工作，协调3家餐饮企业单位与南京嘉博文生物科技有限公司签订收运合同，相关责任单位和餐厨垃圾收运企业全部制订工作方案，形成餐厨垃圾收运管理合力。加大培训宣传。集中组织垃圾分类指导员队伍业务培训，7个街道累计培训18次。6月，在锁三社区进行旧衣服回收试点工作基础上，选择7个街道设立15个旧衣服回收点。推进老旧小区物业管理。2014年，洁安序物管公司依托街道，发挥城管执法队伍和环卫保洁队伍在基层社区网格化管理功能，全面推进老旧小区物业管理工作。对2013年接管的23个、81.85万平方米的老旧小区进行考核验收，2014年接管39个、79万平方米老旧小区，惠及12500余户、8万人。

着力创新，深化城市治理责任体系

深化城市治理全覆盖责任制。完善《玄武区城市治理全覆盖责任制实施意见》，围绕“全域覆盖、全员覆盖、全时覆盖、全责覆盖”，严格落实路长、河长、网格责任长制度，健全各类市政设施和管养单元溯源机制，发现问题及时督促责任主体整改落实。加强区城市治理委员会、街道城市治理联席会、社区城市治理联络室三级组织建设，健全完善团组活动、专题研讨、挂钩联系等工作机制，细化明确总体目标和原则、组织框架、网格责任区划分、职责分工、治理标准、工作措施，配套制定13个实施方案。

构建运转高效的大城管执法机制。对接市权下放项目，规范统一全区相对集中行政处罚权。建立行政执行绿色通道，会同区法院定期研究执行案件，依法简化衔接环节，提高行政执法效率。组建区渣土联管办，明确公安、交管、住建、环保等部门职责任务，严格规范渣土运输行为，切实提升渣土管理工作效能和水平。创新“门前三包”责任区管理模式，鼓励和引导社会力量开展自治，成立餐饮业、服装店等7个行业自治联盟。总结推广梅园中央监控系统、智慧锁金、玄武湖云服务平台经验及新街口、玄武门、环湖办“信息共享、全域监控”有益做法。

启动环卫市场化工作。成立环卫市场化推进工作领导小组，全区环卫市场化得到整体稳步推进。制定玄武区2014年环卫市场化推进实施意见，明确招标主体，规范市场化推进要求以及完成时间。完成全区所有环卫清扫保洁设施量的统计，以街道为单位划成7个标段，所有主次干道及全区垃圾运输等项目公开招投标。街巷和无物管小区院落清扫保洁根据市里相关文件要求划分到所属街道，由各街道具体负责清扫保洁市场化招投标工作。

推进市政设施养护市场化。成立玄武区市政基础设施养护作业市场化领导小组，围绕实现市委、市政府提出全面推进市政设施养护作业市场化目标任务，按照“科学筹划、合理安排、整体推进、协调发展”原则，全力推进玄武区市政设施养护作业市场化工作。10月底，完成市政设施市场化工作方案的制定、标书制作、市政设施标段划分等相关工作。12月底，完成市政设施养护作业市场化招标公告、开标、评标、合同签订及协助中标单位办理行政许可等相关工作。年内，完成市政存量设施50%、园林100%市场化招投标工作目标。 （陈青林）

以青奥会为契机 推进青年志愿服务工作新发展

近年来，共青团玄武区委凝聚并带领广大青年志愿者，不断完善区域志愿服务管理工作，推进志愿服务项目化、服务机制社会化、服务手段专业化发展，全区志愿服务事业保持蓬勃发展的势头。

以组织建设为着力点，夯实志愿服务基础

为便于全面了解玄武区志愿服务工作情况，团区委不定期对部分团组织进行调研，鼓励各级组织在总结志愿服务工作现状基础上，分析存在问题和不足，积极探索更为有效的形式和志愿服务工作落点。推行《志愿服务活动反馈表》月报制度，各直属团组织反馈各月各团队开展志愿服务活动的具体时间地点，服务人次及参与人次，便于了解和掌握情况。

完善志愿服务组织网络。全区注册志愿者逾5万名。团区委指导直属团组织推进青年志愿者队伍建设，构建街道社区、企业、学校、社会公益自组织的青年志愿者网络格局，培育稳定的志愿者队伍逾40支。探索以团队为主体，系统整合区域资源，初步建立区属党团组织为核心、区域内驻区单位为外延的属地化管理机制，形成较规范的“协会—总队—小组”梯级服务网络。

注重志愿者标识形象建设。设计玄武区志愿者的标识LOGO，推出玄武公益形象“城墙宝宝”，用拟人化形象传播公益理念、践行公益实践，并延伸制作胸牌、贴纸、文明贴、马甲等产品，每次开展志愿服务活动，要求佩戴标识，亮明身份，扩大玄武志愿者社会影响力。

联系和服务社会公益组织。与“梦想飞扬”助雏服务队、爱德基金会、西祠爱心之旅、“夕阳天使”为老服务队、南京义工联等20余个民间志愿者组织建立长期联系，定期开展交流活动，帮助民间公益组织解决遇到的问题，通过建立合作机制提高志愿服务能力，为社会公益自组织、网络公益自组织搭建平台，逐渐提升志愿服务公信力，增强向心力。

以深化品牌建设为着眼点，推进志愿服务工作项目化

团区委提出“文化建团、创新建团、品质建团”，以加强文化品牌建设为关键点，以构建管理体系为突破点，以深化项目品牌专业化建设为出发点，铸就“文化、创新、品质”志愿服务工作的思路。

开拓志愿服务文化建设。近两年，围绕“城墙宝宝迎亚青”“城墙

宝宝迎青奥”“城墙宝宝参与城市治理”“城墙宝宝游金陵”和“城墙宝宝做公益”等主题，通过文化宣传、广场展演、公交车身广告、公益活动等形式，喜迎“青奥”盛会，服务社会发展，在青少年群体中产生积极影响，越来越多青少年响应“城墙宝宝”号召，积极主动参与到志愿服务工作中来。发挥网络优势，开通官方微博、微信，利用玄武区志愿服务网站及时发布信息，推动各级志愿服务组织建立务实、灵活、多样的网络引导平台，推进志愿服务工作网络文化建设。青奥会期间，玄武共青团通过“两微一站”平台全程跟踪报道玄武区城市站点志愿服务工作。

构建志愿服务管理体系。按照“贴近民生、志愿者所能”原则，把志愿服务与提高人民群众生活品质结合起来，建立并形成具有一定影响力的志愿服务项目库。对后宰门社区卫生服务中心青年志愿者服务队、鸿福老年公寓及“特殊教育学校学雷锋示范点”“爱心火炬”志愿者服务队”“儿童福利院义工服务队”、锁二社区“一小时轻松阳光”“检察官社区服务站”“小手拉大手，志愿服务全家行”“亲子义工行动”“Smile”身份证上门服务等志愿服务项目库中的项目，给予相应的活动指导。

推动志愿服务项目专业化建设。坚持把专业型服务作为提升志愿服务水平的重要突破。公安玄武分局团委发挥部门特色，开展志愿者禁毒宣传教育工作，举办各类宣传活动和讲座240余场次，发放各类禁毒宣传资料8000余份，现场解答咨询2000余人次。介入重点青少年群体关爱服务，组织来自公检法和高校心理学专业志愿者，采取“一对一”“多对一”结对帮扶方式，为每个重点青少年定制个性化成长方案，每周上门开展心理疏导、学业辅导和亲情陪伴等关爱行动，并为他们举办庆“六一”和暑期夏令营专场活动，用真诚感化每一个重点青少年。

以“迎青奥”环境治理为着力点，推动志愿服务纵深发展

团区委整合区域内青少年资源，汇聚力量，服务青奥会，保障环境整治行动，展开一系列活动。

开展“大干一百天，美丽迎青奥”行动。按照区委、区政府要求，广泛发动青少年投入到环境卫生专项整治行动中，形成少先队员、中学团员、高校学生以及青年志愿者四驾齐驱、协同并进的工作格局。一是在中小学生中开展“雏鹰展翅——城市治理小小志愿行动”，推动少先队员及其家庭成为老旧小区清扫保洁的补充力量，实现“绿色南京、绿色青奥”的活动目标。二是在高校志愿者中开展“清洁环境 青奥先锋”专项行动，号召高校志愿者担任媒体观察员和城市治理公众委员，组织学生定期清理校园内和所属街道校园周边环境。三是在青年文明号中推进“创一流环境 树文明新风”专项行动，按照属地化原则，参与到街道卫生大扫除活动中，发挥青年力量。

策划“和城墙宝宝一起迎青奥”系列宣传活动。结合城墙宝宝公益形象，用青少年关注的文化标识、喜闻乐见形式掀起“青奥”宣传风。举办城墙宝宝文化创意产品设计大赛，收到作品200多件，涵盖高科技体感酷跑游戏、卡通的QQ表情以及明信片、邮票、文具、T恤、玩偶等，展现出城墙宝宝精彩的文化内涵以及时代魅力。组织“城墙宝宝爱城墙 青春分享迎青奥”活动，民俗创作多彩丰富，创意设计作品展示和评选被各大媒体争相报道，同时城墙宝宝还被授予“明城墙申遗青少年宣传大使”，助力2016年明城墙申遗。制作城墙宝宝公交车身公益广告，以“城墙宝宝文明礼貌迎青奥”为主体，通过漫画形式登上公交车，成为穿梭城市之间的流动风景线。出品一批城墙宝宝文化产品，童谣册、手偶、头箍、扇子、钥匙扣、城墙宝宝福字、立体优盘、志愿服务马甲、书签、书包等文化创意产品落地，配合“青奥”志愿服务和评选表彰进行发放，让城墙宝宝走进青少年生活中。

组织“幸福青奥年”系列志愿服务活动。推广社会全员参与的志愿服务理念，组织开展一系列迎“青奥”志愿服务活动。召开玄武区青奥志愿服务总动员大会，展示“青奥”志愿服务阶段成果，并全方位动员少先队员、中学团员、高校志愿者和青年团员，赠送防暑慰问品。举办年度志愿者年会，总结全年志愿服务活动，以故事分享会形式，展示全年“青奥”志愿服务、城市治理全覆盖成果，表彰先进。春节、五一、十一期间在南京火车站开展城墙宝宝送“福”、道路咨询引导志愿服务活动，深入“希望来吧”开展“暖冬行动”。组织各级团组织深入街道、学校集中开展“青奥”文明宣传、特殊青少年关爱、社区义务服务等形式多样的志愿服务活动，弘扬雷锋精神、践行公益理念。青奥会期间全面参与钟山高尔夫场馆、火车站、地铁站志愿服务活动，配合火车站北广场启用，开展道路指引服务。2014年累计参加志愿服务34800人次。推广青年志愿者服务卡，服务卡中自动携带一年期的人身意外保险合同，通过全面普及办理服务卡工作，做好志愿者后勤保障。 （卢 星）

概览

Overview

基础情况

组织机构及负责人

责任编辑 顾坚

基础情况

【自然地理】 玄武区位于南京市区东北部，是南京市的中心城区之一，也是南京市市委、市人大常委会、市政府、市政协机关所在地。东、北与栖霞区相接，南与秦淮区为邻，西北与鼓楼区接壤，东南与江宁区交界。域内面积75.46平方公里，户籍人口49.53万人。

地势 山峦起伏丘陵环抱，山川形胜，气势恢宏。多种多样的地貌形成“十山八河十二湖”，与蜿蜒而过的明城墙交相辉映，构成山、水、城、林于一体的园林风光。

地貌 低山、丘陵、岗地、平原交错分布。林木葱郁，植被良好。大部分岗地、平原用于城市建设开发，其余大多辟为菜地和果园。

气候 属北亚热带湿润气候，冬寒、夏热、春温、秋暖，四季分明。年平均气温为15.4℃~16.6℃。冬季以东北风为主，1月份平均最低温度为-1.6℃；夏季以东南风为主，7月份平均最高温度为30.6℃。常年平均降雨117天，年平均降雨量1106.5毫米，相对湿度76%，无霜期237天。6月下旬到7月上旬为梅雨季节。

自然资源 铁矿分布在红山森林动物园；煤矿分布在灵谷景区；硫磺矿分布在钟山北麓岔路口；黄铜矿分布在钟山西北蒋王庙，至今留有20世纪50年代开掘的矿井。钟山植被，陆地面积2930.7公顷，水域面积78.1公顷。现有维管植物157科506属1217种，特、稀、危植物50余种；鸟类生物14目42科140种；昆虫1200多种；蝶类9科73属120种，其中“虎凤蝶”缘起紫金山，是比“猿人”更为古老的生物，有“活化石之称；真菌类生物246种。

【人口状况】 2014年，玄武区常住人口总数为560713人，其中户籍人口495259人，男性251680人，女性243579人，性别比为103.33，流动人口总数65464人。与2013年相比，人口总量增长约10056人，增长率为1%。

结构 2014年，全区新出生人口4122人，出生率8.3‰，其中男性2142人，女性1980人，性别比108.18；死亡人数2283人，死亡率4.11‰，人口自然增长率1.69‰，计划生育率99.94%。

年龄 2014年户籍人口中，18岁以下人口60252人，占总人口比重12.17%；18-35岁人口164347人，占总人口比重33.18%；35-60岁人口178027人，占总人口比重35.95%；60岁以上人口92633人，占总人口比重18.70%。

生育 2014年，全区育龄妇女160981人，比上年同期增加2887人，占总人口28%，已婚育龄妇女人数116012人，比上年同期增加2081人，占育龄妇女总数的72%；应落实避孕节育措施人数110211人。

【古迹名胜】 六朝宫阙、明初紫禁城、太平天国天王府、孙中山临时大总统府和国民政府总统府均坐落区内。钟山风景区以雄伟壮丽的钟山与碧波千顷的玄武湖为核心，山水相依，雄秀兼具，在新评比的“金陵四十八景”中，这里就占有10席。境内拥有5座城门、总长9.37公里的明城墙，是南京市幸存明城墙的主要部分，其两侧聚集甚多名山、名水、名胜。丰富厚重的历史人文资源和钟灵毓秀山水生态风光，描就玄武精美而又独特的都市画卷。

【文化遗产保护】 区内有南京市唯一一处世界文化遗产——明孝陵，有国家、省、市、区各级各类文物保护单位215处241个点，其中国家级18处33个点、省级18处18个点、市级55处64个点、区级56处56个点；市级不可移动文物2处4个点，区级不可移动文物66处66个点。建立区非物质文化遗产保护名录，其中国家级1项、省级3项、市级10项、区级4项。区内南京工艺美术总公司，现为世界和国家级“非遗”南京剪纸，省级“非遗”金陵竹刻、仿古牙雕，市级“非遗”仿古木雕、瓷刻等18个项目的责任保护单位，有国家、省、市“非遗”传承人32位。

【区域沿革】 6000多年前，玄武湖畔有原始村落。战国时，为金陵邑辖地。秦、汉时，南部属秣陵县，北部属江乘县，后又隶属会稽郡、鄣郡、丹阳郡。东汉建安十七年(212)改秣陵为建业县，区境南部属之，区境北部改设典农都尉。

西晋太康元年(280)，复改建业为秣陵县。太康二年，以淮水为界北置建业(次年改称建邺)，南为秣陵县，恢复江乘县建置。建兴元年(313)，愍帝司马邺即位，为避帝讳，改建邺为建康，直至陈朝末年。

隋朝统一南北后，建康、江乘、秣陵县并为江宁县，区境隶属蒋州。唐上元二年(761)，改江宁为上元县，至清末，区境均属上元县。

民国元年(1912)，临时政府废上元、江宁两县，建置南京府，区境属南京府。民国2年(1913)，撤南京府，以旧上元、江宁两县复置江宁县。民国16年(1927)，改江宁县城区为南京市，区境城内部分属南京市。

民国22年(1933)3月，建区之始。中山路以东，中山门以西，九华山以南，中山东路以北属区范围，为南京第一区。

民国23年(1934)9月，今孝陵卫街道地区和玄武湖街道的仙鹤门行政村(仙鹤乡)属孝陵区；中山陵园区域属国民政府直接管辖；今锁金村街道、玄武湖街道（仙鹤门除外)和红山街道地区属燕子矶区。

民国27年(1938)1月，原一区改属第三区。民国34年(1945)9月，恢复抗日战争前第一区建置，辖区则向中山东路以南、逸仙桥以东一带扩展。

1949年6月，沿用第一区建置称第一区人民政府。1950年6月，以一区为基础，中山东路以南地区划出，建为新一区。今红山、锁金村街道地区和玄武湖街道部分地区改属新八区；今孝陵卫街道地区和玄武湖街道部分地区，改属中山陵园区。

1955年6月，第一区人民政府改称第一区人民委员会。同年8月，第一区改称玄武区。今境内分属玄武区、燕子矶区和中山陵园区管辖。1960年5月，成立玄武人民公社。1962年8月，玄武人民公社名称撤销，恢复玄武区人民委员会。

1967年3月，玄武区改称要武区，实行军管，设南京市军事管制委员会要武分会。1968年3月，成立要武区革命委员会；1973年11月，改称玄武区革命委员会。

1980年9月，玄武区革命委员会复称玄武区人民政府，至今。

【区划调整】 1951年5月，建立居民委员会。1955年9月，设立新街口、大行宫、香铺营、四牌楼、丹凤街、玄武门、太平门、太平桥8个街道办事处。1957年10月，香铺营街道办事处撤销。1960年4月，街道办事处合并并改建为新街口、丹凤街、梅园新村3个人民公社分社。5月，市级机关及周围单位成立北极阁分社。65个居民委员会合并为19个街道委员会。1961年，新街口、丹凤街、梅园新村3个分社改为3个街道办事处，19个街道委员会调整为54个居委会。1962年8月，人民公社、分社撤销，恢复新街口、香铺营、梅园新村(原大行宫)、太平门、丹凤街、四牌楼、玄武门7个街道办事处。

1967年1月，各街道实行军管。1968年3月，街道成立革命委员会。同年8月，7个街道革委会合并为长江路、梅园新村、丹凤街、太平门、要武门5个街道革委会。1978年9月至10月，撤销街道革委会，恢复7个街道办事处。

1980年12月，因后宰门住宅小区人口增加，原太平门街道办事处撤销，改为后宰门和兰园2个街道办事处。1984年2月，锁金村地区划归玄武区管辖，增设锁金村街道办事处，全区街道办事处增加至9个。

1987年12月，新街口与香铺营办事处合并为新街口街道办事处，丹凤街与四牌楼街道办事处合并为丹凤街街道办事处。

1995年4月，全市区划调整，栖霞区的孝陵卫、玄武湖镇及小营、藤子、红山等3个行政村和原属鼓楼区管辖的玄武门路以北、中央路以东、沿城墙以西地带划归玄武区。1996年3月，设立红山街道办事处，管辖小营、藤子、红山3个行政村。同年12月，撤销孝陵卫镇、玄武湖镇建置，改设孝陵卫办事处和玄武湖办事处。

2000年，社区管理体制改革，原有的居民委员会和家属委员会调整组合为86个社区居民委员会。2001年，在孝陵卫街道办事处辖区内增设卫岗街道。全区共有11个街道、84个社区、12个行政村。2005年，丹凤街街道、兰园街道、卫岗街道分别与新街口街道、梅园新村街道、孝陵卫街道合并，全区调整为8个街道、75个社区、11个行政村。2007年调整为8个街道、64个社区、6个行政村。2009年底调整为8个街道、63个社区、4个行政村。2011年调整为8个街道、62个社区、4个行政村。因城市建设发展，2011年由市民政局地名办对区内13处地名进行了命名、更名和调整。地名每年调整变化情况列表。

2012年，新一轮区划调整，8个街道调整为7个街道，将原梅园新村街道办事处北京东路以北的公教一村社区和后宰门街道办事处龙蟠路以北以西部分(太平花园小区)划归玄武门街道办事处。将调整后的梅园新村街道办事处与后宰门街道办事处合并，成立新的梅园新村街道办事处。2012年底，全区有7个街道、58个社区。2013年底，全区有7个街道、59个社区，新增红山街道紫金小营社区。

【经济社会发展】 2014年，玄武区围绕建设现代化国际性人文绿都标志区的总体目标，按照市委提出的内涵式、集约化、品质型主城区发展要求，和稳增长、调结构、促改革、惠民生的基本导向，在南京市主城区划调整、宏观经济高位减速的宏观大背景下，系统分析并把握新形势、新挑战、新常态，积极探索引领发展的新战略、新路径、新措施，强化改革创新，注重品质内涵，突出幸福导向，着力项目推进，狠抓运行监测，力保全区经济社会又好又快协调发展。区十七届人大三次会议通过的108条国民经济和社会发展计划，完成106条，完成率为98.1%。

经济发展稳步提升　全区积极应对复杂严峻的国内外经济形势，不断调整应对措施，促进经济提质增效升级，各项主要经济指标完成全年计划。全年地区生产总值完成482.51亿元，可比增长10.3%，其中三产增加值完成456.57亿元，同比增长11%。公共财政预算收入完成44亿元，同口径增长6%。社会消费品零售总额完成390.72亿元，同比增长13.2%。全社会固定资产投资完成111.59亿元，同比增长2.4%。服务外包执行额完成15.94亿美元，同比增长30%，其中离岸外包执行额完成5.93亿美元，同比增长34.9%，外贸出口总额完成27.68亿美元，同比增长36.6%。实际利用外资完成1.7亿美元，同比增长12.7%，全年引进注册资金千万元以上企业184家。

创新活力不断增强　强化企业市场和创新主体地位，积极为企业提供方便、快捷、优质服务。设计并运营玄武区重点企业服务系统，及时掌握产业和企业发展情况，协调解决企业遇到的困难和问题，发布最新政策、公布扶持项目，引导产业发展，对企业进行一企一策的针对性支持。贯彻落实南京市科技创新和“千企升级计划”精神，加快推进玄武区企业科技创新，重点突破一批支撑战略性新兴产业发展的关键技术难题，及时跟踪国家、省、市产业政策最新动态，积极组织申报各类专项扶持资金，为企业发展和创新升级提供支持。2014年，为区域内企业申请各类专项引导扶持资金9000万元。鼓励企业加大研发中心建设和开发新产品，协助东大智能申报江苏省企业技术中心，有3家企业意向申报市级企业技术中心；确定欧飞“电商最后一公里解决方案”等11个软件重点项目、中科微“超高频RFID多模读写器核心芯片与系统研发及产业化”等12个物联网重点项目和途牛“旅游产业链资源整合及供应商综合运营管理系统”等6个“两化融合”重点项目。积极帮助辅导企业上市，全年新增南京中生联合股份有限公司、南京途牛科技有限公司上市企业2家，新增江苏亚奥科技股份有限公司、江苏万企达股份有限公司、南京智达康无限通信科技股份公司、南京建策科技股份有限公司、南京东来办公产业股份有限公司新三板挂牌企业5家。生物医药、节能环保、电子商务等新兴产业发展提速，新业态迅猛发展。以先声药业、柯菲平医药、中生联合、中科集团等为龙头的生物医药产业累计实现产值40亿元，同比增长15.0%；以苏美达机电、奥科瑞丰、东大智能、埃森环境和常荣噪声等为龙头节能环保产业累计实现主营业务收入20亿元，同比增长11.5%。

项目建设有序推进　深化城市核心区设计规划，高效利用玄武区空间资源，在重点片区强化规划和城市设计工作。完成铁北红山新城核心区城市设计、钟岚里民国建筑保护方案、逸仙小学复建设计方案，全面启动中山门大街及其周边片区城市设计和珠江路发展规划研究。根据国家政策导向，结合玄武区情实际，广泛挖掘优质项目，建立项目库，编制年度政府投资项目计划。列入计划目标的40条重点经济项目，苏宁易购总部完成工程建设，其余长江路九号三期主体工程、雨花巷总部企业楼、江苏省广电集团幸福传媒广场主楼、常发广场、熊猫中央广场等15个在建工程项目按时序推进，先声药业“百家汇”三期、江苏瑞华金融创新研发基地等9个项目顺利开工，梅园片区、青石街地块等14个前期储备和招商项目取得进展。2014年，全区列入市级重大项目9个，其中在建项目6个，新开工项目3个，总投资218.5亿元，年内计划投资18亿元，完成年度目标任务。全力推进区内重点项目融资，积极协调各重点项目融资方与多家金融机构深入对接，有力促进政银合作。全年全区累计完成融资17.73亿元，其中，南京市玄武区国有资产投资管理控股(集团)有限公司7.75亿元，南京玄武城建投资发展有限公司2.28亿元，南京铁北实业投资有限公司3亿元，南京紫金(玄武)科技创业特别社区建设发展有限公司1.5亿元，南京玄武投资有限公司3.2亿元。

功能品质不断优化　推进市政项目建设，进一步完善城区功能。完成汉府街东延及跨河桥等建设工程，解放门片区等一批雨污分流工程，玉带河等河道清淤工程，樱驼花园街头、胜利村路紫金南苑路口等一批小游园、绿地建设，开展新街口、梅园新村、锁金村3个街道计24台老旧电梯整治工作。基本完成估衣廊小区、东箭道小区、蓁巷小区、大纱帽巷40号和进香河10-16号小区出新建设。攻坚克难，稳步推进动迁拆违、治乱整破工作，完成兰园农贸市场续建，太平北路、龙蟠路、红山南路、明城墙沿线等一批环境综合整治，有序推进高力汽配地块、孝陵卫柳营地块、红山路以西零散地块、沈阳村、卫岗坡两侧将军岭和蓁巷等一批城中村、危旧房地块的改造工作。2014年，全区垃圾分类人口覆盖率81.3%，超过市下达80%目标任务。

民生保障持续改善　全年城市居民人均可支配收入达到46039元，同比增长8.9%。积极做好就业和社会保障工作，全区新增城镇就业24013人，其中新增城镇单位就业14250人，城镇就业中大学以上占比完成67.1%，实现再就业11123人。援助困难人员就业2146人，培育自主创业者2025人，创业带动就业20166人。积极推进低收入住房保障和保障房建设入住工作，受理新增审核完成低收入住房困难家庭202户362人。对全区低收入住房保障在保家庭2006户4520人累计发放租赁补贴410万元，公共租赁住房累计在保户数267户，其中189户已完成选房安置工作。全年分配4100套保障房。创建市级绿色市场7家，新增农贸市场绿色专区153平方米，完成19家市场肉类蔬菜追溯系统建设工作，完成进香河农贸市场、锁金村农贸市场、孝陵卫农贸市场提档升级改造。加强和谐社区建设，全区和谐社区建设达标率98.0%。全年新增养老床位330张。积极推进教育领域综合改革，对现有教育资源进行新一轮优化组合，通过合并、办分校、托管等方式，进一步放大优质资源。全区校际教师流动212人，流动率17.2%，新接收1035名进城务工人员子女接受义务教育。落实发放各类助学券(金)1816.02万元，惠及18125人次。提前完成每万人拥有公共文化设施面积472平方米市现代化考核目标，全面完成城市社区“10分钟体育健身圈”目标任务。开工建设区公共卫生事件应急处置大楼，完成新街口社区卫生服务中心过街楼改造，启动玄武门社区卫生服务中心业务用房置换升级工程。年初确定为民办实事项目全部完成。2014年，玄武区两个“涉农社区”：红山社区、藤子社区，由于城市建设发展需要，土地全部被政府征收，在被征收之前，2013年，在籍农户、人口通过“征地代劳”其户籍性质随即转为社区居民。

2014年，玄武区国民经济和社会发展计划执行情况取得较好成绩，也存在一定问题，有2条计划目标未完成。“开工建设内秦淮流域梅园新村片区雨污分流工程”：根据《中共南京市委常委会议定事项通知》(第1期)，以及宁政发(2014)84号《关于完善排水工程管理体制实施生活污水集中处理创建排水达标区实施意见》文件要求，区委、区政府制定《玄武区创建排水达标区实施方案》，并报市指挥部批准。按该方案，梅园新村片区雨污分流工程不列入2014年目标任务，该目标未完成。“开工建设苏宁312国道南侧地块”：该项目位于312国道南侧，占地约5公顷，规划总建筑面积227735平方米，规划建成为商业金融以及与之配套的相关设施。2013年苏宁已将该地块规划设计方案报市规划局，并获得审批。2014年苏宁因公司内部原因，对项目功能重新规划并调整原设计方案。该方案基本确定，报市规划审批，项目年内无法启动。

【功能片区与重点项目】　南京CBD核心区　位于新街口东北角，北临长江路，南至中山东路，西临中山路，东至洪武北路，总占地约16公顷。已建成、在建和规划建设总建筑面积约70万平方米。拟通过整合地下空间、地面交通、公共空间资源，实现地下空间集约化利用，商业空间进一步连通，创造一个地上和地下融通、产业和景观配套、城市功能和形象协调的国际化标志区；一个最能引领南京乃至长三角经济发展、最能体现国际化形象、最能代表高端服务业水平的南京CBD核心区。在建项目德基二期，总投资20亿元，由一幢高324米的标志性主楼和一幢8层的裙楼构成，总建筑面积25万平方米，其中裙楼商业面积8.5万平方米，引进全球60余家一线品牌。位于德基二期主楼第38至62层，丽丝卡尔顿酒店为南京目前最豪华超六星级国际酒店，共25层297个客房。2014年全面开展室内装饰装修，坚持高标准高品质施工，商务办公区2015年上半年完成装修。

圣和文化广场　位于汉府街东箭道地块，项目占地面积1.33公顷，总建筑面积约69000平方米，由六朝博物馆及南京圣和府邸豪华精选酒店组成，总投资7亿元。其中，六朝博物馆由贝聿明次子贝建中领衔设计，外形似两个咬合的“L”形，面积约23000平方米，包括地上部分约10800平方米，地下部分约12000平方米。主要包括“金陵帝王州”“六朝风采”“六朝人杰”“三国风云”4个陈列展览。南京圣和府邸豪华精选酒店建筑面积约46000平方米，包括地上部分24000平方米，地下部分约22000平方米。由圣和集团建设，喜达屋酒店集团进行管理。六朝博物馆2014年8月11日开馆，圣和府邸豪华精选酒店进行内部装修，2015年3月竣工交付。

熊猫中央广场　位于中山东路301号，占地12.6公顷，包含A、B、C、D四个子地块，分期建设，地上部分建筑面积38万平方米，地下部分约20万平方米，拟打造成为集研发、办公等为一体，定位高端总部型、综合性区域。其中A地块拟建2幢总部商务大楼；B地块地上建筑面积约20万平方米，包含商业、办公、酒店、酒店式公寓等业态；C地块坐落有民国保护建筑，将进行保护性开发。D地块临近珠江路，计划建设3万平方米高档住宅。截至2014年底，A地块进行桩基支护施工；D地块局部进行土方开挖工程。

森林摩尔商业街区　位于中山门大街与灵谷寺交界处，紧邻地铁2号线钟灵街站，项目占地4.09公顷，总建筑面积3.89万平方米，由9栋单体建筑组成，依紫金山山势而建，与周边环境浑然一体，各建筑之间由空中连廊连贯而成。业态涵盖餐饮、零售、亲子、户外、休闲等种类，最大限度满足城东原有商业布局缺失。2014年6月20日开业。

苏宁易购总部　位于徐庄软件园，占地面积11.27公顷，总建筑面积约23.5万平方米，其中地上建筑面积约11.9万平方米，地下建筑面积约11.6万平方米。总部设计围绕绿色生态环绕、人文技术融合理念，涵盖IT研发区、办公区、商业休闲区、生活保障区等多个功能区域，着力营造协同开放、创意创新的互联网氛围。2014年8月竣工投入使用。

徐庄软件产业基地物联网与集成电路产业园　位于徐庄软件园研发六区，占地面积约2.53公顷，建筑高度为50米，总建筑面积94837.18平方米，其中地上55715.28平方米，地下39121.9平方米。项目总投资约4.3亿元，规划建设为物联网与集成电路设计产业的孵化器和加速器。截至2014年底，完成主体结构封顶，进行墙体砌筑施工。

百家汇玄武创新药物孵化基地　位于徐庄软件园，土地使用面积20.97公顷，项目新建建筑面积约227800平方米，其中：研发实验室约38500平方米，研发办公约154800平方米，配套辅助用房约34500平方米。计划投资17亿元，资金由南京百家汇科技创业社区有限公司自筹。百家汇作为一个开放式创新创业平台，开创由制药企业主导、境内外科研机构、全球投资基金，共同孵化培育药物创新模式，在南京打造一个汇聚全球智慧的生物“硅谷”。2014年3月项目开工，截至2014年底，完成基坑支护桩、基础桩施工。2017年12月建成投入运行。

紫金(玄武)科创特区　项目选址聚宝山地块，占地42.33公顷，规划载体面积约60万平方米。产业规划初步定位为生物医药、集成电路设计、软件研发和互

联网。为玄武区“十三五”期间转型发展重要增长极。项目城市设计分为“聚科园”“聚创园”“聚新园”“聚智园”“聚慧园”“聚宝科技城”及“聚才山庄”七大组团，2014年启动地块东侧“聚慧园”组团建设。其中，一期聚慧园组团位于聚宝山地块东南角，旨在打造创新型城市社区。占地3.9公顷，建筑设计遵循环境优先、以人为本原则，总容积率为4，设计载体面积地上15.5万平方米、地下9.1万平方米，包括20层、12层、11层主体建筑6幢，建成后可提供2万平方米孵化器，10.6万平方米加速器及中试用房，2.7万平方米商业配套。截至2014年底，一期聚慧园项目，6幢主体建筑全部封顶，进入二次结构及砌体、粉刷、消防、电气工程施工阶段。

南京常发广场　位于红山街道红山路南侧曹后村，2011年由常州常发集团拍得此地块，占地约5.6公顷，总建筑面积约23万平方米，其中地下7万平方米。该商业综合体包含主力百货店和3幢商务写字楼，将建成一座包含餐饮、购物、娱乐、健身等多种业态于一体多功能商业综合体。截至2014年底，项目2、3、4号楼主体结构封顶，1号楼已出正负零。2015年底，项目综合体整体开业。

梅园片区项目　位于中山东路以北、汉府街以东，毗卢寺以西，总占地面积约4公顷。拟通过对片区整体改造，将逸仙小学迁建至汉府新村地块，对片区内民国建筑进行修缮和保护，开发建设相关旅游配套设施，提升整个梅园地区品质，改善长江路旅游结构，在中山东路民国历史轴线上形成一个连续的界面，提升区域空间景观品质，进一步完善旅游配套设施，彰显民国风貌，创建长江路历史文化休闲旅游街区国家AAAAA级景区。2014年，全面推进地块征收、土地置换、城市规划设计等前期工作。

中星微·徐庄科技总部基地项目　由北京中星微电子有限公司投资建设，总占地面积9.07公顷，可建设用地6.83公顷，总规划建设面积约11.3万平方米，总投资约3.5亿元。项目按照功能需求和景观条件分成东西2个区域，东侧布置多层研发办公楼共13栋，面积从3700~8100平方米不等，其中11栋对外招商，重点引进物联网与集成电路设计类企业总部;西侧为低层研发实验楼3栋，规划建成中星微电子的集成电路研发设计和产业化基地。截至2014年底，基本完成主体结构封顶，2016年上半年投入使用。

北极阁广场　该项目西抵鼓

苏宁易购总部夜景

楼，北接台城、玄武湖，东临鸡鸣寺、南京市政府，占地面积约4公顷，由南京环亚商业管理有限公司投资建设。改造内容主要有地面景观建筑、地下商业和地下停车场3大部分组成，是一个集美食、休闲、零售、娱乐、高端文化展示于一体，以时尚娱乐驱动消费的新型的公园型广场。北极阁风貌区为“紫金山—玄武湖旅游示范区”的重要组成部分。自2012年下半年开工建设，历时两年多，截至2014年底基本完成建设。2015年3月正式开放。

新隆基酒店项目　位于锁金村1号，龙蟠路与板仓街交汇处。该项目由江苏新隆基置业有限公司独家投资，项目规划由澳洲U&A设计国际集团负责设计，施工图由南京市建筑设计研究院负责设计，室内由美国HBA酒店室内设计公司负责设计。项目总投资约7000万美元，占地1.1公顷，总建筑面积约35000平方米。建设一座五星级酒店。2014年底，完成主体工程封顶，进入室内外装修阶段。（韩雨芳）

组织机构及负责人

【中共南京市玄武区委员会】

书　记：储永宏

副书记：徐曙海　杨晓阳（1月免）

杨乐华

常　委：易　兵　曹　曙　苏　郑

王　静　许　恺

宗在卿（7月免）

周　雯（1月免）　滕　涛

梁爱国　陈乙华（1月任）

郭永强（7月任）

副巡视员：顾建华

【南京市玄武区人民代表大会常务委员会】

主　任：张　萍

副主任：刘显平　张　蓬　杨冬梅

李　辉

副巡视员：李永革（5月免）

【南京市玄武区人民政府】

区　长：徐曙海

副区长：曹　曙　苏　郑　戴　航

胡士宁　蒋兆全　朱天龙

陈云松

副巡视员：傅根辉　凌立玉

【中国人民政治协商会议南京市玄武区委员会】

主　席：邱小凡

副主席：王敬玲　蒋　健

王连安（不驻会）

冯小仙（不驻会）

贾民平（不驻会）

巡视员：梁广宏（7月免）

【中共南京市玄武区纪律检查委员会】

书　记：王　静

副书记：丁晓祥　邱　健

常　委：林　朗　黄燕明

张　震（3月任）

朱　妍（3月任）

【南京市玄武区人民武装部】

政　委：郭永强

部　长：宗在卿（3月免）

顾学棕（3月任）

【南京市玄武区人民法院】

院　长：周　迅

党组副书记：张　赟

副院长：张　赟　高　伟　吴小晗

时　超

政治处主任：庞晓庆

纪检组长：齐　玥

审委会专职委员：陈新娣

薛亚萍

副处级审判员：王海城　杨　荣

王　萍　武圣祥

王　慎

调研员：李　明　郭　强

副调研员：孙郸中

【南京市玄武区人民检察院】

检察长：陆宁平

党组副书记：席　晨（3月免）

王卫东（3月任）

副检察长：席　晨（3月免）

王卫东（3月任）

樊　凌（10月免）

宋　晖　涂　彪

政治处主任：涂　彪

纪检组长：张大松

检委会专职委员：张　前

蔡　宁

副处级检察员：朱家明　胡炳辉

调研员：彭庆安

副调研员：刘锦华（10月免）

樊　凌（10月任）

【区委工作机构】

区委办公室

主　任：滕　涛

副主任：陈　静　朱锡刚

徐远帆（1月任）

副调研员：郭振国　韩　琦

区政策研究室

主　　任：陈　静

信访局

局　长：陈玉荣

副局长：高　炜　陈　东

周　彪（7月免）　李联民

信访督查专员：解　军　张泽洪

调研员：马晓玲（5月免）

组织部

部　长：梁爱国

副部长：马千山（兼） 刘 青
孙 荟 丁 锴

组织员办公室
副主任：丁 锴

人才工作办公室
主 任：孙 荟
副主任：周 正（1月免）
秦 洁

直属工委
书 记：刘 青

党代表联络办公室
主 任：杨初兰

党史工作办公室
主 任：钱钦民
副主任：乙维清
调研员：栾 震（12月免）
宋洪兵

老干部局
局 长：陈秀芝
调研员：赵锡榕（11月免）
副调研员：陈雅夏 周 励
周跃洪

关工委
副秘书长：李 红

宣传部
部 长：周 雯（1月免）
陈乙华（1月任）
副部长：鲁 中 朱海峰
高 洁

精神文明办公室
主 任：朱海峰
副主任：杜宏亮

统战部
部 长：滕 涛（3月免）
许 恺（3月任）
副部长：甄再跃（10月免）
蒋 俊 张 晖
调研员：陈 俊
甄再跃（10月任）

台湾工作办公室（侨务办公室）
主 任：张 晖
副主任：唐希忠

政法委
书 记：易 兵
副书记：杨 杰 陈玲伟
赵杉春
陈 正（挂职，11月任）
副调研员：王大志 周 萍
朱 劲（1月任）

社会管理综合治理委员会办公室
主 任：杨 杰
副主任：翟晓军

国家安全领导小组办公室
主 任：陈玲伟
副主任：罗志方

防范和处理邪教问题领导小组办公室
主 任：杨玉林
副主任：杨长伦（10月免）
解芳君
副调研员：刘秀泽
杨长伦（10月任）

机构编制委员会办公室
主 任：王 莉
副调研员：袁敏生

机关工作委员会
书 记：夏桂萍
副书记：周 辉（10月免）
何宏炉
调研员：徐翠茹
副调研员：余汉文（8月免）
孙良青
周 辉（10月任）

社会建设工作委员会
书 记：胡圆圆
副书记：陈 放

督察工作办公室
常务主任：顾建华（兼）
常务副主任：邱 健

党 校
校 长：梁爱国（兼）
常务副校长：李正云
副校长：曾 艳 李后方
调研员：李福松
副调研员：窦唐进

【区人大工作机构】

人大办公室
主 任：刘 康
副主任：沈 阳
副调研员：徐国新 刘 虹
钱铁军

【区人大各专门委员会及工作部门】

内务司法工作委员会
主 任：刘必军
副主任：曹 刚

财政经济工作委员会
主 任：陈小玲
副主任：李 宇

人事代表工作委员会
主 任：徐龙海
副主任：曹晓莉（1月任）

环资城建工作委员会
主 任：杨承龙

副主任：王　强　顾　冰

教科文卫工作委员会

主　任：肖　红

【区政府工作机构】

办公室

主　任：李大海
副主任：陈玉荣　李　莹
　　　　杨耀灿　杨宇峰
　　　　薛惠艳
　　　　金　晖(7月任)
副调研员：孙祥希　吕　明
　　　　　刘明伟

发展和改革局

局　长：吴开芬
副局长：陈　瑞　左　斌
　　　　徐力行　徐　锴
副调研员：王建国　孙西沛
　　　　　路　冠　张宏娜
　　　　　陈如祥

经济和信息化建设办公室

主　任：左　斌

住房和建设局

局　长：庄佳峰
副局长：章　凯　李　安
　　　　于永斌　常本华
　　　　张地宝　龚志勇
总工程师：王继宁
工委书记：汪风华
工委副书记：庄佳峰
纪工委书记：王育民
调研员：于永斌　潘全明
　　　　刘宁旗　赵深泉
　　　　吴士建
副调研员：胡国清　林光亮
　　　　　乐　伟　张建春
　　　　　陈爱平　王平权
　　　　　高保峻　谈洪璋

征收办公室

主　任：章　凯
副主任：巢庆芳
副调研员：黄学安　唐修来
　　　　　金谊仕(1月任)

老城改造建设办公室

主　任：李　安
副主任：胥晓斌　李正才

科技局

局　　长：胡建军
副局长：张玲玲　卢　洪　戚　军
　　　　周　正(1月任)
调研员：徐劲松
副调研员：张瑞宏

科学技术协会

副主席：杨　华

教育局

局　长：李玉鹏
副局长：沈　峰　黄子亮(7月免)
　　　　吴锦友　徐伯钧(7月免)
　　　　戴继根(10月任)
工委书记：陈发山
工委副书记：李玉鹏
调研员：陈　燕
副调研员：章芳华　高前进

民政局

局　长：袁　芳
副局长：张家华　吴成林　汪拥政
　　　　郭志芹
工委书记：张家华
工委副书记：袁　芳
工委委员：汪源(挂职，7月任)
调研员：马静波　朱克民

老龄委办公室

主　任：袁　芳(1月免)
　　　　郭志芹(1月任)
副主任：马静波　刘盘铭
副调研员：侯　军(10月免)
　　　　　成丽坚

司法局

局　长：周晓波
副局长：濮素晖　戴　健
副调研员：汪传东　张鉴富
　　　　　储荣根

财政局

局　长：王冬梅
副局长：张兴保　余莉萍
　　　　刘全庆(1月免)
调研员：郝晓京

国有资产监督管理办公室

主　任：王冬梅
副主任：徐　姝

人力资源和社会保障局

局　长：马千山(兼)
副局长：张训宝　苏　勤　李志平
　　　　马义兵
副调研员：李　勇

公务员局

局　长：张训宝

审计局

局　长：龚庆亚
总审计师：刘全庆(1月任)
副局长：梅　雪(1月免)　张正国
调研员：杨发宝
副调研员：冯　旭

统计局

局　长：陈　瑞
副局长：钟文舟　秦丽华
副调研员：刘成斌

物价局

局　长：林　宁
副局长：蔡保国　梅　雪(1月任)

据琦瑾
调研员:问海燕
副调研员:苏立军
董新宁(12月免)
李运湘

安全生产监督管理局

局　长:郭建军
副局长:沈　原　杨艳婷
李坚明
副调研员:张　涌　张　坤

投资促进局

局　长:曹承桂
副局长:汤　浩(1月免)
薛剑春(4月免)　张　静

贸促会

常务副会长:汤　浩(1月免)
薛剑春(1月任,4月免)

环境保护局

局　长:汤　政
总工程师:钱厚宁(1月任)
副局长:钱厚宁(1月免)
钱丽明　艾才银
赵　伟(1月任)
调研员:钱厚宁(1月免)
顾建华(4月免)
副调研员:周　强　李勇宁
任井义　洪　俭
邵启勇

城市管理局

局　长:朱明勇
副局长:周光银(1月免)　陶志龙
李明辉　万　军
工委书记:陶志龙
工委委员:赵　宁
调研员:魏亚非　王宜湧　杨鸿新
副调研员:赵仁斌　韦继红
周朝俊　周建国
周光银(1月任)

城市治理委员会办公室

副主任:陶志龙　张　浩

商务局

局　长:魏　超
副局长:单伯平　赵　俊　江　洁
工委书记:刘秀娟
工委副书记:魏　超
调研员:赵武林　张丽娜　周长俊
副调研员:李业明　李晓青
杨慧娟　刘建明
万荣华　林生华
王明林　袁胜宁
田文明

旅游局

局　长:魏　超
副局长:唐思恩

文化局

局　长:鲁　中
副局长:樊姝玉
张朝学(10月免)
调研员:孙　光　肖海林
副调研员:葛　勤
刘　勇(1月任)
张朝学(10月任)

卫生局

局　长:王礼铭
副局长:奚建彬　叶冬梅　徐正海
工委书记:张　栩
工委副书记:王礼铭
调研员:徐秀兰(12月免)
黄云霞
副调研员:张建国
钱　立(1月任)
王筱菊(11月免)

食品药品监督管理局

局　长:梁　静
副局长:魏德华　张秀红
调研员:李　力

副调研员:刘贤发　王　虹

人口和计划生育局

局　长:王　荣
副局长:孙丽萍
调研员:薛丽娟　徐力跃
副调研员:周晓光　姜凤梅
孙拥军(1月任)
吴　鹏(12月免)

人民防空办公室

主　任:陈宁伟(12月免)
副主任:沈金华
陶瑞和(10月免)
调研员:陈宁伟(10月任)
副调研员:李建新
李正坤(5月免)
陶瑞和(10月任)

法制办公室

主　任:郭　镰
副主任:王　坚(1月免)　乔明达
副调研员:梁宏起

监察局

局　长:丁晓祥
副局长:刘凌峰　张　震

民族宗教事务局

局　长:甄再跃(12月免)

档案局

局　长:王　莉
副局长:袁茵茵
调研员:刘苏宁
副调研员:苏　成　吴丽萍
王　亚

地方志编纂委员会办公室

主　任:王　莉

体育局

局　长:叶　丽

副局长：顾云超　卢艳岗
　　　　王　坚（1月任）
调研员：张义斌　黄大志

政务中心

主　任：李　莹
副主任：张　斌

紫金科技创业特别社区管理委员会

主　任：曹　曙（3月任）
常务副主任：薛　磊（2月任）
副主任：唐承武（3月任）
　　　　王玉兰（3月任）
党工委书记：薛　磊（2月任）

徐庄软件产业基地管理委员会

主　任：张仲金（2月免）
　　　　薛　磊（2月任）
副主任：丁　诚　罗　军
　　　　吴义杰　潘毓洁（4月免）
　　　　曾丽萍　张培友
　　　　崔雯鸿　张　建（1月任）
工委书记：丁　诚
工委副书记：张仲金（2月免）
　　　　　　薛　磊（2月任）
纪工委书记：黄爱华
副调研员：邢四清
　　　　　连　钢（5月免）

紫金（玄武）科技创业特别社区建设办公室

主　任：唐承武
副主任：潘毓洁（4月免）
　　　　杜景南　张丽霞
副调研员：谭学忠（1月任）

珠江路科技街管理委员会办公室

主　任：张仲金（2月免）
常务副主任：陈若谷
副主任：汪小文
工委书记：姚　雁
组织员：吴苡静

玄武湖周边地区综合管理办公室

主　任：马千山（2月任）
副主任：马千山（2月免）
　　　　陈建志
综合处副处长：周秋云
市政管养中心副主任：徐　俊

铁北红山新城管委会（4月后）

主　任：蒋　健（兼，4月任）
副主任：李　安（4月任）
　　　　薛剑春（4月任）
　　　　杜景南（兼，4月任）
　　　　胥晓斌（4月任）
　　　　李正才（4月任）

【区政协工作机构】

政协办公室

主　任：吕　俊
副主任：曹　萍　徐喜求
调研员：陈世群　夏洁城
副调研员：杨发国　俞　杰
　　　　　庞永华

【区政协各专门委员会及工作部门】

学习文史委

主　任：付传年
副主任：胡学芳

提案法制委

主　任：吴锦友

经济科技委

主　任：张　军

社会事业委

主　任：吴雄雄

祖国统一委

主　任：蒋　俊

人口资源环境委

主　任：粟　红

【区纪委工作机构】

办公室

主　任：朱　妍

信访室

主　任：吴桂红

纠风办

主　任：张　震

纪检监察室

主　任：陈安林

干部管理室

主　任：苏国梁
调研员：于唯唯
副调研员：钟　悦（11月免）
　　　　　吕秀兰　陈其响

第一纪检监察工作室

主　任：黄燕明
副主任：郑　慎

第二纪检监察工作室

主　任：李静勤
副主任：郭　锋

第三纪检监察工作室

副主任：刘天树

第四纪检监察工作室

副主任：张　震

【南京市玄武区各群众团体】

总工会

主　席：杨冬梅（兼）
副主席：尹　征　杨　超　胡　静
副调研员：颜焕琪

团区委

书　记：吴　丹
副书记：吴媚卿

妇 联

主　席：方志秀

副主席：潘丽云　经　莉

　　　戴　晨(党外兼职)

调研员：丁小禾

副调研员：刘永玲

工商联

主　席：张　蓬(兼)

党组书记：甄再跃(10月免)

常务副主席：陈竞赛(1月免)

　　　汤　浩(1月任)

副主席：张海宁(1月免)

调研员：张海宁(1月任)

副调研员：白俊禄

残疾人联合会执行理事会

理事长：卢卫东

副理事长：汤晓滨　吴　敏

调研员：徐毓兰

副调研员：刘有禄　王向东

红十字会

常务副会长：奚建彬

副会长：颜晓民

【南京市玄武区各街道】

新街口街道

工委书记：张　杰

工委副书记：刘　云　王颖川

组织员：潘　翔

统战员：张锦南(1月免)

人大工委主任：杨春宝(10月免)

办事处主任：刘　云

办事处副主任：郑宏伟　陈吉亮

　　　叶海阳　蒋书余

人武部长：凌志军

调研员：史爱进(7月免)　张金柱

　　　郭　民　陶巧明

　　　杨春宝(10月任)

副调研员：吴瑞棠　陈金玉

　　　杨晓文

　　　路家才(7月免)

　　　戴洪宁　赵厚富

　　　蔡　华

　　　赵会欣(1月任)

　　　张锦南(1月任)

玄武门街道

工委书记：姚晓晖

工委副书记：刘艳军　施时萍

组织员：沈　斌

统战员：吴　民

人大工委主任：刘鲁卫

办事处主任：刘艳军

办事处副主任：马云翊　王颖娟

　　　冯　亮　刘德贤

政协工委主任：施时萍

人武部长：靳祥运

调研员：唐凯举　陈竞赛(1月任)

副调研员：张玉增　韩　峰

　　　吴　萍　聂德俊

　　　万巧姣　刘思承

　　　彭家全

　　　贺晓春(1月任)

梅园新村街道

工委书记：黄栋林(1月免)

　　　王　涛(1月任)

工委副书记：史庆锋　卢惠

组织员：许　可(1月免)

　　　郭　骞(1月任)

统战员：方　强

人大工委主任：徐宝富

人大工委副主任：臧中平(10月免)

办事处主任：史庆锋

办事处副主任：王鲁威(1月免)

　　　李希平　王　丽

　　　王汛生　魏冠正

　　　许　可(1月任)

　　　唐　谧

政协工委主任：卢　惠

人武部长：陆　中

调研员：陈光辉(8月免)　司马杰

副调研员：严小平　张忠义

　　　陆红霞　杨珍梅

　　　何全庆　邓　霞

　　　马绪彪　梁兴贵

　　　蒋林德(1月任)

　　　臧中平(10月任)

锁金村街道

工委书记：石　磊

工委副书记：朱　骏　盛莉

组织员：陶　勇

统战员：宋兴平

工委委员：余挺婷

人大工委主任：刘　密

办事处主任：朱　骏

办事处副主任：邹德勇　陶　祥

　　　赵　军　郑宁兵

政协工委主任：石　磊

人武部长：王宝麟

调研员：吴天荣　张志荣

副调研员：唐德明　赵　辉

　　　杨永平　张国祥

　　　章福财　徐长春

　　　王海鹰(1月任)

　　　韩以海

　　　张玉军(4月免)

　　　倪学金　朱国宾

孝陵卫街道

工委书记：王玉兰

工委副书记：吴　恒　方明城

组织员：陈玉梅

统战员：张学应

人大工委主任：邓志林

办事处主任：吴　恒

办事处副主任：但加成　单　善

　　　郝洛元　樊六龙

　　　李　军

政协工委副主任：陈锦国(10月免)

人武部长：汤永锦

调研员：刘德林(8月免)　程永才

　　　卢爱民

　　　陈锦国(10月任)

副调研员：戴伟华

　　　顾汇英(9月免)

阙道富　赵红梅
梁耀顺　王守祥
陈晓君

玄武湖街道

工委书记：王彦兴
工委副书记：任　钰　张　巍
组织员：申留昌
统战员：姚长青
人大工委主任：杨　宁
办事处主任：张　巍
办事处副主任：池宝平
厉　宁(1月免)
王　茜　李传林
费莉莉　徐　鹏
政协工委主任：任　钰
人武部长：陆丛林
调研员：池宝平　张可道　张　瑜
副调研员：陆建新　谢福明
宗岳奇　穆顺明
黎　斌　杨东勇(1月任)
孙宝银(12月免)
丁正富　赵良华

红山街道

工委书记：王昌荣(10月免)
蒋　健(兼，10月任)
工委副书记：胡全康
韩春云
组织员：卞雨华
统战员：姚业飞
人大工委主任：刘立青
办事处主任：胡全康
办事处副主任：章　川
雷修强(1月免)
孙　力　陈红飞
姚成军(1月任)
黄　巍
人武部长：贺国华
政协工委主任：王昌荣(10月免)
调研员：梁建东
王昌荣(10月任)
副调研员：包进堂
赵东林(1月任)
苏国保(7月免)
徐其和

【区直属企事业单位】

玄武区国有资产投资管理控股(集团)有限责任公司

董事长：张仲金(2月免)
薛　磊(2月任)
总经理：张仲金(2月免)
薛　磊(2月任)
监事会主席：黄跃峰

玄武城建投资管理有限公司

董事长：庄佳峰
总经理：杜景南

玄武区房屋拆迁安置办公室

主　任：章　凯
支部书记：章　凯
副主任：陈建明

玄武区劳动就业管理中心

副处级调研员：李　艳(4月免)

新街口社区卫生服务中心

主　任：徐正海(1月免)
王　河(1月任)
总支书记：杨龙海

玄武区城市管理行政执法大队

大队长：万　军
政　委：王文伟

【垂直管理部门】

公安分局

局　长：胡士宁(12月免)
冯　甦(12月任)
政　委：薛汝军
副局长：梅中亚　吴晓马
宋建军(4月任)
监察室主任：解冠华(4月免)
袁修来(4月任)
维稳办副主任：王光明

工商分局

党组书记、局长：王培军
副局长：郝志坚(3月免)　刘革新
孔祥盛　孙　强(6月任)
孙德飞(6月任)
纪检组长：陆　辉(调研员)
调研员：韩建国
副调研员：郝志坚(3月任)
陈晋勇　杜　梅
张　虹(6月免)
李晓宁(6月任)

国税局

局　长：李维贵
副局长：王礼根(调研员)　严　铀
葛菲菲
纪检组长：戚光连
副厅级巡视员：刘许鹰(2月免)
副调研员：赵晓文　夏广余
华　晶

地税局

局　长：马学民
副局长：虞　华　戴迎新
调研员：林　斌
副调研员：王　玲　鲍　平
来振春　王小洪
魏　玮

质量技术监督分局

党组书记、局长：张金贵
副局长：傅光义(党组成员3月由秦淮分局调入)
刘　宁(党组成员)
调研员：孔祥健　陈　贵
聂　猛(3月任)
副调研员：郭益民(党组成员3月由栖霞分局调入)
毛建新　谷杭习
张　恺(3月任)

(杨金秋)

大事记

Chronicles

责任编辑 苏成

1月

2日

△下午，区委书记储永宏，区委常委许恺，区委常委、统战部部长、区委办公室主任滕涛等到北京东路小学和玄武外国语学校调研并慰问全体师生。

3日

△下午，玄武区第四期高校挂职教师总结座谈会在区政府召开。区委常委、组织部长梁爱国，东南大学党委副书记刘鸿健，南京理工大学党委组织部长张云雷，南京市社科联主席、党组书记、南京市社科院院长叶南客等出席。

4日

△上午，市委副书记、代市长缪瑞林，副市长陆冰一行到玄武区北极新村检查雨污分流工作，听取区政府汇报2013年工作和2014年主要工作安排以及对市政府工作的建议。区委书记储永宏、区长徐曙海陪同视察，区四套班子全体领导参加。

5~8日

△政协南京市玄武区第十一届委员会第三次会议召开。区四套班子领导，全体政协委员、列席人员，区政协老领导、区机关有关部门负责人及各政协街道工委成员近300人出席大会。区委书记储永宏出席大会并代表中共玄武区委发表讲话。区政协主席邱小凡代表区政协常委会作工作报告，区政协副主席蒋健作提案工作报告。区政协副主席王敬玲主持大会开幕式。全体政协委员列席玄武区人大十七届三次会议开幕式，听取并讨论区长徐曙海所作的政府工作报告，区2013年国民经济和社会发展计划目标执行情况及2014年国民经济和社会发展计划（草案）报告、区2013年财政预算执行情况和2014年财政预算（草案）报告，区人民法院、区人民检察院工作报告等。会议期间召开献计献策大会，邀请区委、区人大、区政府领导和有关部门及街道负责人出席，听取区政协一年来重点调研成果汇报。

6日

△下午，区委召开民主党派、界别人士部分委员座谈会，听取意见建议，共商玄武发展大计。区委书记储永宏出席并讲话。

6~8日

△玄武区第十七届人民代表大会第三次会议召开。区四套班子正职老领导、部分市人大代表、区机关各部门负责人等115名同志列席大会，15名公民受邀旁听。全体区政协委员列席大会。区委书记储永宏出席大会并讲话。会议听取和审议区人民政府工作报告；审议区2013年国民经济和社会发展计划执行情况与2014年国民经济和社会发展计划草案的报告（书面）；审查和批准区2013年国民经济和社会发展计划执行情况与2014年国民经济和社会发展计划草案的报告，批准区2014年国民经济和社会发展计划；审议区2013年财政预算执行情况与2014年财政预算草案的报告（书面）；审查和批准区2013年财政预算执行情况与2014年区财政预算草案的报告，批准区2014年财政预算；听取和审议区人民代表大会常务委员会工作报告；听取和审议区人民法院工作报告；听取和审议区人民检察院工作报告；审议区十七届人大二次会议代表建议、批评和意见办理及督办情况的报告（书面）。

9日

△下午，市委宣讲团成员、市民政局局长陈学荣到玄武区作党的十八届三中全会精神宣讲报告。区委书记储永宏主持报告会，区委理论学习中心组全体成员，各街道、园区，区机关各部门科以上干部参加报告会。

10日

△下午，区委书记储永宏、区人大常委会主任张萍等区领导率相关部门、街道负责人春节前走访慰问南京军区司令部、装备部、政治部、联勤部、军区总医院等单位。

13日

△玄武区教育局被表彰为2013年度江苏省社会教育通讯报道先进集体。

16日

△上午，市委宣传部副部长潘谷平一行，到徐庄软件园调研文化产业工作推进情况。区委常委、宣传部长周雯陪同调研。

18日

△上午，南京市“巾帼助困”慈善公益活动社区行启动仪式在玄武门街道台城花园社区举行。

21日

△上午，玄武区组织外资企业座谈联谊，共话投资发展。区委常委、副区长苏郑主持，区委书记储永宏出席并致辞。

△下午，2014年玄武高层次人才新春座谈会在徐庄软件园召开。园区国家“千人计划”、江苏省“双创计划”、南京市领军型科技创业人才、南京市科技创业家等20余人参加。

△下午，由区文明办牵头主办“四进社区、三下乡”活动走进红山

街道墨香山庄社区。

22 日

△下午，区政协举办玄武区各界人士迎新春电影招待会。区委书记储永宏向各民主党派、工商联、人民团体和各族各界人士致以节日的问候和良好的祝愿。区政协主席邱小凡主持。

24 日

△上午，江苏省委召开全省党的群众路线教育实践活动电视电话会议，玄武区在409会议室设立分会场。区四套班子领导、各街道、徐管委党政主要负责人，科创办主要负责人、区机关各部门主要负责人参加。

26 日

△下午，玄武区召开2013年度现代化建设总结暨2014年奋斗目标部署大会。区委书记储永宏出席并讲话。会议由区委副书记杨乐华主持。

△下午，玄武区委召开区人大与"一府两院"联席会暨区政协高层协商会。会议由区委副书记杨乐华主持，区人大、区政府、区政协及法检两院领导出席。

2月

7 日

△下午，玄武区召开机关作风建设大会。区委常委、区纪委书记王静传达全市群众路线教育实践活动第一批总结暨机关作风建设会议精神，对区级机关作风建设工作进行总结部署。

8 日

△上午，副市长刘以安、徐锦辉带领青奥组委相关部门视察青奥会铁人三项比赛场地——玄武湖赛场建设推进工作。区委副书记、区长徐曙海等陪同。

11 日

△下午，玄武区召开2014年迎"青奥"重点工程暨城建城管环保工作动员大会。

12 日

△上午，玄武区第十七届人民代表大会常务委员会第24次主任会议召开。会议预审有关人事任免事项，并决定提交人大常委会第十三次会议审议。

14 日

△下午，玄武区中小学责任督学挂牌上岗仪式在南京市第九中学礼堂举行。市教育局副巡视员杨林国、副区长蒋兆全等为37位责任督学颁发聘书和责任督学证。自此，玄武区责任督学挂牌督导工作全面展开。37名责任督学被聘任到10个责任区，在全区37所中小学校实行挂牌督导，全面督察中小学校贯彻党的教育方针、规范办学、实施素质教育等情况。

17 日

△上午，市长缪瑞林、副市长胡万进一行到长江路小学调研教育工作，了解学校发展规划、师资力量、教学教研等方面情况，以及学校发展中遇到的问题与困难，观摩学生科学实践课程。区委副书记、区长徐曙海，副区长蒋兆全等陪同。

△下午，玄武区在梅园新村纪念馆开展"重温入党誓词、学习先辈风范"暨"一把手"集中承诺活动。区委书记储永宏代表区四套班子党员领导干部，带头向全区人民作出八项公开承诺。

18 日

△下午，玄武区第十七届人民代表大会常务委员会第十三次会议召开。

19 日

△上午，区委召开党的群众路线教育实践活动动员大会。

20 日

△下午，区委组织召开2014年全区社会建设重点工作研究会，部署2014年社会建设重点工作，讨论研究《关于切实做好关于加快推进社会现代化的意见目标任务分解落实工作的通知》（讨论稿）和《关于建设玄武区新型社会服务体系的实施意见（讨论稿）》。

21 日

△上午，区委召开2014年全区政法工作会议。会议的主题是贯彻落实中央、省、市政法工作会议和区委十届十次全委（扩大）会议精神，总结2013年全区政法工作情况，分析当前形势，部署2014年全区政法工作任务。

27 日

△上午，玄武区召开社区减负工作专项推进会。

3月

4 日

△副市长胡万进、市教育局局长吴晓茅一行到洪武北路小学视察学校体育场馆建设和向社区开放情况。区长徐曙海，副区长蒋兆全等陪同调研。

△上午，区政协召开十一届十四次常委会议。会议听取区城管局局长朱明勇受区政府委托作《关于我区城市治理全覆盖推进情况》的通报。

△下午，玄武区召开2014年全区

中共党风廉政建设和反腐败工作会议。各党(工)委、党组向区委递交2014年度中共党风廉政建设责任书。会议由区委常委、区纪委书记王静主持。

10日

△下午，区委、区人大、区政府、区政协共同组织召开全区建议提案办理总结暨交办大会。

13日

△下午，玄武区召开全区党建工作会议。区委书记储永宏出席并讲话。

△下午，市委督导组组长杨华一行4人在区委常委、组织部长梁爱国陪同下，视察德基广场二期、明城墙沿线（玄武门—神策门）环境整治现场、小红山客运站、紫金(玄武)科创特区、徐庄软件园等项目。

19日

△下午，玄武区召开科技创新与人才工作大会，区领导为高新技术企业，省创新团队、省双创计划人才、市领军型科技创业人才代表以及科技创新与人才工作先进单位、先进个人颁奖。举行2014南京·玄武科技人才创业大赛启动仪式，开通大赛官方网站。

20日

△上午，玄武区第十七届人民代表大会常务委员会第25次主任会议召开。

21日

△上午，玄武区召开教育先行区与学习型城区建设工作会议。

25日

△上午，江苏省教育厅厅长沈健、省教科所所长王一军、市委教育工委书记刘莅一行到十三中视察省首批语文课程基地建设情况。

26日

△上午，玄武区召开城市管理工作会议。

27日

△玄武区召开迎“青奥”食品药品安全200天专项整治行动推进会。

28日

△上午，共青团中央书记处第一书记秦宜智到北京东路小学调研玄武区少先队工作。团省委书记万闻华，市委常委、宣传部长徐宁，区委副书记杨乐华陪同。

△“百家汇玄武创新药物孵化基地启动仪式暨生命科学创新创业百家汇论坛”在徐庄软件园举行。

30日

△上午，中国红十字会副会长郭长江一行在区委常委、统战部长许恺，副区长蒋兆全等陪同下，到玄武区锁金村街道紫鑫城社区调研基层红十字志愿服务工作。

4月

1日

△玄武区获全国“2013年全民终身学习活动周”优秀组织奖。玄武区于2013年10月26日起，开展主题为“为实现中国梦——全民终身学习，共建学习型城区”全民终身学习活动周活动。活动周举办60多场社区教育活动，7个街道、59个社区都组织内容丰富学习活动，每天都有文化节目送给社区居民。

9日

△下午，玄武区召开“大干一百天，环境大扫除”专项整治行动动员大会，近600人参加。

10日

△上午，中央组织部老干部局调研组在省委组织部副部长、老干部局局长庄同保，市委常委、组织部长徐金万，区委书记储永宏等陪同下，到玄武门街道台城花园社区调研社区老干部“四就近”服务工作。

△上午，全国社区治理和服务创新推进会在南京召开。会议期间，民政部副部长窦玉沛、民间组织管理局局长王建军、基层政权和社区建设司司长蒋昆生，带领来自全国第一、第二批社区治理和服务创新实验区领导、江苏省各市民政局领导及社会组织、社区代表约200人，实地考察玄武区锁金村街道“中心化”改革工作。区委书记储永宏、区长徐曙海等陪同考察。

16日

△上午，玄武区召开第十七届人大常委会第26次主任会议，会议预审第十四次常委会会议相关内容。

△玄武区政协召开十一届十一次主席会议，专题协商玄武区区街财政体制调整完善和农副产品平价直销店建设推进情况。

22日

△上午，玄武区召开第十七届人大常委会第十四次会议。审议有关人事任免事项；听取和审议区人民检察院检察长陆宁平所作的《关于贯彻实施新〈刑事诉讼法〉，加强侦查监督工作情况的报告》；听取和审议区政府副区长陈云松受区政府委托所作的《关于人口和家庭公共服务体系建设工作情况的报告》。

△上午，玄武区纪委“心廉心·微动漫”发布仪式在徐庄软件园举行。区委常委、区纪委书记王静，

市纪委宣教室主任邵建光等出席发布仪式。徐庄软件园专兼职纪工委委员、园区非公企业纪检组织工作者、《人民日报》《新华日报》《南京日报》、人民网、市纪委钟山清风微博等媒体记者参加发布仪式。

23~26日

△在南京"创洽会"和南京第七届留交会期间,玄武区先后举办了"中法青年企业家协会玄武行""南京·玄武海外高层次人才政策推介会""海内外招商引才工作站签约仪式"以及"第七届南京留交会海外人才玄武行"等人才与项目对接活动。参加活动的有中法青年企业家协会、美国华人医药科学家协会、欧美科技产业联盟协会会员以及其他海外高层次人才共200余人。活动期间,玄武区向与会人才介绍了创业扶持政策,推介园区及街道的发展环境。与会人才做了项目交流,并实地参观考察徐庄软件园、玄武321人才大厦、新街口核心CBD等载体平台。在"创洽会"上,玄武区与8家海内外人才机构签订招商引才工作站合作协议,并有3家海外工作站玄武代表处正式揭牌。

24日

△下午,2014年中国·南京"创洽会"玄武主题活动"创新引领未来品质汇聚英才——玄武区生物医药产业推介会暨海内外招商引才工作站成立仪式"在紫金山庄举行。活动由玄武区人民政府主办,南京市侨办协办,市长缪瑞林出席并讲话。区委书记储永宏、区长徐曙海等出席。

26日

△玄武区举办主题为"劳动绘就中国梦,喜迎青奥促发展"第14届职工技术大比武决赛。区科技局、科协组织了10余家区内科技企业以实物展览、科普动漫演示等形式参加活动。

28日

△下午,省委督导组组长佘义和等领导在区委书记储永宏陪同下,视察玄武区小卫街社区和区社区治理创意园。

29日

△上午,"敬祝王兰老师90华诞暨王兰教育思想研讨会"活动在长江路小学举行。

△下午,玄武区召开2014年信访工作会议。

5月

3日

△市委副书记靳道强一行到长江路社区督察辖区环境治理情况。区委书记储永宏陪同督察。

7日

△下午,玄武区召开2014年"扫黄打非"工作会议。省"扫黄办"常务副主任赵纪明,市文广新局副局长、"扫黄办"主任顾小荣,区委常委、宣传部部长、区"扫黄打非"工作领导小组组长陈乙华出席会议,27家成员单位参加会议。

12日

△由玄武区委、区政府主办,区科技局、区民政局、区人防办、区科协和新街口街道承办2014年"全国防灾减灾日"广场科普宣传活动在长江路5·20广场举行。活动主题"防灾减灾,科学生活,创新圆梦,喜迎青奥"。

14日

△上午,市长缪瑞林,副市长陆冰一行专题调研铁北地区改造提升及南京汽车客运站建设、运营准备情况。区委书记储永宏、区长徐曙海等领导陪同。

△上午,青奥组委会常务副秘书长、市委常委、常务副市长刘以安,青奥组委会副秘书长戚鲁,市政府副秘书长钱建宁等带领组委会主运行中心综合组、竞赛指挥组、场馆联络组、技术保障组和组委会财务部、人力资源部、综合保障部等负责人,到玄武区视察指导"青奥"工作。

△下午,玄武区召开党的群众路线教育实践活动推进会。

15日

△下午,市委副书记靳道强到玄武区督察党的群众路线教育实践活动开展情况。市委办公厅副主任闫文献、市委督导一组组长杨华,以及市委办公厅、市活动办、市委督导组等同志参加督察。区委书记储永宏等区领导陪同督察。

16日

△上午,玄武区委、区政府召开"建设全国社区治理和服务创新实验区暨2014年和谐社区建设工作推进会"。省民政厅副厅长戚锡生,市民政局局长陈学荣出席。

△上午,省民政厅副厅长戚锡生视察孝陵卫街道小卫街社区和区社区治理创意园。区委书记储永宏,区委常委、区委办公室主任滕涛等陪同。

20日

△上午,区政协召开十一届十五次常委会议,专题协商全区青奥会保障和文化产业发展情况。会议听取区体育局副局长卢艳岗同志受区政府委托所作的《玄武区青奥会保障工作情

况》的通报和区委宣传部副部长高洁所作的《做大做强文化产业，彰显中心城区人文魅力》的情况通报。

△下午，召开区人大常委会第27次主任会议。主要议题：实地视察长江路九号三期、雨花巷项目、地铁三号线北京东路地铁站项目以及军区总医院研究生公寓项目；听取区政府关于实施“噪声扰民、扬尘污染”专项整治工作情况汇报。

29日

△上午，省委常委、组织部长杨新力到南京市红山小学，看望学校外来务工人员子女和少先队员代表，参加“传承中国风争当好少年”江苏省暨南京市少先队庆“六一”主题队日活动。省委副秘书长刘松汉，团省委书记万闻华，市委常委、宣传部长徐宁，区委书记储永宏等参加。

△上午，长江路小学举行“和谐之星”颁奖典礼。副省长曹卫星出席并为获“美德之星”学生颁奖。副市长、市妇儿工委主任陈刚，区委副书记杨乐华，副区长、区妇儿工委主任蒋兆全等参加。

6月

4日

△上午，市委督导一组组长杨华出席玄武区委召开党的群众路线教育实践活动第二环节工作推进会。

6日

△下午，副市长胡万进、副秘书长张强巡视玄武区2014年高考文化考试玄武高级中学太平门校区考点。市教育局局长吴晓茅、区领导徐曙海、张萍、邱小凡等陪同。

12日

△全国政协经济委员会副主任李毅中就“积极发展混合所有制经济”调研徐庄软件园，实地走访苏宁总部、先声药业两家重点民营企业，听取企业关于创新引领、转型发展方面的有益探索和介绍，并与企业深入探讨发展混合所有制经济的实现路径、关键环节及所需环境等问题。

△下午，国家民政部社会工作司司长王金华、中国社会报社社长周蔚华等一行到玄武区调研社会工作发展情况。省民政厅组织人事处处长周诚、市民政局副局长陈芳、副区长蒋兆全等陪同。

20日

△中组部组织二局巡视员、副局长石军调研园区非公企业党建工作，实地考察产业社区党建阵地、重点企业智达康公司及苏宁云商集团，听取东大智能公司关于建设园区党员信息管理系统的汇报。区委书记储永宏等区领导陪同。

△下午，玄武区召开十七届人大常委会第十五次会议。审议有关人事任免事项；听取区财政局局长王冬梅受区政府委托作《关于玄武区2013年财政决算草案的报告》、区审计局局长龚庆亚受区政府委托作《关于玄武区2013年度财政预算执行和其他财政收支的审计工作报告》，以及区人大常委会财政经济工委主任陈小玲作《关于玄武区2013年财政决算草案的审查报告（草案）》；听取和审议副区长蒋兆全受区政府委托所作《关于养老服务工作情况的报告》，以及区人大常委会内务司法工委主任刘必军作《关于区政府养老服务工作情况的调研报告》，并对区政府养老服务工作情况进行专题询问。

22日

△下午，中央政法委副秘书长、中央综治办主任陈训秋等领导到新街口街道，调研玄武区“新平安促进会”等社会治理类社会组织工作情况。省委常委、政法委书记李小敏，市委常委、政法委书记刘志伟，区委书记储永宏，常务副区长曹曙等陪同。

26日

△上午，市委组织部副部长、市人才办主任朱晓琳一行5人到徐庄软件园，调研玄武区人才工作情况。区委常委、组织部长梁爱国等陪同。

△区政协召开十一届十二次主席会议，专题协商讨论“环玄武湖和谐社区建设示范带”推进情况和创建全国示范社区卫生服务中心情况。会议听取区民政局关于推进“环玄武湖和谐社区建设示范带”项目的情况通报和区卫生局关于创建国家示范社区卫生服务中心工作的情况通报。区政协社会事业委汇报前期调研情况。

27日

△上午，海关总署署长于广洲一行调研苏宁云商集团，听取企业对发展中经济环境、政策环境及所面临压力、困难等方面意见和建议，希望苏宁在电子商务产业方面提供更多、更好经验。副市长华静等陪同调研。

28日

△下午，玄武区召开纪念建党93周年座谈会。

29日

△下午，青奥会玄武区赛时运行指

挥保障中心召开迎“青奥”专题工作会议，传达学习国家、省、市有关“青奥”工作会议精神，研究部署迎“青奥”相关工作。区委书记储永宏出席并讲话。

30 日

△上午，国土资源部部长姜大明带领国务院“稳增长促改革调结构惠民生”督察组，在缪瑞林、刘以安等市领导及市督查办、发改委等部门陪同下，实地调研徐庄软件园苏宁云商，了解企业经营发展情况和创新转型过程。副区长戴航陪同。

7 月

1 日

△上午，玄武区在市水上运动学校举行“青奥先锋行——机关作表率”主题活动暨区机关青年志愿者突击队授旗仪式，表彰先进、重温誓词，迎接党的 93 周年华诞。区委常委、纪委书记王静出席。

△上午，玄武区纪委、区监察局、区教育局和局工委在南京师范大学附属小学举行“心廉心”勤廉教育基地——人民教师斯霞纪念馆揭牌活动。

2 日

△下午，区委书记储永宏率队视察汉府街东延、明城墙玄武门段 15 米外环境综合整治、红山南路环境综合整治、沈阳村地块拆迁等重点项目。区领导滕涛、朱天龙、陈云松等陪同。

3 日

△由玄武团区委、区科技局、区科协共同举办的“青奥梦之旅·科技玄武行”2014 年度暑期夏令营在江宁织造博物馆开营。

4 日

△下午，由南京市科协主办，玄武区机关工委、科技局、科协共同承办第 265 期“南京科协大讲堂”在区政府四楼会议室举行，报告会邀请解放军理工大学博士生导师刘鹏教授作题为“大数据、云计算与科技未来”专题讲座。

15 日

△上午，市人大常委会副主任、市派驻玄武区“环境大扫除”工作组组长陈礼勤一行视察“9322”环境整治项目进展情况。区委书记储永宏等领导陪同。

20 日

△上午，市长缪瑞林，副市长徐锦辉、华静一行检查指导钟山高尔夫和体育学院青奥会场馆工作。区委书记储永宏、区长徐曙海等陪同。

21 日

△市人大常委会主任陈绍泽、市政协主席沈健、市委副书记靳道强等，带领中共南京市委十三届八次全体(扩大)会议的参会代表，参观考察徐庄软件园 3 家民营企业——途牛旅游网、赛特斯信息科技股份有限公司、苏宁易购。区委书记储永宏、区长徐曙海参加。

22 日

△上午，玄武区 2014 年上半年“一府两院”情况通报会在区政府 416 会议室召开。全体区人大代表、政协委员共同听取区委常委、常务副区长曹曙所作的关于区政府 2014 年上半年工作情况的通报，以及区法院、检察院上半年工作通报。

23 日

△上午，区政协召开十一届十三次主席会议，专题协商讨论区政府关于 2014 年上半年国民经济和社会发展计划执行情况、区法院关于法官生存状况的调查情况和区检察院关于民事行政检察工作情况。会议分别听取区发改局、区法院、区检察院所作情况通报及区政协经济科技委、社会事业委、人口资源环境委和提案法制委会前调研情况汇报。

△下午，市长缪瑞林调研玄武区重大产业项目，区长徐曙海，区委常委、常务副区长曹曙陪同。

24 日

△区委召开十届十一次全体（扩大）会议，全面贯彻市委十三届八次全会精神，回顾总结上半年工作，研究部署下半年任务。

△上午，玄武区召开青奥会联调联试专题工作会议，全面部署联调联试各项工作。区委书记储永宏出席并讲话。

30 日

△上午，区人大召开区十七届人大常委会第 30 次主任会议。会议听取区政府关于宗教工作情况的汇报。实地视察毗卢寺、鸡鸣寺、吉兆营清真寺。

△上午，玄武区“青奥”志愿服务总动员大会在南京林业大学举行，区领导杨乐华、陈乙华，区志愿者协会会长、中科集团副总裁冯鹏，区文明办、城管局、各街道领导，区内各青奥会场馆志愿者代表等出席。

8 月

1 日

△下午，玄武区召开民兵“青奥”安保誓师动员大会，区委书记储永

宏出席并讲话。区委常委、政法委书记易兵,区委常委、人武部政委郭永强,区人武部部长顾学椋,以及各街道武装部长、专武干事和120名民兵代表参加。易兵主持。

6日

△下午,玄武区召开青奥会联调联试工作总结会,全面总结联调联试工作,研究部署"青奥"最后冲刺阶段各项工作,区委书记储永宏出席并讲话。

7~10日

△在山东济南举行的全国中小学信息技术创新与实践活动(NOC)决赛中,南京市第五十四中学获全国网络教研团队竞赛一等奖,并获得国家科学技术部批准的"恩欧希教育信息化发明创新奖"。此奖项是NOC活动的最高奖项。

8日

△南京火车站北广场和南京汽车客运站正式启用。

11日

△位于长江路302号南京六朝博物馆正式对公众开放。

16日

△上午,马尔代夫总统亚明参观途牛旅游网,途牛CEO于敦德向总统一行介绍途牛旅游网的经营范畴和马尔代夫业务情况。

18日

△下午,区人大召开十七届人大常委会第31次主任会议,预审第十六次常委会相关议题。

20日

△国际奥委会主席巴赫先生到水上运动学校场馆观看赛艇比赛和颁奖仪式,区委书记储永宏陪同观看。

23日

△上午,玄武区召开十七届人大常委会第十六次会议。会议听取6名市人大代表履职情况报告,并进行测评;听取和审议区政府关于2014年上半年国民经济和社会发展计划及重点项目建设、财政预算执行情况的报告;听取和审议区政府关于开展"大干一百天,环境大扫除"专项整治行动情况的报告。

25日

△上午,国际奥委会名誉主席雅克·罗格先生一行视察高尔夫场馆赛事运行情况,区委书记储永宏等领导陪同。

26日

△下午,北京市社会领域党建研究会副会长、非公专委会主任秦剑锋,北京市委社工委党建工作处处长李明洪带领北京新经济组织党组织负责人考察团一行12人到徐庄软件园考察非公企业党建工作。市委社建工委副书记史锦平等陪同。

29日

△上午,玄武区召开党的群众路线教育实践活动整改落实、建章立制环节暨人才工作推进会,区委书记储永宏作工作部署,市委督导一组成员到会指导。

9月

3日

△下午,"故乡月·思乡情"玄武区港澳台侨中秋联谊会暨第11届长江路文化艺术节在南京文化艺术中心举行,市委常委、统战部长李世贵,区委书记储永宏等参加。

9日

△下午,玄武区召开第30个教师节庆祝大会,区委书记储永宏出席并讲话,区长徐曙海致辞。

10日

△上午,玄武区第12期中青年干部培训班开学仪式在区委党校举行。区委常委、区委组织部长梁爱国出席并作开班动员。

11日

△下午,区政协召开十一届十六次常委会议,专题协商讨论玄武区教育均衡化改革和南京CBD核心区重点项目推进情况。会议听取区教育局局长李玉鹏和区发改局副局长左斌受区政府委托所作的情况通报,区政协社会事业委、经济科技委分别汇报会前调研情况,并进行协商讨论。

12日

△玄武区召开落实"两个责任"深化党风廉政建设大会。

13日

△下午,第十届南京软博会玄武专场活动开幕式暨签约仪式在玄武中心大厦举行。南京市副市长罗群,省经信委软件处处长池宇,清华大学、北京邮电大学、中国联通研究院、美国WindRiver公司、中国互联网金融联盟、网信金融集团原始会等单位有关领导,区四套班子相关领导,区各街道、园区、有关部门和相关企业负责人出席。

△下午,广东中山市委组织部副部长汤毅清一行7人,在市委组织部处长杨花伟的陪同下,参观徐庄软件园产业社区和苏宁集团,并座谈。

16日

△上午,区人大召开第十七届人民代表大会常务委员会第32次主任会议。会议采取实地视察听取汇报,视察人民中学教学楼改造、孝陵卫农贸市场升级改造、余粮经济适用房建设3个为民办实事项目,听取区发改局局长

吴开芬关于区政府2014年为民办实事项目进展情况汇报。

17日

△下午,2014年中国·南京金洽会玄武主题活动"智联城市慧聚天下——玄武区智慧产业推介会暨途牛旅游网智慧旅游平台发布仪式"在汉府饭店举行。

△红山小学在第十届全国青少年"中华情中国梦"活动中获"全国艺术教育先进集体"和"少年作家培训基地"称号。

19日

△下午,玄武区委召开纪念人民代表大会成立60周年座谈会。

21日

△下午,市委领导到玄武区听取区教育实践活动整改落实情况专题汇报。省委督导组组长佘义和,市委常委、市委组织部长徐金万,市委督导一组组长杨华以及区四套班子相关领导参加。

22日

△"花样社团·领秀青春"第四届玄武区青年风尚节开幕式在第九中学举行,玄武区中学生社团代表40余家,500余人参与。

24日

△上午,市委、市政府、市政协主要领导,带领全市科技与人才工作会议暨《南京市紫金科技人才创业特别社区条例》学习培训会参会人员实地考察徐庄软件园"321"人才企业——南京水晶石数字科技有限公司。区委书记储永宏、区长徐曙海等区领导陪同。

10月

1日

△上午,省委常委、政法委书记李小敏,省武警总队总队长于铁民等领导到南京火车站检查国庆安保工作。副区长胡士宁陪同。

10~11日

△区委书记储永宏率队赴上海市浦东新区、静安区学习考察文化创意、生物医药、信息技术产业、总部楼宇经济等方面成功经验和做法。区领导曹曙、苏郑、滕涛、陈乙华、陈云松,区机关部门、街道、园区有关负责人参加。

10日

△上午,市长缪瑞林率市旅游、发改、住建等部门实地考察徐庄软件园企业途牛旅游网并听取汇报。区长徐曙海等领导陪同。

13日

△上午,市长缪瑞林一行到锁金村街道视察街道城市长效管理网格化工作,实地视察"智慧锁金数据中心",观看"城市治理智慧平台"工作流程演示。区委书记储永宏、区长徐曙海陪同。

15日

△在南京市高中教育工作会议上,南京市第十三中学获南京市2013~2014学年度"普通高中教育发展性评估综合表彰奖"、"普通高中教学质量优秀奖"和"普通高中优秀教学管理奖",成为连续10年获上述奖项学校。

16日

△下午,市人大代表玄武团三组到南京依维柯集团视察南京汽车工业发展现状。区人大常委会主任张萍、副主任杨冬梅参加。

△下午,区政协召开十一届十四次主席会议,专题协商区政府关于提案办理和向社会力量购买公共服务情况。会议分别听取区政府办和区财政局所作的情况通报及提案法制委和经济科技委调研情况汇报。

17日

△下午,区委书记储永宏到徐庄软件园调研指导,实地视察物联网与集成电路设计产业园、中星微科技总部等市、区重点项目,并走访鱼跃、先声及速度中国等重点税源、人才企业。

19日

△上午,玄武区委、区政府召开环境综合整治"大干一百天"专项整治行动总结表彰暨"再干两百天"动员大会,总结"大干一百天、环境大扫除"专项行动成效,部署启动"再干两百天、环境再提升、管理见长效"环境综合整治专项行动。

21~23日

△玄武区接受江苏省义务教育优质均衡发展县(市、区)评估现场考察。由国家督学、江苏省教育厅原副厅长祭彦加任组长专家组一行8人通过听取工作汇报、查阅台账资料、召开座谈会,及深入学校听课、问卷调查、数据核查等方式,全面考察玄武区义务教育优质均衡发展情况。

21日

△下午,玄武区委召开党的群众路线教育实践活动总结大会。省委督导组成员、市委督导一组全体成员出席会议。区委书记储永宏对全区党的群众路线教育实践活动进行总结,市委督导一组组长杨华讲话。

23日

△上午,玄武区召开科技与人才工作推进会。

△市人大代表玄武代表团一组、二组分别开展活动,第二次定向定点视察明城墙管理和利用工作、南京市工商局工商登记制度改革后登记窗口实际情况。

24 日

△下午，区人大召开第十七届人大常委会第33次主任会议，听取区十七届人大常委会第十七次会议相关议题情况汇报。

25 日

△在南京市全民终身学习活动周启动仪式上，玄武区社区教育项目“玄武社区学堂”获南京市全民终身学习活动品牌荣誉。

28 日

△下午，玄武区举办党的十八届四中全会精神解读暨公务员法治理念教育培训会。省委党校法政教研部副主任沈林荣教授主讲。

29 日

△下午，国土资源部规划司副司长鞠建华率国务院政策措施回访督促调研二组实地考察百家汇玄武创新药物孵化平台项目，听取企业对国务院“稳增长、促改革、调结构、惠民生”政策措施的意见和建议。省市领导徐立、赵晶夫等陪同。

30 日

△玄武区举办社会主义核心价值观大家谈之一，“讲文明树新风公益广告发布仪式暨文明玄武在行动”主题沙龙活动。

31 日

△下午，区人大召开第十七届人大常委会第十七次会议。会议听取和审议区人大常委会执法检查组关于检查《南京市知识产权促进和保护条例》实施情况的报告，并对区科技局工作进行评议；听取和审议区十七届人大三次会议代表建议办理及督办情况的报告；审议关于接受杨晓阳等三名同志辞去玄武区第十七届人民代表大会代表职务请求的决定(草案)；审议关于召开区十七届人大四次会议的决定(草案)；讨论修订区人大常委会部分工作制度。

11 月

4 日

△在2014年全民终身学习活动周全国总开幕式上，“玄武社区学堂”获全国2014年“特别受百姓喜爱的终身学习活动品牌”(十佳品牌之一)。

5 日

△下午，市长缪瑞林、副市长陆冰一行到玄武区视察地铁规划建设工作，区委书记储永宏、区长徐曙海等陪同。

6 日

△区长徐曙海，区委常委、常务副区长曹曙带领区财政局、税源办、工商局、投促局和相关街道领导走访中国铁塔股份有限公司江苏省分公司，现场与中国铁塔股份有限公司江苏省分公司签订入驻协议。

7 日

△上午，玄武区第13届社区学习节启动仪式在全民健身中心艺之行国际美术教育基地举行。

△市人大常委会主任陈绍泽到锁金村人大代表之家开展接待代表日活动。区人大常委会主任张萍、副主任杨冬梅陪同。

12 日

△下午，徐庄软件园举办“十银百企”集中授信活动。工商银行、江苏银行、宁波银行等多家金融机构为园区100余家科技型中小微企业提供授信和免担保融资，总额度超过120亿元。

14 日

△上午，市纪委宣传部长邵建光带领廉政文化建设考核组对徐庄软件园非公企业先声药业公司廉政文化示范点建设情况进行检查验收。区纪委副书记邱健陪同。

△上午，安徽省委常委、合肥市委书记吴存荣率合肥市党政代表团调研徐庄软件园信息产业发展情况，实地考察园区企业苏宁易购。区委副书记杨乐华等陪同。

19 日

△上午，“江苏人民教育家培养工程”首批培养对象——北京东路小学校长孙双金教育思想报告会在北京东路小学举行。孙双金作题为《情智教育：在探索中前行》的报告。市教育局副局长张生等出席。来自南京市直属单位、玄武区、栖霞区、化工园区、浦口区学校的校长、教科研人员和教师等300余人参加。

20 日

△下午，玄武区举办2014年全民终身学习活动周开幕暨玄武开放大学揭牌仪式。市教育局副局长潘东标、南京开放大学校长夏桂松、副区长蒋兆全等领导出席。

21 日

△玄武区召开第五届人大工作理论研究会2014年年会。

25 日

△上午，玄武区召开“12·13”国家公祭日安全生产工作部署会，传达市安委会关于《深入开展“六打六治”打非治违专项行动切实保障国家公祭活动期间安全生产工作方案》的文件内容，部署全区“六打六治”打非治违专项行动及“12·13”国家公祭日期间安全生产相关工作。

26 日

△上午，区人大召开十七届人大常

委会第34次主任会议，讨论《区人大常委会财政预算审查监督办法（暂行）》《区第十七届人民代表大会第四次会议人大常委会工作报告（讨论稿）》。

12月

6日

△区委在区政府大楼召开区委工作务虚会，深入学习贯彻党的十八届三中、四中全会精神，在梳理回顾、分析研判基础上，进一步明确2015年工作总体思路和重点任务。

△上午，"江苏省斯霞教育思想研究所"成立与挂牌仪式暨第四届"斯爱论坛"活动在南京师范大学附属小学举行。

10日

△下午，玄武区举办学习贯彻党的十八届四中全会精神宣讲报告会，邀请省委宣讲团成员、省政府参事、南京师范大学江苏法治发展研究院院长龚廷泰作宣讲报告。

11日

△下午，副省长张雷在省人社厅厅长谭颖、副厅长周英，市人社局局长朱志宏、副局长江萍等陪同下，视察玄武区台城花园社区基层人力资源和社会保障服务工作平台建设情况。

13日

△首个国家公祭日，玄武区各界人士在北极阁侵华日军南京大屠杀遇难同胞纪念碑前举行悼念仪式。玄武区孝陵卫街道西洼子村丛葬地和富贵山社区同时举行。

△下午，中共中央总书记、国家主席、中央军委主席习近平在江苏省委书记罗志军、省长李学勇陪同下，到徐庄软件园考察江苏省产业技术研究院。

15日

△玄武区锁金村街道获"江苏省科普示范街道"称号，玄武湖街道樱驼花园社区、梅园新村街道太平门社区获"江苏省科普示范社区"称号，示范期为2014~2016年。

17日

△上午，区人大召开十七届人大常委会第35次主任会议，听取区政府关于2014年国民经济社会发展计划和财政预算执行情况与2015年国民经济社会发展计划和财政预算（草案）的汇报；预审第18次常委会相关议题。

18日

△区政协召开十一届十七次常委会议。会议听取区政府关于2014年国民经济和社会发展计划实施情况以及2015年国民经济和社会发展计划制订情况（草案）、2014年财政预算执行情况和2015年财政预算编制情况、全区2014年度政治建设和党的建设工作目标实施情况及2015年政治建设和党的建设工作目标制订情况、全区2014年度文化建设目标实施情况和2015年文化建设奋斗目标制订情况的通报。会议围绕全区2014年经济、政治、文化、社会、生态文明建设目标完成情况及2015各项目标制定情况进行协商讨论，提出意见建议。会议协商通过区政协常委会工作报告和提案工作报告；协商确定区政协常委会工作报告和提案工作报告的报告人；协商通过关于召开区政协十一届四次会议和部分政协委员调整及人事任免有关事项。

18~19日

△由省教育厅主办，省教育学会、市教育局和玄武区人民政府共同承办"江苏省小学课程规划与实施现场观摩研讨活动"在玄武区举行。省教育厅副厅长朱卫国、省教育厅基础教育处处长马斌、省教育学会会长杨九俊、区政府副区长蒋兆全、市委教育局工委书记刘莅等领导、专家参加。活动以"江苏省小学课程规划实施与学校特色发展"为主题，全省各市教育局、教研室、教育学会、小学校长代表200余人参加。

22日

△在北京举行的第三届环境教育年会活动中，红山小学获得2014年度全国环境教育示范学校称号，红山小学校长赵功伟被评为"全国环境教育示范学校突出贡献人物"。

△下午，玄武区召开民主党派政情通报会，由区纪委首次向区民主党派通报玄武区党风廉政建设和反腐败工作情况。

23日

△下午，玄武区召开第十七届人大常委会第十八次会议。主要议题有：(1)听取和审议区政府副巡视员傅根辉所作的《关于落实"大干一百天，环境大扫除"环境专项整治行动审议意见情况的报告》，并对该报告进行票决；(2)听取和审议区政府副区长陈云松所作的《关于玄武区2014年国民经济和社会发展计划相关目标完成情况的报告》；(3)听取和审议区政府常务副区长曹曙所作的《关于玄武区2014年财政预算调整方案（草案）的报告》，以及区人

大常委会财政经济工委主任陈小玲所作的《关于玄武区2014年财政预算调整方案的初审报告(草案)》;(4)听取区人大常委会财政经济工委主任陈小玲对《关于南京市玄武区人大常委会区级财政预算审查监督办法(试行)》的情况说明,并通过该办法;(5)听取和审议区检察院检察长陆宁平所作《关于深化检务公开工作情况的报告》,并通过《关于进一步加强检务公开工作的决议》;(6)听取和审议区政府常务副区长曹曙所作的《玄武区政府关于南京市2013~2017年棚户区改造一期工程项目——玄武项目国开行贷款情况的报告》以及《玄武区政府关于紫金(玄武)科创特区环境综合整治项目建设银行专项贷款情况的报告》,并通过《关于批准〈区政府关于南京市2013~2017年棚户区改造一期工程项目——玄武项目国开行贷款本息保障资金列入财政预算的报告〉的决议》以及《关于批准〈区政府关于紫金(玄武)科创特区环境综合整治项目建设银行专项贷款情况的报告〉的决议》;(7)通过有关人事任免事项;(8)听取区人大常委会副主任、代表资格审查委员会主任委员杨冬梅所作的《关于代表变动情况和代表资格的报告》;(9)听取区委组织部副部长丁锴关于区十七届人民代表大会第四次会议各项建议名单的情况说明;(10)听取区人大常委会办公室主任刘康对区十七届人民代表大会第四次会议常务委员会工作报告所作的有关说明;(11)听取区人大常委会副主任、大会筹备处秘书长刘显平所作的关于区十七届人民代表大会第四次会议筹备工作情况的报告;(12)会议以举手表决的方式同意南京市公安局经济犯罪侦查支队拟对杨庆义代表取保候审的请示。

27日

△上午,区委召开十届十二次全体(扩大)会议,深入贯彻党的十八大、十八届三中、四中全会和习近平总书记系列重要讲话精神,全面落实省委十二届八次、九次全会、市委十三届九次全会精神,回顾总结2014年工作,研究部署2015年任务。区委书记储永宏代表区委常委会作题为《坚持依法治区,建设法治玄武,全面加快现代化国际性人文绿都标志区建设》的工作报告。区委副书记、区长徐曙海主持。

南京六朝博物馆正门

党政·群团

Party Committee, Government, Mass Group

- 中国共产党南京市玄武区委员会
- 南京市玄武区人民代表人会
- 南京市玄武区人民政府
- 中国人民政治协商会议南京市玄武区委员会
- 中国共产党南京市玄武区纪律检查委员会
- 民主党派·工商联
- 人民团体

责任编辑　黄红权

中国共产党南京市玄武区委员会

【全区机关作风建设大会】 2月7日召开。会议总结2013年机关作风建设情况，部署2014年机关作风建设任务。会议明确2014年全区作风建设总体要求：认真学习贯彻党的十八届三中全会和中纪委三次全会精神，以开展第二批党的群众路线教育实践活动为总抓手，以“反四风、转作风”为总要求，坚持群众满意第一前提，改革创新第一导向，敢于担当第一标准，务求认真第一态度，实干为民、锐意进取、克难奋进、提升效能，以良好的状态、一流的形象、出色的业绩，奋力谱写“中国梦”的玄武华章。具体要求有四个方面：一是坚持群众满意第一前提。要以群众意见为坐标，反思作风问题之弊；以群众利益为标尺，找准作风整改之要；以群众参与为方法，夯实作风建设之基。二是坚持改革创新第一导向。要破除思想束缚，积累创新智慧，坚定攻坚意志，创造性地解决问题、推动工作、促进发展。三是坚持敢于担当第一标准。要在责任面前当仁不让，在困难面前挺身而出，在是非面前立场坚定。四是坚持务求认真第一态度。要定计划、强推进，有声势、见成效，大力度、有震动。同时，要求把作风建设落实到工作实践之中，一是紧扣发展真抓实干。要负重加压，确保经济平稳运行；锐意创新，确保改革纵深推进；精密筹备，确保青奥万无一失。二是面向各方优质服务。要明确服务重点，提高服务效率，完善服务机制。三是锤炼党性保持清廉。要严肃教育，筑牢心灵防线；严格监管，筑牢制度防线；严惩腐败，筑牢反腐防线。区四套班子全体领导，各街道、园区，区机关各部门科以上干部，各社区党组织书记、居委会主任以及区机关干部代表600余人参加会议。

2月7日，2014年玄武区机关作风建设大会召开

【全区党建工作会议】 3月13日召开。会议贯彻落实中央和省、市有关会议精神，回顾总结2013年党建工作，安排部署2014年目标任务，动员全区各级党组织和广大党员干部，进一步解放思想、锐意进取、真抓实干，开创全区党建工作的新局面，为加快建设现代化国际性人文绿都标志区提供坚强的政治保证。会议明确2014年全区党建工作总体要求：深入贯彻落实党的十八大、十八届三中全会和中央、省、市党的建设有关工作会议精神，以开展党的群众路线教育实践活动为主线，紧扣问题、需求、基层导向，强基石、造氛围、增合力，不断提高党的建设科学化水平，为奋力谱写“中国梦”的玄武华章，提供坚强的政治保证。重点是把握好一条主线、三类导向和三项重点：一条主线即开展好党的群众路线教育实践活动，要提神醒脑，确保思想认识到位；治理顽症，确保作风转变到位；筑牢防线，确保制度建立到位。三类导向即紧扣问题导向、需求导、基层导向，大力推进党的建设创新发展。三项重点即强基石、造氛围、增合力。一是组织工作方面强基石，要提升用人公信力，激活人才创新力，增强基层凝聚力。二是宣传工作方面造声势，要坚持理论引领，夯实思想基础；三是统战工作方面增合力，要发挥智力密集优势，积极建言献策；发挥联系广泛优势，凝聚各界共识；发挥资源丰沛优势，共促区域发展。会议要求全区各级党组织要细化工作措施，强化品牌建设，建设过硬队伍。强化组织，力促落实，不断开创党建工作新局面。会议号召全区各级党组织和广大党员干部谋时而动、顺势而为，顽强拼搏、不懈奋斗，努力开创玄武党建工作的新局面，为全面加快建设现代化国际性人文绿都标志区提供坚强的政治保证。

【区委十届十一次全体（扩大）会议】 7月24日召开。会议深入贯彻省委十二届七次全会、市委十三届八次全会精神，总结上半年工作，研究部署加快民营经济发展、巩固教育实践活动成果、迎接青奥盛会以及下半年具体工作，动员全区上下目标再聚焦、任务再细化、工作再发力，不断加快现代化国际性人文绿都标志区建设。会上，区委书记储永宏代表区委常委会，作《激发民营经济发展活力，巩固教育实践活动成果，不断加快现代化国际性人文绿都标志区建设》的工作报告。会议提出今后一段时期玄武区民营经济工作总的要求：深入贯彻落实省、市有关会议精神，围绕发展质效更优、内生动力更强、总部占比更高、开放程度更好的目标，大力实施民营经济跨越发展六项工程，切实增强民营经济核心竞争力和可持续发展能力，着力构建充满活力、富有效率、更加开放的民营经济工作新格局，争当全市民营经济发展排头兵。其中，六项工程为：载体提升工程、企业提质工程、开放带动工程、人才集聚工程、金融支撑工程、服务保障工程。会议明确下半年工作总体要求：深入贯彻省委十二届七次全会、市委十三届八次全会精神，以科学发展观为指导，坚持转型提升工作主题，突出改革创新工作主线，稳中有进、稳中有为、稳中提质，以重点突破带动全局工作，以狠抓落实达超序时进度，确保青奥盛会精彩绽放、确保改革创新实质突破、确保全年任务圆满完成。工作重点：全力以赴冲刺青奥盛会，做到管理措施全面落实、城市运行全面就绪、服务保障全面跟进。优质高效推动经济发展，狠抓“重点片(园)区、重点项目、重点企业”，让发展根基更牢固；突出“智慧产业、总部经济、要素市场”，让经济活力更充沛；强化“预警监测、服务协调、考评督查”，让组织运行更有序。常态长效提升区域面貌，持续推动环境整治，立体推动城市更新，多元推动城市治理。坚定不移改善社会民生，解决民生之急，做实“普惠型”保障；回应民生之需，发展“共享型”事业；筑牢民生之基，推进“创新型”治理。矢志不移推进改革创新，坚持问题导向，务求改革实效；坚持统筹谋划，确保有序有为。会议号召全区上下深入践行党的群众路线，咬定目标、锐意创新、奋勇争先，全面激发民营经济发展活力，确保青奥盛会精彩绽放，圆满完成全年任务，为加快建设现代化国际性人文绿都标志区作出新的更大贡献。区四套班子全体领导；区委委员、候补委员，区纪委委员；各街道党工委、人大工委、办事处负责人，徐管委工委负责人，科创办负责人，机关各部门及人大各工委、政协各专委会主要负责人；部分党代表246人参加会议。

【区委十届十二次全体（扩大）会议】 12月27日召开。会议深入贯彻落实党的十八大和十八届三中、四中全会精神，总结2014年工作，研究部署2015年任务。会上，区委书记储永宏代表区委常委会，作《坚持依法治区，建设法治玄武，全面加快现代化国际性人文绿都标志区建设》工作报告。会议明确坚持依法治区、建设法治玄武总的要求：认真贯彻党的十八大和十八届三中、四中全会精神，全面落实依法治国方略，大力实施法治玄武建设工程，着力推动法治城区、法治政府、法治社会一体建设，不断提升科学立法、严格执法、公正司法、全民守法和法治惠民水平，确保依法治区工作始终走在省市前列，为建设现代化国际性人文绿都标志区提供有力的法治保障。会议明确2015年全区工作总体要求：深入贯彻党的十八大和十八届三中、四中全会精神，认真学习领会习近平总书记系列重要讲话精神，全面落实省委十二届八次、九次全会和市委十三届九次全会精神，以科学发展观为指导，坚持转型提升主题，把握集约发展路径，突出经济提质、环境优化、民生幸福、改革创新四个重点，统筹推进“五位一体”建设，全面落实从严治党要求，在新常态下不断加快现代化国际性人文绿都标志区建设。会议明确2015年工作重点：加快集约集聚，增创经济发展新优势；持续改善环境，展现城区发展新面貌；强化幸福导向，实现民生发展新跨越；深化综合改革，增强科学发展新动力；从严治党、正本清源，不断加强党的建设。会议要求全区上下更加紧密地团结在以习近平同志为总书记的党中央周围，在市委、市政府的坚强领导下，以奋勇争先的拼搏干劲、务实高效的工作作风，开拓创新、真抓实干，为建设经济强、百姓富、环境美、社会文明程度高的新玄武而不懈奋斗。区四套班子全体领导；区委委员、候补委员，区纪委委员；各街道党工委、人大工委、办事处负责人，徐管委工委负责人，科创办负责人，机关各部门及人大各工委、政协各专委会主要负责人；部分党代表257人参加会议。 （刘心林）

·党的群众路线教育实践活动·

【概况】 根据中央和省市委统一部署，玄武区党的群众路线教育实践活动从2014年2月开始，至10月完成。活动在全区63个单位、

1277个党组织、21614名党员中深入开展。全体参学党员认真贯彻落实习近平总书记系列重要讲话精神，紧紧围绕“为民、务实、清廉”主题，按照“照镜子、正衣冠、洗洗澡、治治病”的总要求，确保学习教育、听取意见、查摆问题、开展批评、整改落实、建章立制各环节落实到位，整个活动取得转变作风、教育干部、凝聚民心的既定成效。

【学习教育】 玄武区党的群众路线教育实践活动学习教育阶段，区四套班子集中学习69场次。参观梅园新村纪念馆，集中观看《周恩来的四个昼夜》等教育影片，开展“我是谁、为了谁、依靠谁”“环境整治为了谁”两场主题大讨论，并通读通学上级关于活动的各类重要文件、讲话。区委主要领导以“贯彻群众路线、争当作风表率”为题，为全区党员干部上党课。各活动单位也通过支部学习会、书记讲堂、主题党日等学习载体，进一步强化群众观念和宗旨意识。

【征集意见】 党的群众路线教育实践活动征求意见阶段，玄武区委先后召开各层面座谈会50余场，约谈区管正职100多名，全区各参学单位召开意见征求会150余场，征集意见建议近千条。在《南京日报》和《扬子晚报》发布公告，向市民征集意见，在政务大厅、社区服务中心等人流密集场所，设置160多个意见箱，累计回收有效意见表15000余份。通过网站、热线电话、电子邮箱和官方微信，征求到群众意见270余条。

【查摆问题】 玄武区党的群众路线教育实践活动查摆问题阶段，玄武区委扎实做好谈心谈话，认真落实“四必谈”：即党委(党组)主要负责同志与班子每个成员必谈，班子成员相互之间必谈，班子成员与分管部门主要负责同志之间必谈，督导组与班子成员必谈。“六个谈透”：即把班子问题谈透、把个人问题谈透、把对方问题谈透、把拟在专题民主生活会或组织生活会上提出的批评意见谈透、把意见建议谈透、把改进措施谈透。区委常委班子成员与区管干部开展谈心谈话超过950人次。全区党员领导干部认真撰写并修改对照检查材料，对征求到的意见主动认领、对号入座，列举“四风”突出问题，深入剖析原因，制定整改措施。区委常委会6月30日召开专题民主生活会，会上各位常委以整风精神和担当勇气逐一对照检查，以揭短亮丑的态度开展自我批评，12名区委常委共查摆“四风”问题133条。各参学单位也严肃认真地召开班子专题民主生活会和支部专题组织生活会共计1200余场次，进一步净化思想、洗涤灵魂。

【整改落实】 党的群众路线教育实践活动整改落实阶段，玄武区委将边查边改作为密切党群干群关系的重要原则，制定整改落实方案，集中力量实施“执法监管部门和窗口单位、服务行业‘庸懒散、不作为、乱作为’”“清理行政审批事项、简化审批程序”等“十大专项行动”，出台《常委会议事决策规则》《关于加强“三重一大”事项决策和监管的意见》等10项即知即改的制度文件，完成《干部选拔任用工作全程纪实办法》《公务员考核奖惩工作实施办法》等10项制度建设计划。各级领导班子由班长带头，班子成员全部认领班子整改方案以及个人整改清单中的所有问题，坚持以“有专门方案、有推进措施、有具体责任人、有检查评估、有监督问责”的“五有”标准抓好整改，做到有一件改一件，改一件成一件。 (戴　欣)

·组　　织·

【概况】 截至2014年12月31日，中共玄武区委派出工委17个，区委所属党组9个。全区共有基层党委55个，党总支65个，党支部1165个。全区7个街道工委，下属党委43个，总支28个，支部738个，党员16391名。全区共有党员26644名，较上年增加1118名，上升4.2%，其中正式党员26473名，预备党员171名。其中，男党员15548名，占党员总数58.4%；女党员11096名，占总数41.6%。汉族党员26251名，占党员总数98.5%，少数民族党员393名，占党员总数1.5%。35岁以下党员7025名，占党员总数26.4%。大专以上文化16090名，占党员总数60.4%。2014年，全区发展党员142名，其中女党员89名，占发展党员总数62.7%；少数民族党员2名。35岁以下新党员94名，占发展党员总数66.2%；高中以上文化新党员142名，占发展党员总数100%。

【基层党组织建设】 2014年，在社区层面，推动领导结构由垂直式、单向式向扁平化发展，指导各街道、社区及时增补大工委、大党委兼职委员42名。及时做好机关党组织调整工作，理顺隶属关系。在非公和社会组织，联合相关部门统计排查、上门走访，找“口袋”党员和“地下”党员46名，新成立独立非公企业党组织4家，联合党组织2家，社会组织联合党组织1

家。推进党代表工作室建设，按照“六个有”(即：有办公场地、有标牌标识、有代表简介、有工作制度、有计划安排、有文档记录)的标准普遍建立党代表工作室，对现有199名党代表进行梳理，及时调整团组划分。抓好党员队伍管理，举办入党积极分子培训班3期，累计培训入党积极分子236名，发展党员142名。

【在职党员到社区志愿服务】2014年，全区59个社区共接待298家单位、6852名在职党员到社区报到。其中，按单位性质划分：机关单位党员3802人，事业单位党员2380人，企业党员670人。党员报到形式以单位集中报到为主，占报到总人数72%。各社区根据社区实际、居民需求和党员特长，设置不同的服务岗位，摸排电器维修、防治虫蚁、修剪树木等群众需求数量507个，在职党员认领社区岗位数量2730个。

【第五批高校优秀教师挂职到任】8月1日，举办玄武区第五批高校优秀教师到玄武挂职到任仪式，区委常委、组织部长梁爱国在到任仪式上讲话。根据部门和街道园区需求，此次活动从南京、上海两地高校院所中遴选5位优秀教师到玄武挂职，选聘范围较往年进一步扩大。截至2014年底，玄武区先后选聘22名优秀青年教师和科研人员，挂职担任区内有关单位副职领导职务。

【高层次人才创业训练营】3月30日，召开“2014年玄武区科技创新人才大会”。11月25日，由区人才办和南京敏捷信息化培训学校联合举办的玄武区高层次人才创业训练营第一期培训在徐庄软件园正式开班。训练营主要面向在玄武区创业的国家“千人计划”、省“双创计划”和市“321计划”等高层次人才。训练营每月开营1次，每次为期1天，采取集中授课、专题研讨、参观考察等形式，内容围绕企业管理、市场推广、资金运营、人力资源、政策辅导等方面，切实满足人才和企业发展的实际需求。

(戴　欣)

·宣　　传·

【概况】2014年，全区宣传思想工作以深入贯彻落实党的十八大、十八届三中、四中全会精神和习近平总书记系列讲话精神为主线，紧紧围绕“两个巩固”根本任务，围绕区委、区政府的中心工作和决策部署，结合党的群众路线教育实践活动，充分发挥“主战场、主阵地、主力军”作用，圆满完成全年工作，为加快建设现代化国际性人文绿都标志区提供思想保证、精神动力、舆论支持和文化条件。

【理论学习】2014年，学习贯彻落实党的十八大、十八届三中、四中全会和习总书记系列讲话精神，深化中国特色社会主义和“中国梦”宣传教育，精心组织区委中心组学习12次。开展十八届三中、四中全会精神宣讲，在全区开展宣传思想文化工作调研评选。在全市率先召开教育先行区与学习型城区建设工作会议，推进学习型城区建设。围绕全区中心工作开展社科课题研究。开展基层党员干部冬训工作。东南大学社区“院士讲坛”董本植被评为“全省理论宣讲先进个人”。举办玄武区第十三届社区学习节启动仪式暨中山路国际名品街区“我爱学习”街社企校大联动主题活动。召开区社科联二届二次常务理事会，选举产生新一届领导班子。成立“玄武区诗词学会”。

【新闻宣传】2014年，全区被媒体采用稿件4590余篇，中央媒体3篇，《南京日报》头版报道12篇(条)。加强议程设置和主题策划，突出对创洽会玄武专场活动、太平门通道建设等全区重点热点、敏感问题和突发事件的宣传引导，召开新闻发布会10余场。做好青奥会社会宣传，发放“青奥”系列宣传海报3000张。利用“玄武新闻网”全方位全过程展示群众路线教育实践活动的举措和成效，区委书记储

3月30日，2014年玄武区科技创新人才工作大会召开

3月2日，玄武区志愿服务进社区集中行动

永宏走进龙虎网直播间就玄武区开展群众路线教育实践活动接受专访。区长徐曙海参加南京电视台《民生》环境整治专题节目。全力保障“大干一百天、环境大扫除”专项整治行动。广泛宣传发动群众，发放《致广大驻区单位和居民群众的一封信》，营造人人参与的社会氛围；全力与媒体沟通协调，将各媒体、网络曝光、居民监督反映的脏乱差问题，第一时间反馈给相关街道和职能部门，并督促及时整改；精心组织省市属媒体2次集中看玄武的环境整治成效，宣传和展示玄武区环境整治工作成果。

【舆论引导】 2014年，推进政务微博全覆盖工作，全区开通政务微博52家单位。10月，“玄武发布”微博被评为全省政务微博综合影响力第9名，新增原创数排名全市第一。开通“玄武发布”官方微信。全天候监控网络新闻舆情动态，采集研判分析舆情信息19765万条。向市报送舆情信息1285篇，被采用152篇。编印《舆情动态》《新闻预警》132期。向各单位通报“网络舆情预警”1512条，及时处置长江路设置隔离桩等网络突发事件26起。受理答复南京网络问政及龙虎民生的各类帖子427条，办结率100%。

【文明活动】 结合群众路线教育，开展“我们的节日”“文明礼让斑马线”、寻找“最美家庭”活动等群众性精神文明创建活动。在全区开展“玄武好人”评选，设立“善行义举榜”，制作“文明玄武在行动”VCR。在全区开展培育和践行社会主义核心价值观“我最想说的一句话”征集活动。多渠道传播“讲文明树新风”公益广告，弘扬正风正气。为悼念南京大屠杀死难者，12月13日首个国家公祭日上午，区委宣传部组织玄武区各界人士在北极阁侵华日军南京大屠杀遇难同胞纪念碑前广场、孝陵卫街道西洼子村丛葬地和富贵山社区举行悼念仪式，缅怀南京大屠杀的无辜死难者。

【志愿服务】 2014年，玄武区以22个城市志愿服务站示范点和21个“青奥”信息点为依托，开展双语、交通引导、旅游咨询、应急救护等志愿服务。青奥会期间全区志愿服务达10万人次。制定年度玄武区每月集中服务行动日计划，全年开展“邻里守望”志愿服务活动12场。开展志愿服务进社区集中行动，建立第五批南京城市志愿服务站（示范点）12个。截至10月底，全区注册志愿者102226人，占常住人口比例15.5%。

【未成年人思想道德建设】 组织协调有关单位开展“未成年人文明礼仪养成教育活动”“青少年凭吊革命先烈活动”、市区十佳家长评选表彰等活动，组织优秀童谣征集、未成年人礼仪风采大赛、未成年人暑期系列活动、心理健康教育百场宣讲、“向国旗敬礼”和区“美德少年”推选等活动。 （王　丽）

·统　　战·

【概况】 2014年，全区统一战线工作深入学习贯彻党的十八届三中全会、四中全会、全国和省市统战工作会议精神，加强同民主党派和无党派人士协商民主，推进“同心·万家民企帮万户”工程。9月，协调区社会主义学校举办党外干部培训班。突出青奥会重点工作，与区文化局联合举办“故乡月·思乡情”玄武区港澳台侨中秋联谊会暨第十一届长江路文化艺术节，组织侨台联理事、社区归侨侨眷开展“迎青奥，看南京”等专题活动，完成全年各项工作目标。

【统战宣传】 2月，下发《2014年全区统战工作要点》，出台《关于加强和改进新形势下侨联工作的意见》文件，明确全区统战工作重点和总体目标，提升统战工作科学化水平。改版玄武区委统战部网站，加大宣传力度。在《挚友》杂志、《南京统战》《南京日报》《金陵晚报》《扬子晚报》、中国侨网、龙虎网等报纸、网站多次报道玄武统战工作。调研文章《“一街一特”树品牌，“五位一体”同发展》获南京市委统战部统战理论研究优秀成果三等奖，同时获全市统战宣传工作二等奖。

【招才引智】 2014年，认真落实招才引智工作。做好第七届留交会侨资侨智对接交流，安排人员参观徐庄软件园。联系市侨联海外高层次人才团队参访徐庄软件园。做好“321”人才申报工作。会见美国阿拉巴马州中区华人协会主席赵颖，签订交流合作关系备忘录，成立阿拉巴马州海外联络站，聘请赵颖女士为玄武区海联会·美国阿拉巴马州联络站顾问。

【“同心·万家民企帮万户”工程】 2014年，继续推进“同心·万家民企帮万户”活动，在助推经济发展、促进民生改善、服务文化建设方面取得新成效.截至年底，完成企业结对199家，筹集帮扶资金316.78万元，帮扶困难家庭1162户，解决就业人数163人。建立“光彩”资金、慈善资金协同帮扶机制，组织开展“百企招聘”活动，提供就业岗位700余个。在全区宗教界开展“宗教慈善周”活动，募集善款40200元，发放给50名困难学生。

（张清明）

·文明城区建设·

【概况】 2014年，玄武区迎接城市文明程度指数测评2次，其中国家测评1次，省级测评1次（市级同步测评）。开展区级第三方测评1次。完善区、街道（部门）、社区（网格责任人）三级责任人体系，将文明城市创建工作纳入街道及相关责任部门年度现代化指标考核内容。建立区市民督导团。申报市级城市文明示范点48个。提升创建工作常态化水平，全年发督查专报21期。年内被各级文明网录用信息879条（篇），其中中国文明网录用信息4条、市精神文明简报采用9篇。

【文明创建工作】 2014年，调整区创建文明城区领导小组成员、区精神文明建设指导委员会成员，加强区委、区政府对文明创建工作的领导。将文明城市创建工作纳入相关责任部门年度现代化指标考核内容。以城市文明示范点建设为抓手，深化创建工作常态化，积极做好国家、省市文明指数测评工作，强化三级责任体系落实，强化督查整改，全面提升创建迎查水平。建立区市民督导团，全年发督查专报25期。开展区级第三方文明指数测评。预申报参评2013—2015年度省级文明单位16家单位。

9月，在区社会主义学校举办党外干部培训班

【“四进社区三下乡”活动】 1月21日，区文明办“四进社区、三下乡”活动走进红山街道墨香山庄社区。市委宣传部副部长、市文明办主任曹劲松、市委宣传部文艺处处长时鹏程，区委副书记杨乐华，区委常委、宣传部长周雯，区人大副主任李辉、区政协副主席王敬玲及区科技局、教育局、司法局、文化局、卫生局、计生局、体育局、团区委、红山街道领导出席。活动由区委宣传部副部长、区文明办主任朱海峰主持。杨乐华要求各相关部门以此次活动为契机，结合党的群众路线教育实践活动，进一步改进工作作风，深化具有玄武特色的社会服务体系建设，为群众多办事、办好事、办实事，为谱写“中国梦”的玄武华章做出新的更大贡献。参加活动领导为家境困难的优秀学生捐赠文具。文艺表演赢得观众喝彩。便民服务与咨询在社区同时开展，受到社区群众欢迎。

【全区城市文明示范点工作部署会举行】 5月8日上午在区政府401会议室召开。区委常委、宣传部部长、文明委主任陈乙华，以及48个市级文明示范点主管单位分管领导、具体责任人，区市民督导团成员参加会议。区委宣传部副部长、区文明办主任朱海峰主持。陈乙华为区市民督导团成员颁发聘书并对示范点建设及文明城市创建工作提出要求。区文明办副主任杜宏亮解读测评体系内容。

【精神文明信息培训】 6月17日举办。全区各街道、园区、系统党(工)委宣传干事、社区信息员100余人参加培训。市文明办综合处处长张石平授课，作“信息写作”专题讲座。区委宣传部副部长、区文明办主任朱海峰对全区精神文明信息工作提出要求。

【“社会主义核心价值观大家谈”主题沙龙】 10月30日，玄武区举办“社会主义核心价值观大家谈：‘讲文明树新风’公益广告发布仪式暨‘文明玄武在行动’”主题沙龙活动。活动仪式上，发布“文明玄武在行动”公益宣传片和“讲文明树新风”动漫公益广告。市委宣传部副部长、市文明办主任曹劲松，市文明办综合处处长张石平，玄武区委副书记杨乐华、玄武区委常委、宣传部长陈乙华以及公益达人代表、媒体代表，街道、园区、系统党(工)委书记等参加活动。

【“玄武好人”评选】 区委宣传部、区文明办在全区范围内开展2014年度“玄武好人”评选活动。评选活动7月启动，历时半年，经过宣传发动、推荐上报、集中宣传、评审确定、网络点赞、社会公示等程序，评出徐进春等10名“玄武好人”，涉及企业家、职工、社区居民、公务员、教师、医生、学生等，覆盖社会各个层面。　（李金虎）

·社会建设·

【概况】 2014年，玄武区委社建工委围绕巩固基础、创新思路、放大特色、全市领先总体要求，深化街道中心化改革为主线，全面创新社会管理格局；建设幸福玄武为主题，全心创优公共服务体系；完善工作机制为切入点，提高社会建设科学化水平。玄武社会建设工作基础巩固、特色彰显。

【玄武区社会建设重点工作研究会】 2月20日召开。部署2014年社会建设重点工作，讨论研究《关于切实做好〈关于加快推进社会现代化的意见目标任务分解落实工作的通知》(讨论稿)和《关于建设玄武区新型社会服务体系的实施意见（讨论稿)》。区委组织部、政法委、社建工委，区发改局、民政局、财政局、人社局、城管局等部门主要负责人及各街道分管领导参加会议。会议由区委副书记杨乐华主持。

【区社会建设工作领导小组会议】 6月17日召开，玄武区社会建设工作领导小组会议，研究部署幸福玄武指标和街道“中心化”改革工作。区委副书记杨乐华，区委常委、政法委书记易兵，区人大副主任杨冬梅，区社会建设工作领导小组成员单位负责人50余人参加。区委社建工委书记胡圆圆传达全市社会建设大会精神，分析总结2013年度幸福都市指标测评结果。区发改局、民政局、新街口街道和锁金村街道分别作推进幸福玄武指标工作交流发言和经验介绍。杨乐华就幸福玄武指标与街道“中心化”改革工作提出要求。

11月21日，召开区社会建设工作领导小组会议。区委副书记杨乐华，区委常委、政法委书记易兵，区委常委、常务副区长曹曙及区社会建设工作领导小组各成员单位负责人50余人参加会议。会议贯彻落实市委关于实施街道和社区体制改革的部署要求；讨论研究幸福玄武考评指标体系编制工作；研究部署幸福都市指标测评迎查工作。

【市领导考察玄武区社建工作】 8月11日下午，市委副秘书长、市委

8月11日，南京市委社建工委书记祁豫玮到玄武区指导工作

社建工委书记祁豫玮,副书记史锦平一行到锁金村街道考察指导社建工作。区委社建工委书记胡圆圆、锁金村街道工委书记石磊陪同。祁豫玮一行先后到锁四社区小区广场议事亭和休闲绿地,同社区居民交谈了解情况,在街道民生中心会议室召开座谈会。石磊汇报街道"青奥"保障、群众路线、中心化建设及基础工作;胡圆圆汇报玄武社会建设中心工作。祁豫玮对玄武社会建设工作和锁金村街道的全面工作给予充分肯定。

【小区民生创意项目中期评估】 9月23日上午,区委社建工委在梅园新村街道明故宫社区召开小区民生创意项目中期评估暨"幸福小饭桌"项目现场观摩会。全面评估玄武区2013年"幸福进行时"小区民生创意项目阶段性完成情况,提升民生创意项目策划与实施水平。市委社建工委、区委区政府相关部门负责人,各街道分管领导,各创意项目负责人,社区代表、区内各枢纽型社会组织负责人以及部分项目受益群众代表参加观摩会。5个创意项目负责人对项目运行和发展情况进行中期阐述,通过图片、图表、影像等多种方式展示项目运行成效。市社科院副研究员李义波博士对各创意项目进行点评,区委社建工委书记胡圆圆对"幸福进行时"小区民生创意项目的整体活动及运行情况进行总结。

【学习考察北京社会建设】 9月24~26日,区委副书记杨乐华、副区长蒋兆全带队考察北京社会建设工作,考察团成员包括市委社建工委、市社科院、区委办、区社建工委、区民政局以及各街道的相关领导。考察团专门拜访北京市委社会工委、北京市社会建设工作办,就社会建设顶层设计、基层社会治理体制改革、枢纽性社会组织建设等工作,与北京市委社会工委委员、市社会办副巡视员赵济贵,及其办公室、综合处、社区建设处等6个处室负责人进行座谈。考察团实地参观考察东城区助人社会工作事务所,东花市街道网格化社会服务管理工作、东花市街道花市南里社区建设、马家堡街道星河苑社区"一刻钟社区便民服务圈"、马家堡商务楼宇服务站等5个典型项目。与东城区、丰台区社会建设工作相关负责人进行交流。 (杨　菁)

·党史研究·

【概况】 2014年,区委党史办以服务区委中心工作为重点,以玄武地方史和历史文化为主线,修订与出台《区委党史办2015—2017年党史工作规划》《区委党史队伍提高自身业务学习培训计划》《区委党史办党史资料写作奖励办法》《区委党史办内部管理办法》等新制度。全面推进《中共南京市玄武区地方史(1978年—2002年)》(三卷本)编撰工作,组织开展形式多样的党史宣传教育活动。参加"青奥"安保执勤、环境整治等各项工作300余人次,参与清理垃圾10余吨,从经费中挤出1万多元,为社区解决实际困难。

【《中共南京市玄武区地方史(1978年~2002年)》编撰工作】 2014年,区委党史办组织全面推进《中共南京市玄武区地方史(1978年~2002年)》(三卷本)编写工作。组织全体编写人员前往溧水、秦淮等党史编撰先进区县现场学习,召开党史"三卷本"写作研讨会,聘请市党史办专家学者授课,安排写作人员参与省党史办培训。每半个月组织篇目编写人员交流学习和讨论研究,就写作中问题进行研讨,统一写作方法。组织阅读有关文件和党史书籍,查阅大量档案资料,完成年度编写计划。

【2013年玄武区委工作情况综述编写完成】 2014年,按南京市委党史办编撰出版《2013年中共南京历史纪事》的工作要求,安排专门人员,搜集材料,认真编写,4月,完成2013年玄武区委工作情况综述任务,包括5000字书稿和反映有关重大活动照片22张,较全面反映2013年玄武区委各项工作成果。

【党史宣传教育活动】 2014年,区委党史办与中山陵园管理局、梅园新村纪念馆、南京中国近代史遗址博物馆(总统府)等单位加强工作交流,发挥这些单位爱国主义教育基地和红色旅游景点优势,在全区干部和中小学生中开展党史知识教育培训活动。设立玄武区机关论古道今话历史宣传文化网站,整合《紫金山下》创作园地,玄武历史文化写作队伍在园地中发展壮大。年内赠送社区图书室红色历史读物100余册,丰富社区图书馆书藏,开展调研,从人力、财力方面支持社区结对共建,慰问结对社区困难群众,还捐助2000元支持孝陵卫农科院社区建设,解决实际困难。 (张海峰)

·党　　校·

【概况】 2014年,区委党校以党的十八大、十八届三中、四中全会以及习近平总书记系列重要讲话精神为指导,扎实开展党的群众路

玄武区第12期中青年干部培训班结业

线教育实践活动，围绕区委、区政府中心工作，理清思路、统一思想、认清使命、把握方向，完成全年各项工作任务，并获10项集体和个人荣誉。

【宣讲组进社区授课】 2014年，区委党校通过组建理论宣讲小组、微型党课、座谈宣讲等多种形式创新载体，向基层和社区党员宣传党的十八届三中、四中全会精神，宣讲群众路线教育实践活动意义和要求，精心准备"四风"问题重大危害、坚持群众路线的实质要求和焦裕禄精神时代内涵等专题内容，帮助基层和社区党员群众答疑解惑，为全区各项学习活动奠定思想基础。截至2014年底，党校宣讲组和微型党课深入到军休4所、军休5所、军休6所、区关工委、珠江路科技街工委、新街口街道、唱经楼社区、成贤街社区、玄武外国语学校等单位开展"送教到基层"活动，受教党员群众2000余人次。

【党校培训】 全年举办培训班12期，培训学员1732人次。其中，与区委组织部联合举办学习贯彻习近平总书记系列讲话精神培训班，参训学员420人；入党积极分子培训班3期，学员251人；玄武区第12期中青年干部培训班，学员41人；现代服务业专题培训班，学员90人；社区党组织书记培训班，学员66人；非公企业党组织书记培训班，学员49人；与区委组织部、区城管局联合举办城市治理专题培训班，学员162人；与区委组织部、统战部联合举办玄武区党外干部培训班，学员32人；与区委组织部、区卫生局联合举办区第5期卫生系统管理干部培训班，学员98人；举办区卫生系统后备人才培训班，学员57人。

【课题调研】 2014年，区委党校采取重点课题和个人课题相结合形式推进教研科研工作，取得一批调研成果。全年完成调研文章11篇，选题涵盖全区党的建设、经济建设、社会建设、文化建设和党校干部培训等方面。其中，2013—2014年度全市党校系统调研文章《关于深入推进社会公益创投工作的调查研究》获重点课题优秀等次。申请并开展《上海自贸区效应下的区级开放型经济研究——以南京部分城区为例》《城乡公共服务均等化研究——以玄武区社会事业发展为例》等市委党校系统调研课题研究。参加并申报省党校系统《关于深化经济体制改革　推动江苏产业结构转型升级的研究》课题。　（周宁宁）

·老干部工作·

【概况】 2014年，玄武区委老干部局围绕全区中心工作，抓好"两项建设"，落实"两个待遇"，整体推进老干部工作创新发展，完成全年各项目标任务。开展党的群众路线教育实践活动，贯彻落实廉政准则，认真查找"四风"方面存在的突出问题，细化整改措施，抓好落实。调查报告《找准问题，有针对性地做好老干部信访工作》《加强和改进利用社区资源做好离退休干部服务工作的思考》分别获得南京市老干部工作重点调研课题二等奖、优秀奖。推进利用社区资源服务离退休干部工作，台城花园社区被评为"江苏省服务离退休干部工作精品社区"。至12月31日，全区有老干部204人（其中市管退休干部28人），年内有10名老干部因病去世。

【老干部政治理论学习】 年初，制定老干部理论学习计划。采取自学、集中学习、定期举办讲座和辅导报告等形式，引导老干部认真学习党的十八大和十八届三中、四中全会精神，学习习近平总书记系列重要讲话精神，不断增强坚持和发展中国特色社会主义的自觉性、坚定性，永葆共产党员的先进性。每月组织老干部集中开展政治理论学习，及时传达党和国家的大政方针，通报区委、区政府对重大事项的决策部署及重要会议精神。3月，区委书记储永红向老干部、老党员通报群众路线教育实践活动的总体背景以及玄武区教育实践活动的总体安排和进展情况。坚持送学上门，为不能参加集中学习的老干部上门送学习材料。

【慰问老干部】 2014年，区委老干部局坚持老干部情况通报、走访慰问和参观考察制度。1月，召开全区老干部情况通报会，常务副区长曹曙向老同志通报2013年全区经济、社会发展情况及2014年工作目标。7月，召开原四套班子领导情况通报会，曹曙通报全区上半年经济和社会发展情况及下半年重点工作任务。坚持走访慰问和领导干部联系老干部制度。春节和国庆前夕，区主要领导分别走访慰问原四套班子老领导，区机关部门、街道和系统领导对所属单位的老干部普遍进行走访慰问。4月下旬，组织区机关离退休干部开展党课主题教育并赴江苏常熟参观学习。10月，组织机关离退休老干部赴福建宁德健康疗养。坚持重大会议、重要活动邀请老干部参加制度。全年举办主题专题讲座和报告会4次，组织外出参观考察4次。为老干部订阅《南京日报》《中国老年报》《银潮》杂志584份。

【服务保障】 完善离休费保障机制，按时审核发放离休干部生活补贴、房贴等专项经费。坚持日常走访、生日祝寿、住院探视、去世送葬等制度。2月、11月，按时为全区老干部发放半年生活补贴。3月，配合区人社、财政等部门，调整全区离休干部房贴。补办2名老干部离休证和5名老干部乘车证，看望生病住院的老干部；妥善处理10名老干部身后事，安抚好老干部的遗属，帮助解决老干部身后的实际困难。建立和完善特困老干部帮扶机制，对生活有特殊困难的老干部和老干部遗属实施帮扶，努力让老干部共享改革发展成果。做好易地安置老干部管理服务工作，加强与易地安置老干部原单位的沟通。做好老干部信访工作，对来访的老干部和老干部亲属，坚持热情接待，对不符合政策的问题做好疏导解释工作，化解矛盾。9月下旬，组织全区老干部体检，为105名老干部进行健康体检，对体检报告有异常的老干部逐个通知复查和治疗，完善老干部的健康档案。

离退休支部党员参观常熟市蒋巷村支部

【离退休干部党支部工作】 利用各种阵地，创新活动形式，指导离退休党支部组织开展活动。召开老干部座谈会，进行专题报告会，结合离退休干部生活实际，采取走访、谈心等多种方式广泛征求老同志意见，组织离退休干部发挥自身优势，在促进经济发展、全面构建和谐社会、关心教育下一代、捐资助学等方面取得可喜成绩。邀请老干部列席区人大、政协会议，为玄武区发展建设献计献策。

【离退休老干部文化生活】 2014年，在离退休党支部和老干部中广泛开展学习党的十八届四中全会精神活动，丰富老干部政治文化生活。配合老年书画协会举办玄武区老干部书画展，展出书画作品70件。配合老年体协举办玄武区“老干部杯”门球邀请赛，举办玄武区老干部“迎新春”“迎七一”及“重阳节”棋牌赛等活动，丰富离退休老干部精神文化生活。组织离退支部党员参观常熟市蒋巷村党支部。

【结对帮扶】 开展结对帮扶困难群众和党员义工服务活动。遴选台城花园社区5户困难家庭作为局机关干部的联系点，坚持定期走访，帮助他们解决困难。全年5次慰问社区困难群众、帮扶贫困学子、看望社区工作者和指导社区老干部服务工作，投入帮扶困难户资金3000元。在“慈善一日捐，济困送温暖”等捐助活动中，党员干部捐资2700元。组织党员干部深入台城花园社区开展“大干一百天，环境大扫除”活动，清理垃圾，整治环境，投入整治环境资金10000元。在青奥会召开期间，组织全体人员担任平安志愿者，到鸡鸣寺—台城—解放门安全执勤。

【帮困助学】 12月19日，玄武区机关离退休干部党支部开展捐资助学党日活动。派出党员代表，前往革命老区溧水区白马中学，看望被资助老区贫困学生，并为孩子们送去每人1000元助学金和御寒衣物。区机关离退休干部党支部党员不仅在物质上资助孩子，还在精神上鼓励孩子。坚持定期走访看望贫困学生，鼓励他们克服暂时的困难，努力学习，自强不息，成长成才。玄武区机关离退休干部党支部“情系革命老区　关爱贫困学子”活动，已连续开展15年，共捐款13万余元，资助40多名品学兼优贫困学生。 （金晓静）

·机关党建·

【概况】 2014年，区机关工委围绕区委、区政府中心工作，突出群众路线教育实践活动及根治“四风”问题、迎青奥会“百日环境整治”、国家公祭活动三大重点任务。在组织建设方面，新成立4个机关党组织，完成任期届满党组织换届，发展新党员，预备党员转正。组织区机关各级党组织开展“千名党员走出机关、服务群众”系列活动，评比表彰区机关10个先进基层党组织、20名优秀共产党员。开展机关作风评议和“一把手”信任度投票活动。完善评议机制，开展以执行力建设为核心的要素评议和开展整治庸散懒监督检查肃纪行动等活动。组织机关部门分别与街道、园区、社区结对，积极参与“百日环境大扫除整治”行动，出动党员干部1万余人次，为社区资助经费89.37万多元。区机关各党组织和党员干部为社区、为困难家庭捐款捐物折合人民币76.9万元。2014年，区机关工委申报“优化作风强服务‘个十百千万’专项行动”项目，获中央国家机关工委评选全国建设服务型机关党组织优秀案例奖。

【党员干部轮训】 5月28日，举办区机关党员干部理论轮训班。区机关197名党员干部参加轮训。区委常委、区纪委书记王静作开班动员。区机关工委书记夏桂萍宣布培训计划。江苏省委党校教授刘长江、周延胜作辅导报告。同时，组织参训人员参观雨花台革命烈士纪念馆。通过轮训，机关党员干部学习规定读本、专著，学习习近平总书记系列重要讲话，观看警示教育片24场次，评选学习研讨文章85篇；运用微博微信等现代媒体，开设“微党课”26次，推进学习型机关建设。

【区机关党建工作会议】 4月11日召开。区机关各部门党组织书记、组织委员120余人参加，区委常委、纪委书记王静出席并讲话。区机关工委书记夏桂萍部署2014年玄武区机关党建工作，王静做总结讲话。夏桂萍与区机关59个党组织签订《党风廉政建设责任书》。

【党务干部培训】 11月13日举办。区机关各部门党组织书记、组织委员、纪检委员150余人参加。邀请江苏省委省级机关工委副书记杨庆国作《认真贯彻中央〈基层组织工作条例〉切实做好机关党建工作》报告，区纪委第三监察室主任刘天树进行专题辅导，区机关工委副书记何宏炉对机关党建工作进行部署，为机关各党组织配发《机关党建工作的认识与实践》《机关党建制度汇编》《新时期基层党建工作问答》3本学习教材。

【机关党组织建设】 2014年，新成立4个机关党组织，征收办党总支和机关党支部、环湖办和老城办党支部，调整组建法院5个法庭党支部；完成12个任期届满党组织

5月28日，省委党校教授周延胜给区机关党员干部授课

换届，发展党员7人，预备党员转正8人。

【市作风建设监督工作组到玄武调研】 10月16日，南京市作风建设第一监督工作组一行6人到玄武区指导调研作风建设工作。首先参观区行政服务中心办事大厅窗口设置、工作流转、便民服务等情况，听取区政务服务中心主任李莹关于政务服务窗口建设情况汇报。随后召开座谈会听取机关工委书记、区作风办主任夏桂萍对区情和作风建设工作汇报。工作组对玄武区的创新做法和取得的成绩给予充分肯定，并对加强区级机关作风建设工作提出意见和建议。

【执行力建设要素评议】 上半年，修订完善区机关作风评议方案和“一把手”信任度投票实施方案，按照街道、企业、基层单位等层面划分9个专场集中开展评议活动。在区政府网站开设作风评议窗口进行网上评议，不断完善评议机制，在区民政局、人社局和徐庄管委会等3个单位试点，开展以执行力建设为核心的要素评议。8月，集中开展服务月活动，制定下发《关于建立“三个服务”常态化工作机制的实施意见》，扎实推进领导干部下基层“四解四促”和“三个服务”工作，明确区四套班子领导以“分管”为主，街道、园区以属地为主，机关部门以职能对口为主的责任体系。

【整治庸散懒监督检查】 年初，落实党风廉政“一把手”责任制，与59个机关党组织签订《2014年党风廉政建设责任书》，制定下发《2014年玄武区机关作风建设工作意见》《玄武区会风会纪监督检查暂行办法》《关于进一步严肃机关工作纪律的意见通知》《2014年度作风监督工作方案与计划》等文件，组织作风监督员采取多种形式，开展整治庸散懒和“窗口服务”情况明查暗访行动，建立日常监督、群众监督与重点监督相结合的多层次监督体系，通过明查暗访，发现问题，及时通报反馈责任部门、单位，并限期督促整改。

【微电影作品创作培训】 4月9日举行。各街道、园区，区机关各部门和部分驻区企业参加微电影作品比赛的创作人员、信息报道员，各级党组织学习宣传委员，对微电影创作有兴趣的干部职工100余人参加。南京电视台教科频道导演陈劲松用从电影与微电影、剧本与表演、拍摄与剪辑、常用数码器材拍摄应注意的问题等方面作专题辅导，提升全社会微电影创作水平。 （江守国）

·关心下一代·

【概况】 截至2014年底，玄武区各级关工委组织210个。其中，区关工委1个，街道7个，社区59个，机关系统7个，中小学校36个，干休所7个，公检法司4个，民企89个。经常参加关心下一代工作的“五老”（老干部、老战士、老教师、老专家、老模范）志愿者4000多人。2014年，区关工委以“坚持党的领导，围绕中心，服务大局，注重实效”为原则，按照“主题教育，创品牌；科技活动，上台阶；校站结合，见成效；民企工作，争‘五好’；队伍建设，夯基础；信息工作，重质量”总体工作思路，发挥基层关工委和“五老”队伍作用。组织全区青少年开展形式多样的教育实践活动，较好地完成全年各项任务和区文化建设目标。

【建立“孝心基地”】 “六一”前夕，区关工委携手省云媒体电视江苏老年率先在海英小学建立“孝心基地”，营造“百善孝为先”的孝文化氛围。11月，在全区23所小学中全面推开，举行“孝心基地”成立授牌仪式。区委常委、组织部长、关工委主任梁爱国，区教育局领导、区23所小学分管思想品德教育副校长，“五老”代表和学生代表200余人参加。

【“共筑中国梦，同心迎青奥”演讲比赛】 7月，在市十三中锁金分校多功能厅举办中学生“共筑中国梦，同心迎青奥”演讲比赛。市关工委副秘书长穆桂英、区关工委常务副主任张发、省雲媒体电视江苏老年首席执行官徐玮蔚、“五老”代表、十三中锁金分校学生代表和学生家长200多人参加。围绕“中国梦”和迎接青奥会主题，各街道选拔21名选手参与竞赛。经过近两个小时精彩角逐，有5名选手获一等奖、8名选手获二等奖。

【“五老”义务监督网吧】 2014年，全区有148名“五老”网吧监督员义务巡查网吧。建立健全“三定”“三查”“二报”（即：定人员、定地点、定岗位，查上网人员看有无未成年人、查登记册看是否实名登记、查网页内容看有无害人信息，发现问题及时上报、网吧登记本定期上报）制度，有效遏制网吧业主违规接纳未成年人的现象。坚持与网吧业主的联系沟通制度，新街口、锁金村等街道召开联席会议，研究共建工作。各社区关工委与辖区内网吧业主签订共建文明网吧

7月18日，区第十八届中学生演讲比赛获奖选手合影

协议，协议签订率100%。

【奖学助学贫困学生】 8月，召开贫困学生“奖学助学”座谈会，受省、市、区三级关工委资助的大、中、小学生代表及部分学生家长、“五老”代表参加。“五老”和学生代表面对面交流、沟通，鼓励学生正视暂时的困难，把生活的压力升华为学习的动力。受资助学生代表和家长对政府的关心和帮助表示感谢。区特殊教育学校残疾贫困生列为重点帮扶对象。2014年，省、市、区三级关工委资助品学兼优、家境贫寒学生35人，金额4万余元。

【校外教育辅导站建设】 2014年，区关工委和区教育部门联合出台《关于进一步推进“校站结合”，提高青少年校外教育辅导站水平的实施意见》，坚持就近就便原则，确定辖区内学校挂钩共建社区校外教育辅导站，部分在职教师志愿者参与社区辅导站工作，并兼任副站长，加强辅导站管理和辅导员队伍建设，合理安排课程内容和活动时间。全区已有52个社区与学校建立“校站结合”机制。出台《关于加强信息宣传报道工作的意见》，对社区站点宣传工作指导思想、任务、基本内容作明确规定。新街口街道制定考核制度，每个社区站点配备专职信息员，每月一次上报，每季度一次考评。（李　红）

南京市玄武区人民代表大会

·概　述·

【概况】 2014年末，玄武区第十七届人民代表大会有代表232名，有省十二届人大代表3名，市十五届人大代表46名。区人大常委会组成人员有25名，内设机构有办公室、财政经济工作委员会、内务司法工作委员会、人事代表工作委员会、环资城建工作委员会、教科文卫工作委员会，派出工作机构有7个街道工作委员会。2014年，区人大常委会贯彻党的十八届三中、四中全会精神，履行宪法和法律赋予的职责，坚持转型提升工作主题，突出改革创新工作主线，强化“特色发展、幸福导向、美丽环境”三大理念，充分发挥代表主体作用，完成区十七届人大三次会议确定的各项任务。落实省、市人大工作会议精神，贯彻区委意见要求，全面加强常委会自身建设。举办常委会主任党课、工委主任辅导专题讲座，促进人大学习的制度化；开通玄武人大微博、实行代表建议网上办理，促进人大工作的信息化；制定财政预算审查监督办法和专题询问工作程序，促进人大监督的规范化。2月19日，在人大机关深入开展党的群众路线教育实践活动。（沈　阳　赵　晖）

【区人大工作理论研究会年会】 11月21日，区第五届人大工作理论研究会2014年年会在玄武中心大厦401会议室举行。区人大常委会党组书记、主任、研究会名誉会长张萍，区委副书记杨乐华，区人大常委会党组副书记、副主任刘显平，区人大常委会副主任张蓬、杨冬梅、李辉，以及区人大工作理论研究会理事、常务理事、各团体会员单位成员70余人出席。会议选举区人大常委会党组副书记、副主任刘显平为区人大工作理论研究会会长，并由新当选会长作理论研究会2014年工作报告。会上，南京邮电大学讲师朱瑾等6名同志进行交流发言。会议结合纪念人民代表大会成立60周年，围绕人大法律监督、工作监督以及完善人民代表大会制度、践行党的群众路线、加强地方人大工作等主题，进一步创新人大理论研究工作，推动玄武区人大工作不断与时俱进。年会收到论文78篇。会议由区人大常委会副主任张蓬主持。（吴九林）

【备案审查工作】 区人大重视备案审查工作，人大办公室设备案审查科，在内务司法工委指导下开展备案审查工作。根据《规范性文件备案审查工作流程》，实现对规范性文件的报送、登记、分送、审查、

归档等一整套流程有序操作。区人大2014年对区政府报送的《玄武区"门前三包"责任区管理办法》进行备案审查。 (吴九林)

【学习交流与友好往来】 2014年，区人大贯彻落实党中央"八项规定"要求，严格控制学习交流地域范围和参加学习交流的人数，全年参加市人大组织相关工委外出学习交流2次，接待兰州市西固区人大及丹阳市人大来人来访2次。10月15~16日，"沪宁汉渝" 四市七区人大常委会工作联席会第二十六次会议在武汉江岸区举行。南京市玄武区、鼓楼区、重庆市北碚区、渝中区、武汉市武昌区、江岸区等6个城区人大常委会30余名代表 (上海市宝山区人大常委会请假)出席。通过学习交流，提高人大工作水平。 (吴九林 李和华)

·重要会议·

【概况】 2014年，区十七届人大常委会共举行会议6次，听取和审议区政府和区法院、区检察院专项工作报告11项，开展执法检查1项，作出决议决定14项，发出审议意见书5份，任免国家机关工作人员39人次；召开主任会议13次，其中预审常委会议题5次，听取区政府和区法院、检察院专题汇报8次。

【区人大常委会会议】 2014年，区十七届人大常委会共举行会议6次，听取和审议"一府两院"专项工作报告11项，任免国家机关工作人员39人次。

2月18日，区十七届人大常委会举行第13次会议，听取区十七届人大常委会2014年工作要点及议题安排汇报；审议有关人事任免事项。

4月22日，区十七届人大常委会举行第14次会议，审议有关人事任免事项；听取和审议区检察院关于贯彻实施新《刑事诉讼法》，加强侦查监督工作情况的报告，并进行满意度测评；听取和审议区政府关于人口和家庭公共服务体系建设工作情况的报告。

6月20日，区十七届人大常委会举行第15次会议，审议有关人事任免事项；审查和批准区政府2013年财政决算及对同级财政审计情况的报告；听取和审议区政府关于养老服务工作情况的报告，并进行专题询问。

8月23日，区十七届人大常委会举行第16次会议，听取6名市十五届人大代表口头和书面履职情况报告，并进行测评；听取和审议区政府关于2014年上半年国民经济和社会发展计划、重点项目建设及财政预算执行情况的报告；听取和审议区政府关于开展"大干一百天，环境大扫除"专项整治行动情况的报告。

10月31日，区十七届人大常委会举行第17次会议，听取和审议区人大常委会执法检查组关于检查《南京市知识产权促进和保护条例》实施情况的报告；听取和审议区十七届人大三次会议代表建议办理及督办情况的报告；讨论通过关于接受杨晓阳等3名同志辞去玄武区第十七届人民代表大会代表职务请求的决定(草案)；通过关于召开区第十七届人民代表大会第四次会议的决定(草案)；讨论修订区人大常委会部分工作制度。

12月23日，区十七届人大常委会举行第18次会议，听取和审议区政府关于落实 "大干一百天，环境大扫除"环境专项整治行动审议意见情况的报告，并进行票决；审查和批准2014年区国民经济和社会发展计划、财政预算调整方案；讨论通过《关于南京市玄武区人大常委会区级财政预算审查监督办法(试行)》；听取和审议区政府关于南京市2013—2017年棚户区改造一期工程项目—玄武项目

8月17日，区人大常委会主任张萍在玄武湖公园，督查指导青奥维稳执勤

国开行贷款情况的报告以及关于紫金(玄武)科创特区环境综合整治项目建设银行专项贷款情况的报告;听取和审议区检察院关于深化检务公开工作情况的报告,通过玄武区人民代表大会常务委员会《关于进一步加强检务公开工作的决议》;审议有关人事任免事项;听取区十七届人民代表大会第四次会议各项筹备工作情况报告;讨论通过区十七届人民代表大会第四次会议常务委员会工作报告;听取代表资格审查委员会关于代表出缺情况和代表资格报告;讨论区十七届人民代表大会第四次会议各项建议名单,通过区十七届人民代表大会第四次会议列席人员名单;讨论通过南京市公安局经济犯罪侦查支队对杨庆义代表取保候审的请示报告。 (黄洁云)

【区人大常委会主任会议】 2014年区十七届人大常委会共召开主任会议13次,其中预审常委会议题5次,听取区政府和区法院、检察院专题汇报8次。听取区十七届人大三次会议代表建议情况的汇报;听取区政府关于招商工作情况的汇报;听取区政府关于档案工作情况的汇报;实地视察并现场听取区政府关于实施“噪声扰民、扬尘污染”专项治理工作情况的汇报;听取区政府关于青奥会服务保障工作情况的汇报;听取区法院关于未成年人权益司法保护工作情况的汇报;实地视察区政府2014年为民办实事项目的进展情况;听取区政府关于行政效能监察工作情况的汇报;听取区政府关于2014年国民经济社会发展计划和财政预算执行情况及2015年国民经济社会发展计划和财政预算(草案)的汇报。 (李和华)

·重要活动·

【街道人大工委】 2014年,各街道人大工委闭会期间精心组织代表活动,组织市、区代表开展专题调研、专项工作监督、定向定点视察检查活动,拓宽代表履职的深度和广度,提高代表活动的针对性、实效性。结合街道中心化改革,重点建设“家、室”平台,实行多级代表挂钩联动,落实代表固定联系选民,组织开展代表向选民述职、接受选民评议工作。全面建立市、区代表履职档案,健全代表参加活动通报制度,引导代表积极依法履职。锁金村街道被省人大授予首批民主立法联系点;新街口、梅园新村、玄武湖、红山街道严格依据补选实施方案,对区十七届人大以来缺额的部分代表进行补选;玄武门、孝陵卫街道加强对闭会期间代表接待选民形成的代表建议、承诺办理没有办成的代表建议,实行跟踪督办,提高问题解决率。 (姚宇军)

【各工作委员会】 2014年,区人大常委会内务司法、财政经济、人事代表、环资城建、教科文卫5个工作委员会,根据区人大常委会年度工作要点及议题安排,认真履行职责,围绕经济中心,突出民生重点,结合代表专业,开展视察、检查、评议、票决和各项调研活动。各工委除对常委会、主任会议议题进行调研外,内务司法工委围绕玄武区关爱老年空巢侨眷工作,财政经济工委围绕玄武区经济普查工作,人事代表工委围绕建议办理力度提高建议办理实效,环资城建工委围绕环玄武湖周边地区综合管理工作,教科文卫工委围绕深化课程建设提升教育品质内涵等工作进专题调研,为常委会审议和科学决策提供有效的支持和参考。 (黄洁云)

【人大代表】 2014年,区人大通过创新代表组织形式,丰富代表活动内容,激发代表履职热情,不断增强代表活动实效。规范化建设“家、室”平台,将玄武团市人大代表全部挂钩到“家、室”载体,建立代表挂钩联系街道、联系社区、联系区代表、联系群众,为市、区代表依法履职做好服务保障。制度化开展代表活动,围绕区域经济转型升级、青奥会服务保障、环境卫生大扫除、区街重点项目建设等,开展专题调研、专项工作监督。首次开展市代表向区人大常委会述职,全面开展区代表向选民述职,区十七届人大代表累计述职人数达代表总数的三分之二。实效化办理代表建议,制定《关于进一步规范代表建议交办流程的办法》,首次试行网上建议办理,将办理及督办工作作为密切联系群众、转变工作作风、促进工作创新的一项具体行动,努力提高建议办成率。区十七届人大三次会议115件代表建议,办成92件,办成率达80%。 (姚宇军)

【纪念人民代表大会成立60周年活动】 9月19日,区委召开纪念人民代表大会成立60周年座谈会,回顾人大制度的光辉历程,总结人大履职的先进经验,努力推动人大工作的创新发展。区“一府两院”负责人、部分市、区代表和人大工作者参加座谈。区人大还先后开展纪念人大60周年书画展、摄影展、人大工作图片展和人大工作理论研讨活动,深入宣传人大制度新

成就，全面反映人大工作新进展，生动展现人大履职新面貌，在全区努力营造坚持和完善人民代表大会制度的良好局面。（赵　晖）

链接

人大代表建议办理选编

关于财政支出按经济分类公布预算执行情况的建议

此建议由薛鑫堂代表提出，区财政局主办。办理情况如下：

2014年区人代会提请审议的公共财政支出预算表，以及10家区级预算公开试点单位的部门预算支出表，均采用的是功能分类科目，依据的是财政部发布的预算公开指导意见和省厅、市局关于推进预算信息公开工作的总体部署。省本级、市本级的预算公开均是采用功能分类科目。

从上级财政部门对于预算信息公开工作的有关政策和指导意见来看，下一步预算公开工作的主要方向是预算公开内容要在功能分类科目上进一步细化，努力公开到项级。省财政厅最新下发的《关于推进省以下预决算公开工作的通知》中要求“有条件的地区在2014年公开预决算可以细化到支出功能分类项级科目，2015年各地区公开预决算全部细化至功能分类项级科目，同时逐步将部门预决算公开到基本支出和项目支出，研究将部门决算按经济分类公开”。

做好预算信息公开工作，是落实相关法律、政策的必然要求，也是保障公民的知情权、参与权和监督权，提升预算编制质量和执行水平的有效途径。一直以来，区委、区政府对推进全区预算信息公开工作高度重视，根据您的建议，本局将按照省、市财政部门对于预算信息公开工作的统一部署，进一步细化政府预决算公开的功能分类，努力将部门预决算公开到基本支出和项目支出。通过对预算公开工作经验的积累、总结、提炼，在上级财政部门的要求和指导下，积极探索预算按经济分类公开的相关工作，在各方面条件较为成熟的情况下，按照积极稳妥的原则，逐步向人大、政协以及全社会公开按经济科目分类的财政预决算。

关于进一步加快和完善玄武区家庭医生签约服务的建议

此建议由赵楠代表提出，区卫生局主办。办理情况如下：

基本情况：玄武区是较早探索家庭医生签约服务模式区域之一，自2012年市卫生局等部门联合出台《关于开展家庭医生服务的实施意见》以来，区加快社区卫生服务中心建设，着力提升社区卫生的服务内涵，推进家庭医生签约服务，建立分工合理、科学规范的社区卫生服务新模式，努力促进辖区居民均等化享有基本医疗卫生服务。2013年8月，玄武区代表省、市接受国家基本公共卫生服务项目考核评估，取得全国第一的较好成绩。全区重点人群家庭医生签约率达70%，全人群签约率达25%。

主要做法：健全组织机构。各社区卫生服务中心高度重视家庭医生团队工作，把家庭医生团队工作纳入年度社区卫生工作目标，一把手领导亲自抓，并明确由一名分管领导专职负责团队工作。以社区居民健康管理为中心，统筹协调家庭医生团队的成员配备、工作安排、日常管理、绩效考核等，确保团队各项工作落到实处。完善服务网络。以区专业公共卫生机构、新街口社区卫生服务中心等单位的技术骨干为主要成员，成立区级家庭医生服务指导团队，负责指导各社区卫生服务中心家庭医生团队的各项业务工作。各中心在确保每个社委会均有一个固定团队提供服务外，积极拓展为辖区内商务楼宇、军休所、养老院、企事业单位等功能社区提供专门的家庭医生服务团队，力争年内全区建成百支全科服务团队。其中，每支团队的团队长必须由全科医生担任，鼓励高年资医生、退休返聘医生、三级医疗机构的专家到社区挂职团队长，或担任首席家庭医生，切实提高家庭医生团队的服务能力和服务水平。创新服务模式。国家基本公共卫生服务项目内容从2009年的9大类27项增加到2013年的11大类43项，各项指标要求也逐步提高，传统的卫生服务模式已明显地制约着基本公共卫生服务项目的开展。只有全员发动，共同参与，形成“人人有任务，个个有责任”的新局面，才能按要求完成国家基本公共卫生服务项目任务。同时，积极探索挂号分诊、定向门诊，由家庭医生团队固定为服务区域内的签约社区居民提供首诊、连续、全程的服务。为提高门诊工作效率，有条件的单位还可为门诊家庭医师配备医师助理，协助完善健康档案、完善病人就诊记录、完善慢病随访记录，做好健康宣教等工作。在原先全科诊室基础上增挂“XX社委会家庭医生”科室牌，为网格内社区居民在中心就诊提供便利。同时，为提高家庭医生的工作积极性和归属感，探索设立“XXX家庭医生工作室”，努力提高家庭医生的工作条件，激发全科医生为社区居民提供更好的服务。深化绩效考核。为充分调动基层一线医务人员的工作积极性,特别是从事基本公共卫生服务项目的工作人员,各单位正进一步细化考核方案,调整考核权重比例,向一线工作人员倾斜,让更多的医务人员愿意从事基本公共卫生服务,让更多的社区居民获得基本公共卫生服务带来的便利。区卫生局鼓励有条件的单位积极探索项目化的考核模式,即把基本医疗和基本公共卫生工作分成多个子项目进行考核,依据门诊人次、业务收入和完成基本公共卫生服务项目数量、质量及社会满意度等各个部分分别考核,考核结果计入奖励性绩效分配。强化能力提升。将团队成员的业务能力、医患沟通能力等方面的业务培训纳入日常培训,通过全科医生规范化培训、进修学习、继续教育、师带徒等多种途径,切实提高团队成员的服务能力。区级家庭医生指导团队将加大指导力度,针对指导过程中发现的问题进行培训,及时督查,限期整改,努力使社区居民信赖家庭医生服务团队。

下一步工作:进一步加大宣传力度。在辖区内大力宣传家庭医生签约服务的便利和好处,深化家庭医生签约服务模式,推进"公卫进中心、团队进社区、医生进家庭"新的服务模式,努力实现"家家有医生,人人享健康"的卫生工作目标。进一步加快人才培养。拟与中大医院合作建立双向培养模式,各中心选派业务能力强、技术过硬的卫技人员到中大医院接受培训,提高服务能力和水平。中大医院委派高年资的主任医师到各社区卫生服务中心,开展技术指导工作,坚持每周在各社区卫生中心开设专家门诊。同时在全科医生的引进上出台一系列吸引人才的有效举措。进一步深化绩效考核,在细化绩效考核方案的基础上,通过"双选双聘"的办法,引导更多能力强的社区医生充实到一线,让更多的社区居民信任、信赖自己的家庭医生。

关于关于加大推进居家养老服务力度的建议的建议

此建议由侯国新代表提出,区民政局主办。办理情况如下:

引导居家养老多样化发展。结对帮扶居家养老。针对老年人生活离不开社区的现实状况,区民政局以居家养老服务中心为平台,依托社区和区域内的各类社会组织,开展居家养老服务。一是通过社会组织,吸引各类人才,为社区群众尤其是老年人提供专业化服务;二是通过社区党支部组织,招募党员义工,为社区群众尤其是老年人提供志愿服务;三是与大专院校及驻区单位合作,由在校师生和驻区单位员工为社区群众尤其是老年人提供志愿服务;四是通过社区活动平台,鼓励老年人开展互助志愿服务,鼓励有一技之长的老年人继续发挥余热,参与到居家养老服务中去。日间托管居家养老。我们以中共南京市委、南京市人民政府《关于加快全市老龄事业发展的意见》为指引,积极推进居家养老服务标准化建设,把居家养老作为全区养老服务的重点,按照分步实施、全面覆盖的原则,有计划地建设社区居家养老服务中心,现全区居家养老服务中心全部达到AA级及以上,其中建成万家帮、墨香山庄、家家乐、银发乐园、颐天5家省市示范性社区居家养老服务中心。通过各居家养老服务中心,进一步整合社区居家养老服务资源,为老年人提供日间照料、膳食配送、精神关爱、文体娱乐等一体化服务。2014年,以助餐为重点,推动"五助"服务的开展,全区新开设助餐点23个,助餐点覆盖全区各街道,助餐服务面向全体老人。此外,通过娱乐养老、银龄世界、俏乐一族等组织,积极开展老年旅游、文化交流等活动。

大力推广居家养老市场化运作。玄武区以《国务院关于加快发展养老服务业的若干意见》(国发〔2013〕35号)、《省政府关于加快发展养老服务业完善养老服务体系的实施意见》(苏政发〔2014〕39号)为指引,以建立完善居家养老为基础、社区养老为依托、机构养老为支撑、信息服务为辅助,投资多元化、管理规范化、队伍专业化的社会养老服务体系为目标,始终坚持走"政策先导、规划引领、市场化运作、社会化服务"的发展之路。先后出台《加快玄武区老龄事业发展实施意见》《关于建立和完善社会化养老服务体系的工作意见》《关于推进全区居家养老社会化服务的意见》《关于创建老年人宜居社区的实施意见》《玄武区创建老年友好城区实施细则》等一系列文件。2010年制定的《居家养老服务规范》通过江苏省质量认证,上升为江苏省的地方标准。2014年,出台《玄武区居家养老政府购买服务实施细则》,规范管理政府购买养老服务;与区食药监局联合出台《关于开展居家养老助餐服务的实施方案》,扎实推进助餐服务;与区卫生局共同研究,联合制订《玄武区推进"医养融合"养老服务工作方案》,在全区推进"医养融合"养老服务工作。同时,出台《玄武区居家养老服务补贴办法》等,将助洁、助急、助医、助餐、助浴服务和鼓励连锁经营纳入"以奖代补"范围,较以往有较大突破,鼓励社会资源参与居家养老服务,扶持、助推全区养老服务的产业化发展。

关于关于加强城建工程统筹规划科学管理的建议的建议

此建议由赵克强代表提出，区城管局主办。办理情况如下：

建议中反映的问题确实很普遍，更是城市管理中的一大顽症，市民反映也十分强烈，对此市政府也高度重视，先后制定了《南京市城市道路管理条例》《南京市城市道路挖掘管理规定》和《南京市管理治理条例》。从法律规定上控制和规范道路挖掘施工的行为。行政许可及监管：根据《行政许可法》相关规定，我市道路挖掘占用行政许可权属南京市人民政府，具体由市城市城管局负责办理行政许可相关事宜。市、区道路管理部门负责批后施工监管，确保文明施工。相关规定：《南京市城市道路挖掘管理规定》和《南京市城市管理治理条例》中明文规定，新建道路5年内不得开挖，出新改造道路3年内不得开挖。确需开挖道路的必须经市政府审批。新举措：从2014年起，各管线单位必须向市城管局上报全年道路挖掘施工计划，零星用户由各管线单位每季度上报道路挖掘计划。由市城管局审核、批准，进行统筹安排。各类管线抢修道路挖掘从严控制。自来水、燃气、供电抢修需道路挖掘施工的，必须报市城管局12319热线，由12319热线以短信的方式通知各区道路管理部门派人到现场确认是否确需抢修，管线抢修单位未经确认和同意的，不得擅自开挖道路。行政处罚：凡未经行政许可的行为和超控超占以及不文明施工的行为，市、区行政执法将给予严厉处罚。

关于指导居民进行垃圾分类的建议

此建议由庄玉娣代表提出，区城管局主办。办理情况如下：

关于您反映的居民对垃圾分类内容不清楚的问题，区城管局领导一直比较重视，始终按照南京市垃分办下发的《垃圾分类收集容器技术标准》（垃分办字〔2013〕004号）文件要求，抓好工作落实。目前我区采用的分类垃圾桶在外观及样式上做到统一标准：分类桶容积为240L或120L，移动式，带盖，保持与厨余垃圾收集运输专用车辆装载方式匹配，主要分为厨余垃圾、其它垃圾、可回收垃圾和有害垃圾四类，分别用绿色、黄色、蓝色和红色四个颜色来区分，并在垃圾桶正面标识了垃圾分类种类。由于随着使用时间的增加，部分老桶印刷的分类内容一定程度上造成磨损或模糊不清现象，可能给居民带来投放难度。下一步继续搞好分类宣传，在小区板报、橱窗宣传的基础上，丰富宣传内容和形式。一是保证每个小区都有督导员在规定时间内进行分类投放指导。二是向每个推进小区的家庭发放一本《玄武区市民生活垃圾分类指导手册》。三是在推进小区的主要出入口设置一个指导手册发放点，供来往居民取阅。四是在小区显眼位置安装专门的垃圾分类宣传橱窗，张贴垃圾分类的宣传画。五是对于一些行动不方便的人群，组织志愿者队伍进行上门宣传。 （姚宇军）

南京市玄武区人民政府

·概　　述·

【概况】 2014年，玄武区全区上下认真贯彻党的十八大、十八届二中、四中全会精神，在市委、市政府和区委的正确领导下，围绕“经济发展、改革创新、青奥举办”3件大事，全力以赴稳增长、调结构、促改革、惠民生，经济社会各项工作取得新进展，圆满完成南京青奥会、首次国家公祭日活动保障任务，总体实现区十七届人大第三次会议确定的目标。

【经济项目推进】 2014年，产业项目大幅扩容，德基广场二期、苏宁易购、森林摩尔等项目相继开业，科创特区聚慧园、长九三期、幸福传媒广场等项目主体封顶，先声药业百家汇、中星微、高力新庄等项目启动建设，钟山生命科学园、常发广场、麦哲理长江会、瑞华研发基地等项目有序推进，全年开工80万平方米、竣工63万平方米，完成投资55亿元。全区市重点服务业项目累计达23个，建成市现代服务业集聚区6个。

【经济结构优化】 2014年，科技创新驱动作用进一步增强，新增国家“千人计划”人才4名、江苏省“双创计划”人才2名、“双创团队”1个，引进市领军型科技创业人才37人，申请发明专利5320件。申报自主品牌6件，南京1912获评中国驰名商标。亚奥科技等5家企业在新三板挂牌。途牛科技、中生联合在境外上市。招商选资更富成效，创洽会、金洽会签约项目总投资额分别达55.3亿元、85.7亿元。新引进注册资金1000万元以上企业184家。新兴产业加快发展，电子商务、生命科学、数字文化产业销售收入增幅分别达20%、14.3%、12.1%，物联网与集成电路设计、软件研发与信息技术产业销售收入增幅分别高达71.4%、74.4%。文化产业增加值、服务业增加值分别占地区生产总值12.6%、

95.1%,均位列全市第一。

【城区环境改善】 2014年,发动全员投入环境综合整治,美化绿化城市。太平北路、龙蟠路、板仓街、中山门大街完成综合整治,长江路亮化增色古都夜景。中山门至神策门8.2公里明城墙综合整治全面完成,建成太平门通道,城墙沿线15米范围内脏乱差环境为绿化景观通道替代。火车站北广场、汽车客运站地区综合管理平稳有序。玄武大道、绕城公路、铁路沿线等绿色通道全面建成,全区新增绿地21.7万平方米。实施城中村危旧房改造项目9个,占地26.3万平方米,涉及房屋20.6万平方米。

【社会事业发展】 社会保障全面加强,为全部户籍居民和家庭购买不定向人身及家庭财产保险。区财政向低保户、优抚对象、残疾人等特殊群体发放各类补助资金4866.1万元。余粮村一期保障房项目南区9幢封顶。全年分配保障房4100套。全区新增就业2.4万人,实现再就业1万人。城镇居民人均可支配收入达46039元,同比增长8.9%。优质教育更加均衡。新增2所普惠民办园、1所省优质园,南师附小与珠江路小学完成合并,仙鹤门南师附小分校开工建设。高考二本达线率超出市6.1个百分点,中考成绩连续11年居全市第一。玄武区顺利通过江苏省义务教育优质均衡发展示范区评估,成为全市唯一的首批江苏省教育现代化建设示范区。梅园新村、樱驼花园社区被评为全国和谐社区建设示范社区。玄武区被评为江苏省双拥模范区、全国社区治理和服务创新实验区、全国和谐社区建设示范区。

【青奥会保障】 2014年,玄武区成立青奥会赛时运行指挥保障中心,抽调机关干部组建场馆运行团队,组织3.2万名志愿者参与服务。全区38个“青奥”节点工程全部如期竣工,南京体育学院、钟山高尔夫等5个场馆全部按期交付使用,安全稳定、医疗卫生、食药品管理等工作全部到位,7大项25小项赛事顺利举行,明城墙文化交流活动精彩丰富,为南京青奥会做出玄武贡献,向海内外展示玄武风采。

【城市治理责任制改革推进】 2014年,玄武区深入推进城市治理全覆盖责任制改革,细化19大类73子项治理标准,构建机关、驻区单位、社区居民共同参与的大责任体系。围绕国有资产退出一般竞争领域,制定国企改革方案,明确分类改革形式和时间节点。整合原工商、质监和食品药品监管部门职责和机构,组建区市场监督管理局。扩大政府向社会购买服务范围,全区50%市政养护、100%园林养护业务实现公开招标,5个社区试点公共服务事项整体外包。清理社区机构41个、任务25项、台账72类,归并社区公共服务站,成立跨社区民生服务分中心7个,街道中心化改革获批国家标准化试点。

【信息化建设】 2014年,建立全区硬件资源池,按需组建虚拟服务器,构建玄武区硬件私有云,将全区服务器硬件最大化使用,利用率提高百倍。重新购置网络防火墙,提升网络边界设备的技术性能,加强网络监控能力。制定出现网络故障及时排除工作流程,做到出现问题自动报警,人员排查迅速及时,未出现一起影响工作的网络中断事故。完成站微门户建设和网站后台版本升级的工作。完成网站微门户建设和网站后台版本升级的工作,政务信息公开、服务信息公开、互动平台、内部服务平台四大功能建设进一步得到完善和加强。

【提案建议办理】 2014年,认真办理建议提案,全年区政府系统共承办区人大代表建议113件、区政协提案142件、省市建议提案14件,全部按时办结。其中区建议提案满意(含基本满意)率为100%,建议和提案办成率分别为76.1%和80.3%。 (张广兴)

·重要会议·

【区政府全体(扩大)会】 2014年3月3日下午,在409会议室,召开玄武区人民政府第五次全体(扩大)会议,会议由区委常委、副区长苏郑主持,区委常委、常务副区长曹曙总结2013年工作,部署2014年任务,区委副书记、区长徐曙海提要求。

【区政府常务会】 2014年3月5日上午,在905会议室,召开玄武区人民政府第8次常务会议,研究消防有关工作。

2014年4月15日下午,在905会议室,召开玄武区人民政府第9次常务会议,研究《2014年市下达玄武区综合考核目标分解表》(建议稿)、科创公司增资等事宜。

2014年5月12日上午,在905会议室,召开玄武区人民政府第10次常务会议,研究铁北地区重大项目责任体系调整、《青奥玄武区属地经费保障财务管理办法》(送审稿)等事宜。

2014年5月26日上午，在905会议室，召开玄武区人民政府第11次常务会议，研究新街口社区卫生服务中心有关事宜、征收工作运行机制及相关实施办法等。

2014年6月9日上午，在905会议室，召开玄武区人民政府第12次常务会议，研究全区无证幼儿园综合治理等事宜。

2014年7月1日上午，在905会议室，召开玄武区人民政府第13次常务会议，研究《玄武区政府重大行政行为备案审查办法》(送审稿)、《关于我区行政执法部门处理餐饮企业经营活动中油烟扰民问题工作流程的会议纪要》等。

2014年7月18日下午，在905会议室，召开玄武区人民政府第14次常务会议，研究《中共玄武区委、玄武区人民政府关于加强突发公共事件信息报送和应急处置工作的通知》(送审稿)、《徐庄财政管理体制调整方案》(送审稿)等。

2014年8月4日下午，在905会议室，召开玄武区人民政府第15次常务会议，传达市领导赴玄武区调研有关会议精神，研究火车站站前广场雕塑配套建设等事宜。

2014年8月18日上午，在905会议室，召开玄武区人民政府第16次常务会议，研究国开行贷款、成立玄武区公有房屋出租出借领导小组等事宜。

2014年9月1日上午，在905会议室，召开玄武区人民政府第17次常务会议，研究“金洽会”、软博会等有关活动情况。

2014年10月9日上午，在905会议室，召开玄武区人民政府第18次常务会议，研究仙鹤门004号地块拆迁成本等有关事宜。

2014年10月14日下午，在905会议室，召开玄武区人民政府第19次常务会议，研究“再干两百天”动员会方案、表彰方案及实施方案等工作。

11月4日上午，在905会议室，召开玄武区人民政府第20次常务会议，研究《关于采取切实有效措施确保改善四季度环境空气质量的实施方案》(讨论稿)、《玄武区深化国有资产管理改革实施方案》(送审稿)等有关文件。

11月24日上午，在905会议室，召开玄武区人民政府第21次常务会议，研究玄武区城市治理全覆盖责任制有关文件、2014年度军休干部接收等有关事宜。

12月11日上午，在905会议室，召开玄武区人民政府第22次常务会议，研究《区政府工作报告》等3份报告、全区经济工作组织体系建设等有关事宜。

12月31日下午，在905会议室，召开玄武区人民政府第23次常务会议，研究审议玄武区行政审批事项目录清单、东仙渔庄对外出租等有关事宜。　(张广兴)

·机构编制·

【概况】 2014年，区编办围绕全区年度工作目标任务，探索和推动深化行政管理体制改革，加强机构编制规范化管理，圆满完成年度工作任务，为现代化国际性人文绿都标志区建设和全区经济社会实现转型发展、跨越发展提供有力的体制机制保障。

【机构编制工作】 推进机构编制实名制管理。依托实名制管理系统建立常态管理机制，实现全区机构编制的动态管理，即时管理，使机构、编制和实有在编人员一一对应。规范机构编制管理工作流程。从严控制机构编制、强化科级职数使用审批、健全信息调整和入、出编管理制度入手，规范进人核编程序，依托机构编制实名制管理严格进人程序，从源头上控制财政供养人员的无序增长。开展机构编制核查工作。根据中央和省、市机构编制部门统一部署，区编办通过单位自查、公示监督、审核确认、汇总上报等形式，结合机构编制实名制信息库的更新调整和科级职数的使用审批，对全区186家机关事业单位机构和人员编制情况进行核查，摸清底数，完善各项机构编制管理机制，为机构编制科学化、制度化、规范化管理提供依据。完成2013年度全区事业单位年度检验工作。建立面向社会提供公益服务的事业单位年度报告公开书公示制度，接受社会监督。截至2014年3月底，全区有116家事业单位办理年度检验，年检合格率100%。

【党政机构改革】 组建区市场监督管理局。将工商、质监市以下垂直管理改为市、区政府分级管理体制，整合区食安办、工商、质监和食品药品监管部门的职责和机构，组建区市场监督管理局，挂区食品药品监督管理局牌子，为区政府工作部门，统一负责本行政区域内工商、质监、食品药品监管等市场监管职责，同时承担区政府食品安全委员会的具体工作。调整全区爱国卫生运动管理体制。根据市编委《关于调整市区爱国卫生运动管理体制的通知》(宁编字〔2013〕36号)文件精神，将区爱国卫生运动委员会办公室由原设在区城市管理局调整为设在区卫生局，明确区爱国卫生运动委员会各成员单位应按照条例规定承担相应职责；并相应调整区卫生局和区城管局的相关内设机构。调整部分党政机关内设机构。区委组织部增设干部监督科，区委宣传部增设文化产业科，区党史办设置综合科，调整区住建局（征收办）内设机构，区科技局增设成果转化科，区文化局增设文化遗产科和区环保局增设环境影响评价科。

【区属事业单位改革】 区编办依据工作职责，按照总量控制、优化结构、精简效能、规范统一的原则，分类推进区属事业单位改革。清理规范区属事业单位。对全区各类事业单位的工作职责、机构设置、机构规格、人员编制和领导职数情况进行清理，根据市编办批复文件精神，设置区属全民事业单位114家，其中：全额拨款88家，差额拨款（含财政补助）14家，自收自支12家。核定事业单位编制总数5114名，其中：全额拨款4268名，差额拨款（财政补助）762名，自收自支84名。对区属事业单位实施分类管理。区编办按照统一领导、分级负责的原则，结合事业单位所承担的工作职责，对清理规范后的区属事业单位进行分类，按规定程序报批后对区属事业单位实施分类管理。

【行政审批制度改革】 2014年11月，区政府印发《玄武区深化行政审批制度改革实施方案》，提出全区行政审批制度改革的指导思想、总体目标和基本原则，明确主要任务、牵头部门、责任单位和完成时限。行政审批事项清理涉及24个区级工作部门，通过各部门自查清理、业务机关联合会审、联席会议研究审定，编制出台玄武区行政审批事项目录并在区政府门户网站进行公布。区编办对全区所有行政审批事项进行全面梳理，年底内完成全区行政审批事项的清理工作。最终保留行政审批事项67项，全部为行政许可事项，其中承接省、市下放的事项19项，保留区级权力库原有的事项48项（对照省市清单取消2项）。部门上报行政审批事项中其余56项为登记、备案、初审等非行政许可事项，分流至其他行政权力事项，下一步梳理行政权力清单时进行再清理。

（周　师）

·信　访·

【概况】 2014年，区信访局办理和谐信访信息系统信件248件，办理市长信箱信件875件。接待群众来访1178批，2284人次，其中集体访35批753人次，初访167批558人次，重复访1011批1726人次。编写各类信访信息周报、专报等116期，及时向领导提供全区信访信息动态、重大信访问题及有关建议。圆满完成区委区政府交给的年度工作任务，为区经济社会和谐发展提供有力保障，确保全区社会总体稳定。

【领导干部接访】 2014年，按照省市关于开展领导干部接访下访要求，结合开展党的群众路线教育实践活动实际，区四套班子领导、各街道、部门及有关单位领导在全区展开领导干部接访下访工作。召开会议，制定接访下访计划并公示，接受群众监督。实行分层接待，属地接待，归口接待。信访局负责对接责任，落实办理领导交办事项，做好“四单一记录”登记工作。全年组织领导接访200多场次。

【信访工作基础建设】 2014年，区信访局对信访接待场所、办公条件进行全面改造升级，优化结构。建立区和谐信访信息化管理系统领导视频接待分中心和信息查询系统，投入资金30多万元。全面落实基层信访工作机构设置、人员编制、场所建设和经费保障基本指标，确保基层信访工作有场所接待、有人员做事、有制度管事、有经费保障。规范基层接访、排查、预警、稳、处置工作流程，完善街道、社区信访工作“线路图”，

12月12日，区领导接访

强化“六个第一时间”机制，提升基层排查化解、疏导稳控和矛盾纠纷吸附的水平，形成基层信访工作新机制。找准街道信访工作薄弱环节和问题症结，整合工作资源，强化组织推进、指导帮扶、典型引路、重点管理等工作措施，补齐街道信访工作短板，增强基层基础建设的整体性和联动性，提升和巩固基层及时就地预防和化解矛盾的能力。在全区建立和谐信访信息化管理系统。组织街道、相关部门信访专(兼)职人员“和谐信访信息化系统”业务培训，规范程序和要求，强化为民、爱民理念，实现信访事项办理全程可查询、可跟踪、可督办、可评价的目标。

【信访积案化解】 领导包案。对省市交办46件案件及自查21件案件全部列入领导包案范围，确定领导包案方案，推进高位化解。定期会办。坚持每周会办制度，选定具体案子，协调事发单位和涉案部门联席会办。疑难案件，提交区委常委会研究决定，形成具体解决意见及方案。全年召开区委常委会2次、书记办公会2次、区政府常务会议、区长办公会各2次专题研究信访问题、会办信访事项。专项联席会。联席会议各专项小组对全区所有信访案件进行分类归口，充分发挥各专项小组的职能作用，牵头组织案件化解，解决“骨头”案、“盯子”案。集访化解。对新出现的集体访及时召集相关职能部门研究解决方案，深入细致地做好群众的思想工作，成功化解和处置太平门通道、汉府街东延、南师附小与珠江路小学合并等集体访。2014年，市下交玄武区46件案子，除事发非玄武区的16件，涉法涉诉11件，其余19件事发玄武区，已终结或化解17件。自查21件案件，已解决9件。

【信息预警和矛盾排查】 坚持矛盾纠纷定期排查上报制度。按照属地管理原则，区、街、社区三级每周有排查，每月有梳理，发现情况第一时间报告，第一时间处理。对来区到市去省的集体访和突发信访问题以“专报”形式“即访即报”。落实重点时期报告制度。全国、省、市、区两会期间，重要节日、重大政治经济社会活动期间，召集各街道综治主任进行专题部署，落实各级各类人员值班，启动“零报告”程序。加强活动现场维稳。制定《迎青奥信访维稳200天专项整治行动实施方案》，青奥会期间，加强组织领导，细化工作措施，严格落实值班制度，对重点人员实行分级管理，做好重点集体访疏导化解工作，同时加强督导检查，全区实现中央和省市区提出的“四个不发生”(即：不发生青奥会场馆、驻地上访人过激行为；不发生青奥会场馆、驻地集体上访；青奥会期间不发生因上访引发的群体性事件；青奥会期间不发生因信访事项处理不当引发的负面炒作事件)的总体目标，创造“四个没有、一个纪录”(即：没有发生一起到“青奥”场馆、运动员住地过激上访；没有发生一起“青奥”场馆、运动员住地集体上访；没有发生一起因信访事项处理不当引发的负面炒作；没有发生一起因信访问题引发的群体性事件。创造历年来全国和省市重大活动期间本区群众到敏感地区、敏感部门上访量最少纪录）的优异成绩。做好国家公祭日活动期间社会稳定。开展进京非访百日整治活动。制定《玄武区进京非访百日专项整治实施方案》。做好中央巡视组接访点的维稳工作。（冯桂新）

·行政服务·

【概况】 2014年，区政务办(政务中心)坚持“以人为本，执政为民”的服务理念，深化服务功能，协调解决171项新增行政事项进驻大厅，增设临时窗口2个，保障区卫生局《卫生专业资格考试审查》和区物价局“收费审批”等季节性行政事项在大厅办理。完善设施建设，提升服务效能。投入30多万元，完成窗口办公设备标准配置。围绕政务服务中心建设和“12345”政务服务热线办理工作，履职尽责，圆满完成全年各项目标任务。2014年，全年受理行政事项和便民服务事项49380件，事项办结率100%，群众综合满意率98.99%。在2014年全市政务服务工作季度考核排名中，1~4季度均名列城区第一。

【区“12345”政务服务热线推进会】 11月28日在区政府401会议室召开。区委常委、常务副区长曹曙到会，全区48家“12345”成员单位主要领导参会。区政务中心主任、政府办副主任李莹通报2014年全区“12345”政务服务热线工作情况。锁金村街道、新街口街道、物价局、住建局4个单位领导分别作交流发言。曹曙对深化和提高“12345”政务服务热线工作提要求。2014年，全区“12345”政务热线总体成绩明显进步。考核周期内，全区受理电子工单29846件(平均每个工作日工单为128件)，综合满意率达90.39%，比上一年度提高8.8个百分点，为群众处理和解决实际问题15188个。

5月15日,市委副书记靳道强调研玄武区政务中心

【市领导调研玄武区政务中心】 5月15下午,市委副书记靳道强一行在区委书记储永宏等领导陪同下,视察区政务服务大厅。区政务中心主任、政府办副主任李莹介绍区政务服务大厅基本情况,简要汇报群众路线教育实践活动开展情况。区政务办(政务中心)始终把服务群众作为政务大厅第一要务,通过建立健全制度、完善管理,形成具有玄武特色群众服务工作体系。

(孙 敏)

中国人民政治协商会议南京市玄武区委员会

·概 述·

【概况】 政协南京市玄武区第十一届委员会有229名委员,列席人员26人,其中主席1名,副主席5名,秘书长1名,常务委员28名。区政协内设办公室(下设秘书科、行政科、提案科、委员工作科4个科室)和提案法制、学习文史、经济科技、人口资源环境(城市建设)、社会事业、祖国统一6个专门工作委员会;下设新街口、玄武门、梅园新村、锁金村、玄武湖、红山7个街道政协工委。2014年,区政协常委会以科学发展观为指导,坚持服务改革发展大局,强化特色发展、幸福导向、美丽环境三大理念,团结和带领全体政协委员,助推区域发展,关注民生幸福,促进和谐稳定,为加快建设现代化国际性人文绿都标志区,谱写玄武的“中国梦”贡献力量。

【专题学习报告会举办】 3月28日,区政协举办学习报告会,邀请南京市社会科学院院长叶南客,围绕“中国梦·江苏路·南京追求”,就学习贯彻中共十八届三中全会精神进行辅导。区政协主席邱小凡,副主席王敬玲、蒋健、冯小仙、贾民平,秘书长吕俊,区政协委员、列席人员,区政协机关人员参加学习报告会。报告会由区政协副主席王敬玲主持。

9月25日,区政协举办委员学习报告会,邀请南京大学经济学教授、博士生导师、南京大学不动产研究中心主任高波作“转型升级:中国房地产市场的危机与出路”的报告。区政协全体政协委员、列席人员参加学习报告会;区政协主席邱小凡,副主席王连安、冯小仙出席报告会。报告会由区政协副主席冯小仙主持。

11月21日,区政协举办专题学习报告会,邀请中共江苏省委党校教授王新军作“中美新型大国关系及中国战略选择”报告。区政协全体政协委员、列席人员,政协街道工委成员,部分区机关干部参加学习报告会;区政协主席邱小凡,副主席王敬玲、王连安、冯小仙、贾民平出席报告会。报告会由贾民平主持。

【交流研讨】 3月28日下午,区政协政法街道组组织委员到南京栖霞寺,参观毗卢殿等佛教建筑,听取栖霞寺的历史介绍。区政协主席邱小凡、副主席王敬玲参加活动。

4月9日上午,区政协王敬玲副主席召开江苏卧牛山保温防水技术有限公司入驻区科创特区对接协调会。会上,江苏卧牛山保温防水技术有限公司总经理刘志荣介绍了企业发展现状、市场前景及企业需求;区科创特区主任唐承武详细介绍科创特区产业聚集、规划等情况。王敬玲副主席出席会议并讲话。

6月10至12日,区政协王敬玲副主席率区政协“环东大知识创新区打造的研究”重点课题调研组一行赴上海杨浦区调研环同济知识经济圈建设情况。调研组一行先后参观同济大学科技园区、城市概念软件信息服务园、国际时尚中心,并就如何加强府校合作、校企对接、政策扶持、人才引进等内容进行座谈讨论

6月27日上午，区政协王敬玲副主席带领区政协"环东大知识创新区打造"课题调研组成员，到东南大学国家大学科技园开展调研考察活动。调研组成员听取科技园区江汉总经理的情况介绍以及对环东大知识创新区打造思路和设想，并进行座谈。区政协副主席贾民平等参加调研活动。

11月20日，区政协王敬玲副主席带领重点调研组成员深入企业，就区政协环东大知识创新区建设重点调研课题，召开驻区部分企业负责人座谈会，广泛征求企业对环东大知识创新区建设的意见建议。（姜海军）

·重要会议·

【概况】 2014年，区政协召开十一届三次会议，区政协主席邱小凡代表区政协常委会作工作报告，区政协副主席蒋健作提案工作报告，区委书记储永宏在开幕式作重要讲话。区政协召开常委会议4次，涉及议题13项。召开主席会议4次，涉及议题8项。召开高层协商会议1次。

【区政协十一届三次会议】 2014年1月5日至8日，政协南京市玄武区第十一届委员会第三次会议在玄武中心大厦举行。区四套班子全体领导，全体政协委员、列席人员，区政协历届原正职领导和区机关有关部门负责人近300人出席大会。区委书记储永宏在开幕式作重要讲话。区政协主席邱小凡代表区政协常委会作工作报告。区政协副主席蒋健作提案工作报告。全体政协委员列席玄武区人大十七届三次会议开幕式，听取并讨论区长徐曙海政府工作报告，区2013年国民经济和社会发展计划目标执行情况及2014年国民经济和社会发展计划(草案)报告、区2013年财政预算执行情况和2014年财政预算(草案)，以及区人民法院、区人民检察院工作报告等。会议期间，举行献计献策大会，邀请区委、区人大、区政府领导和有关部门及街道负责人出席会议，听取区政协一年来调研成果;区委召开民主党派、界别人士部分委员座谈会，广泛听取和征求民主党派、无党派人士、界别委员对区委、区政府工作意见和建议。

【区政协常委会议】 2014年区十一届政协共召开4次常委会议。

3月4日，区政协召开十一届十四次常委会议。会议听取区城管局局长朱明勇受区政府委托所作的《关于我区城市治理全覆盖推进情况》的通报。协商通过区政协常委会2014年工作要点，区政协十一届三次会议提案审查工作情况的报告，以及区政协部分政协委员和列席人员调整事项。区政协主席邱小凡，副主席王敬玲、蒋健、王连安、冯小仙、贾民平，秘书长吕俊及23名常委出席会议，区人大副主任张蓬，区政府副区长朱天龙应邀参加会议。会议由王敬玲主持。

5月20日，区政协召开十一届十五次常委会议，专题协商玄武区青奥会保障和文化产业发展情况。会议先后听取区体育局副局长卢艳岗受区政府委托所作《玄武区青奥会保障工作情况》通报和区委宣传部副部长高洁所作《做大做强文化产业，彰显中心城区人文魅力》情况通报，区政协提案法制委、学习文史委分别汇报前期调研情况，并进行协商讨论。区政协主席邱小凡，区政协副主席王敬玲、蒋健、王连安、冯小仙、贾民平，秘书长吕俊出席会议。区人大副主任张蓬、区政府副区长蒋兆全应邀列席会议，列席会议的还有办公室和专委会负责同志。会议由蒋健主持。

9月11日，区政协召开十一届十六次常委会议，专题协商讨论玄武区教育均衡化改革和南京CBD核心区重点项目推进情况。会议先后听取区教育局局长李玉鹏和区发改局副局长左斌受区政府委托所作的情况通报，区政协社会事业委、经济科技委分别汇报会前

7月30日，政协委员视察紫金(玄武)科技创业特别社区

调研情况，并进行协商讨论。会上，区政协主席邱小凡传达区委十届十一次全委会精神，并就下一步政协工作提出要求。区政协副主席王敬玲、蒋健、王连安、冯小仙、贾民平，秘书长吕俊，以及20名常委出席会议。区政府副区长蒋兆全应邀列席会议，列席会议的还有区政协办公室、专委会和各街道政协工委负责同志。会议由王敬玲主持。

12月18日。区政协召开十一届十七次常委会议，会议听取区政府关于2014年国民经济和社会发展计划实施情况以及2015年国民经济和社会发展计划制订情况（草案）、2014年财政预算执行情况和2015年财政预算编制情况、玄武区2014年度政治建设和党的建设工作目标实施情况及2015年政治建设和党的建设工作目标制订情况、玄武区2014年度文化建设目标实施情况和2015年文化建设奋斗目标制订情况的通报，会议围绕全区2014年经济、政治、文化、社会、生态文明建设目标完成情况及2015各项目标制定情况进行协商讨论，提出意见建议。会议协商通过区政协常委会工作报告和提案工作报告，协商确定区政协常委会工作报告和提案工作报告的报告人，协商通过关于召开区政协十一届四次会议和部分政协委员调整及人事任免有关事项。区政协主席邱小凡，副主席王敬玲、蒋健、王连安、冯小仙、贾民平，秘书长吕俊及22名常委出席会议，区政府副巡视员凌立玉应邀参加会议。会议由蒋健主持。

【区政协主席会议】 2014年区十一届政协共召开4次主席会议。

4月16日，区政协召开十一届十一次主席会议。会议专题协商区街财政体制调整完善和农副产品平价直销店建设推进情况。会议分别听取区财政局局长王冬梅和物价局局长林宁所作的情况通报，以及区政协经济科技委和社会事业委调研情况汇报。区政协主席邱小凡，区政协副主席王敬玲、蒋健、王连安、冯小仙、贾民平，秘书长吕俊出席会议，区政府副区长陈云松应邀参加会议，列席会议的有区政协办公室、相关专委会领导和部分特邀区政协委员。会议由王敬玲主持。

6月26日，区政协召开十一届十二次主席会议，专题协商讨论“环玄武湖和谐社区建设示范带”推进情况和创建全国示范社区卫生服务中心情况。会议听取区民政局关于推进“环玄武湖和谐社区建设示范带”项目情况通报和区卫生局关于创建国家示范社区卫生服务中心工作情况通报。区政协社会事业委汇报前期调研情况。区政协主席邱小凡，副主席王敬玲、蒋健、王连安、冯小仙、贾民平，秘书长吕俊出席会议；区政府副区长蒋兆全应邀列席会议；列席会议的还有区政协办公室、相关专委会及部分政协委员。会议由蒋健主持。

7月23日，区政协召开十一届十三次主席会议，专题协商讨论区政府关于2014年上半年国民经济和社会发展计划执行情况、区法院关于法官生存状况调查情况和区检察院关于民事行政检察工作情况。会议分别听取区发改局、区法院、区检察院所作的情况通报及区政协经济科技委、社会事业委、人口资源环境委和提案法制委会前调研情况汇报。区政协主席邱小凡，副主席王敬玲、蒋健、冯小仙、贾民平，秘书长吕俊出席会议；区委常委、常务副区长曹曙，区法院院长周迅、区检察院检察长陆宁平应邀列席会议；列席会议的还有区政协办公室、相关专委会及部分政协委员。会议由王敬玲主持。

10月16日，区政协召开十一届十四次主席会议，专题协商区政府关于提案办理和向社会力量购买公共服务情况。会议分别听取区政府办公室主任李大海和区财政局局长王冬梅所作的情况通报，以及提案法制委和经济科技委调研情况汇报。区政协主席邱小凡，区政协副主席王敬玲、王连安、冯小仙、贾民平，秘书长吕俊出席会议，列席会议的有区政协办公室、专委会领导和部分特邀区政协委员。会议由王敬玲主持。 （姜海军）

·重要活动·

【概况】 2014年，区政协围绕重点调研课题先后深入街道、企业视察调研18次，发挥民主监督职能，组织政协委员深入全区街道（园区）、社区对环境整治情况进行暗访，推进环境整治工作。

【知情明政】 1月16日下午，政协梅园新村街道工委组织街道片区政协委员街情通报会。区政协副主席王敬玲参加会议并讲话。

7月22日上午，玄武区召开2014年上半年“一府两院”情况通报会。区全体人大代表、政协委员共同听取区委常委、常务副区长曹曙所作区政府2014年上半年工作情况通报，以及区法院、检察院上半年工作通报。会议由区政协主席邱小凡主持。会后，区人大代表、政协委员视察区重点项目建设情况。

【民主监督】 3月27日，区政协副主席蒋健、区政协提案法制委主任吴锦友与市交警一大队教导员刘俊等开展座谈，专题协商交警一大队承办提案交办办理工作。

4月21日下午，区政协召开2014年社情民意信息工作会议，区政协副主席蒋健出席会议并讲话。会议传达全市政协信息工作会议精神，总结讲评2013年工作部署2014年信息工作任务，部分社情民意信息员和街道代表作交流发言。秘书长吕俊，办公室及各专委会主任、副主任，各街道政协工委主任、副主任，特邀社情民意信息员及区政协机关全体人员参加会议。会议由吕俊主持。

5月15至16日，由区政协办公室和各专委会牵头，组织100多名政协委员分成多个小组，深入全区街道（园区）、社区对环境整治情况进行暗访，拍摄图片200余幅，并将暗访图片反馈责任单位，同时将监督工作情况书面向区四套班子主要领导作汇报。区委书记储永宏批示，区政协围绕中心、服务大局，推动全区"大干一百天、环境大扫除"工作，材料有情况、有问题（分析）、有对策，很好。望各相关单位认真对照检查，确保取得更大成绩。

10月17日下午，区政协开展民主评议区住建局提案办理情况活动。委员们先后视察仙鹤门百亩鱼塘和海军指挥学院，听取住建局关于钟山老年公寓拆迁问题和排水达标区建设工作的提案办理情况。区政协副主席蒋健，秘书长吕俊，提案法制委主任吴锦友，提案委员会委员和部分提案委员参加活动。

10月24日下午，区政协开展民主评议区城管局提案办理情况活动。委员们先后视察大行宫和估衣廊，听取城管局关于大行宫垃圾收集点周边环境整治问题和解决停车难问题的提案办理情况。区政协副主席蒋健，秘书长吕俊，提案法制委主任吴锦友，提案委员会委员和部分提案委员参加活动。

【调研视察】 1月23日，区政协主席邱小凡，副主席王敬玲、蒋健分别深入街道和企业，调研重点税源企业和重点信访人员。

2月26日，区政协主席邱小凡，副主席王敬玲、蒋健分别深入街道和企业，调研重点税源企业和重点信访人员。

3月14日，区政协召开"环东大知识创新区打造的研究"重点调研课题部署会。区政协副主席王敬玲参加会议并讲话。会议通过2014年区政协重点调研课题方案，确定调研的方式方法、时间节点等。与会人员围绕调研目的、内容、范围等方面提出意见建议。

3月17日上午，区政协主席邱小凡一行赴南京钟山生命科学园调研指导工作。区政府相关领导，区发改局、区科技局、区审计局、区投促局、区国资办领导，孝陵卫街道主要领导等参加调研。

6月19日下午，区政协主席邱小凡，副主席王敬玲、王连安参加学习文史组二季度委员活动，视察委员单位江苏永衡昭辉律师事务所。

11月11日上午，区政协主席邱小凡，区委常委、副区长苏郑一行调研指导南京钟山生命科学园工作。区政协办主任吕俊，孝陵卫街道党工委书记王玉兰、办事处主任吴恒等参加调研。

12月2日，区政协组织全体委员、列席人员视察玄武区全区2014年经济和社会发展最新成果。委员们先后视察六朝博物馆、德基广场和明城墙环境综合整治等新建和改造项目。

【考察青奥会场馆】 3月5日下午，新庄马术馆场馆团队全体经理层人员在区政协副主席、常务副主任蒋健带领下赴江阴海澜国际马术俱乐部，实地开展团队马术专项知识培训，重点参观马术表演场、训练场、马厩区、洗马台、遛马机和马医院等设施。

3月19日，市委常委、副市长刘以安，市领导戚鲁在徐曙海区长、区政协蒋健副主席等人的陪同下，视察青奥会新庄马术场馆。

3月26日，区委书记、青奥会新庄马术馆场馆运行团队主任储永宏，区委常委、区委办主任滕涛到青奥会新庄马术馆，现场指导青奥会新庄马术馆场馆团队运行工作。

6月6日，区政协机关和7个政协街道工委，联合组织街道片区的委员开展环境大扫除活动，百名委员走进社区，对居民小区的房前屋后、楼梯走道、自行车棚等进行清扫整治，清除卫生死角，受到社区干部和居民群众的欢迎。

【走访慰问】 3月14日上午，区政协主席邱小凡来到党的群众路线教育实践活动联系点孝陵卫街道小卫街社区，走访慰问社区困难家庭、参观社区新增的多功能化服务站。

7月1日上午，区政协机关党支部开展"七一"慰问结对社区困难党员活动。区政协秘书长、办公室主任吕俊一行代表支部到结对共建的大树根社区，看望慰问5名生活困难的退休老党员，送去节日问候和慰问品，在社区召开座谈会，征求意见建议。

8月18、21、26日，区政协主席邱小凡分别走访江苏卧牛山保温防水技术有限公司和委员单位南京亿康医药有限公司、南京肯信精密制造有限公司，区政协秘书长、办公室主任吕俊，区政协经济科技委、社会事业委、人口资源环境委主任陪同走访。邱小凡与企业负责人进行深入交流，了解企业生产经营情况，听取企业发展中需要解决的困难和问题，征求企业对玄武发展和区政协工作意见建议。

8月20日，区政协主席邱小凡走访慰问孝陵卫街道小卫街社区及困难户程丽霞、谈正。

（姜海军）

链接

区政协委员提案办理选编

关于打造南京CBD核心区的建议

此案由区政协专题调研组提出，由区政府系统承办。办理情况如下：

新街口（玄武片）位于南京城市核心区，已经开通和正在建设的1、2、3、4号地铁线环绕新街口街道的四边，德基广场、凯润金城、长江路9号等顶尖商贸、商务和住宅区交错其间。该地区目前的状况是街区纵深和背街小巷环境破旧，临街地块管理不足。新街口东北片虽已有超过60幢的商务楼宇，但真正高端载体屈指可数，与其他老城区一样，这里还有大量危旧房片区。区发改局会同新街口街道等单位重新定位和思考了该区域的发展思路和发展重点，着力提升区域服务功能，强化区域创新能力，提升区域宜居品质，把新街口建设成“高端、智汇、幸福”的南京CBD核心区。

一、立足高端定位，加快中山路国际名品街区建设

继续强化新街口高端商贸和高品质商务的产业特色，学习上海“梅泰恒”和香港“金钟太古”经验，以“三个升级”为抓手，促进城市功能国际化，使南京与上海、香港一样，成为世界时尚信息港，同步感受全球顶尖风尚。一是企业升级。选择有核心竞争力的企业，组织拟上市企业专题培训、产业沙龙、TEDX演讲等系列“新街口财富论坛”活动，服务企业家加快成长，服务企业做大做强，提升总部企业和上市公司在新街口集聚度。二是楼宇升级。以服务星级化、产业特色化为目标，通过楼宇升级改造、提升商务服务功能等办法，促进辖区1万平方米以上的17个商务楼宇提档升级，打造商业品牌、百强企业、物流总部等特色楼宇和税收过亿元楼宇，使新街口成为跨国公司进入江、浙首选之地。三是片区升级。玄武十二五期间重点打造的“四横四纵”特色街区，在新街口合计有11个重点项目。其中德基广场项目，其全国第一的国际品牌集聚度、全球前三甲的丽思卡尔顿酒店和顶级写字楼将使其成为当之无愧的新街口商圈第一商贸综合体。我们通过服务项目建设，协同项目招商，充分发挥长江路、中山路历史文化资源，以德基广场为龙头，辐射和带动周边凯润金城、长发義和等一批重点项目，建设中山路国际名品街区，提升整个片区的城市功能，使玄武的新街口成为引领国际潮流、展示时代风尚的世界知名街区。

二、激活智汇资源，强化政产学研企合作

我们着眼全方位促进和服务辖区的经济社会发展和人民群众生产生活，促进劳动层次优质化，计划在街道范围内策划并推进两大“智汇”项目：一是环东大创意设计产业带。在市、区两级的强力推动下，府校合作蓝图已经展开，我们规划建设以学府路为轴线、环绕东大四牌楼校区为主的创意设计产业带。采取项目化运作的办法，软硬并举，汇聚创新要素，打造以创意设计产业为主导、独具城区特色的科技创业特别社区。街道联合东大修缮的杨廷宝故居已经改造完成，我们计划将其改造成杨廷宝创意公社，作为高端设计师沙龙活动场所，弘扬南派建筑设计成就，集聚和吸引高端设计人才。街道打造了321创业投资咖啡作为创业人才、风投资本交流的平台，今年以来已经多次开展创业讲堂活动，还承办了移动创业联盟成立仪式、唱响南京启动仪式等活动。二是虚拟智汇平台。“无限新街口”项目旨在实现新街口区域内Wi-Fi信号的免费全覆盖，无线网络是目前现代商务和生活必备的环境，是新街口现代化的标志，更是为商家、企业和青年人群更好服务，营造良好宜商环境的举措；新街口APP项目是基于Wi-Fi全覆盖基础上开发的智能手机客户端，目的是将新街口内的资源整合、发布并定期更新，提供全方位生活和工作信息，构建了现代化的宜商环境。

三、突出幸福为本，提升城市核心区域宜居宜业品质

按照“资源下沉、力量外借、机制内生”的工作思路，深入社区和居民家庭，深入楼宇和企业，全力推进居民社区、企业社区和虚拟社区融合，使得生活和工作在新街口的百姓都能增强幸福感和归属感，促进人居生活品质化和全民素质文明化，从而推进区域内社会整体

繁荣。在居民社区上，联合市社科院，先期启动社会创新孵化器，吸引孵化各类NGO和公益创投项目，目前已经培育引进TEDxNanjing、火凤凰助残社、西祠爱心之旅、爱德基金会、好苏嫂等社会组织，为区域百姓提供多样化服务。在企业社区上，建设楼宇服务中心，开展楼宇综合服务。新街口有大大小小商务楼宇70幢，一幢楼宇就是一个小区，一个企业就像一个家庭。"新街口智造"企业社区采取在有条件的楼宇内设置服务中心，辐射周边楼宇企业的模式运作，搭建资源共享、宣传推广、沟通交流、党务服务、政务服务、商务服务六大平台，最大限度贴近需求，更好地为企业和员工服务。在虚拟社区上，利用政府内网，建立经济信息平台，实时掌握地区经济发展动态；利用政府门户网站，及时发布政务信息，推进政务公开；利用微博等新兴媒介，加强与百姓互动；利用Wi-Fi无线网络和APP智能客户端，提供移动网络接入平台和移动服务平台。

在下步工作中我们将科学统筹、恪尽职守，以更强的执行力、更优的精气神完成各项工作，积极把新街口打造成南京CBD核心区，全力推动玄武经济社会全面发展。

关于用"泛园区"理念推进玄武区产业发展的建议

此案由葛健军委员提出，由区政府系统承办。办理情况如下：

玄武区是南京现代化国际性人文绿都标志区之一，国家重要的科研、电子、信息、文化、商务中心，华东地区现代服务业基地，经过多年发展玄武区形成了以科技信息业、文化旅游业、商贸商务业为主体的经济发展格局，玄武在9个地区已经形成一定的产业聚集，例如新街口CBD代表性核心区域、徐庄软件园、紫金(玄武)科创特区、南京钟山生命科学园等已经形成一定的示范作用，玄武区刚刚成立了铁北红山新城管委会就是利用"泛园区"理念推进玄武区产业发展的一次大力探索。

一、支持科技创新，促进企业升级

创新是产业转型升级的突破路径，在正确的产业发展方向上，不断支持企业在管理方式、科技研发等领域进行创新。

一是加强整合创新服务。梳理创新服务政策并及时跟踪产业政策最新动态，积极组织相关企业申报各类专项扶持资金。利用好软博会和创洽会等活动，重点签约新兴产业的创新项目。继续维护服务好已签约的江苏高鸿鼎恒信息技术有限公司、物联网项目太极"教育云"、中科院EDA中心南京分中心等已成功签约的项目和企业，做大影响。二是扩宽企业创新研究渠道。以与东南大学战略合作为范本，帮助企业与大专院校、科研院所开展多形式的产学研合作交流，鼓励企业与学校科研院所联合组建技术中心、研发机构。争取通过产学研合作方式，激发新的创新火花，突破一批支撑战略性新兴产业发展的关键技术难题，提高企业核心竞争力及可持续发展能力。三是促进企业科技成果转化。采取无偿资助、贷款贴息、资本金投入等方式，支持科技型企业技术创新、促进科技成果转化，为企业开展科技创新活动提供更有力的支持。重点确定和支持一批自主创新性强、技术含量高、市场前景好、具有自主知识产权，能形成核心竞争力的科技创新项目，带动企业技术水平的提升。

二、完善政策服务，培育行业龙头

实现龙头企业和中小企业两手抓，不断壮大现代服务业和新兴产业力量，提高其在玄武整体产业中的比重，扩大其高增长对玄武经济的提升作用。一是进一步完善企业扶持政策。加强政策宣传和项目申报服务工作，保证与企业间信息沟通畅顺，及时为符合政策的企业申请相关资金，为企业成长壮大保驾护航。特别是税收贡献大的企业，在政策范围内合理倾斜，加大奖励力度，形成好的影响力，最大化扶持资金利用效果。二是服务政策更加重视软环境打造。政策着力点从注重空间形态的营造向业态建设转变，建立完善的公共服务体系，为企业及个人提供信息服务、行政程序简化、专业会展服务、政策优惠宣传等各种社会化服务。三是重点扶持发展龙头企业。通过总部经济政策引导，引进新总部企业入驻，提升已有总部企业税收贡献，不断总结总部经济发展中的问题，形成更加完善的总部经济服务体系。同时，加强对企业上市的宣传和引导，加大拟上市企业的扶持力度，尽快推动一批企业在资本市场上市。以总部企业和上市企业为龙头，加强培育潜力企业，形成为产业强有力的支撑，逐步带领产业向前迈进。

三、壮大集聚基础，建立产业网络

有序引导企业形成集聚，依托企业累积产业能量，实现转型升级。一是引导企业向潜力产业聚集。紧盯生物科技、新能源、新材料和信息技术、物联网、环保节能等未来产业的兴奋点，研究适合我区发展的特色产业转型方向，引进和培育相关企业，力争在产业前沿形成集聚，不断扩大产业影响力。二是加强缔造全景产业链。在市场力量已经集聚一部分企业的基础上，由政府联合社会组织加强宣传，优先引进产业链上下游企业，形成更为完整的产业链，从而反过来再吸引更多更好的企业，形成良性循环，促进产业集群不断发展壮大。三是继续利用园区加强聚集效应。利用徐庄软件园、钟山生命科学园等已形成一定规模的园区，依托园区内苏宁易购、先声药业等具有一定影响力的企业，着力形成技术领先、产业集聚和市场规模三方面优势，打造电子商务和生命科学产业健康发展的生态系统。以电子商务和生命科学为突破口，进一步壮大其他新兴产业，建立融合的产业网络，营造创新向上的产业良性竞争氛围。

关于统筹规划区健康产业发展的建议

此案由相建萍委员提出，由区政府系统承办。办理情况如下：

健康产业是具有巨大市场潜力的新兴产业，包括医疗产品、保健用品、营养食品、医疗器械、保健器具、休闲健身、健康管理、健康咨询等多个与人类健康紧密相关的生产和服务领域。健康产业是辐射面广、吸纳就业人数多、拉动消费作用大的复合型产业，具有拉动内需增长和保障改善民生的重要功能。我区的健康产业一直处于快速发展阶段，现在已经形成了以钟山生命科学园、江苏智慧健康产业园为代表健康产业聚集地，同时以居家为基础、社区为依托、机构为支撑、信息为辅助的养老服务体系初步建立，老年健康产业蒸蒸日上，健康服务产业初具规模，品牌创建成效显著。

一、统筹规划引领健康产业有序发展

继续结合经济转型、空间布局、社区建设和基础设施更新，用更高的理念创新水平、战略谋划水平和管理实施水平，高起点规划、高品质打造玄武自己的健康产业，优良的政策环境已经成为玄武区健康产业持续、快速发展的有力保证。把健康产业具体项目作为推进产业发展的关键，通过健康产业升级，切实在提升玄武经济发展质量、增加就业、改善民生质量、改善公共服务等方面下功夫。

二、利用市场和监管等多种手段规范我区健康产业

市场化运作，主要是指在健康产业发展过程中，政府搭建平台、制定服务规范和标准，企业、机构和社会组织完全自我运营，政府不介入到它们的具体服务和经营过程中。同时，政府须承担起市场监管职能，防止服务单位过度市场化而损害健康产业发展。例如，玄武区率先在养老机构中引入“企业质量管理理念”，建立了区民政部门行业监督、老年人直接监督、社会监督和专业组织评估相结合的监管机制，按评估标准对老年福利机构进行等级评定。

三、做好人才引进工作

健康产业是新兴产业，对人才的需求量大，层次要求高，我们将把为健康产业吸引人才作为重要抓手，通过认真落实市科技创业创新20条、“1+8”政策体系、“科技创业九条”、玄武区“1+5”文件等政策措施，为国际化人才来玄武创办企业或实施重大科研项目提供各类政策扶持，充分发挥人才在玄武经济社会发展中特别是健康产业的引领作用。

四、以园区为载体，做大做强玄武健康产业链

积极整合区域资源，加强钟山生命科学园、江苏智慧健康产业园的建设，以“研发、孵化、总部”为建设重点，把“生物农业、生物医疗、生物医药、纳米生物技术”做为健康产业链的主导方向，充分发挥政策导向和综合服务的杠杆作用，争取在“十三五”期间，初步形成集“高端产业、高新企业、高级人才、高品质办公”为一体，彰显绿色和创新玄武特色的健康产业园区。

关于发挥街道组织优势，强化居民健康管理的建议

此案由印小荣委员提出，由区政府系统承办。办理情况如下：

玄武区现有7个街道，59个社区，11个社区卫生服务中心，2个社区卫生服务站，辖区内共有医疗服务机构206家。将医疗卫生服务资源与社区管理服务资源对接，解决社区居民的就近就便医疗、康复护理、健康管理等问题，对于提升玄武区社区服务水平具体重大现实的意义。下一步，玄武区将出台政策和具体举措，深化居民群众的健康管理和医疗卫生服务工作。

一、建立社区与医疗卫生服务机构良好的协作配合机制

将居民慢性防治、健康管理等指标列为“和谐示范社区”达标考核标准，由街道牵头，发挥社区居委会的组织优势，利用社工网格化管理网络与社区卫生服务机构的医疗专业服务，建立居民健康管理的平台。同时，推进“组团式”服务，社区每300户为一个网格，由社工、驻点全科医生等建立服务团队。依托社区，开展社区居民健康需求调查，建立定期会议制度，制定方案，明确职责，共同推进国家基本公共卫生服

务项目在社区的深入开展，使更多社区居民真正享受到医改成果。

二、建立社区“1+7+N”医养融合养老服务体系

社区老人是对健康管理需求最大的群体，为加快养老服务业的发展，结合玄武区医疗卫生服务资源的布局，近期将由卫生、民政等部门联合出台《玄武区推进“医养融合”养老服务工作方案》，建立“1＋7＋N”医养融合养老服务体系，即：在区级成立“医养融合服务指导中心”，7个街道成立“医养融合养老服务中心”，区域内所有从事居家养老、机构养老服务的组织与社区卫生服务中心签订合作协议，依托家庭医生服务团队，开展慢病管理、巡诊服务、疾病诊治、康复训练指导、健康宣教、健康体检等养老健康服务。

三、加大政府购买居民健康管理类服务项目的力度

从2011年起，我区全省率先在“扶老、助残、救孤、济困”等领域，以政府购买社会组织专业服务的形式实施公益创投项目76个，涉及为老、助残、卫生、教育等十几个专业和部门。其中“社区失地困难老人医疗援助”、“中风后遗症老人生活行为锻炼康复服务”等18个市、区公益创投项目涉及心理慰藉、健康管理、慢病防治等卫生医疗服务内容，在实施过程中受到了居民群众的欢迎，取得了较好的社会效果。下一步，我区将根据居民的需求，加大政府购买居民健康管理类服务项目的力度，推进居民健康服务社会化发展的进程。

玄武区小餐饮食品安全现状及治理对策

此案由政法街道组委员提出，由区政府系统承办。办理情况如下：

一、以点带面建立示范区和示范店

从2011年起，玄武区在全区范围内开展小餐饮业的整治、创建餐饮服务食品安全示范街区、餐饮服务食品安全示范店和文明小餐饮示范店一系列活动。通过活动一是小餐饮店自律意识得到加强、经营秩序得到规范，硬件设备得到改善；二是对小餐饮店的经营者也是极大的竞争和鼓励；三是通过典型的示范带动作用，全区小餐饮管理水平不断提高。去年我区被评选为市级餐饮服务食品安全示范区，德基广场获得了市级餐饮安全示范街区称号；明湖美景大酒店等3家企业获得省级餐饮安全示范店称号；南京珍珠饭店有限公司等17家企业获得市级餐饮安全示范店称号。

二、深化餐饮监督量化分级管理

自2012年起，我局运用危险性评估原则对企业进行风险分级和信誉度分级，按照“监管并重、量化评价、动态监管、公开透明、鼓励进步”的原则，统一标准对餐饮单位进行量化分级评分，并通过张贴“笑脸”“平脸”“哭脸”的标识，使群众直观的了解餐饮单位的食品安全状况，也促使餐饮单位努力进行自身的提升，至2013年底全区餐饮单位量化分级管理率已达到97%。

三、积极实施食品安全知识培训工程

我局专门制订了《餐饮安全知识培训方案》，按照方案中的要求对从业人员不同类型分期、分批、分阶段进行培训。特别是对集体用餐配送单位和学校食堂等高危行业的从业人员进行高频次专业培训；针对玄武区食品安全协管员，信息员、社区、群众监督员三级责任体系中人员所承担不同职责分类进行培训，此外我局还每年组织人员集中开展食品安全知识进社区、进企业、进学校和进机关“四进”宣传培训活动，重点宣传和人民群众生活密切相关的法律法规和食品安全知识，营造学法、遵法、守法的良好社会环境。

四、成立餐饮服务食品安全工作站

选择餐饮相对集中地域成立餐饮食品安全管理工作站，工作站在区食药监管局指导下开展工作，主要在辖区内进行餐饮服务食品安全宣传和培训；收集、上报信息；开展日常巡查等工作。工作站的成立是玄武区监管常态、长效创新举措，得到了胡市长多次表扬。到目前为止，全区建立了中山陵、玄武湖、红山大排档、德基广场、徐庄软件园、1912街区、艾尚天地购物中心7个工作站，这些工作站全部已纳入区政府餐饮服务食品安全三级网格化监管体系。

五、整治与取缔结合，净化全区餐饮服务市场

近年来，我局在街道组织协调下对无证餐饮单位、区治乱整破、拆迁拆违的重点地区进行了联合整治。主要开展整治行动有：连续开展对新街口青石街地区的餐饮单位“脏乱差”专项整治行动，多家媒体也进行了跟踪报道，目前青石街“脏乱差”的现象得到了有效改善；此外对太平北路114号“骨留香”、新庄53号的“农家小院”等多家小餐饮店，因餐饮店位于居民楼下，存在油烟扰民而引发群众举报，最终经联合整治成功进行了取缔。

六、开展专项整治工作

深入排查玄武区餐饮食品的重点企业、重点区域、重点品种存在的问题。以旅游景点及商业密集区餐饮服务单位为重点整治地区；以集中用餐配送单位、学校食堂等作为重点整治单位；把肉制品、食用油、生食海产品、鲜榨果蔬汁、餐饮具以及南京地方特色餐饮等食品安全隐患较为突出的食品品种作为重点整治品种；把食品原料、食品添加剂、食品相关产品的采购、贮存和加工使用环节，餐用具洗消环节等作为重点整治环节。

下一步将采取以下治理对策：

一、进一步加强监管队伍建设。一是加强执法人员餐饮安全监管业务培训，特别是餐饮执法要点要领、适用的相关法规规定和食品快检技术技能等专业技术知识，尽快提高一线执法人员办案技巧技能和服务指导能力。二是要建立和完善各项规章制度、程序，做到依法行政、文明执法、文明监督。三是面对如此众多的监管对象和任务，建议政府进一步加大对餐饮监督管理的人力、物力和财力的支持，尽快落实餐饮安全监督人员编制、增加监管设备设施，切实使整支队伍高效运转起来。

二、加强对经营者的教育和培训。在引入相对集中式管理模式的基础上，增加主动上门开展培训指导频次，扩大经营户培训面。使小餐饮服务经营者的法律意识、食品安全知识得以提高。努力营造依法经营光荣、违法经营可耻的良好社会氛围。

三、加强对消费者食品安全知识的宣传。利用各种媒体大张旗鼓地宣传，通过媒体、讲座、广场咨询、宣传栏等各种形式分发资料进行宣传，让消费者掌握和了解食品安全法律法规、食品安全知识、鉴别伪劣食品能力。引导消费者去消费环境安全、信誉良好的餐饮店就餐，发挥群众的监督作用，共同营造良好的食品安全环境。

四、堵疏结合，分类治理小餐饮。小餐饮整治是一项系统工程和长期的任务，需要政府和社会多方面共同努力才能最终解决，其整治需要循序渐进逐步实施。我局将结合实际分类整治，做到打扶结合、疏堵并举。既要整治问题严重的小餐饮店，更要注重规范、服务、提升，做到宽严相济，让更多的群众成为创业者。既要关停一批无证照、存在严重餐饮安全隐患且拒不整改的餐饮单位，又要努力帮扶一批小餐饮单位使其达到规范要求，方便群众生活。要积极引导和鼓励硬件条件较好、经营者综合素质高的小餐饮店做精做优，做大做强，向连锁企业和中型企业发展。

五、深入开展餐饮服务食品安全专项整治。针对老百姓日常生活消费多且易出问题的食品，积极开展打击食品非法添加和滥用食品添加剂、地沟油、鲜肉及网肉制品、汤包、皮蛋、等专项检查工作。全面落实食品添加剂“五专”管理制度、杜绝无检疫、无肉制品合格证和来源不明等“问题肉”流入餐桌。

六、开展星级街区评定。本着服务群众、保障饮食安全、建立新型和谐诚信的餐饮消费社会关系，我区将开展对餐饮服务单位集中街区进行星级街区评定活动。通过评定促使餐饮单位硬件设备得到改善、自律意识得到加强、经营秩序得到规范，最终全区形成点、线、面相结合的餐饮服务食品安全星级街区群体。

（姜海军）

中国共产党南京市玄武区纪律检查委员会

【概况】 全区各级党政组织坚持全面从严治党，旗帜鲜明推进党风廉政建设和反腐败工作；各级纪检监察组织，在同级党委和上级纪委的正确领导下，围绕主责主业，深化转职能、转方式、转作风“三转”要求，党风廉政建设和反腐败工作取得新的成效，为全区经济社会发展提供有力保障。加强对“八项规定”精神以及作风建设各项规定落实情况的监督检查，开展明查暗访、监督检查70余次，检查党政机关、企事业单位40余家，严肃查处违反作风纪律规定案件1件，对1名责任人进行追究处理。2014年，全区共受理信访件216件，承办中央巡视组下交件28件，查办案件26件26人，通过办案为国家挽回经济损失近200万元。

【党风廉政建设和反腐败工作会议】 3月4日召开。区委全体常委、区人大、区政协主要负责同志，区纪委委员、全区纪检监察和督察干部，各街道、系统党工委书记、部门主要负责人，“三员”代表、效能监测点特约联络员代表、非公企业纪律监督组织负责人代表参加大会。会议由区委常委、纪委书记王静主持。会上，王静总结2013年全区纪检监察工作，部署2014年工作任务。各党(工)委、党组向区委递交2014年度党风廉政建设责任制责任书。区委书记储永宏讲话肯定2013年全区党风廉政建设和反腐败工作，对2014年工作提出四点要求：突出全域全程，着力推动反腐倡廉工作不断深化；坚持创新创优，健全完善权力制约和监督体系；严格守纪执纪，不断提高纪检工作的凝聚力和战斗力；注重协调协作，着力形成党风廉政建设的强大合力。

【“两责”“三转” 实施】 2014 年，认真贯彻党风廉政建设责任制，落实党委负主体责任、纪委负监督责任“两个责任”要求，率先出台落实“两个责任” 实施方案、主体责任书、监督责任书、“两个责任”检查考核办法、加强和改进监督工作等制度文件 8 个，先后组织“两个责任”相关座谈培训、推进会 120 余场，组织“两个责任”专项巡查 25 次，下发建议反馈书23 份。通过动员部署、学习培训、检查考核，全区“两个责任”制度体系、责任体系基本形成。认真贯彻转职能、转方式、转作风“三转”要求，及时调整和清理区纪委、监察局参与的议事协调机构，取消或不再参与 125 个，保留参与 11 个，精简率达 92%，通过退出相关议事协调机构，区纪委、监察局基本实现职责重心转移，突出监督责任落实。

【执纪监督检查】 2014 年，加强对“八项规定”精神以及作风建设各项规定落实情况的监督检查，围绕公车私用、公费吃喝、公款送礼等开展明查暗访、监督检查70 余次，检查党政机关、企事业单位 40 余家，严肃查处违反作风纪律规定案件 1 件，对 1 名责任人进行追究处理。组织全区 323 名党员领导干部申报直系亲属及所在单位参与政府投资项目专项廉政信息，组织全区 1500 多名党员领导干部签订廉洁自律承诺书。各级党员干部上交廉政账户及礼品礼金合计人民币 100 余万元。对群众举报党员干部“四风”方面问题，一律约谈提醒，约谈 15 人次。严查执行中的“歪风”，全年围绕区委区政府重点工作，现场督查、巡查 96 次，核实问题事项 76 个，协调推进问题事项 49 个，有效督促各重点工作按序时进度推进。加大问责力度，对全区各单位在筹备青奥会等工作中履职情况，对拆迁和招投标工作监管部门的履责情况进行再监督，全年办理问责事项 51 件、问责相关责任人 45 人次，有力保障区委区政府重大决策部署的落实。

【纪检案件办理】 2014 年，全区受理信访件 216 件，承办中央巡视组下交件 28 件，查办案件 26 件 26 人，通过办案为国家挽回经济损失近 200 万元。在时间紧、任务重的情况下，顺利办结中央巡视组下交举报件，受到上级纪委充分肯定。认真办理委局自收的信访件，严格落实上级纪委关于案件线索“双报告”制度，加强对案件线索的集中管理，严肃细致做好问题线索的深查细核。坚持在人、财、物上向办案工作倾斜，集中委局专业力量，成立办案专项小组，在全区开展群众路线教育、保障青奥会、公祭日等活动，需要大量抽调各部门人员力量的情况下，坚持办案人员一个不动。严格执行办案纪律，强化对办案人员、办案措施、办案场所的刚性约束，按照安全办案要求，选址新建谈话点。充分发挥案件审理治本作用，以审理人员列席支部大会、案件公开审理等形式做好对相关人员警示教育。

【党政领导干部动态监督】 2014 年，出台《玄武区党政领导干部动态监督办法》，建设动态监督数据库，加强对领导干部的监督制约。开展《区管领导班子议事决策规则》执行情况“回头看”，进一步规范决策行为和决策程序。强化干部守纪的“教育提醒”，全年根据信访件查实情况、监督检查反映情况，约谈干部 35 人次；强化干部守纪的“宣传提醒”，全年发送廉政信息 200 余条。建设斯霞勤廉教育馆、明城墙廉政文化广场等教育载体，组建“心廉心”宣讲团、艺术团，实行领导讲廉、点题送廉、草根传廉，

4 月 17 日，区级廉政文化示范点授牌

全区各“一把手”上党课91人次，开展廉政宣教活动160余场。“心廉心”微动漫被中纪委网站采用，并入选市优秀廉政文化作品库。

【基层纪检监察工作】 年初，区纪委监察局正式在全区街道推行兼职纪检监察助理制度。7个街道分别有一位纪检监察助理。纪检监察助理承担了9项职责，其中有：对街道、社区党员干部遵守《廉政准则》情况、作风建设情况进行监督，及时反映党员干部违规违纪行为；督促社区开展党风廉政建设工作，参与街道、社区有关党风廉政建设的监督检查；收集、转递居民有关党风廉政建设和反腐败工作意见和建议等。

【纪检干部能力培训】 2014年，区纪委监察局加强委局机关干部素质和能力，开展“五个一”岗位练兵活动。参加一次案件查办工作。按照突出主业的原则，每一名干部参加1件案件查办工作（案件检查、信访办案、监督检查），从方案（计划）制订、过程实施、总结反馈等方面全程参与。参加人员要撰写工作心得体会，由案件查办各板块负责人召集，进行座谈交流。撰写一篇高质量的信息。每一名干部结合重点工作，撰写一篇高质量的纪检监察工作信息，信息要在市级以上网站、刊物发表，办公室半年通报一次任务完成情况，年终进行评比表彰。完成一篇工作调研报告。每一名干部结合群众路线教育实践活动，找准调研主题，开展一次调研活动，完成一篇调研文章，年底进行交流评比。每周进行一次主题演讲。每周一晨会时间，按照事先拟定的人员安排计划，由一名干部进行5~10分钟主题演讲，委局机关全体干部参加，演讲主题和内容不限，时事评论、心得体会、感想感悟等均可。参加一次法规知识竞赛。

【“心廉心”社区行活动】 6月至10月，区纪委组织“心廉心”艺术团社区行系列活动，在全区7个街道巡回演出十多场次。6月12日上午9:30，全省首个廉洁文化“草根”艺术团——玄武“心廉心”艺术团在新街口街道长江路社区开始首场社区巡回演出。区纪委还在演出现场设置咨询台，3名纪检干部现场接受群众现场咨询、投诉，为群众在第一时间解决问题。

（张秋芳）

链接

组建纪检监察助理队伍

2014年3月，玄武区7个街道纪工委书记向各自聘任的纪检监察助理颁发聘书，玄武区纪检监察助理队伍正式成立。

现状，基层纪检监察力量薄弱，急需补充“新鲜血液”。在对基层走访、调研中，各街道表示街道纪工委、监察室专职纪检监察力量非常薄弱，急需补充力量以适应新形势、新任务的要求。创建纪检监察助理队伍，是加强基层纪检监察队伍建设，提升基层队伍履职能力，是保障上级纪委各项部署要求在基层得到更好、全面落实的迫切需要，也是加大基层党风廉政建设和反腐败斗争力度的必然需要。

2013年7月，玄武区纪委分别在辖区内锁金村和玄武门2个街道开展试点，设立兼职纪检监察助理岗位。锁金村街道的纪检监察助理管贝贝，有法律研究生学历，2年社区工作经历，通过国家中级社会工作师考试；玄武门街道的纪检监察助理刘冰青长期在社区一线从事低保、劳动保障的工作，群众认可度高。2个街道聘请年轻的社区工作者加入纪检监察队伍，补充新鲜“血液”。

探索，聘任兼职纪检监察助理。2014年，玄武区纪委、监察局正式在全区街道推行兼职纪检监察助理。对于兼职纪检监察助理的前期遴选工作，玄武区纪委明确由街道考察、提名，经区纪委审核后由街道纪工委聘任。聘任的纪检监察助理有如下特点：政治素质好，7名纪检监察助理均是党员，作风正派，责任心强，业务能力较为突出；知识层次高，都具有大学以上学历，都有较强的观察、分析与综合能力，有较强的语言表达和文字写作能力、新媒体运用能力；队伍年轻，平均年龄只有30岁，敢闯敢拼，富有工作激情；群众基础好，所有的纪检监察助理都是社区工作者，了解社情民意，善于做群众工作，同时熟悉街道各项业务，更有利于推进基层党风廉政建设。“选择社区工作者进入基层纪检监察队伍，就是要通过引入第三方力量，充分发挥体制外第三方监督的身份优势，进一步增添基层队伍活力，提升基层队伍履职能力，增强纪检监察工作实效。

明责，当好“千里眼”、“顺风耳”、“雷达站”。玄武区纪委、监察局明确要求纪检监察助理在街道纪工委的领导下，协助街道纪工委、监察室开展纪检监察工作；发挥纪检监察助理身在社区的优势，及时收集、转递群众对街道、社区党风廉政建设和反腐败工作意见、建议；协助街道、社区进行廉政文化教育，开展廉政文化活动；协助区纪委、监察局开展监督、测评、联络等工作。要求各纪检监察助理尽快进入角色、认真履职，加强理论学习，全面系统地学习纪检监察业务；带头遵守党纪党规，改进工作作风，自觉接受各方监督，树立严格执纪、廉洁自律的良好形象，努力成为合格的监督员、信息员、联络员，当好纪检监察工作的"千里眼"、"顺风耳"、"雷达站"。

·督　　察·

【概况】 2014年，区督察办围绕全区中心工作，重点对青奥会保障、环境整治、重点项目等开展全方位的督查督办。全年编发督查通知单42份，专项工作督察通报8件、专报(情况汇报)19件，参加项目推进会32次，现场督查、巡查96次，核实问题事项76个，协调推进问题事项49个，提起问责5起，有效督促各类重点项目按序时进度推进。

【重点项目督查】 区督察办围绕《2014年重点项目推进会》工作要求，通过会议点评、现场督查、项目推进督办等方式，把控项目进展重要时限和重要环节，突出对全区54项重点产业项目开展常态督查。特别是对纳入全市考核的重点产业项目，如常发广场、熊猫中央广场、百子亭历史风貌区打造、紫金(玄武)科技创业特别社区"聚慧园"建设等项目，采取现场核查、调阅资料、约谈相关责任人等方式，通过提醒、督促、报告等手段进行跟踪督查督办，使各重点项目得以稳步推进。

【青奥会专项督查】 2014年，根据市迎"青奥"工作部署，区督察办对16项工程开展重点督查。在板仓街环境整治、卫岗坡环境整治、沈阳村地块征收等项目督查中，推进会议、项目现场、进度节点，每个阶段步步跟进，督促检查点评。在对青奥安保维稳的督查中，区督察办参加全区统一组织的治安岗值班、面上巡查和其他业务工作，每天保持上午、下午各巡查一次，发现问题现场解决不过岗。整个迎"青奥"期间，接市督查办、区主要领导批办事项17件，电话协查督办事项11件，按照当天查清问题，用1至2天整改处理，第3天或第4天上报结果的应急督查快速反应、速战速决的要求，对各类复杂问题解决起到关键性作用。

【环境综合整治专项督查】 每周2~3个半天对各街道，特别是重点区域、重点问题进行巡查，及时提出整改意见，现场解决问题。在"大干100天"活动期间，通过《南报内参》、媒体曝光、市督查办转办批办、领导批示等线索，发现问题616处，现场处理整改590处。特别是对市委宣传部《舆情快报》(第1424期)省市主要媒体对玄武区脏乱差现象曝光问题的专项督查中，督察办在媒体曝光当天先行对现场进行查看，并就曝光问题会同相关单位进行现场办公，落实整改标准和完成时限，并严格按市、区环境综合整治"大干100天""再干200天"专项工作的督察要求，对履职不到位的23名干部和工作人员提起问责处理。

【重大项目督查】 创新实践重大项目闭环式督查，贯穿于项目闭环式推进全过程。现场督查。通过督查及时将发现的问题、项目建设主体的意见建议，反馈相关责任单位，保障项目的快速有序推进。同时，对推进中存在共性问题，及时反馈主要领导，为修正决策部署提供第一手资料。菜单化督查。项目推进具有政策性强、协调环节多、主客体矛盾多等储多因素，任何一个环节延缓都阻滞项目推进速度，要求承担重点项目的责任单位，每月、每季制定详细的工作推进计划，督查督办再根据责任单位的工作计划细化督查菜单，有针对性地对各项工作事项落实、完成情况进行督查。协调服务。针对需要多个部门同时推进的事项，督查办为协调解决问题、明确工作责任、确保项目推进提供有效工作平台和机制保障。对一般性问题交给区相关管理部门解决，共性难题牵头召开专题推进会会诊，重大难题提请区委、区政府协调。 (钱小宁)

民主党派·工商联

·民主党派·

【概况】 截至2014年底，玄武区民主党派有8个，设总支6个，支部(小组)51个，成员1074人。

民革总支1个，支部9个，182人。

民盟总支1个，支部10个，237人。

民建总支1个，支部3个，115人。

民进总支1个，支部17个，270人。

农工党总支1个，支部7个，162人。

致公党总支1个，支部3个，59人。

1月9日,举行政情通报会

九三学社支社1个,24人。

台盟小组1个25人。

【民主党派负责人政情通报会】 1月9日上午,区委统战部召开2014年玄武区民主党派负责人政情通报会,各民主党派基层组织负责人近50人参加。会上,区发改局副局长徐力行通报2013年国民经济和社会发展计划执行情况及2014年国民经济和社会发展计划(草案)制定情况。各民主党派负责人就通报情况进行交流发言,对2013年政府工作给予充分肯定和认可,对取得的成就给予高度评价,就进一步改善民生提出意见和建议。区委统战部副部长蒋俊就有关工作做具体说明。

【知识分子联席会】 年初,区委统战部召开党外知识分子联席会。会上玄武区知联会常务副会长、区委统战部副部长蒋俊对2013年党外知识分子联席会工作情况进行总结,对2014年知联会工作做部署。党外知识分子联席会副会长、常务理事、各组组长、副组长参加。玄武区党外知识分子联席会会长、区人大副主任张蓬就知联会工作提出要求。

【知联会联动活动】 2月初,区委统战部启动市、区知联会联动活动。市知联会副会长傅阳、市委统战部副巡视员李永胜、知工处处长刘必伟,区委常委、统战部长许恺、区知联会会长张蓬,各民主党派基层组织负责人、知联会理事共30余人。与会人员参观江宁织造府博物馆。通过互动,一致表示充分发挥自身的优势和作用,积极建言献策。许恺对下一步全区民主党派基层组织和知联会如何在玄武全面建设中发挥作用提出意见和建议。

【民主党派干部培训】 2014年,玄武区5名无党派代表人士参加南京市第9期民主党派人士培训班。9月,利用区社会主义学校举办2014党外干部培训班,区管党外干部、区人大、政协党外常委、党外后备干部等30余人参加培训。区委常委、统战部长许恺,区委常委、组织部长梁爱国分别参加开班动员、结业典礼并讲话。

【走访民主党派】 10月,区委常委、统战部长许恺分别对全区8个民主党派和无党派代表人士进行专题调研走访,听取各民主党派基层组织和无党派代表人士工作开展情况,并征求对区统战工作的意见和建议。

【民主党派工作联席会议】 为贯彻落实《中共中央加强新形势下党外代表人士队伍建设的意见》,11月21日,玄武区委组织部、统战部召开党外干部工作联席会议。会上通报对全区8个民主党派、无党派人士工作的专题调研情况,研究制定区委组织部、统战部党外干部工作联席会议制度。4月1日,区委统战部组织召开党外领导干部联席会。区委常委、统战部部长许恺,区委组织部副部长、组织员办公室副主任丁锴,区委统战部副部长、祖统委主任蒋俊,以及来自区机关、街道、教育系统20名党外领导干部参加。蒋俊主持。5名党外领导干部代表就发挥党外干部优势、创新统战工作方法、丰富统战工作活动内容等提出建议。丁锴介绍全区党外干部基本情况和存在问题,就如何加大党外干部培养、提高党外干部整体素质、坚定理想信念、保持清正廉洁等提出建议。许恺要求区委统战部对党外干部提出的意见建议梳理落实,进一步提高认识、加大工作举措、彰显实际成效,推动全区党外干部工作再上新台阶。 (闵　捷)

·工商联·

【概况】 2014年,玄武区工商业联合会(以下简称区工商联)、玄武区商会(以下简称区商会),现有街道商会7家，行业商会、园区商会、异地商会9家，社区商会8家。会员1584名，副主席、副会长18名，执委73名。区工商联开展非公有制经济人士理想信念教育，推进学习培训，助推企业发展。区工商联会员企业20多位企业家为《点亮诚信的光芒》一书征文撰稿，20篇被录用。通过万人诚信征文和诚信格言征集活动，使全区干部群众和企业经营者的诚信意识得到新的提高，对推动"诚信玄武"建设起到积极作用。

【"快乐联盟"微友会暨"紫金会"政企沙龙举办】 9月24日下午，玄武区工商联在江苏电信未来信息馆举办第二季"快乐联盟"企业家微友会暨举行第三次"紫金会"政企沙龙。南京市工商联秘书长张利华出席活动并致辞。来自各领域、各行业近40位企业家会聚一堂，话友谊、谋发展。在江苏电信未来信息馆，企业家微友们细致观摩互联网时代，通信智能化、产业信息化新技术，体验各类电信新产品对新生活产生的巨大影响。在天翼广场，"紫金会"政企沙龙，以"电信品牌服务"为主题，由专业人士重点介绍"会易通""加密手机"和"AW-IFI"等新产品。企业家们参观了天翼店面，听取苹果南京总代发布的iphone6产品信息。

【市工商联领导走访民营企业】 8月11日下午，市委统战副部长、市工商联党组书记毛卫华，带领市委统战部、市工商联有关处室负责人到徐庄软件产业社区，走访玄武区"新生代"民营企业家。区委常委、统战部部长许恺，紫金科创特区党工委书记、徐管委主任薛磊参加走访。毛卫华先后走访博兰得电子科技有限公司、国瑞信安科技有限公司、途牛科技有限公司，考察企业创新发展情况，与企业家面对面交流。毛卫华充分肯定"新生代"企业家对企业发展、行业进步及社会公益作出的贡献。

【区青年商会换届大会】 12月7日在徐庄软件园先声药业集团报告厅举行。共青团江苏省委副书记、省青年商会会长王伟，区委副书记杨乐华，区委常委、副区长苏郑，共青团南京市委副书记、市青年商会执行会长戴修成，区第一届青商会会长、深圳雅盛和驰投资有限公司董事长王晓飞，区政府各部门有关领导及区青年商会第一届副会长、理事和会员参加。王晓飞代表第一届理事会作工作报告。会议通过《玄武青年商会章程》《大会选举办法》及《发展顾问团建议人选名单》，选举第二届理事会理事、会长、副会长、秘书长，杨乐华为会长、副会长颁发铭牌；大会通过轮值会长制度，成立玄武区青年商会徐庄分会。王伟为徐庄分会授牌。

【服务品牌建设】 区工商联深化服务品牌建设，服务基层商会，服务会员企业。7月"走访服务月"，区工商联机关每周走访企业不少于2个工作日，帮助企业解决实际问题。构建企业家互动平台。持续举办"紫金会"政企沙龙、"快乐联盟"微友会，实现企业家线上线下、全时互动。创新"万家民企帮万户"机制。捐资助学、扶危济困、服务民生。建立企业家捐助"直通车"。兴办"企业文化讲堂"。帮助中小微企业解决"融资难"。加强与长三角技术产业交易中心互动合作，与中信银行、广发银行、紫金证券等金融机构战略合作，为中小微企业提供特色融资服务。筹建非公经济人士法律服务中心。严格履行服务规程。建立和完善作风建设常态长效机制，推进实施18个子项的服务载体、服务项目、服务能力建设。

【"百度翔计划"助推中小微企业】 6月10日，区工商联与百度公司

8月11日，市、区工商联领导考察民营企业

共同举办"百度翔计划—互联网思维下的营销变革"玄武区专场活动。活动旨在帮助中小微企业，利用百度技术，拓展市场营销能力，实现网上销售与服务。区工商联邀请300多家中小微企业负责人参加活动。百度公司承诺为玄武区中小微企业提供移动类产品和服务、提供全新的营销工具和服务、百度进一步深入本地化生活服务市场。与会企业与百度公司就网上营销合作进行对接洽谈。（张　晨）

人民团体

·玄武区总工会·

【概况】 2014年，玄武区有独立基层工会841家，涵盖法人单位6297家，工会会员101884人，比2013年增长6%。2014年区总工会深入开展群众路线教育实践活动，"面对面、心贴心、实打实"服务职工，全年各项工作较好完成。在南京市首届"职工金话筒"主持人大赛上，北京东路小学阳光分校郭禹伯，南京中科集团公司孙利俊、王为俊，分获金话筒奖、二等奖、三等奖。区总工会"'市、区、基层'三级联动扶贫帮困紧急救助机制"案例被评为南京市第三届"社会建设创新奖"三等奖。

【"两节"送温暖活动】 2014年1月20日，"真情送温暖、助困进万家"为主题"两节"送温暖活动开始，区人大常委会副主任、区总工会主席杨冬梅等到特困职工张师傅家，送上慰问金和慰问品。连日来，区总工会领导成员带领科室同志，深入街道、系统走访困难职工家庭，倾听他们的心声，鼓励困难职工自立自强，携手共建和谐社会。"两节"期间区总工会筹集27.57万元资金，对全区的295名困难职工和劳模进行慰问。

【区总工会五届十六次全委扩大会议】 2月18日召开。区工会三委会委员和各街道、系统、直属工会主席、秘书长等60多人参加。会议学习贯彻中国工会十六大，省总、市总全委(扩大)会议和区委十届十次全体(扩大)会议精神，总结回顾2013年工会工作，研究部署2014年工作任务。进行工会三委会委员替补，通报2013年全区获省以上工会荣誉的各基层先进单位。区人大常委会副主任、区总工会主席杨冬梅代表区工会常委会向大会作《改革创新，服务基层，团结动员全区职工在实践中国梦玄武华章中再立新功》工作报告。会议期间，区工会女职工委员会和经费审查委员会分别召开女职委会和经审会，审议工会女职工工作和经费审查工作。

【"幸福玄武·女职工健康行"启动仪式】 3月9日在新街口艾尚广场举行。南京市总工会巡视员、女职工委员会主任闵慧、市妇联副主席魏群、区人大常委会副主任、区总工会主席、女职委主任杨冬梅及各承办、协办单位领导和职工代表600余人参加。活动现场设专家咨询义诊区、知识长廊区、宣教资料发放区、游戏互动等四大区域。新街口街道工会联合会组织职工文艺节目表演。

【慰问帮扶困难职工】 春节前，区总工会和市总互助互济会联合开展"春暖计划"行动。筹集资金2.5万元，慰问帮扶全区6个系统的11名身患重大疾病的互助互济会员。5月30日，区总工会联合江苏钱旺智能有限公司、UME影视城、新街口街道，在UME影城为困难职工家庭子女免费放映一场儿童影片。32名14周岁以下少年儿童由家长、工会干部和企业爱心人士陪伴观看影片。区总工会为孩子分发爱心书卡，2家爱心企业捐赠书包和学习文具。7月22日，区人大副主任、总工会主席杨冬梅率区总工会领导班子成员，带着慰问品到新庄马术馆场馆运行中

4月26日，区领导与第十四届职工技术大比武决胜获胜能手合影

心，慰问保障第二届青奥会马术比赛全体工作人员，拉开玄武区总工会2014年夏季高温慰问送清凉活动序幕。9月10日，杨冬梅在区教育局工委书记陈发山陪同下，走访慰问玄武高级中学、五十四中等7所学校，送去教师节问候。每年教师节前夕，区总工会均拨出专项经费，对部分中小学校进行慰问。

【市总工会在玄武区召开现场推进会】 3月21日，市总工会在玄武区高信环保科技创业园召开职工法援律师团巡回课堂玄武现场推进会，推广区总工会以案说法方式宣传劳动新法新规的做法，创业园区20多家企业工会负责人、人力资源负责人应邀参与巡回课堂座谈。现场区工会职工法援律师团带来3个典型劳动争议案例，企业人员先对3个劳动争议案例提出自己的观点和看法，由市、区职工法援律师晏兵克、李京农和季一刚给予剖析和解答，并对人力资源部门负责人当场提出的涉及劳动用工的其他问题给予解答。区总工会利用职工法律援助团优势，走进园区、楼宇、社区，与用人单位和工会面对面宣传劳动法律法规，交流规范用工行为，避免或减少劳动争议纠纷，构建和谐劳动关系，受到市总工会重视。市总工会副主席符广洲，区人大常委会副主任、总工会主席杨冬梅以及全市各区总工会分管领导、法工部长30多人到会观摩。

【第十四届职工技术大比武活动】 玄武区第十四届职工技能大练兵、技术大比武活动，由区总工会联合区委宣传部、区人社局、区科技局、团区委、区妇联共同举办。3月初，技能大练兵。全区4万余名职工围绕节能减排、降耗增效等开展技术创新和技术攻关活动，收到4080余件合理化建议并采纳，7000余名非公企业职工获得各等级国家职业等级证书。4月，开展大比武总决赛。全区设32个项目，分为室内、室外两部分。4月26日，室内总决赛在玄武高级中学举行，南京市总工会党组书记、常务副主席孙强，区人大常委会主任张萍、区委副书记杨乐华，区委常委、宣传部长陈乙华、区人大副主任、区总工会主席杨冬梅，区政府副区长蒋兆全、区政协副主席王敬玲，江苏省总工会经济技术部部长蒋先宏等省市区领导现场观看比赛。来自全区各街道系统的2000多名技术能手进行19个比赛项目和4个展示项目（工种）的现场角逐。新华网、江苏工人报、凤凰资讯等10多家媒体进行采访报道。

【江苏先声药业有限公司获“全国五一劳动奖状”】 5月7日上午，省总工会副主席曹海、市总工会副主席刘辉到玄武区，向江苏先声药业有限公司颁发“全国五一劳动奖状”奖牌并表示祝贺。该公司多次被评为省、市、区先进文明单位、中国最佳雇主企业、全国医药企业文化建设示范单位，是全国、省、市、区模范职工之家获得者，拥有多个江苏省、南京市、玄武区工人先锋号班组。

【教育系统劳模座谈会】 教师节前夕，区总工会召开全区教育系统在职劳模座谈会，并对六位在职劳模进行慰问。全国劳模宋红斌，省部级劳模阎勤、沈峰、孙双金，市劳模曹勇军、唐隽菁参加座谈会，区人大副主任、区总工会主席杨冬梅、区教育局工委书记、工会主席陈发山到会。区总工会为推动玄武区劳模创新工作室规范化建设，积极征求教育系统在职劳模的意见。座谈中，各级劳模畅所欲言，对如何做好劳模创新工作室的规范化建设，提出许多建设性意见和建议。

【“五一”春风送岗行动】 4月30日上午，区总工会组织全区300多名下岗失业人员参加市总职工援助服务中心举办的庆“五一”招聘活动，为下岗失业人员提供免费就业招聘服务，主办方组织60多家用工单位10000多个工作岗位。当天有近100名求职者与用工单位签订就业意向书。

【职工志愿者突击队授旗仪式】 7月30日上午举行，区总工会以“参与志愿服务　保障平安青奥”为主题。全区各街道、系统、劳模代表、企业工会主席及职工志愿者突击队员200余名职工志愿者突击队员参加。区委常委、区政法委书记易兵，市总工会副主席陆路，区人大常委会副主任、总工会主席杨冬梅等出席活动并为16支志愿者突击队授旗。

【工运理论建设文章获奖】 2014年，玄武区推进工运理论建设，广泛开展调研和理论研究，取得一批优秀调研和理论研究成果。参加全市工会优秀调研和理论研究成果评选，教育系统工会《从合并到融合——区试论学校合并后的文化重塑之旅》和区总工会《浅谈加强小微企业的民主管理工作》《玄武区总工会帮扶工作现状的调查与思考》3篇调研文章分别获全市工会优秀调研和理论研究成果二等奖和三等奖，区总工会获市工会调研和理论研究优秀组织奖。

（王跃群）

·中国共产主义青年团南京市玄武区委员会·

【概况】 2014年，玄武区共青团工作坚持服务大局、服务社会、服务青年基本原则，共青团在社会管理创新中发挥重要作用。截至2014年底，全区直属团组织31个（含7个街道团工委、1个园区团工委、7个系统团工委、14个中学团委、2个企业团组织），团员11449名；少先队大队组织32家（其中小学21家，九年一贯制2家，初中9家），少先队员24882名。

【共青团玄武区第十六届三次全委（扩大）会】 2月25日召开。团市委书记单晓峰、区委副书记杨乐华、区人大副主任杨冬梅、区政府副区长蒋兆全、区政协副主席蒋健、团区委委员、直属团组织分管领导及负责人等60余人参加。会议宣读工作报告，提出2014年共青团工作思路。团区委官方微信——“哟！玄武”在会上正式发布。

【“城墙宝宝爱城墙　青春分享迎青奥”活动】 4月17日在玄武湖神策门内举行。团市委书记单晓峰，区委副书记杨乐华，区委常委、宣传部长陈乙华，区人大副主任、总工会主席杨冬梅，政协副主席蒋健，青奥组委文化教育部项目规划处副处长解士东以及南京城墙保护管理中心副主任白强等出席。活动以庆祝玄武共青团公益形象“城墙宝宝”3周岁生日为契机，宣传“青奥”、展示明城墙非物质文化遗产。活动现场还对城墙宝宝文化创意产品设计大赛入围产品进行展示和颁奖。经过3年发展，玄武区城墙宝宝已经成为家喻户晓的卡通形象，青少年朋友身边的公益小伙伴。

5月4日，评选出第三届玄武区青年先锋

【玄武区青年先锋故事会暨“五四”表彰活动】 5月4日在南京林业大学水杉话剧社举行。区直属团组织分管领导以及团干、辅导员、好青年代表150余人出席。活动以玄武共青团建团92周年为契机，旨在全区乃至全市范围内加大对团员青年的社会公德、职业道德、个人品德的建设和宣传力度，弘扬雷锋精神和“创业创新、博爱博雅、争先率先”新时期玄武精神。以“激扬青春　建功玄武”为主题，发动各界青年和群众推荐、选拔出身边有梦、有责、有德、有爱的青年典型，提振广大团员青年干事创业的“精气神”，投身谱写“中国梦”玄武篇章，放飞青春梦想。12名青年先锋候选人来到现场，现场票选出10名第三届玄武区青年先锋。

【玄武青联就业（创业）导师团高校行活动】 7月10日，第二届“对话未来——玄武青联就业（创业）导师团高校行”活动在南京信息职业技术学院拉开序幕。青联企业家团队老师及50多位创业学生代表参加。南京信息职业技术学院副院长陆群、团委书记顾新春、团区委书记吴丹出席。活动旨在架起高校青年了解企业家、了解社会、参加社会实践的桥梁，开辟在校大学生与优秀青年企业家沟通和交流的窗口，帮助青年学生树立正确的就业创业观念，为广大青年学生成长成才服务。来自不同行业的4位青年企业家和同学分享各自创业经历。活动中，导师与在场师生进行充分的交流。

【区“青奥”志愿服务总动员大会】 7月30日在南京林业大学举行。区委副书记杨乐华，区委常委、宣传部长陈乙华，区志愿者协会会长、中科集团副总裁冯鹏，区文明办、城管局、各街道领导、区内各青奥会场馆志愿者代表等出席。“城市治理小主人”以视频的形式汇报迎“青奥”城市治理全覆盖活动的收获;雏鹰假日小队、学生团员、青年文明号代表和场馆志愿者代表分别从各自的职能全面展示迎青奥会"大干一百天"以及场馆等各领域的志愿服务情况。场馆志愿者、平安志愿者、安保志愿者、青年文明号、城市治理志愿者、城市站点志愿者代表分别对"青奥"献出承诺,陈乙华向志愿者代表赠送防暑慰问品。杨乐华作动员讲话。

【区第四届青年风尚节开幕】 9月22日,"花样社团·领秀青春"第四届玄武区青年风尚节开幕式在第九中学举行。区中学生社团代表40余家、500余人参与活动。团市委副书记吕璟、团区委书记吴丹、区各中学分管领导以及街道系统和中小学团干出席。开幕式上,第九初级中学、紫东实验学校、玄武中等专业学校、第九中学等学校社团久雅文学社、丹青社、舞蹈社、天使礼仪队、GENTLEBOY男子礼仪队、缤纷体育社等,带来舞蹈、书画、抖空竹、模特秀、跆拳道等节目。各校40余家社团还进行社团布展,主要展示魔术、书画、cosplay、环保、朗诵、文学、手工制作等。布展活动增进各校的友谊。

【区志愿者协会年会】 12月2日,2014年度玄武区志愿者协会年会暨志愿服务故事分享会在玄武中专报告厅举行。区委副书记杨乐华,区委常委、宣传部长陈乙华,区政府副巡视员傅根辉,区志愿者协会会长、中科集团副总裁冯鹏及受表彰的区优秀志愿服务先进集体代表、区优秀志愿者代表、城市治理全覆盖优秀集体和优秀小志愿者代表、青少年志愿者代表等200余人参加。志愿服务故事分享会分为志愿奉献篇、"青奥"服务篇和精神传承篇3个篇章,志愿者用自己的故事倡导公益、宣传文明。年会为2014年度优秀志愿者个人和集体举行颁奖。陈乙华勉励志愿者总结青奥会志愿服务工作经验,继续弘扬志愿精神,培育志愿服务文化,凝聚志愿力量,促进玄武加快发展。希望志愿者协会,不断壮大志愿服务队伍,培育志愿服务文化,打造志愿服务品牌。

(卢　星)

·玄武区妇女联合会·

【概况】 2014年,区妇联按照"社会化动员、项目化推进、品牌化发展"思路,举办"三八"主题系列活动,组织区第十一届邻里文化节,走进校园举办中学优秀禁毒展板大赛。在区第十四届职工技术大比武活动中,区妇联发动200多位"娘子军"参加新娘妆或晚妆、手工制作、手工编织、插花艺术、丝网花艺术、串珠艺术、十字绣等29个比赛和展示项目。30名女性被授予"玄武区巾帼岗位明星"称号。召开全区妇女儿童工作会议暨2013年度妇女儿童发展规划监测评估培训会。联合企业家、人大代表、巾帼文明岗、机关部门等各界爱心人士,募集助学助困经费和慰问物资计20余万元,资助458人。慰问区特殊教育学校儿童,送去慰问金及学习用品,带领70名困难家庭儿童参加"喜迎青奥,生命安全体验之旅"公益夏令营。赴江苏省女子强制隔离戒毒所开展帮扶帮教活动。启动妇女"两癌"免费检查暨为单亲特困母亲送"康乐"仪式,组织实施困难家庭妇女参加"两癌"筛查,全年检查妇女1万余人。组织空巢老人逛奥体看滨江。举办"反对家庭暴力　共创和谐家庭"广场法律宣传等活动。2014年,区妇联获市"春蕾计划"实施20周年创新组织奖。

【区"三八"主题纪念活动暨巾帼文明岗(星)表彰会】 3月7日在南京外国语学校报告厅举行主题为"汇聚巾帼正能量·同心共筑中国梦"。区各条战线近800名妇女代表参加。市妇联副主席贾慧致辞,区委常委杨乐华讲话。会上表彰巾帼文明岗12个、巾帼岗位明星12名。

【"三八架金桥·春风送岗位"女性专场招聘会】 3月8日,由区妇联联合区人社局在珠江路人力资源市场举办。针对下岗失业女性就业创业特点,采取区、街道、社区三级联动,采集有效空岗信息和优秀创业项目,动员46家企事业单位进场招聘,涉及会计、营业员、收银员、服务员等岗位。招聘会提供各类女性就业岗位1000余个,现场达成用工意向158人,岗位涉及超市营业员、美容师、营养师、电脑培训师等100多个行业。

【第十一届邻里文化节系列活动】 活动以"乐·享绿色家园"为主题,自4月启动至11月闭幕,历时8个月。第十一届邻里文化节采取全新工作模式,由南京玄武欣禾社会工作服务中心通过承接区妇联项目化运作方式进行推进,通过社区环保公益行,在全区开展寻找"最美家庭",征集"最美全家福""爱地球"环保公益和"幸福百家宴"等系列活动。

【区妇女儿童工作会议】 4月8日,全区妇女儿童工作会议暨2013年度妇儿发展规划监测评估培训会在区政府409会议室召开。副区

3月7日下午，在南京外国语学校报告厅举办玄武区三八主题纪念活动暨巾帼文明岗星表彰会

长、区妇儿工委主任蒋兆全出席并讲话。会议表彰一批妇女儿童工作先进集体和个人，通报市妇儿工委会议精神，总结2012年度妇儿发展规划监测统计工作完成情况，明确2013年度工作重点。同时对年度监测评估工作进行专题培训。

【慰问区特殊教育学校儿童】 5月28日上午，区妇联联合“省级巾帼文明岗”—玄武地税分局、工商玄武分局，以及区民政局、教育局走访慰问玄武区特殊教育学校儿童，问候全校师生，并送去食物、玩具和生活学习用品及慰问金6万余元。

【赴江苏省女子强制隔离戒毒所帮扶帮教活动】 3月6日，玄武区妇联联合区禁毒办、尚大姐工作室赴江苏省女子强制隔离戒毒所开展帮扶帮教活动，为玄武区15名强制戒毒学员送去生活用品和食物。成功戒毒5年居民，以自身误入毒途、毁掉家庭，得到社会关爱戒毒后收获幸福经历，感化和引导戒毒学员，树立战胜毒魔信心，学员表达将来回归社会远离毒品、珍爱生命决心。

【“幸福玄武·女职工健康行”活动】 3月10日，区妇联协同区总工会在新街口艾尚广场开展“中国梦 健康家 心系女性——家庭药箱进万家”南京市社区宣教活动暨“幸福玄武·女职工健康行”活动，启动玄武区妇女“两癌”免费检查暨为单亲特困母亲送“康乐”仪式。为50多名困难女职工家庭赠送药箱及必备的医用辅料，发放妇女“两癌”检查须知宣传册、中医用药指导知识读本，为单亲特困母亲送上互助互济“康乐”保险和体检卡92份。

【空巢老人看滨江活动】 10月11日，区妇联组织开展“爱在金秋 情暖夕阳”——空巢老人逛奥体看滨江活动，社会爱心人士、区人大代表、南京同舟知识产权律师事务所有限公司总经理周兵一同前往。全区7个街道近90余名空巢老人参加，游览双子塔、青奥村、“南京眼”、步行桥及南京奥林匹克博物馆，参观渡江胜利纪念馆主馆区，回顾人民解放军解放南京光辉历程。

【“反对家庭暴力 共创和谐家庭”广场活动】 12月3日上午，区妇联联合南京电视台法制宣传栏目组，公安玄武分局、及区检察院、法院、司法局、梅园新村街道，在大行宫广场开展“反对家庭暴力，共创和谐家庭”广场法律宣传、咨询活动。现场专业律师团队、公检法司工作人员向居民群众宣传预防和制止家庭暴力方法及反对家庭暴力相关法律法规，发出“反对家庭暴力创建平安家庭”倡议，并提供现场法律咨询，解疑释惑。现场发放各种法律宣传资料2000余份。

（邓小琳）

法治·军事

Government by Law, Military

法治

军事

责任编辑　苏　成

法 治

·社会治安和综合治理·

【概况】 2014年，区政法工作以争创"和谐稳定示范区"为目标，以提升群众安全感为重点，推进维护社会稳定、矛盾纠纷化解、社会治安防控、公共安全监管、综合管理服务、应急处突机制等工作。制定《全区综治工作(平安建设)考核细则分解表》，落实责任。综治和平安创建经费7000多万元纳入财政预算，专款专用。青奥会期间，统筹安保维稳专项资金2000余万元。开展平安校园、平安医院、平安家庭、平安景区、平安文化市场和平安铁路区等系列平安创建活动。全年刑事发案率同比下降2.4%，未发生重大有影响的安全生产事故、食品安全事故和恶性刑事案件，未发生重大有影响的群体性事件和进京集访事件，为青奥会、公祭活动举办和建设现代化国际性人文绿都标志区创造和谐稳定社会环境。全区所有中小学、幼儿园全部创成市级以上平安校园，玄武区被省委、省政府表彰为2011~2014年全省社会治安综合治理先进集体。

【青奥会安保维稳工作】 青奥会期间，全区按照实有人口万分之五的比例，动员组织专业巡防人员2389名、辅助巡防人员5976名和民兵、教师、治安志愿者2.5万名，投入"青奥"安保维稳大防控行动。对47个"131"政治核心区、重点反恐目标和青奥赛事场馆、住地、活动场所等一级防控目标，221个水电油气要害部位，地铁出口、公交站台等二级防控目标，以及112个

8月18日，市委常委、政法委书记刘志伟到玄武区慰问青奥会志愿者

居民小区、企事业单位等三级防控目标，组织发动区机关干部(含街道)2050名、民兵710名、教师1010名、社区社工780名、城管队员613名、环卫工870名、停车收费员105名，以及驻区企事单位职工及交通协管员、物业保安、送奶工、加油(气)站职工、沿街商铺店主、楼栋长、治安积极分子等2.5万多名平安志愿者力量，按4人、3人和2人巡防小组对一、二、三级防控目标实行包片全负责、定人定岗、定时定责。青奥会期间，全区排查梳理信访、邪教、吸毒、精神病、社区服刑、涉军、涉稳和涉恐涉爆等171名重点人员，严格按照"一人一策"要求落实稳控措施，并组建由治安积极分子、街道社区干部、社区民警、公安派出所等人员组成稳控小组，实施24小时盯防，对登记在册涉稳人员和重性精神病人，按照户籍地、居住地、涉事地"三管控"要求落实管控责任。扎实开展"护青行动"，组织开展打黑除恶、治爆缉枪、打击电信诈骗、打击侵犯知识产权和制售假冒伪劣商品等专项整治行动，加大对窗口地区、城郊结合部、公共场所等治安复杂地区整治管控，引导歌舞厅、网吧、浴室等场所行业规范经营，关注与群众利益密切相关"小案件"侦破、"小问题"整治，防范打击多发性侵财案件和涉众案件，开展涉案财物追查、返还工作，最大限度减少、挽回群众损失。青奥会期间，全区刑事类警情同比下降71.7%，治安类警情同比下降22.5%，刑事发案同比下降40%以上，为青奥会顺利举办营造安全有序治安环境。

【综合管理服务"三化"工程】 2014年，实施区社会管理服务中心实效化、街道政法综治工作中心实体化、社区综治办实战化"三化"工程，整合社会管理服务信息、资源和力量，推行中心化、网格化、一站式服务。区社会管理服务中心构建矛盾处置区、便民服务区、应急指挥区三个平台，促进社会管理职能部门联合办公、社会管理事务集中受理，实现社会管理资源整合、功能聚合和工作融合。整合区、街、社区的"人、地、物、情、事、组织"等各类基础信息，建立全面覆盖、联通共享、功能齐全、动态跟踪的社

会管理服务综合信息平台，实现社会管理服务全程化、实时化、动态化监管。推进街道政法综治工作中心主任、副主任，以及综合协调、平安建设、社会稳定、司法行政和特殊人群等服务站实体化运作，规范落实中心工作机制和工作职能，实现矛盾联调、治安联防、问题联治、平安联创。建立以社区综治办为平台、各类社会组织、企事业单位和社区居民广泛参与的新型社区治理体制，全区设置网格管理责任区537个，每个网格都配齐"全能全职"社工，实施"社区、区块、楼幢、单元、住户"五级管理模式，提升社区管理精细化水平。

【群众安全感提升】 2014年，将群众安全感建设列入全区经济和社会发展奋斗目标，进行二级目标责任分解，层层落实工作责任。研究制定《玄武区关于进一步加强政法队伍满意度建设的整改方案》，加大宣传工作力度，增强人民群众对政法队伍知晓率；落实便民利民举措，改善警民关系。区财政投入101万元，为全区50万居民和14万户家庭实施人身和财产保险，对见义勇为行为、家庭被偷盗财产、以及自然灾害、居民意外伤害等实施赔付。投入300多万元资金，在老旧(散居)小区实施技防改造、安装单元防盗门和防爬刺等物防设施。建立物业服务管理工作联席会议制度，每季度区委政法委(综治办)、区住建局、区城管局和公安玄武分局等职能部门集中研究解决物业小区服务管理中遇到的重大问题。每月街道物业办、综治办、派出所，以及社区和12345等单位通报物业小区在治安、保洁、投诉、违建等方面问题，提升辖区物业服务管理水平。 (谢 波)

·法治玄武建设·

【概况】 2014年，玄武区坚持以法治理念凝聚改革共识、以法治规范引导发展行为、以法治手段促进社会和谐，努力为创成率先大业、建设标志区营造公平正义、规范有序的法治环境。连续6年被省委、省政府命名为全省法治县(市、区)创建工作先进单位。

【依法执政】 深化民主集中制建设，"三重一大"(重大问题决策、重要干部任免、重大项目投资决策、大额资金使用)事项，按照集体领导、民主集中、个别酝酿、会议决定的原则，由区委常委会集体讨论决定。完善《中共玄武区委关于加强"三重一大"事项决策和监管的意见》和《中共玄武区委常委会议事决策规则》，强化对决策过程及其执行情况的程序规范和刚性监督。

【法治建设】 严格规范执法，每季度在政府门户网站上集中发布行政执法机关执法动态情况，主动接受社会各界对政府各职能部门行政执法工作的监督。探索引入社会力量参与审理行政复议案件。在各行政执法部门建立健全并严格落实重大行政处罚案件集体讨论决定、备案审查反馈以及案件备案审查案卷归档等制度，进一步规范自由裁量权行使。率先在全市开发并启用重大行政处罚网上备案登记系统，对全区所有行政处罚案件进行网上报备，实施全方位立体监控。

【公正司法】 开展群众路线教育实践活动，开展政法干警核心价值观教育实践活动，举办政法干警核心价值观演讲会，树立"忠诚、为民、公正、廉洁"的价值观。区法院开展主审法官选任工作，充分突显法官的主体地位，确保其独立完整的审判权。区检察院积极探索和实践"两法衔接"工作。7个街道设立检察工作站(室)，并打造庭所站共建、幸福街区、青少年教育基地、知识产权和电商保护等4个样板社区。公安玄武分局全力打造民本警务玄武版，打造巡防体制重组10余个民本警务品牌。

【依法治区】 坚持以人为本、共建共享，提高社会各界对法治建设的参与率和满意度。以深化街道中心化改革为主线，巩固扩大街道中心化改革成果，进一步明晰街道职能，完善深化五个中心运行机制。出台《玄武区社会组织规范化建设等级分类评估办法》，推进社会组织规范化建设；健全完善法治惠民长效机制，在全区组织开展法治建设为民办实事项目征集活动，出台《玄武区法治为民办实事工作规则》，对相关实事项目进行认真分析和筛选，并由区人大代表从各部门上报的实事项目中评选出2014年度法治玄武建设实事工程10项。

【法治区创建】 2014年，研究起草《中共玄武区委关于全面推进依法治区的实施意见》，围绕走在最前列、建设标志区的工作要求，找准法治区努力方向，检验法治区建设成效。探索"品质法治"建设"六个提升"(提升法治统揽全局能力、提升公共服务功能、提升和谐执法水平、提升社会各界参与率、提升制度机制效能、提升经济和社会事业发展的法治化水准)路径，着力在全区经济社会发展中彰显法治的促进、保障和服务作用。优化依法治区领导小组总协调、7个协调指导办公室分项牵头、若干成员单位共同参与的"1+7+x"组织模式。2014年，全区7个街道均被命名为法治南京建设先进街道，8个部门被命名为法治南京建设为民办实事先进单位，市级"民主法治社区(村)"创建命名率100%，省级民主法治示范社区创建率30.5%。

（杨学彬）

·依法行政·

【概况】 区政府法制办组织全体工作人员走进东南大学进行"行政诉讼法概论""行政诉讼法与民事诉讼法的界分与交叉""行政诉讼法受案范围""行政诉讼法当事人""行政诉讼法类型及要件"以及"行政诉讼法修改的热点问题"等6个专题学习。在2014年南京市政府法制办举行的全市重大行政处罚备案审查工作评比中获全市第一名，玄武区获南京市重大行政执法案件备案审查工作优胜区称号。开展群众路线教育实践活动，以座谈会的形式邀请10个单位听取工作意见，征集到22条工作建议，制定专项整治方案。

【法律服务区重点项目】 2014年，区政府法制办重点服务全区征收、拆违等重大项目，组织多个工作小组前往青石街、百子亭、省肿瘤医院等征收工地，现场了解重大项目工作进度，主动对接重点建设征收项目，为区域经济社会发展提供技术支撑和法律服务。针对青石街、百子亭等征收项目所涉及近300余件行政复议与行政诉讼案件，严格依照法定职责和程序要求参与处置，发挥政府法律"智库"的作用，为坚持依法行政，建设法治政府提供制度上的保障。对涉及社会经济发展和百姓民生的政府行政合同，依法依规认真提出审核意见，将惠及人民群众利益的工作项目真正做成民心工程。

【迎"青奥"行政执法工作】 迎"青奥"行政执法200天专项整治工作部署通报会后，区政府法制办按照行政执法专项整治行动方案，以玄武区行政执法专项整治行动领导小组办公室名义发文25件，刊出4期《迎"青奥"行政执法专项整治行动工作简报》，在市政府法制办组织的全市迎"青奥"行政执法专项整治200天行动分片互查检查中得到市领导肯定。严格执行青奥会"六定"工作标准，落实"全天候"24小时行政执法巡查制度，指导督促行政执法部门加大行政执法案件的查处力度，集中查办一批行政违法案件。迎"青奥"期间全区办理行政处罚案件1078件、行政强制案件4件；实施联合执法262场次，有效维护全区青奥会赛场周边区域管理秩序和社会稳定。

【行政争议案件处置】 2014年，受理3件向区政府申请的行政复议件；办理信访复查件20件；代理区政府被复议件35件，办理区政府涉诉行政诉讼案件30件。依托区政府法律专家咨询委员会、行政执法监督员、行政复议委员会等工作平台，及时发现并纠正区政府在行政决策过程中可能存在的问题，减少决策失误。在全区普遍建立法律顾问制度，各街道、部门聘请的法律顾问全部落实到位，名单在区政府门户网上向社会公示。行政复议工作受到国务院及省、市法制办高度评价。

【行政处罚备案审查】 2014年，行政执法部门严格落实重大行政处罚案件集体讨论、备案审查反馈以及案件备案审查案卷归档等制度，规范自由裁量权行使。在加大重大行政处罚纸质文书备案审查基础上，率先在全市开发启用重大行政处罚网上备案登记系统，对全区所有行政处罚案件进行网上报备，实施全方位立体监控。2014年，全区备案重大行政处罚案件20件，优良率100%。

【重大行政行为备案情况通报会】 2月22日，区长徐曙海组织召开区政府重大行政行为备案情况通报会，区委常委、常务副区长曹曙、区有关部门、各街道办事处、相关国资平台主要负责人参加。区政府法制办主任郭镰通报2013年全区重大行政行为备案情况，区委常委、常务副区长曹曙对玄武区率先实施此项工作取得的成效进行点评，对存在问题提出改进意见。徐曙海对区属国有资产备案处置事宜提出新要求，对区政府各部门依法行政工作作出部署。要求区政府法制办牵头，用2个月时间对全区各街道办事处、机关部门执行备案情况再进行一次专项检查；由区政府法制办牵头对实施的《备案暂行办法》进行修改完善，以适应依法行政工作实际需要。

【行政执法案卷评查情况通报会】 2月27日下午，区政府法制办召开2013年度行政执法案卷评查情况通报会。全区15家行政执法单位主要领导和分管领导参加，市政府法制办行政执法监督处处长翁宁出席。区政府法制办主任郭镰通报玄武区2013年全区行政执法案卷评查总体情况，对案卷评查中各行政执法单位存在六大类问题逐一进行通报和分析。翁宁对2013年南京市行政执法案卷评查标准进行讲解。区委常委、常务副区长曹曙对案卷评查工作提出五点要求：一是要高度重视规范行政执法案卷工作；二是要广泛开展行政执法案卷培训工作；三是要结合全市新调整的评查办法，一手抓好纸质案卷的制作，一手抓好网上案卷的质量跟踪；四是要将各行政执法单位办案的数量和质量作为评先评优、二次考核的依据，真正做好奖优罚劣；五是要采取交叉互查、优卷点评、当场反馈等多种方式继续开展案卷评查工作，进一步提高责任意识，规范执法行为，推进依法行政工作再上新台阶。

【区青奥会场馆及重点地区行政执法检查】 8月22日上午，区行政执法专项整治行动领导小组办公室、区政府法制办组织由区人大代表、政协委员等组成的特邀行政执法监督员11人，对玄武区青奥会赛事场馆，以及道路沿线周边重点地区等进行检查。检查主要有总统府周边地区、珠江路沿线、玄武门、太阳宫、情侣园、新庄国展中心、玄武大道、环陵路、紫金山庄、钟山高尔夫运动中心、南京体育学院、中山门附近维景大酒店、南京火车站南北广场。玄武区城市、交通运输管理，市场、公共安全秩序的"六定"执法责任制得到落实；南京火车站南北广场、小红山客运站的地铁、公交车、出租车管理有序，饭店餐饮、购物场所食品安全秩序井然；玄武门等重点景区和窗口地区以及5家青奥会场馆周边区域均实行定人定岗值守，对玄武区迎青奥各项准备工作给予高度评价。

11月13日下午，召开行政执法与刑事司法衔接工作部署会

【"两法衔接"工作部署会】 11月13日下午，召开行政执法与刑事司法衔接工作部署会，全面部署在全区行政执法机关开展"两法衔接"工作。区委常委、常务副区长曹曙，区法院院长周迅，区检察院检察长陆宁平以及区行政执法部门主要负责人参加。区政府法制办主任、区"两法衔接"联席会议办公室主任郭镰传达并解读区"两法衔接"工作实施要点；曹曙对"两法衔接"工作进行部署并提出四点意见：一是要认清在当前背景下，行政执法与刑事司法工作衔接的重要性。二是"两法衔接"工作要做到"三个建立""一个推进"，即建立联席会议、建立信息共享平台、建立案件移送标准，推进重点领域的行政执法和刑事司法衔接。三是要从树立"五个需要"意识，即行政执法权威性的需要、行政执法机关自律与他律相结合的需要、引导人民群众从"信访"到"信法"的需要、营造宽松发展环境的需要、治国需要，从"五个需要"来认识"两法衔接"工作。四是各行政执法部门要提高认识、加强领导，将依法行政作为平时工作的"生命线"，将"两法衔接"的各项具体工作完成好。

【区政府第三届法律咨询委员会委员聘任仪式】 12月5日下午，区政府举行第三届法律咨询委员会委员聘任仪式，区委常委、常务副区长曹曙、区行政执法部门的主要领导、区政府第三届法律咨询委员会9名委员参加受聘仪式。区政府法制办主任郭镰向与会来宾介绍区政府近年来开展法律咨询工作情况。曹曙向受聘的各位委员颁发聘书。北京盈科(南京)律师事务所高级合伙人沈飞、南京刘洪律师事务所主任刘洪、东南大学法学院行政法学教授欧运祥、顾大松等4名委员先后发言，表达对受聘担任新一届区政府法律咨询委员会委员的自豪感与责任意识，对认真履行职责，为区政府依法行政工作建言献策阐述各自的看法。曹曙对历届政府法律咨询委员会的工作给予充分肯定，希望新一届法律咨询委员会的各位委员发挥才智，积极参与政府各项重点工作的咨询论证活动，为推进依法行政，建设法治政府贡献力量。　（曹丽娟）

·审　　判·

【概况】 2014年，区法院围绕"让人民群众在每一个司法案件中都感受到公平正义”的目标，以涉诉信访集中化解年为主题，忠实履行审判职责，各项工作有序开展。新收各类案件9182件，审结8867件，审判运行态势整体平稳。区法院被市法院记集体三等功；未成年人及家事案件审判庭被市法院授予“基层法院内设机构三等功”；党总支被区机关工委评为“先进基层党组织”。未成年人及家事案件审判庭庭长王萍被最高院评为全国法院少年法庭工作先进个人。

【惩治犯罪确保平安】 2014年，审结故意伤害、“两抢一盗”等暴力性犯罪、多发性侵财犯罪案件269件333人。有效维护社会经济秩序规范运行，审结王某等5起非法吸收公众存款案件。积极推行行政执法与刑事司法“两法衔接”工作机制，对黑诊所经营者蒋某以非法行医罪定罪处罚。依法严惩发生在重点领域、重点行业、关键岗位的贪污贿赂和渎职犯罪行为，严格缓刑、免予刑事处罚的适用，审结职务犯罪案件7件9人。规范监外执行，对不符合监外执行条件的已决犯及时收押执行。

【涉诉民生权益保障】 2014年，加大食品安全等涉民生刑事案件的审理力度，依法审结赵某生产、销售不符合安全标准的烧烤食品，致14名大学生亚硝酸盐中毒案。开办“幸福家庭讲堂”，帮助婚姻家庭案件当事人走出婚姻危机，构建和谐稳定的家庭关系。保障用人单位和劳动者双方合法权益，引导建立和谐劳动关系，其中审结涉及8家单位的群体性劳动争议案件190件。

【服务全区改革发展】 为产业升级、品质提升、青奥会保障等重点工作提供司法保障。在青石街危旧房改造等环境综合整治项目中参与诉前协调，保障火车站北广场遗留项目拆迁工作全面完成。在汉府雅苑违建拆除工作中，积极向有关部门提供法律建议，为该青奥会配套项目顺利实施扫清障碍。2014年，加大对智力劳动成果的保护力度，审结知识产权案件108件。一起生产、销售假冒洋酒、红酒案件的被害单位某国际知名洋酒公司代表，专程赠送特制纪念牌表达谢意。建立健全环境保护刑事、民事、行政案件“三审合一”工作机制，全年审结5件环保类案件。

【促进经济转型升级】 加大金融债权司法保护力度，全年审结保险、融资、租赁、票据、借款等金融纠纷案件927件。规范公司治理，强化股权保护，审结公司治理结构诉讼案件35件。强化商事司法的规则治理作用，注重以判决方式确立当事人各方的行为界限和权利边界，努力为交易安全提供规范指引，依法判决商事案件889件。规范民间资本融通，妥善处理民间借贷纠纷，依法保障合法债权，审结民间借贷案件656件，涉案标的额8.8亿元。

【提升诉讼服务品质】 完善诉讼服务中心硬件设施，升级改造诉讼服务区域，配备多种便民设施。完善网上诉讼服务中心，将实体诉讼服务中心的职能延伸到法院外网上，方便群众进行网上立案、签收法律文书、递交证据材料、约见法官、判后答疑等与诉讼相关的活动。网上诉讼服务中心自建成以来，网页浏览量4038人次，提供各类法律服务2300余人次，审查网上立案88件。

【涉诉信访渠道畅通】 确立“全员化解、全程化解”意识，认真落实院长接待日、庭室长与法官轮值接访等制度。做到有访必接、有诉必理。强化法官预防意识，注重源头治理。强化法官群众观念，切实解决群众合理诉求。严格落实“四定一包”（定时间、定人员、定领导、定责任、包案处理）责任制，协调各方力量联动化解。针对重大敏感案件召开案件听证会。2014年，成功化解9起长期涉诉、涉执信访案件。参与全市“迎青奥信访维稳200天专项整治行动”，市法院交办进京访案件16件、中央政法委转办案件2件全部办结。

【提升执行工作效果】 开展“涉民生案件专项集中执行活动”。2014年，执结376件，实际执行到位标的2021万元。加大对规避执行行为的惩治力度，对被执行人实施限制出境5人次，对21名被执行人实施司法拘留。入驻“淘宝网”司法拍卖平台，涉案资产拍卖全部实现零佣金，向淘宝网上传拍品83件，成交24件，成交金额9148.76万元。

【审判权运行机制改革】 开展主审法官选任工作，凸显法官的主体地位，确保其独立完整的审判权，推行法官、法官助理和书记员“1+N+N”的审判组合模式改革，在全院组建15个审判执行团队，既弱化行政化色彩，又激发团队成员的协作精神。12月结案数创新高达到1647件。法官助理在处理审判事务性工作中逐步提升能力，能够独立主持质证、调解等工作，成为主审法官的得力助手。

【大合议制改革】 提升司法公信力和司法裁判的可接受程度，推进陪审制大合议庭改革。6月中旬首次组成7人制(2名审判员加5名人民陪审员)大合议庭审理一起矛盾复杂的离婚纠纷。5名人民陪审员中既有会计事务所所长、科技公司普通职员,也有报社退休的调研员、社区社工,增强司法裁判的社会民意基础。全年采用大合议庭模式开庭审理案件5件,均取得良好效果。

【审判流程信息及庭审公开】 加强审判流程信息及庭审公开,案件立案当日即向当事人推送手机短信通知,方便当事人与法官联系;审理阶段实时发送流程节点短信,便于当事人了解案件进展情况;对庭审活动进行全程同步录音录像,允许当事人依照相关规定查阅。对社会关注度高、具有法治宣传教育意义的典型案件,通过互联网直播庭审全过程。2014年,开展网络庭审直播44档,累计观看9064人次。加强执行信息公开,完善执行案件卷宗扫描录入工作;建立失信被执行人名单制度,将756名失信被执行人信息纳入最高人民法院失信被执行人名单库,并提供给社会征信系统。加强裁判文书公开,坚持以公开为原则、不公开为例外,通过"中国裁判文书网"公布裁判文书2925篇。邀请各界群众旁听案件2000余件9000余人次,通过网络预约旁听庭审的案件1361件。在全市基层法院首家开通微信公众号,通过法院微博、微信等新媒体传播方式,提升司法公开的广泛度和影响力。 (邵小波)

·检　察·

【概况】 2014年,有序开展检务公开,在全市检察机关率先完成与最高检"案件信息公开网"对接。建立官方微博,召开新闻发布会,开展检察开放周活动。深入推进"两法衔接",建立联席会议、行政执法信息检察阅卷、预防警示教育等3项常态化工作机制,构建社区检察官、驻派出所检察官办公室、内外信息共享等3个平台,先后在11件案件中开展"两法衔接"。在全市率先实现与区政府权力阳光运行平台对接。试行主办检察官制度,在刑事检察和侦查部门探索建立以主办检察官为核心的执法办案组织。区检察院受理提请逮捕案件372件490人,移送审查起诉案件517件643人,经审查,批准逮捕319件405人,提起公诉495件623人。同时贯彻宽严相济刑事政策,体现司法人文关怀,全年依法不捕90人,不起诉43人,附条件不起诉3人,建议法院适用缓刑211人。全年受理职务犯罪线索47件,查结线索20件,受理数同比增长185.7%。立案查办贪污贿赂渎职等职务犯罪案件27人,创5年来新高,其中涉案金额100万元以上8人,县处级以上领导干部6人,通过办案为国家挽回直接经济损失3000余万元。认真查处发生在群众身边、损害群众利益的案件,先后查办水务系统4人,教育系统5人,工程领域4人,传媒领域3人。注重对行贿案件查处。立案侦查4人,做到行贿、受贿并处。提升专业化预防水平。同步介入丁家庄保障房建设等13项重大工程预防,涉及投资总额120亿元,办理行贿犯罪档案查询4139次,加强类案分析、预防调查和预防宣教,全年通过警示教育发现并移送立案6人。强化对侦查、审判、执行等诉讼监督,努力维护司法公正。督促公安机关立案4人,撤案3人,纠正漏捕4人,纠正漏诉4人,向公安机关提出纠正意见19件次。对审判活动违法提出纠正意见1次,提出刑事抗诉案件1件。切实加强人权保障,对7名在押人员开展捕后羁押必要性审查,7人变更强制措施,驻所检察室获评全国检察机关"二级规范化检察室"。与区法院会签《关于加强民事执行活动法律监督工作意见》,监督并配合解决执行难问题,开展大执行活动16次,涉及执行案件40件,办理执行监督案件19件,对6件民事审判案件提出再审建议,监督虚假诉讼案件3件。加大内部监督合力,制定《关于加强内部协作配合的工作规定》,成立督察办公室,建

2014年各类案件收结案情况

	2013年旧存	新收案件	已结案件	未结案件	结收案比(%)
刑事案件	35	457	468	24	102.41
民事案件	897	4267	4254	910	99.69
商事案件	465	1754	1759	460	100.3
知识产权案件	10	103	108	5	104.85
行政、行政执行案件	10	206	179	37	86.89
民商事执行案件	294	1997	1713	578	85.78
申诉复查、再审及撤销之诉案件	11	41	32	20	78.05
其他案件	29	357	354	32	99.16

11月19日,“两法衔接”工作情况通报会召开

立提醒通报制,制定定人、定岗、定责、定效、定风险、定措施的“六定”方案,内部移送案件线索4件,查处职务犯罪案件10人。自查自纠干警违纪1人,提醒谈话2人。

【青奥会司法服务保障】 在全市检察机关率先出台《服务保障青奥实施意见》,实施涉法涉诉矛盾百日化解、社区矫正人员矫正执行情况百日清查等8个分项行动,排查信访风险案件18件,主动约谈3件存有群访倾向的案件当事人。以领导接访、联合答复、检调对接、司法救助等方式化解12件;清理出34名重点社区服刑人员,对2名罪犯建议收监执行,对1名脱逃罪犯积极协调公安机关抓捕。与公安玄武分局联合开展羁押场所安全检查22次,提出整改意见15件次,对在押的13名重点病号、15名重点人员加强巡视,筛查因病取保候审案件,对1人依法逮捕。参与“大干一百天,环境大扫除”专项整治行动,督促相关部门履职17件次。加强“青奥”知识产权保护,组织电商企业签署“青奥”知识产权保护承诺书。

【司法服务发展大局】 在新街口核心经济区凯润金城设立“中山路国际名品街区知识产权保护站”,协同有关部门推进街区知识产权保护,开展预防打击侵权活动4次,获取犯罪线索1件,协助打造万店无假货、企业无侵权文明示范街区。在环紫金山—玄武湖文化休闲旅游产业带,提供法律咨询服务5次,通过查办案件,化解矛盾纠纷2件,其中涉及国企改制引发的群体访1件,为政府节约资金2000多万元。组织召开电子商务守护者联合会年会,走访苏宁易购等电商企业近20家,并为所有涉案电商企业建立档案。全年办理涉电商类案件4件11人,同比下降43%,打击侵权成效明显,相关做法被中央电视台等多家媒体报道。在铁北红山新城,结合一起街道工作人员渎职案反映出的问题,向职能部门提出动迁工作增加权证核实程序、公示拆迁信息等建议被采纳。

【社会治理法治化】 发挥检察机关专业化优势,结合执法办案,查找社会治理层面的问题,运用检察建议等方式,推动社会治理法治化。针对南京水务集团有限公司系列职务犯罪案暴露出的工程项目招投标等问题,组织召开案件剖析会,推动集团公司完善机构设置和内部工作规范,为集团公司招标项目资金节减10%,约5000万元。结合市检察院部署开展“生态环境保护专项行动”,走访区环保局等单位,查阅百余起执法台账和案卷材料,根据玄武区实际,撰写全市首份城市生态环境刑事司法保护缺失的调研报告,引起省市检察院高度关注,市检察院检察长葛晓燕予以批示。针对赵某夫妇生产、销售不符合安全标准的食品,导致14名大学生中毒案反映出的问题,向区政府提出完善食品安全监管的建议,区政府高度重视,及时召开专门会议作出整改部署。

【依法处理涉检信访】 全年对符合条件的83起信访案件及时导入法律程序,对不符合条件的依法分流12批次。落实终结退出机制,引入第三方公开听证审查,化解一起涉案数额达8000余万元的30名老年人群体访,终结信访案件1起。构筑大信访格局。内部继续推行部门负责人接待制,外部以检察工作站为平台,通过主动约谈、定期联系、预约接访等形式,及时倾听群众诉求。同时综合运用释法说理、心理咨询、检调对接等方式,做好涉检信访息诉罢访工作。连续三次获“全国检察机关文明接待示范窗口”称号。

【执法为民公开承诺】 践行“执法为民公开承诺”,召开“发生在群众身边的案件”公诉通报会,提醒人民群众注意日常出行安全,相关举措获省委政法委好评。建设“检察为民服务中心”,对到访群众实行“一站式”服务。2014年,在原有7个检察工作站的基础上,选择4个社区,探索社区检察官制度。全年开展送法进社区40场次,发放资料3000余份，播放宣传片、微电影20场次，收集群众意见和建议50余条，现场解答群众法律咨询90余次，收集职务犯罪线索4件，立案监督线索3件，化解矛盾纠纷6起，创办社区检察官讲坛、法治小剧场等。

【特殊人群权益保护】 注重未成年人、外来务工人员、低收入人员等弱势群体权益保护。全省首创未成年人犯罪协作式办案机制，建立一支由社会调查、心理咨询、帮教帮扶专业人士组成的公益团队，对作出附条件不起诉的青少年犯实行跨地区异地帮教，与红山街道办事处共同打造青少年自护与法制教育基地“向阳花”工作室，未成年人刑事检察工作在全省作经验介绍。通过执行监督帮助企业追回资金550万元，运用支持起诉帮助39名企业员工讨薪60余万元，100多名务工人员合法权益得以保护。认真落实刑事被害人救助，全年办理救助10人，发放救济金2.7万元。（王　洁）

·公　　安·

【概况】 2014年，公安玄武分局围绕青奥会安保任务，紧盯提高群众安全感满意度目标，大力实施“民本警务”，有效维护社会稳定和治安安定。完成“两会”、青奥会、中央巡视组、首个国家公祭活动等重大安保任务，破获各类现行刑事案件1399起，破获市级以上挂牌侵财案件7起，抓获刑事作案成员987人，公诉519人，提请逮捕384人，打掉恶势力团伙2个，刑事类警情较2013年下降8.0%，侵财类警情较前三年平均值下降2.7%。分局立集体二等功，获全省公安机关集中开展解决信访突出问题专项行动成绩突出集体荣誉称号，被市局评为2013年度思想政治工作先进单位、警体工作先进单位；分局党委获2013年度党建工作先进集体荣誉称号；立集体三等功4个单位，集体嘉奖2个单位；立二等功4人，立三等功34人，获嘉奖150人；涌现出全省“人民满意政法干警”、新街口派出所所长张骑等一批先进典型。

【重大活动安保工作】 公安玄武分局围绕青奥会安保任务，以环境整治、“护青行动”等为载体，搭建科学高效的组织指挥体系，把握备战、临战、实战节点启动倒计时，把火炬传递和开闭幕式置于安保工作重中之重，围绕反恐防暴、打防管控、安全监管、隐患排查等方面，全力打好要人警卫、赛时运行等安保工作，完成12项237批次一级警卫、10轮双边会谈、2场国宴、10项参观游览活动的现场安保任务，1500名开闭幕式参加人员远端集结安检和50辆客车随车护卫任务，确保国家领导人习近平、李克强和5位外国元首、政府首脑住地安全，实现5个场馆7大项28小项赛事和明城墙文化交流活动的成功举办，同步保障中央巡视组为期2个月的住地及接访地安保工作，高效对接北京APEC会议安保任务。在“12·13”首个国家公祭日安保中，分局启动“青奥模式”，全警出动、定岗定点、责任到人，实现国家公祭活动的绝对安全。

【民本警务品牌工作】 全面开展“一所一特色、一队一品牌”创建活动，重点打造分局DNA实验室破案攻坚、追赃挽损，李春明“新南京人服务站”、银城东苑“外国人服务站”、南京火车站区域反恐联勤联动警务机制、中山陵景区治安防控网格等12个“民本警务”品牌，使“民本警务”成效让群众看得见、摸得着、感受得到。坚持以民意为导向，办结“12345”工单3200余件，以93.3%的满意率位居全市第一，连续第三年被市局评为先进工作单位，群众“初信初访办结率”全年达98.6%，110接处警满意率达94%，社区民警群众知晓率达80%，群众对社区治安满意度达96%。

【勤务机制改革优化】 以优化警力资源、深化勤务改革、坚持科技创安为依托，开展政治核心区建设和城市巡逻体制重组工程。依托市政府民警办成立24小时值守的市政府核心区警务调度室，在周边各主要路口和重点部位布建监控点位和高清探头，实现政治核心区内的指挥调度智能化、扁平化、可视化，处置市政府门前群体上访事件376批次。立足原特巡警大队整建制开展巡防体制重组，改编为巡特警大队，发挥巡防牵头作用，并与特警、武警等业务部门对接联巡、屯兵街面、动中备勤、快速反应，全区巡逻出车率较重组前提高33.3%。

【专项行动】 紧盯各类治安要素，抓重点、难点、乱点整治，将常态整治与集中整治相结合，开展“白城禁毒会战”“猎狐2014”专项行动、“宁安行动”“秋风行动”等专项行动，及时破获“2·1”中山陵持刀抢劫案、“2·18”板仓街新世界花园涉案物品价值46万元保险箱被盗案等一批有影响的案件，破获杀人隐案1起。持续推进扫黄扫赌“无声风暴”等专项行动，全年查获娼赌毒人员913人，净化了社会环境。

（庞　晓）

【交通管理】 2014年，交警一大队现场处罚各类交通违法行为128563起，其中非机动车5884起，行人209起，机动车122470起。查处酒后驾车426起，其中饮酒驾车403起，醉酒驾车14起，拘留酒后驾车9起；查处渣土车违法465起；查处不规范车辆1234起；机动车违停现场处罚1402起，非现场处罚117634起；查处机动车不按规定使用号牌42起，查处违鸣40起，查处不系安全带32起，查处违法变道322起；处罚货车闯禁区424起；查处不礼让斑马线446起；查处不按规定使用灯光3起；处罚行人违法行为209起，处罚非机动车违法行为4392起；查处残疾车违法119起，其中安装搭载人员设备84起，其他35起；查处助力车违法1373起。排查道路隐患1处(红山路护栏设置)，落实整改1处；排查货运单位23家、场站1处（长途汽车东站），驾驶人882名，签订责任书3200份，发放整改通知书23份。交通事故主要指标显著下降。辖区共发生交通事故8746起，致9人死亡，同比分别下降18.2%、18.2%。在辖区内46条道路增设停车泊位5947个、出新各类标志牌216块、复划标线396497米、栽设物理隔离站桩1500个，新增监控探头8处。文明交通护花行动，进学校活动18次。发放传单等宣传品5000余本。以秩序宣传为主题，引导社会参与。主动联系省市主流媒体随警作战参与整治，发布宣传稿件381篇、微博574条。完成青奥会和国家公祭日各项保卫工作，共出动警力7200人次。2014年，大队党支部被市交管局评为“五好党支部”，选树“四好形象、五类标兵”7名，打造无休服务窗口1个，为民服务水平稳步提升。大队先后49名民警受到上级和群众表扬，其中李长生获南京市“五一劳动奖章”荣誉称号，徐正、李昕获得青奥战时立功嘉奖，由孙巍和佩枪护学民警组成的北京东路小学护学岗被省厅评为“文明执法窗口”称号。（黄晶晶）

1月28日，警营开放日广大师生及家长近距离了解感受公安执法的威严和魅力

链接

烟花爆竹全面禁放

公安玄武分局认真开展烟花爆竹全面禁放工作。12月27日下午，公安玄武分局在南京图书馆市民广场举办以“珍惜环境，自觉守法，拒绝违规燃放烟花爆竹”为主题的万人广场签名活动，大力宣传即将在2015年元旦正式实施的《南京市关于禁止燃放烟花爆竹的规定》。活动中，公安玄武分局推出全市首家公安微信公众号“玄武110”，开展网上宣传攻势。活动现场摆放以禁放规定、燃放危害、法律责任为主要内容的宣传展板，开展有奖抢答游戏活动，放发宣传资料，解答群众疑问，加深自觉守法意识，市局和分局领导还和现场群众一起在签名墙签名承诺。

构建火车站地区反恐防范路地联勤联动常态机制

小红山客运站暨铁路南京站北广场正式投入使用后，火车站地区成为南京最大综合交通枢纽。针对每天源源不断的客流量和严峻的反恐形势，公安玄武分局在组建客运派出所24小时维护小红山客运站秩序的基础上，与南京铁路公安处全方位对接，成立由公安、特警、武警、铁路公安、火车站综治办等多部门共同值守的24小时联勤联动办公室，统一设立联络电台，接入视频监控，形成路地公安机关一体化勤务、常态化运作、扁平化指挥、拓展化服务的警务模式，构建反恐防范路地联勤联动常态机制，有效加强警情联系和整体联动，提升了火车站地区社会治安整体防控的水平。

成功侦破“2·18”板仓街新世界花园46万元保险箱被盗案

2014年2月18日晚，玄武区板仓街新世界花园的一住户家中发生入室盗窃案，一只保险箱被盗,涉案物品价值46万余元。案发后,公安玄武分局迅速成立专案组,通过现场勘察、图像研判、广泛走访、信息比对,在明确嫌疑人身份后循线追击至广东,连续奋战一个月,将3名嫌疑人全部抓获。通过对三人的足迹比对,专案组又串并上发生在江宁、栖霞、浦口、玄武等四区的20余起入室盗窃案件,涉案价值400余万元。 (庞 晓)

·司法行政·

【概况】 2014年,全区各级调解组织共开展纠纷排查365次,受理矛盾纠纷5117件,直接调处矛盾纠纷5117件,调解成功5052件,成功率98.72%。全区14家律师事务所175名执业律师,办理各类案件1231件,业务收入3072万元。法律援助中心共办理法律援助案817件,办结566件。截至2014年底,全区在册社区服刑人员144名,在册帮教对象646名,衔接率100%,帮教率100%,安置率97.4%。重点人员9人,重点对象接回率100%,一般对象接回率74.3%。

【青奥会维稳专项活动】 围绕青奥维稳工作,重点做好重大纠纷的调处工作及重点人群的稳控工作。如玄武门街道因太平门重建而引发周围居民上访的纠纷;梅园街道因汉府街东延而引发的纠纷;玄武湖街道板仓街192号通天然气的纠纷;玄武湖街道仙鹤门失地农民群访等一批疑难复杂性纠纷;以及由于教育资源格局调整而产生的新型纠纷,如新街口街道南京师范大学附属小学区调整而引发周边部分居民不满而导致的纠纷。对一些因企业经营困难而突发的纠纷,在积极调处的同时,及时跟踪这些纠纷的发展动态,坚持每日报告制度,在第一时间掌握纠纷的最新动态,为制定调解措施做准备,确保突发纠纷不激化。

【重大节日及敏感时期矛盾纠纷排查调处】 在春节、“两会”“五一”等重大节日和社会敏感期,组织开展专题矛盾纠纷排查调处工作,对排查出的不稳定因素进行认真疏理,对一些事故苗头及时化解。充分发挥各街道纠纷信息员作用,借助全区纠纷网格化管理平台,做好矛盾纠纷信息反馈工作,适时掌握纠纷变化趋势,实现矛盾纠纷信息动态化管理。每月结合司法所例会对全区矛盾纠纷调处情况进行总结布置,适时召开季度分析会,确保矛盾纠纷得到有效化解。

【组织网络建设】 在全区矛盾纠纷网络化管理模式的基础上,充实完善区、街、社区及企事业单位人民调解组织建设,对全区人民调解组织进行备案,加强专业性人民调解组织队伍建设,进一步充实区调委会及各公调对接工作室专职调解员力量。举办为期两天的调解员培训班,通过理论讲解、观摩电视教学片、分组讨论、交流发言等形式,提高基层调员在纠纷调处过程中的实践能力。与区民政局磋商,成立人民调解“民非”组织,通过政府购买服务的形式,提高调解员工资报酬,兑现以奖代补经费,提高各级调解员的工作热情和积极性。

【区公共法律服务中心】 依托局机关一站式服务大厅,成立区公共法律服务中心,选配专职人员和法律服务人员值班,开展咨询接待工作,集聚律师、公证、法律援助以及人民调解等多项法律服务资源,按照“一个大门进来,集中受理,分头办理,一揽子解决问题”的办事原则,努力满足地区群众日益增长的法律服务需求。推行所所对接制度,将全区14个律师事务所与7个司法所对接,在每个社区派驻一名律师,打造“半小时法律服务圈”,确保居民法律服务需求及时获得满足。

【法律服务业发展】 组建公共法律服务团和公共法律服务志愿者队伍,形成多支力量参与、横向贯通、纵向到底的工作体系;结合玄武区特色,在徐庄软件园设立律师工作站,推进产业园区律师站建设。建立政府法律顾问制度,与法制办联合发文,要求全区各单位、街道、园区及部门建立健全法律顾问制度,逐步形成区、街和部门间法律顾问联系服务网络体系。全区14家律师事务所175名执业律师,办理各类案件1231件,业务收入3072万元。公证处2014年办理各类公证996件。

【受援人群覆盖面扩大】 启动“绿色通道”,对农民工坚持“应援就援”的受理原则,农民工申请支付劳动报酬和工伤赔偿的案件,不再审查当事人经济困难条件;对农民工申请的法律援助案件当天审批、当天指派;对涉及人数众多的群体性农民工案件,立即联系骨干律师团成员进行调查取证,事后再行补办有关审批手续。建立联动机制,联合多方力量,开展全区劳资隐患排查,掌握拖欠农民工工资的动态情况。组织援助律师走访慰问老年社会福利机构,赴辖区内玄武、君兆老年公寓开展结对帮扶活动。一改往日主要受理涉及供养人拖欠供养费用案件的局面,对不符合援助条件与范围的,承诺协调援助团律师成员在收费方面给予不低于案件收费标准20%的优惠。大幅提高援助案件补助标准，为法律援助工作深入开展提供经费保障。2014年，法律援助中心办理法律援助案817件，办结566件。

【法制宣传】 2014年对全区法制宣传教育领导小组成员进行调整，对拟提拔任命的16名区管干部在公示期内进行任前法律知识考试，考试合格率100%。深化“法律六进”活动，与区委宣传部等多家单位联合开展“四进社区、三下乡”活动；在孝陵卫街道开展“三八”维权法律宣传咨询活动；与红山街道共同组织“法润江苏政法宣传面对面”广场活动；与孝陵卫街道合作举行“法润江苏春风行动”法律法规宣传咨询活动；深入南京恒大翡翠华庭建设工地和常发广场建筑工地为外来务工人员开展法制宣传教育活动；与区委宣传部、区禁毒办、教育局等部门联合在全区范围内举行中学优秀禁毒展板大赛活动。青奥安保期间，在多家社区开展平安青奥法制宣传活动，发放平安青奥宣传单和宣传品；在玄武湖街道开展中小学生普及青奥法律小常识活动；在孝陵卫街道举办以“共筑中国梦，同心迎青奥”为主题开展中小学生演讲比赛。

依托各司法所组织社区开展法治文化活动，举办法律讲座和法律咨询活动；围绕老年人关注的赡养、继承等权益保障问题，举办老年人权益保障巡回法律讲座活动，以每周一个社区的速度推进，深受地区老年人欢迎。为全区7个司法所各配备一台42寸多点触摸屏和两辆司法公务电动车。通过多点触摸屏不仅可以查阅司法行政相关内容和一些与群众生活息息相关的法律条文，还可以查阅当天的部分报纸和一些便民信息。定制乐扣口杯和环保袋等2万多个法制宣传品，订购400多张法制宣传挂图，分发到每个社区，重点宣传相关法律法规以及治安防范知识、平安建设成效等，借助群众喜闻乐见的载体和媒介，普及法律知识，传播法治理念。

【法治文化影响力提升】 全面启动区青少年法制宣传教育中心二期工程建设，以完善展厅互动部分和软环境打造为主，在展厅里增加适合小学生的互动法制游戏、电子感应手翻书、闯关、抢答赛车游戏等，寓教于乐。以法制漫画、名人格言装点校园楼梯、走廊，营造法治氛围。对玄武区青少年普法网进行升级改造，增加学生喜欢的法制漫画和法制动漫。开展民主法治社区创建活动，2014年，锁金二村等3个社区通过省级民主法治社区的验收。

3月15日，法润江苏春风行动暨新消法宣传咨询活动在孝陵卫街道举行

【社区矫正工作】 根据人员变动情况，及时指导、督促各街道调整街道社区矫正领导小组，充实人员力量，明确人员分工，确保社区矫正工作有人管。根据社区矫正人员力量不足的现状，会同区人社局招聘7名社工，分派到各司法所专职从事社区矫正工作。

【特殊人群日常管理】 严格落实对社区服刑人员的监管措施，依托市局开发的社区矫正监管平台，进一步严格“双8(每月8小时社会服务和接受教育不少于8小时)”、每周电话汇报和请销假制度。各司法所对辖区内两类人员每月普遍走访和个别谈话教育一次，准确掌握他们的行为动向和思想动态，增强人员的可控性。做好对撤销暂予监外执行罪犯的收监和脱逃罪犯的追捕工作，对2名撤销暂予监外执行的罪犯，于“青奥会”前夕及时移送监狱进行改造，对一名脱逃在外的社区服刑人员，协调公安进行追捕缉拿，维护刑罚执行的严肃性。

【重点人员监管】 各司法所认真按照“分类别、分阶段、滚动式、不间断”的排查要求，对所有在册的两类人员进行一次拉网式摸底排查，通过排查，摸清人员底数，厘清针对性管控措施。全区排查出16名社区服刑人员列为二级以上重点防控对象,按照4名工作人员对应一名重点管控对象的应对措施,进行重点防控和教育。"青奥会"期间,16名重点防控对象全部在管在控,没有发生任何不良问题。

【安置帮教工作】 在强化组织领导和信息预警研判的基础上,加强对重点人员的排查,特别对涉及房屋拆迁、住房安置、劳资纠纷、涉邪涉诉、涉稳重点领域的群体,有针对性地开展排查和摸底情况实行实名制登记,开展分类分层次控制工作,把各种不稳定因素化解在萌芽状态。组织司法所、社区工作人员及片区民警通过走访全面了解和掌握辖区内服刑在教人员的基本情况,根据了解的情况撰写特别家书。玄武区共发出89封家书,加强与监狱、服刑人员的衔接沟通,为其出狱后能顺利融入家庭和社会,预防重新违法犯罪提供有力保障。多举措确保青奥会期间安帮重点人员管控。对全区在册刑释解教人员作全面评估分析,明确刑释解教重点人员范围及相应风险等级;把有重新犯罪倾向和平时表现差、有违规现象的安帮人员作为重点监管对象,对摸排出的47名重点人员,采取"一案一策"的方式,逐个进行家访,加强检查频率,强化针对性措施;为重点对象量身定制个性化防范预案,全面落实管控措施。

【基层基础建设】 开展基层建设调研活动,局主要领导带领分管领导及相关科室人员深入到12个社区,就司法行政工作在社区的需求及服务方向进行交流沟通。根据社区意见和建议,制作5万份司法行政服务手册,免费发放到社区,扩大司法行政工作知晓率。下发局《关于司法所政法专项编制使用情况检查工作的通知》,对占编外借人员进行清理调整,确保司法所工作人员在岗率,有效促进全区基层司法所整体工作效能全面提高。

(周艳红)

军　事

·人民武装·

【概况】 2014年,玄武区人民武装部在警备区党委和玄武区委区政府领导下,以强军目标为统领,以党的群众路线教育实践活动为抓手,坚持从严治军,持续深改作风,各项建设有序有效推进,实现武装工作与全区经济社会发展同步跃升新局面。区人武部获南京警备区表彰为青奥安保先进单位、基层先进文化系列活动军营DV展播评比优秀奖、后勤管理先进单位等荣誉。

【思想政治建设】 认真抓好"牢记强军目标、献身强军实践"主题教育,开展战斗力标准大讨论。组织干部民兵预备役人员投入省军区组织的"中国梦、强军梦、我的梦"征文评选和《强军战歌》歌咏活动,激励民兵预备役人员牢记强军目标、献身强军实践。获省军区征文评选一等奖。参加军营DV创作和军营微电影评比展播,被警备区表彰为"基层先进文化系列活动军营DV展播评比优秀奖"。开展政治纪律教育、防间保密教育,引导全体干部职工不传播灰色信息、不听信政治谣言、坚定理想信念,进一步提高干部职工政治敏感性和鉴别力。

【军事训练】 从严落实战备各项规章制度。抓好部战备值班秩序整治,对作战室视频会议系统进行提档升级改造;封存基地武器库民兵轻武器;组织全体干部职工开展"学、明、严、正"活动,规范战备管理;修改完善《玄武区2014年度扫雪防冻行动方案》《民兵抗洪抢险方案》,5~6月,利用20天时间调查研究制订《玄武区安保行动方案》,为民兵队伍处置突发情况做好准备。强化练将练官训练。一季度,组织全体干部围绕军事理论、军事技能、体能三大类8个课目,组织为期10天强化训练;3月,开展"实弹射击和实投"训练。二季度,组织区国防动员委员会保障预备役高炮师快速动员协同演练;利用两周分两批次组织部全体干部赴警备区训练基地开展练将练官训练。在警备区军事基础和技能考核中,综合成绩排全市前列。

【民兵工作】 抓好民兵整组工作。围绕"深化成果、突出重点、规范基层"的总体思路,采取逐个人员对照、逐个身份证录入的办法,编实民兵队伍,完成民兵的整组任务(按应急队伍、支援分队、储备队伍进行整组),党团员比例占总人数72%,专业对口率达81%、退伍军人比例达83%。开展各类民兵骨干集训。先后组织民兵应急分队连排长、民兵防化救援分队骨干、高炮分队骨干和抗洪抢险分队骨干集训。抓基层武装部规范化建设,持续推进《南京市基层武装部规范化建设三年规划》,部署各街道合理投入加快建设。玄武湖街道压缩街

5月12日，玄武区人武部部长顾学标到农业大学检查征兵工作

道办公区域，专门腾空一层楼保障规范化达标建设；梅园新村街道达到1类建设标准；新街口街道在原有基础上加大财力投入，完善器材，达到先进标准。全区基层武装部规范化建设水平整体提升。

【征兵工作】 按照进社区、进学校、进家庭要求，开展手机短信、横幅、标语、户外电子屏、宣传单等多种形式，全面开展征兵宣传活动。全区张贴宣传画120张，制作展板40余块，发放宣传手册300余份、公开信2200封，悬挂横幅160余条。突出高校毕业生和在校大学生，区人武部领导分成2个组，10多次走进辖区6所高校进行调研指导和政策宣传，召开3次高校征兵工作推进会。通过组织座谈、政策宣讲、开辟入伍"绿色通道"和制定奖励机制等，鼓励大学生报名参军。2014年，在校优秀大学生33名进军营。严把质量关口，在体格检查上，灵活采取先期体检和延长体检时间的形式，随到随检；在政策审查上，注重青年现实表现，让每一名符合条件应征青年实现参军梦想。

【双拥共建】 全区7个街道均成立双拥工作领导小组，59个居委会和12个部门(企事业)单位设置双拥工作站，建立126个双拥共建点。坚持制度拥军，努力打造双拥新品牌。梅园新村街道在深化双拥共建点、"家庭病房"服务点、"将军服务点"等传统三点工作基础上，发挥太平门社区"双拥文化纪念馆"作用，构建"一馆三点"双拥工作新格局。2014年，太平门社区坚持定期邀请区人武部干部为学生居民讲解国防知识、讲授军事技能。1月，区人武部向梅园新村街道太平门社区、红山街道月苑社区等贫困户家庭发放慰问金10000元；走访慰问辖区22户玄武籍基层营连主官家庭和特困军属家庭，发放慰问金22000元。5月，在"大干一百天、环境大扫除"环境专项整治行动中，联合区双拥办协调驻区南京军区政治部、空军机关、海军指挥学院官兵以及区机关女子民兵连200人，为梅园新村街道大影壁社区全面清理卫生死角，净化美化社区环境。区人武部发动干部职工坚持每周五下午、每周六帮助社区清理卫生死角，出资2万余元清运社区垃圾。8月，区人武部协调辖区企事业单位，出动750名民兵，历时1个月全程担负辖区72个一、二级防控目标点和公交安全员的青奥会安保任务，被警备区表彰为"南京青奥安保组织奖"。

(胡德照)

·人民防空·

【概况】 经过几年的建设，2014年区人防指挥所工程建设及设备安装全面完成。2014年，区政府下达人防工作奋斗目标2条，市人防办下达目标任务18条，区人防办一方面继续加强人防工程的维护管理和合理利用，另一方面利用重要纪念日开展人防知识全民普及教育。全年在人防指挥所建设、深化社区人防工作、人防专业队伍整组、建设社区防空防灾教育馆、樱驼花园地下人防工程和人民中学操场人防工程建设等方面取得突破，完成年度各项工作任务。

【人防工程建设与设计】 樱驼花园人防工程(停车场)建设完成，维护管理单位交由市人防办确定，2014年8月对外正式开放。人民中学操场人防工程，市人防办完成设计和待开工准备建设工作。

【社区人防工作】 2014年，在落实市人防办人防工作进社区工作要求基础上，以建设人防文化墙为亮点，突出人防、民防知识宣传。在锁金村街道制作3面防空防灾文化墙后，又在新街口街道和孝陵卫街道绘制近200米长防空防灾知识文化墙，及在梅园新村街道制作长度近百米人防知识宣传橱窗。联合中介组织——派菲特艺术中心，开展为期一年"橄榄枝在行动——

玄武人防社区行”系列宣传活动。在7个街道35个社区开展人防广场宣传、暑期广场电影周、防空防灾演练、惠民服务讲座等活动，广泛宣传人防、民防知识，参与居民4000余人次。

【人防专业队整组】 组织安排全区人防专业人员相关信息采集，按照市人防办要求，如期完成人防专业队整组工作。全区人防专业队伍有8类17支，人数531人。同时组织人防专业队伍开展训练，完成7个街道专业队伍的训练任务，参训人员345名。

【人防知识宣传】 2014年，“5·12防灾减灾日”期间，区人防办联合玄武门街道组织学生和居民约3000人，在第13中学开展疏散演练，市地震局以及区其他相关部门参与演练。与区科技局、民政局和新街口街道在5·20广场联合举办“防灾减灾 科学生活 创新圆梦 喜迎青奥”广场宣传活动。通过文艺表演、知识问答等形式，宣传防空防灾知识，普及自救互救技能。2014年12月13日“国家公祭日”前，全区7个街道分别组织以人民防空为主要内容的疏散演练、板报巡展、橱窗宣传、观看相关电教片等活动。

【人防工程维护管理利用】 区内现有人防工程398个，同比增加11个。市、区人防办相关处室用6个多月时间，对辖区内所有人防工程进行检查。全区人防工程合格率100%，优良率87%。与所有工程管理单位签订安全使用责任书，安装安全标识牌。对人员来往相对密集的人防工程实行重要时段重点检查制度，全年未发生安全责任事故。

【人防教育基地建设】 区人防办坚持抓好中学生民防知识教育，专人负责，专人督导。全年多次指导中学老师举办人防公开课，相互观摩教学，促进人防水平提高。组织中学生开展人防、民防知识竞赛活动，对优胜者给予奖励。在市人防办组织的全市“人防在我身边”主题征文活动中，科利华中学征集文章100多篇，获奖30余篇，名列全市之首，12月12日，市人防办在科利华中学举行征文活动颁奖仪式。在梅园新村街道、区社区教育办公室支持与配合下，在梅园新村街道明故宫社区建设防空防灾教育馆计划获市人防办批准。该教育馆集人防、民防知识为一体，突出贴近百姓、贴近生活，学习与体验相融合特点，成为区人防、民防教育重要载体。2015年启动。

【警报器新建和维护管理】 2014年，国家首次把“侵华日军南京大屠杀纪念日”作为“国家公祭日”。区人防办在做好日常维护管理的同时，向市人防办争取新建防空警报器，进一步增强区域防空警报覆盖率。全年新安装20台媒体警报器，2台电声警报器，为确保“国家公祭日”当日警报鸣放效果发挥作用。

【参加“宁防—2014”演习】 由省国动委组织，市人防办具体承办“宁防—2014”演习，是2014年全市人防系统一次较大规模防空演练。根据市人防办部署，调集街道人防专业队员20余人参加授阅，南京电信分公司20人参加通信保障防护演练的视频观摩，圆满完成演习任务。

【人防服务民生】 2014年夏季，继续开放人防工程，提供舒适环境给市民纳凉。免费发放家庭应急救援包，发放居民家庭应急救援包1万个。截至2014年底，全区发放家庭应急救援包总计32250个。

（曹春梅）

·消 防·

【概况】 2014年，玄武消防大队以青奥会消防安全保卫为主线，开展重大火灾隐患整治、不放心高层建筑整治、打非治违专项整治以及公祭日消防安保等专项工作，全力整治火灾隐患，开展消防宣传，努

5月12日，孝陵卫中学人防公开课：应急生存的技能

力拓展“消防之友”俱乐部建设，不断提升人民群众的消防安全素质，全区防控火灾能力增强，全年火灾形势基本稳定。全区发生火灾384起，抢救被困人员558人，挽救财产损失323万元，无人员伤亡。与2013年相比，火灾起数降低25.8%，抢救被困人员数增长44.5%，挽救财产金额增长64.2%，受伤数持平。

【消防责任制落实】 2014年，区政府办下发《玄武区加强和改进消防工作实施意见》33号文，2月28日召开全区消防工作会议，与各街道、园区、职能部门签订“2014年度消防工作目标责任状”，明确各单位职责和任务。3月5日，区政府召开政府常务会议，专题研究消防工作。区长徐曙海要求各街道、部门提高认识，密切配合，切实落实消防安全监管、属地责任，从根本上重视消防安全工作，形成“齐抓共管”良好局面。区政府组织全区各职能部门联合区消防大队开展众多消防安全专项检查。组织区安监局开展餐饮场所油烟管道消防检查、组织区教育局开展“青奥示范校”消防检查、组织区文化局开展公共娱乐场所消防检查、组织区宗教局开展宗教场所消防检查、组织区人社局开展民办职业培训机构消防检查、组织区应急办开展大型应急救援疏散演练等。通过各部门和区消防大队的联合执法，加强行业监管和自律，联动机制良性发展。认真贯彻落实《关于街道乡镇推行消防安全网格化管理的指导意见》，深化全区7个街道大网格、59个社区中网格以及居民小区、零散居民楼院、社会单位等小网格的建设管理，形成有组织、有制度、有保障、有装备、有队伍、有培训的“六有”体制。年初，公安玄武分局下发《关于调整消防安全重点单位的通知》，明确推动重点单位“户籍化”管理工作，提高社会火灾防控能力，在全区商场市场、宾馆饭店、学校、医院、公共娱乐场所、易燃易爆场所、仓储物流场所、小单位小场所等八大类场所推行“三项备案制度”“四个能力”建设、消防安全“三提示”的“343”消防管理模式。

【消防安保工作】 8月4日，区政府召开“青奥”行政执法保障工作专题会议，副区长曹曙就消防安保工作明确提出“六有一快”标准：保障有计划、电话有人接、制度有落实、责任有分工、队伍有巡查、情况有人报、问题快处理。专项拨款35万元用于青奥会安保工作。8月5日，副市长陈刚到玄武区检查指导青奥会安保工作，对玄武区消防安保工作给予充分肯定。玄武区青奥会涉会场所众多，大队认真排查涉会场所及周边200米范围内单位，坚持做到横向到边、纵向到底，彻底摸排所有单位，消除火灾隐患。坚持对社会面火灾形势的防控，杜绝火灾事故的发生。6月20日，市公安局副局长、副区长胡士宁现场督办玄武区进香河路汇丰数码港的消防安全隐患整改工作。8月22日，对区域内青奥会场馆再进行消防安全检查。青奥会期间，全区未发生一起火灾事故。青奥会期间，消防之友俱乐部向社会单位募集公益资金120万元，用以购买和改造1辆消防宣传车，开辟消防宣传新途径。俱乐部与南京报业集团联合创办南京市首份消防类社区刊物《消防之友》，青奥会期间正式发行。

【消防专项整治】 2014年，对苏果超市长途汽车东站店、锁金村店2家市级重大火灾隐患单位整改，多次组织区商务局、玄武湖街道、锁金村街道召开协调会，制定整改方案，筹措整改资金，责任到人、层层落实，年内2家重大火灾隐患单位完成整改。2月10日，区长徐曙海专门就玄武区3处不放心高层建筑做出批示：“玄武区的高层建筑要按要求整改，不能整改到位的，要停业整顿”。组织产权单位召开会议，明确整改方案。年内，1家不放心高层建筑完成整改，2家不放心高层建筑整改中。5月30日，区政府办下发《玄武区城中村“消防安全专项整治行动方案”》31号文，成立以副区长曹曙为组长、各职能部门一把手为成员的工作小组，对全区5处“城中村”集中开展专项整治，有效改善“城中村”消防安全环境。年内，3处“城中村”完成整改，2处“城中村”整改中。2014年，大队检查社会单位2497家，发现火灾隐患2849处，督促整改2543处，办理执法案件314起，罚没款300万元。临时查封2家。开展消防安全宣传活动56次，受教育人数5360余人。

【公祭日消防安保工作】 玄武区公祭日活动场所众多，安保任务艰巨。11月28日，区政府在玄武门街道召开动员大会，要求各部门立即开展防火检查，做到不留死角、杜绝隐患。12月10日，大队联合徐庄管委会、公安玄武分局治安大队成立联合检查组，对徐庄内重点企业开展消防检查，完成安保任务。

（薛玲玲）

财政·税务

Finance, Tax Administration

财政

税务

责任编辑 苏成

财　政

【概况】 2014年度，玄武区实现地区生产总值482.51亿元，比上年增长10.3%，其中第二产业25.94亿元，第三产业456.57亿元；实现规模以上工业总产值38.67亿元，同比增长3.73%；全社会固定资产投资总额111.59亿元，同比增长2.4%；实现社会消费零售总额390.7亿元，同比增长13.2%。全区完成公共财政预算收入43.97亿元，同口径增长6%，主体税种保持增长态势，增值税(原口径)完成4.71亿元，同比增长6%；营业税完成10.09亿元，同比下降16.1%；企业所得税完成5.1亿元，同比下降6.8%；个人所得税完成4.92亿元，同比增长25.5%；房产税2.52亿元，同比下降1.3%。全区公共财政预算支出26.88亿元，公共财政预算收支平衡。圆满完成青奥会经费保障和安保维稳工作。2014年，区财政局获“江苏省五一巾帼标兵岗”称号；在南京市综合整治环境100天的活动中，被授予先进集体称号。

【财税信息跟踪】 2014年，完善与相关部门的沟通协调机制，强化国税、地税、财政征管合力，特别是异地户信息核实、重点企业挖潜增收、协调一次性税收等方面，加大信息收集和分析力度，及时研究解决征管过程中的问题和困难，督促收入及时足额入库。关注宏观政策及重点企业决策对税收的影响，及时跟进国退民进变动情况，跟进股权转让、注销过程中的税收执行；关注企业自然人股权转让、利润分配等环节的个税征管；关注辖区大型商务楼买卖和招租情况，拓宽征收渠道。

【非税收入收缴管理】 2014年，加大宣传和解释力度，逐步淡化预算外收入概念，建立非税收入新理念，统一预算单位思想，认识到非税收入“所有权属国家，使用权归政府，管理权在财政”。实行非税收入缴库催交管理，全年两次下发行政事业单位非税收入缴库催交通知书，督促各单位及时、足额上缴非税收入，确保非税收入“应收尽收，应缴尽缴”。关注税收占比，在收入增长中提高税收质量，做大有质有量的收入盘子。

【财政预算执行】 执行区人代会审议批准的年度支出预算，落实厉行节约要求，压缩会议、论坛、庆典等活动预算经费，严控一般性支出增长。按照以人为本、构建和谐社会的要求，优化财政支出结构，民生支出做到“预算优先立项、追加优先安排、拨付优先到位”，促进民生福祉大改善。2014年，全区公共财政预算支出26.88亿元，公共财政预算收支平衡，较2013年同期同口径增支7212万元，增幅为2.8%。部门预算执行平稳，临时性追加控制得力。部门预算基本支出9.99亿元，所占比重为49.3%；项目支出10.27亿元，所占比重为50.7%。

【支出结构优化】 2014年，坚持公共财政支出导向，将支出重点向民生和社会事业建设倾斜。高标准落实教育、科技等法定支出；充分安排社保、医疗卫生等民生重点支出；有效落实事业单位绩效工资改革补发、事业单位养老金社会化发放，退休企业职工计生一次性奖励、幼儿助学券、军转干部医保调节金等。做好资金统筹调配，落实百日环境大扫除专项行动资金，整合相关预算，强力推进环境综合整治，做好青奥会期间属地经费保障工作，支持区域重大项目建设。

【“三公经费”管理】 2014年，出台《区级机关会议费管理办法》《玄武区区级机关差旅费管理办法》《因公短期出国培训费用管理办法》等文件，规范会议费用支出等行为。压缩“三公经费”和行政成本，按月上报“三公经费”月报，切实加强节日期间，落实中央八项规定和省委十项规定精神，健全厉行节俭反对浪费长效机制。深化绩效评价工作，重点围绕加强制度建设、强化绩效目标管理、实施30万元以上部门预算项目绩效评价、财政重点评价与部门自评价相结合四个方面开展，提升预算单位绩效意识和财政资金使用效益。

【专项资金管理】 2014年，区政府出台《关于进一步完善玄武区区级财政专项资金管理工作的意见》，有效解决部分专项资金“重分配、轻管理，重投入、轻效果”问题，突出导向、优化结构、聚集重点、提高绩效。制定《关于审核企业、部门申请上级专项资金的业务处理要点》，规范区属企业、部门申请上级专项资金业务流程，完善内控制度，发挥专项资金引导作用。整合以往年度开设的相似资金性质专户，有效发挥专项资金引导激励作用。归并社保账户以往年度设立的、长年未使用的“社区养老机构建设”“福彩公益金”等项目资金，用于加大对社保、教育、卫生等方面的资金保障。

【财政预算公开】 编印《2015年区级部门预算编制指南》，进行业务指导。在编制过程中，调整预算编制时间，较往年提前1个月进入2015年预算“一上”阶段；调整预算编制方式，在做好基础预算工作同时，要求预算单位优先使用往年结余资金安排2015年部门预算，促进年度预算支出与结余资金使用有效结合；调整项目预算编制方法，全面实行零基预算，力求预算分配更加公平合理；调整预算编制监督方式，增加财政公开透明度，要求各单位精编“三公”经费，坚持“二上二下”流程，提升预算编制科学，为2015年全面实施预算公开夯实基础。

【财政体制改革】 结合新一轮区街财政体制运行情况，起草紫金(玄武)科技创业特别社区财政管理体制、徐庄管委会财政管理体制改革方案和区住建局房屋租赁税收考核新办法。从职能界定、奖励机制和组织框架上调整和完善考核激励、刚性保障、转移支付等管理机制，促进紫金(玄武)科技创业特别社区发展建设，实现资金平衡。以财权匹配事权、合理保障区本级和徐庄管委会利益为主线，调整徐庄管委会财政体制。进一步理顺和规范区、街、园之间的财政关系，强化财力资金预算管理，激发园区发展活力。

【国有资产改革】 2014年，充分发挥国有资本基础支撑、战略引导、公共服务功能，印发《玄武区深化国有资产管理改革实施方案》《玄武区关于国有资本退出设计、施工、监理、养护、环卫、园林、审图、咨询等领域的实施方案》《关于玄武区区属国有资本从传统工商业领域退出的实施办法》《关于玄武区区属国有企业发展成为混合所有制企业的实施办法》等文件，增强国有经济活力、控制力和影响力。

【国有资产制度建设】 2014年，制定《玄武区区属国有企业银行结算账户和资金管理暂行办法》《玄武区属国有企业人力资源管理暂行办法》等国有资产监督管理办法，规范制度化建设，为深化区国有资产管理改革工作奠定基础。全面清理全区债权债务，加强债务信息监管，严格控制新增债务，成立“债权债务清查工作领导小组”，制定清查实施方案，聘请中介机构对各单位自查结果进行审计核实，在2014年预算编制中新增设偿债准备金，切实防范债务风险。整合优化平台公司，着力完善平台公司法人治理结构，提升平台公司市场化投融资能力。

【公有房屋管理】 建立区国有资产监督管理平台系统，完成全区国有企业产权登记工作。组织开展2013年度资产集中录入、区国有资产监督管理系统业务培训工作。制定《玄武区区属(集体)企业公有房屋出租出借清查实施方案》，对公有房屋出租出借情况进行清查。清查、梳理全区社区服务用房，规范全区公有房屋管理，成功办理南京市首例社区用房产权无偿移交地方政府案。

【财政监督检查】 联合区教育局对第九中学、洪武北路小学等教育系统6个单位进行财务检查。对区教育、民政等系统事业单位会计人员组织专题培训。推进教育系统所属单位财务预算管理规范化、精细化。2014年，委托会计事务所对8家国有企业财务报表以及53家重点单位债权债务进行审计核实，完成财务审计报告和管理建议书。会同区纪委抽查9个单位明标明投工程20余项，发现不规范问题8个。与区纪委、区审计局制定检查工作方案，组织开展单位自查自纠，专项监督检查。

【政府采购管理】 2014年，全区政府采购预算8200万元，实际完成7630万元，节约率11.87%。根据南京市政府购买公共服务目录，下发《玄武区2014年政府购买公共服务目录》，为2015年部门预算提供依据。

【会计教育管理】 组织全区4041人参加2014年全国会计专业资

10月25日，会计职称考试

格考试，合理安排会计人员继续教育培训工作，做好会计从业资格证书发放、信息采集、调转、会计代理记账审批等工作。结合干部调整增加，认真做好人事变动上报，人事报表统计分析。严格按照《南京市公务员信息库填报规范(试行)》要求，完成单位信息库信息整改工作，做到入库人员范围准确。加强与相关部门、人大代表和政协委员沟通协调，完成11件区人大建议、政协提案答复工作，按时办结市“12345”等督办3件。　(石初和)

4月23日，区国税局在梅园新村纪念馆举行共产党员宣誓活动

税　务

·国家税务·

【概况】 2014年，玄武区国税局认真落实税制改革和税收管理改革精神。全年组织市级收入576205.15万元，比上年同期增收73822.17万元，同比增长14.69%。实现市级公共财政收入154012.60万元，比上年同期增收25008.71万元，同比增长19.39%，完成市局下达的收入指标104.06%。组织区级收入332434.33万元，比上年同期增收6644.33万元，同比增长2.04%，其中免抵调收入7572.51万元，比上年同期增收572.51万元，同比增长8.18%。实现区级公共财政收入143941.42万元，比上年同期增收20562.42万元，同比增长16.67%，完成区政府下达收入指标102.23%。

2014年，聘请了14名外部监察员，建立良好的外部监督环境。结合内控工作要求，拍摄微电影《28063发票背后的风险》，得到了市局领导的好评。

【税收收入分析】 2014年，组织企业所得税收入302809.44万元、增值税收入247637.98万元、消费税收入25753.56万元，企业所得税收入占总收入比重52.55%，已超越增值税成为区局征收第一大税种。重点税源企业支撑效果明显，实现收入412832.05万元，占总收入的比重为71.65%，比上年同期增长37.62%。批发业、零售业、汽车制造业、货币金融服务业以及电信、广播电视和卫星传输服务业等前五行业入库税收均超5亿元，占总收入比重达80.88%。内资企业及港、澳、台商投资企业两大经济类型累计实现税收收入482951.32万元，同比增幅17.83%，占总收入比重83.82%。

【营改增试点】 2014年，开展铁路运输业、邮政业和电信业营改增工作，其中铁路运输业2户，邮政业1户，电信业25户。针对营改增户数少、体量大特点，对一些营改增重点企业单独进行政策宣传辅导，对部分企业提出的总分机构增值税汇总缴纳申请、转供电费用抵扣等问题逐一保障落实到位，确保营改增重点企业税制转变期间内的顺畅过渡。

【税收管理改革】 2014年，按照省局《税收职责清单》上线工作要求，调整部门职责，将税收业务划分为执法事项和服务事项两大序列，清理明细事项329个，取消业务流程的调查节点157个和业务流程的审批节点46个，打破一一对应的管户关系，明晰税务机关与纳税人的责任、义务，确立区局纳税服务“一体化”和风险管理“一条龙”新的征管格局。

【纳税服务】 2014年，以总局开展“便民办税春风行动”为契机，结合纳税服务规范和省局税收职责清单，努力提高区国税局纳税服务水平。对办税服务厅出新、整理，对办税窗口进行科学合理布局，进一步优化办税流程，纳税咨询、登记、发票、申报、审批、投诉等6个方面全面提速。规范咨询，加强服务确定性，配置3名业务骨干专门负责特服号工作，明确各部门副科长负责特服号转办事宜和疑难事项办理。2014年，区国税局代表南京市在全国副省级城市纳税人满意度调查中位列第四。

【税收征管】 以风险管理为导向，进一步夯实征管基础。从税户信息维护、数据清理等工作入手，为风险管理做好基础工作；加强对欠税、普通发票的管理；运用第三方信息，自主开展股权转让、医疗器械批发行业等项目的评估，区国税局全年风险应对1027户，总成效达24110.38万元。 （孙　吴）

·地方税务·

【概况】 2014年，全年入库税收272767万元，同比增收24097万元，增长9.69%；坚持税费"同征、同管、同考"，入库各项费金3783万元。2014年，玄武地税分局以"优化机制提质效　打造精品创特色"为目标，深入推进征管改革，不断优化纳税服务质量。9人在系统能手竞赛中获得能手称号；4人通过注册税务师资格考试，1人通过注册会计师资格考试，通过人数系统第一；"三师"比例从3年前15.6%上升到26.77%。征管科和科技发展科被表彰为市"巾帼文明岗"和市"工人先锋号"，庞敏被评为区"巾帼岗位明星"，庞敏和于婧被评为"玄武好青年"。玄武地税获省地税系统2013年度依法行政示范单位，区争创无职务犯罪活动先进单位、区机关先进基层党组织等荣誉。

【税种征管】 通过多形式宣传、多类别辅导、多窗口申报，完成年所得超过12万元个税申报10181人，多处所得申报率33.6%，补缴税款419.85万元，多处所得补税面和补税额在全市名列前茅。突出变化要点、抓好内外培训、跟踪问题应对，多举措做好企业所得税汇算清缴，区5090户企业所得税征管户100%实现准期申报。比对数据确保核定征收的准确性，对1644户核定征收企业主营业务情况进行全面梳理，加强企业所得税核定征收管理。开展"营改增"税户信息比对，完成23户电信业"营改增"认定工作，清查入库营业税123.6万元。结合契税征收的交换数据，对288户企业开展房产土地税源核查，推送未做房产土地登记以及登记差异较大的疑点信息，入库房产土地税255万元。针对外籍个人扣缴申报工薪所得低于同行业、同国籍、同企业规模平均收入，筛选20个典型户开展自然人风险应对。

【税源监控】 加强税户管理力度，系统分析区内多头注册非正常户构成，从控制新增多头注册户入手，规范新增非正常户认定以及非正常户解除，清理率77.78%。建立"基层应对反馈、科室政策复审、局长审核把关"注销管理机制，从程序和实体上规范操作，通过国地税数据交换平台和联办窗口数据信息共享，与同级国税部门建立制式交换渠道，加强对企业注销联合力度。提升行业管理效能，加强劳务行业管理，按季报送开票资料，抽查业务发生的真实性，规范发票开具及差额扣除。按行业建立"12345"诉求分析机制，进行多维度分析，以点带面提升管理效能。指标监控采取常态化管理方式，各所纳入日常监控，科室注重监控分析和评价类指标监控，及时发现征管中的薄弱点，提高税源监控水平。

【发票管理】 建立"纳税人和管理所两个层面提请、征收扎口操作"的核查维护机制，实现核查与操作两分离。构建"管理所核查为主、临时调整为辅"的发票限额设置模式，满足不同纳税需求的发票限额设定，定额发票领购户数从480户下降至348户。在纳税人办理发票事项时，即时提出明细控制申请，同步进行明细控制设置，全面完成发票明细控制。利

6月12日，玄武地税"心廉心"艺术团社区行

用发票监控平台，按季对领购发票长期不使用、发票月供量过大、发票领购异常等多种情况及时跟踪，对1079户次920条异常信息进行分类清理。

【风险应对管理】 通过分层分级培训、下发风险指引和指标反馈模版等多项举措，不断提升风险应对能力。将风险复审与执法督察、执法监察相结合，实现风险应对标准化。鼓励和倡导各所开展自主复审，在绩效考核中分类体现复审情况，提升风险应对的质效。全年应对风险1068户，应对税款9224.83万元；复审100户，复审税款1207.66万元；接受市局复审8户，复审税款116万元。注重进度，统筹任务推送，确定月度应对量，季度内均衡推进，特定事项所专项应对，确保风险按期应对。

【社保基金费征缴】 将基金（费）的征缴考核统一纳入"收入任务考核管理办法"之中，与税收同征、同管、同考，做好信息维护和比对，协调与区残联的数据互传，应对好扩面中的投诉反馈，大力推进征缴，全面超额完成市局下达的基金（费）征缴任务，组织入库残保金2170万元，工会经费861万元，防洪保安资金752万元。完成1056户社保陈欠户的催报催缴和736户欠费户的分类认定。

【税收执法督察】 创新督察工作举措，将税收执法督察与防范廉政风险结合，三险同防开展风险提示应对、同步实施追究反馈，围绕风险应对复审、行政处罚复查、街道代开发票税收管理、房产税变动异常核查、个税完税证明开具管理五个方面展开，共梳理通报8个风险点76户次，27人次在三级绩效扣分，行政执法规范度明显提升；优化督察工作方式，抽调18名各级人才库成员和部门骨干成立联合督察专业团队，优化督察工作方式，通过查前培训、查间分析、查后研讨等方式提高督察能力；改进督察工作方法，扩大干部对执法督察的参与度，促进执法督察工作更加贴近日常管理，发现执法工作中的疏漏，规范政策执行和操作流程。

【纳税服务】 2014年，主动推出代开发票免填申报表的业务，纳税人仅需口述开票金额，由前台打印申报表的服务方式在全市范围内推广；推出新办户涉税提醒服务，对于初次申报的税种、申报时间、领取CA的时间以及如何办理发票领购手续等在领取税务登记证环节进行详细告知，通过提醒避免新办户首次未按期申报的问题，征管之间的衔接更加有效；主动对接和参与青奥组委会活动和会议6次，协助组委会及时办理营业税减免税备案、个税申报，研讨门票发售用票方案，解决组委会门票发售和市民发票需求的实际问题；立足产业园开展个性服务，走进徐庄软件园开展特色培训3期，开办"新办纳税人学校"6期，培训120人次；建立快速应对投诉处理渠道，提供"网上、电话、上门和信箱"维权途径，简化核查取证流程，全年妥善处理80件各类投诉。在举报查处回复中，对案件进行多方位、多角度的综合对比分析，开展多部门参与的案件分析会，保证核查方向的准确性，把握核查重点，查处结案37件举报，查补税款28.5万元。

（张　芳）

南京六朝博物馆——建康城城墙遗址

经济管理与监督

Economic Management and Supervision

- 宏观经济管理
- 国有资产监督管理
- 金融与投资管理
- 工商行政管理
- 物价管理
- 审计
- 统计
- 质量技术监督
- 安全生产监督
- 食品药品监督

责任编辑　顾　坚

宏观经济管理

【主要经济运行情况】 地区生产总值平稳增长。2014年全区实现地区生产总值482.51亿元，可比价同比增长10.3%，从产业构成来看，二、三产比为5.38:94.62，产业结构不断优化。其中：第二产业增加值25.94亿元，可比价同比下降7.9%；第三产业增加值456.57亿元，可比价同比增长11.5%。批发零售贸易业发展稳中有增。全区实现社会消费品零售总额390.7亿元，同比增长13.2%，增幅略高于全市水平。一是商贸企业入驻各园区。2014年12月，玄武区从外区引进"江苏盛世欣兴格力贸易有限公司"入驻徐庄软件园，该企业2014年实现商品销售额近100亿元，其中零售额近10亿元。"江苏柯菲平医药股份有限公司"迁入徐庄软件园，"江苏三创商贸有限公司"迁往孝陵卫汇通达大厦。2014年商贸企业向园区发展已成为一种趋势。二是服装和电脑两类商品拉动全区消费。服装和电脑是玄武区销售最旺的两类商品。2014年全区限上贸易单位服装、鞋帽、针纺织品类商品零售额67亿元，同比增长达20%，是限上单位零售最多的商品种类，其中"德基广场有限公司""好享购物""南京商厦""苏美达集团""金鹰天地""爱婴岛""孩子王（中国）"7家单位服装、鞋帽、针纺织品类商品零售额达60亿元，占全区限上单位该类商品零售额90%。三是文化办公用品企业成为玄武区社零重要支撑。2014年，全区限上贸易单位文化办公用品类商品零售额达30亿元，同比增长17%。"好享购物""江苏凤凰文化贸易""紫宵纸业""新华海科技产业""美承数码""苏创汇"6家贸易单位文化办公用品类商品零售额20亿元，"新华海科技产业""美承数码""苏创汇"均为全区社零做出重要支撑。重点服务业行业间发展不均衡。1~11月，全区规模以上服务业企业定报户297家，营业收入382.3亿元，同比增长0.8%。其中，水利、环境和公共设施管理业营业收入5.6亿元，同比增长144.2%；文化、体育和娱乐业营业收入15.1亿元，同比增长25.9%。交通运输、仓储和邮政业营业收入较上年持续下降，1~11月营业收入60.4亿元，同比下降38.6%。从规上服务业10个行业门类营业利润角度分析，区信息传输、软件和信息技术服务业，租赁和商务服务业，科学研究和技术服务业，水利、环境和公共设施管理业，卫生和社会工作5个行业门类营业利润较上年同期正增长，增幅分别为9.6%、3.2%、23.6%、82.5%及66.8%。其余行业较上年同期均盈利下降，交通运输、仓储和邮政业营业利润-12.8亿元，与上年同期-12.7亿元亏损额基本持平。从应交增值税指标分析，全区规模以上服务业单位1~11月应交增值税3.6亿元，同比增长7.4%。其中，交通运输、仓储和邮政业，文化、体育和娱乐业受"营改增"政策拉动，1~11月应交增值税分别较上年同期上升311.6%和144.5%。服务外包执行额完成15.94亿美元，同比增长30%，其中离岸外包执行额完成5.93亿美元，同比增长34.9%，外贸出口总额完成27.67亿美元，同比增长36.6%。实际利用外资完成1.7亿美元，同比增长12.7%，全年引进注册资金千万元以上企业184家。

固定资产投资总体平稳增长。全区固定资产投资稳中有升，楼市发展趋势向好，全区固定资产投资完成111.59亿元，同比增长2.4%，完成年度计划111.6%，其中：城镇固定资产投资完成53.47亿元，同比下降21.8%；房地产开发投资58.13亿元，同比增长43.2%。一是城镇固定资产投资增速同比下降。城镇固定资产投资增长同比下降，全年累计完成投资53.47亿元，其中建筑工程39.46万元，安装工程7.5亿元，设备工具器具购置1.10亿元，其他费用5.35亿元。截至12月底，全年城镇固定资产投资500万元以上新开工项目34个，年内竣工投产项目38个，新增固定资产52.77亿元。二是房地产开发投资快速增长。全区累计完成房地产开发投资58.12亿元，同比增长43.2%。其中，住宅完成投资29.11亿元，同比增长81.2%；办公楼完成投资4.56亿元，同比下降29.0%；商业用房完成投资12.01亿元，同比增长27.4%；其他完成投资12.43亿元，同比增长43.6%。

工业总产值缓慢增长。全区规模以上工业企业累计完成总产值38.67亿元，同比增长3.73%，其中，12月当月完成产值4.61亿元，同比下降19%；主营业务收入33.22亿元，同比增长1.67%；利润总额3.30亿元，同比减少6.53%；利税4.23亿元，同比减少1.49%。一是各种登记注册类型企业发展不均衡。国有企业完成产值1.98亿元，同比减少2.13%；股份制企业13.03亿元，同比增长0.70%；外商及港澳台投资企业23.66亿元，同比增长6.01%。二是各种工业经济行业发展不均衡。重工业企业生产状况优于轻工业。轻工业产值2.72亿元，同比减少0.6%；重工业产值35.95亿元，同比增长4.1%。三是工业产品产销率略有上升。区规上工业企业产品现价销售产值38.52亿元，同比增长2.45%，产销率为99.61%，比上期提高0.01个百分点。

消费品市场运行中存在的问题。一是全区社会消费品零售总额缺少新的增长点。2014年，全区6户社会消费品零售总额超过10亿元单位（“德基广场”“高速公路石油”“苏美达集团”“好享购物”“特易购商业（江苏）”“孩子王（中国）”）完成社零176亿元，占全区社零45%。全区社会消费品零售总额和增幅依赖龙头企业快速增长，2012、2013年好享购物都以20%的增幅增长，2014年德基广场以30%的增幅带动全区社会消费品零售总额增长。全区社会消费品零售总额集中于这6户企业，而这6户企业均已经过成长期，很难再高速发展，全区挖掘新的社会消费品零售总额增长点迫在眉睫。二是住宿和餐饮行业的限上单位社会消费品零售总额持续负增长。虽然2014年玄武区住宿和餐饮业社会消费品零售总额增幅为5.1%，但是其中限上单位社会消费品零售总额增幅仍为-12.6%，仍属于下滑局面，预计2015限上住餐企业仍将拖累整个住餐行业发展。

促进消费品市场持续发展的措施建议：一是抓住机遇，努力发掘新的增长点。充分利用商贸企业向园区发展的机遇，在各园区认真梳理筛查，寻找出像“江苏盛世欣兴格力贸易有限公司”的大型企业，加强走访和行政指导，挖掘出新的社零增长点。二是社零发展要走综合发展的道路。利用玄武区科教人文优势，大力发展电子商务，帮助小微企业发展电子商务，形成一定的电子商务产业规模。促进德基广场、好享购物、孩子王等一批已经具备综合发展能力的企业跨上新台阶。进一步完善珠江路电子一条街经营，在珠江路逐步增加餐饮、文娱、教育的营业面积。

四城区主要经济运行一览表

单位：亿元

四城区	地区生产总值		社会消费品零售总额		全社会固定资产投资		规模工业企业总产值		人均可支配收入（元）	
	总量	增长(%)	总量	增长(%)	总量	增长(%)	总量	增长(%)	总量	增长(%)
玄武区	482.51	10.3	390.72	13.2	111.59	2.4	38.67	3.7	47375.5	8.7
秦淮区	567.21	10.4	759.86	13.2	200.34	8.4	184.70	6.3	43306.2	8.7
建邺区	253.72	10.6	158.15	14.1	372.59	8.0	13.85	-45.2	41481.2	8.8
鼓楼区	906.95	10.5	715.53	13.3	254.46	10.7	139.13	3.7	46596.6	8.9

【目标分解】 加强经济运行监测。2014年市综合考核目标四大类、44条和附加分指标12条，区目标108条。为确保市指标和区目标完成，由区发改局年初牵头汇编《玄武区2014年重点工作》，包括区目标、重点产业项目等6个方面的具体目标任务，把每项重点工作分解到具体责任单位，并落实到具体责任人，做好目标分解同时，通过区目标管理系统进一步加强各指标和目标完成情况量化管理和监测。

【目标任务考核】 强化目标倒逼机制。制定2014年全区现代化建设目标考核办法，按照街道（园区）、部门的考核体系，进一步细化目标考核，以考核倒逼各项目标的推进，增强扎口部门责任意识，突出责任单位服务意识，考核促进各项目标任务落实，强化各单位完成计划目标责任感和紧迫感。

【全区综合改革工作】 2014年，成立玄武区全面深化改革领导小组，推进全面综合改革工作。区委常委会先后4次专题研究推进综合改革工作，制定出台《玄武区关于全面实施综合改革工程“1+2+9”重点任务的意见》《玄武区关于进一步推进全面综合改革工作的意见》《玄武区综合改革工作阶段性重点任务清单》等文件。“1+2+9”：“1”是全力推进玄武区城市治理全覆盖改革。“2”是加快实施两项民生改革任务（以优化布局为重点，实施教育均衡化改革；以社区“去行政化”为重点，深化街道中心化改革）。“9”是统筹推进九项重点改革任务（推进科创特区管理制度改革；完善上市企业金融服务；推进重点企业服务改革；深化政府资产运营风险防控体制改革；推进国资平台人员管理改革；推进征收系统事业单位改革改制；完善干部初任考核机制改革；推进基层社区医疗单位人员优化配置改革；建立完善绩效考核指标体系）。年内，全区12项重点改革任务中，完善上市企业金融服务、推进重点企业服务改革等6项改革任务全面完成。承接的第一批市区改革任务对接清单中，17项任务有2项已完成。2014年由区发改局牵头，完善改制企业操作流程，规范企业改制程序。同时区委区政府进一步明确改制小组及成员单位职责，修改印发区企事业单位产权制度改革实施办法、改制小组及成员单位工作职责。全年完成新街口华力输变电公司改制、区环卫所事改企工作,继续推进征收系统事改企,以及国有企业退出等改革改制工作,同时区发改局等相关部门加强对已改制企业服务,维护改制企业稳定。(鲁 琳)

国有资产监督管理

【概况】 2014年,玄武区政府国有资产监督管理办公室(以下简称区国资办)按照南京市统一部署以及玄武区委、区政府做大做强盘活国资平台和规范国有资产管理政策要求,发挥国有资本基础支撑、战略引导、公共服务功能,增强国有经济活力、控制力,坚持有利于政府对其所出资企业实施有效监督,提高融资能力、理顺职责关系为重点,推进玄武区现代化建设进程,最大限度实现国有资产保值增值。进一步防范融资风险,加强规范融资项目台账管理,动态反映和分析融资项目的资金使用、项目建设、营运情况和还款责任情况。截至2014年底,国有企业资产总额72.35亿元,同比增加33.46%;负债49.36亿元,同比增加43.03%;所有者权益合计为22.99亿元,同比增长16.70%;行政事业单位资产总额26.24亿元,同比下降8.83%;固定资产总额13.08亿元,同比下降3.03%。

【国有资产监督管理办法出台】 2014年,区国资办根据国家、省市区相关规定,结合全区实际情况,制定《玄武区区属国有企业银行结算账户和资金管理暂行办法》《玄武区区属国有企业人力资源管理暂行办法》《玄武区区属公有房屋出租管理暂行办法》等5个国有资产监督管理办法,征求相关单位意见,报区委、区政府审批后施行。

【国有企业财务监管】 建立逐级企业财务监管体系,形成有效的国有资产运行跟踪分析和监测机制。按时上报区属国有企业报表,进行分析评价,准确把握区属国有企业经济运行状况。2014年,对区属国有企业年报按逐级委托制进行审计,对区属8家一、二级平台国有企业2013年度财务报表进行审计,出具审计报告和管理建议书17份。二级平台国有企业对其投资控股的国有企业2013年度财务报表进行委托审计工作,审计报告报区国资办备案。

【国有资产管理业务培训】 5~6月,分批组织区行政事业单位财务、资产管理人员进行2013年度资产集中录入与"玄武区国有资产监督管理系统"使用业务培训。7月,"玄武区国有企业资产管理系统"投入使用,同时对国有企业相关人员进行业务培训。

【产权登记与发证】 根据省、市《关于开展事业单位及事业单位所办企业国有资产产权登记与发证工作的通知》(苏财办资〔2014〕3号、宁财资〔2014〕429号)文件精神,组织开展区事业单位及事业单位所办企业国有资产产权登记与发证工作核对核查,完成全区事业单位及事业单位所办企业国有资产产权登记与发证工作。

【国有资产管理改革】 2014年,根据南京市《深化国有资产管理改革实施方案》,制定《玄武区国有资产管理改革实施方案》《玄武区国有资本从传统工商业领域退出的实施办法》《玄武区国有资本退出设计、施工、监理、养护、环卫、园林、审图、咨询等领域的实施办法》等。积极稳妥推进国有资本从传统工商业,以及设计、施工、监理、养护、环卫、园林、审图、咨询等领域退出工作。完成对区属国有企业、集体企业清查摸底;对区属企业按竞争类、功能类及公共服务类分类工作,为下一步深化区国有资产管理改革工作打好基础。

【重点项目助推】 2014年,加强组织协调,推进区国有资产重点项目运作。协助区国有(集体)企业在园区建设、科技投入、城市管理等方面充分发挥国有资本优势,推进玄武区重点项目建设,推动产业转型升级,为区二级平台公司重点项目运营积极做好引导、协调、监管与保障工作。

【债权债务清理】 2014年,加大债权债务清理工作,完成全区130家债权债务清查工作。成立由区主要领导担任组长,相关单位主要领导为组员的"债权债务清查工作领导小组",制定清查实施方案、聘请中介机构对各单位自查结果审计核实、审核梳理审计机构债权债务清理审计报告。严格审核,审计把关。梳理出5~10个长期难以解决的历史遗留债权债务问题,作为解决疑难问题突破口,成立债权债务专设机构,规范、推进债权债务问题管理工作。

【社区用房清查】 3~4月,对全区社区服务用房进行调查摸底,发现社区服务用房管理比较混乱,无产权、权属不清现象较为严重,为规范玄武区社区服务用房管理,区国资办对区属社区用房进行清查与梳理,并成功办理南京市首例社区用房产权无偿移交地方政府的案例,为解决社区办公用房权属问题与统筹社区配套管理用房使用,提供新的思路与成功经验。

【公有房屋出租出借清查】 完成区属国有(集体)企业公有房屋出租出借清查工作。7月,区国资办制定《玄武区区属(集体)企业公有房屋出租出借清查实施方案》及有关表格资料,完成对区属(集体)企业公有房屋出租出借清况清查工作。截至6月30日,全区有31家区属国有(集体)企业参加本次公有房屋出租出借清查,全区区属国有(集体)企业公有房屋各单位自查出租面积197776.40平方米,核查面积为206081.13平方米;自查出租收入3647.18万元,核查出租收入4767.51万元;出借849.1平方米。

【公有房屋招租管理】 8月,制定《玄武区区属公有房屋出租管理暂行办法》,对玄武区区属公有房屋实行公开招租,集中管理。成立区领导任组长、副组长,区国资办、检察院等相关单位主要领导任组员"玄武区规范公有房屋出租出借领导小组",在区国资办设领导小组办公室,负责全区公有房屋出租出借活动。根据《玄武区区属公有房屋出租管理暂行办法》,区国资办委托有资质的中介机构,对玄武区公有房屋所在区域、地段,对房屋出租价格进行评估,作为区公有房屋出租价格参照;委托江苏长三角技术产权交易中心等公众交易平台,对全区行政事业单位及区属国有企业公有房屋进行公开招租,实行市场定价,集中管理;规范公开出租出借流程及相关资料,制定统一公有出租审批表、合同等,各单位统一报区国资办审核后,由玄武区长三角交易中心等公众交易平台公开招租,区国资办和第三方签定合同。 (石初和)

金融与投资管理

·金 融·

【概况】 2014年,区金融办围绕全区经济工作重心,构建多渠道融资平台、帮扶企业上市。在推动企业上市中,抓住IPO重新开闸、新三板扩容等机遇期,对拟上市企业走访并加大帮扶力度,及时梳理、解决企业反映的困难和问题。全年有2家企业在境外挂牌上市,6家企业在新三板挂牌。全力做好企业融资服务。针对不同企业需求,广泛邀请银行、小贷、担保、信托等各类金融机构举办多场对接会。利用江苏长三角技术产权交易中心等科技金融综合服务平台,定期邀请有股权融资需求项目单位和天使投资机构进行面对面对接,拓宽企业和项目融资渠道。监管金融市场。严格按照上级部署和要求,强化与公安、工商等部门协调联动和信息共享,对区内担保公司和小额贷款公司进行业务指导,打击和处置非法集资行为,全年全区未发生严重非法集资案件。

【上市企业】 2014年,区金融办对拟上市企业加大帮扶力度。年初制定拟上市企业走访计划,邀请区分管领导带队走访拟上市企业。针对企业提出的困难和问题,及时梳理、归纳并提出解决方案,编印"拟上市企业简报"。健全工作机制,做实"培育一批、申报一批、上市一批"的梯队模式。全区已形成一批具有一定规模和竞争优势的拟上市企业。2014年,中生联合、途牛2家企业在境外挂牌上市,亚奥科技、智达康、万企达、建策科技、水治理、东来办公6家企业在新三板挂牌。年内重点培育企业11家,其中进入报会阶段企业有德乐科技(公司信息已预披露)、幸福蓝海;在省证监局辅导备案有万企达、赛特斯;向新三板申报材料有常荣声学;有上市意向并已股改的公司有柯菲平医药、中创水务、骏环昇旺等;其他有上市打算的优质公司有国瑞信安、速度中国等。

【金融服务】 江苏长三角技术产权交易中心是玄武区着力打造的科技金融综合服务平台,在推出创新创业企业融资报价系统(C板)以来,受到企业高度关注。打造线下企业项目路演平台——"骡马会"。"骡马会"是交易中心为股权融资项目的线下路演活动打造一个线上线下互动平台。交易中心定期邀请有股权融资需求项目单位和天使投资机构进行面对面对接。"骡马会"每周举办1期,已有30多个团队和IDG资本、软银中国、凯风创投等30多家知名创投机构参与,有6家企业和风投达成合作意向。参与组织各项活动和培训。区金融办作为协办单位参与由省经信委组织的中国江苏中小企业创新创业大赛。牵头组织举办企业管理等专业培训,以及珠江路科技街中小企业专场、北京银行知识产权质押贷款专场等各类银企对接会20余场。截至12月底,C板挂牌企业已达75家,其中拟上市企业6家，南京市“321”人才计划企业15家，聚集券商、银行和风投等各类机构80多家。

【项目融资】 2014年，全区累计完成融资17.73亿元，其中，南京市玄武区国有资产投资管理控股(集团)有限公司7.75亿元，南京玄武城建投资发展有限公司2.28亿元，南京铁北实业投资有限公司3亿元，南京紫金(玄武)科技创业特别社区建设发展有限公司1.5亿元，南京玄武投资有限公司3.2亿元。

民国建筑保护修缮——徐悲鸿纪念馆

【金融监管】 2014年，区金融办根据省、市监管业务要求，加强对担保公司和小额贷款公司业务指导，完善监管机制，健全各项制度，规范管理流程，确保玄武区范围内不发生系统性经营风险。同时按照省、市关于打击和处置非法集资要求，强化与公安、工商等部门协调联动和信息共享，加大防范宣传，提高群众防范意识和能力，向街道、园区发放各类防范非法集资宣传品200多份，确保社区全覆盖。

(郑欣然)

链接

企业融资报价系统(“C板”)

江苏长三角技术产权交易中心是集“债权融资服务平台、股权融资服务平台、技术产权服务平台和项目申报服务平台”于一体综合性金融服务机构。2014年，交易中心针对大量中小微企业暂不符合上市条件、没有良好融资渠道但又急需资金的现状，及时推出创新创业企业融资报价系统(“C板”)。

融资报价系统对挂牌企业形态、所有制成分和所处行业均不做限定，但融资报价系统的挂牌企业均是经过交易中心严格审查，信息披露内容均有据可依，为企业实现融资、交易提供便利，为高科技、高成长企业提供融资渠道，得到更多投资者关注。该报价系统定位为企业上市的孵化市场，为主板、创业板、新三板提供优质企业来源，为非上市公司提供资本市场所特有的专业化服务，为有限公司提供更多直接融资机会，为中小微企业提供综合融资服务，探索解决中小微企业融资难、融资贵等问题。该报价系统已成为拟上市企业“热身场所”，企业通过在融资报价系统挂牌，提前接受专业机构辅导、培育和孵化，规范企业发展壮大。由于市场转板机制灵活，进出相对自由，既可以向新三板进军，甚至可以直接向创业板、中小板冲刺。交易中心还将通过加强与区域性银行、小贷公司、担保公司等金融服务类企业合作，并通过互联网金融等创新手段和创新金融产品，为挂牌企业提供更加优惠和便利综合性金融服务。

·投　资·

【概况】 2013年3月，玄武城建投资发展有限公司(简称：城投公司)成立，公司初始注册资金为2亿元，2013年10月增资至2.5亿元。主要从事城市建设投资项目管理、基础设施建设项目投资等，为区政府国有独资企业。

【百子亭环境综合整治项目】 截至2013年9月底，项目一期及二期原预算近7亿元资金到位，保障项目实施。2014年6月，百子亭项目征收接近尾声，城投公司与市规划、国土等部门沟通，拟以征后未拆程序将南片历史风貌区保留建筑转移至玄武城投公司名下，2014年3月办理规划选址及保留房屋产权过户手续，并启动民国建筑保护性修缮等前期工作，同时推进项目招商工作，3月，与木兰文化基金、新加坡大华银行、中南集团等进行深入对接，积极商讨合作方案。

【月苑社区服务中心项目】 月苑社区服务中心位于月苑南路3号，项目占地面积为8438平方米，规划建设建筑面积约14408.59平方米，该项目由新月房地产开发总公司和华仁集团联合建设，已完成主体工程13419.28平方米，其中地上部分为11451.49平方米，包含2011年前建成7087.47平方米，剩余1000平方米的地下室未建设。经与区发改局多次协商，达成《补充协议》，该物业由城投公司持有，剩余工程由华仁集团继续建设。该项目于2013年7月重新开工建设，2013年11月底整体工程完工。2014年，经与消防、人防及市规划局和住建委等部门多次磋商，工程竣工验收结束，房屋产权证办理完毕，办理过户手续，北侧房屋招租及交房工作完成，年租金358万元。

【仙鹤门002号地块和004号地块上市】 2013年5月，市政府批复原则同意将仙鹤门002、004号2个地块作为百里风光带（玄武段）建设捆绑用地。获得批复后，城投公司积极推进相关地块上市运作，先后组织专业设计策划公司对仙鹤新天地北侧地块和004号等地块进行城市设计，经与市规划局多次沟通，004号地块容积率由1.6提升到1.75。2014年5月20日，在市国土局网站上开始公示，出让面积为78903.6平米，6月20日下午召开挂牌现场会，经过15轮竞价，最终被奥克斯地产以16.6亿元竞得，楼面价12022元每平米，溢价率为9.07%。2013年12月，仙鹤门新天地北侧地块（002号地块）仙鹤门地区城市设计通过专家评审，为完善综合配套服务功能，更好地辐射周边的居住区，提高土地价值，城投公司向市规划局申请调整规划控详，控详调整方案经市政府会议审批通过。

【兰园集贸市场改建】 2014年，城投公司按区政府的指示，本着互利互惠、共同发展原则，经过充分的可行性研究和相互协商，与兰园市场成立南京市玄武区兰园集贸市场管理公司，投资1500万元对兰园集贸市场进行改造后运营。

【红山小营村门面房项目】 红山小营村经济房项目（紫金墨香苑），由玄武区城建发展有限责任公司承建，2013年12月竣工交付，城投公司下属子公司购置25间沿街商铺，同时与红山街道协商共同打造服务周边百姓的邻里中心。门面房出租采用公开竞价模式，作为一种创新的国有资产处置方式在南京尚属首次，活动反应热烈，租赁价格有较大的提升，实现国有资产的保值增值。 （周永波）

工商行政管理

【概况】 2014年，工商玄武分局以商事制度改革为重点，落实五大职能，完成各项目标任务。全年新发展私营企业2883户，个体工商户2503户，注册资本110.22亿元，其中注册资本1000万元以上企业197家。2014年，工商玄武分局对照《法治工商建设评价指标体系》要求，建立“法制园地”资料库，汇总历年培训视频资料、法律文书和执法提示，制作出台一般程序案件流程图及要点解析、常见案件取证要点、简易处罚模板、文书填写要点、编号规则等日常指导文件。按季度开展日常执法专项检查和绩效考核，全年处理行政复议6件、行政诉讼12件。2014年，工商玄武分局获区安全生产工作先进单位、依法治区先进单位、区廉政文化示范点、区争创预防职务犯罪先进单位等称号。

总结党的群众路线教育实践活动经验，制定12项整改制度，举办“媒体工商基层行”“工商开放日”“廉政谈话”等活动。邀请中国外商投资企业协会优质品牌保护委员会专家前来授课，培训“网络舆情引导与突发事件应对”等，增强干部综合素质，多人在“活力青奥、人文美城”书画摄影大赛、“一品青莲杯”勤廉青奥摄影大赛、全市注册登记制度改革征文比赛中获奖，“青奥会·工商爸爸去哪儿”策划被市级机关作协收录《分享青奥》一书。

【商事制度改革】 3月1日，工商玄武分局全面实行商事制度改革，先后推行注册资本认缴登记制、简化住所（经营场所）登记手续、“先照后证”、年检改年报、“多证联办、并联审批”等事项，落实“免征企业注册登记费”等优惠政策，激发主体创业热情。通过窗口公示、官方微博、QQ群、电话彩铃、区重点企业服务系统等多种渠道宣传改革措施，局领导带队赴东大科技园等单位宣讲改革政策，组织街道、企业代表参加国家工商总局改革宣讲会。市人大代表小组视察注册窗口，充分肯定玄武区改革落实工作。

【商标品牌战略贯彻】 2014年，工商玄武分局开展“护航品牌”活动，为商标企业开展“一企一策”帮扶，依托街道和园区等平台开展专题培训，重点培训如何申请商标注册、申报驰著名商标等内容。全年指导企业申报省著名商标9件，其中7件被申报至省工商局，最终公告获得省著名商标5件，培育并申报市著名商标16件，注册国际商标14件，全区有效注册商标突破7000件，“1912”被国家工商总局评为驰名商标，为6家企业的农产

1月21日，工商玄武分局为获奖商标颁发政府奖励基金

品商标和马德里商标注册共申请市财政支持3.4万元。

【青奥会服务保障】 制定《全面加强迎青奥行政执法保障工作实施方案》等11项工作方案，工商玄武分局围绕场馆、市场、景区和重点道路等67处重点区域，做好知识产权保护、广告管控、证照管理、打击传销、消费纠纷处置和市场专项整治等工作，同时发挥微信平台信息即时传递作用，实行“7×24小时”值班备勤和全天候巡查执法。青奥会期间出动执法人员1462人次，检查经济主体8110户，开展联合执法30次，查处侵犯青奥会知识产权案件17件。南京火车站户外广告管控工作得到国际奥委会官员“应授予金质奖章”赞誉，4个部门、10名个人获全市工商系统青奥会服务保障工作先进集体和先进个人称号，工商玄武分局被市委、市政府评为“第二届夏季青年奥林匹克运动会先进集体”。

【重点领域监管】 2014年，工商玄武分局把握好“青奥会”“国家公祭日”和“公共文明指数测评”3项重点工作，集中对食品安全、证照管理、交易市场、行政执法等领域加大监管力度，开展房地产、珠江路电子产品市场、互联网和电视购物广告等各类专项整治，联合职能部门做好禽流感防控、打击传销等综治工作，全年查处疑似传销活动6次，查处各类经济违法案件445件，案值230余万元，罚没450余万元，案件类型涵盖食品安全、产品质量、商标侵权、不正当竞争等多个领域。

【放心消费环境创建】 2014年，工商玄武分局成功协办“省市3·15国际消费者权益日广场活动”，应江苏电视台“德行天下”栏目邀请，参与录制新《中华人民共和国消费者权益保护法》解读节目，开展新法培训14场，新增维权服务站4个，吸纳维权志愿者10名。约谈省广播电台、苏宁易购等新媒体购物平台，赴宿迁学习京东商城客诉处理经验，指导好享购物完善“品质之声”栏目，通过电视公开回应消费者。推动“12315”中心与“12345”平台无缝对接，E通315平台运行良好。规范网络交易行为，9月，国家工商总局消保局副局长黄建华调研区重点网络交易平台消费维权工作。全年抽检各类商品84批次、食品311批次，受理“12315”中心、“12345”平台等申（投）诉、举报案件21959件，为消费者挽回经济损失近500万元，妥善处置西祠婚博会等群体性投诉46起，为食品安全举报人员申请奖励5023.5元。

（王小飞）

物价管理

【概况】 2014年，区物价局加强对“两个目标”责任制组织领导，根据《2014年全市稳定价格和治乱减负目标责任分解落实意见》精神，印发《2014年玄武区稳定价格和治乱减负目标责任制实施意见》，把平价店建设、农贸市场管理、教育和医疗收费管理、市场价格监管等16条目标责任细化分解，分管区长与24个部门和街道“一把手”签订《目标责任书》，并纳入各单位年终绩效考核。全年完成16家收费部门、169家收费单位《收费许可证》年审工作，对收费项目、收费标准、收费范围严格审查，取消公办中专艺术类学费收费项目、降低教育教学素质和能力测试费收费标准，继续免收婚姻登记费和档案收费。同时审核234个《收费许可证》，年审率和合格率均为100%。开展教育、涉车和房产专项检查，以及节日期间市场检查，加强价格法规宣传，规范明码标价。开展服务青奥会执法大检查和“价格五环”市场价格监测。规范平价店建设，加大巡查力度，发挥好稳价惠民作用。全年处理“12345”“12358”投诉举报案件682件。做好价格认证工作，发挥价格调解办公室调解争议作用。完成好政府采购电子产品价格监测任务。开展万人诚信征文和诚信格言征集活动，编印完成《点亮诚信的光芒》一书。

落实停车收费新规定，召开全区停车场管理人员业务培训会，及时更换全区119个停车场收费公示牌，组织全局干部参与停车收费检查指导，出台停车包月惠民政策。区物价局被江苏省物价局评为2014年度全省价格工作先进单位。

【市场价格监管检查】 2014年，区物价局在元旦、春节、清明、国庆等节日期间，做好与人民生活相关的商品价格监督检查工作，稳定市场价格秩序。完成2013年度教育收费专项检查。落实学前一年基本免费教育和外来务工人员子女就学收费政策，执行高中“三限”政策。严格控制民办幼儿园调价上涨幅度，上半年幼儿园调价备案3件，暂缓调价备案1件。开展商品房明码标价专项检查，严格执行商品房销售明码标价、“一房一价” 和“一价清”等规定，全年对18.5万平方米1360套商品房进行初审上报，引导企业合理市场定位。开展汽车行业收费专项检查。加强医药价格监管。取消11家非公医疗机构收费许可证。选择3家医疗机构和3家药店作为低价药品价格政策执行情况监测点，及时上报低价药品政策执行情况。加强对农贸市场的监管。坚持摊位费备案和公示制度，保持全年农贸市场摊位费基本稳定。

【青奥会物价监管工作】 2014年，玄武区成立价格监管工作领导小组和应急处置分队，加大行政执法巡查和处理力度，重点对大型购物超市、宾馆、旅游景点和场馆周边地区开展行政执法专项检查。青奥会期间，区物价局出动执法人员1370人次，检查商店6165店次，下发责令整改通知书231份，发放价格政策提醒函1610份，召开价格政策提醒会7次。及时受理查处举报投诉。青奥会期间实行24小时值班、24小时巡查、24小时结案应急制度。开展“价格五环”服务工作。监测人员从7月中旬开始，围绕“衣、食、住、行、玩”5个环节开展价格信息前期收集整理。每日通过“@玄武物价”发布，发布微博216条，其中原创微博100条，被转发评论486条，被点赞数95条，采集图片1300张，发布880张。

【平价店监督管理】 区物价局指派专人巡查，规范明码标价，督促每日及时上报数据，全年巡查约480店次。开展“百日整治”活动。局机关工作人员“一对一”开展监督指导，更换价格对比表和明码标价牌，举办平价店监管平台运用培训班5次，有效提高经营者业务素质。推进产销对接。多次到六合东沟、八卦洲红杜鹃等基地进行调研，召开产销对接会。区22家平价店，全年销售27种平价蔬菜475.97万公斤，总销售额2118.76万元，平均降价幅度低于市场平均价23%，为居民节省开支636.10万元。

【价格服务】 2014年，区物价局受理“12345”“12358”各类投诉举报案件682件，按行政处罚程序查处价格违法案件4件，实施经济制裁责令退款7.2万元、协调处理退款1.27万元，办理质量和满意度在全区月度考核中连续名列第一。区价格认证中心发挥价格认证服务职能，及时介入木马公寓爆炸案，提供受损物品价格认定。全年受理涉案财产价格认定227件，标的金额148.12万元，保证司法工作顺利开展。2014年，市局下达政府采购电子产品监测任务，区物价局在珠江路确立20个监测网点，5月，开始采取旬报制度，对纳入价格监测的笔记本、台式机电脑和打印机共233种不同规格和型号产品价格采集并上报，累计上报数据4116条，为全市政府采购电子产品提供参照价格。

【价格诚信建设】 2014年，区物价局联合区教育局在全区开展万人诚信征文和诚信格言征集活动，评选出185篇优秀征文和1800多条诚信格言，编印成《点亮诚信的光芒》一书。区“三信三优”评委会发展市级“三信三优”单位43家，省价格诚信单位1家。

【停车收费新规定落实】 2014年，区物价局为确保6月15日南

6月16日，玄武区举办停车收费管理培训会

京停车收费新规定落实，召开全区停车场管理人员业务培训会，统一制作新的收费公示牌，送到全区119个停车场并督导更换到位，组织全局干部参与停车收费检查指导。为缓解老旧小区居民停车困难，根据玄武区域内停车场地实际情况，多次与区城管局沟通协商，出台支路停车惠民收费标准。2014年新增6家社会停车场，45条道路停车场，新增停车泊位5338个。截至2014年底，全区有停车场230家，其中社会停车场128家，道路停车场102个。（韩素丽）

审　计

【概况】 2014年，区审计局履行审计监督职责，全年开展项目138项，查出不规范资金5.7亿元；对15个区重点建设项目开展全过程跟踪审计，审计资金18亿元；工程决算审计核减造价2393万元，核减率8%。审计提出91条建议均被采纳，有效促进被审单位加强内部管理。召开专题审计工作会议，组织学习《国务院关于加强审计工作的意见》以及全国审计工作会议等重要内容。年底组织为期40天冬训式集中学习，全员参训。邀请省、市专家和一线审计人员，开展专题培训和案例教学。8月，按照国家审计署、省厅及市局统一部署，派出4名审计干部到张家港参加全国土地出让金专项审计，出色完成任务，受到省厅表扬和肯定。区审计局获2013年度市政府性债务审计先进单位称号；2014年度区环境综合整治先进单位称号；区内审协会获2013年度市内部审计指导工作表扬单位。5月26日，省审计厅厅长顾树生一行到玄武区调研，对区审计局近年来工作给予高度评价。

【区域发展监督服务】 财政同级审计，加强预算管理。抽查10家部门预算执行情况，重点检查"三公"经费管理使用、城市维护税使用、预算执行等情况，以及2013年度审计整改情况专项调查，督促28个部门整改132个问题，纠正规范资金6.7亿元，缴入国库494万元，补缴非税收入1276万元。经济责任审计，增强干部责任意识。根据单位性质和审计规模不同，审计项目分为"ABC"三类：A类重点审，B类简易审，C类创新审，并将计划管理和分类管理、任中和离任有机结合，充分调动各方力量，实现经济责任审计监督全覆盖。全年完成经济责任审计项目18个。工程审计，控制造价，规范建设单位行为。紫金科创社区聚慧园项目、徐庄软件园研发六区项目、区法检大楼建设项目等重点跟踪审计项目全面推进，审计总资金近18亿元。在聚慧园项目跟踪审计中，针对制度建设及执行、立项与前期手续取得、招投标和签证变更审核、财务收入支出等几个方面内容进行重点审计，提出审计建议50条，有效促进项目管理。加大民生工程审计力度，派驻2名审计人员和10多名中介机构审计人员，现场开展小营村经济适用房决算审计，审计总资金15亿元，严格控制造价，为经济适用房结算提供依据。

【拆迁审计规范管理】 2014年，玄武区在全市范围内率先执行集体土地拆迁实施跟踪审计和信息公开新政，区审计局对6个集体土地拆迁项目开展全过程跟踪审计，审计总资金7亿元。结合每个项目具体情况，在全市率先制定跟踪审计操作细则，并得到推广。明确各方责任，将审计贯穿于拆迁全过程，采取六方联合确认机制，实现"逢拆必审，拆审同步"常态化工作模式，红山地区沈阳村、曹后四村2个项目正式动迁开始，15天全部拆除完毕，创造一项拆迁新记录。审计跟踪加快拆迁进度，确保拆迁工作公平、公正、公开。

【信息化审计水平提升】 7月，区审计局顺利通过联网审计系统验收，并首次在同级审中全面应用，同时成立部门预算审计信息化分析团队及预算执行审计核查团队，审计效率大幅提高。12月，团队成员开展信息化审计专题培训，提升审计人员计算机操作能力，在实践中得到发挥。

12月3日，区审计局主要领导带队开展紫金科创社区聚慧园项目跟踪审计

【青奥会审计保障】 区审计局派出7名干部组成审计组，对玄武6个青奥会场馆建设和资金使用情况进行为期5个月驻场审计，为青奥组委会保障资金把关。10月完成区属保障经费专项资金和会场馆零星工程审计。

【专项审计调查】 2014年，区审计局对区网点办、玄武房产总公司和拆迁办等10家单位进行清产核资，完成专项审计报告7个，摸清现有资产，盘清家底，规范拆迁管理核算。4月11日，协助市审计局对本级政府财政存量资金进行审计，促进用好增量资金，盘活存量资金。年内参与全区有关国企考核、节假日奖金发放、贯彻“八项规定”和小金库检查，7月3日，开展对业之恒公司、金银房地产公司遗留问题核查等专项审计工作。

【项目质量控制审计】 强化审理工作。制定审理工作办法，明确2名督察审理员专职负责审理，全年对22个项目进行全面审理，对5个单位进行行政指导。狠抓项目落实。全程把控审计项目进度，对每个项目进度进行张榜公布，督促各审计组按时间节点要求完成，对未能按期完成的项目，查明原因，加强追责，将压力传导到每个人，确保项目按计划完成。加大检查考核。针对库内中介机构，一方面采取平时测评和年终考核相结合方式，另一方面对中介机构开展的项目档案进行不定期抽查，严格把关，确保质量。 （姚 芳）

统 计

【概况】 2014年，区统计局完成对率先基本实现现代化各项指标的监测和分析、第三次全国经济普查登记等各项任务，实现统计改革有举措、基层基础有成效、统计品牌有影响、队伍建设有活力良好局面。

第三次全国经济普查登记工作，区经普办第一时间制定培训方案，编写贴近基层、贴近对象业务指南和工作流程图，组建业务培训师资队伍，并采取小规模、多场次、现场模拟和实地操作相结合的方法进行培训，达到“一听就懂、一看就会、一填就准、一审就对”的目的。严格依法做好经普登记工作，发现问题，及时核查，坚持依法普查、科学普查，严禁在普查数据上弄虚作假，确保普查数据准确真实。市、区经普办先后通报表彰60名“特别委屈普查员”、58名“特别奉献普查员”和57名“特别贡献普查员”。

【第三次全国经济普查登记】 2014年，区经普办按照普查方案要求的审核验收时点，市区街三级联动审核，对本区数据进行排重、审核、查询与汇总。在问题清单修改中，全区统一要求，加强与企业联系，不允许代报数据、不允许搞标准数据，不允许编造假数据。区经普办安排由专业科室负责“四上”单位的核对工作，并跟踪整改到位情况。对数据审核验收及排重过程发现的个案问题，由区经普办专人负责，一事一议，彻底消除重名重码、集团捆绑上报等问题，并留有操作记录。全区856家“四上”、174家“准四上”单位和涉及服务业、战略性新兴产业、文化产业的单位列为重点，分解到科室、具体到责任人，关注GDP核算的相关指标，与上年同期数或核查库数据比对，对出现奇异值的企业名单，分级核查数据质量，有错误及时修改。按照市经普办关于资料开发应用工作制定的“统一规划、市区整合、多方协作、突出重点”原则，结合市经普办对经普资料开发应用相关要求，有计划进行经济普查资料多层次、多方位的深度开发。分步骤组织实施数据整理汇总、发布数据公报、撰写信息简报、建立普查数据库、重点课题研究等各阶段工作。下发全区经普宣传考核方案，将计划中制定的工作任务分解落实到科室、街道和园区。围绕玄武区经济社会发展的新情况、新特征，区经普办确立“玄武区楼宇和园区现代服务业集聚发展研究”“玄武区消费服务业发展现状与路径研究”“玄武区战略性新兴产业发展研究”3个研究课题，成立由市社科院经济所，以及区统计局、商务局、发改局组成的课题研究小组，深入分析玄武区经济总量、产业结构和发展趋势，充分反映经普数据成果，服务党政领导和社会公众。年内，全区登记普查对象28139家，其中法人单位数10368家，产业活动单位数2424家，个体经营户15347家，与第二次经济普查相比，分别增长25.5%、75.8%、14.4%，全面客观反映玄武经济社会发展成果。

【基本实现现代化指标监测分析】 2014年，区统计局要求各专业科室从数据采集、报送、审核每一个环节入手，加大数据全过程质量控制与管理力度。核算小组定期召开分析会，对相关专业指标间协调性评估，确保主要指标科学性、协调性、真实性。提高源头数据质量，修订街道统计工作考核办法和细则，街道统计工作重心转移到单位登记入库、数据采集审核等日常工作流程中，做到“应统尽统、不重不漏”。对本年所有投资项目及建筑业企业统计数据进行自查自纠。高度关注重点行业生产情况，加强经济形势监测预警，撰写季度经济形势报告，分析国内外环境、发展态势和影响因素，预测经济指标完成情况和存在困难。对波动性大、完成难度高的重点指标，进行动态分析，尽早采取针对性措施，明确赶超标杆。全年走访省广电等18家服务业企业，实地查看“紫金华府”“中电熊猫”等新开工项目，核实项目建设进度，及时反映企业投资行为，开展行政指导，了解企业经营状况，为企业提供宏观经济信息、行业运行信息和统计咨询服务；围绕公众需求，拓展服务领域，推进玄武统计公众服务体系建设，做好新闻发布和数据解读，及时回复“12345”公众信息咨询；主动与新闻媒体对接，加大经济社会发展情况发布力度，开通统计官方微博，开辟“统计知识”“数据发布”等话题栏目。

【专项统计调查】 年内，区统计局组织玄武区2013年度妇女儿童发展规划统计监测工作。配合区妇联，与各成员单位采取多种有效措施，及时、准确分析上报各项监测数据，撰写《玄武区统计局妇儿监测工作情况简述》《妇儿发展规划终期监测统计报告》。完成《2013年度玄武区文化及相关产业发展绩效考评提议统计局自评明细》工作。汇总填报文化贸易业、文化制造业测评结果；与上级对口部门沟通、协调相关考核资料，确保提供的考核资料全面并客观反映全地区、全行业实际情况；对本部门分工对口文化及相关产业统计数据分析研究，完善并提出改进措施，市局对玄武文化及相关产业发展绩效考评体系自评结果表示认可。做好月度劳动力调查、劳动工资年

5月7日，玄武区《江苏省统计条例》宣讲报告会

定报、基本名录库新增、退出和变更维护、工业科技统计年报等统计和调查工作。启动城镇住户人均可支配收入调查电子记账工作。

【统计规范化建设】 2014年，区统计局创新统计基础建设载体和方式，统计基础建设重心向基层倾斜，全区统计规范化水平提高。根据省局关于《开展基层统计规范化达标创建活动的意见》及南京市统计“双基”建设年活动实施方案，开展县级统计机构规范化建设“回头看”工作，在基本实现街道统计机构规范化建设全覆盖基础上，通报表彰并认定玄武门街道、新街口街道和锁金村街道3家统计站为镇街（园区）统计规范化建设市级示范单位（第二批）。推进“四上企业”规范化建设工作，完成450家，创建率56%。全面启动部门规范化建设工作，区委宣传部、区发改局、文化局等8个部门成立规范化建设领导小组，区统计局进一步做好指导核查工作，协助各部门在年内完成规范化建设工作。组织开展统计大讲堂和街道统计人员培训班、从业资格认定与继续教育工作，2014年统计专业技术资格考试，全区统计专业技术资格考试报名人数192人，1人通过高级统计师评审。

【统计执法】 2014年，区统计局采取专项调研、业务指导、重点督查、执法检查等多种形式相结合方式，开展行政指导15家单位。采取市、区两级联动方式，对源头数据质量检查、指导和监督。违反“四条红线”和干预企业独立真实上报情况，运用统计监审、督查等有效手段，集中开展联网直报单位数据质量专项执法检查，严肃查处虚报、瞒报、拒报统计数据违法行为。按照市局统一部署，结合“六五”普法，开展《江苏省统计条例》宣讲，全年培训350人次。　（黄国庆）

质量技术监督

【概况】 2014年，质监玄武分局履行质监使命，抓质量、保安全、促发展，完成南京青奥会和首个国家公祭日特种设备和食品安全保障工作，获市“青奥会”质量安全保障工作有功单位。落实党风廉政建设责任制，各科室负责人签订党风廉政建设责任书。巩固党的群众路线教育实践活动成果，严把财务管控关，全年未出现工作违纪，被新闻媒体曝光等造成重大社会影响问题。局被评为玄武区2012~2014年度“争

创无职务犯罪"先进单位;2人被评为有功个人,4人被评为先进个人。

全年办理组织机构代码证6070件,办证时间由原来2天,缩短为4小时。办理特种设备类行政许可293件,计量类行政许可6件,企业标准备案56件。

【质量强区】 2014年,江苏苏美达集团有限公司获南京市市长质量奖,该奖为南京市质量领域最高奖项,是专为表彰在质量管理方面取得卓越成就组织设立的。江苏苏美达集团有限公司是玄武区域内企业首次获得此项奖励。宏图三胞高科技术有限公司同时获得市长质量奖提名奖。2014年,中山陵园管理局等6家企业获江苏省名牌奖励。6月18日,区召开质量强区工作会议,副区长戴航参会并讲话。会上对南京1912商业管理有限公司等17家企业、区发改局等8家政府部门、赵莉萍等7名个人,在质量强区工作中做出突出成绩进行表彰,并兑现奖励资金17万元。全年玄武区继续保持工业产品和食品100%合格率。

【特种设备安全】 2014年,青奥会召开,以及首个国家公祭日活动举行,质监玄武分局为2项重大活动特种设备安全保障单位,承担玄武区域内7家涉青奥会酒店和5家青奥会比赛场馆,以及党和国家领导人下榻的紫金山庄等特种设备安全保障工作,安全保障实行横向到边、纵向到底、责任到人、不留死角全覆盖式安全保障体制,并在南京火车站地域组织特种设备突发事件应急演练,以检验保障方案的有效性,确保遇到突发事件发生,能有效和正确的应对。对国家领导人下榻的紫金山庄等场所采取24小时驻点保障方式,圆满完成安全保障任务。

2014年,质监玄武分局针对玄武区内大专院校多,院校使用的特种设备数量庞大、品种复杂,很多设备属非标准,使用者多为学生,监管难度较大等情况。与东南大学共同研究开发"大专院校特种设备监管系统",该系统主要有快速GPS地理坐标读取、视频拍摄能力,3~4G网络接入,二维码识别,设备检验周期提醒功能等,系统研发应用,创新了监管手段,提高了监管效能,转变了检查方式,该项工作成果走在全市质量技术监督系统的前列。

【食品质量监管】 2014年,区域内4家食品生产企业年内接受国家和省市区21个批次抽样检验,抽检合格率均为100%。青奥会期间质监玄武分局参与由各街道组织的取缔无证小作坊活动,取缔无证小作坊11处。

【民生计量服务】 2014年,质监玄武分局在民生计量服务方面,把工作重点放在区域内基层医疗机构计量体系建设上,年内联合区卫生局对11家基层医疗机构医用计量设备进行检查,9家获得合格确认,2家获得保证确认。全年加强辖区内重点场所安全使用计量器具监督管理,6月至7月,对全区燃气测报仪安装使用重点单位,如青奥会比赛场馆、相关宾馆等,以及南京火车站人员密集公共场所进行专项监督检查。检查20家单位335台可燃气体测爆仪,保证使用可燃气体测爆仪安全正常运行。

【标准化建设】 2014年,质监玄武分局指导帮扶锁金村街道申报南京市玄武区街道社会管理中心化建设标准化项目,被国标委列入第一批98项社会管理和公共服务综合国家级标准化试点项目;同时指导锁金村街道编写省级地方标准《街道社会管理与服务中心化模式》,并正式发布。

【投诉举报处置】 2014年,质监玄武分局处理玄武区政府"12345"呼叫中心和市局"12365"平台以及市长信箱转来的投诉举报工单计107件,其中特种设备类受理77件,占72.0%;计量类受理11件,占10.3%;食品类受理10件,占

7月29日,区质监局执法人员陪同市质监局领导检查紫金山庄使用蒸气压力容器安全性情况

9.3%；质量类受理 7 件，占 6.5%；申诉类受理 2 件，占 1.9%。107 件工单中由区政府“12345”呼叫中心转来 56 件；由“12365”举报投诉中心移送 49 件，由市长信箱转来 2 件。截至 12 月底，全部按照规定要求办理完毕，并向投诉人进行回复，满意率 98.1%。

【行政执法】 2014 年，质监玄武分局出动执法人员 709 人次，检查生产、销售企业和工地场所等 340 余家。立案查处各类行政违法案件 38 件，结案 31 件，其中特种设备违法案件 9 件，食品案件 4 件，未取得强制性认证案件 7 件，不合格产品案件 4 件，民生计量案件 4 件，销售假冒伪劣产品案件 2 件，其他案件 8 件。（谷杭刁）

安全生产监督

【概况】 2014 年，全区安全生产工作贯彻“安全第一、预防为主、综合治理”方针，围绕“公祭日”安全保障、青奥会安全保障、“六打六治”专项行动、“迎青奥”200 天整治行动等中心任务，开展监督检查和执法处理，截至 2014 年底，全区安全生产综合监管云平台录入 215 栋商务楼宇、17477 家生产经营单位。全年重点关注 3460 家生产经营单位，全面签订安全生产责任书，履行年度安全生产工作报告。年内没有发生工商贸生产安全事故、特种设备生产安全事故和较大以上道路交通事故、火灾事故。建筑施工领域，发生生产安全责任事故 1 起，死亡 1 人。2014 年，区安监局获全省安全生产月先进单位称号；获全市“迎青奥”200 天专项整治有功集体称号。

【四项基层基础建设】 基层机构建设。明确街道安监机构建设，各街道（园区）在街道主任主管、经济副主任分管基础上，安排 1 名副调研员专职负责具体事务协调落实，对街道区域安全生产工作进行综合监督管理。2014 年，7 个街道安监站全部通过省基层能力建设达标评定。监管人员配备。每个安监站配备不少于 3 名专职安监工作人员，7 个街道共配备 25 人，另聘 6 名安监工作协助人员，保证安全生产监管工作得到有效运转。装备设施配备。所有安监人员全部配发制式服装，配发智慧安监通，按月发放特岗津贴，所有安监站明确安监工作专项资金，配备安全防护工具，配发交通工具，其中 4 个街道配备执法车辆。技术支持。在首批通过全省隐患排查自报系统试点验收基础上，投入 100 万元，建立常态化安全生产风险防控体系（玄武区安全生产综合监管云平台），全区所有商务楼宇、生产经营单位和个体工商户全部纳入其中整体监控，得到省、市安监局肯定。玄武区安监局编制列入全省隐患排查治理信息对接标准编制考评组。

【机制制度建设】 修改制定《玄武区安全生产监督管理职责暂行规定》。重点关注企业和有关单位 3460 家，覆盖 7 个街道和 1 个园区以及 13 个部门，2014 年排查隐患累计 1780 条，其中整改 1740 条，整改率 97.75%。制定《玄武区安全生产非法违法行为和事故隐患举报奖励办法》。

【全面安检工作】 全年对 150 家危化品企业全面检查。4 月 29 日，组织专家对仓储企业南京兴敏化工储运有限公司联合大检查，同时对企业危险化学品及剧毒、易制爆危险品安全生产开展专项整治，检查中发现隐患下达《责令改正指令书》，限期整改。青奥会期间对该家企业驻点督导，指导和督促落实安全生产主体责任。2014 年，针对春节期间烟花爆竹点禁面开特点，出动执法人员 65 人次，车辆 13 台次，查处烟花爆竹非法销售点 7 处，依法没收违法销售烟花爆竹 30 余箱，教育劝阻非法经营者 130 余人次，实现区内烟花爆竹销售安全、有序、可控。

1 月 19 日，烟花爆竹节前大检查

【职业病危害现状普查】 2014年,区安监局开展职业病危害现状普查工作,普查3304家单位,普查率100%。按照市安监局《2014年职业卫生监管工作要点》要求和有关文件精神,在全区范围内开展职业健康监管工作。加大执法监督管理力度,将专项治理工作扩大到汽车修理、4S店等有职业病安全隐患企业。受理职业健康举报5起并及时处理完结,职业卫生检查65家,下达责令整改通知24份。检查发现南京精艺印刷有限公司未按责令改正指令书要求整改,依据相关法律法规,对该企业做出罚款5万元行政处罚,并督促企业按要求完成整改,同时对相关企业加强教育,起到警示作用。2014年,区安监局和红山街道联合对产生粉尘的东华汽车装备有限公司、东华传动轴有限公司、南汽模具装备有限公司、南汽依维柯汽车有限公司和南京伊春家具厂、凯德木业公司等单位开展粉尘专项检查,排除粉尘爆炸及危害健康等因素。

【燃气长输管道及特种设备检查】 2014年,区安监局联合区发改局等部门先后查看石油天然气管道线路5次,走访管线周边企业单位8次,梳理出安全隐患11处,给相关单位发出整改商洽函7次。监督检查港华燃气公司城市燃气管道隐患73处。协同区发改局与街道组织联合执法检查4次,督促压占航空燃油长输管道单位拆除违章建筑,排除隐患。成功处置东扬坊互通南京邮区中心局东南房屋占压长输管道1处,解决多年历史遗留问题。

联合质监玄武分局、区卫生局针对区内公共安全领域、大型游乐设施、旅游索道及公用加气站,以及医疗卫生系统等特种设备行业,与相关部门和街道出动人力125人次,检查使用单位35家,特种设备170台件。重点监察高层住宅小区电梯安全问题,开展打击电梯超检验周期运行、带病运行;打击特种设备安装无资质施工,无监督检验施工及其他非法安装等行为。全面监察人员密集场所附近公用加气站,特种设备安全使用及应急情况处置等。

【施工道路交通及消防安检】 2014年,区安监局联合区住建局等部门对全区76个工地全面巡查、排查与督察,会同区有关部门和相关街道对南理工实验小学教学楼加层改造项目、凯润金城02幢商业裙房转角改造工程等20余个建筑工地开展安全检查,对部分企业安全责任落实不到位,企业安全管理体系不完善等22件(处)存在问题和安全隐患责令整改,年内全部完成整改。全年联合交警部门出动警力和人力80余人次,检查单位40家,对危险化学品道路运输和公路隧道开展专项安全整治,发现并消除安全隐患5起。会同消防部门发放《南京市消防安全"打非治违"专项行动公告》《消防安全"自查自纠"告知书》,同时发动相关单位自查自纠,收集消防安全"自查自纠"报告书450份。交警大队和派出所联合街道、社区及相关部门对"九小场所"、沿街门面房等易滋生"三合一""多合一"场所开展排查,对不符合消防技术标准的场所严格执法,检查社会单位2497家,发现火灾隐患2849处,督促整改2543处。

【安全生产标准化建设】 2014年,结合主城区实际特点,区安监局做好自我培训并组织街道安监班干部学习培训,出台以奖代补激励政策,提高工贸企业推进标准化建设主动性,邀请标准化建设专业人士走进企业帮助指导,落实标准化建设质量进度。全区冶金等工贸企业安全生产标准化达标信息管理系统应达标企业70家,达标66家。其中,一级达标企业1家,二级达标企业6家,三级达标企业59家,达标完成率94.29%,超额完成市下达指标。

【教育培训基地和安全科普中心建成】 2014年,专项投入90万元建成教育培训基地和全民安全科普感受体验中心,该中心结合与居民实际生活密切相关的用水、用电、用气、用火,以及交通出行和化妆品、食药品、洗浴用品等使用,设置家居生活体验、火灾消防体验、自然灾害体验、交通出行体验等场景,感受体验后,设立模拟安全知识测试内容,让居民参观体验有切身感受,同时提高自身安全知识和技能。中心每月组织开展1期安监人员业务培训班,每季度开展一次生产经营单位三类人员培训班,全年培训1100余名安全监管人员、企业法人和安全管理人员。 (孙粉华)

食品药品监督

【概况】 2014年,区食药监局紧扣保障民生、护航经济、服务发展主题,健全完善食品药品监管工作机制,扎实推进餐饮安全监管,规范"保化"生产经营秩序,净化药械消费环境,保障人民群众饮食用药安全。2014年底,全区有餐饮单位

2600家，保健食品经营单位245家，化妆品经营使用单位515家，涉药单位222家，医疗器械241家，全年未发生重大食品药品安全事故。保持打假治劣高压态势，立案60件，罚没款78万元；处理投诉举报343件，办结率100%；出动执法人员8100余人次，完成餐饮单位至少2轮，药械、保化单位至少1轮日常监督检查。

【餐饮服务食品安全监管】 2014年，区食药监局按照法定程序严格审批，把好餐饮许可关，办理餐饮服务新建许可460家、变更60家，发放临时许可863家，均在规定时限内办结。加大监督检查力度，学校、工地食堂、车站、旅游景区等为重点检查区域；节日、中高考、青奥会等为重点检查时段；鲜肉和肉制品、食用油、食品添加剂等为重点检查品种，开展专项检查20余次。全年完成餐饮单位抽检223批次，检测结果不合格依法处理6家，全年立案23件，罚没款到账20余万元。完成省、市政协和人大会议，以及青奥会、留学生交流会、APACE会议、梅花节、意大利披萨节等11项重大活动用餐安全保障工作，保障138餐次，20余万人次就餐。

【药品医疗器械安全监管】 2014年，区食药监局受市食药监局委托，承担玄武区药品零售企业行政许可工作，全年完成药品零售企业行政许可事项145件，其中变更事项48件，筹建9件，开办验收9件，注销7件，换证43件，补证1件，驻店药师变更备案28件。按照市食药监局计划完成17家零售企业GSP认证检查。全年立案19件，办结18件，当场行政处罚10件，罚没款10.4万元。开展医疗器械"五整治"、药品零售企业执业药师在职在岗专项检查、食品药品安全打假专项行动和药源性兴奋剂专项治理等一系列专项整治行动。全年完成141批次药品质量监督抽样，检出假劣药品15批次。上报药品不良反应265例，医疗器械不良事件114例。

10月15日，森林摩尔商业街区工作站授牌

【保健食品化妆品安全监管】 2014年，区食药监局开展保健食品化妆品"迎青奥"200日专项整治、保健食品安全风险隐患专项整治、化妆品标签标识专项监督检查等行动。出动稽查人员1020人次，检查保健食品、化妆品企业520家次；立案15件，办结15件，涉案金额60.4万元。全年完成12批次保健食品快筛，6批次保健食品抽检，3批次化妆品抽检，检出假劣保健食品2批次。完善保健食品企业备案管理工作，全年完成保健食品经营企业备案57件。

【餐饮服务食品安全星级街区改造升级】 2014年，由区食药监局牵头，联合区工商、环保、卫生等部门及各街道，对通过初步遴选后餐饮街区进行改造升级，加强指导，改善街区内餐饮企业卫生环境，规范食品制作的操作流程，完善食品安全管理制度，打造"入得了厅堂，进得了后场"百姓放心的餐饮企业。德基美食广场、爱尚天地购物中心、森林摩尔购物中心等3条街(区)被评定为餐饮服务食品安全四星级街区，珠江路、中央路、锁金南路等3条街(区)被评定为餐饮服务食品安全三星级街区。

【青奥会食品药品安全保障】 2014年，由区食药监局牵头，开展迎青奥会食药安全200天专项整治行动，全区食药监管部门共出动16209人次，车辆1038台次，检查单位13754家，立案28起，罚没款17.7万元，排查出安全隐患单位2790家，排查出隐患7380项。青奥会期间，对区内6个比赛场馆、5家接待酒店、1家快餐配送单位进行全方位保障。累计保障用餐24万余人次，实现赛会期间全区食品药品安全零事故。 (曹琳娜)

商贸·旅游

Commerce and Trade, Tourism

商贸

旅游

责任编辑　张宁芳

商　贸

·市场管理·

【概况】 2014年，完成蔬菜农药残留检测工作，投入288.3万元对农贸市场进行提档升级改造。开展市级绿色市场创建工作，整体水平全市领先。率先开展农贸市场蔬菜追溯系统试点上线运行工作，完成率95%。全年无安全生产责任事故。

【蔬菜农药残留检测】 全区20家农贸市场全部按照要求设立蔬菜农药残留检测室，区商务局为农贸市场、蔬菜平价店配发蔬菜农药残留检测药剂、器具，并对市场蔬菜农药残留检测工作督查巡查。5月上旬，对22家蔬菜平价店蔬菜农药残留检测员进行授课培训，提高蔬菜检测员的操作技能。5月中旬，举办全区农贸市场蔬菜农药残留检测员培训班。6月中旬，组织44名蔬菜检测员，参加市商务局举办的蔬菜农药残留检测工作操作培训，并发上岗证。2014年，区农贸市场进行蔬菜农药残留检测约14万批次，确保广大市民蔬菜消费安全。

【农贸市场提档升级】 2014年，区商务局对进香河、锁金村、孝陵卫3个农贸市场进行局部提档升级改造，改造计划列入南京市"9322"城市环境综合整治目标任务，总投资288.3万元。进香河农贸市场改造投资110万元。家禽、水产区和服务台改造3月初完工，投资60万元；顶棚改造4月下旬启动，6月28日完工，投资50万元。锁金村农贸市场改造投资91.3万元。家禽、水产区和部分干货区，改造面积517平方米，1月初启动，3月底完工。孝陵卫农贸市场改造投资87万元。对市场南侧路面、东侧门面及路面出新，3月底完工。

【市级绿色市场创建】 2014年，区内8家市场参加市级绿色市场创建，7家通过考核验收，其中进香河、香铺营、红山小营村农贸市场被评为南京市绿色市场样板市场。

【肉类蔬菜追溯系统建设】 全区19家市场完成肉类蔬菜追溯系统建设工作，完成率95%，其中18家农贸市场实现肉类数据信息上报，6家市场完成蔬菜数据信息上报。7月，市商务局进行肉类蔬菜追溯系统建设考核，玄武区排名第一。上半年，市商务局在部分农贸市场进行蔬菜追溯系统试点上线运行，玄武区小卫街、孝陵卫2个农贸市场部分蔬菜经营户在全市率先开展此项工作，由于工作业绩突出，市商务局、众彩批发市场为2家经营户发放奖励金，上门授锦旗。

【商务系统企业安全生产】 2014年初与商务系统企业签订安全生产责任书，全年召开5次商务系统企业安全生产工作会议，对13家企业每月至少一次进行安全生产巡查，重点对旺福楼、全福楼等餐饮单位厨房烟道进行消防安全检查。对东箭道市场出租房分割住人的严重安全隐患进行督查，限期整改，并采取24小时派人值守等措施，确保青奥会期间安全生产。

【H7N9禽流感防治】 3月，成立"H7N9禽流感防控专项整治领导小组"，确保突发事件及时、迅速安全处理。对中山植物园、红山动物园、中山陵音乐台和聚宝山庄公园的观赏鸽子进行防疫，定期检查。对全区20家农贸市场、8家大型超市、50多家中小学校和大专院校内集体伙食单位禽产品，采取专项检查和巡查相结合的方式进行监督。4月，根据市政府暂停活禽交易《通告》要求，配合各街道及工商行政部门执法62次。处理市民举报电话100多起。全年禽产品做无害化处理21次。

4月30日，区商务局领导检查进香河集贸市场

·商贸服务·

【概况】 2014年，全区电子商务交易额182亿元；社会商品零售额390.72亿元，同比增长13.2%，总量居全市第三。做好现代服务业重大项目跟进和协调，项目建设有序推进。开展汽车后市场和平台经济调研以及物流统计年报工作，组织企业参加各种展会，帮助1家企业申报并获得城市共同配送试点项目资金。

【电子商务产业发展】 2014年初，区商务局对全区电子商务企业走访调研，撰写《2013玄武电子商务产业发展报告》；对区域内电子商务企业进行梳理，帮助2家企业申报并获南京市电子商务扶持资金60万元，1家企业获江苏省扶持资金150万元；帮助途牛旅游网于5月9日登陆美国纳斯达克，正式挂牌上市，成为美股市场上第一家专注于在线休闲旅游的中国公司；7月，组织企业纳入江苏省电子商务统计平台系统，注册并填报数据企业13家；发挥江苏省电子商务示范基地引领示范作用，打造东大科技园等3幢电子商务示范楼宇，引导南京富庆远数码科技有限公司建设自有网络平台电子商务网上系统，打造网上数码营销商城，推广电子商务应用，促进区域电子商务产业快速发展。

【南京电子商务信息技术交流会】 9月26日下午在玄武区召开，由南京中铁信息工程有限公司、南京电子商务协会共同主办。会议旨在促进电商各类目企业平台建设的交流与合作，为各类电商企业提供基础设施建设宣讲。南京电子商务协会执行会长何俊廷向与会者介绍南京市发展电子商务的六大方向。会议围绕"电商平台建设""云平台基础建设及大数据""当今电商企业如何完善全网营销ERP"3个主题，从技术层面结合政府(公安、税务、工商)及大型企业的成功案例，交流如何打造快捷方便的支付平台和建设电商平台数据中心。玄武区将从"布局优化、环境支撑、人才引领"三个方面抓好电子商务的发展。

【汽车后市场调研】 区商务局对玄武湖、红山、梅园新村街道进行摸排，有12家从事汽车销售服务企业(4S)，从业人员约1300人。针对玄武区汽车后市场发展水平不高，规模小、经营分散、缺乏行业组织状况，邀请市商务局和现代服务业联合会专家就行业发展现状与未来发展前景提出相关建议。

【商贸流通企业服务】 引导苏宁易购、1912街区进一步完善提升错位发展，培育中国品牌集聚区，每月组织大型活动，每季将品牌活动开展情况梳理上报。商贸流通4个行业14家典型企业纳入全国统计体系。对3年改造纳入和平再生资源体系66家网点基本情况进行梳理，指导符合备案条件的企业自行登记备案。根据《南京市委、南京市人民政府关于印发〈南京市新一轮城市环境综合整治三年行动计划〉的通知》，与孝陵卫街道共同完成40个再生资源职能自助回收箱建设任务。

【传统市场结构转型】 鼓励1912街区、红山美食街发展大众型餐饮，推动门店式早餐网点和中式快餐标准化建设。其中，中式快餐示范店2家：艾米客中式餐厅、匆忙客快餐店；早餐网点示范店2家：南京百佳轩餐饮有限公司、快乐蜂(中国)餐饮管理有限公司；早餐网点标准店6家：七家湾牛肉锅贴成贤街店、龚勇小吃店、乡帅小吃店、寇玉保小吃店、大娘水饺餐饮有限公司大行宫店、七家湾牛肉锅贴高楼门店。

【消费品市场稳步增长】 2014年上半年全区实现社会消费品零售总额近200亿元，同比增长13%。在完成的商品销售额中，通过公共网络实现的占37%，比2013年同期增长132.6%，，其中江苏孩子王是区域内公共网络实现商品销售额最多的单位，同时也是网络销售额同比增幅最大的单位。商品销售额超过30亿元的单位有苏美达集团、高速公路石油、德基广场、盛世欣兴格力贸易等企业，该4家企业占全区批零行业商品销售额的47%。

【市场运行监测数据报送】 2014年，样本企业严格按照市场运行监测数据统计报表制度要求，按时做好数据采集、报送工作，专班工作人员负责数据的采集、督报、审核，每季度以会代训开展培训1次，每月监测数据上报率99%以上。

【企业自主品牌培育】 培育企业自主品牌营销体系试点项目，扩大以品牌价值为核心的消费品市场份额，重点推进宏图三胞高科技术有限公司和江苏苏美达集团有限公司，进行自主品牌营销体系培育试点。2家企业策划以品牌为特色的策略，以点带面全面推进品牌战略实施，树立以人为本的产品服务理念，在各自领域内，赢得各界人士好评。宏图三胞投入 4636.4 万元进行品牌推广和宣传,2014 度蝉联“中国消费电子行业客户服务满意单位”并获江苏省著名商标称号。

·外向型经济·

【概况】 2014 年,完成外贸进出口 58.22 亿美元,其中外贸出口 27.67 亿美元,全市排名第五;完成全年目标任务的 124.1%,全市排名第二;同比增幅 36.6%,全市排名第二。外贸出口额千万美元以上企业 20 家,其中苏美达集团外贸出口数据占全区总量 71%以上。2014 年,对外承包工程完成营业额 8437 万美元,全市排名第七;目标完成率 161.3%,全市排名第三;同比增涨 66.2%,全市排名第二。服务外包执行额 15.94 亿美元,增长 30%;服务外包离岸执行额 5.93 亿美元,增长 34.9%。成功培育外贸自主品牌企业 6 家,其中 3 家被评为市级自主品牌企业。

【外贸企业专业技能培训会】 5 月 16 日下午在区商务局召开。邀请海关、信保和金融专家为辖区 50 家外贸企业的 70 余名财务和业务人员讲解“出口企业通关风险预警与出口退税、出口信用保险政策、银行融资”等方面的政策规定和实务操作技巧。邀请市商务局副调研员曲振毅讲解“中小企业国际市场开拓资金管理办法及外贸新政”。专家与企业交流互动,解答企业发展过程中遇到的实际问题。

【市商务局领导到玄武区调研】 3 月 13 日下午,市商务局副局长何小庆、处长哈明茸一行 3 人到玄武区商务局针对外贸企业发展中存在的问题和困难及应对措施进行调研。区商务局局长魏超、外经外贸科有关人员,区域内的苏美达集团、中国石化化工销售有限公司江苏分公司、中建材通用机械有限公司、中国国投国际贸易南京有限公司等 12 家外贸骨干企业参会。市商务局调研组现场与企业代表互动交流,解答有关政策,提供及时信息,发放《2014 年外贸促进计划》书。何小庆指出:市商务局根据企业反馈的信息和要求出台《2014 年外贸促进计划》,重点扶持外贸企业境外参展,扩大世界贸易份额;南京作为试点城市,鼓励和帮助外贸企业开展跨境电子商务业务,通过新的贸易方式促进外贸发展;重点推介南京市的综合保税区建设,为企业提供新的外贸平台;进一步优化贸易便利化环境,及时研究解决外贸企业发展中出现的矛盾和问题。

【“对外承包工程”任务落实】 2014 年是省属外经企业对外承包工程营业额的数据区属化统计的第一年,区商务局年初召开“对外承包工程”目标任务推进专题会,明确分管领导和外经外贸科室责任;组织外经外贸科室人员参加业务培训,学习有关政策规定,拟订全年工作计划;局领导带队逐家走访有对外承包资质的辖区企业,了解情况,摸清底数,查找企业发展困难,研究应对措施;请市商务局有关领导和业务科室人员到企业面对面宣传政策规定,引导企业调整对外承包策略,在对外承包区域和承包项目上拓展思路;协调省、市有关部门,为 3 家企业争取资金扶持;为对外承包工程企业建立互联互通机制,加强企业间的联系,增强业务上的合作,共同开拓国际工程业务。协助江苏省地质勘查技术院及时申请对外承包工程的资格证书,并通过国家商务部联络驻外使馆为企业对外承包工程提供便利。

【3 家外贸企业获“南京市重点培育和发展的国际知名品牌”称号】 2014 年,区商务局引导外贸企业开展研发创新,提升产品质量和技术含量,完善有关资料,参加“2014~2016 年度南京市重点培育和发展的国际品牌”评选活动。江苏碧隆化工实业有限公司、南京爱韵贸易实业有限公司、南京仁瑜国际贸易有限公司 3 家区域内民营外贸企业的“BE-LONG”“Aileen”和“REUE”的 3 个品牌获“2014~2016 年度南京市重点培育和发展的国际知名品牌”称号。(史元维)

·经贸促进·

【概况】 2014 年,贸促工作重点是“搭建平台,提供渠道,开展服务”,组织会员企业,参与国内、国际活动及大型展会,促进经贸交流和产业合作。在“2014 智慧城市全国行”南京站智慧城市论坛等活动中,邀请并组织企业对接参展,扩大影响,形成合作,借势招商选资。通过“中英项目”和“中美项目”两个平台,先后接待英美经贸考察团队及企业 4 批次,为区域企业提供海外贸易和经贸合作的机遇。与华润、和记黄埔、招商局地产、莱蒙置业、中梁投资、宝能集团等战略合作伙伴建立密切联系。推介红山铁北新城、紫金(玄武)科创特区、德基广场二期、钟山生命科学园、百子亭项目、王家湾总部经济园、仙鹤门 004、珠江饭店等重点项目。强化与各商协会及重要客商沟通联系,协助各街道,建立国内、国际招商渠道，为各街道税源经济发展提供助力。走访12家外国驻宁经贸机构，会见首席代表，及时把握经贸信息，加强与各机构的交流与合作。组织3家会员企业，出席涉外经贸活动。强化与港澳台地区商协会的交流与合作。对国际商会成员单位适当调整，吸纳一批代表新兴产业发展方向，体现国际性发展要求的外向型企业，壮大国际商会的力量。加强对区域优势资源，优势产业的包装、策划、发布。对“玄武贸促”网络视窗进行网页改版升级，突出宣传玄武的投资环境、重点项目、会员企业、国内外展会资讯、贸易投资方面的供求信息。协助产业部门完成“创洽会”“金洽会”等VIP外商邀请及项目准备工作。

【参加“2014智慧城市全国行”南京站论坛】 3月18日，区贸促会组织科创办、徐庄物联网中心的负责人及相关企业代表参加“2014智慧城市全国行”南京站智慧城市论坛。论坛由中国“智慧城市论坛”和南京大学智慧城市研究院在南京大学科学技术馆共同举办。论坛邀请全国知名专家、企业代表对智慧城市、互联网金融、大数据分析、智慧园区等主题进行交流与讨论，以促进合作，推动大数据在智慧城市、园区建设的融合应用。

【首家外资融资租赁公司注册成立】 3月26日，玄武区首家中外合资融资租赁公司——江苏汇金融资租赁有限公司注册成立。公司由区1家民营企业和1家香港公司共同发起成立，投资总额2亿元，主营融资租赁业务。公司负责人表示，在玄武区政府的支持下，快速开展业务，扩大规模，调整区外向型经济的产业结构，为区域经济发展做贡献。　（杨文伟）

·投资促进·

【概况】 2014年，全区实际利用外资1.72亿美元，同比增长12.7%，全市排名第二；实际到资率88.9%，其中千万美元大项目到资率61.3%，全市排名第一。完成全年增长5%、力争10%的预期指标任务。全年引进千万元以上企业171家。其中，注册资金超亿元企业5家，5000万元~亿元企业9家，超额完成年度任务。对区内44个（自有34个，委托10个）招商地块，向优质客商推介，在谈地产商140余个，其中世界500强地产企业12家。全年完成网上人才申报85人（上半年24人，下半年61人），占全区总人数9%。下半年，4人进入综合评审，人才指标超额完成。梳理跟踪在谈项目374个，其中世界500强企业19家，国内行业百强企业42家。中国铁塔股份有限公司江苏省分公司、第一太平戴维斯苏皖总部、3个目标千亿级的电商平台（金融科技传媒有限公司、揽途天下网络科技有限公司、易灯快线电子商务有限公司）、方正江苏总部、分享通信区域总部等大项目落地玄武。

【市“创洽会”玄武主题活动】 4月24日下午，2014年中国·南京“创洽会”玄武主题活动“创新引领未来　品质汇聚英才——玄武区生物医药产业推介会暨海内外招商引才工作站成立仪式”在紫金山庄举行。活动由玄武区人民政府主办，南京市侨办协办。市长缪瑞林、副市长胡万进、市政府秘书长林克勤、副秘书长张强、投促委主任孔秋云、侨办主任朱晓煜、经信委副主任梁洁、卫生局副局长彭宇竹、科委纪检组长陈丽君、发改委高技术产业处处长王德洋，区委书记储永宏、区长徐曙海以及区其他四套班子领导出席会议。

“创洽会”上，先声药业首席执行官臧敬五博士为创新药物百家汇项目作推介；钟山生命科学园管委会常务副主任王玉兰为钟山生命科学园项目作推介。有3批次20个重点项目签约，涉及生物医药与人才、商务商贸与科技传媒、外商投资与文化金融等领域，投资总额约195亿元。

玄武区与美国华人医药科学家协会、中法青年企业家协会、欧美科技产业联盟、加拿大中国专业

4月24日，2014年南京“创洽会”上，钟山生命科学园管委会常务副主任王玉兰推介钟山生命科学园项目

人士协会、华夏学人学者协会、美国美加福医疗服务公司、英泰力投资有限公司、博尔捷管理咨询有限公司等海内外平台建立招商工作联系，成立8家招商引才工作站，搭建玄武区和海内外高层次人才的对接和合作平台。缪瑞林、胡万进、储永宏，与美国华人医药科学家协会、中法青年企业家协会、欧美科技产业联盟的会长共同为海内外招商引才工作站揭牌。免疫学专家巴德年、医学影像学专家刘玉清、中国血液病学专家陆道培、环境毒理学专家蔡道基、营养与食品安全专家陈君石5位院士，8位海内外工作站代表及20多位知名企业代表发来贺词。

【市"创洽会"玄武重点项目签约仪式】 4月25日上午，2014年中国南京科技创业创新与重大项目签约仪式在国际会议中心扬子厅举行，中共玄武区委常委、常务副区长曹曙代表玄武区人民政府上台签约。2个作为全市重点项目签约的分别是：江苏肿瘤研究中心建设和生命科学国际社区总部园区建设，总投资20亿元。其中，江苏肿瘤研究中心建设项目是由江苏肿瘤研究中心与玄武区合作，引进国际知名、国内一流的现代医学研发、创新平台，打造国家级的肿瘤防、治、研、教和临床检验技术指导中心；生命科学国际社区总部园区建设项目由江苏永同昌实业发展有限公司投资建设，项目规划用地面积7.13公顷，拟打造含20余栋独栋小楼在内的生命科学国际社区总部园区办公基地，将引进多家优质、高端创业型生物医药研发总部企业。

【玄武区重大项目新闻发布会】 4月24日下午，在紫金山庄会议中心举行。区长徐曙海，区委常委、常务副区长曹曙出席会议。《新华日报》《江苏经济报》《扬子晚报》《现代快报》《南京晨报》《江南时报》《江苏商报》《南京日报》《金陵晚报》、江苏广播电台、南京广播电台、江苏电视台新闻中心、江苏电视台城市频道、南京电视台新闻中心、十八频道、中国江苏网、龙虎网等17家新闻单位出席。

发布会由曹曙主持，区发改局、投促局、科创办、红山街道、城投公司参与发布，各街道、园区主要领导参加。发布会上，徐曙海作项目推介，介绍玄武区的主要经济指标和主导产业、"四区（南京CBD核心区、南京旅游服务核心区、铁北片区、紫金(玄武)科创特区）两园(徐庄软件园、钟山生命科学园)"的位置、产业定位及进展情况。重点推介百子亭民国印象街区、铁北片区、紫金(玄武)科创特区三大项目。玄武城投公司、发改局、科创办分别对百子亭民国印象街区、铁北片区、紫金(玄武）科创特区3个重点产业项目详细推介。

【智慧产业推介会暨途牛旅游网智慧旅游平台发布仪式】 9月17日下午，2014年中国·南京金洽会玄武主题活动"智联城市　慧聚天下——玄武区智慧产业推介会暨途牛旅游网智慧旅游平台发布仪式"在汉府饭店举行。副市长华静、省旅游局副巡视员吴群蔚、市政府副秘书长宋璐、市投促委主任孔秋云、市发改委副主任王薇、市经信委副主任翟胜强、市科委副主任黄榕、市商务局副局长方芳、市旅游委副巡视员杨胜春、区委书记储永宏、区长徐曙海以及区四套班子领导出席会议。区委常委、副区长苏郑主持。

会议与服务外包大会共同举办，邀请智慧产业客商108人参会，其中世界500强8家，行业百强12家，中介机构14家(五大行四大所7家)，金融风投18家，智慧产业49家。会上，进行服务外包和智慧旅游主题演讲及紫金（玄武）科创特区推介。有3批次、18个重点项目在会上签约，总投资额约85.7亿元，涉及战略投资与文化旅游、城市综合体与科技园区、智慧总部与服务外包等领域。华

4月24日，玄武区重大项目新闻发布会在紫金山庄举行

静、储永宏与途牛旅游网CEO于敦德共同启动途牛旅游网智慧旅游平台发布仪式，华静发表讲话，对玄武智慧产业发展给予肯定。

【“五行四所”考察钟山生命科学园】 4月25日，玄武区组织五大行(JLL仲量联行、CBRE世邦魏理士、DTZ戴德梁行、Savills第一太平戴维斯、Colliers高力国际)四大所(普华永道(PWC)、德勤(DTT)、毕马威(KPMG)、安永(EY))嘉宾代表考察钟山生命科学园——生命科学国际社区项目，项目建设方江苏永同昌实业发展有限公司董事长张国清介绍生命科学国际社区的建设情况、功能分布和发展规划。嘉宾们表示将按照玄武区对钟山生命科学园的产业规划要求，向在手客户做好推介，力争引入高品质优秀企业入驻社区。生命科学国际社区地处钟山风景区南麓博爱公园内，规划用地7.13公顷，总建筑面积2万平方米，绿地面积4.28万平方米，与中山陵景区连成一体，坐拥20平方公里的森林绿地。园内民国建筑保留原貌，改造出新。配套设施完善，拥有文化展示中心、研发服务平台、商务公共服务中心、学术交流中心、成果展示中心，是超别墅的宅院式高端办公场所，重点发展生命科学研发总部型企业。

【阳光新业地产投资玄武】 5月16日，阳光新业地产总部投资总监李业明一行到玄武区洽谈项目合作事宜，区政协副主席、铁北新城管委会主任蒋健、国展中心董事长陈晓东接待，铁北新城管委会、区发改局、投促局、城投公司相关人员陪同。阳光新业地产是中国地产100强企业，1996年在深圳上市，2006年与新加坡政府产业投资公司(GIC RE)旗下Reco Shine公司签订战略投资协议，是国内第一家引进国际战略投资的A股上市地产公司。会上，与会各方就企业未来发展、项目对接等交换意见。阳光新业地产表示愿意携手日本永旺集团对华飞藤子村、华飞过街村、藤子村地块进行垫资拆迁、开发建设，打造“阳光国际城”。蒋健对阳光新业地产到玄武投资表示欢迎，期待其投资落户、发展。

【首家千万元电商企业注册成立】 3月中旬，南京鸿泽堂电子商务有限公司在玄武区注册成立，注册资金1000万元。南京鸿泽堂电子商务有限公司由万宏置业集团子公司苏瑞资产管理(上海)有限公司出资设立，首期注册资金1000万元，计划总注册资金5000万元，后期根据业务的需要，将继续增资并有意与港资企业合作变更为中外合资公司。公司的合作方为具有百年历史的香港鸿泽堂有限公司，主要经营“鸿泽堂”名贵精细药材、健康养生产品等业务，利用网络渠道销售产品，把知名品牌的商品打入我国港澳台地区和美国、加拿大、澳大利亚、新加坡、日本、新西兰等国，预计年销售额达超亿元。

【奥克斯地产摘得仙鹤门G30地块】 6月20日，玄武区仙鹤门G30地块经过15轮竞拍，由奥克斯地产集团以总价16.6亿元摘下，这是奥克斯首次进驻南京。G30地块左临紫金山，右侧是南京明外廓百里风光带，南面紧邻仙林大道和地铁2号线，地块西南方向为紫金山风景区，西北方向为聚宝山公园，北侧为仙鹤观公园，东侧为灵山风景区。

【五矿地产20亿元摘得G53地块】 10月22日下午，玄武区G53地块经过47轮激烈竞拍，由五矿地产集团以总价20亿元拍下，斩获城东新地王。该地块位于南京市东郊，紫金山南侧，紧临宁杭公路、地铁二号线钟灵街站；区域内有江苏省农科院、南京理工大学、南京农业大学等众多科研院所和高等院校。区投促局与街道共同推介，通过微信、微博、宣传手册等多种渠道宣传，联系近40家知名地产企业，9家企业报名参加竞拍。

【江苏茂正文化产业园落户玄武】 8月5日，江苏茂正文化发展有限公司与南京东顺企业管理有限公司正式签约，对北京东路44号载体项目合作开发。拟将该项目打造成集文化产业、创意产业、前沿商业、传统古玩、主题餐饮、特色运动休闲为一体的文化产业园区。江苏茂正文化发展有限公司是一家集项目投资、投资管理、资产管理、房地产开发为一体的大型文化产业发展公司，公司项目涉及精品酒店、文化旅游、养老、文化交流等产业。

【第一太平戴维斯物业顾问有限公司落户玄武】 2014年，南京“金洽会”上，第一太平戴维斯(Savills)物业顾问有限公司与玄武区政府签订战略合作协议，将苏皖总部设在玄武区，入驻玄武区珠江壹号，为江苏首家，为南京市及全省住宅房产、办公用房及多功能房产等提供全面、专业的咨询业务。9月17日下午，第一太平戴维斯物业顾问有限公司落户南京玄武媒体见面会在汉府饭店举行。《南京日报》《扬子晚报》《现代快报》《金陵晚报》《南京晨报》《江苏经济报》《江苏商报》及来自上海的新华网、中国新闻社等20多家新闻媒体参会。区委常委、副区长苏郑出席会议并致辞。南京分公司总经理孙维向与会嘉宾和新闻媒体介绍南京分公司的业务范围,表示将以零售商业地产作为开拓市场的突破口,继而将完整业务链全部引进以南京为中心的苏皖地区。

【三境生物科技有限公司落户玄武】 11月中旬,南京三境生物科技有限公司在玄武区注册成立,注册资金为6500万元。南京三境生物科技有限公司由南京百家汇科技创业社区有限公司募集资金成立,主要从事生物技术、生物制品及药品产品、临床诊断试剂、医疗器械研发、技术咨询、技术转让及技术服务、货物与技术进出口业务。

【铁北新区建设】 2014年,区投促局依托专业机构,邀请五大行四大所、中国指数研究院、搜房网专业平台,建立长期合作关系,凭借他们的优势平台进行宣传;通过招商活动、媒体渠道,专题进行推介;将铁北红山新城的最新项目进展信息汇编至招商手册全面发布;利用邮件、QQ群、微信、微博、招商官网等网络平台,为铁北红山新城建立专题微信进行推荐,用群发、转发、分享等方式发送微信5000余条;邀请客商到铁北地区进行实地考察400余次,对客商意向明确的重点项目进行一对一联系,建立专人负责机制,紧密跟踪。截至2014年底,已向海内外100多家企业推介铁北新区,70多家企业进行了实地考察,其中包括世界500强12家,行业百强32家,涉外企业18家。正在对接有合作意向的27家。

【万通集团总裁到玄武区洽谈合作项目】 11月11日上午,万通集团立体城市总裁陈磊携中国人保、普衡、中原地产等一行到玄武区考察,区投促局局长曹承桂陪同。陈磊一行实地考察了碑亭巷、百子亭和王家湾3个地块,为CCTV即将打造的"时光记忆"实体项目进行前期调研和选址,希望在南京打造一个以"美食体验"为主题的地标性文化商业建筑。陈磊根据考察情况与投促局进行交流,表示与玄武共谋发展的合作意向。

【中央电视台发现之旅栏目组到玄武区洽谈合作项目】 12月16日下午,CCTV发现之旅频道运营总监、中央新影时间创纪文化产业投资有限公司董事、总经理宋宁,常务副总经理常龙一行5人,在江苏天华文化传媒有限公司总经理丁翔陪同下,到玄武区进行项目考察,洽谈项目合作。中央新影时间创纪文化产业投资有限公司为央视发现之旅频道旗下企业,主要从事影视(纪录片)投资制作与发行、文化产业项目投资等相关产业开发经营。该公司依托中央电视台的高端资源和强大的品牌优势,联合国内优质的商业项目运营商将品牌节目进行延伸,打造文化实体项目。宋宁一行实地考察了相关地块,为CCTV即将推进的特色文化商业项目进行前期的调研和选址,对与玄武共谋发展合作充满信心。

【外资企业联谊活动】 1月23日,玄武区组织外资企业联谊活动,共话投资发展。省、市、区相关部门领导、中介机构和外资企业代表50余人参加活动,区委常委、副区长苏郑主持,区委书记储永宏致辞,市投资促进委员会主任孔秋云,区委常委、统战部长、区委办主任滕涛出席活动。储永宏、孔秋云、苏郑、滕涛会见中粮地产、卓越集团、赛富基金、木兰创意、枫叶能源、华夏天禧、保利龙马、中国城发集团、飞马旅等企业领导,并与他们就玄武的项目合作进行沟通。外资企业代表,南京依维柯汽车有限公司书记季国荣、孩子王(中国)儿童用品有限公司总经理徐伟宏、南京价公信息技术有限公司总经理万春等企业代表发言。 (刘建红)

·高端商务商贸集聚区·

【概况】 玄武区高端商务商贸集聚区位于南京市核心地段,西起中山路,东至洪武北路—进香河路,北起北京东路,南至中山东路,面积约0.9平方公里。街区企业4300家,其中有德基集团、金鹰集团等总部型企业14家;ABB、马士基等世界五百强及分支机构21家;毕马威、第一太平戴维斯等国际知名事务所3家;中海集装箱、中石化等全国知名企业24家;新街口街道自主培育南京中生联合股份有限公司在香港H股上市,南京建策科技股份有限公司在新三板挂牌。街区国际级奢侈品牌云集,拥有LV、HERMES等顶级品牌102个,珠江壹号金鹰国际酒店、德基高端餐饮区、蓝蛙酒吧等现代商务配套设施众多,亚洲最大的苹果旗舰店以及世界顶级水平的丽思卡尔顿酒店将在街区内开业。街区有23幢商务楼宇,其中德基广场、新世界中心、珠江壹号、广电城、中信大厦等5幢楼宇2014年全口径税收超亿元,占全区亿元楼宇的70%。街区全口径税收14亿元,全年地均税收1550元每平方米,是区地均税收水平的24倍。

【上海市商务委员会领导到德基调研】 4月16日,上海市商务委员会主任尚玉英一行9人到德基广场调研,南京市商务局汪振和、朱京芝、徐震中、缪德阳、李军等领导参加接待,相关业务处室负责人参加交流座谈。听取企业负责人介绍发展情况,双方就企业明确市场定位、经营模式转型升级、加强品牌建设、提升商圈集聚功能、扩大消费需求、强化企业培育和加快发展新型业态进行探讨。

【《人民日报》主任编辑一行调研中山路国际名品街区】 5月15日上午,人民日报社江苏分社主任编辑申琳一行,在南京市委组织部组织一处处长杨花伟、副处长施丽艳、玄武区委组织部副部长刘青、区党代表联络办主任杨初兰的陪同下,到中山路国际名品街区调研党建工作。中山路名品街区党委书记潘翔对街区党建工作情况作介绍,南京德基广场有限公司、南京中创水务集团有限公司、中生联合股份有限公司、凯铂精品酒店分别交流党建工作。申琳对街区的党建工作给予充分肯定,希望街区党委再接再厉打造精品楼宇,做好精品服务,争创一流党建。

【德基广场】 位于中山路东侧,中山东路以北,长江路以南地段,占地面积约3.35万平方米,总建筑面积约31.5万平方米。德基广场二期裙楼于2012年建成与一期贯通,建筑面积25万平方米,商业面积8万平方米。由地上8层及地下5层组成,塔楼高339米、59层,项目配置1500个地下泊车车位。是一座店铺式商场、甲级办公及顶级酒店相融合的商业综合体。2014年,德基广场购物中心单体销售额66.4亿元。

德基广场已与超过百分之九十的国际大牌合作,目前购物中心拥有包括LOUIS VUITTON(路易威登)、Hermes(爱马仕)、CHANEL(香奈尔)、PRADA(普拉达)、GIORGIO ARMANI(乔治·阿玛尼)、Tiffany&CO(蒂芙尼)、PIAGET(伯爵)、Vacheron Constantin(江诗丹顿)、Dior(迪奥)、BVLGARI(宝格丽)等在内的102个国际顶级奢侈品牌,国际顶级品牌集聚度在全省排名第一。世界顶级酒店丽思卡尔顿酒店已签约。2014年,德基广场内独立核算的品牌税收过千万元有2家:路易威登1713万元、爱马仕1162万元,每平方米税收分别为5.8万元、4.3万元。

德基广场采用SHOPPING-MALL商业模式,已囊括顶级珠宝腕表、国际化妆护肤用品、时尚综合服饰馆、进口超市、儿童乐园、高档婴童服饰用品、高端家电、环球美食中心、环幕影院、真冰溜冰场等娱乐设施、国际顶级酒店、商务办公一体化在内的众多业态。

德基广场已经成为汇聚世界高品质音乐、绘画、雕塑等多方位艺术形式的博览会:各大美术艺术馆藏作品展、古今中外的珍稀艺术品鉴、知名艺术家的绘画、雕塑艺术作品展,以及来自不同国家的乐队、交响乐团的演出。2014年德基广场开展“新生”“芬芳”“怒放”“秋实”等系列节日主题展会21场。

【珠江壹号】 位于珠江路1号,中山路与珠江路交汇处,建筑面积13万平方米,高186米、58层。该楼宇集购物广场、高端酒店、商务办公于一体,是南京高端纯租型写字楼之一。楼宇1~5层为金鹰天地购物中心,6层为餐饮,7~26层为五星级金鹰国际酒店,28~58层为甲A级商务办公用房,面积约4万平方米,设有机动车位400个。金鹰天地北楼已开业,入驻餐饮企业22家;写字楼已入驻夏普、三星、富士通、雅培、惠氏、拜耳医药等12家世界500强企业,毕马威、第一太平戴维斯等国际知名机构,以及中建材、中核二三等国内总部型企业。租金5.5元/平方米/天,物业管理费23元/平方米/月。2014年,珠江壹号是区亿元楼宇之一,珠江壹号楼宇产生税收10154万元,与2013年同比增长6%。

【凯润金城】 位于长江路2号,长江路与中山路交汇处东北角,总建筑面积21.7万平方米,01幢为办公楼,02幢为7层的商场,03幢、05幢为酒店式公寓,停车位1020个。包含有商场、办公、酒店式公寓等多种业态。

凯润金城大发金融中心位于长江路2号,建筑面积3.4万平方米,楼宇内总部企业集聚,有兴业银行、江苏信托、江苏允通集团、中国国投国际贸易等公司,2014年共有企业19家;裙楼艾尚天地购物中心位于中山路100号,建筑面积3.6万平方米,是集餐饮、购物、娱乐于一体的时尚潮流城市综合体,有兰博基尼、上海小南国集团有限公司、喜多屋、蓝蛙、新元素、五十七度湘等企业经营。2014年有企业61家,实现全口径税收2190万元。

【置地广场】 位于洪武北路55号,中山东路与长江路之间,地处南京市CBD核心区——新街口商贸圈、洪武路金融圈、长江路文化圈三圈合一的黄金交汇处,距地铁新街口站200米。总用地7263.5平方米,总建筑面积58328.4平方米,容积率5.97,建筑密度21%。大厦地上30层，地下3层，1~3层部分为银行证券办公，4~30层为标准写字间，得房率约69%，是一座AAAAA级高智能、高品质的甲级纯写字楼。（史元维）

旅　游

【概况】 2014年，全区旅游工作着力构建文商旅融合的发展模式，改善旅游环境设施，提升旅游业品质，推进区域旅游产业发展。对全区旅行社、旅游饭店、景区景点（窗口）地区、旅游购物店以及其他相关旅游企业，开展行政执法检查19次，出动检查人员63人次；联合市（区）工商、交通、物价、公安、质监、安监等政府相关职能部门，对67家企业检查12次；开展三星级及以下旅游星级饭店复核工作，12家饭店完成复核任务，南京金鹏饭店作为评定性复核的三星级饭店通过审定。组织辖区内各大景区、旅行社参加“迎青奥、知南京、话南京”导游服务技能竞赛，中山陵景区获大赛一等奖2名、二等奖3名，总统府景区获一等奖1名、三等奖1名。南京博物院被批准为国家AAAA级旅游景区，至此全区AAAA级及以上景区增至6家。途牛旅游网于2014年5月9日成功在美国纳斯达克正式挂牌上市。抓青奥机遇，开发青山绿水生态游、明城文化体验游、历史文化寻踪游以及长江路历史文化休闲街区三条特色游线，形成6条不同主题的深度旅游线路，同时将长江路、中山陵、南京博物院等重点旅游资源串连成线，推进长江路街区提档升级，提升区域旅游知名度和美誉度。2014年，全区实现旅游总收入176.9亿元，同比增长11.2%；接待境内外游客3052万人次，同比上升9%。

【市旅游委调研南京博物院创国家AAAA级旅游景区】 4月29日，市旅游委副主任郑晓明一行赴南京博物院考察调研。玄武区旅游局局长魏超陪同。郑晓明一行实地考察南京博物院景区各展馆建设情况，听取景区负责人关于景区改扩建工程、资金投入、运营管理等情况介绍，并结合南京博物院如何创建国家AAAA级旅游景区进行交流。郑晓明表示，市旅游委全力做好景区创建指导工作。南京博物院副院长王奇志表示，借助市旅游委宣传促销平台提升影响力。区旅游局将继续为景区提升创建工作做好服务。

【旅游景区餐饮服务食品安全专项整治】 4~5月，区旅游局联合区5家职能部门成立检查组，出动人数136人次，对辖区内6家景区及周边60家餐饮服务单位，开展餐饮服务食品安全专项大检查，其中取得餐饮服务许可证60个，责令整改15家，开展培训12次，参训182人次。通过集中专项整治，规范旅游景区餐饮服务单位和从业人员的经营服务行为，消除旅游景区餐饮服务食品安全监管的盲区，提升旅游景区餐饮服务食品安全水平，为青奥会的举办创造良好的服务环境。

【青奥会住宿服务保障】 青奥会期间，辖区内苏宁银河诺富特、钟山宾馆、黄埔大酒店3家酒店被选定为青奥会推荐接待饭店。区旅游局组织对其安全工作、行业管理、饭店接待服务等进行全面检查，确保住宿接待达标。完善区青奥会接待饭店工作人员住宿保障工作方案，成立赛时驻店工作领导小组，派驻分管局长担任区域经理，工作人员现场办公，完成3家接待饭店的食宿保障工作。

【南京博物院创国家AAAA级旅游景区现场评定】 8月21日，江苏省旅游局规划发展处副处长章晓历、南京市旅游委员会规划发展处处长许强、玄武区旅游局局长魏超一行对南京博物院创建国家AAAA级旅游景区现场评定。检查组实地查看游客服务中心、停车场、特色展馆及各展馆安保、服务制度等，听取博物院创建工作汇报，查看创建台账和备查资料，对游客满意度抽样调查结果进行统计。评审会上，章晓历对南京博物院的创建工作给予肯定，并提出意见建议。朱瀚威、吴伟学等专家提出经营发展思路。

【“纸质文物保护国家文物局重点科研基地”获批】 （参见“文化”类目，第217页）

【彭丽媛邀请部分外国领导人夫人参观南京博物院】 8月16日，彭丽媛邀请出席南京青奥会开幕式的国际奥委会主席巴赫夫人、国际奥委会名誉主席罗格夫人、布隆迪总统恩库伦齐扎夫人、黑山总统武亚诺维奇夫人、瓦努阿图总理纳图曼夫人参观南京博物院。彭丽媛一行参观“江苏古代文明展”，在博物院清香阁茶屋品茗观宝，观看扬州雕版印刷、宜兴紫砂壶、苏州核雕、徐州香包、南京云锦、惠山泥人、苏州刺绣、桃花坞年画等制作演示，领略中国古代文化。观看“非遗”展示时，几位夫人一起坐在尚未完工的苏绣作品《丝绸之路》旁，在“非遗”传承人指导下尝试刺绣。

链接

南京博物院

南京博物院位于南京市中山东路321号，其前身是蔡元培先生于1933年倡议成立的国立中央博物院筹备处。建院80年来，风格独特的建筑形式、种类丰富的庋藏珍品、蜚声全国的知名专家、精彩纷呈的展览和活动，共同构成南京博物院在国内外博物馆界、全省乃至全国公共文化服务体系中的品牌和声誉。2008年被评为国家一级博物馆，2009年被确定为中央地方共建国家级博物馆，在2010年、2011年国家一级博物馆运行评估中总分位列全国第二，2014年被批准为国家AAAA级旅游景区。

南京博物院现有各类藏品42万件。既有全国性的，又有江苏地域性的；既有宫廷传世品，又有考古发掘品。历朝历代，均有珍品佳作。其文物品类一应俱有，青铜、玉石、陶瓷、金银器皿、竹木牙角、漆器、丝织刺绣、书画、印玺、碑刻造像等，每一品种又自成历史系列，成为数千年中华文明历史发展最为直接的见证。考古发掘的新石器时代的“玉串饰”，战国时期的“错金银铜壶”“郢爰”，西汉的“金兽”等10件藏品为国宝级文物。这批藏品是南京博物院丰厚的文化资源和文化资产。

2006年，南京博物院二期改扩建工程启动，2009年奠基，2013年11月完工后向观众全面免费开放。改扩建后的南京博物院成为全国综合性最强并极具特色和影响力的大型博物馆。在改造原有历史馆、艺术馆的基础上，新建特展馆、民国馆、非遗馆和数字馆，形成“一院六馆”的格局，总建筑面积84500平方米，展陈面积26000平方米，展出文物由5000件增至4万余件。历史馆展示江苏古代文明历程；艺术馆按照艺术品的质地分类，长年展陈馆藏精品；特展馆重点展示引进的国内外展览和馆藏珍品主题展；非遗馆以动态的方式展示江苏省被列入国家级非物质文化遗产名录的项目；民国馆重点展示民国首都风土人情；数字馆以网络参观和现场体验相结合的方式，带给观众全新的古代文明体验。

·长江路历史文化休闲街区·

【概况】　长江路历史文化休闲街区西起中山路、东至龙蟠中路，全长1.97公里，位于玄武区核心地带。街区内有总统府、梅园新村纪念馆、毗卢寺、江宁织造博物馆等众多旅游资源，有保存完好的桃源新村民国建筑群、国民大会堂旧址，江苏美术馆新馆、南京图书馆等文化设施，承载了历史文化、革命文化、生态文化、佛教文化和现代文化等多元文化体系。

长江路历史文化休闲街区被全市列为18个旅游功能集聚区之一，已初具规模，聚合效应进一步放大。2014年7月，完成汉府街东延工程与街区景观亮化工程，开展长江路老照片征集、“我眼中的长江路”演讲大赛、长江路形象口号征集等活动，编制《长江路特色手绘地图》《长江路深度旅游图》《长江路特色美食图》三位一体的系列宣传折页、构建“掌上长江路”微信公众平台、拍摄长江路旅游形象宣传片，提升长江路的知名度与影响力。

【街区旅游发展联盟会议】　12月26日下午，在总统府景区多功能会议室召开。市旅游委规划发展处处长许强、总统府景区、梅园新村纪念馆、德基广场有限公司、中陆必得旅游规划设计研究院、南京水晶石数字科技有限公司、南京大

南京博物院外景

12月26日下午，长江路历史文化休闲街区建设阶段性研讨会在总统府景区多功能会议室召开

学、南京理工大学等教授以及驻街主要单位负责人参加会议。玄武区旅游局局长魏超通报2014年街区主要工作成果，南京中陆必得旅游规划设计研究院解读2015年街区主要提升工作设想及重要旅游标识体系思考，南京水晶石科技有限公司介绍长江路旅游宣传片拍摄理念、过程及成片展示，总统府景区、六朝博物馆等单位作交流发言。许强肯定近年来街区建设发展的工作成果，同时希望各单位继续支持街区建设，围绕目标继续强力推进；深化旅游发展联盟作用，整合资源，让长江路成为外地游客到南京旅游印象中的一个重要形象与标志街区。

【街区旅游品质提升研讨会举行】 6月13日下午，长江路历史文化休闲街区旅游品质提升研讨会召开，市旅游委副主任郑晓明、副区长陈云松、市旅游委规划发展处处长许强、区城管局、驻街主要单位、旅游规划设计研究院等参加会议。南京中陆必得旅游规划设计研究院就街区旅游品质提升做专题报告。郑晓明提出三点建议：明确街区发展目标定位，希望各单位继续支持街区建设，围绕重点继续推进。郑晓明与陈云松共同启动掌上长江路微信公众平台。南京远博文化传播有限公司介绍掌上长江路微信公众平台运行及后期推广基本情况；区城管局介绍街区景观亮化与提升工程；总统府景区和国民大会堂(汉府饭店）围绕迎青奥会旅游品质提升交流发言。陈云松指出，要继续强化旅游联盟作用，推进街区软件稳步提升，继续支持正在进行的街区灯光亮化工作，重视文化旅游在产业中的融合作用。

【街区创建AAAAA景区整体提升方案评审会举行】 7月9日，区旅游局召开长江路历史文化休闲街区创建AAAAA景区整体提升方案评审会。经过公开征集、网站公示、收取并审核文件，南京中陆必得旅游规划设计研究院、浙江诗画江南文化发展有限公司、浙江远见旅游设计有限公司3家单位入围。3家单位代表就本单位旅游规划资质与长江路街区提升的思路分别做15分钟阐述，并与评审专家组交流。经过评审，选定南京中陆必得旅游策划公司（甲级资质，全国景区评定委员会成员单位）承担景区方案规划编制工作。

【“我眼中的长江路”演讲大赛】 4月26日上午，区旅游局举办“我眼中的长江路”演讲大赛暨“迎青奥、知南京、话南京”导游服务技能选拔赛活动。总统府景区、梅园新村纪念馆、江宁织造博物馆、梅园新村街道的6位选手参加比赛。选手分别围绕长江路上的重要景点景区、人文故事展开演讲。演讲结束，总统府营销接待部部长进行点评，市旅游委宣传教育处负责人就全市“迎青奥、知南京、话南京”导游服务技能学习竞赛提出要求。玄武区旅游局局长魏超宣布比赛结果。

【景点选介】 汉府饭店　坐落于长江路262号，西邻新街口商业区、东与人民大会堂、总统府、1912街区毗邻，是一座具有7层典型民国风格的建筑，成为呈现民国特色的现代精品酒店。2013年改造升级后，饭店装潢大方优雅，设施一应俱全。拥有满足各消费层次的客房190间，大小会议室、接待室10个，能满足30~2500人不同规模的会议需求。餐位1000个，并配有大堂吧、书吧、酒吧以及游泳池、健身房、美发室等康乐设施。

南京人民大会堂　坐落长江路264号，坐北朝南，全部建筑为钢筋水泥结构，连屋面平顶及地下室共5层，配有冷暖气、消防、通风、水电、卫生等设备，正面呈凸型，内厅走廊宽畅，厅顶呈拱型，与一墙之隔的江苏美术馆浑然一体，交相辉映。墙体为斩假石，门楼上方镶嵌有“人民大会堂”5个斗大的金字，显得古朴而又端庄。其前身是“国民大会堂”，建成于1936年，堂名由原国民政府主席“林森”亲笔所题，会堂采用中西合璧式建筑风格，由著名建筑师奚福泉设计。解放后更名为“人民大会堂”，成为江苏省和南京市召开重要会议、举行庆典活动和文艺演出的场所。现为全国重点文物保护单位。人民大会堂由南京市人民政府直接管理。（韩会贤）

·1912 街区·

【概况】 南京 1912 街区有机兼容历史文脉和时代风尚，经过10 年多的培育和锻造，已成为具有示范和标志性意义的现代服务区，故有“上海有新天地，南京有1912”之说。2014 年，南京街区举办“CCTV我要上春晚”“1912 十周年庆典”等大型广场活动。2014 年，南京 1912 街区继续荣膺“南京市著名商标”，并成为“中国驰名商标”，巩固了南京 1912 品牌地位。

【CCTV“我要上春晚”选拔活动】 2014 年《我要上春晚》栏目全新升级，栏目于 2014 年 3~4 月在全国范围内选择多个城市进行“走基层地方选拔”活动。终选晋级的选手将前往北京参与《我要上春晚》“地方选拔专场”的节目录制，并在中央电视台播出。央视栏目组在江苏省设置赛区，赛区的协办方为南京一九一二集团，四场落地形式的初选赛和赛区总决赛的观赏性活动，在南京 1912 街区举行。3 月 22 日、23 日、30 日分别在南京 1912 街区浦发广场进行初选和终选，1000 多人报名，286 个节目参与录制。活动期间，众多媒体聚焦南京 1912，成为 2014 年南京文化大事，成为多元文化互动的助推器。

【“青春·活力”主题活动举办】 11 月，1912 开展以“青春·活力”为主题的电子音乐节和极限运动赛。活动将最潮流的电子音乐通过广场的活动展示出来，用前沿的形式打造酒吧音乐文化，另一方面通过小轮车、滑板这样的极限运动加深人们对于街区的认识。活动期间，1912 联合众多国内外大牌 DJ、1912 街区酒吧明星 DJ，打造类似国内知名的“风暴音乐节”的现场感受，同时在博爱广场举行江、浙、沪区域极限运动表演赛，邀请国内外知名滑板及小轮车选手参加。这是南京首次举行极限运动的赛事。

【景点选介】 KAMAKAMA BAR 标准清吧的装潢设计，吧台上面，放满各色酒水；每个桌椅各具特色，根据所在区域的不同，搭配不同的桌椅；各个区域有不同的侧重，有的幽静私密，适合情侣小聚，有的区域临窗背街，适合三五好友相聚，不同的区域吸引不同需求的人。

顺德渔生档 “渔生档”初创于 2005 年，曾用名“二十四广式茶餐厅”，2007 年迁址后更名为“顺德鱼生档”。渔生档挖掘广东民间传统饮食的精髓，经过多年历练和成长，已促使企业初步形成自有的饮食风格及独特的文化底蕴。在餐厅空间的营造中，渔生档大量引用亚热带海岛度假渔村的主题元素，使就餐环境变得更加清新、悠然，有身临大自然之感。

链接

1912 连锁街区新拓展项目

南京一九一二集团以发展和优化商业地产运营和服务为己任，拥有南京 1912、扬州 1912、无锡 1912、苏州 1912、南京百家湖 1912、合肥 1912、常州 1912 和滁州 1912（2014 年 11 月开街）、西安 1912（筹建）、无锡接官亭 1912（筹建）、南通 1912（筹建）等 11 个商业街项目。1912 连锁街区拓展到 10 个以上，街区运营面积翻一番，达 50 万平方米。

西安 1912 位于陕西省西安市朝阳门内沿城墙往南，处于皇城内部，是西安商业最集中的区域。项目坐落于老城墙下，享受着中国历史上最完整城墙静谧、古老的气息；身陷老城传统坊巷之间，遵循着城市方正的肌理，先天的文化底蕴不用刻意营造便能成为项目的特色之一。文化基点：皇城古韵构筑西安城市客厅。

无锡接官亭 1912 位于北塘区新中山路沿线，紧邻无锡古运河，为历史上著名的无锡米市所在地，文化底蕴深厚，接官亭 1912 将尊重并传承米市之于无锡的历史文化影响，以当代文化商业运营理念与历史传统相融合，再现接官亭弄的沿河风光，结合城市人文底蕴打造无锡新文化旅游地标。文化基点：现代工业名城，运河休闲长廊。

南通 1912 位于港闸区城闸大桥旁，东临五水公园，南临通吕运河，规划高档餐饮、娱乐酒吧、文化展示、都市休闲等中高端体验式业态；规划精品零售、精品酒店、高端商务会所、酒店式公寓、高品质居住区、电影等现代服务业态；将打造成传承南通历史的文化商业街区，成为南通的城市客厅、文化名片、时尚地标。文化基点：江风海韵构建通城城市客厅。（赵莉萍）

·中山陵园风景区·

【概况】 2014 年，中山陵园管理局围绕“紫金山—玄武湖生态文化旅游示范区”建设目标，实现景区品质、环境面貌、旅游经济、队伍建设和综合管理“五个明显提升”。完成中山陵老停车场区域环境整治，建成集观光、休闲、换乘为一体的游客集散中心，以全新形象开放中山陵南广场；完成紫岚里街区环境提升和游客服务设施配套、山北1.8公里樱花路建设；建成朱元璋雕像广场；完成白马公园园区道路建设、紫金山索道改造、孙中山纪念馆搬迁及展陈初步设计方案；启动风景名胜区总体规划修编工作；紫金山森林公园规划以及中山陵、明孝陵、钟山建筑遗址等专项保护规划顺利推进。2014年，风景区获市"迎青奥"环境综合整治先进单位、全国青年文明号示范集体荣誉；连续7年被评为"南京市创建平安景区示范单位"；在省、市导游大赛中获表彰13项；抗日航空烈士纪念馆被列为首批国家级抗战纪念设施、遗址。

【景区建设】 2014年，植树造林2万余株、草坪地被39207平方米；直播造林2600公斤、54万穴；抚育森林683.88公顷，清理枯死松树70万公斤；防治黄脊竹蝗虫害4.67公顷、竹节虫虫害2公顷、刺蛾虫害400公顷；开展古树名木调查，建立养护档案，登记申报新增玉兰、梅花等古树名木资源24株及民国法桐等后备资源1309株。

4~7月，景区开展迎青奥"大干一百天"环境大扫除，建立全员责任机制，设立职工"发现奖"，投入资金600多万元，完成425项具体问题整改，实现"一清、二拆、三整治、四提升"整治目标，提升核心景区、免费公园、森林环境、文博场馆等重点区域环境景观水平。4月，成立森林执法大队，隶属森林管理处，采取"队所合一"模式，加大对毁林开垦、私埋乱葬、偷盗林木等违法行为的查处。景区实行日常巡查和专项整治相结合，建立夜间巡查制度。8月4日，联合驻区公安、武警等单位在中山陵陵寝举行首次反恐实战演练。全年查处"黑车"75辆、"野导"226人次，查获逃票人员50人次，取缔流动摊贩2000余起，拆除违建7300平方米，实施行政处罚99起。实现全年"零安全事故"目标，连续7年被评为"南京市创建平安景区示范单位"。

【景区文化活动】 2014年，征集相关文物史料380件；编撰出版《宋庆龄与中山陵》等10多本文化图书，完成《文化遗产纳入公共文化服务体系研究》等5项课题研究；拍摄中山陵园风景区形象宣传片《钟山——中华城中第一山》；组织第八届"民族心　中华情"青少年征文演讲南京赛区比赛；10月30日，中山陵园管理局与南京中国近代史遗址博物馆、中国第二历史档案馆联合主办第26次孙中山宋庆龄纪念地联席会。

【景区旅游经济】 2014年，与同程网、驴妈妈网、途牛网等优质网络营销平台合作，推出网络订票和兑票服务，多渠道推动景区票务收入稳步增长。对风景区经营服务场所进行专项整治，景区餐饮一律实行"三公开"(经营设施公开、经营项目公开、菜单价格公开)，面向大众开放。改造并盘活风景区部分闲置经营设施，8月、12月，与南京先锋书店和青果公司合作，打造并开放"中国最美书店"，邂逅了"南京最美风景"的永丰诗舍，以及"有山有水有WIFI"的绿道驿站；引进具有景区特色的微信打印机；设计开发200余种特色旅游纪念品，营造更好的旅游休闲环境。2月20日~3月31日梅花节期间，景区接待游客83万人次；"五一"小长假接待游客41万人次；"十一"黄金周接待游客121万人次，同比增长7%。青奥会期间接待来宾55万人次，游客接待量同比增长100%。

【景区文物监测与保护】 6月，与东南大学土木工程学院合作，采用光栅传感器、裂缝仪、探地雷达等先进技术手段，对世界遗产明孝陵的文物本体进行健康监测和安全趋势分析，实现对文物"最小扰动原则"的技术监督。投资近300万元，在遗产地关键区域安装27个高清球机，建立7个安防平台，对遗产地的安防、消防和道路交通等实施24小时监控，确保文物本体安全。11月，完成抗日航空纪念馆正义之神雕塑出新、霍克Ⅱ飞机模型修缮、玻璃幕墙维修、航空烈士公墓文物修缮、英烈碑维修、标识牌出新等。

【环紫金山绿道建设】 环紫金山绿道建设工程于2013年启动，2014年完成。绿道位于紫金山南麓和东麓，南线始于琵琶湖公园入口，经前湖、燕雀湖、下马坊遗址公园、博爱园、灵谷寺至体育公园，东线始于紫金山东入口(与仙林大道交叉口)，沿环陵路西侧至岔路口。主线绿道长约18.3公里，与主要交通枢纽设置连接绿道长约4.6公里，全长22.9公里。绿道沿线设置2处驿站、3处休息点、12个出入口，实现与公交、地铁无缝对接，方便市民、游客以步行、自行车等绿色出行方式休闲游憩。

【朱元璋雕像广场建成开放】 朱元璋雕像工程作为打造"紫金山—玄武湖"生态文化旅游示范区的重点项目，3月24日取得立项批复，6月开工建设，8月11日落成，完

8 月 11 日，朱元璋雕像广场落成

成雕像制作安装、广场铺装、绿化景观建设。雕塑广场东起明孝陵博物馆，西至十朝文化园成语长廊，南起十朝文化园 7 号楼，北至明孝陵游客服务中心，占地面积约 4900 平方米，填补了世界遗产明孝陵内无朱元璋雕像的空白，提升和完善文化展示宣传功能。

【中山陵南广场环境整治】 工程系对原中山陵老停车场区域的环境整治提升工程，2 月启动，5 月 1 日向市民游客开放。以“退建还林”为原则，新增绿地约 1.5 万平方米，补植桂花、红枫等花灌木 3 万余株，增加 23 块标牌、5 处直饮水点、50 张休闲座椅、30 个垃圾箱及其他便民服务设施，建成观光车上下客集散中心，实现人车分流，提升游览安全性和舒适度。

【樱花路及景观工程建设】 项目是青奥会前完成的全市 16 项重点建设项目之一。2013 年 9 月启动，2014 年 4 月底完工，“五一”正式向市民开放。道路全长 1.8 公里，6.5 米宽，沿线打造 6 个景观节点，栽植樱花等植物 8000 余株、地被 6 万余平方米，完善路灯、座椅、垃圾箱等基础配套设施，成为休憩、游览、观光、健身于一体的景观道路。

【2014 年中国南京国际梅花节】 2 月 20 日~3 月 31 日在明孝陵景区举行，由南京市政府主办，市旅游委、中山陵园管理局共同承办，省旅游局局长秦景安、市政府副市长陈刚等领导出席开幕式。本届梅花节围绕“美丽南京·百姓节日”主题，开展 7 大系列 13 项子活动，有“梅飞色舞闹金陵”民俗文化集萃表演、梅花书画摄影展、梅盆景展、插花表演以及金陵美食汇、儿童嘉年华等系列文化休闲活动；推出“金牌导游”和高级园艺技师加入的全新组合“6+2”花情预报团队；与相关部门合作，开展“随手拍，梅花秀”“捡一袋垃圾，送一个礼品”环保志愿宣传等活动。梅花节期间，接待游客 83 万人次，在百度搜索关键词“2014 南京梅花节”，可搜到相关网页 284000 个。

【航空烈士公墓公祭活动】 南京抗日航空烈士纪念馆于 9 月 1 日被国务院列为首批国家级抗战纪念设施、遗址。9 月 30 日首个烈士纪念日，南京市政协、中山陵园管理局、南京航空联谊会、中国老兵网联合组织在宁 8 位抗日航空烈士的亲属，在南京抗日航空烈士纪念馆举行祭扫、参观及座谈等活动。12 月 13 日国家公祭日当天，南京市政协、市民革、市台盟、市台联、中山陵园管理局、解放军空军官兵、中国老兵网、南京航空联谊会全体会员、抗日航空烈士亲属、院校师生代表等 600 余人在航空烈士公墓举行公祭活动，向航空烈士默哀致敬、敬献花篮，纪念为国捐躯的抗日航空英烈。

【幸福天使红十字救护站】 由中国红十字会总会指导，中国红十字基金会幸福天使基金发起，9 月 25 日在钟山风景区游客中心挂牌设立，设处置室和母婴室，开展科普健康教育，提供医疗救助，保障游客人身安全。在救护站建设的同时，景区在 4 月和 9 月举办四期救护知识全员培训班，300 余名景区职工获得初级救护员资格证。

【自助导游系统投入使用】 风景区与北京来拓科技发展有限公司合作打造“会说话的中山陵”——中山陵自助导游系统，7 月 27 日上线服务。中文版使用费 10 元/人次，英文版 20 元/人次，押金 50 元/台，讲解时长 60 分钟，由中央人民广播电台主播戴萱讲解演绎。截至12 月末，租用游客 5 万余人次。美龄宫自助导游系统于 8 月 16 日上线。

【景点选介】 钟山建筑遗址 位于紫金山主峰头陀岭南麓，是一处南朝祭坛遗址，包括一号坛、二号坛及附属建筑区，南北长 300 多米，占地 20000 多平方米。该遗址 1999 年被考古人员发现，被认为是南朝刘宋孝武帝大明三年(459

年)所建的国家北郊坛遗存,并以“钟山六朝坛类建筑遗址”的名称全票当选2000年度全国十大考古发现。2002年以“钟山坛类建筑遗存”的名称公布为江苏省文物保护单位。2006年公布为全国重点文物保护单位,并定名为“钟山建筑遗址”。2014年3月,中山陵园管理局向国家文物局申请《钟山建筑遗址保护规划》立项,同年6月国家文物局批复,9月,中山陵园管理局正式启动保护规划编制工作。

永丰诗舍　是南京先锋书店与中山陵携手打造的一家以诗歌为主题的书店,位于陵园路行健亭南侧,总建筑面积2571平方米,经营面积300平方米。诗舍有文学、艺术、社科、南京文化、近代史等方面书籍3000余册;开辟了以聂努达、博尔赫斯、兹维塔耶娃、普希金四位诗人为主题的读书空间,被誉为“中国最美书店”邂逅“南京最美风景”。　(程　岩　张田野)

·玄武湖公园·

【概况】　玄武湖为古都南京国家级钟山风景区的组成部分,国家AAAA级旅游景区,国家重点公园,占地面积513.07公顷,其中湖面面积378.13公顷,陆地面积134.94公顷。湖中分布着环洲、樱洲、梁洲、菱洲、翠洲五块各具特色的绿洲,五洲之间,桥堤相通,别具其胜,山水城林相融之美彰显,是南京著名的城市客厅、百姓乐园。

玄武湖的历史最早可追溯到距今2220年的先秦时期,她的名字随着历史的变迁而演变,分别被称作桑泊、秣陵湖、蒋陵湖、后湖、北湖、练武湖等。公元446年,湖名改称为玄武,并沿用至今。民国时期,玄武湖已经成为现代意义上的公园。景区内历史文化遗迹众多,现有文物保护单位7个,分别是童子拜观音石、郭璞墩、览胜楼、湖神庙(铜钩井)、喇嘛庙、留东同学会,其中武庙闸是全国文物保护单位。

2014年,景区组织第七届百花闹春游园会、金秋菊展等传统园事花事等活动82场,其中69场为“农业嘉年华”等签约商业活动,13场为“贫困山区助学”“全民爱健康”“爱天文讲科学”等公益活动。2014年,景区接待中外游客1532万人次。

明城墙保护及周边环境整治工程是市委、市政府迎“青奥”16项重点项目之一。根据整治工作要求,景区管理处机关位于和平门办公区实施搬迁,完成场地平整、绿化恢复、电瓶车停车场植物美化及顶棚统一改造工作。

【玄武湖景区东岸建成开放】　8月6日,景区东岸区域环境综合整治工程完成,免费向市民开放。2014年初,景区管理处展开东岸区域建成开放的系列准备工作,对安保、物业、水陆运营、情侣园开放运转及人财物配置等问题进行专题研究,成立工作领导小组,形成东岸区域开放工作方案及应急预案,并组建独立编制的东岸区域安保中队,通过招投标程序引入物业劳务外包服务队伍,完成机构及人员设置。

【志愿服务活动开展】　作为首批南京城市志愿服务站示范点,景区形成社会志愿者和景区工作人员共同管理的格局。2014年,景区接待社会志愿者1000余人,开展“手语导游日”“水草打捞清理月”“学雷锋3·5志愿者招募”志愿特色服务活动。景区管理处团委联合工商银行、南京信息工程大学、南京审计学院等单位开展“珍惜地球资源倡导低碳生活,寄愿地球日活动”“千纸鹤小分队环保千里行”“志愿微笑服务”等志愿服务;景区24小时接待中心免费为游客提供茶水、雨具、轮椅童车、寄存、宠物临时寄养以及失物招领、应急救助、温馨提示、游览咨询等服务。

【青奥会铁人三项赛事保障】　8月17~21日,第二届夏季青年奥林匹克运动会铁人三项赛在景区举行。赛事产生青奥会首枚金牌,国际奥委会主席巴赫到场颁奖。为确

玄武湖东岸水花园

保铁人三项场馆建设及赛事保障，景区管理处对接青奥会组委会和铁人三项场馆团队，安排7名领导担任比赛的7个业务口经理职务，选派37名骨干担任7个业务口的副经理和主管，配置注册人员82人。赛事期间，景区独立担负铁人三项工程与临时设施、清废、物流、观众服务、综合事务、市场开发、票务等工作。成立陆地保洁、水上保洁、游客管控3支独立作业班组，24小时运转，保障赛事顺利举办，获得先进单位荣誉称号。

【第七届百花闹春游园会举行】 景区以赏石盆景插花展拉开“2014玄武湖百花闹春游园会”的序幕，期间有新春锣鼓表演、马年寻宝、有奖竞猜、年年有鱼放生及美食节等主题活动。游园会期间景区围绕梅花、迎春、海棠、樱花、郁金香、牡丹、芍药、月季等春花次第开放的时段，推出赏花游园系列活动，并举办花卉科普知识展。

【2014年菊花展览】 10月25日~11月30日在景区举办，展出的精品菊均为景区自行培育。菊展通过点、线、面的串联，让游客在一路赏菊赏景的同时，达到休闲健身的目的。点指盆景园内展出80个品种600盆精品菊；线指玄武门—假山—梁洲沿线1200米的园路两侧布置1600盆的花径；面指盆景园室外用1100盆菊花布置精致小景。

【景点选介】 武庙闸　是玄武湖的主要出水口，也是南京最早的水关。它最先出现在东吴，宝鼎二年(267年)，孙皓引湖水进入宫城。朱元璋建造南京城时一并设计、建造了大闸，当时名为通心水坝。清同治时期位于市府大院内的府学旧址改作武庙，在武庙之后的此闸便叫做武庙闸。武庙闸的工程设计在当时是世界一流水平：长达40米的进水槽弯弯曲曲，减缓入闸口湖水的流速；高达数丈的闸槽以及总长143.9米的隧道，由管径为0.92米的铜管和铁管组成，十分坚固。隧道中还有一把随水流不断旋转的镰刀，能斩断杂草，不使水路堵塞。据说当时在闸口还安置一尊铸铁赤身和尚，用来镇水怪。1986年，武庙闸新建三曲长廊、观景轩、方亭、赑屃驮碑等建筑，隧道中的铜、铁涵管也在1971年拆除，改为水泥涵管。1988年，武庙闸作为南京明城墙的一部分被列为第一批国家级文物保护单位。　(陈雅静)

·红山森林动物园·

【概况】 红山森林动物园位于南京城北，总面积68.4公顷，是集娱乐休闲、动物知识普及、科学技术研究及野生动物保护四大职能为一体的综合性公园，全国野生动物保护科普教育基地、国家AAAA级旅游景区和江苏省野生动物救护中心。园区内36个动物场馆，汇聚世界各地具有代表性的珍稀动物280多种，共3000余头(只)动物。在展出方式上，逐步将传统的笼养形式向生态式、沉浸式方式发展，既利于动物的保护，又便于游客的观览。

2014年，客流量468万人次，其中有效购票人数120.7万人次，收入6293万元。先后推出“马年生肖文化节”“我为考拉桉家”“迎青奥动物园爱心小导游选拔赛”“野生动物保护宣传月”“动物园探秘夏令营”等活动。在迎“青奥”大干100天环境综合整治行动中，完成整改项目1100余项，治理园内黄土裸露区域近3万平方米。拓展新的营销手段，创建官方微信，创新网络售票、刷卡购票等新兴售票模式。在2014年同程网年度评比活动中，红山动物园网络人气排名江苏景区前十名，数字化排名第五。

【马年生肖文化节】 在“马年呈祥”马年生肖文化节期间，红山动物园接待游客约7万人次。通过在园内悬挂与马相关的猜谜红灯笼以及大型卡通马展，展示马的基本特性、品种、文化、保护等常识。活动现场有互动游戏、有奖问答、家庭拼图PK大赛等游戏环节，数千游客参与活动。活动给游客增加节日游园体验，让更多的人了解马在野外生态系统保护中无可替代的作用，引导公众保护野生动物及生态环境。

【动物园幕后之旅保护教育项目】 2014年4月始，与南京电视台成长喜多多栏目合作，推出动物园幕后之旅保护教育活动项目。800多位游客参与熊猫馆、长颈鹿馆、犀鸟馆、澳洲区活动。动物园常态化的幕后之旅特色教育项目在开发和组织过程中，传递动物物种的神奇与魅力及野生动物和栖息地相关联的信息，引发大众对于自然生态保护问题的关注和思考，倡导绿色、环保、低碳的生活习惯和消费理念。活动后期评估满意度达90%以上。

【世界动物日活动】 动物园内中心广场展出极地世界、非洲草原、非洲丛林、澳洲沙漠等9种区域生态及灭绝动物。仿真的栖息地环境、各种动物模型配以图文动物科普板，还原出动物的原生态景象，让游客认识了解更多的动物及其生活环境。与全国动物园联动举办

"为爱快闪,拒绝投喂"活动。活动现场市民参与互动,拍照承诺并网络上传递转发,将动物日的主题落实到号召公众关爱动物拒绝投喂的实际行动中。

【野生动物保护宣传月活动】 2014年,江苏省"野生动物保护宣传月"活动由南京市农业委员会和南京市旅游委员会共同主办,南京市农林综合执法总队、南京市林业站和南京市红山森林动物园联合承办。参加活动领导、野生动物救护代表及游客在山林里对动物园救护康复的苍鹭、夜鹭进行放生;爱心游客在承诺卡上签名,承诺拒绝购买野生动物及其制品;红山动物园的野生动物救护专家提供咨询,为市民答疑解惑;保护主题展板介绍江苏省主要的野生动物及相关的野生动物保护法律法规,帮助市民对野生动物有更深的认识。

【科普学堂进校园】 2014年结合生物多样性日,全国动物园开展科普教育生物多样性主题联动活动,通过网络平台组织全国动物园同行联动开发教学资源包,统一在五月中下旬进行科普进校园活动。其间红山森林动物园"澳洲动物知多少""保护生物多样性""身边的美丽精灵"等12个主题课堂,走进科利华小学、琅琊路小学、游府西街小学、丁家桥小学、金陵中学附属小学、中山小学、建邺实验小学、石鼓路小学,与2000多名师生共同分享生动有趣的动物课堂,得到师生们的欢迎。

【景点选介】 生态教育馆　位于红山森林动物园大红山顶仿古建筑大壮观阁内,常年免费开放。除了与自然保护、野生动物保护相关的展览外,特别从金陵科技学院招募16名志愿者在周末开展环保手工互动及动物科普手偶剧表演。全年接待访客100余万人次,开展科普剧表演50余场次。

犀鸟园　位于红山动物园小红山鸟类区,占地1000多平方米,其中饲养犀鸟、红鹮、灰冠鹤3种动物。园内最高处达13米,设有树枝、栖架、仿真树巢等供犀鸟休息玩耍。园林景观布置模拟热带雨林,配以木栈道、亲水平台,设有游客与犀鸟的互动区。　(葛　珺)

·南京中国近代史遗址博物馆(总统府)·

【概况】 2014年,南京中国近代史遗址博物馆(总统府)接待游客331.297万人次,免票54.9796万人次,分别同比增长22%、21%,旅游商品年营销额同比上升5.8%,实现"无安全事故、无服务差错、无有效投诉"的服务目标。举办"庆祝新中国成立65周年书画展""辛亥南京光复首功徐绍桢图片史料展""孙中山和他的新加坡友人文物史料展""国民政府赴藏女专使刘曼卿文献史料展"等19个展览,部分展览输送到云南滇西、西藏拉萨、福建福州、厦门等地博物馆或纪念馆交流展出。对原有的基本陈列做后续补充完善。编辑出版4期《总统府展览研究》,10余篇史料性文章在国内报刊上发表或在各种学术性研讨会上交流。文物库房管理逐步走上规范化、制度化轨道。参加首次全国可移动文物普查,有1000多件文物藏品得到南京市文物局指定专家的认定。

完成十二届全国政协副主席马飚、新加坡驻华大使罗家良等贵宾的接待任务。10月底,与中山陵园管理局、中国第二历史档案馆合作,举办第26次"孙中山宋庆龄纪念地联席会",海内外37家单位的60多名代表参会。

在同程网主办的"中国景区移动互联网创新合作研讨会高峰论坛"上,被评为"2014年度最具网络人气旅游景区",被江苏省旅游局评为"江苏省旅游行业诚信示范单位"。在江苏省旅游局、共青团江苏省委和江苏省妇联共同举办的2014"畅游江苏"导游大赛决赛中,代表南京市参赛的讲解员贺鑫获

6月26日,新加坡驻华大使罗家良(中)参观南京中国近代史遗址博物馆

"江苏省金牌导游"和"江苏省巾帼建功标兵"称号,博物馆获大赛"优秀组织奖"。

【古建筑修缮】 在古建筑修缮上,坚持修旧如旧的原则,通过严格管理、规范施工,确保文物安全,打造精品工程。先后完成大礼堂、印铸局等40余项修缮工程。在发现典礼局、大礼堂东门过道等建筑因白蚁蛀蚀而出现险情后,及时组织抢修,消除安全隐患。水、电、木、瓦的日常维修1000余项,保证整个馆区各种设备处于良好状态。

【景区环境建设】 2014年,铺种、补栽草皮1200平方米,翻新树塘、种植沟3次,果树施肥2次,播撒尿素约400公斤,治理树木病虫害3500余株,种植、移栽、修剪、乔灌木8500株,填补梧桐树洞34株。对出现黄花病的香樟树,施用专业营养液和肥料,使其病情明显好转。继续与玄武区疾病预防控制中心合作消除"四害",做好卫生防疫工作。在太平湖、东湖等湖面定期喷洒生石灰或投放生物菌包,减少蓝藻滋生的诱因,确保湖水的清澈。

总统府办公楼(子超楼)门前东、西两侧2棵雪松,由国民政府主席林森于1935年3月亲手栽植。1999年被南京市园林局评定为古树名木。2000年,东侧雪松开始出现枯萎,博物馆先后请南京林业大学、南京农业大学、中科院南京土壤研究所和南京园林系统的专家多次会诊,并采取多项抢救措施,均未见成效。2005年9月,经专家确认该雪松已死亡,树龄约80年。此后,考虑到该雪松文物价值的特殊性和景观美化,经专家建议,博物馆对枯死的雪松用绳索和钢架进行支撑加固,并在其根部周围栽种常春藤,继续供游客观赏。2014年入春后,该雪松出现大量白蚁。据白蚁防治研究所专家诊断,这些白蚁是这棵枯死雪松吸引而来。为保证游客和其周围历史建筑的安全,经南京市园林局批准,7月14日,博物馆组织力量伐除该雪松。

【智慧景区建设】 与同程旅游网合作,实现门票在线预订功能,拓宽门票销售渠道。在调研手机APP和手机网站的基础上,结合实际情况,自主开发总统府手机网站,于9月1日正式上线。新建的手机网站与官方微信进行技术集成,新增购物支付功能,具备微商城功能,使智慧景区建设再上台阶。

【"国民政府赴藏女专使刘曼卿文献史料展"】 3月31日,在博物馆西厢房开展。刘曼卿(1906~1941),藏名雍金,毕业于北京国立师范学校,通晓汉语和藏语。1928年,因熟谙藏语被邀作西藏代表的翻译,受到蒋介石等人的赞赏,委以国民政府行政院文官处一等书记官。1929年7月自请出使西藏,1930年抵达拉萨,当年3月28日和5月25日两次与13世达赖喇嘛会面交谈。在康藏地区工作期间,她写成《康藏轺征》《汉藏通婚一段简史》《藏区政府组织》《西藏纪行》《边疆教育》等游记、调查报告,叙述自己在藏族聚居区工作的经历和见闻,为后人留下珍贵的历史资料。本次展览共展出历史文献照片近百幅,南京学者丁小文为展览提供部分文献资料,并向博物馆捐赠其创作的刘曼卿油画肖像。

【"孙中山和他的新加坡友人"文物史料展开展】 9月2日,由新加坡晚晴园孙中山南洋纪念馆提供的"孙中山和他的新加坡友人"文物史料展,在博物馆西花园花厅展出。新加坡国家文物局文物机构司副司长潘宣辉、新加坡晚晴园孙中山南洋纪念馆副馆长叶璞等一行专程出席开展活动。新加坡是孙中山在南洋从事革命活动的重要地点。以张永福、陈楚楠、林义顺、陈嘉庚等为代表的新加坡华侨,毁家纾难,奔走呼号,给予孙中山领导的中国民族民主革命以大力的支持。展览分为"友情缘起""星洲三杰""中山足迹"3个章节,通过展出的近百幅珍贵历史图片和实物展品,让观众了解南洋华侨顺应社会进步潮流,为促进中国近代社会变革所做出的贡献。

【景点选介】 *石舫*　为总统府内现存最古老的建筑,建于1746年,是时任两江总督的尹继善为迎接乾隆皇帝下江南特意建造,船长14.5米,宽4.63米,采用青石堆砌,有前中后3仓构成,门楣上雕刻着蝙蝠、梅花鹿、山猫(兽),分别寓意福、禄、寿,还有牡丹、万年青、仙鹤等寓意长寿富贵的图案。1757年,乾隆帝2次下江南时赐题"不系舟"。"不系舟"出自《庄子·列御寇》"巧者劳而智者忧,无所为者无所求,饱食而遨游,泛若不系之舟"。现"不系舟"匾名是苏州著名书法家费心我所书。相传太平天国时期,洪秀全常在此召集军事会议,孙中山出任临时大总统时,也常登临石舫会见宾客。

"总统府文物史料陈列"蜡像馆　该馆位于原国民政府政务局楼,馆名由曾任中华民国副总统、代总统的李宗仁的副官,后任全国人大常委会副委员长的程思远先生题写。馆内一楼展览分为5个部

分：奠都南京、军人干政；设立五院、施行训政；安内攘外、沦陷之辱；还都改制、竞选总统；沧桑国府，金陵一梦。陈列着许多珍贵的文物、历史图片、档案史料，详细介绍总统府在民国时期经历的历史风云变幻。二楼是民国政要文物史料捐赠展和陈布雷办公室复原展。捐赠展汇集国民政府司法院院长居正，蒋介石的最后一任驻苏大使、外交部长傅秉常，抗日名将周复烈士等人后裔以及国民革命军遗族学校毕业生捐赠的文物和文献史料。（任维波）

·梅园新村纪念馆·

【概况】 2014年，接待观众约21万人次，讲解4582场；培训10所大学、3所中学义务志愿讲解员362人次，讲解2488场次。完成纪念馆陈列馆和周恩来铜像的亮化工程。一级风险安防一期工程验收并投入使用；11月底，完成二期工程招标专家论证建设。完成梅园新村17号防火墙改建工程、消防自动报警系统的搬迁、文物库房的改造工程之后的安全配套；部分安检设备安装，确保反恐防恐要求；2014年度消防灭火器的换装。组织消防演练，举办消防知识讲座。全年未发生安全事故。

完成文物库房改造工程并通过验收，完成文物库房文物、字画、资料和物品的清点、移库和整理工作。开展全国第一次可移动文物普查工作，现馆藏文物数据图像采集工作基本完成；完成二级博物馆复核的全套材料整理、收集、汇总申报工作和省文物局开展的“弘扬优秀传统文化、培育社会主义核心价值观”主题展览项目申报工作。

举办“江苏‘百姓·百事’纪实摄影大展”“快乐摄影——中国橡树摄影南京俱乐部第一届摄影作品展”“第一届全球华人摄影传媒大奖作品展”“迎青奥盛会、庆南京解放65周年”花鸟画展、“北极书画研究院书画展”“迎青奥书画摄影作品展”“袁振英文献图片展”“纪念中国改革开放和现代化建设的总设计师邓小平110周年展”“新中国65年经典瞬间”大型图片展、“看青奥游南京”2014南京旅游摄影展。举办“缅怀伟人风采　传承翔宇精神”悼念周恩来逝世38周年纪念活动、“永远的怀念”——纪念敬爱的周恩来总理诞辰116周年诗歌朗诵会；承办第12届“文博之夏”系列活动的“‘梅园杯’我最喜爱的博物（纪念）馆”征文活动。

与南京航空航天大学金城学院共建“周恩来班”，与钟山职业技术学院共创“周恩来班”，与江苏经贸学院共建“周恩来班”和“邓颖超班”。为上海市市西中学、东南大学土木工程学院、江苏省血液中心、马群太阳城小学等进行宣教；为省台湾事务工作办公室干部、南京市秦淮区瑞金路街道党员干部、淮安市委党校主体班学员开设专题讲座。

学术科研论文入选全国周恩来研究会、省中共党史学会、省周恩来研究会、省博物馆学会等学术研讨会10余篇，在《解放军报》《南京党史》《觉悟》等刊物上发表文章近10篇，出版课题成果《免费开放后革命纪念馆的运行机制和管理创新研究》，完成课题《数字化技术在文物保护与利用中的应用研究》结项。论文获江苏省文博论文评选优秀奖。演讲比赛获玄武区第14届职工技术大比武“我眼中的长江路”演讲三等奖，入围进入“晨光杯”南京市首届“职工金话筒”主持人大赛决赛。编辑出版《梅园通讯》2014年期刊。宣传周恩来精神、展示纪念馆服务信息，发布微博3230多条。

2014年，2人分别获市宣传系统优秀党务工作者、文化系统优秀共产党员称号，3人在迎“青奥”工作中获市文广新局表彰。

【中国民主同盟传统教育基地揭牌】 4月9日，在梅园新村纪念馆举行，民盟市委专职副主委戴云、梅园新村纪念馆馆长王化许、民盟省委宣传处处长陈润华、市委统战部党派处副处长郑晓伟、民盟市委宣调处处长魏淑玲出席揭牌仪式，魏淑玲主持，王化许、戴云分别致辞。戴云与王化许共同为民盟传统教育基地揭牌。近百名盟员参观梅园新村纪念馆。

【研究成果】 2013年12月底，《探索与思考——免费开放后革命纪念馆的运行机制和管理创新研究》一书，由中国文史出版社出版。系2011年市文物局文博科研课题“免费开放后革命纪念馆的运行机制和管理创新研究”的结项成果。梅园新村纪念馆编研部主任吴小宝担任课题组长。全书10万字，围绕免费开放后的革命博物馆（纪念馆）在运行机制和管理创新、文物征集与科学利用、展陈与服务、宣传与信息服务工作、产品研发与公益服务、新媒体的宣传教育手段、人才培养与队伍建设、安全管理的社会化等方面，从革命博物馆（纪念馆）的理论与实践进行初步研究和思考。

2014年12月，南京市文物局文博科研课题“数字化技术在文物保护与利用中的应用研究”课题结题。《信息时代的博物馆——数字化技术在文物保护与利用中的应用研究》一书，由中国文联出版社出版。该课题组由南京梅园新村纪念馆周恩来图书馆副主任李洁副研究馆员任组长。全书10万余字，围绕信息时代博物馆数字化建设，从博物馆数字化建设发展轨迹、数字多媒体在博物馆展陈运用、博物馆公共文化教育应用推广及未来发展前景等多个方面，进行理论与实践方面的概括、分析与研究。

【纪念周恩来诞辰116周年纪念活动】 3月5日上午，“永远的怀念——纪念周恩来诞辰116周年诗歌朗诵会”在梅园新村纪念馆浮雕前举行。活动由梅园新村纪念馆组织，南京市梅园中学、南京市第九中学、东南大学、宁沪高速公路南京收费站、三江学院和南京航空航天大学金城学院的“周恩来班”“周恩来班组”“邓颖超班”100多名师生员工参加。《江南，一颗盛开的梅》《心中的梅园》《一月的哀思》《梅花情韵》等诗歌朗诵，表达师生员工对周恩来的怀念。师生员工参观梅园新村纪念馆，向周恩来铜像敬献花篮。

【邓小平诞辰110周年图片展】 8月22日上午在梅园新村纪念馆开展。展览由市委党史办、市文广新局主办，南京市博物馆总馆承办。展览分为“立下赫赫战功”“进行艰辛探索”“开辟中国道路”“全面建设小康社会”4个部分，展出资料图片、文献图片300多幅，展板80块。展出有邓小平在南京工作和参观、考察的图片。

【新中国成立65周年大型图片展】 9月29日至10月28日，由人民画报社与南京市文化广电新闻出版局、南京市博物馆总馆联合举办“新中国65年经典瞬间——庆祝中华人民共和国成立65周年大型图片展”在梅园新村纪念馆开展。市文化广电新闻出版局博物馆处处长吴涓，人民画报社执行主编王继雨，南京市博物馆总馆馆长曹志君，南京市博物馆总馆副书记钱文胜，副馆长华国荣、胡宁与各分馆负责人，学生代表及人民画报社、新华社江苏分社、《新华日报》等媒体记者出席开展仪式。王继雨和曹志君分别致辞，胡宁主持。仪式上，人民画报社总编吴亮代表人民画报社中国专题图库向梅园新村纪念馆赠送《周恩来审阅人民画报》的经典图片、人民画报社1977年1月出版的《纪念周恩来总理》专辑；梅园新村纪念馆副馆长沈浩向人民画报社赠送收藏证书。展览通过164幅珍贵历史图片，分为“开国大典　创业年代”“艰难历程　激情岁月”“改革开放　经济建设”“和谐社会　科学发展”“民族复兴中国梦”5个部分展出。

【玄武区党员干部承诺活动】 2月17日下午，玄武区四套班子领导和街道、园区、科创办、机关有关部门党员干部110余人，在梅园新村纪念馆开展“重温入党誓词、学习先辈风范”暨“一把手”集中承诺活动。区委书记储永宏代表区四套班子党员领导干部，向全区人民作出八项公开承诺。随后，全体人员参观梅园新村纪念馆。

【“铭记‘12·13’国家公祭日　国际海报邀请展”开展】 12月11~18日，由南京广播电视台、南京平面设计师联盟、南京市博物馆总馆共同主办的“铭记12·13国家公祭日　国际海报邀请展”在南京梅园新村纪念馆开展。中共南京市委常委、宣传部长徐宁，南京市文化广电新闻出版局党委书记、局长刁仁昌，南京广播电视集团党委书记、南京广播电视台台长周天江，南京广播电视集团总编辑高顺青，南京广播电视集团副总编辑唐宁，南京市文化广电新闻出版局副局长颜一平，南京市博物馆总馆馆长曾志君、副馆长胡宁，梅园新村纪念馆馆长沈浩与大屠杀幸存者及遗属代表、南京平面设计师联盟负责人、“十佳”作品设计师、大中小学生、社区居民代表100余人出席开展仪式。仪式上，南京广电集团主持人朗诵祭奠诗词，少先队员向受

12月11日，“铭记12·13国家公祭日　国际海报邀请展”在梅园新村纪念馆开展

邀大屠杀幸存者及遗属代表献花，南京电视台主持人代表南京大屠杀幸存者发言，周天江、南京平面设计师联盟副主席时澄分别致辞，南京艺术学院设计学院教授、国际平面设计联盟AGI会员曹方宣布海报展评选结果，徐宁宣布展览开展。出席仪式的来宾在江苏省书法家协会副主席李啸为此次展览题词“铭记”的签名牌上签名并参观展览。

活动收到海内外平面设计师创作的参赛作品近1000件，选出300多件作品，其中60多幅作品在梅园新村纪念馆对外展出；20多幅作品在侵华日军南京大屠杀遇难同胞纪念馆内悬挂。侵华日军南京大屠杀遇难同胞纪念馆外部道路上长280米的海报墙于12月13日正式亮相。

【国家公祭日举办祭奠活动】 12月13日，南京梅园新村纪念馆、八路军驻京办事处纪念馆举办国家公祭日祭奠活动，社会各界群众200余人自发聚集到梅园新村纪念馆，与身着素装的工作人员集中陈列馆前庭院，观看国家公祭日仪式电视直播，为死难的同胞默哀。祭奠仪式结束后，小学生在“铭记”历史的白板上签下自己的名字，社会各界群众代表到会议室举行座谈，梅园新村街道的几位长辈向学生们讲述自己的亲身经历，希望同学们铭记历史、珍视和平。随后，参观“铭记‘12·13’国家公祭日　国际海报邀请展”。在八路军驻京办事处纪念馆，设置了展板，湖南路街道组织8个社区的市民群众代表参加默哀纪念活动，工作人员为参加祭奠活动的群众讲述南京大屠杀的历史，悼念死难者。

【“梅园杯”征文活动】 由梅园新村纪念馆承办的2014南京文博之夏——“梅园杯”我最喜爱的博物(纪念)馆征文活动7月2日启动，通过官方微博、电话邀请以及向全市大、中、小学发送邀请函的方式征集到征文200余篇，内容涉及南京博物院、梅园新村纪念馆、侵华日军南京大屠杀遇难同胞纪念馆、江宁织造博物馆、民国邮政博物馆。

活动邀请南京市教育科学研究所副所长朱小琥、南京市教学研究室教研员徐晓彬两位专家对征文进行初评，市教育局、市文广新局和市博物馆总馆组织专家对征文进行终审，评选出大学组、中学组、小学组优秀征文各5篇。活动得到栖霞区团委、南京理工大学、南京师范大学、三江学院、南京市第九中学、南京邮电大学、南京市玄武高级中学的支持与参与。

（吴小宝）

·南京六朝博物馆·

【概况】 六朝博物馆位于玄武区长江路302号，系一座遗址类博物馆，于2014年8月11日正式对公众开放。六朝博物馆由世界著名建筑大师贝聿铭之子——贝建中先生领衔的贝氏资深设计团队担纲设计，建设工程总投资2.5亿元，总面积约22000平方米。展陈面积5200余平方米。六朝博物馆是中国目前展示六朝文物最全面、反映六朝文化最系统的专题博物馆，内设六朝帝都、六朝风采、六朝人杰和回望六朝展览。结合六朝历史和展览开发设计20余种文创产品，其中“六朝魔方”被中国文化创意产业网评选为2014中国文创产业最具人气十大文创产品。

截至2014年底，六朝博物馆接待观众20余万人次，相关展览宣传报道数量近100篇，报道媒体数量40余家。博物馆开通官方微博和微信公众号，定制APP应用程序，利用新媒体对博物馆和展览进行宣传推广。2014年“双十一”期间，六朝博物馆“剁手俑”红遍网络。

【主题活动】 2014年，六朝博物馆相继与中国南京文化创意产业交易会(简称“文交会”)合作举办“市民文化月”主题活动；与省电台《梨园漫步》合办“回望六朝戏韵”系列活动；与非物质文化遗产继承人葛勇合作举行《心闻妙香》古琴专辑首发暨古琴曲赏析会；与《南

11月22日，“回望六朝戏韵”文化活动

京日报》合作开展“小记者探秘六朝”系列活动。8月举办“千古风流”三国人物故事题材文物特展。

【建筑特色】 六朝博物馆建筑为“L”形，地下3层，地上3层，总面积约22000平方米，外立面采用产自德国的米黄石灰石板。

进六朝博物馆，大厅顶墙地界面映入眼帘，彰显结构美和材料美的钢构玻璃天棚随着太阳东升西落呈现出奇妙的光影变幻。地面上镶嵌的78个排列有序的“玻璃窗”，让地下1层的遗址空间与地面1层极具现代感的大厅空间相互交融，繁星点点般的玻璃窗与头顶的玻璃天棚相映成趣，为游客构建一个穿越历史、穿越时空的奇幻通道。大厅南北墙面上，贝氏经典月亮门遥相呼应，透过它们，简约敞亮的博物馆大厅一览无遗，形成“人在墙边走，景在眼前移”的独特视觉效果。

【四大展览】 六朝博物馆以遗址、历史、艺术、人物4个主题组成展览大系，形成六朝时期人们生活的物质基础、社会活动、审美意趣、精英人物的人文故事脉络。

六朝帝都：以六朝建康城城墙遗址为核心展项，从六朝都城建设、居民物质生活、精神生活三个方面反映南京作为六朝帝都的昔日辉煌。

回望六朝：采用“简史”辅加“文化”阐释的结构。综述六朝历史，并加以生活、思想及对外交往等方面的六朝文化渲染。

六朝风采：以独特的审美视角，从色彩（青瓷）、造型（雕塑俑）、线条（墓志书法、砖刻壁画）等方面诠释六朝艺术。

六朝人杰：从政治家、思想家、艺术家、文学家、科学家等类别，表现六朝精英人物。

【文物选介】 六朝建康城夯土墙遗迹 2007年7月~2009年1月，南京市博物馆考古工作人员在原汉府街长途汽车站工地发现一段六朝时期的夯土墙遗址。墙基宽约25米，夯土外侧包砖。此前在长江路南侧南京图书馆新馆工地、利济巷西侧长发工地的考古发掘中，也都发现过类似的夯土包砖遗迹。

这一夯土建筑基址位于长江后街南侧工地。它在早期夯土遗迹基础上向外增筑，在其交接部位分布有石块。结合勘探资料可知，该遗迹南北长至少50米，东西长至少38.4米，规模庞大。六朝博物馆即是在保护此遗址的基础上建设而成，此段遗址也被誉为六朝博物馆的“根基”。

青瓷莲花尊 南朝，造型端庄宏伟，通高85厘米，口径21厘米，底径20.8厘米，1972年出土于南京东郊麒麟门外灵山南朝墓，同时出土了一对，为中国南北朝时期同类器物中最大最精美者，堪称“青瓷之王”。

该莲花尊喇叭形敞口，高脖，圆腹，圈足，尊盖形似僧帽。装饰繁缛华丽，以莲花为主要装饰图案，在一件器物上集中浮雕、模印、刻划等装饰手法，将莲花纹恰当地装饰在每个部位，形态丰富，变化多端，造型有仰莲或覆莲、单瓣或复瓣，巧妙穿插，上下呼应，创造完美的艺术造型。

在佛教艺术中，莲花代表“净土”，寓意吉祥，象征“自性清净”。南朝时期佛教盛行，莲瓣或莲花纹被广泛运用于器物装饰，是南北朝瓷器最重要、最具时代特征的标志。青瓷莲花尊通体莲花渗透着浓厚的佛教色彩，是罕见的佛教艺术珍品。

釉下彩羽人纹盘口壶 三国吴时期文物，1983年南京市雨花台区长岗村出土，通高32.1厘米、口径12.6厘米、腹径31.2厘米、底径13.6厘米。通体绘制纹饰，笔墨流畅，气韵生动，是我国迄今所见以绘画技术美化瓷器的最早器物，堪称早期瓷器中的艺术珍品。该器精湛的釉下彩绘工艺，改变了人们对釉下彩绘工艺始于唐代的认识，把我国釉下彩绘工艺出现的时间提前近500年。器身描绘多种神异奇特的艺术形象，羽人、仙草、云气、神禽、异兽、比翼鸟、佛像、铺首……图案布局繁而不乱，釉下彩画和贴塑浑然一体，展现一副神奇的画面，是研究汉末魏晋之际宗教发展历史的珍贵资料，堪称中国文化艺术宝库中的稀世珍宝。

（陆甜甜　朱晓雪　吕晓萌）

·江宁织造博物馆·

【概况】 江宁织造博物馆位于玄武区长江路123号，北临长江路文化一条街，南临中山东路与大行宫十字路口，占地面积1.87万平方米，建筑面积3.7万平方米，其中地面建筑4层，地下建筑2层，可同时容纳1.5万人参观。2013年5月1日，“江宁织造博物馆”正式对外开放。博物馆常设展览有四大主题：江宁织造、云锦天衣、红楼梦曲、中国旗袍。还设有红楼影院、时尚发布中心、织署戏台、红楼书场、红楼梦图书馆等展演和服务设施。博物馆一楼游客服务中心每天提供5场免费志愿者讲解服务，负一楼时尚发布中心每天上演3场云锦时装T台秀。

根据著名学者周汝昌先生的建议，2003年南京市政府决定在江宁织造署遗址范围内开工兴建“江宁织造博物馆”，请著名建筑学家、两院院士吴良镛先生担纲设计。设计方案五易其稿,最终以“核桃模式”和“盆景模式”为设计理念,融合“历史世界”“艺术世界”“建筑世界”,致力营造“三山半落青天外,二水中分白鹭洲”的意象。建筑内复建织造署中原有的西池、楝亭、萱瑞堂、西堂等建筑,从南望北叠叠高起,如同一幅江南山水画,是现代建筑语言和传统园林建筑结合的经典之作。

2014年,江宁织造博物馆接待观众近35万人次,讲解2187场次。推出博物馆里有我的画、龚贤与17世纪金陵艺术展、“昔韵今姿·玲珑故我”现代旗袍设计展、晚清碎影——汤姆逊眼中的中国、中国未来——十竹斋画院2014年度青年艺术家提名展等展览;举办专题讲座6场、全国红楼梦邮票首发仪式、“我的设计我的秀”文博夏令营、“第十二届南京文博之夏”开营仪式、“我最喜爱的博物馆”颁奖仪式、全国文物展销会和探索频道“发现南京”菁英导演计划首映典礼等活动。

【故宫博物院院长讲座】 4月11日下午,故宫博物院院长单霁翔在市委宣传部和市文广新局相关领导陪同下到江宁织造博物馆参观并举办题为“把壮美的紫禁城完整地交给下一个六百年”讲座。单霁翔回顾故宫辉煌的历史,介绍故宫的现状及“故宫人”正在做出的努力。

【“晚清碎影——汤姆逊眼中的中国”摄影展览】 7月1日上午,由市文广新局、南京市博物馆总馆主办、江宁织造博物馆承办“晚清碎影——汤姆逊眼中的中国”摄影展开展仪式在江宁织造博物馆时尚发布中心举行。江宁织造博物馆特聘馆长郦波向观众和新闻媒体介绍摄影展内容和对展览的理解,参展领导和郦波共同按下“启动球”,为摄影展拉开序幕。展出内容由市文广新局从英国伦敦维尔康姆图书馆引进,集中展示19世纪苏格兰著名摄影家约翰·汤姆逊在中国游历期间(1868~1872)拍摄的上至王公贵族,下至平民百姓各个阶层的男女老少,以及各地的山川地貌、人文景观134幅历史照片。

【“我的设计我的秀”文博夏令营】 7月13日下午,在江宁织造博物馆负一楼时尚发布中心举行。夏令营由市文广新局、南京市博物馆总馆主办,江宁织造博物馆承办。来自南京多个幼儿园和小学18位营员,年龄最大的13岁,最小的6岁。夏令营分绘画、T台走秀两个阶段,江宁织造博物馆为每一位小营员免费发放营服、素描本、纺织颜料和绘画文具等,在志愿者绘画老师指导下,到各个场馆了解织造历史、云锦纹样和古典名著《红楼梦》故事,把自己感兴趣的博物馆元素临摹在素描本上,在儿童工坊,在一件纯白色的T恤上设计以博物馆为主题元素的图案,再用纺织颜料上色。T台走秀培训,在2位专业老师指导下学走T台。汇报演出中,每一位小营员向现场评委和观众介绍自己在设计服饰上选择博物馆元素的思考和理解;4个不同主题小组登场秀模特步。

【南京对外文化交流基地授牌仪式】 10月25日上午,由市委宣传部、市公共外交协会主办2014“爱在南京·国际文化交流日”暨第三批南京对外文化交流基地和使者授牌仪式在白马公园举行,20多个国家和地区1500多名相关人士参加活动。江宁织造博物馆获第三批南京对外文化交流基地称号。

【江宁织造志愿者讲堂开讲】 11月23日上午,江宁织造博物馆“志愿者讲堂”在博物馆时尚发布中心开讲。江宁织造博物馆志愿者、南京大学学生顾以诺以《大旨谈情说红楼——贾宝玉的女儿情》为题,讲述自己作为一个红迷对《红楼梦》的理解和感悟。江宁织造博物馆志愿者团队、太平天国历史博物馆志愿者团队、梅园新村纪念馆志愿者团队、长江路社区观众以及通过微信公众号预约的观众100余人听讲座并参与互动。江宁织造博物馆志愿者服务工作启动于2013年,现拥有一支来自社会各行业、各领域的专业人才组成的志愿者团队。“志愿者讲堂”面向社会公众开放,通过微信、微博预约即可免费参与讲座及相关互动活动。 (杨晓慧)

7月13日,“我的设计我的秀”文博夏令营

产业经济

Industrial Economy

责任编辑　黄红权

综　述

【概况】 2014年，玄武区高端软件与新兴信息服务产业全年实现主营业务收入300亿元，同比增长74.4%，完成年计划100%；信息网络产业实现主营业务收入20.17亿元，同比增长11.9%，完成年计划100.85%；生物医药产业实现主营业务收入41.3亿元，同比增长18%，完成年计划103.3%；节能环保产业实现主营业务收入20.13亿元，同比增长67.7%，完成年计划100.65%；智能制造装备产业实现主营业务收入2.03亿元，同比增长21.7%，完成年计划101.5%；卫星应用产业实现主营业务收入4.06亿元，同比增长35.3%，完成年计划101.5%；智能电网产业实现主营业务收入5.1亿元，同比增长33.7%，完成年计划102%。

【科技创新促企业转型升级】 2014年，组织申报南京市发改委电子商务专项资金9家，申报省工业和信息产业转型升级专项引导资金项目6家。全年为近70家企业申报国家、省、市各类扶持资金7000多万元。鼓励企业加大研发中心建设和开发新产品，协助东大智能申报江苏省企业技术中心企业；认定为省级软件企业技术中心2家：江苏省金思维信息技术有限公司、赛特斯信息科技股份有限公司。认定为南京市企业技术中心3家：江苏苏宁易购电子商务有限公司、南京中科水治理股份有限公司、江苏智道工程技术有限公司。百家汇科技创业社区认定为市级小企业创业基地；南京玄东科技园认定为市级公共服务平台。认定为南京市三星级“数字企业”4家：江苏先声药业有限公司、南京宽慧无线网络通信有限公司、南京微盟电子有限公司、赛特斯信息科技股份有限公司。

【污染企业整治和工业企业搬迁】 玄武区域内南汽东华汽车实业公司(苗圃污水处理站)和南汽依维柯旅行车分公司2家企业，被列入全市污染整治范围；南京精艺印刷有限公司列入全市工业企业搬迁计划的企业。全年按照时间节点要求，采取多种途径加大协调和整治力度，到企业现场听取企业搬迁存在问题和困难，对污染企业整治做到全程跟踪和监督。年内，南汽依维柯旅行车分公司的危险废物储存场所改造已完成，废气治理改造已经通过验收；南汽东华汽车实业公司（苗圃污水处理站）的污水接入城市管网改造工程已经通过验收。

【总部企业奖励政策落实】 加快推进玄武区总部经济发展，优化区域产业结构，全区7个街道上报71家企业（包含一事一议奖励企业），涉及奖励资金840.8万元。区发改局会同财政局对各街道上报总部企业情况进行梳理分析，建议列入符合总部企业认定办法进行奖励的企业有4家，总奖励资金为197万元，报区政府相关会议研究通过。同时按照市发改委要求，组织对首批认定市级总部企业进行复核，对2013年总部企业组织新认定工作。

【重点项目推进】 创新药物百家汇研发项目。总建筑面积22.7万平方米，购买设备仪器500台套，建设动物实验室，为创新药的研发提供研发平台。总投资17亿元。时间为2014年5月至2015年12月。2014年投资3.8亿元，一期工程除D04以外，其余建筑单体取得规划许可证核准信息一览表，办理有关规费缴纳手续。徐庄物联网与集成电路设计产业园。项目总体规划时限为2013年6月至2015年5月。2014年投资12770万元，完成地上7层板面混凝土浇筑。江苏中星微电子研发测试基地。项目总体规划2013年11月至2015年10月。总占地9.07公顷，可建设用地6.83公顷，总规划建设面积约11.3万平方米，其中地上建筑面积为8.19万平方米，规划建设成为中星微电子研发测试基地。2014年投资20250万元，基本封顶。福中集团的仿生型智能助听器项目。项目总用地3.33公顷，总投资5000万元。项目采用一种能自动抑制背景噪声具有国际先进水平的自主知识产权专利技术，引进BT-14音频扫频图示仪、XFS-9A(C)音频信号发生器等设备，建设5个200平方米专业消音室，投产后年产助听器20万支。2014年完成B栋外立面装修，屋面防水施工。

【重点平台建设】 江苏软件产业公共服务平台暨江苏虚拟软件园是国家工信部与江苏省政府“部省共建”项目。承担江苏软件产业服务中心服务职能，为南京市中国软件名城建设提供技术支持。建成测试服务平台、SaaS服务平台、人才服务平台、外包服务平台、信息安全服务平台、工业设计服务平台、船舶应用服务平台、云应用服务平台、物联网服务平台、虚拟展示服务平台等10个专业服务平台，以及智慧园区等特色服务。提供企业信息化软件、软件测试、软件外包、信息安全认证等方面累计近1000款产品与服务；在南京等10个地市建立20个服务中心，形成辐射省内20个软件园区的江苏软件产业公共服务体系，为园区和企业提供服务。

猎宝网络虚拟物品电子商务交易服务平台，集成网游交易、页游推荐、手机游戏的虚拟商品交易功能，提供C2C和B2C交易平台；监督交易流程，验证交易物品的合法性；用户实名认证，解决交易诚信问题；多种交易方式，为用户提供Web、电话、手机APP、手机短信等购买方式；为各大移动终端运营商量身定做各类自动交易软件，嵌入各类大型移动终端，直接提供在线充值、交易、购物等服务。取得江苏省第一家虚拟物品交易牌照(网络文化经营许可证)，旗下品牌日交易额超过400万元，已成长为全国前三的端游、页游和手游交易平台，首创平台服务模式深受广大客户喜爱，平台快速成长为全国领先的虚拟物品交易平台。

水晶石的综合数字化视觉展示平台，是提供一个信息整合网络化、信息显示多媒体化、信息更新实时化和信息体验互动化全新平台，可以应用在城市博览会、数字博物馆、大型体育赛事和大型文艺活动中。前期研究成果已经应用在北京奥运会、上海世博会、南京青奥会、伦敦奥运会等大型体育赛事和城市博览会中。未来5年，在同类产品中市场占有率达到华东地区50%以上。

"择机网"电子商务平台是由南京德乐科技股份有限公司投资建设，总投资5000万元，2014年1月正式开通。拓展移动通信行业中为移动终端制造商、分销商及零售商提供互动平台的专业IT数码正品批发服务平台，打造中国最专业的、最大的、最安全的线上3C专业、垂直、开放性分销平台。

【第十届软博会玄武签约27.4亿元】 9月12日~15日，第十届中国(南京)国际软件产品和信息服务博览会在南京国际博览中心举行。玄武区按照市政府要求，完成企业参展、项目签约、专场活动等工作任务。组织国瑞信安、赛特斯、途牛、鸿信、水晶石等企业参加软博会会展；组织汇通达网络有限公司的汇农贷款项目、南京苏宁易付宝网络科技有限公司的基于互联网金融支付平台的第三方电子商务服务项目、南京宽慧无线网络通信有限公司的"南京市TD-LTE城域无线政务专网应用示范"项目等6个项目参加软博会重大项目签约，总投资27.4亿元。　(吴宗玉)

·徐庄软件园·

【概况】 2014年是徐庄转型发展历程中的调整年，结构性瓶颈多重叠加，要素资源局限愈加突显。较好实现年度各项既定目标，完成软件和信息服务业收入350亿元、离岸服务外包执行额1.97亿美元、全口径税收8.5亿元、固定资产投资14.7亿元；新增宋梁、杨明辉等国家"千人计划"人才4名、南京市高端人才团队1个、南京市科技创业家3名。12月13日，习近平总书记等党和国家领导人到徐庄调研视察江苏省产业技术研究院。

【产业培育】 依靠产业内培外引实现经济规模健康增长。园内企业经营所形成税收1.85亿元，占园区总盘比重由2013年的72%上升至2014年的79%，对全区全年税收指标的圆满完成做出重要贡献。

【项目建设】 2014年，通过聚力推进物联网与集成电路设计产业园、百家汇、中星微、福中、瑞华等重点项目建设，实现新开工面积15.3万平方米，苏宁易购总部正式建成并投入使用。与苏宁合作，成功引进省产业技术研究院落户徐庄，为园区企业提供技术市场、产业技术战略研究、科技金融服务、技术转移等多种公共服务业务；与先声药业合作建设"百家汇"开放式药物创新平台，共同开展人才引培活动，年内引进近40个药物创新项目入驻，投资10个优质项目；与赛特斯合作开发智慧园区平台、协同推进柔性网络产业园项目。与丝路数码合作建设数字文化云渲染平台，与江苏中艺联合打造现代艺术馆公共文化平台。园区与钟山生命科学园，聚宝山科创特区之间沟通互动不断加强，在引才、引商、服务功能规划等多项工作方面开展交流合作。

【服务管理】 不断提升服务管理水平，持续优化园区软硬环境。硬环境方面，开展全方位、全覆盖、立体化的环境大扫除，2014年出动人员约4000人次、投入400余万元完成百水河徐庄段河道整治、道路绿化养护及公交站台、导示系统、道路停车等公共环境、配套设施全面升级。美丽徐庄、生态园区的名片更加亮丽，企业、人才工作、生活更趋便利。软环境方面，先后制定招商规范及工作流程、引才"梧桐计划"、人才服务一体化工作流程，内部工作机制不断完善；依托产业社区党建平台和网络挂钩机制，广泛开展文明公约签订、银企对接会、企业家私董会等活动，开通"红旗飘飘"党建手机服务平台，更大程度调动企业参与园区服务管理事务的积极性和自我服务、自我管理意识，非公企业党建特色更加鲜明。产业社区党建工作特色进一步彰显，得到中组部和省、市委组织部好评。

【平台运作】 面对全面深化改革发展大局，更多运用市场手段、汇聚市场资源，破解阻碍园区发展的困难瓶颈。2014 年，尝试多元化融资渠道，经银行间市场交易商协会批准，成功获得发行定向债务融资工具和中期票据额度 16 亿元，成为全市首家涉足银行间债务市场区级平台，不仅平稳度过园区还贷高峰，大幅降低融资成本，也为园区后期经营运作提供必要条件。

【百家汇玄武创新药物孵化基地】 3 月 28 日，“百家汇玄武创新药物孵化基地启动仪式暨生命科学创新创业百家汇论坛”在徐庄软件园举办。百家汇聚焦欧洲，美国、加拿大、以色列等创新最为活跃区域，通过专业团队的评估和筛选，找到最具市场价值潜力的创新项目，并以投资、扶持、孵化等方式帮助他们在中国成长和产业化。聚焦生命科学创新投资的“百家汇创投基金”已投入运行。依托先声药业、联想弘毅、挚信资本、复星医药四大实力股东，基金先期募集 30 亿元，在五年内投资上百家源自全球的生命科学创新创业公司。百家汇五大创新药物技术平台，拥有与国际接轨的研发实验室，可以完成化学药物、生物药物全流程开发；并与法律、人力资源、税务、金融等单位建立战略合作关系，为创业者提供一对一订制服务，有力推进企业间及企业与政府、学者、企业家、投资人之间的交流与合作。截至 2014 年底，百家汇已完成超过 300 个来自全球项目的评估，10 个项目进入投资程序，与领先的韩国生物技术公司 Genexine 就抗癌疫苗、与以色列 Orimmune 公司就肠炎口服抗体，以及苏州博创园等新型生物技术公司就肿瘤抗体药物等开展的合作已先后完成谈判。百家汇入驻公司超过 50 家，并以每年数十家的速度增长，涵盖生物免疫、化学制药、医疗器械、CRO 平台等各个领域，初步形成生命科学创业社区的集群规模。

【途牛旅游网】 途牛旅游网创立于 2006 年 10 月，以“让旅游更简单”为使命，为消费者提供由北京、上海、广州、深圳等 64 个城市出发的旅游产品预订服务，全年 365 天 24 小时 400 电话预订，并提供丰富的后续服务和保障。途牛旅游网提供 8 万余种旅游产品供消费者选择，涵盖跟团、自助、自驾、邮轮、酒店、签证、景区门票以及公司旅游等，已成功服务累计超过 400 万人次出游。2014 年 5 月 9 日(当地时间)，途牛网正式登陆纳斯达克挂牌上市，证券代码“TOUR”，成为继携程、艺龙、去哪儿网之后，美股市场上第 4 家中国在线旅游类上市公司。途牛将 IPO 发行价确定在发行价区间的下限，即每股美国存托股 9 美元，以此价格计算，途牛网 IPO 后市值约为 4.3 亿美元。8 月 16 日，马尔代夫总统亚明到访途牛旅游网，途牛 CEO 于敦德为总统一行介绍途牛旅游网的经营范畴和马尔代夫业务情况。途牛承担马尔代夫 10%的销量，是国内马尔代夫在线自助游最大零售商。

【江苏省产业技术研究院】 江苏省产业技术研究院(以下简称“省产研院”)成立于 2013 年，2014 年正式入驻徐庄软件园，是全省科技创新体系的重要组成部分。省产研院在新医药与生物技术、新材料、高端装备、电子信息、节能环保等领域已遴选研究所 17 家，组织发展各类产业技术研发机构等会员单位 172 家。研究所现有各类研发人员 4200 多人，其中院士、国家 863、973 项目首席专家等领军人物 60 多人；拥有研发场所面积 39 万平方米，仪器设备总值近 22 亿元；近两年承担省级以上科技计划项目 1300 多项；开展企业合同科研项目 1400 多项，服务企业 5600 多家；申请发明专利 2300 多件。

（苏健卫）

链接

徐庄软件园大事概览

1 月 17 日下午，园区举办“新产业 50 人论坛启动仪式暨徐庄软件园企业家首届私董会”，先声、赛特斯等 30 余家企业到会参加，区委常委、统战部部长、区委办主任滕涛出席并发表讲话。

3 月 15 日上午，徐庄管委会组织园区近 30 家企业参加江苏省高校就业指导中心举办的“2014 年春季‘IT 精英汇’暨徐庄软件园专场供需洽谈会”。

3 月 28 日上午，“百家汇玄武创新药物孵化基地启动仪式暨生命科学创新创业百家汇论坛”在徐庄软件园成功举办。

4 月 23 日上午，中法青年企业家协会玄武行专场推介会在徐庄软件园召开。

4 月 24 日上午，美华药协、欧美科技产业联盟海外人才玄武行徐庄专场活动。

4 月 26 日上午，第七届南京留交会海外人才玄武行专场推介活动在徐庄软件园举行。区委书记储永宏会见参加第七届中国留学人员南京国际交流与合作大会玄武专场活动的海外人才。副区长陈云松，市侨办副主任臧雷，紫金(玄武)科创特别社区工委书记、管委会常务副主任，徐庄管委会主任薛磊，玄武湖周边地区综合管理办公室主任、区委组织部副部长、区人力资源与社会保障局局长马千山出席活动。

5月7日上午，省总工会副主席曹海、市总工会副主席刘辉、省总经济技术部部长李润芝、市总生产保障部部长许华君一行到徐庄软件园——先声药业有限公司，向该公司颁发"全国五一劳动奖状"奖牌。

6月12日，全国政协经济委员会副主任李毅中就"积极发展混合所有制经济"调研徐庄软件园，实地走访苏宁、先声两家重点民营企业，听取企业关于创新引领、转型发展方面的有益探索和介绍，并与企业深入探讨发展混合所有制经济的实现路径、关键环节及所需环境等问题。

6月20日上午，中组部组织二局巡视员、副局长石军调研园区非公企业党建工作，实地考察产业社区党建阵地、重点企业智达康公司及苏宁云商集团，听取东大智能公司关于建设园区党员信息管理系统的汇报，石军对产业社区党建"从组织全覆盖到服务全覆盖"、促进企业协同发展的做法给予肯定。

6月27日上午，海关总署署长于广洲一行调研苏宁云商集团，听取企业对于当前发展的经济环境、政策环境及所面临压力、困难等方面的意见、建议，希望苏宁能继续加快发展，在电子商务产业方面提供更多、更好经验。副市长华静等陪同。

6月26日上午，市委组织部副部长、市人才办主任朱晓琳一行5人到徐庄软件园，调研玄武区和园区人才工作情况。区委常委、组织部长梁爱国，紫金(玄武)科创特区党工委书记、管委会常务副主任、徐庄管委会主任薛磊等陪同。

6月30日上午，国土资源部部长姜大明率国务院"稳增长促改革调结构惠民生"督查组实地调研苏宁云商，认真听取企业对于2013年下半年以来出台的稳增长、促改革、调结构、惠民生各项政策措施意见和建议。副区长戴航，紫金(玄武)科创特区党工委书记、管委会常务副主任、徐庄管委会主任薛磊等陪同。

7月2日下午，华静副市长及市人大相关领导、市人大代表及市发改委等部门，考察徐庄软件园服务业发展情况，了解服务业集聚区的政策需求等问题。

7月14日下午，河南省委常委、郑州市委书记吴天君，郑州市委副书记、市长马懿率郑州市党政代表团，考察徐庄软件园在科技创新、战略性新兴产业培育等方面的发展情况。

7月21日，市委十三届八次全会参会领导，走进园区企业，考察民营经济发展情况。途牛、赛特斯、苏宁等3家民企向代表们展示了他们通过技术创新、产品创新及经营模式创新所取得的优异成绩。

8月16日上午，马尔代夫总统亚明参观途牛旅游网，途牛CEO于敦德向总统一行介绍途牛旅游网经营范畴和马尔代夫业务情况。2013年赴马旅游中国游客中，每6个游客就有一个通过途牛网预订，途牛承担马尔代夫10%的销量，是国内马尔代夫在线自助游最大零售商。

8月26日下午，由北京市社会领域党建研究会副会长、非公专委会主任秦剑锋、北京市委社工委党建工作处处长李明洪率领的北京新经济组织党组织负责人考察团一行12人到徐庄软件园考察非公企业党建工作。南京市委社建工委副书记史锦平、徐庄软件园管委会主任薛磊、党工委书记丁诚、市委组织部组织一处副处长施丽燕等陪同。

9月13日下午，广东中山市委组织部副部长汤毅清一行7人，在市委组织部处长杨花伟和区委组织部副部长刘青的同下，参观徐庄软件园产业社区和园区企业苏宁集团，并进行座谈。

9月17日下午，2014年中国·南京金洽会玄武主题活动"智联城市　慧聚天下——玄武区智慧产业推介会暨途牛旅游网智慧旅游平台发布仪式"在汉府饭店举行。会上，副市长华静、区委书记储永宏与途牛旅游网CEO于敦德共同启动途牛旅游网智慧旅游平台。

9月24日上午，全市科技与人才工作会议暨《南京市紫金科技人才创业特别社区条例》学习培训会与会人员，实地考察徐庄软件园"321"人才企业——南京水晶石数字科技有限公司。区委书记储永宏、区长徐曙海、区委副书记杨乐华、徐庄管委会工委书记丁诚等陪同。

10月10日上午，缪瑞林、徐宁、胡万进等市领导，率市旅游、发改、住建等部门调研全市旅游工作，考察徐庄软件园企业途牛旅游网，并召开会议听取相关汇报，区长徐曙海，紫金(玄武)科创特区党工委书记、管委会常务副主任、徐庄管委会主任薛磊等陪同。

10月29日下午，国土资源部规划司副司长鞠建华率国务院政策措施回访督促调研二组，实地考察百家汇玄武创新药物孵化平台项目，了解百家汇运作发展情况及创新药物孵化培育模式。

10月30日下午，阿尔巴尼亚议会阿中友好小组主席、议员科乔·科克齐马一行考察徐庄软件园及医药产业发展情况，并参观苏宁云商、鱼跃医疗2家园区企业。

11月12日下午，徐庄管委会举办信用“圈存”、银企“闪付”——徐庄软件园“十银百企”集中授信活动，工商银行、江苏银行、宁波银行等多家银行为园区开出总授信额度超过120亿元的“成绩单”。区委书记储永宏、市金融办主任刘永彪等领导出席。

11月15日下午，美国阿拉巴马农工大学校长Andrew Hugine先生一行考察徐庄软件园产业布局和企业发展情况，实地参观百家汇、猎宝网及物联网中心等园区企业及平台。区委常委、区委办主任滕涛，徐庄软件园管委会副主任吴义杰、崔雯鸿陪同考察。

11月14日上午，安徽省委常委、合肥市委书记吴存荣率合肥市党政代表团调研徐庄软件园信息产业发展情况，实地考察园区企业苏宁易购。区委副书记杨乐华、徐庄管委会党工委书记丁诚陪同。

12月13日下午，中共中央总书记、国家主席、中央军委主席习近平在江苏省委书记罗志军、省长李学勇陪同下，到徐庄软件园考察江苏省产业技术研究院。

·紫金(玄武)科技创业特别社区·

【概况】 紫金(玄武)科技创业特别社区(以下称科创特区)建设办公室，下设紫金(玄武)科技创业特别社区建设发展有限公司（2012年3月17日注册成立，以下称科创公司），全面推进科创特区建设与发展。科创特区遵循“聚科技之宝、聚人才之宝、聚财富之宝”理念，以“绿色生态特区、科技产业高地、无忧创业家园”为总体定位，以高新产业、高层人才、高端项目、高质园区“四高”融合为目标，推行全方位高标准建设。科创特区是落实市“321人才计划”的科技创业载体，产业规划初步定位为物联网产业、节能环保产业、文化传媒、云计算产业。项目城市设计分为“聚科园、聚创园、聚新园、聚智园、聚慧园”“聚宝科技城”及“聚才山庄”七大组团。建成后，将成为玄武“十三五”规划布局的重要增长极，既可为玄武区域内的高校院所科技成果转化提供理想平台，也可为海内外科技创业企业及人才团队提供载体支撑；既预留科技企业孵化载体，也储备企业“毕业”、加速直至成功的发展空间。2013年7月，一期聚慧园组团（占地3.9公顷）主体工程开工建设。2013年底完成全年6万平方米地下室的年度建设任务。截至2014年11月6日，一期聚慧园主体工程全部封顶。建设过程超常规推进立项审批、土地挂牌等前期基础工作；同步开展融资、招商等工作。该工程2015年8月交付使用。

【聚慧园项目融资完成】 2014年4月3日，为持续推进科创特区建设，加快一期聚慧园项目建设进度，科创公司与华夏银行进行合作，融资2亿元，融资款项全部到位。

【科创公司注册资金增加】 4月17日，科创公司召开董事会，通过增加注册资金决议，公司自筹资金9000万元，公司资本金由31180万元增加至40180万元。

【区人大代表、政协委员视察紫金(玄武)科创特区】 7月22日上午，区人大主任张萍带领区人大代表，政协主席邱小凡带领政协委员一行共300人，先后到紫金(玄武)科创特区视察项目建设情况。科创特区领导陪同讲解。代表和委员认真看、仔细听、主动询问详细了解特区项目建设情况、聚宝山地块项目概况、项目城市设计、聚慧园组团工程建设情况等，对特区项目建设给予很高的评价，认为特区在项目建设上抓得紧、实施快、效果好，鼓励大家再接再厉，确保工程如期竣工。

【缪瑞林调研紫金（玄武）科创特区】 7月23日下午，市长缪瑞林率领市政府相关部门主要负责人到紫金(玄武)科创特区调研，缪瑞林一行到特区建设工地，现场查看特区工程项目平面图、效果图，询问项目设计、规划理念，听取常务副区长曹曙工作汇报。缪瑞林对特区工作给予肯定。

【聚慧园组团主体工程封顶】 11月6日，科创特区一期聚慧园组团正式封顶。一期聚慧园项目经过1年零4个月建设，6栋楼宇全部封顶，进入内装修阶段。超进度200%完成年度任务。2015年8月底前，整个聚慧园组团全部交付使用。

【工业和信息化部有关专家到玄武区调研】 11月19日下午，工业和信息化部电子信息司专家一行7人，到紫金(玄武)科创特区，调研有关“智慧家庭产业南京应用示范基地”的创建工作。区长徐曙海、副区长戴航以及市经信委领导参加。区科创办主任唐承武就紫金(玄武)科创特区创建“智慧家庭产业南京应用示范基地”前期主要工作、基地创建思路等作汇报。

【“紫金会”首场活动】 12月11日下午，区工商业联合会和紫金(玄武)科创特区联合举办“紫金会”走进紫金(玄武)科创特区正式启动。区委常委、统战部长许恺参加并致欢迎辞。市工商联秘书长张利华、市投促委港澳台处处长刘朝勋，区政协副主席、区工商联副主席、中科集团董事长王连安参加。区工商联邀请部分副主席、副会长，有投资意向企业、驻宁重要商会、房产连锁机构等近40家单位代表参加并专题推介。推介会由区工商联常务副主席汤浩主持，科创办主任唐承武对特区办公载体、商业综合体和聚宝山剩余地块逐一推介。

【“紫金高层论坛”活动】 12月30日上午，玄武区和南京理工大学联合举办“紫金高层论坛·走进玄武”活动在南京理工大学学术交流中心第一报告厅举行。活动邀请哥伦比亚大学、普林斯顿大学、瑞典皇家理工学院、慕尼黑工业大学、东京大学等国外知名高校的博士及博士后人才、以及供职于美国洛斯阿拉莫斯国家实验室、德国电子同步加速器研究所实验室、中国科学院化学研究所等国内外一流研究所，有回国创业意向的科研人才走进玄武，了解玄武的发展环境和人才政策，了解紫金(玄武)科技创业特别社区的国际孵化器项目，为创业寻求合适机会。科创办主任唐承武详细介绍科创特区产业布局及创立方国际孵化器项目。活动达成与南京理工大学在人才项目和成果转化方面全面战略合作，实现人才在地方与高校“双落地”。　（宁　振）

·珠江路科技街·

【概况】 2014年，珠江路管委会办公室(以下称“珠管办”)按照区委、区政府“一园四极”“四纵四横”总体战略布局，围绕“突出科技品牌和电子商务企业相对集中优势，打造电子商务集聚区”新定位和“一体两翼”功能区划，珠江路以建成集高端商贸商务、IT市场、电子商务、科技中介服务为一体特色街区为目标，全力推动珠江路提档升级，取得成效。

2014年，珠江路一条街被市命名为“南京市现代服务业集聚示范街区”。打造南京市现代服务业集聚区，聚集规模效应，提高市场影响力，占有更大的市场份额，高标准建设好集3C商贸、电子商务和创新研发一体的珠江路科技一条街，打造影响全国和辐射华东地区的3C产业街区，创造服务业集聚、集约发展的良好环境，推动服务业发展提速、层次提升。

4月，由珠管办、区检察院、区商务局、玄武工商分局发起成立“电子商务守护者联合会”。2014年年会在长三角技术产权交易中心举行，会议运用模拟法庭、头脑风暴等多种新颖的表达方式，共同阐述保护电子商务企业知识产权的重要性。下半年，联合区商务局、梅园新村街道、新街口街道，全力推进电子商务楼宇建设。截至2014年底，珠江路已有谷阳大厦、南京赛格、东大科技园创业园等3家单位申报创建电子商务楼宇。

【第三届珠江路消费电子节】 9月28日开始，为期10天。由南京市珠江路商会主办，南京华海3C广场、宏图三胞珠江路旗舰店、百脑汇南京店、南京赛格数码广场、中国移动未来城旗舰店共同参与。本届消费电子节以“诚信+服务”为主题，以企业为主体，创新办节方式。珠管办和珠江路商会牵头召开新闻发布会，取消开幕式，由珠管办和参与企业领导向新闻媒体介绍消费电子节和商家宣传促销活动内容，开展记者提问等互动活动。消费电子节期间，各承办单位推出一系列互动活动，南京华海3C举办“炫动金陵华美之海”歌唱比赛，宏图三胞珠江路旗舰店开展“微软xbox one挑战赛，百脑汇南京店举办人气手游“拳王争霸赛”，南京赛格举办“华为花粉杯”赛格首届绿色骑行之旅，中国移动未来城旗舰店购手机送4G流量等活动，吸引大批IT消费者和爱好者到珠江路参与体验。《南京日报》《扬子晚报》、凤凰网江苏站专题报道，中国江苏网、新浪江苏网、龙虎网等媒体纷纷报道消费电子节盛况，网易等媒体转载报道。

【参与筹办中国电子市场年会】 根据中国电子商会工作安排，2014第14届中国电子专业市场年会，4月11日在浙江义乌召开。年会由中国电子商会主办，珠管办协办，国美在线、易观商业、义乌购等企业为支持单位。华海3C广场被评为2013年度中国电子专业市场明星市场，华海高级副总裁高烽、华海副总裁兼华海3C广场总经理李旭东被评为中国电子市场优秀经营者。

【3D珠江路建设】 珠管办2013年开始启动3D珠江路建设项目，采用虚拟技术，以3D全景形式打造网上珠江路，为实现珠江路线上线下相互融合打下坚实基础。3D珠江路项目有南京溪谷晨歌公司负责，通过对珠江路电子商城、楼宇园区、金融机构、商场宾馆、餐饮娱乐、行政服务、其他等七大类业态，近200幢主要建筑进行数据采集、数据剪切，采用三维引擎技术，初步实现珠江路在网络的虚拟再现、功能操作和企业网站链接，用户足不出

户、轻点鼠标键盘,就可以在网站上浏览珠江路真实3D画面。

【中小企业融资对接会】 联合区发改局(金融办)在南京科技金融园举办2014年中小企业融资对接活动,南京银行、平安银行、渣打银行等10多家金融机构以及来自珠江路40多家企业和IT商户参加。对接活动采取直接双向供需见面洽谈方式,减少会议环节。联合中国银行珠江路支行开展珠江路中小企业融资需求调查,40多家企业参与调查。联合渣打银行推荐低贷款利率无担保无抵押优惠信贷产品,20多家企业获得发展信贷资金。

【新华海科技产业集团再列中国民营企业500强】 10月26日,中国民营企业联合会、中国统计协会、中国管理科学研究院企业研究中心联合组织2014年中国民营500强企业调研排序榜单公布,南京新华海科技产业集团以全国排名第273,江苏省排名第9,连续3年登上该项榜单。 (李 阳)

【南京水晶石数字科技有限公司】 2014年,成为全国领先的数字视觉创意集团,公司已通过双软认定,优秀动漫企业。水晶石公司是南京2014年青奥会赞助商和数字图像独家供应商,为国际展览局(BIE)战略合作伙伴。 (王 慧)

软件与信息服务业·工业

·软件与信息服务业·

【概况】 2014年,全区完成软件和信息服务业收入300亿元,同比增长74.4%,增幅全市第一。其中,软件业务收入160亿元,同比增长16.8%。新增双软认定企业计划数28家,实际完成35家,完成年计划125%;新增涉软从业人员20000人;新增软件产业建筑面积10万平方米;新增软件类“321”人才18人,其中徐庄12人。在高标准中国软件名城建设过程中,玄武区工作推进有力、指标完成较好,获2013年度高标准建设中国软件名城先进单位二等奖,徐庄软件园获软件产业集聚区类二等奖。

【第十届南京软博会玄武专场】 9月13日,由南京市玄武区委、玄武区人民政府承办,清华大学信息技术研究院、网信金融集团有限公司原始会、赛特斯信息科技股份有限公司、江苏长三角技术产权交易中心协办南京第十届南京软博会玄武专场活动,作为第十届中国(南京)国际软件产品和信息服务博览会重要活动之一,玄武专场活动在珠江路455号玄武区政府409会议室开幕。开幕式上,举行清华大学信息技术研究院—赛特斯柔性网络联合研究所签约仪式,网信金融集团原始会与江苏长三角技术产权交易中心签订战略合作协议,玄武区重点企业服务系统上线仪式。玄武专场活动分为柔性网络技术发展高峰论坛和南京互联网金融论坛。副市长罗群、玄武区四套班子领导与企业领导一起,围绕新一代信息技术和互联网金融发展趋势,二者间越来越大影响力,竞争日趋激烈化,利用信息技术降低成本、开拓新市场紧迫性等课题,与国内外200多名企业界、学术界代表进行研讨。

【4家企业认定为省重点软件企业】 2014年,4家企业被认定为省规划布局内重点软件企业,其中规模型软件企业是金思维,潜力型软件企业有新模式、海泰和途牛。4月,2家企业被省经信委认定为省级软件企业技术中心,其中,江苏省金思维信息技术有限公司属于工业软件技术中心,赛特斯信息科技股份有限公司属于通信软件技术中心。5月,途牛在美国纳斯达克成功上市。10月,江苏国瑞信安科技有限公司的软件产品被省经信委评为第12届江苏省优秀软件产品奖(金慧奖)。

【4家企业认定为市“两化”深度融合示范企业】 2014年,市经信委下达给玄武区目标是全区新增市级以上两化融合示范企业计划数1家,新增市级以上信息化与工业化“两化”融合试点企业计划数3家,新增两化融合推广应用企业计划数25家。12月,江苏柯菲平医药股份有限公司、江苏苏美达集团有限公司、南京途牛科技有限公司、南京宽慧无线网络通信有限公司4家企业被认定为南京市“两化”深度融合示范企业,新增“两化”融合推广应用企业25家,超额完成市目标。

【南京赛特斯信息科技股份有限公司认定为三网融合创新基地】 1月,江苏省经信委开展2013年度全省信息基础设施试点示范项目评选认定工作,经审查、专家评审、现场考察、组织审批等环节,南京赛特斯信息科技股份有限公司入围2013年度信息基础设施试点项目名单,并被认定为三网融合创新基地。 (吴宗玉)

·工 业·

【概况】 玄武区全年规模以上企业完成工业总产值38.67亿元,同比增长3.73%；完成主营业务收入33.22亿元,同比增长1.67%;实现利润总额3.3亿元,同比减少6.53%;实现利税4.23亿元，同比减少1.49%。企业发展不均衡。国有企业完成产值1.98亿元,同比减少2.13%;股份制企业13.03亿元,同比增长0.7%;外商及港澳台投资企业23.66亿元,同比增长6.01%。行业发展不均衡。重工业企业生产状况优于轻工业。轻工业产值为2.72亿元，同比减少0.6%；重工业产值为35.95亿元,同比增长4.1%。工业产品产销率略有上升。全区规模以上工业企业产品现价销售产值为38.52亿元,同比增加2.45%,产销率为99.61%,比上期提高0.01个百分点。

【污染企业整治和工业企业搬迁】 2014年,大力推进结构调整,优化工业布局,促进经济健康发展。列入全市污染整治范围的南汽东华汽车实业公司(苗圃污水处理站)和南汽依维柯旅行车分公司两家企业，年内已完成危险废物储存场所改造、废气治理改造,污水接入城市管网改造工程通过验收；被列入全市工业企业搬迁计划的南京精艺印刷有限公司，按照时间节点要求,细化工作方案,到现场听取企业搬迁存在问题和困难，采取多种途径加大协调和整治力度。

【企业转型升级】 2014年，对符合产业政策的企业，申报各类专项扶持资金，为企业发展和创新升级提供支持。组织申报南京市发改委电子商务专项资金企业9家，申报省工业和信息产业转型升级专项引导资金项目企业6家。全年近70家企业申报国家、省市各类扶持资金7000多万元。鼓励企业加大研发中心建设和开发新产品,2014年,协助东大智能申报江苏省企业技术中心企业；认定为省级软件企业技术中心2家：江苏省金思维信息技术有限公司、赛特斯信息科技股份有限公司。认定为南京市企业技术中心3家：江苏苏宁易购电子商务有限公司、南京中科水治理股份有限公司、江苏智道工程技术有限公司。百家汇科技创业社区认定为市级小企业创业基地，南京玄东科技园认定为市级公共服务平台。认定为南京市三星级“数字企业”4家：江苏先声药业有限公司、南京宽慧无线网络通信有限公司、南京微盟电子有限公司、赛特斯信息科技股份有限公司。

【总部企业奖励政策落实】 加快推进总部经济发展,优化区域产业结构,落实区委、区政府《关于印发玄武区关于加快发展总部经济的意见(试行)的通知》要求,对全区7个街道总部企业情况进行梳理,上报71家企业（包含一事一议奖励企业），涉及奖励资金840.8万元。发改局会同财政局建议列入符合总部企业认定办法进行奖励的企业4家，总奖励资金为197万元。同时按照市发改委要求,组织对首批认定的市级总部企业进行复核。 （于　慧）

物联网和集成电路设计产业

【徐庄物联网与集成电路设计产业园】 2014年，通过整合物联网和集成电路设计资源,新建10万平方米物联网与集成电路设计产业园。拥有IP核库，集成电路测试平台，计划在3年内取得创新企业30家，实现产值30亿元，汇聚创新人才300名,其中领军型科技人才30名。

【6家集成电路设计企业年审通过】 2014年,南京矽力杰半导体技术有限公司被新认定为集成电路设计企业。同时,南京微盟电子有限公司等6家企业通过2014年度集成电路设计企业的年审,通过年审及新认定的集成电路设计企业总数全市第一。 （吴宗玉）

电子商务产业

【概况】 2014年，玄武区电子商务产业不断发展。猎宝网络虚拟物品电子商务交易服务平台、“择机网”电子商务平台建立并运行。5月,江苏苏宁易购电子商务有限公司O2O云商务智能服务平台应用与产业化被省经信委认定为2014年江苏省重大信息化示范工程。

【猎宝网络虚拟物品电子商务交易服务平台】 集成网游交易、页游推荐、手机游戏的虚拟商品交易功能,提供C2C和B2C交易平台;监督交易流程,验证交易物品的合法性;用户实名认证,解决交易诚信问题;多种交易方式,为用户提供Web、电话、手机APP、手机短信等购买方式;为各大移动终端运营商量身定做各类自动交易软件,嵌入各类大型移动终端,直接提供在线充值、交易、购物等服务。取得江苏省第一家虚拟物品交易牌照(网络文化经营许可证)，旗下品牌日交易额超过400万元,已成长为全国前三的端游、页游和手游交易平台，首创的平台服务模式深受广大客户喜爱，平台快速成长为全国领先的虚拟物品交易平台。

【"择机网"电子商务平台】 由南京德乐科技股份有限公司投资建设，总投资5000万元，2014年1月正式开通。项目拓展移动通信行业中为移动终端制造商、分销商及零售商提供互动平台的专业IT数码正品批发服务平台，打造中国最专业以及最大和最安全的线上3C专业、垂直、开放性分销平台。

【苏宁易购】 苏宁易购总部项目总占地11.27公顷，总建筑面积约24万平方米，容积率1.1，建筑高度约50米，可容纳2万人办公，2014年7月建成并投入使用。项目承载苏宁易购全球智能管理、全球综合采购、开放平台运营、全国云数据运维、用户体验优化、物流控制、在线客服、电子商务人才孵化等八大运营职能。截至2014年底，苏宁已在美国硅谷、北京、上海、南京等地分别建立信息研发中心，支撑苏宁易购发展和集团战略转型，苏宁易购所有商品均已实现在线下门店的支付。 （吴宗玉）

生命科学产业

【概况】 2014年，玄武区大力推进生命科学园国际社区园区、生物医药园、生物基因产业园等重大产业项目，为生命科学产业发展提供载体支撑。以先声药业、柯菲平医药、中生联合、中科集团等为龙头的生命科学产业累计实现产值40亿元，同比增长15.0%。

【南京钟山生命科学园区】 南京钟山生命科学园以"一园多核、两轴四片"为总体布局，重点发展生物农业、生物医疗、生物医药、纳米生物技术四大产业，建成生命科学国际社区、生物基因产业园、生命材料产业园、生物医药园、生命信息工程园、生物信息技术园、纳米生物材料园7个主题分园，最终形成50万平方米的产业载体。集聚"321计划"等高级人才200名，企业500家，在孵企业300家，累计毕业企业100家，实现销售收入100亿元，税收10亿元，建设中国江苏生命科学产业总部基地、生命科学企业孵化器基地和高端人才创新创业样板基地。

南京钟山生命科学园2013年被列为市"两谷五园"建设计划，是玄武区重点打造高新技术产业园区之一。2014年，南京钟山生命科学园园区载体建设，按计划生物医药园（位于双拜巷78号）进行基础设施和环境综合改造工作，具体项目由南京钟山生命科学园投资管理公司负责，重点发展生命医药研发型企业。改造面积2.4万平方米，为后现代建筑风格。2014年初，孝陵卫街道联合中船重工"724"研究所等单位对该所位于南京紫金山南麓中山陵博爱公园周边实验场所进行转型改造，成立南京钟山生命科学园国际社区。该项目以东南大学、江苏省中科院植物研究所为技术支撑，重点发展生命科学研发总部型企业。建筑面积2万平方米，为园林庭院式建筑风格。

【生命科技产业5项目标任务完成】 2014年，街道园区承担市经信委下达生命科技产业目标任务5项，其中生命科技产业总量20亿元、引进生命科技产业领军型人才8人、完成在孵生命科技企业50家、校企合作项目10个、国际合作项目2个。年内区域内已集聚生命科学企业140家，完成生命科技产业企业销售收入15亿元。

【钟山生命科学园专题推介宣传】 2014年，适应招大商、引大才需要，根据园区载体建设实际和发展现状，制作南京钟山生命科学园专题推介宣传片和多语种宣传册，结合园区专业网站，依托举办"创洽会""金洽会""紫金山峰会""生物医药博览会"等国内招商主题活动平台，多方位宣传和展示生命科学园发展成果，多渠道开展园区招商引才活动。累计引进生命科技产业领军型人才38人（"千人计划"1人）；新增在孵企业20家，累计在孵企业50家；完成校企合作项目6个、国际合作项目1个。

【分园载体建设推进】 2014年，着重推进4个分园载体建设。成立项目指挥部，安排专人现场跟踪监督项目建设质量和进度，协助企业协调解决园区施工过程中存在各种问题。生命科学国际社区改造完成管网和屋面改造和道路改造建设、绿化全部完成并开园。生物医药园，园区A栋、B栋、C栋主体建筑全部完成，A栋安装门窗木墙，10月进场装修，B栋、C栋门窗木墙安装完成，进行墙体粉刷和地面贴砖施工。园区化改造年内全部完成。生命材料园、生物基因产业园A区，完成7000平方米载体置换。生物基因产业园西区，完成规划审批，施工许可办理，10月中下旬开工建设。 （周　川）

Urban Construction and Management

城市建设与管理

城市建设

城市管理

环境保护

责任编辑 苏成

城市建设

·城市规划·

【概况】 2014年,“明城墙及周边地区保护整治”规划建设项目是区城市建设重点任务,工程施工要求在青奥会前完成。具体规划:太平门通道建设规划,包括玄武门至解放门段、解放门至太平门段、太平门至中山门段三段城墙内侧15米范围环境整治项目,神策门到中山门城墙内侧15米到50米的环境整治项目,沿线公厕出新改造项目等6个子项目。项目总规划涉及玄武段明城墙累计长度约8.77公里。

【明城墙及周边地区保护整治规划】 2014年,根据区赋予的规划任务,太平门通道建设项目总投资3500万元,包含拆迁费用和建设费用。明城墙内侧15米内的环境整治。主要包括解放门至太平门段、富贵山段和中山门段3个项目,工程总投资约6700万元,包含征收费用和建设费用(含地质灾害评估、明城墙专项监测、岩土勘察费用、门球场边坡支护工程和门球场建设费用)。全线征收房屋3260平方米(因南空两个干休所要求整体置换,没有征收)。神策门至中山门15米到50米环境整治及公厕改造。项目包括玄武门段和梅园新村段的违障拆除、房屋整治、立面出新等,以及九华山公厕出新改造。

【板仓街综合整治规划】 2014年,制定并实施板仓街综合整治规划。板仓街位于“紫金山—玄武湖”生态文化旅游示范区北侧,西邻玄武湖,东接紫金山,地铁4号线贯穿整个片区。规划设计板仓街呈西南、东北走向,西起龙蟠路,东至玄武大道,全长约3.4公里,道路规划为城市主干道,规划红线宽40米,现状道路宽度基本按33米实施。以“人文底蕴+生态山林+和谐人居”为愿景。结合明中山王陵园、明岐阳王陵园,打造明文化特色景观街区。构建生态廊道,将山林引入城市,使城市融入山林。

·城市建设重点项目·

【太平门通道建设】 2014年,完成太平门通道建设。太平门是扼守钟山通向城内最近的通道,历史上是单门洞。由于各种原因,1958年太平门被拆除,开辟为龙蟠路。这次复建太平门,不是按照明代的式样重建,而是作为通道建设。按照古代的垒砌工艺修建,所需要20多万块仿古城砖,全部来自专业生产城砖的厂家。通道设计宽度72.6米,厚度18米,城门为三拱形式,也就是有3个门洞,中间一个主洞,两侧各设一个辅洞。城门三拱拱底宽分别为13.4米、16米、13.4米,中间主门洞高12.9米,设4股车道,两旁门洞高12.2米,各设2股车道。2013年12月进场施工,2014年5月底完成通道主体结构;6月完成通道装饰工程,7月15日工程竣工。项目总投资3500万元,其中拆迁费用500万元,建设费用3000万元。项目征收太平花园小区地下车库380平方米,地面土地850平方米。

【明城墙内侧15米内环境整治工程】 2014年4月开工建设,7月竣工。主要包括解放门至太平门段、富贵山段和中山门段3个项目,工程总投资约6700万元,其中征收费用3100万元,建设费用约3600万元(含地质灾害评估26.5万元、明城墙专项监测89.2万元、岩土勘察费用约40万元、门球场边坡支护工程约925万元和门球场建设费用180万元)。全线征收房屋3260平方米。

【神策门至中山门15米到50米环境整治项目】 2014年4月开工建设,7月竣工。项目包括玄武门段和梅园新村段违建拆除、房屋整治、立面出新等。由区政府出资约1800万元实施。拆违100多处、1000多平方米,涉及13栋楼

明城墙内侧15米内的环境整治—富贵山段

宇、550户居民，横跨明城墙约3公里。投入约1500万元对九华山公园进行环境全面综合整治及公厕改造，5月1日开工，6月15日竣工。（朱兴丽）

·铁北红山新城建设·

【概况】 铁北红山新城西至黄家圩路，北至网板路——营苑北路，南至玄武大道(现状铁路)，东至玄武区区界，总用地面积约7.16平方公里。新城距离新街口不足7公里，从地图上看，恰好位于南京市版图的中心，具备良好的区位优势。新城不仅坐拥南京火车站，小红山客运站等交通枢纽，绕城公路，玄武大道等交通干道，地铁1号线、3号线、6号线、9号线等地铁网络，还将新建扩建28条道路，完善交通路网，便捷交通。新城东倚农场山，西靠红山，北枕幕府山、长江，南对玄武湖、紫金山，具备优美的风景资源优势。

铁北片区改造提升工程列入苏南现代化建设示范区规划。2014年4月8日，市委常委会议提出加快推进铁北片区改造提升，区委、区政府将其作为推动玄武未来发展重大契机，4月28日成立铁北片区改造提升工程指挥部和铁北红山新城管委会，具体负责铁北片区整体改造。截至2014年底，已完成红山路以西、沈阳村、曹后四组等地块20万平方米城中村拆迁拆违工作，2015年结合前期招商意向，力推3个地块土地挂牌。红山南路东延段工程已完成西段800米拆迁、立项、设计、环评以及地质勘探等工作，力争早日打通铁北地区东西向交通主动脉。按照“打造全省城市现代化建设的创新区和标志区”目标，以“两心(科创智慧中心、商务商贸服务核心)、两园(红山动物园、农场山郊野公园)、两廊(林荫商业活动廊道、绿色商务休闲廊道)、一带(科研设计研发带)”为牵引，细化规划设计，加快建设步伐，推进产城融合，将铁北片区建设成为集现代服务平台、产业转型升级示范、生活服务空间于一体的主城北部宜居宜业区。

【红山路以西地块拆迁】 该地块占地面积2.47万平方米，5月6日进场，在与上海铁路局多轮谈判后，5月29日，完成红山路以西地块铁路国有土地剩余19户住户，3家工企单位的征收。

【沈阳村地块拆迁】 该地块占地面积9.27万平方米，6月19日开始拆迁，7月4日第一计奖期结束，完成集体土地所有94大户村民户，5家工企单位签约。7月15日，完成房屋拆迁征收(含4户轴承厂国有房屋)、土地平整、铺膜覆盖等工作。7月26日，完成部队房屋拆除。

【黑墨营1000号地块拆违】 紧邻曹四地块东北侧，面积约2万平方米，产权人为东华公司，出租给大全公司经营，租期2014年底到期。该地块现有协议户10户(其中4户已到期)，近百家临时住户。该地块位于拟建的红山南路路幅上，8月，铁北红山新城管委会接受东华公司委托，对该地块实施整体拆违，同时也为红山南路东延建设拆迁节省成本。10月8日开始拆违，10月20日，完成所有工企单位签约，10月31日，土地平整完毕。

【曹四地块拆迁】 曹四地块位于红山路以东，常发广场项目以南。西至红山路，东至嘉通汽修公司与中盛钢管机件出租站西围墙，北至常发广场项目，南至沪宁高铁沿线防护绿地。占地面积6.53万平方米，村民54大户，工企单位10家。8月11日进场开展前期调查，10月23日正式开始拆迁，2014年底完成拆迁任务。

【融资渠道拓展创新】 2014年，与国开行、民生银行、招商银行、中信银行及工行、建行等多家银行以及券商资管、信托、保险资金等金融机构进行对接，在传统银行贷款基础上拓展创新型融资渠道，积极拓展海外融资。以低利率获得招商银行授信5亿元，中信银行授信2.5亿元，华夏银行授信2.5亿元。同时，争取到国开行授信额度，在梳理全区重大项目基础上，通过沟通，国开行同意玄武区藤子村项目18.2亿元综合授信。通过与金融机构国际部及境外市场对接，约10亿元海外融资在洽谈之中。

（张毅凡）

·市政设施建设·

【概况】 2014年，玄武区道路整治和绿化建设概括为“两横两纵”：以龙蟠路—板仓街—玄武大道、长江路—汉府街—中山门大街为南北两条横轴；以太平北路、绕城公路为东西两条纵轴，形成点线面结合态势。

2014年，接待民工集体讨薪117件，涉及民工人数3301人，民工工资和工程款合计约11848万元，通过区清欠工作领导小组成员单位共同协调，清欠工作顺利完成。

【太平北路道路环境综合整治】 太平北路道路南起中山东路，北至北京东路，全长1884米，中山东路至兰家庄道路红线45米宽，兰家庄至北京东路道路红线宽40米，地铁三号线沿线设大行宫、浮桥、市政府3个站点。道路沿线相交点线有中山东路、长江路、石婆婆庵、长江后街、珠江路、文德里、四牌楼、文昌街、兰家庄和北京东路。道路综合整治工程：道路设施整治、排水设施整治、杆管线整治、交通设施整治、公交站点完善配套、沿街建筑立面修缮出新、围墙改造、店牌店招整治、全线绿化景观改造、配合地铁站点建设，完成附近道路及绿化景观建设，2013年10月8日开工，2014年7月31日竣工，实行全面通车。

【龙蟠路环境综合整治工程】 龙蟠路道路环境综合整治工程范围，西起中央门，经新庄立交桥至岗子村，长约4200米。以"激活门户活力、彰显现代魅力，打开绿色视野、延展自然生态，梳理城市空间、传承人文底蕴"为设计理念。工程整治主要内容：拆违拆破、店牌店招出新、建筑立面及围墙整治，局部破损道路修整、绿化补植及局部改造、沿街亮化、完善公共设施等，2014年完成。

【汉府街东延及跨河桥建设工程】 汉府街自建成以来，由于受到清溪河阻挡，始终是一条"断头路"。中山东路沿线逸仙桥成为老城内车辆拥堵最厉害的路段之一。为保证旅游景点交通便捷，完善交通路网建设，方便市民出行，实施汉府街东延及跨河桥建设工程。项目西起梅园新村路，跨过内秦淮河与龙蟠中路接通，全线长284米，分为道路和桥梁2个部分，道路全线长为260米，规划路幅16米，2车道。人行道宽为8米，车行道为8米；桥梁为桩基现浇混凝土结构，全长24米，宽为16米，其中人行道为6米，车行道为10米；配套有60米的De 600雨水管道及路灯、绿化等设施。2014年4月20日开工，7月20日竣工，当月26日通车。

（朱兴丽）

【板仓街环境综合整治工程】 北起玄武大道，南至龙蟠路，全长3400米，宽26米，投入建设资金22000万元。按照市委、市政府"动迁拆违、治乱整破"、打造南京中央公园和生态建设，彰显板仓街地区特色的要求，实施杆线下地，优化空间景观；道路路面整治出新，更换人行道板，新建道路侧分带；两侧房屋立面出新；门头店招提档改造；建设沿街景观绿地；沿街低矮破旧房屋拆除改造。结合整治出新和项目建设，依据区街特色进行业态调整，发展特色文化旅游项目。

2013年9月工程启动，2014年7月竣工。道路工程完成人行道铺设20684.31平方米，安砌路牙沿15402.54米，摊铺沥青76279.34平方米；排水工程埋设D1200雨水管665.6米、D1000雨水管207米、D600雨水管162米、D400雨水连接管225米、D300雨水连接管1587米；修复、新增雨水井82座，污水井43座，收水井345座；园林工程新增道路两侧侧分带4096平方米，人行道树池2375.5平方米，栽种梧桐47棵、樟树63棵；新增道路两侧绿地4443平方米；房屋立面出新65幢183183平方米，门头店招改造9172平方米。

【百子亭历史风貌区建设项目】 项目以商业开发带动危旧房改造，突出民国建筑风貌区特点。百子亭项目地处玄武湖畔，东靠明城墙，西连中央路，北到玄武门路。占地面积2.39公顷，其中，区域内民国建筑16栋，建筑面积3600平方米，其他各类建筑面积15883平方米。百子亭项目一期征收房屋面积19882.26平方米，被征收居民325户，工企单位13家；二期征收房屋面积4308.9平方米，被征收居民94户。2013年7月，区老城办实施百子亭建设项目房屋征收一期工程，并于2013年9月18日下达征收决定。百子亭二期为区政府追加拆迁项目，征收房屋面积约4300平方米，被征收居民94户。2014年3月7日，组织人员进场开展项目二期前期调查工作，4月11日，区政府下达征收决定，5月11日各项程序完备，正式进入征收，在45天计奖期结束时项目二期居民签约率完成90%。截至2014年12月31日，百子亭项目公企单位已全部征收，被征收户一、二期共419户，完成签约415户，占总数99%，百子亭片区投入建设资金73000万元。

（宋承明）

【绿色通道建设】 2014年，主要完成全区环城公路、城市（区）出入口道路和地上或地面轨道及沿线绿色通道建设和改造提升，总长度11.2公里。涉及绕城管理（玄武段）3公里，沪宁高速连接线（玄武段）4公里，玄武大道10公里，京沪高铁（玄武段）3.6公里，沪宁城际（玄武段）4.6公里。青奥前完成玄武大道沿线零星工程：场地面积为1971平方米，垃圾清运307.5立方米，种植土回填1149米，花坛砌筑面积为75平方米；绕城公路路外省农科院段绿道建设工程，种植土回填1万立方米左右，栽植香樟、

绕城公路—玄武段绿化带

银杏、法国冬青等958株。2014年完成3个游园、绿地建设,完成樱驼花园街头绿地3700平方米、胜利村路紫金南苑路口绿地4000平方米,南十里长沟黄家圩滨河绿地3000平方米。

【排水达标区建设】 2014年,根据市政府《关于完善排水工程管理体制实施生活污水集中处理创建排水达标区实施意见》(宁政发〔2014〕84号)精神,制定《玄武区创建排水达标区实施方案》,经区委、区政府批准并下发区各相关部门及街道办事处,推动全区排水达标区创建工作有序开展。配合南十里长沟环境综合整治,开展南十里长沟排水达标区创建自查自纠工作。从3月10日开始对红山片区面积约500公顷,长约30公里污水支管及到户管道,进行控源截污情况全面排查。通过近2个月排查工作,对存在的问题列出菜单,5月全面开展整改,使南十里长沟玄武段水质明显改善。完成南京军区机关大院、军区联勤部、海军指挥学院排水设施的竣工测量及CCTV检测任务,覆盖率100%。由市环境综合整治指挥部、市政工程质量安全监督站组织对南京军区机关大院、军区联勤部、海军指挥学院完成达标考核工作,在市指挥部指导下联合部队开展竣工验收,并与部队协商完成设施移交管养工作。

【河道清淤工程】 为保障青奥会铁人三项及水上皮划艇等赛事,确保玄武湖西南湖水质达标,启动截污清淤工程。完成解放门片区雨污分流工程和河道清淤工作;实施鸡鸣山庄主通道建设,完成750米雨污水管埋设,340米顶管作业;西家大塘小区内1680米污水管网建设任务,7月20日前工程全部完工,总投资约200万元。为解决明城墙渗水问题,完成明城汇雨污水改造De300污水管道150米,De500雨水管道110米;5月7日开工,5月31日竣工。工程总投资约150万元。完成唐家山沟、紫金山一沟、老季亭沟、香料厂沟、岗子村沟5条河道清淤,保证进入玄武湖水质。5条河道总长约5.2公里,完成清淤约1.8万立方米;对玉带河玄武段长约2公里的河道进行清淤,清淤3.5万立方米。工程总投资280万元。工程于5月24日开工,6月28日完成。区相关部门密切配合,开展污染源防控,加强日常养护管理。玄武湖水质透明度保持在55厘米以上,游泳区水体ph值、蓝藻含量、大肠杆菌等监测数据均达到国际赛事标准。

【工地扬尘管控】 结合市《关于采取切实有效措施确保改善四季度环境空气质量的实施方案》及《公祭日期间环境质量保障管控方案》,编印《玄武区工地管理手册》,建立玄武区扬尘管控网络。工地扬尘管控工作,先后获得市住建委、市扬尘防控办等部门充分肯定并向全市推广。

【城建市权下放】 现有14项行政执法行为(含行政许可)。所有行政权力及相关工作流程在区政府网站公开。2014年审核审批各类工程建设手续50多项。全年审核并办理小型工程明标明投32项,总投资2489万元,通过审核、项目监管,仅小型工程为全区节约资金362万元。区住建局配合街道、征收办做好拆迁拆违、治乱整破工作,查档查证320起,配合街道拆违18000平方米。 (朱兴丽)

·征收及征地拆迁·

【概况】 2014年,完成区域内国有和集体土地上8个项目的房屋征收和拆迁工作(太平门通道项目、明城墙环境整治富贵山段、明城墙环境整治中山门段、红山路以西环境综合整治项目、沈阳村地块环境综合整治项目、红山村曹后四组地块环境综合整治项目，碑亭巷地块、中山门外卫岗段）；推进11个项目（汉府新村地块项目、梅园地块、钟岚里地块、百子亭民国建筑片区项目、百子亭危旧房改造二期项目、青石街地块危旧房改造项目、藤子村三角地块城中村改造项目、技工学校地块、肿瘤医院地块、明外廓百里风光带—沥青合厂项目、紫金科创特区项目）。共搬迁居民951户、工企单位36家，完成征收拆迁占地面积11.7万平方米，拆除房屋建筑面积8.98万平方米。其中梅园地块、钟岚里地块2个项目因涉及部队未实际启动。

【红山路以西地块环境综合整治项目】 占地面积29144平方米，涉及征收居民27户，工企单位4家，需拆除建筑面积16000平方米。2014年2月，该地块内所有居民户和工企单位完成签约搬迁。

【沈阳村地块环境综合整治项目】 占地面积82109平方米，涉及征收居民105户，工企单位5家，需拆除建筑面积41500平方米。2014年7月，该地块内所有居民户和工企单位完成签约搬迁。

【中山门外卫岗段项目】 占地面积6900平方米，拆除建筑面积0.12万平方米，居民住宅户5大户10小户，2014年7月，该地块内所有居民户完成签约搬迁。

【明城墙环境综合整治富贵山段项目】 占地面积9700平方米，拆除建筑面积3700平方米，涉及工企单位5家，2014年7月，该地块内所有工企单位完成签约搬迁。

【明城墙环境综合整治中山门段项目】 占地面积6900平方米，拆除建筑面积600平方米，居民户4户，2014年7月，该地块内所有居民户完成签约搬迁。

【太平门通道项目】 占地面积900平方米，涉及2家工企单位，2014年7月，该地块内所有工企单位完成签约搬迁。

【碑亭巷地块项目】 占地面积3600平方米，拆除建筑面积3800平方米，居民户77户，工企单位2家，2014年12月，该地块内所有居民户和工企单位完成签约搬迁。

【红山村曹后四组地块环境综合整治项目】 占地面积65155平方米，涉及征收居民54户，工企单位7家，需拆除建筑面积43000平方米。2014年11月，该地块内所有居民户和工企单位完成签约搬迁。

【藤子村三角地块城中村改造项目】 占地面积11500平方米，涉及征收居民27户，工企单位3家，需拆除建筑面积16100平方米。截至2014年12月，该地块内剩余1户居民未签约搬迁。

【汉府新村地块项目】 占地面积6000平方米，拆除建筑面积5800平方米，居民户146户，工企单位8家，截至2014年12月，该地块内剩余1户居民户未签约搬迁。

【青石街地块危旧房改造项目】 占地面积23400平方米，拆除建筑面积22000平方米，居民户186户，工企单位157家，2013年6月项目启动，截至2014年12月，有35户居民、1家工企单位未完成签约搬迁。

【百子亭民国建筑片区项目】 占地面积23900平方米，拆除建筑面积21400平方米，居民户326户，工企单位13家，截至2014年12月，有5户居民未完成签约搬迁。

【百子亭危旧房改造（二期）项目】 占地面积3800平方米，拆除建筑面积4600平方米，居民户93户，工企单位4家，截至2014年12月，有1户居民未完成签约。

【省肿瘤医院改扩建项目】 占地面积35000平方米，拆除建筑面积19900平方米，居民户320户，工企单位8家，2014年9月项目启动，截至2014年12月，有38户居民，6家工企单位未完成签约。

【明外廓百里风光带沥青合厂项目】 占地面积3万平方米，拆除建筑面积12000平方米，无居民户，工企单位1家，截至2014年12月，因前期程序原因未完成签约。

【技工学校项目】 占地面积4.6万平方米，拆除建筑面积8000平方米，居民户37户，工企单位2家，截至2014年12月，有1户居民未完成签约。

【紫金科创特区项目】 占地面积347100平方米，拆除建筑面积96900平方米，居民户29户，工企单位3家，截至2014年12月，已完成1家工企单位的签约搬迁，另2家工企单位正协调中，居民户尚未启动。 （魏跃俊）

城市管理

·城市综合管理·

【概况】 2014年,区城管局召开党的群众路线教育活动动员大会,成立活动领导小组,研究制定《实施方案》。组织12次的集中学习活动,召开各类征求意见座谈会28次,收集意见建议146条,走访服务对象56个。对存在的问题分类制定整改措施,明确整改责任和整改时间。通过下发督察单、召开协调会、现场办公等形式,多渠道研究破解问题。玄武区被市城治办评为2014年"城市治理优秀区";区城管局被省法制办评为全省城市管理行政执法案卷工作先进单位、被区委区政府评为2014年"环境综合整治立功单位"。2014年在全市城市治理考核中玄武区总分排名第二。

【环境大扫除专项整治】 玄武区城管局履行牵头抓总的职能,组织全市"大干一百天,环境大扫除"专项整治活动,每月对全区面上进行2次检查,定期进行点评,动员辖区单位和店家发挥自身作用,利用各种宣传渠道,全方位报道环境专项整治行动进展情况,组织编写《工作简报》40期,通过媒体曝光、热线受理、领导批示、市级流转、专项检查、群众举报等渠道,采集各类问题336个,288个问题得到及时整改,整改率为85.6%。整治各类环境卫生问题2424处,突击出动保洁员6200多人次,处理各类生活垃圾、杂物1845.13吨。

【迎"青奥"环境保障专项整治】 以青奥场馆、运动员住地、青奥班车沿线及道路为重点,对全区城市管理问题进行全面摸排,按照处置周期、难易程度、反复情况等,收集汇总重难点问题,列出菜单,形成分层次的整治菜单,逐项实施整治。共拆除楼顶镂空字303处、拆除工地围挡106块4300平方米,拆除楼顶广告牌4块700平方米,拆除墙体等违规广告牌367块1575平方米,拆除高炮广告牌11处,更换公益广告牌279块,联合取缔多处占道摊点,对店外坐吃等夜间占道问题进行集中整治。加强对玄武湖周边在建工地的排水监管和周边企业排水许可证的办理和执法检查工作,完成唐家山沟等五条沟岸坡清扫8.84万平方米,清捞垃圾漂浮物214.63万平方米,外运垃圾漂浮物1340立方米。完成玄武湖周边企业排水许可证的办理工作。对全区路名牌进行全面清理整顿,投入资金80余万元重新制作安装新的路名牌500余块。

【国家公祭日活动保障】 国家公祭活动期间,玄武区每日出动200余人、20余辆机械化设备,对玄武大道、环陵路等重点区域的路面进行机械清洗、路牙进行人工清洗,实施全方位、多层次作业,达到路面见本色、无积尘、无落叶。针对绿岛内的落叶难清理的实际,创新方法,实行"人机结合"的清理模式,购置4台森林防火灭火用的风机用于辅助清理落叶,清理效果好、效率高。

【再干两百天环境专项整治】 根据市、区"再干两百天、环境再提升、管理见长效"工作部署,区城管局认真对照任务菜单,精心谋划,着力推进"再干两百天、环境再提升"环境综合整治专项行动,围绕重难点问题,强力拆除紫金山仓库。取缔百脑汇北侧废品收购站,拆除锁东路摊点一条街,妥善处理汇景佳园违规横幅等问题。

【"9322"环境综合整治】 加大巡查督察力度,对辖区内的新增违建做到第一时间发现,及时制止并组织力量进行拆除。顺利拆除了列入青奥前任务菜单的159处25260.5

11月20日,行政执法人员对锁东路摊点一条街进行拆除

平方米的违建，完成全区保洁员违章建筑拆除工作，拆除乱搭乱建192处，面积为2864平方米，拆除率为100%。对全区楼顶镂空字和违规广告大牌进行全面摸排，加大楼顶镂空字、广告大牌拆除力度，共查找问题菜单305个，区级自查菜单172处已全部拆除。

【市容环境联合整治】 组织联合执法力量，取缔各类占用道路（绿地）的摊点（群）、午（夜）市排档、马路市场、倚门出摊；对进出城道路、赛场周边和活动沿线道路景观落实定人、定岗、定责管理；对全区户外广告设施和标志标牌进行全面检查，对严重破损有安全隐患的户外广告进行全面清理，对广告店招画面破损、店招亮化断亮等及时维修；对停车管理人员进行业务培训，对青奥会场馆周边的道路临时停车泊位乱停乱放进行整治。

【停车管理规范工作】 2014年，玄武区增加道路临时停车泊位6179个，现有道路停车泊位是原先泊位的4.5倍。投入245万元，设置大理石礅1200个，大理石球600个，护栏4100米，城市家具一组（长江路）座椅5张，垃圾桶10个，有效地减少违停数量。加大违停查处，安排人员对违停车辆曝光拍照，加大非现场管理力度，自南京市街巷机动车违停查处工作移交给城管部门以来，全区各街道城管贴单28879张。加大科技投入，在道路停车收费中使用POS机，规范停车收费工作，推广在经营性停车场使用联网机打发票。

【城市治理标准化管理】 对照市、区政府青奥前城市治理标准化建设要完成10%的奋斗目标，将计划、宣传、培训、验收、复检等工作分解到具体月份，有序组织街道、园区、环湖办等单位按时间节点认真抓好落实推进，确保青奥前城市治理标准化建设奋斗目标的完成。2014年，全区通过市城市综合治理标准化验收293家，为总量的24%，超额完成全年20%的标准化工作目标，继续走在全市标准化工作的前列。

【"门前三包"责任区管理】 通过探索成立企业管理联盟、推动店家成立自治委员会等形式，有效推进责任区管理工作向纵深发展。开展餐饮业规范化整治。开展沿街建（构）筑立面集中整治活动，在全区范围内选取17条道路进行"门前三包"责任区管理工作推进试点，统一整治内容、标准和要求，规范整治工作程序，明确考核评比细则，为全面推进"门前三包"责任区管理工作提供更多经验。

【垃圾分类工作稳步推进】 2014年，全区垃圾分类人口覆盖率达到81.4%，超过市下达的80%的目标任务。集中采购分类垃圾桶3200个，投入经费约100万元。青奥会期间，玄武区承担5个比赛场馆、3个接待酒店的餐厨垃圾监督、管理收运工作，协调3家餐饮企业单位与南京嘉博文生物科技有限公司签订收运合同，相关责任单位和餐厨垃圾收运企业全部制定工作方案，在餐厨垃圾收运管理上形成合力。加大培训力度，集中组织垃圾分类指导员队伍业务培训。

【完善市政设施维护管理】 对辖区市政设施全面开展精细化维护活动，全年完成道路日常养护工作路面26600平方米，人行道11520平方米，路牙、路沿各3370米，桥梁维护6座，热再生施工路面3420平方米。完成排水日常养护绞拉管道363.62千米，泵站排水148.71万立方米，清疏窨井34550座、雨水井45350座，更换窨井框盖142套、雨水井框盖1567座。清扫岸坡2237.3千平方米，打捞河道漂浮物18629千平方米，清运垃圾9469立方米。长江路、中山东路、市委门前路等主次干道增补植行道树3797株；环陵路、珠江路、黄埔路等处增补植花灌木28万株；补植草皮7000平方米。对主干道绿岛花灌木的施肥、宿根花卉的施肥达5000多公斤，喷洒农药1300公斤。做好"五一"、国庆、中秋等节目草花布置工作，摆放草花46万盆。

【老旧小区管理】 发挥城管执法队伍和环卫保洁队伍在基层社区网格化管理的功能，对2013年接管的23个、81.85万平方米的老旧小区进行考核验收，全年接管39个、79万平方米老旧小区，惠及12500余户、8万老旧小区百姓，完成区委区政府下达的全年接管老旧小区76万平方米的目标任务。

【防汛工作】 完善全区防汛指挥责任体系，组织召开全区防汛大会，对防汛抢险工作进行具体部署，与33家责任单位签订防汛责任书。及时补充物资，全年新增铁锹610把、铁镐163把、手提式照明灯60套、手电筒30只、编织袋17700条、转载机2台等防汛物资，投入10万余元对富贵山泵站进行改造。在汛期到来之前组织人员对管道进行疏通，清捞窨井及雨水井，伐除修剪险树，对岸坡进行清扫，加强河面清捞，养护管道近19公里，清捞检查井3023余座、收水井5168余座。两次组织相关成员单位进行应急演练，提高应急反应能力。加强24小时值班制度，加大区域特别是重点区域的巡查频率和检查力度，汛期每次发生淹水现象，快速反应小分队都能在15分钟时间内赶到现场处置，及时消除安全隐患。

【长江路灯光亮化管理】 在长江路亮化过程中，从长江路文化底蕴实际出发，多方对比论证，完善设计方案，确保亮化质量和效果。青奥期间组织人员走访全区各亮化楼宇，对夜间巡查中发现亮化设备未正常开启或运作的，及时联系亮化单位整改。深入沿街商户、店家，对门头店招存在断亮问题的，及时督促责任人进行维修，确保青奥会期间包括长江路沿线景观亮化、步道灯亮化在内的全区各处亮化设施运行正常。完成德基广场立柱灯箱、玄武湖门前宫灯方柱及其他区域灯杆道旗等青奥标识的设置工作。

【志愿者服务队伍建设】 进一步健全城市治理志愿者组织，在全区各街道、社区挂牌成立7个城市治理志愿者工作处和59个城市治理志愿者服务站。专项组建1000人城市治理督导队常态和环新街口、总统府窗口地区文明引导志愿服务队常态长效，开展城市治理志愿服务。聘请30名媒体志愿者对区城市管理工作进行监督。2014年全区建立志愿者服务队323个，招募城市治理志愿者7896人，组织志愿常态活动7个，专项性活动536次，累计志愿服务112640小时，涌现志愿工作先进个人12名。

【环卫工作市场化】 成立环卫市场化推进工作领导小组，全区环卫市场化工作整体稳步推进；制定玄武区2014年环卫市场化推进实施意见，进一步明确招标主体，规范市场化推进要求以及完成时间；完成全区所有环卫清扫保洁设施统计，街巷和无物管小区院落清扫保洁根据市里相关文件要求划分到所属街道，并由各街道具体负责清扫保洁市场化招投标工作。

【市政设施养护市场化】 成立玄武区市政基础设施养护作业市场化领导小组，10月完成市政设施市场化工作方案制定、标书制作、市政设施标段划分等相关工作；12月完成市政设施养护作业市场化招标公告、开标、评标、合同签订及协助中标单位办理行政许可等相关工作；年内，完成市政存量设施50%、园林100%的市场化招投标工作目标。

【举报投诉整改回复】 2014年各类建议、提案45件，及时进行分解，安排专人对各类建议、提案进行回复，对市、区"12345"政府服务热线和市局"12319"举报信箱、网络问政回复实行专人负责，全年受理工单5419条，办结率99%，满意率91%。全年接收市级菜单14825条，已整改14143条，整改率95.4%。区级自主采集菜单11683条，已整改11022条，整改率94.3%。每月进行评比、通报，开展联动联管机制，提高办理效率，让群众满意，做到举报办理件件有落实、事事有回音。 （陈青林）

·房产管理·

【概况】 根据市委、市政府《关于实施综合改革工程的意见》（宁委发〔2012〕34号）及《关于进一步深化城市管理体制改革的意见》（宁政发〔2013〕92号）文件中"重心下移、属地管理，事权下放、权责一致"要求，本着有利于建设与管理的衔接、有利于工程正常推进运转、有利于巩固出新成果的原则，区政府将小区出新工程项目下放至所属各街道实施，做到责、权、利的统一，充分发挥街道、社区与居民桥梁纽带作用，让出新整治工程更加贴近民心。

【公房管理】 截至2014年底，完成大、中修面积18149.53平方米（任务为16000平方米），占全年任务113.4%。疏通下水道8314米，清掏窨井871口，清掏化粪池137座，更换窨井盖72个，修水修电672处，瓦屋面拾漏78处，平屋面拾漏238处，修门窗61扇。排查房屋总量2914幢，面积382.88万平方米；排查出疑似危险房屋22幢，面积10328.5平方米。对疑似危险房屋产权人（使用人）联合所在街道发出险情通知，要求尽早申请房屋安全鉴定，并根据鉴定结果，采取措施尽早治理。

【房屋租赁税收】 全年目标为2.6亿元。加强房屋租赁税收工作组织管理力度，请专业软件公司开发软件系统，创建玄武区房屋租赁管理信息数据库，内容涵盖全区所有房屋基础信息、出租现状、纳税情况。房屋租赁在册管理7800余户，合同登记备案6400余户，登记备案率82.1%，合同登记面积133万平方米。租赁税收做到应收尽收，2014年完成租赁税收2.88亿元。

【老旧小区出新整治工程】 围绕省市环境综合整治三年行动计划

东箭道小区出新前后对比图

要求，2014年，全区出新进香河10-16号、秦巷、大纱帽巷40号、东箭道和估衣廊等5个住宅小区，31幢房屋，总建筑面积约为15万平方米，涉及居民户数2600户。出新内容包括小区大门出新改造、建筑基座涂料出新、内楼道出新、更换路牙铺设沥青道路、车棚整修、绿化补栽，楼顶隔热板更换、落水管更换、完善监控、路灯、楼道灯、破损防盗门更换、增加环卫配套设施等。为有效推进出新整治工程，建立项目管理组，成立区、部门、街道分级管理责任体系，签订责任书，明确职责和任务。以小区为单位建立小区出新工程现场项目管理组，每个小区聘请3~5名居民监督员，与现场监理、施工单位负责人、社区主任、小区管委员等组成项目管理组成员，建立群众评议机制，共同参与监督小区出新施工全过程。

【低收入住房保障工作】 玄武区低收入住房保障在保家庭2006户4520人，累计发放租赁补贴410万元。完成全区1800余户租赁补贴发放签字任务。自2011年12月下达实施《南京市公共租赁房管理办法》保障政策以来，截至2014年底，公共租赁住房累计在保户数为267户，其中189户完成选房安置工作。受理新增审核完成低收入住房困难家庭202户，362人。

【保障房建设】 余粮一期项目总建筑面积38.9万平方米（地上35.5万平方米、地下3.4万平方米），建保障房4244套。项目分南、北两区建设，北区于2010年8月开工，2012年底竣工交付；南区于2013年开工，2016年6月底前竣工交付。截至2014年底，南区14幢住宅其中9幢已主体封顶。

【老旧电梯整治】 2014年有10台整治任务，在全市率先完成招标文件发布，樱驼花园2台、兴江公寓2台大修完成，唱经楼6台更换，全部完成并交付使用。2014年用于电梯改造资金344万元，楼道出新资金60万元。

【金陵御花园二次供水改造】 该项目2014年5月开工，8月竣工，总投资150万元。

【动迁安置】 2014年，麒麟科技创新园(玄武区地块)拆迁指挥工作重点在沧波门、余粮、五百户、门西杨庄4个片区，先后完成4个片区2099户拆迁户选房、结算、入住工作，675户拆迁户的资料审核补全和3户拆迁户裁决工作。年内受理审核集体土地征地拆迁，麒麟科技创新园启动区地块土地储备整理项目（第三批）102户、双拜岗技工学校地块项目(第二批)19户、孝陵卫柳营村地块项目34户、红山路以西地块项目75户、藤子村三角地块项目76户、国有土地产权置换332户、购房补贴2户、保障性限价住房1户申购资料。

【物业管理】 全区有注册物管企业100家，其中一级企业5家，二级企业17家，三级企业54家，外地在宁企业4家，三级暂定企业20家。有物业服务项目317个，辖区内住宅小区418个，面积1403.83万平方米：其中市场化管理小区148个，业主自治106个，街道服务中心托管164个，实现住宅小区管理全覆盖。为迎接青奥会召开，5月根据市住建委关于“服务青奥会，物业在行动”活动统一部署，组织公安、城管、质检及辖区内物业行业专家在全区物业服务小区开展地毯式摸底排查工作，对资质较低企业服务规范进行指导，检查过程中现场督促整改300处，发放整改通知书22份。全年召集街道召开区物业联席会议8次，参加街道物业办相关会议16次，到街道业务指导60余次，街道物业

办业务水平逐步提高。协助街道物业办成立业委会 8 个，调解物业矛盾 30 起。（朱兴丽）

·玄武湖周边地区综合管理·

【概况】 2014 年，南京市玄武湖周边地区综合管理办公室（简称“环湖办”），组织开展环湖办党的群众路线教育实践活动。坚持开门搞活动，广泛开展谈心谈话，多渠道广泛听取意见，面向协作单位、驻区企事业单位、旅客市民等发放 200 余份征求意见函，征集 5 大类共 25 条意见建议；完成 19 项制度“立、改、废”工作。认真履行市政府令赋予的管理职责，按照“精致精细、品质品味；联动联治，常态长效”管理理念，优化长效管理机制，强化综合执法队伍建设，各项工作扎实有效开展，圆满完成青奥会保障工作，顺利实现南京火车站北广场接管工作。2014 年，环湖办在全市窗口地区考核中取得 3 次第一、7 次第二，总成绩排名第二，管理成效位居全市前列，并获区环境整治立功单位称号。

【对接协调管理范围和执法权限】 环湖办积极与市政府有关部门对接协调，由市政府出台文件（宁政发〔2014〕220 号），重新调整确定玄武湖周边地区综合管理的四至范围。与鼓楼区明确中央门、火车站北广场的管理界址和执法权限；与玄武湖公园管理处明确玄武湖周边地区的管理界址和执法权限；与南京汽车客运站明确管理界址。2014 年 12 月 31 日，玄武、鼓楼签订行政执法管理权交接备忘录，明确自 2015 年 1 月 1 日起，将中央门、火车站北广场部分行政执法管理权，移交由玄武区行使。

【派驻机构执法模式】 环湖办积极与市、区有关部门协调，创新管理模式，改以往各执法机构派驻人员的综合管理模式，为派驻执法机构新模式。在市、区有关部门支持下，分别成立城管中队、交警中队、交通行政执法大队和客运站派出所等派驻执法机构，专司地区行政执法，形成“日常管理主体化，综合管理属地化”工作模式。

【派驻机构巡查督查考核制度】 按照市政府 293 号令确定的环湖办职能：对派驻机构、所属管理区域进行巡查、监督、考核，制定内部管理巡查制度、督察制度和考核制度，出台《环湖办派驻执法机构考核暂行办法》，从制度上促进各管理责任主体依法履职，初步形成良性运转综合管理机制。

【移交接管工作】 2014 年 4 月底组建南京站北广场接管团队。5 月 29 日，副市长陆冰在环湖办召开专题会议，对移交工作涉及的重大问题，以会议纪要形式进行明确。接管前期，多次召集城建项目公司及相关执法单位，就接管工作具体问题进行磋商协调。8 月 7 日，召开新闻发布会，各大媒体对南京站北广场正式启用及后续管理工作，进行宣传报道。8 月 8 日，北广场开通后，北广场按照管理预案将管理区域划片布岗，实施“六定”管理，采取硬隔离方式，设置不锈钢隔离栏千余米、不锈钢行人分离隔断 10 余组，“三小”车等进不去、留不住，制作交通引导标识标牌和宣传手册，取得良好效果。玄武门、中央门、玄武湖东岸 2015 年 1 月 1 日接管。

【重大活动保障】 2014 年做好青奥会抵离工作，实现“顺畅高效、安全圆满”预定目标，累计接送 53 个国家，264 批、510 名注册客户。加强行政执法保障工作，实行每周 7 天，每天 24 小时“六定”巡查执法，打击影响窗口地区各类违章违法行为，保障国家公祭日活动，实现“六个绝不发生”的工作目标。维护整洁有序、安全和谐的窗口环境，开展文明城市测评迎查等各项工作。

12 月 31 日，玄武、鼓楼两区举行中央门、火车站北广场行政执法权交接签字仪式

【专项整治行动】 根据市、区部署要求,结合环湖地区实际,制定环境大扫除专项行动方案、考核办法、问责办法等文件,明确地毯式排查、棋盘式管理、探雷式督察和统筹面上、攻克难点的工作思路,对环湖地区管理的薄弱环节、难点问题进行逐条梳理,按照城市标准化要求排查出地区问题菜单120余条,对照问题菜单做到:对属环湖办自管的问题将菜单分解到人,立即整改到位;对属条口单位问题,发整改函,监督其整改;对属环湖办辖区单位的问题,通报相关单位,督促整改到位。召开问题整改协调会8场,成员单位联席会3场,开展专题培训会8场,与10家环湖办成员单位密切合作,每日开展联合执法专项整治,高密度执法,严厉打击违法违规行为。按时间节点完成拆除曙光大酒店、新世纪大酒店等多处违建,龙蟠路沿线楼宇7处楼顶违规标识广告。在"大干一百天、环境大扫除"活动获区立功单位。

【综合执法】 结合"大干一百天、环境大扫除"和"迎青奥行政执法200天专项整治"行动,认真组织开展综合执法工作。在市容秩序管理方面,加强对流动摊点、倚门出摊、违章建筑管理、环卫责任区管理等市容秩序的日常管理,坚持标准化、全覆盖管理,多次组织人员对流动兜售、夜间无证摊贩等专项集中整治。在交通治安管理方面,针对重难点问题,在重点区域、路段和时段,安排人员定岗定责管理,协调配合公安、交警,采取驱赶逼离、现场查处等方式,严格管理"三小车"拉客、机动车违停等现象。配合公安、交管部门,采取行动,对采取极端措施进行堵路、堵办公楼的违章"三小车",进行依法严厉处置,"三小车"聚集现象基本绝迹。在客运管理方面,协调配合交通执法派驻机构,对南北广场重点区域加强管理,依法查处违规站外带客出租车。2014年,查处违章出租车216起、查处清理拉客黄牛363人、遣送盲流116人、查处"五小车"420起、清理"三乱"1820件、查处违规商贩88人、拆除违建56平方米,拆除楼顶广告82平方米。清理倚门经营80余家,清理店招店牌120余块。

【管养维护】 按照城市管理标准化、管理责任全覆盖的要求,做好南广场市政绿化设施的管养工作。建立市政养护的定时巡查及派工制度,采取"地毯式"排查的方法,全面掌握辖区内市政设施基本情况,立足现有条件,进行改造新建。对广场东侧机场大巴停车场、6座公厕进行装修出新;维修更换道板砖396块、大理石条27块;改造新建各类护栏870米;新增和更换保洁箱32处;新设便民文明标牌56个;维修更换节能灯管241根。做好修剪修补、施肥除草、浇水治虫等基础工作,移栽、修补苗木6900平方米,修剪苗木57000平方米,采取硬隔离,加装绿化护栏530米,有效杜绝游客破坏绿化的现象。对照"十无、十净、一降低"的标准要求,增加广场和道路的清洗频次,抑制施工扬尘,重点做好世纪东路施工周边道路的洒水降尘及清洗工作;新增配两台清扫车辆,加上原有的中小型清扫车,增加广场道路的机扫率。加大垃圾清运力度,随时清拖,整个地区保持干净整洁的环境卫生状况。维修二层高架吊顶多次参加市住建委、铁路办事处等部门协调会,签订二层高架管养移交协议,并配合相关部门完成二层高架吊顶的维修出新。建设高清监控系统。由环湖办牵头,公安监管,城建集团施工,顺利完成南广场电子监控的提档升级,设置高清监控探头89个,更新地下监控室的大屏幕等设备。

【检查监管】 履行监督、检查、考核职能,对环湖地区社会秩序、市容环境、卫生保洁等状况进行每日巡查督察,查找辖区内存在的问题和出现的新情况,通过督察菜单通报相关职能部门,督促其尽快整改落实,地区每月工作开展情况以《督察通报》形式报送市、区领导和市有关部门、相关派驻执法机构的上级单位,推进综合管理工作的更好开展。2014年,环湖办接收市城管局数字平台考核案件262例,办理"12345""12319"、督办案件、投诉举报共233件,年度综合满意率94%。编发《督察通报》84期、《督察信息》32期。办理回复区人大代表关于加强窗口地区管理的建议2件。

【依法行政】 按照迎"青奥"行政执法200天专项整治行动工作要求,制定工作方案,及时向市、区有关部门报送情况和信息简报,收集汇总相关工作台账。同时制定《玄武湖周边地区行政执法职责分解表》,把行政执法任务分解至各派驻机构和相关执法单位,充分发挥各有关单位行政执法职能作用。进一步规范行政执法行为。按照《迎青奥行政执法重点事项目录》《迎青奥联合执法事项目录》确定的重点和联合执法事项,积极与各派驻执法机构、相关执法部门进行对接,协调组织巡查执法和联合整治。

【宣传服务】 与区人社局、玄武公安分局、街道等部门共同开展“为民工送春风”“禁毒宣传”等活动,提供政策宣传、法律援助、公益咨询等服务。联合区文明办、团区委、人社局等部门,建设“南京城市志愿服务站示范点”“学雷锋志愿服务站”“青奥城市信息点”,开展志愿者服务活动,提供青奥咨询、指路问询、便民服务等,取得良好社会效益,获区城市志愿服务站(示范点)称号。 (许韦国)

环境保护

【概况】 2014年,全区环保局工作围绕青奥会、国家公祭日环境质量保障两大重点任务,突出区长环保工作目标主线,开展环境综合整治。以玄武湖水质保障为重点,牵头推进“河长制”河道管理,实施餐饮废水控源截污,水环境质量保持稳定;铁腕管控在建工地扬尘污染,参与黄标车淘汰工作,严格落实重污染天气应急管控,空气质量得到有效控制;开展夜间施工、餐饮娱乐、中高考期间噪声管理与防治,坚决查处违法施工噪声扰民行为,区域声环境达到功能区要求。实施污染防治与减排,完成2家单位清洁生产审核、4家企业挥发性有机物整治和9家地方汽油加油站点油气回收监察工作,对122家企业实施环境评价和公示,纳入环境统计的10家工业企业废水、废气均稳定达标排放;严格执行环境总量控制、环境影响评价和建设项目“三同时”制度,全年审批建设项目63个,验收18个,否决和劝退不符合产业规划和环保要求的项目12个,建设项目环评执行率和验收项目环保“三同时”执行合格率均为100%。不断强化环境执法监管,建立环境行政执法责任制,开展“整治违法排污企业保障群众健康”环保专项行动、“突出环境问题专项整治”行动,有效遏制各类环境违法行为。强化危险废物和放射源监管,完成5家产废单位危废贮存点规范化建设改造,转移各种固体废物近2200吨,保障辖区环境安全。结合青奥会、国家公祭日环境保障任务,不断完善政府、企业应急预案,联合企业开展环境突发事件应急演练,妥善处置各类环境突发事件5起。

【污染防治与减排】 2014年,区环保局围绕市政府下达主要污染物减排任务,严格执行工业污染源监管制度,重新核定南汽集团排放标准,严厉查处环境违法行为。在南京市市级机关医院、南京新港汽车销售服务有限公司开展清洁生产审核,在南汽二车身厂、新华报业集团印务中心等4家企业开展挥发性有机物污染治理,对东华汽车实业有限公司苗圃污水处理站、南京依维柯汽车有限公司旅行车分公司实施“三高两低”企业整治,进一步减少污染物排放总量。组织排污申报,依法、规范征收排污费,全年申报排污企业352家,征收排污费514余万元。

【大气污染防控】 贯彻落实《南京市大气污染防治行动计划》,牵头编制《玄武区大气污染防治行动实施细则》。针对辖区实际,注重以建设工地扬尘污染防治为重点,成立扬尘污染治理工作办公室并实现实体化运作,制订《玄武区扬尘污染治理工作实施方案》和《玄武区扬尘管理考核办法》,在全市率先对全区74家建筑、道路和拆迁施工工地实施档案化管理,施工扬尘污染得到有效遏制。督促南汽动能分公司提升污染治理能力,减少大气污染物排放,结合青奥会、国家公祭日环境保障,对南汽动能分公司实施停产,年度工业企业大气污染物排放总量得到有效控制。响应南京市大气污染应急预警,组织相关部门、企事业单位、项目建设单位等落实应急响应措施,全力改善环境空气质量。2014年,全区PM2.5年均值为72毫克/立方米,较2013年同比下降5.3%。

【黑臭河流整治】 为改善辖区河道现状,区环保牵头住建、城管多部门联合编制《玄武区河长制河道管理工作考核办法》,进一步提升河道管理工作规范化水平。结合玄武湖水质保障任务,对环湖周边198家餐饮企业餐饮废水排放行为进行检查,督促13家餐饮企业更换餐饮污水处置设施,确保餐饮污水有序排放。对唐家山沟、紫金山一沟等5条入湖河道进行定期巡查、监测,及时掌握水质变化情况。协调区有关单位对玉带河进行清淤疏浚,玉带河水质得到显著改善。开展河道水体巡查,及时发现、迅速处置百水河水污染事件,有力保障辖区水环境安全。

【餐饮企业专项整治】 依托街道、社区,对全区餐饮企业入户调查,摸清底数。严格贯彻落实大气污染有关要求,从严审批各类餐饮建设项目。根据全区餐饮企业污染分布状况,开展后宰门餐饮污染控制示范街创建工作,通过对原有油烟净

4月11日，南京市环保局在玄武区召开全市餐饮业污染控制工作现场推进会，玄武区介绍餐饮油烟在线监控工作经验，参会人员现场观摩南京理工大学油烟污染治理改造情况

化设施进行更新升级，有效降低餐饮油烟污染程度，餐饮油烟污染投诉基本消除。率先对东南大学、南京理工大学、农业大学、林业大学实施大学食堂油烟远程在线监控，相关工作做法在全市餐饮油烟在线监控工作现场会上得到推广。

【固废处置和辐射安全】 1月14日召开固体废物(核与辐射)管理工作会议，明确管理标准，规范处置程序。将辖区55家辐射应用单位(含8家涉源单位)全部纳入管理范畴，全年现场检查200余次，监督检查覆盖率100%。对工业企业、医疗单位、汽修行业、科研院所危险固废严格监管，对南京东华汽车销售有限公司、南京市中西医结合医院等5家单位实施危险废物贮存库规范化建设。全年转移危险废物2000余吨，全区环境安全“零事故”。

【环境信访投诉处置】 扎实开展“青奥”行政执法200天环保专项整治行动、“环境信访维稳200天”专项行动、“整治违法排污企业保障群众健康”环保专项行动、“突出环境问题集中整治”和“24小时执勤值班受理环境信访”等行动，加大对环境违法行为的打击力度。全年受理、查办环境信访投诉3000余件，办结率100%，群众环境权益得到有效维护。

【青奥会环境保障】 牵头编制《玄武区青奥会环境保障临时管控方案》《2014年青奥会玄武区环境空气质量保障加强方案》等一系列工作方案，高标准完成玄武湖周边及入湖河道沿线餐饮企业控源截污工作。推进工业企业停产、建设工地停工，有力保障环境空气质量达标。细化环境突发事件应急处置方案，妥善处置各类环境突发事件。对玄武湖、10条主要河流、入湖5条河沟每日进行水质巡查、监测，对3家涉赛酒店周边夜间声环境每日进行监测。结合环境信访投诉，严肃处理噪声扰民企业，确保全区区域环境噪声达到相应标准，圆满完成“青奥”环境保障任务。

【国家公祭日环境保障】 牵头编制全区《国家公祭日期间环境质量管控方案》，督促各相关部门严格落实各项管控措施。主动深入重点管控对象南汽动能分公司走访约谈，督促南汽动能分公司停产，超标准完成市下达管控任务。及时启动大气污染应急预案，开展污染天气应急管控，环境控制质量得到明显提升。进行水环境巡查监测，主要水体水质保持稳定。

【生态文明和环保宣传】 结合新环保法实施，组织开展驻区企事业单位环保法律法规培训，全区200余家企事业单位参加培训。持续开展绿色学校创建工作，红山小学获得国际绿色学校荣誉，立贤小学被评为省级绿色学校，成贤街小学、中央路小学被评为市级绿色学校。以世界环境日为契机，联合区委宣传部、文明办、教育局、团区委、区妇联，在全区开展“6·5”世界环境宣传周活动。在各社区继续开展“环保课堂进社区”公益宣传。全年举办广场宣传活动7场，发放各种环保宣传资料21000份。

【“安利环保嘉年华”南京站活动】 5月31日上午，由中华环保基金会、江苏省环保厅、安利(中国)日用品有限公司主办的环保嘉年华南京站活动在明故宫遗址公园开幕。由江苏省环保厅宣教中心、玄武区环保局、安利(中国)日用品有限公司江苏分公司共同承办，联合国开发计划署、全球环境基金给予大力支持。启动仪式上，中华环保基金会、江苏省环保厅领导到会致辞，并共同启动“改变世界的24小时”活动。来自省内万余名家长、儿童参加“环保嘉年华”游戏互动活动。 (李　鹏)

科学技术

Science and Technology

科技管理

科学普及

科技成果

科研院所

责任编辑　黄红权

科技管理

【概况】 2014年，全区高新技术企业累计78家，新培育22家，3家工程技术研究中心通过验收，1家500强研发机构获得认定及奖励，科技服务业销售收入41.67亿元，玄武区列入国家、省、市各类科技发展计划项目56个，获资助2380万元。3名科技创业家入选南京市科技创业家培养计划，截至2014年底，累计入选15名。2014年，新增省高新技术企业后备企业3家、省民营科技企业35家、省科技型中小企业12家。

【科技服务业收入增长】 2014年，全区58家企业完成科技服务业网上申报，填报率95%，全市领先，实现科技服务业收入41.67亿元，同比增长16%。

【创新载体建设】 2014年，徐庄科技创业服务中心、钟山生命科学园紫金创业园成功升级为省级科技企业孵化器。钟山生命科学园原紫金山冶炼厂厂区启动2.5万平方米孵化器建设。紫金(玄武)科创特别社区一期加快施工进度，年内完成主体封顶，2015年投入使用。2014年，徐庄物联网与集成电路设计中心大楼封顶。

【科技金融扶持】 2014年，区科技局加强与市科委、市金融办和9家科技银行协调沟通，在徐庄软件园、东大科技园等园区单位召开多场科技企业债权融资推荐会，协调解决相关企业信用征信、无形资产评估等问题。在银行银根总体偏紧局面下，全年帮助118家企业累计获得贷款总额44865万元，超过2011年至2013年获得贷款总额数。

·科技人才管理·

【入选市“科技创业家”】 2014年，玄武区遴选7家高端科技人才创办企业进行培育，经过科技创业家培育，3名高端科技人才入选南京市科技创业家培育计划，分别是南京网元通信技术有限公司总经理江厚炎、南京矽力杰半导体技术有限公司CEO陈伟和江苏欧威医药有限公司总经理兼首席科学官龚兆龙。

【入选市高端人才团队】 2014年，区科技局对全区科技型上市企业或年销售超过5000万元规模科技企业进行拉网式排查筛选，最终选出途牛科技汤峥嵘领衔的研发团队，申报2014年南京市高端人才团队计划，并成功入选市高端人才团队，获市、区两级1300万元无偿资助。

【入选省“双创团队”】 2014年，区科技局组织专门力量指导帮助科研团队参与省“双创”人才培育计划，南京博兰德电子有限公司国家“千人计划”专家徐明博士领衔的科研团队成功入选，成为2014年度江苏省“双创团队”计划入选团队。

·高新技术管理·

【新认定高新技术企业】 2014年，新认定高新技术企业22家：南京市城市与交通规划设计研究院有限责任公司、南京智慧交通信息有限公司、江苏高伟达信息技术有限公司、南京宽慧无线网络通信有限公司、南京模拟技术研究所、江苏万邦微电子有限公司、南京西祠信息技术股份有限公司、南京日新科技有限公司、南京凯唱软件有限公司、南京苏商新能源科技有限公司、南京宝光检测技术有限公司、南京江北自动化技术有限公司、南京英锐祺科技有限公司、南京中核二三能源工程有限公司、南京极客网络科技有限公司、江苏普旭软件信息技术有限公司、南京水晶石数字科技有限公司、江苏卧牛山保温防水技术有限公司、江苏智道工程技术有限公司、江苏苏宁易购电子商务有限公司、南京博兰得电子科技有限公司、江苏明天种业科技有限公司。

【3家省高新技术企业后备企业获认定】 2014年，全区有3家高新技术企业获得省级高新技术企业后备企业认定。分别是南京畅洋科技有限公司、南京纳加软件有限公司、江苏省盛世广宏无线科技传播有限公司。

【35家民营科技企业获省级认定】 2014年，全区有35家民营科技企业获得省级认定：南京日新科技有限公司、南京诚严勤创信息科技有限公司、江苏达盈智慧科技股份有限公司、江苏智道工程技术有限公司、南京商周纵联软件科技有限公司、南京金水尚阳软件技术有限公司、南京金水尚阳信息技术有限公司、南京信诺泰医药有限公司、南京登博生物科技有限公司、南京闻智生物技术有限公司、南京迪威普光电技术有限公司、南京德磊科技有限公司、南京华之聚信息科技有限公司、南京途牛科技有限公司、南京易森网络科技有限公司、南京

中科水治理股份有限公司、南京睿辰欣创网络科技有限责任公司、南京贝龙软件有限公司、南京天放网络科技有限公司、南京亚软信息技术有限公司、南京美琳洛琦医药软件技术有限公司、南京理儒机械科技有限公司、南京二进制软件有限公司、南京海善达信息科技有限公司、南京西祠信息技术股份有限公司、江苏省紫金山科技有限公司、江苏卧牛山保温防水技术有限公司、南京税捷信息技术有限公司、南京量为石信息科技有限公司、江苏当代传媒出版集团股份有限公司、江苏省高信科技发展有限公司、锐凌微南京电子科技有限公司、南京亿图信息科技有限公司、江苏万邦微电子有限公司、南京空域信息技术有限公司。

【12家科技型中小企业获认定】 2014年,全区有12家科技型中小企业获得认定。分别是南京新模式软件集成有限公司、南京睿辰欣创网络科技有限责任公司、南京中科盟联信息科技有限公司、南京新索奇科技有限公司、江苏鸿基科技有限公司、江苏省健康信息发展有限公司、南京论道软件科技有限公司、南京畅洋科技有限公司、南京闻智生物科技有限公司、南京量为石信息科技有限公司、南京华之聚信息科技有限公司、南京咪菲电子科技有限公司。 (沈 超)

·知识产权·

【概况】 2014年,玄武区深入实施知识产权强区战略,推进自主知识产权开发计划,有效提升全区知识产权创造、管理、运用和保护能力,完成市政府下达的年度发明专利申请目标任务,全年发明专利申请5725件,在全市各区排名第一,创历史新高。区知识产权局被评为“江苏省知识产权宣传培训工作先进集体”“南京市知识产权工作先进集体”“南京市知识产权执法工作先进集体”。

【专利资助与奖励】 2014年,面向全区高校、科研院所、企业及个人发放授权专利资助483.28万元,集成电路布图费5.6万元,发放专利大户奖励90万元。2个专利获国家优秀专利奖,奖励经费40万元,5个专利获南京市优秀专利奖。

【知识产权管理】 组织7家企业开展“江苏省企业知识产权管理标准化示范创建”工作,4家企业获得市级奖励经费22万元,1家企业被评选为省级贯标工作优秀示范单位,获得奖励经费20万元。

【知识产权运用】 引导和组织企业申报江苏省专利实施计划专利运营类项目,2014年,全省共10家企业入选,南京3家全部在玄武,获得上级项目资金360万元。组织企业申报南京市知识产权战略推进计划项目和重大专利二次开发项目,获得40万元经费扶持。

【知识产权培训】 2014年,举办“4·26”知识产权周系列活动,举办《企业知识产权管理标准化》培训班、知识产权质押融资培训,软件知识产权保护讲座;组织企业“一把手”和知识产权高管参加“市企业家知识产权高级研修班”“市知识产权总监培训班”;组织企业知识产权专职人员参加“市知识产权内审员培训”“市知识产权工程师培训”,组织企业研发人员参加“专利挖掘与布局初级实战班”等培训,累计受训超过200人次。

【知识产权保护】 2014年,开展企业知识产权保护专题讲座,增强企业对知识产权保护的意识,全额补贴为辖区4家知识产权优秀示范企业的专利投保。青奥会期间,区知识产权局与市知识产权局执法处、区商务局等单位,对辖区华润苏果开展专利联合执法行动,查处涉嫌专利侵权商品30件,维护市场经营秩序。 (祁淑芹)

2014年度高校院所专利申请数据分布表

序号	单位名称	专利申请(件)
1	东南大学科研院	1268
2	南京理工大学科学技术研究院	903
3	江苏省农业科学院科研处	289
4	南京林业大学科技处	269
5	南京农业大学科学研究院	242
6	中国人民解放军南京军区南京总医院	162
7	农业部南京农业机械化研究所科技管理处	135
8	熊猫电子集团有限公司科技部	127
9	中国林科院林产化学工业研究所科研处	95

科学普及

【概况】 2014年，区科协不断完善科普大联合、大协作工作机制，全面推进社会资源共建共享和全民科学素质有效提升，贯彻落实《全民科学素质行动计划纲要》，成功创建全国科普示范社区1个，省级科普示范街道1个，省级科普示范社区2个；创建省级防震减灾示范社区1个，省级防震减灾示范学校1所。科普志愿者注册5044人次。全年完成科普项目16个，下拨科普经费119.4万元，举办各类科普活动200多场次，活动覆盖区内全部的街道、社区、学校，受益20余万人次。2014年，区科协获江苏省全国科普日优秀组织单位、"汤山翠俗杯"首届科普知识网络竞赛优秀组织奖，市科协工作先进集体、市科协系统信息工作先进单位等荣誉。

【实施《全民科学素质行动计划纲要》】 制定《玄武区2014年〈全民科学素质纲要〉实施意见》，组织召开区全民科学素质领导小组工作会议和地区学协会暨科普教育基地工作座谈会，推进科普大联合大协作工作机制进一步完善。区委组织部、区人事局把对《纲要》学习纳入领导干部和公务员"5+X"能力培训；区总工会、人社局对城镇劳动就业人口开展技能培训；区教育局、团区委组织青少年科技创新大赛；区委宣传部、区文化局开展"走进博物馆"活动；妇联、区计生局组织"科学相伴和谐"行动；区发改局、卫生局、机关工委等单位举办多场科普讲座，形成全区协同推进《纲要》实施良好局面。

3月19日，玄武区青少年在天文科技站参加活动

【科普示范创建活动】 开展全国、省、市科普示范创建活动。指导新街口街道北门桥社区创成全国科普示范社区；指导锁金村街道成功创建"江苏省科普示范街道"，太平门社区、樱驼花园社区创建"江苏省科普示范社区"；指导樱驼花园社区、南京市第十三中学创建省级防震减灾示范社区；指导南京市弘光中学创建"十二五"第三批省科学教育特色学校；区少年宫、新街口机器人工作中心通过市级科普教育示范基地复核验收；紫金山天文台、中山植物园、古生物博物馆、月苑第一小学通过省级科普教育示范基地复核验收。

【实施科普益民计划】 推进科普资源向社区延伸，着力提升社区科普服务能力，指导梅园新村街道成功申报省科技支撑计划项目(科技医疗——居家养老服务)，并获奖励补助资金15万元；在区政务中心、玄东科技园、仙鹤门社区等14家单位开展全媒体科普网络进机关、社区、园区活动；完成锁金村街道问天科技工作站、红山青少年无线电通联科普教育基地、全民安全科普感受体验中心等科普项目；在锁金村街道锁一社区、锁四社区，玄武门街道台城花园社区及孝陵卫街道铁匠营社区4个社区建成"食品药品科普宣传站"。2014年科普经费支持街道、社区、园区科普益民项目16个，下拨项目经费119.4万元。

【科普宣传】 4月26日，在玄武区高级中学组织埃森环境等企业参加区"第14届职工技术大比武"科普专题展活动；5月12日，在新街口街道"5·20"广场举办以"科学生活　创新圆梦"为主题玄武区第26届科普宣传周、"全国防灾减灾日"活动；9月16日，组织社区居民赴省科技中心参加2014年"全国科普日"江苏省主场活动；7月4日，承办南京科协大讲堂活动，邀请解放军理工大学刘鹏教授为机关公务员作题为"云计算与物联网大数据"高端科普报告会；组织居民参加"汤山翠谷杯"首届科普知识网络竞赛获优秀组织奖。2014年举办院士报告会、大型科普广场咨询等科普活动100余次、各类科普培训讲座1000余次、科普知识竞赛活动50余次，播放科普电教片900多场次，展出各类科普展板、黑板报2000余块，发放各类科普宣传资料10余万份，科普工作呈现“季季有主题、月月有活动”良好局面。

【青少年科技教育】 区科协与区关工委、教育局、团区委等单位协同，全力推进青少年科技教育活动。组队参加第26届“金钥匙”科技竞赛(南京地区)获团体一等奖，参加第29届全国青少年科技创新大赛获教师创新成果一等奖1项，区少年宫聂德勇老师获全国“十佳科技辅导员”称号；向省科协选送青少年科普作品《远古的霸主—恐龙、翼龙和鱼龙》获江苏省优秀科普作品一等奖。7月3日，组织辖区130名1~6年级困难家庭学生、重点青少年、希望来吧的儿童参加“青奥梦之旅·科技玄武行”暑期夏令营活动；7月31日，在南京科技馆举办2014年玄武区机关青少年“走进科学、共享快乐”为主题的科普夏令营活动；举办“生态与环境保护”“信息与未来”“气象小主播模拟秀”“地震来了怎么办”等活动。至2014年底，在区内中小学校建立古生物、计算机、环保、航空等市级少儿科学院23所，培养中国少年科学院小院士20名，在社区建立社区机器人活动中心、李老师科学工作室、小博士气象学院、节能环保小博士俱乐部等青少年第二课堂12个。

【科普志愿者队伍管理】 2014年，已注册科普志愿者5044名，成立科普志愿者总队。组织志愿者参与科普周、科普日等各项科普活动。建立一批科普志愿者培训和实践基地，培养科普专业人才，促使更多的人成为掌握自然科学知识、吃苦耐劳、有志于科普志愿服务的专门性从业人员。完善科普志愿者队伍信息资源库，建设科普志愿者资源共享和交流平台，扩大科普志愿者服务活动参与面与覆盖面。

【科技进基层活动】 组织全区送科技、文化、卫生等“四进社区三下乡”活动，把科普书籍送到红山街道紫鑫小营社区居民手中。联合省科协百名专家进社区、进校园活动，为居民、学生送去高端科普讲座10场。成立1家中国科协海智计划江苏（南京）特色基地——玄东科创服务基地，并获市科协“海外智力为宁服务”专项引导资金3万元；积极推进金桥工程相关业务工作开展，帮助1家企业成功申报市科协金桥工程优秀项目并获奖励补助5000元；开展科协系统科技信息服务企业技术创新科普活动，组织20多家企业人员参加专利工程师科普培训，全年新增9家企业注册使用专利信息库，3家企业成功申报典型案例。

【科技拥军】 把科技拥军纳入区科普工作规划和区双拥工作重点，经费纳入年度预算，目标纳入基层年度考核，使科技拥军活动更加规范化、制度化。加强军企技术交流合作，邀请江苏省农科院石志琦主任到94860部队做“食品安全与公众健康”科普讲座，组织专家、学者为部队建设解决相关技术问题。

【防震减灾系列活动】 落实分解防震减灾工作目标管理责任书，突出宣传科学知识、培训应急处置技能为重点，健全防震减灾机构。2014年，全区7个街道58个社区，联合建立1支100余人防灾减灾社区科普宣传员队伍，全年被市地震局采用信息50篇，居全市第一。2014年，创建省级防震减灾示范社区1家，省级防震减灾示范学校1家。开展防震减灾系列活动。5月12日，在新街口街道“5·20”广场承办2014年“全国防灾减灾日”广场科普宣传活动；5月20日，承办南京市“平安中国”防灾宣导公益活动；开展防震减灾应急演练，全区中小学防震减灾演练100%。加强区地震应急预案体系建设，充实区防震减灾志愿者队伍。全年累计开展各类活动200多场次，发放防震减灾科普宣传资料15000余本。

（杨　华）

科技成果

【57个项目获各级科技计划项目立项】 2014年，全区有56个项目列入国家、省、市各类科技发展计划，获资助2380万元。其中国家级6个，计267万元；省级20个，计1577万元；市级30个，计536万元。南京中科天文仪器有限公司获省重大科技成果转化专项资金项目支持，玄武区成为南京市唯一连续六年获该项目的主城区。

【6个项目获市级以上科技进步奖】 2014年，玄武区6家企业6个项目获市级以上科技进步奖。南

2014 年高新科技产品认定一览表

序号	单位名称	序号	单位名称
1	新模式电子文件管理系统软件 V1.0	21	全自动地铁售、补票和兑零一体机
2	口径 1.5–2.0 米标准平面镜	22	企业电能管理系统
3	SES–5216I 型串口联网服务器	23	物联网资产管理系统
4	NISE–P1016 通信管理平台	24	互联网电视平台视频质量监测软件
5	天线近场测试及校准系统	25	赛特斯 IPTV 业务综合监管软件
6	集成化毫米波变频组件	26	赛特斯端到端数据流量和业务控制软件
7	苏商新能源公共机构能耗监测省级平台系统软件 v1.0	27	赛特斯片源技审管理软件
8	NJ2044G 系列国 IV 越野车整车	28	虚拟军事仿真平台
9	高通用性总线式组合仪表系统	29	金属超微孔吸声垂片(方通)
10	商用车 CAN 总线系统	30	通用票务流程内置读写器
11	适用于复杂路况的轻量化轻型载货车底盘	31	带 Push VOD 功能的高清直播星机顶盒
12	一种整体膨胀式桥壳后驱动桥总成	32	液晶驱动芯片
13	发动机前罩式二级踏步城市客车底盘	33	智能一体化污水处理站
14	PT–60 9064 MSTP 综合业务传输设备	34	新型 UASB 布水装置
15	PT–50T 9256 PCM 设备	35	司法 E 通
16	高性能 SVS 签名验签软件	36	熊猫数字化楼宇监控管理系统软件
17	熊猫牌 M2010 型毫微微蜂窝基站	37	LTE 微型放大器
18	熊猫牌 M3021 型专用宽带网关设备	38	智能建筑曲面成像 360°全景监控摄像系统
19	便携式超声波经颅多普勒血液分析仪	39	卫星射频通信智能切换器
20	地铁票房售票机		

京东大能源环保科技有限公司参与的燃煤烟气 SCR 脱硝关键技术研发与工程应用项目获省科技进步一等奖；南京依维柯汽车有限公司、南京未来星传感技术有限公司获南京市科技进步二等奖；南京依维柯汽车有限公司、南京埃森环境技术有限公司、赛特斯信息科技股份有限公司获南京市科技进步三等奖。

【39 件高新科技产品获认定】 2014 年，全区有 39 件生产产品获高新技术产品认定。是历年来获高新科技产品认认定最多的一年。

（沈　超）

科研院所

·中国科学院南京地质古生物研究所·

【概况】 中国科学院南京地质古生物研究所下设基础研究部（含古植物与孢粉学研究室、古动物学研究室、微体古生物学研究室）、现代古生物学和地层学国家重点实验室、中国科学院资源地层学与古地理学重点实验室 3 个科研机构，拥有图书资料信息中心、公共技术服务中心、南京古生物博物馆以及澄江古生物研究站。截至 2014 年底，有在职职工147 人，包括中国科学院院士 3 人、研究员及正高级工程技术人员 42 人、副研究员及高级工程技术人员 39 人。有中国科学院“百人计划”入选者 7 人，国家杰出青年科学基金获得者 7 人。设有“古生物学与地层学”“地球生物学”“地质工程”和“矿物学、岩石学、矿床学” 四个专业二级学科硕士研究生培养点，“古生物学与地层学”“地球生物学”和“矿物学、岩石学、矿床学”三个博士研究生培养点，并设有博士后流动站，有在学研究生 68 人(其中硕士生 38 人、博士生 30 人)、在站博士后 11 人。

古生物所《远古的悸动——生命起源与进化》荣获2014年国家科技进步二等奖

【科研项目】 2014年，南京古生物所有在研项目126项(包括新增项目31项)。其中，承担国家重大科技专项课题2项，承担国家重点基础研究发展计划(973)课题4项、参加课题3项，承担国家科技基础性工作专项课题2项；主持国家自然科学基金重点项目2项、重点国际合作项目1项(新增1项)、面上项目36项(新增9项)、国家自然科学基金重大研究计划项目1项、重大项目1项、国家基础科学人才培养基金项目1项、创新研究群体科学基金项目1项、国家重大科研仪器设备研制专项1项、优秀青年科学基金项目1项、专项项目1项、中德科学中心项目1项、青年科学基金项目19项(新增5项)、科普基金项目4项、外国青年学者研究基金项目1项(新增1项)；承担中国科学院战略性先导科技专项课题11项(新增5项)，主持院重点部署项目1项、参加院重点部署项目1项(新增1项)，承担院科技创新交叉与合作团队项目1项，院“百人计划”D类入选者项目2项，院青年创新促进会项目3项(新增1项)，承担中科院其他项目3项(新增3项)；参加中国地质科学院项目9项(新增2项)；主持江苏省自然科学基金项目6项(新增1项)，地方政府委托项目1项(新增1项)；承担大中型企业委托项目6项(新增1项)。

“晚新生代重要全球变化事件中的生物多样性响应”研究成果获2014年江苏省科学技术三等奖。科普图书《远古的悸动——生命起源与进化》获2014年国家科技进步二等奖，并入选新闻出版广电总局2014年百种优秀图书。科普图书《渐行渐远的南极—寻找大陆漂移的证据》获评科技部2014年全国优秀科普作品。

【学术交流与合作】 获批中国科学院“国际访问学者计划”3项和“国际博士后计划”2项。主办“埃迪卡拉系划分对比和成冰系冰期学术研讨和野外现场会”和“IGCP 591项目年度专题学术研讨会”，在“第四届国际古生物学大会(IPC4)”共同主持“中国精美化石库的古生物学”专题研讨。有47批98人次先后出访参加国际会议或进行学术交流，接待40批75人次外宾来访。2位外籍专家分获2014年度“江苏友谊奖”和“中国科学院青年科学家国际合作奖”。有20余位专家担任40多个国际学术组织的主席、副主席、选举委员等职。

(陈孝政)

·中国科学院国家天文台南京天文光学技术研究所·

【概况】 中国科学院国家天文台南京天文光学技术研究所(以下简称南京天光所)，设有中国科学院天文光学技术重点实验室。截至2014年底，在职人员163人，其中专业技术人员109人。院士3人，研究员及正高级工程师20人，副高级专业技术人员39人。中国科学院“百人计划”入选者2人。现有“天文学”“光学工程”2个一级学科和“天体物理”“天文技术与方法”“精密仪器及机械”3个二级学科的硕士、博士培养点，以及“光学工程”“仪器仪表工程”2个全日制专业学位的培养点。有研究生导师32名(其中博士生导师10名)，在学研究生65人，其中博士生22人(含外国留学生2人)。拥有“天文学”和“光学工程”2个一级学科博士后科研流动站，在站博士后4人。2014年向国家知识产权局提交专利申请共23项(其中实用新型专利3项，发明专利20项)，专利申请数量较往年提升；授权专利8项(其中发明专利6项，实用新型2项)；公开发表学术论文41篇(2篇是第二单位)，其中SCI收录6篇，EI收录28篇；出版发行2部专业著作。

【科研项目】 2014年，在研科研项目140余项，新承接项目80项，包括：国家自然科学基金项目12

项,省自然科学基金项目3项,863项目1项,大科学装置运行与改造1项,院级项目15项,横向委托研制项目48项。

【学术交流与合作】 开展国际、地区间学术交流与合作。全年出访59人次,主要赴美国、德国、加拿大、澳大利亚、俄罗斯、日本、智利、新西兰、乌兹别克斯坦、印度、泰国等国家参加国际会议、进行合作研究等;接待来访31人次。派遣5名科研骨干参加2014年国际光学工程学会(SPIE)—天文望远镜和仪器研制会议,会上就南京天光所最新研究成果作报告交流,中科院院士崔向群担任Session 5极端环境下的望远镜研制和Session 24射电望远镜和阵列的两个分会主席;所长朱永田和德国MT Mechatronics公司、CFHT升级项目MSE进行合作会谈。派遣1名代表参加中印合作天文和天体物理双边研讨会,1名代表赴日本参加中国科技部国际合作司与日本科技振兴机构联合启动的"中日青少年科技交流项目(樱花科技计划)"。全年组织多场学术报告,并举办年度学术论坛,展现交流最新科研成果。

【科技人才】 年内,资深研究员王亚男获2014年度何梁何利奖"科学与技术进步奖"。1人入选院青促会会员。2人分别获中科院朱李月华优秀教师奖和博士生奖。3人获国家公派出国留学资格。1人获首届江苏省机关事业单位工勤人员技能创新大赛创新奖。1人获"江苏省青年岗位能手"称号。获2014年度"国家奖学金"的博士生和硕士生各1人;获国科大外国留学奖学金1人,获南京市政府外国留学生奖学金2人。

人才培养平台方面,成功获批新设"光学工程"博士后科研流动站,博士后培养工作迈上新台阶。作为东南大学校外实习基地,双方签订合作协议。成功举办2014年"走近国科大—天文技术与方法"暑期大学生夏令营,吸引10多所211高校30名优秀大三本科生参加。11月29日,南京天文光学技术研究所校友会成立,研究生导师及来自全国各地历届校友80余人出席会议,校友资源建设上新台阶。

(郑 健)

调试完成的印度太阳色球望远镜

·江苏省中国科学院植物研究所·

【概况】 江苏省中国科学院植物研究所暨南京中山植物园是从事植物科学研究、植物资源收集保护和环境教育的公益机构,是我国中、北亚热带植物研究中心。下设植物多样性与系统演化、药用植物、经济植物、观赏植物、植物生态、天然产物化学等6个研究中心,拥有江苏省植物迁地保护重点实验室、江苏省药用植物研究开发中心两个省级重点实验室,以及植物信息中心和华东地区最大的植物标本馆,馆藏植物标本70余万份。植物园收集保存植物8000余种(含品种),建成专类植物园(区)20余个,开展以提高公众对植物和环境保护意识为主要内容的科普教育,是国家、江苏省和南京市科普教育基地及青少年科技教育基地。2014年,国内外参观游览者35万人次以上。

【科研项目】 2014年,在研国家和省部级各类科研项目83项,全年发表论文193篇,专(编)著12部,获国家级和省级植物新品种8项,申请发明专利64项,授权发明专利34项,发布部颁及地方标准5项,获省、市科学技术奖2项。科技平台及工程中心运行良好,推进"产学研"合作与江苏大丰盐土大地科技有限公司共同组建"江苏盐土植物研究院";与中植公司设立"中植农业科技创新基金"并资助油用牡丹、高含量多糖的山药新品种及优质无刺早熟黑莓新品系的示范种植。

【植物园能力建设】 更新园区导识系统,新增"二维码"植物铭牌500余种。国内外交换植物种子

432种。组织实施中科院植物园“迁地保护植物编目及信息标准化建设”项目及中国植物园联盟“本土植物全覆盖保护计划”。全年举办各种展览及活动39项，出版《南京中山植物园科普导游册》，新编《南京中山植物园导游图》中英文版，广泛开展科普志愿者服务活动。植物标本馆数字化进展顺利，信息录入15000份，上传数据45000份。《江苏植物志(修订版)》第二卷获第27届华东地区科技图书一等奖及“2014年中国最美图书”。《植物资源与环境学报》综合影响因子逐步提升，获“江苏精品科技期刊”称号。

2014欧洲花卉展

【第五届国际植物园协会亚洲分会暨东亚植物园网络会议】 10月18~22日在南京召开。会议由国际植物园协会亚洲分会暨东亚植物园网络主办，江苏省中国科学院植物研究所暨南京中山植物园承办，中国植物园联盟、中国环境学会植物环境与多样性专业委员会、中国植物学会植物园分会等联合协办。会议主题为“植物园在构建生物资源服务能力方面所发挥的作用”。省政协副主席、省政府党组成员徐南平，中国科学院科技促进发展局副局长段子渊，国际植物园协会主席 Vernon Heywood 教授，中国科学院洪德元院士、陈晓亚院士等出席大会。来自亚洲各国以及英国、加拿大、俄罗斯等以及国内20多个省市的植物园、科研机构、大学、政府部门和非政府组织等150余位专家和官员参加会议。与会代表围绕珍稀濒危植物资源保护、植物资源发掘创新与开发利用、外来入侵植物及其应对策略、植物园建设管理及科普教育等方面的研究成果和实践经验进行研讨，交流植物园在构建生物资源服务能力方面发挥的作用和增强植物园对经济社会发展的责任。同时，召开国际植物园协会亚洲分会工作会议、东亚植物园网络会议和国际植物园协会理事会议，选举产生新一届国际植物园协会亚洲分会理事会，讨论东亚植物园网络和国际植物园协会未来工作重点与主要任务。

(耿茂林)

链接

药用植物产业化研究

石蒜和灰毡毛忍冬是我国南方山区的重要药用植物，其中石蒜中的加兰他敏为治疗早老性痴呆症的欧美新药原料，灰毡毛忍冬为常用清热解毒药材。该研究历时10余年，在15个国家及省市项目和产学研联合项目的支持下，围绕这两种药用植物优异种质发掘、栽培繁殖及创新利用等产业化关键技术问题，取得重要理论和技术创新。该研究成果获2014年江苏省科学技术二等奖。

1.创新性提出石蒜药用成分含量与其基源具有相关性的理论，并从我国广西38个石蒜居群中，筛选到加兰他敏高含量的优异种质资源17份和优异性状基因7个，解决了国内缺乏高含量加兰他敏石蒜品种的资源瓶颈。建立国内收集保存种类数量最多(中国分布的全部15个种，562份种质资源)的石蒜种质资源圃，明确中国产石蒜属植物起源于5个原种。建立石蒜属植物首个转录组功能基因数据库。收集保存灰毡毛忍冬及近缘植物8个种、259份。建立灰毡毛忍冬药材的评价体系，并成功申报其作为中药法定种类载入2005年版《中国药典》，从此销售和药用有了法律保障。

2.自主创新培育高含量加兰他敏石蒜新品系2个，含量达0.1%以上，是现有品种含量3~5倍，在明溪县建成186.66公顷种球基地和2400公顷林药间作型原料基地。选育出灰毡毛忍冬3个国家林木良种，在有效成分含量、产量、花型、花期、株型等方面都优于原品种，并在我国南方省份大面积推广，仅隆回县和秀山县的种植面积达1.93万余公顷，新品种覆盖率达80%。

3.创新性阐明环境因子和信号分子对石蒜主要药用成分含量积累

影响的规律，率先解决传统生产中存在的药用成分含量低等问题。建立石蒜和灰毡毛忍冬水肥管理、标准化繁殖等管理体系，确定最佳采收期和加工炮制方法。创立石蒜和灰毡毛忍冬种苗快繁技术体系，其年增殖系数分别从5和3提高到96和60，攻克产业化良种的来源难题。

4.首先发现灰毡毛忍冬三萜皂苷类成分具有抗肿瘤新作用，并首创其制备技术，开创灰毡毛忍冬药材利用的新途径。创建混合填料法一步分离石蒜总生物碱的创新策略，建立加兰他敏高效制备新技术，废除有毒溶剂使用，降低成本35%，实现工业化生产。从石蒜和灰毡毛忍冬中分离鉴定169个结构多样的单体化合物。采用多种先进的波谱技术和化学方法相结合，在国际上首次发现新化合物23个，7个具有重要生物活性，并由此获得1个抗肿瘤创新药物候选结构，进入临床前研究的重要阶段。相关研究成果达到国际领先水平，促进"一类"创新中药的研发，为两种药材高附加值应用提供科学依据。

本项目申报国家发明专利12项，4项授权，1项获2011年江苏省发明专利金奖。获国家林木良种3个。制定地方标准5项。在国内外权威期刊发表论文71篇，其中SCI收录19篇，5篇代表性论文他引88次。培养研究生26名，其中博士8名。加兰他敏原料生产3年新增销售额7400万元，新增利税1100万元；灰毡毛忍冬3年新增销售额36亿元，新增利润8.7亿元。本项目帮助福建明溪县、湖南隆回县和重庆秀山县建立具有地方特色的主导产业，提高农民收入，其成功经验为山区县域经济发展提供良好示范作用，带动我国南方山区社会经济发展。 （耿茂林）

·中国科学院南京地理与湖泊研究所·

【概况】 中国科学院南京地理与湖泊研究所，现有30万元以上的大型仪器设备100余台/套。图书馆馆藏图书期刊12万多册，各种地形图63000多幅，航卫片77000多张。还馆藏地方志4262种44000多册，其中善本近百种，孤本10余种。截至2014年底，有在职职工243人。其中科技人员209人、科技支撑人员24人，包括研究员及正高级工程技术人员43人、副研究员及高级工程技术人员73人；全所进入创新岗位233人。有国家"青年千人计划"入选者1人（新增1人）；中国科学院"百人计划"入选者9人；国家杰出青年科学基金获得者4人（新增1人）。

南京地理与湖泊研究所是1981年国务院学位委员会批准的自然地理学硕士学位授予权单位之一，现设有地理学、环境科学与工程2个专业一级学科博士研究生培养点，自然地理学、人文地理学、地图学与地理信息系统、环境科学4个专业二级学科博士研究生培养点，自然地理学、人文地理学、地图学与地理信息系统和环境科学4个专业二级学科硕士研究生培养点以及工程硕士（环境工程、建筑与土木工程领域）全日制专业学位培养点，并设有地理学专业一级学科博士后流动站，有在学研究生182人（其中硕士生73人、博士生109人）、在站博士后16人。

【科研项目】 2014年，有在研项目251项（包括新增项目67项）。其中，承担国家重大科技专项课题4项，主持国家重点基础研究发展计划(973)和国家重大科学研究计划项目2项、承担课题5项，主持国家科技基础性工作专项1项(新增1项)；承担国家自然科学基金重点项目6项(新增3项)、面上项目57项(新增14项)、国家杰出青年科学基金项目2项；主持院重点部署项目1项；承担重点国际合作项目6项。2014年，研究所发表论文324篇，其中，SCI论文113篇；TOP SCI论文51篇，出版专著4部；申请和授权专利90项，其中发明专利55件，软件著作权16项。

【学术交流与合作】 2014年，研究所主办第23届国际硅藻会议、中澳洪泛平原湿地双边论坛、第11届中日韩国际研讨会以及海峡两岸经济地理2014年学术年会等一系列具有重大国际、地区影响的学

第五届海峡两岸经济地理学2014年学术年会召开

术会议；派出科学家28批50人次，接待境外来访人员77批133人次。3位研究员分别担任SCI期刊副主编、编委工作。其中刘正文研究员担任Limnology和Hydrobiologia期刊副主编；吴庆龙研究员担任BMC Microbiology期刊编委；秦伯强研究员担任Chinese Geographical Science和Chinese Journal of Oceanology and Limnology期刊编委。羊向东研究员担任国际硅藻研究学会(ISDR)执行委员

研究所目前是江苏省海洋湖沼学会、江苏省地理学会、江苏省遥感与地理信息系统学会、中国地理学会长江分会、中国第四纪科学研究会全新世分会挂靠单位。主办《湖泊科学》学术期刊。　(杨金华　胡笑琪)

973项目黄滩地区农用地力提升与增产技术应用

·中国科学院南京土壤研究所·

【概况】 中国科学院南京土壤研究所拥有土壤与农业可持续发展国家重点实验室、中国科学院土壤环境与污染修复重点实验室、土壤养分管理国家工程实验室、农业部耕地保育综合性重点实验室等重要研究平台;设有土壤资源与遥感应用研究室、土壤-植物营养与肥料研究室、土壤化学与环境保护研究室、土壤物理与盐渍土研究室、土壤生物与生化研究室、土壤与环境生物修复研究中心、土壤利用与环境变化研究中心等研究单元;还拥有中国科学院生态系统研究网络土壤分中心、河南封丘农田生态系统国家野外科学观测研究站、江西鹰潭农田生态系统国家野外科学观测研究站、江苏常熟农田生态系统国家野外科学观测研究站、中国科学院三峡工程生态环境湖北秭归实验站。拥有联合国粮农组织的特约图书馆和亚洲最大的土壤标本馆。土壤与环境分析测试中心已获得国家实验室认可和国家计量认证。该所是中国土壤学会、江苏省土壤学会和全国土壤质量标准化技术委员会的挂靠单位;主办Pedosphere、《土壤学报》、《土壤》3份中英文学术期刊，其中Pedosphere是我国唯一的一份土壤科学英文学术期刊且被收录为SCI源刊。

截至2014年底，有在职职工301人。其中科技人员211人,科技支撑人员55人，包括中国科学院院士2人、研究员及正高级工程技术人员63人、副研究员及高级工程技术人员96人。有国家“千人计划”入选者1人;中国科学院“百人计划”入选者14人;国家杰出青年科学基金获得者8人。2014年，该所人才队伍建设得到进一步加强。1人新获国家杰出青年基金资助,3人获国家优秀青年科学基金项目资助。另外,还有多位青年科研人员分获科学院卓越青年人才专项、卢嘉锡青年人才奖、现有关键技术人才等各类人才奖项。

【科研项目】 2014年,973项目“粮食主产区农田地力提升机理与定向培育对策”工作继续按计划向前推进，在地力提升基础理论、关键技术和集成模式创新方面均已取得关键性突破,为项目结题验收奠定坚实基础。国家公益性行业(农业)科研专项“盐碱地农业高效利用配套技术模式研究与示范”项目顺利通过验收,在盐碱地农业高效利用实用专项技术研发、盐碱地专用肥研制和抗盐碱作物和经济植物品种筛选等方面取得显著进展。国家自然科学基金重点项目“广西红壤肥力与生态功能协同演变机制与调控”顺利完成并通过验收。2014年,全所发表被SCI、EI收录的论文297篇,其中1区TOP文章18篇,2区TOP文章24篇;CSCD收录论文发表272篇。全年出版专著5部。全年申报发明专利27项,有38项发明专利获得授权。

【学术交流与合作】 2014年,南京土壤所先后主办第六届全球数字土壤制图国际会议和污染场地调查与修复技术研讨会等2次国际学术会议。第六届全球数字土壤制图国际会议得到科学院和基金委的资助,来自16个国家120余位代表出席会议。污染场地调查与修复技术研讨会有近60家科研院校、环保企事业单位150余人参会。南京土壤研究所组织参加第20届世界土壤学大会、第三届国际可持续修复国际研

讨会以及第十届海峡两岸土壤肥料学术交流研讨会等会议。筹备2015年在南京召开的东亚和东南亚土壤联合会(ESAFS)大会。年内,分别与布莱克—史密斯环境研究所和Massey University签署合作协议。

(秦江涛)

·江苏省农业科学院·

【概况】 2014年，江苏省农业科学院在编职工2151人，在职一线科研人员1440人,其中院士1人,享受国务院特殊津贴专家157人,国家和省级有突出贡献的中青年专家99人，博士研究生导师20名,硕士研究生导师118人。具有高级技术职称人员844人，博士390人。建有41个基础性研究和公共服务平台,其中国家级创新平台23个,省级创新平台18个。

【科研项目】 2014年，新上科研项目1078项，其中国家级科研项目214项,主持申报“耐盐水稻品种选育及配套栽培技术”和“化肥面源污染农田综合治理技术方案”分别获国家科技支撑计划和公益性行业科研专项立项支持;新增合同经费3.47亿元,到账经费3.8亿元。获国家自然科学基金项目资助59项,项目资助数创历史新高。

【科研成果】 “南粳49”和“南粳5055”通过农业部超级稻认定,“苏玉29”“连粳7号”“扬麦16”等7个品种被列为农业部主导品种，“宁麦13”等58个品种入选省级主推品种;“小麦机械匀(条)播高产栽培技术”等9项技术入选省级主推技术。创建的抗番茄黄化曲叶病育种技术体系及新种质创制方法，拓宽了番茄种质创新渠道;首次发现并解析了棉花黄萎菌和大豆疫霉菌相关蛋白功能及运出机制。年内,省农科院作为主持单位获省级以上政府奖励7项，其中“规模养殖场污染物减排与废弃物资源化”等3项成果获江苏省科技进步二等奖,“抗番茄黄化曲叶病番茄育种技术、品种创新与应用”等2项成果获江苏省科技进步三等奖。2014年，江苏省农科院在六合基地集中展示园艺新品种、秸秆综合利用及循环农业技术体系等自主创新成果,张连珍、徐鸣、曹卫星等省领导亲临现场视察指导,给予高度肯定，农业部、省有关部门、南通、淮安等20多个市县(区)领导、种养大户、技术能手等3000多人次参观学习，新华社、《新华日报》等20多家媒体对展示活动进行专题报道,社会反响热烈。

12月3日,省政协主席张连珍视察六合基地

【知识产权】 2014年，获植物新品种权40项;授权专利255件,其中发明专利181件;发表期刊论文1036篇，其中SCI（EI）收录151篇，同比增长34.8%;55个品种通过国家或省级审(鉴)定;制订省级以上(行业)标准64项;获国家新农药认证6项、食品新产品认证2项;29项成果通过省级以上鉴定。全年新增知识产权许可、转让合同32项。被授予“第七届中国技术市场协会金桥奖先进集体”称号。

【人才团队】 2014年，江苏省农科院新招博士44人，博士后20人,在植物保护和盐土农业领域引进优秀科学家2名，选派16名青年学术骨干赴美国、加拿大等国访学,与美国、加拿大等国4所知名高校、科研机构联合招收博士后5名。年内,省农科院国家兽用生物制品工程技术研究中心获“全国专业技术人才先进集体”称号,程顺和院士入选“中国种业十大功勋人物”和“2013年江苏农业十大新闻人物”，陈秀兰研究员辐射突变育种团队获联合国植物突变育种杰出成就奖,马鸿翔研究员入选人社部“百千万人才工程”国家级人选,毛久庚研究员获“全国优秀科技工作者”称号,院特聘研究员泰国农业大学披拉沙·斯乃文教授获2014年度国家国际科技合作奖。

【科技服务】 实施“农民增收科技行动计划”“中央财政农技推广”等科技服务项目200多项,在全省66个县(市、区)建立120个示范点,示范推广新品种40个,新技术、新模式10项，累计应用面积超过66.67万公顷。深入推进与宿迁、淮安等地科技合作，共建苏北农业科技服务中心、博士服务工作站等新型农业科技服务平台，带动自主创新成果在当地转化推广。年内,省农科院被国务院扶贫开发领导小组授予“全国社会扶贫先进集体”称号,镇江所赵亚夫研究员被中宣部授予“时代楷模”称号。

(刘　钦)

教育

Education

综述

学前教育

初等教育

中等教育

高等教育

社区教育

责任编辑 张宁芳

综　述

【概况】 2014年，玄武教育围绕“打造世界教育名城先行区”战略目标，推进义务教育优质均衡发展，对现有教育资源进行新一轮优化组合，通过合并、办分校、托管等方式，放大优质资源。出台“新三学”教学研究与实践的解读指导意见，8月起在全区中小学开展“新三学”课堂教学研究（三个内容维度的研究，即：理解学生、支持学习、提升学力）与实践活动。推进“三全”“五优化”课堂教学研究与实践成果、小学科学学科教师专业成长的区域路径等研究成果被《2014年南京教育绿皮书》收录。

2014年，全区中小学、幼儿园（教育系统）、直属单位在职教职工3324人，其中专任教师3187人，具有高级职称719人，中级职称1680人。2014年，招聘中学新教师33名、小学新教师43名、幼儿园新教师19名，其中研究生学历25名；引进骨干教师8名，其中省特级教师2名。小学教师本科以上学历达85.1%，大专以上学历达98.8%，初中教师本科以上学历达95.4%，高中教师本科以上学历达97.9%，研究生学历（含教育硕士）达31.2%。

玄武区获首批“江苏省义务教育优质均衡发展区”，南京市唯一的首批“江苏省教育现代化建设示范区”“全国全民终身学习活动周优秀组织奖”；玄武区教育局被表彰为“江苏省社会教育通讯报道先进集体”“南京市教育新闻（宣传）工作先进集体”，获“江苏省第九届新世纪园丁论文大赛优秀组织奖”；玄武社区学堂获“2014年全国特别受百姓喜爱的终身学习活动品牌”。玄武区教师发展中心被评为“2013年度江苏省师干训工作先进单位”。4人被评为江苏省特级教师；3人被评为江苏省优秀教育工作者；1人被评为全国职业教育先进个人；38人被评为南京市优秀青年教师。2014年，全区注册教师志愿者2414人，形成志愿服务团队6个，志愿服务项目13个，开展志愿服务活动数千小时，其中十三中“放学来吧”被南京市评为十大优秀志愿项目，宇花小学丁建辉被评为优秀教师志愿者。

【教育发展规划】 3月21日，玄武区在全市率先召开“教育先行区与学习型城区建设工作会议”，出台《关于打造南京世界教育名城先行区，建设学习型城区，促进人的现代化的意见》，以及与之配套的6个相关文件（《关于义务教育优质均衡发展的实施意见》《关于加快推进学前教育优质普惠发展的意见》《关于进一步优化全区中小学、幼儿园布局的实施意见》《关于进一步促进高中教育、职业教育和高等教育发展的意见》《关于进一步加强教师队伍建设的意见》《关于加快终身教育体系和学习型城区建设的实施意见》），制定《玄武区教育局深化教育综合改革实施方案》，进一步明确玄武区各类教育到2018年、2020年普惠、均衡、特色、品牌发展的具体目标，为玄武教育今后的发展指明方向。陆续制定并实施学前教育三项工程、职业教育品牌发展工程、教育信息化三年行动计划。

【托管工作管理中心成立】 4月9日，玄武区教育局在紫东实验学校召开“玄武区义务教育优质均衡发展推进会”，成立“玄武区中小学校托管工作管理中心”，主要负责全区中小学校托管工作的管理，推进学校课程文化建设、完善学校质量管理体系、探索新的校本研修、开展学科组结对共建、提升教师课堂教学水平、促进骨干教师和青年教师专业发展。托管工作管理中心在全区范围内（主要在托管学校和受托学校之间）采用“1+X项目签约托管”模式（“1”代表“玄武区中小学校托管工作管理中心”或某个项目的负责人，具体负责项目的总体规划、管理与协调；“X”代表与托管学校需求相对应的X个优质教育资源或相关团队成员）。根据玄武区基础教育学校发展的特点，从区域层面调集优质资源，按需组建项目托管团队，由优质教育资源

玄武区课堂教学“三全”“五优化”交流研讨会

"整体进驻",将先进的教育理念及实践经验与学校办学实际相结合,促进托管学校主动学习、主动发展,走本土化优质办学道路。

【教育经费投入】 2014 年, 玄武区投入 5749.40 万元,全面提升教育装备的现代化水平。全区以数字化为突破,通过数字化网络平台对区内所有学校实验设备更新采购过程进行管理,建设全区性教育气象发布平台,完成 6 所学校数字化实验室建设,开展新型设备建设的试点工作,为 2 所学校建设录播教室。基础建设投入 5761 万元,相继进行月苑小学教学楼重建、南京理工大学实验小学教学楼加层、玄武外国语学校教学楼、人民中学教学楼重建,以及其他维修、翻建工程,施工面积为 104184 平方米。

【教育惠民政策落实】 2014 年,全区惠民项目投入 2492.02 万元,惠及12759 人次。在"江苏省学生资助(区、县)绩效评价工作"中,区教育局学生资助工作被江苏省教育厅评为优秀(最高奖)。全区接纳进城务工人员子女就学 4515 人,就学率达 100%。全面接纳红山外来工子弟学校学生,实现区域内符合条件的进城务工随迁子女入学公办学校"全接纳"。玄武区被评为"南京市进城务工人员随迁子女义务教育工作先进区"。2014 年进一步扩大热点公办学校空余学额电脑摇号派位范围, 除长江路小学、第九初级中学外, 新增成贤街小学、弘光中学。全年发放家庭经济困难幼儿助学券 12.37 万元;小学助学券 14.79 万元; 初中助学券 16.17 万元; 高中助学券 24.99 万元;南京市春季、秋季幼儿助学券 1735.4 万元;玄武中等专业学校助学金 8.475 万元;南京市广播电视大学玄武分校助学金 3.825 万元。

(薛孝宏)

【师资队伍流动】 按照《玄武区关于进一步推进义务教育学校教师和校长流动的意见》要求,逐步加大政策鼓励力度,促进校级领导、教师在区域内校际间合理有序流动,放大优质资源效益,缩小校际差距。2014 年,全区符合流动条件的教师 1250 人, 实际流动教师 212 人,流动率 17.2%。呈现出教师主动流动意识强、学校支持力度大、流动方向多元及质量提升显著四大特点。

【心理健康教育教师培训】 3 月 19 日, 南京市暨玄武区心理健康教育教师培训班开班典礼在玄武高级中学举行。南京市教育局宣德处处长赵贵林、科长孙克飞,玄武区教育局副局长黄子亮、玄武区教师发展中心校长丁加旗等参加开班典礼,陶老师工作站玄武分站站长、区心理教研员王天文老师担任该班班主任, 参加培训教师 231 人。培训班邀请南京师范大学教师教育研究所所长、博士生导师乔建中教授进行授课,从心理教育的视角出发,对教学反思这一问题展开分析。

(顾爱博)

【青年教师签约培养暨阶段总结大会】 1 月 22 日,玄武区第七轮青年教师签约培养总结会暨第八轮青年教师签约培养签约仪式在玄武区教师发展中心举行。玄武区教育局副局长吴锦友、区教师发展中心校长丁加旗、书记左长旭、副校长丁青、全体教培员以及签约培养的指导教师、培养对象、相关学校分管领导 100 余人参加会议。丁青主持,左长旭宣读《关于表彰"首批玄武区学科组结对共建先进单位"的决定》《关于公布"玄武区第七轮青年教师签约培养结业名单"的决定》, 并为第七批结业的青年教师颁发结业证书,丁加旗宣读签约培养文件,随后举行第八轮结对教师签约,青年教师代表和指导教师代表分别发言。全区已有 30 所学校的 48 位骨干教师担任指导教师,结对培养 12 所学校的 97 位青年教师。

【庆祝第 30 个教师节表彰大会】 9 月 9 日, 玄武区召开第 30 个教师节庆祝大会。区委书记储永宏,区长徐曙海, 区委副书记杨乐华,区委常委、常务副区长曹曙,副区长蒋兆全, 区教育局局长李玉鹏,教育局工委书记陈发山等出席会议,全区中小学教师代表 600 人参加。徐曙海致辞,杨乐华、曹曙、蒋兆全分别宣读国家、省、市、区级表彰决定,与会领导为受表彰的先进单位和个人颁奖。储永宏代表区委、区政府向全区广大教师和教育工作者致以节日问候,同时提出三点工作要求:正德行,施大爱,增学识。庆祝大会围绕 "斯霞爱的精神",用一个个"小故事"、一段段"微视频"、一张张"老照片"、一幅幅"新写真"展现玄武教师立德树人、爱岗敬业、关爱学生、团结互助、积极健康的职业形象。南京师范大学附属小学教师在大会上朗诵诗《沿着斯霞的足迹》,诉说教师的苦与乐。九中合唱团演唱《长大后我就成了你》, 用歌声表达学生对老师们的尊重和爱戴。

【玄武区勤廉教育基地成立】 7 月 1 日,由区纪委、区监察局、区教育局、教育工委共同举办的"心廉

7月1日，玄武区"心廉心"勤廉教育基地在南京师范大学附属小学揭牌

心"勤廉教育基地——人民教师斯霞纪念馆揭牌仪式在南京师范大学附属小学举行。南京市纪委监察局副局长王平、南京市教育工委副书记夏莹、区委常委、纪委书记王静等出席活动，区教育系统各中小学、幼儿园、直属单位党政主要领导、区教育局机关全体干部以及系统内新发展的预备党员教师130余人参加活动。区教育工委书记陈发山主持。王平、夏莹、王静、李玉鹏共同为勤廉教育基地揭牌。市、区领导向各中小学、幼儿园、直属单位赠送《勤廉教育读本——斯霞老师二十个教育故事》一书。

（薛孝宏）

【斯霞教育思想研究所成立】 12月6日，"江苏省斯霞教育思想研究所"成立与挂牌仪式暨第四届"斯爱论坛"活动在南京师范大学附属小学举行。教育部基础教育司研究员柳夕浪、江苏省教育厅副厅长朱卫国、基础教育处处长马斌、南京市教育局副巡视员杨林国、副区长蒋兆全、区教育局局长李玉鹏、副局长沈峰及有关专家参加活动。仪式结束后，举行以斯霞教育思想的传承与发展为主题的"斯爱论坛"学术研讨活动。（张 薇）

【素质教育】 以青奥会召开为契机，突出区内"青奥示范校""阳光体育学校"学生活动特色，组织全区中小学生参与"青少年学生青奥火炬手选拔""世界青年体育、文化与和平论坛""中华礼仪闪耀青奥""喜迎青奥盛会，共缔文明公约"等系列活动，展示玄武学生风采。组织全区小学生器乐大赛、国际象棋比赛、海模大赛，中小学"我为青奥献创意"之"五小"科技活动、青奥火炬手选拔、星光计划推进会、高尔夫进校园试点推广等文体科技活动，为全区中小学生兴趣爱好的拓展及课余生活提供更多的发展空间。（薛孝宏）

【少年宫公益服务】 少年宫合唱团是南京市优秀公益项目，面向全市招生，培训教师、学生服装、演出费用全部由少年宫出资；家庭困难学生经由学校推荐，免费参加少年宫1项培训项目。开设的菜单式自选课程，将一系列各具特色的项目整体打包，包括材料、资源、教师，各学校根据需求进行选择和预约，免费送教上门，放大少年宫资源使用效益。

（徐 燕）

【职业与社会教育】 继续办好"3+3"中高职衔接、五年一贯制高等职业教育，争取"3+4"中专与本科衔接、"5+2"专科与本科项目。推进计算机网络技术、美术设计与制作、休闲体育运动与管理、音乐舞蹈表演4个江苏省高水平实训基地的发展，培养高素质、高层次应用型技术技能人才。开展计算机网络技术、美术绘画、音乐舞蹈表演、休闲服务与管理、电子商务等5个江苏省品牌、特色专业建设，提升专业竞争力。开展国内外课程交流，引进国际通用职业资格证书，支持学生国际化就业。以创建国家中等职业教育改革发展示范学校为契机，制定玄武职业教育三年发展计划，对玄武中等专业学校新老校区进行整体规划。在南京市广播电视大学玄武分校基础上组建玄武开放大学，使之成为全区居民学习的共享平台和终身教育的支持载体，成为非学历教育和学历继续教育并重、职业教育和普通教育相互沟通、职前教育和职后教育有效衔接的新型大学。以课题、项目、课程（读本）、载体、队伍、培训等为抓手，建设7个街道社区教育中心、58个社区居民学校，完善"博学玄武学习在线"，开展全民终身学习活动。"博学玄武学习在线"网上学习人数达56万人，注册率近5万人。超额完成各级各类社会培训，培训量高达11000人次。

（薛孝宏）

【教育科研】 2014年，全区获批立项在研国家一般课题2项、江苏省教育科学规划课题86项、南京市教育科学规划课题131项，南京市“新三基”规划项目2项,有3项科研成果获国家教育教学改革成果奖;立项课题有200余篇阶段研究成果发表或获奖,全区科研水平和成果影响力在全市保持领先。区教师发展中心开办中小幼在职教师全员培训班29个，参训教师28000余人次，平均培训时间48学时;专题培训班31个,参训教师和校(园)长1307人次。全年承办国家、省、市级专题培训班8个,受训教师700余人次。另有省、市级送培项目2项，受训500余人次。在江苏省、南京市教师培训资源建设招标项目中,初中语文、地理,小学语文、数学、英语、音乐和通识培训8个项目中标(小学语文学科2个),居南京第一。在小学科学学科试点建立“‘体悟’工作坊”,以实践、亲历、互动、对话为特征,由全区近60名专职教师组成“自主型开放性交往式教师发展联盟”。采取幸福阅读、教培菜单定制、结对互助发展3种方式,促进教师互助发展。其经验成果被收入《2014年南京教育绿皮书》。　(左长旭)

【校园安全管理】 2014年，将安全教育培训纳入教师年度培训规划中;组织全区中小学、幼儿园进行防溺水教育,发放《致学生家长一封信》37089份,实现中小学、幼儿园的全覆盖；开展校园防震、防火、防踩踏、防侵害等不同形式的防灾减灾应急疏散演练47次。进一步规范学校食堂管理,与其他6个区联合开展中小学食堂大宗物资和快餐配送联合采购招标工作,全区所有学校与相应中标公司签订供货合同。全区中小学、幼儿园全部创建成市级以上“平安校园”,居全市创建前列。7~8月，全区3100多名教师走上街头，坚守在82个公交地铁站台,开展“青奥”安保维稳值勤33944小时；搭建24个青奥文化小屋，组织20000名中小学生观赛,为和谐“青奥”做出应有的贡献。

【暑期校级领导研修班】 7月31日~8月1日在九中举办，各中小学、幼儿园、直属单位校级领导,局机关干部约200人参加研修培训。副区长蒋兆全作开班动员。上海原教委副主任尹后庆应邀作“基础教育转型发展与社会变革”专题讲座。研修班举办校(园)长“学校(幼儿园)现代化建设的新思路”演讲比赛。区委书记储永宏,区委副书记杨乐华,区委常委、区委办主任滕涛,蒋兆全等领导到研修班看望全体学员。储永宏介绍玄武区现代化发展的战略思考,“深化教育改革,突出三化联动,再谱玄武教育现代化发展的新篇章”，要求全区校(园)长、书记,客观看待玄武教育现代化面临的新挑战,以“国际化、均衡化和特色化”为重点,深化教育改革,全力建设世界教育名城先行区。校(园)长、书记要摆正自己的位置、掂清肩上的重任、履行应尽的职责,安心学校工作、扎根学校奉献、引领学校发展,努力成为名副其实的责任型、专家型、创新型、活力型、勤廉型“五型”校长。(薛孝宏)

【教学质量管理工作总结表彰会】 11月18日下午，玄武区2014年“三段一体”教学质量管理工作总结表彰大会在南京市第十三中学召开。全区中小学校长、书记、分管教学校长、教务主任、区教育局机关干部、直属单位负责人和全体教研员参加会议。区委副书记杨乐华、副区长蒋兆全出席会议,并为获得2014年“三段一体”教学质量管理奖的单位和教学先进个人颁奖。杨乐华代表区委、区政府对全区教育工作提出希望和要求。(程　云)

【玄武区通过江苏省义务教育优质均衡发展示范区认定】 10月21~23日，玄武区接受江苏省义务教育优质均衡发展县(市、区)评估现场考察。国家督学、江苏省教育厅原副厅长祭彦加任组长的8位专家，市教育局副巡视员杨林国、市政府教育督导室副主任徐加仁、区长徐曙海、区委副书记杨乐华、副区长蒋兆全、政府办、政法委、编办、教育局、财政局、人社局、民政局、团委、妇联、残联、公安分局、国税局、地税局、关工委负责人参加会议。杨乐华致欢迎辞,蒋兆全作工作汇报。专家组一行到区内24所中小学和教师发展中心实地调研,通过听汇报、查阅台账资料、召开座谈会、听课、问卷调查、数据核查等方式,对玄武区义务教育学校的校园环境、校园文化、课程建设、课堂研究、学生素质、学校管理等情况进行全面考察。专家组分别从普及巩固与机会均等、规划布局与办学条件、师资配备与教师素质、素质教育与学生发展、教育管理与经费保障等五个方面对玄武区的义务教育优质均衡发展情况作全面总结。评估考察结果:玄武区通过江苏省义务教育优质均衡发展示范区认定。(薛孝宏)

【推进信息技术与教育教学融合】 2014年，以市电教馆在玄武区试点的“网络与数字化环境下的教学实验项目”为抓手,持续跟进长江路小学、弘光中学的移动学习试点研究,完善“玄武区教育信息化公共服务体系”“玄武教育云学习空间”，推进信息技术与学科教学的整合，为教师无边界的网络学习、个性化学习和交互性学习提供平台和技术支持。继小学数学、小学科学学科之后，小学英语等学科也陆续运用云空间开展教培活动，显示出大数据时代优势。（左长旭）

【省小学课程规划与实施现场观摩研讨活动】 12月18~19日，由省教育厅主办，省教育学会、南京市教育局和玄武区人民政府共同承办的“江苏省小学课程规划与实施现场观摩研讨活动”在玄武区举办，全省各市教育局、教研室、教育学会、小学校长代表200余人参加活动。观摩研讨活动以“江苏省小学课程规划实施与学校特色发展”为主题，通过专家报告、成果展示、交流研讨，展示南京市小学课程规划与实施的优秀经验与成果。活动在南京师范大学附属小学、北京东路小学、小营小学设立3个分会场，6所学校代表玄武区展示全区小学课程建设成果。

【区中小学校责任督学挂牌工作大会】 2月14日下午在南京市第九中学举行。南京市教育局副巡视员杨林国、南京市教育督导室主任徐家仁、副区长蒋兆全、区教育局局长李玉鹏、区教育工委书记陈发山、区教育局全体机关人员、玄武区政府教育督导室聘任的首批37位责任督学和全区中小学校长、园长参加会议。会上，市、区领导为37位责任督学颁发聘书和责任督学证。37名责任督学被聘任到10个责任区，在全区37所中小学校实行挂牌督导，全面督察中小学校贯彻党的教育方针、规范办学、实施素质教育等情况。

3月6日，玄武区与六合区深化教育结对共进工作合作协议签约仪式在六合大厦举行

【教育结对共进】 3月6日下午，玄武、六合两区在六合大厦举行深化教育结对共进工作合作协议签约仪式。南京市教育局局长吴晓茅，玄武区副区长蒋兆全，六合区委副书记彭家龙，副区长焦晓英，市教育局有关部门负责人，玄武、六合两区教育局主要负责人参加签约仪式。根据协议，科利华中学、北京东路小学与棠城学校合作办学，棠城学校按照一校两牌的管理模式，分别命名为“南京市科利华中学棠城分校”“南京市北京东路小学棠城分校”；南京师范大学附属小学与方州小学合作办学，方州小学命名为“南京师范大学附属小学方州分校”，2016年秋季从起始年级开始招生。

2014年，与淮安的对口支援与合作交流、培训、活动70余次，其中接待来访领导与教师676人次，出访274人次，互访、援助活动中投入装备及援助资金51万元。

链接

教育教学成果

1月6日，在第九届中国少年科学院课题研究交流会议上，立贤小学获“中国少年科学院科普教育示范基地”称号。

1月13日，玄武区教育局被表彰为江苏省社会教育通讯报道先进集体。

1月17日，玄武区招生办公室获2013年南京市招生考试工作目标管理考核优秀奖。

1月27日，玄武区教育局在“法治相伴、追逐梦想”青少年法制教育主题活动获二等奖。

5月5日，玄武区获全国“2013年全民终身学习活动周”优秀组织奖。

6月，玄武中等专业学校计算机应用专业和美容美体专业被省教育厅认定为省级品牌和特色专业。

6月12日，玄武区教研团队获2014年南京市中小学教师网络团队教研比赛一等奖。

9月，《玄武区“博学玄武学习在线”网站建设的实验》《再就业服务部建设的实验》《幸福心课程实施的实验》《青少年天文问天观测实验》四个项目被确认为南京市第三批社区教育实验项目。

10月30日，成贤街小学的《孩子们的京剧口袋书》获南京市优秀校本课程一等奖。

10月25日，玄武区社区教育

项目“玄武社区学堂”获南京市全民终身学习活动品牌荣誉。

11月4日，玄武区社区教育品牌“玄武社区学堂”获全国2014年“特别受百姓喜爱的终身学习活动品牌”。

12月22日，红山小学获2014年度全国环境教育示范学校称号。校长赵功伟被评为“全国环境教育示范学校突出贡献人物”。

12月28日，玄武中等专业学校获南京市龙舟协会2014年度先进单位称号，南京市职业学校中唯一获此荣誉学校。

竞赛活动佳绩

1月6日，在全国少年科学院课题研究评比活动中，珠江路小学学生孙继凡《以太平天国壁画为主的江南壁画的保护研究》、张诗若《电控双制动电动车手刹》分获一等奖和二等奖，两位学生分别获“优秀小院士”“预备小院士”称号。

2月26日，北京东路小学被江苏省科学技术协会和江苏省教育厅评为“江苏省科学教育特色学校”，五(3)班学生邓介铭获“江苏省青少年科技创新标兵”称号。

3月，在第19届全国中小学生绘画书法作品大赛中，少年宫选送的绘画作品获一等奖73名、二等奖213名、三等奖440名、优秀指导教师奖55名、组织工作先进个人3名、组织工作先进单位12名。2位教师参加组委会组织的论文大赛分获一、二等奖。

4月1日，在2014年江苏省职业学校技能大赛上，玄武中等专业学校13个项目组获6金8银4铜奖。

4月4日，在2013~2014全国初中篮球联赛中，第九初级中学获第三名。

4月10日，在全国高中男子篮球联赛中，九中获得季军。

4月15日，长江路小学合唱团在第六届香港国际青少年音乐节合唱比赛中获金奖。

4月19~20日，在南京市少年儿童阳光体育运动联赛暨2014年南京市少年儿童田径比赛中，成贤街小学篮球队获南京市阳光体育篮球赛苗苗杯第一名，逸仙小学女篮队获女子篮球比赛第一名，五十四中田径队获少年乙组团体总分第一名。获得五金四银六铜奖。

5月31日，在2014年江苏省啦啦操锦标赛中，南京理工大学实验小学啦啦队获江苏省啦啦操锦标赛2项冠军。

6月15日，在南京市少年儿童阳光体育运动联赛、2014年南京市少年儿童健美操、啦啦操比赛中，玄武中等专业学校代表队获少年甲组技巧啦啦操第一名、国际年龄二组健美操三人操第一名及团体第一名。

6月30日，在江苏省第21届中学生排球锦标赛中，玄武高级中学获初中组冠军。

8月7~10日，在全国中小学信息技术创新与实践活动(NOC)决赛中，五十四中教师胡彬的3人团队代表获一等奖，并获国家科学技术部批准的“恩欧希教育信息化发明创新奖”。

8月8日，第九初级中学学生张可为获第18届中国戏曲小梅花金奖。

8月10日，在2014年全国中学生桥牌锦标赛中，弘光中学桥牌队获一等奖。

8月29日，在第29届全国青少年科技创新大赛中，原少年宫教师聂德勇的科技实践活动获教师创新成果一等奖，并获“十佳科技辅导员”称号；学生邓介铭的科技发明获全国小学组一等奖；教师袁洋的科教方案获教师创新成果三等奖；玄武区少年宫获全国青少年科技创新大赛优秀组织奖。

9月，在2014年省体育局和教育厅联合举办的体育传统项目学校篮球比赛中，成贤街小学获冠军。

10月18~19日，在江苏省第一届职业学校田径运动会上，玄武中等专业学校获中职男子组团体总分第一名、中职女子组团体总分第二名、中职团体总分第二名和团体总分第五名。

11月10日，江苏省“国星杯”第12届小学生三门球比赛中，紫东实验学校获二等奖，教师芮巧美获“优秀教练员”称号。

11月29日，在“南京市中学生一二·九合唱比赛”中，九中合唱团获中学组特等奖第一名，教师杨芳获优秀指挥奖，学生徐竟天获最佳伴奏奖。

12月11日，在2014年全国啦啦操冠军赛中，长江路小学啦啦操队获第三名。

12月13日，在2014年“谁是球王”华东区青少年组足球比赛中，弘光中学足球队获亚军。

12月，在第29届全国青少年科技创新大赛少年儿童科学幻想绘画比赛中，成贤街小学学生张一诺的科学幻想画作品《漂移的绿岛——未来海上家园》获一等奖。

(薛孝宏)

学前教育

【概况】 2014年，玄武区制定并落实“幼儿园增量工程”“创优工程”“民办惠民幼儿园促进工程”的总体规划，稳步推进“3~6 岁儿童学习与发展指南（以下简称《指南》）省级实验区”工作及省优质园创建，通过《“3~6 岁儿童学习与发展指南》专场观摩会及开放学习周等活动，为各园提供学习交流的机会和平台。

截至 2014 年底，全区幼儿园总数为 39 所。其中，省优质园 33 所，占 84.62%。幼儿园占地面积 171629 平方米、园舍建筑面积 120931 平方米；幼儿园教职工总数 1616 人，其中专任教师 866 人，专科以上学历 849 人；在园班数 378 个、在园幼儿 11281 人，其中 2014 年入园人数 4461 人、离园人数 3928 人。（薛孝宏）

【助学券发放】 借鉴以往工作经验，结合区内幼儿助学券材料审核情况，梳理出一套玄武区统一的操作流程和申请材料模板，并对各园助学券发放工作人员进行再培训。2014 年，为符合条件在园幼儿发放助学券 1735.4 万元，为困难家庭幼儿开辟“绿色通道”，发放困难补助 12.37 万元。

【儿童学习与发展指南实验区工作】 2014 年，玄武区作为南京市唯一的 3~6 岁儿童学习与发展指南省级实验区。全年举办学习《指南》专场观摩会 4 次，用五周时间落实《指南》开放学习活动；召开幼小衔接专题研讨会 1 次，组织园长集中赴南京市第一幼儿园参观学习；邀请南师大教科院邱学青教授、《早期教育》主编姚国麟、特级教师张齐华开展儿童游戏专题、特色活动推广辐射、科研促进发展等讲座；结合学前教育宣传月活动，以幼儿园为主体，向家长宣传科学育儿知识。10 月 10 日，《江苏教育报》在头版头条报道玄武区“在分享中共同前行——南京玄武区大教育观发展学前教育纪实”。

【优质幼儿园创建工作推进】 2014 年，玄武区在幼儿园的创建工作中，加强对创建园的视导力度，组织创建园参加创建工作培训会，联合帮扶园、教研部门协调解决创建过程中存在的困难，手把手点对点地帮扶指导，推进创建工作的落实与完成。南京市行知实验幼儿园被评为省级优质园、玄武晶晶幼儿园、玄武东方城幼儿园被评为市级优质园。

【学前一年基本免费政策落实】 南京从 2014 年秋季入读小班幼儿开始，在全国省会城市中率先实行学前一年基本免费教育。6 月 11 日，玄武区幼教系统召开“学前一年基本免费”工作培训会，全区幼儿园负责学前一年基本免费工作的教师参加培训。根据玄武区的实际情况，各园利用学前教育宣传月，广泛宣传政策，做好幼儿助学券工作的平衡过渡，确保每位符合条件的幼儿家庭应享尽享政府补助。

【“三项工程”总体规划制定】 2014 年，南京市实施“三项工程”（幼儿园增量工程、幼儿园创优工程、民办惠民幼儿园促进工程）。区教育局经过前期调研，制定 2014~2015 幼儿园学位增量计划和创优计划，并根据市级文件精神制定落实“三项工程”的总体规划，鼓励幼儿园通过改、扩建实现增量。全年完成 4 所幼儿园 5 个点的新建、改建、扩建工作。（宋云梅）

【第三届全国幼儿科学与数学学术研讨会】 6 月 13 日在北京东路小学附属幼儿园召开，与会的全国各地教师观摩北京东路小学附属幼儿园的早操、北京东路小学附属幼儿园教师马骏、小天鹅幼儿园教师张玲执教的科学与数学活动，听取北京东路小学附属幼儿园分管业务园长作“区角中的科学与数学学习”讲座，就“教学中《指南》精神的体现”“具体情境中师幼互动对幼儿发展的支持性”“不同年龄段环境、材料对幼儿发展的影响”以

5 月 15 日，玄武区幼小衔接工作研讨会

及“对执教活动的优化建议”4个问题进行探讨。本届全国幼儿科学与数学学术研讨会在保持较高学术水准的同时，重视发挥教学功能，注重专家、教师和与会代表的交流。（李　玮）

初等教育

【概况】2014年，全区初等教育围绕“优质、创新、内涵、规范”4个方面谋发展，以青奥会为契机，突出区内14所“青奥示范校”、21所“阳光体育学校”的特色，组织全区中小学生参与“青少年学生青奥火炬手选拔”“世界青年体育、文化与和平论坛”“中华礼仪闪耀青奥”“喜迎青奥盛会，共缔文明公约”等系列活动，组织学校参加青奥小屋建设和“与世界青年手拉手”交流活动。10月，接受江苏省义务教育优质均衡示范区现场考察。推进义务教育阶段教育资源整合，建立南京师范大学附属小学教育集团。扩大热点公办学校空余学额电脑摇号派位范围。做好进城务工人员随迁子女入学工作。开展小学特色文化项目建设，红山小学“物候童趣”的学校特色文化建构、孝陵卫中心小学“悦心儿童剧苑课程文化建设”分别确定为省级和市级小学特色文化建设项目。

2014~2015学年初，全区小学总数为22所。占地面积263065平方米，校舍建筑面积168546平方米；教职工总数1448人，其中专任教师1423人，专科以上学历1406人，有中学高级教师职称62人、小学高级教师职称850人、小学一级教师职称391人、小学二级教师职称1人；在校班级数594个，毕业学生数3373人，在校学生数22001人。

【南京师范大学附属小学教育集团组建】4月10日，经玄武区政府研究，南京师范大学附属小学、珠江路小学、同仁小学共同组建南京师范大学附属小学教育集团，其中南京师范大学附属小学与珠江路小学合并，合并后，校名分别为南京师范大学附属小学四牌楼校区、南京师范大学附属小学珠江路校区。

【樱花小学东方城校区设立】11月27日，原南京玄武红山外来工子弟学校改设为“南京市樱花小学东方城校区”，该校区的教学和管理由南京市樱花小学负责。原南京玄武红山外来工子弟学校1~6年级学生按照公办学校学生待遇，在南京市樱花小学东方城校区就读至小学毕业。

【庆“六一”表彰暨“我与青奥共成长”文艺演出】5月30日，玄武区举行2014年庆“六一”表彰暨“我与青奥共成长”文艺演出。区委副书记杨乐华、区人大常委会副主任李辉、副区长蒋兆全和区教育局、文化局、团区委、区妇联、关工委等领导出席活动。全区近600名获得表彰的师生、十佳家长以及中小学幼儿园分管领导参加庆祝活动。表彰会上，宣读区三好学生、区优秀少先队员、区优秀辅导员以及社区十佳少年、区第八届十佳好家长的表彰决定，与会领导向获奖者代表颁发证书。小天鹅幼儿园、长江路小学、成贤街小学、北京东路小学的优秀社团围绕青奥、“八礼四仪”主题进行文艺演出。（张　靖）

【“阳光下成长”小学生合唱比赛】12月26日，少年宫组办的玄武区小学生合唱比赛在南京市长江路小学报告厅举行，全区22所小学的合唱团参加比赛。区教育局副局长沈峰及相关领导、各学校分管负责人、音乐老师参加活动。长江路小学的《太阳出来了》、南京师范大学附属小学的《卡林卡》、北京东路小学的《牧马之歌》、成贤街小学的《铃兰》、逸仙小学的《水乡外婆桥》获特等奖；北京东路小学阳光分校60名团员背着手风琴自弹自唱的《越唱歌越多》获特别表演奖。

【小学生航空模型竞赛】10月24日下午，少年宫组织的区小学生航空模型竞赛在红山小学举行，活动设有“橡筋”飞机制作与放飞、遥控直升机2个项目，168位学生分男女生赛场进行，比赛结果一等奖25名，二等奖51名，三等奖73名。（徐　燕）

【玄武区首届成语古诗大会】11月4日，在海英小学举行，经过初赛比拼，10支代表队进入决赛。决赛分三轮进行，第一轮，“双剑合璧”你说我猜猜成语，第二轮“眼疾手快”看图写成语、写古诗，第三轮“车轮战”的最后比拼。南京师范大学附属小学代表队获首届成语古诗大会冠军。（张开泉）

【王兰教育思想研讨会召开】4月29日，“敬祝王兰老师90华诞暨王兰教育思想研讨会”在长江路小学举行。江苏省王兰语文教育思想研究中心成员、王兰语文教育思想研究基地（组）负责人，王兰校内外弟子及全市小学语文骨干教师代表260多人参加活动。王兰老师

4 月 29 日，“王兰教育思想研讨会”在南京市长江路小学举行

是全国著名特级教师、小学教育界卓有影响的语文教育专家。3 年前成立的江苏省首批特级教师王兰语文教育思想研究中心，汇聚全省 40 位小学语文特级教师，共同研究王兰老师的教育思想，不断探索小学语文教学规律，持续引领教育改革创新。

【“江苏人民教育家培养工程”首批培养对象教育思想报告会召开】 11 月 19 日，“江苏人民教育家培养工程”首批培养对象——北京东路小学校长孙双金教育思想报告会在北京东路小学举行。市教育局副局长张生、处长刘鹰等出席报告会，区教育局副局长沈峰主持。市直属单位、玄武区、栖霞区、化工园区、浦口区学校的校长、教科研人员和教师 300 多人出席。孙双金作题为《情智教育：在探索中前行》的报告，报告给教师们以专业发展的启迪：优秀教师要几十年如一日，于教育的细节中不断成长，最终成为具有自己教育思想的名优教师。

【团中央领导调研北京东路小学少先队】 3 月 28 日，共青团中央书记处第一书记秦宜智在团省委书记万闻华，市委常委、宣传部部长徐宁的陪同下到北京东路小学调研少先队工作。秦宜智观看学校娃娃系列品牌活动和红领巾迎青奥风采展，参加“红领巾相约中国梦——十岁成长礼”主题队会，分享自己 10 岁时的梦想，队员们表示要向习近平爷爷说的那样“立志向、有梦想，爱学习、爱劳动、爱祖国，德智体美全面发展，长大后做对祖国建设有用的人才”。

（井　恒）

【月苑一小入选“江苏省科普教育基地”】 12 月 26 日，月苑一小入选 2014 年度“江苏省科普教育基地”。月苑一小自建校以来，坚持创建“科技学校文化”，主张“科技点亮童心，科技创造幸福”的办学理念，坚持“以科技教育为切入口，全面实施素质教育，培养思维与技能双强型人才”的办学方针，坚持实现“尽心尽力让家长满意的教育，让学校成为文苑、科苑、艺苑——人才苑”的办学目标。学校连续多年获江苏省青少年科技活动先进学校、南京市青少年科技活动先进学校、南京市青少年科技创新学校称号。

【长江路小学合唱团获“第六届香港国际青少年音乐节”金奖】 4 月 11~15 日，长江路小学合唱团 40 多名师生赴香港参加第六届香港国际青少年音乐节的合唱比赛。本次音乐节合唱类的比赛，高中、初中、小学不分年龄层次组，按比赛成绩进行评奖。长江路小学合唱团获得比赛金奖，这是在该项赛事自创办以来第一支夺得金奖的大陆代表团。

（薛孝宏）

中等教育

【概况】 2014 年，以江苏省义务教育优质均衡发展示范区创建为抓手，进一步推进义务教育优质均衡发展。实施区域特色高中发展规划，提炼办学个性，持续推动区域高中教育多样化、特色化发展。2014 年，中考、高考成绩继续在南京市区保持领先地位，获 2013~2014 学年度南京市普通高中教育发展性评估高中教学管理一等奖，2013~2014 学年度南京市区域初中教育发展性评估一等奖。

2014~2015 学年初，全区有公办初级中学 9 所，民办初级中学 1 所，普通高中 4 所(独立高中 2 所、完全中学 2 所)，国家级重点职业学校 1 所。普通中学及中等专业学校占地总面积 435528 平方米，校舍建筑面积 282237 平方米。教职工总数 1747 人，专任教师 1646 人。其中：初中专任教师中研究生学历 95 人、本科学历 774 人、专科学历 20 人；有中学高级教师职称 230 人、中学一级教师职称 422

人、中学二级教师职称166人；高中专任教师中研究生学历110人、本科学历569人、专科学历20人，有中学高级教师职称365人、中学一级教师职称294人、中学二级教师职称52人。在校班级总数498个，其中初中268个、高中230个。初中毕业学生数3488人、招生数3681人、在校生数10956人；高中毕业学生数2887人、招生数3043人、在校生数9021人。 （薛孝宏）

【“青奥”小屋活动开展】 青奥会期间，全区15所中小学组成青奥团队，搭建24个青奥文化小屋，开展异国文化寻访、“同心结”青奥小屋设计方案招标大赛、青奥小屋文化小使者系列活动。8月20日，南京青奥组委副主席兼秘书长、市长缪瑞林夜访青奥村，参观五十四中学安哥拉小屋，来自保加利亚的5名艺术体操女运动员正在小屋内进行扇面上作画，缪瑞林用英语向他们问好，运动员索菲亚也用英语跟缪瑞林进行交流，表达她对南京青奥会的感受，感谢南京带给她的美好记忆。学生代表向缪瑞林赠送自制的扇面画。缪瑞林嘱托大家要借青奥会契机，加深与世界各国青年人友谊与文化的交流，彰显南京青少年的青春魅力和靓丽风采。8月17日，伊朗NOC副部长Hamidi先生到访第九初级中学瑞典小屋，参加小屋的活动并与文化代表们交谈。Hamidi先生表示十分希望把两个女儿带到中国参观旅行。瑞典小屋的文化代表们送上礼物和祝福，并邀请Hamidi先生带孩子到南京作客。

【省教育厅领导视察十三中省语文课程基地】 3月25日上午，江苏省教育厅厅长沈健到十三中视察省首批语文课程基地建设情况。随同视察的有省教育厅基教处处长马斌、副处长顾春明、省教科所所长王一军、市教育工委书记刘莅、市教育局中教处处长周鹏、市教研室主任严碧友、区教育局局长李玉鹏。

沈健一行了解学校的发展状况和课程建设情况，参观语文学习实验课程基地，观看经典研读课程《红楼梦》的课堂学习现场。沈健认为：十三中课程建设能够追根溯源，从源头上满足学生的成长需求；融通人文与科学、艺术与技术学科，构建大课程观；不摆花架子，不做表面文章，实实在在地将语文学习与社会生活相结合，提升学生的人文素养；激发全校师生的主观能动性，鼓励师生不断创新、不断超越，精神可嘉。

8月20日，南京市市长缪瑞林参观青奥村54中安哥拉小屋

【玄武区第四届青年风尚节】 9月22日，“花样社团·领秀青春”第四届玄武区青年风尚节开幕式在第九中学举行，玄武区中学生社团代表40余家，500余人参与活动。共青团市委副书记吕璟、共青团区委书记吴丹，区教育局、区各中学的分管领导以及街道系统、中小学团干出席。开幕式上，区14所中学的社团方阵举行入场式。吕璟致辞。第九初级中学等学校的社团，表演舞蹈、抖空竹、模特秀、跆拳道等节目。40余家社团参加社团博览会布展，展示自身社团的魅力和特色。 （刘　茜）

【弘光中学举办“技术促进学习·弘光国际论坛”】 6月6日，论坛以数字化学习为主题，邀请来自全球的专家学者讲授相关的知识，吸引全国各地与数字化学习相关的领导、教师参与。苹果公司大中国区教育市场业务总监范菁怡女士将ADP（Apple Distinguished Program苹果杰出基地）称号授予弘光中学校长刘光涛。美国Discovery Bay国际学校Mr.Ben Loran、澳门培正中学副校长郭敬文、南京市电化教育馆陈平、南京师范大学张义兵教授分别做报告。作为全市首批14所数字化试点学校之一，弘光中学一直依托“每一个梦想都精彩”的办学理念，利用数字化平台改革课堂、改造教育理念，已经形成一整套成熟的教学方案。弘光中学团队

汇报学校数字化学习的相关情况，进行数字化学习的课程展示。这次论坛让与会者了解数字化学习的国际先进水平，对今后推进数字化学习起到重要的指导作用。

（徐志耀）

【九中成立“震旦教育发展基金会”】 4月13日，九中召开“震旦教育发展基金会”筹备会，董文昭、陈鹏、汤巍、夏弢、徐南、徐斌、葛扬等7位校友捐资200万元，申请成立私募基金会——南京市玄武区震旦教育发展基金会，通过资助贫困学生、奖励优秀学生、资助教师进修、奖励功勋教师等措施，推动学校各项工作可持续发展。4月29日，“震旦教育发展基金会”被批准成立，九中成为玄武区第一所成立私募基金会的学校。

【“放学来吧”获南京教师志愿者联盟十佳公益项目】 8月30日，南京市第十三中学“放学来吧”社会公益课堂获2014年“南京教师志愿者联盟”十佳志愿项目。该项目从2011年起，在天山路社区开办“放学来吧”公益班，由十三中党员义工教师，利用周末休息时间，开展“手牵手”志愿者服务，为社区的学困孩子进行课外辅导。4年来，20余次的公益课堂，50余人次的志愿者队伍，让社区儿童收获了独特的成长体验，让青年教师们收获了不同教育方式带来的启迪。

【第九初级中学与苏丹青奥“同心结”活动上央视《焦点访谈》】 7月17日，中央电视台《焦点访谈》节目报道南京市第九初级中学青奥“同心结”与苏丹国家的同心结活动情况。报道说：“南京市第九初级中学的‘同心结’结对国家是苏丹，他们联系了苏丹在南京的留学生足球队，参与‘同心结’交流活动。在切磋球艺的过程中，两国学生之间的友情也在增加。”面对记者的采访，苏丹留学生阿米尔对第九初级中学师生作了如是评价：“They are nice and kind and friendly（他们人很好、很友善）。”

【中澳教育交流活动】 9月19日，澳大利亚新南威尔士州教育部公立学校中学生艺术团一行99人，到南京市第九中学、南京市第九初级中学交流访问，并于当天下午在南京人民大会堂参加由玄武区教育局主办，南京市第九中学、南京市第九初级中学承办的主题为“青春活力·快乐分享”——中澳青少年学生交流演出活动。玄武区教育局局长李玉鹏、新南威尔士州教育及社会部苏珊撒卡儿女士分别代表双方签署交流合作备忘录。南京市第九中学、南京市第九初级中学分别与澳大利亚史卓菲女子高中签署交流合作备忘录。澳方访华团团长苏珊女士表示，在今后的教育工作中，中澳双方取长补短、加强交流，共同推动两地教育事业发展。

（王艳飞　朱　明）

【台湾吴凤科技大学代表团到玄武区中专访问】 9月17日，台湾吴凤科技大学董事长胡宗鑫、国际及两岸事务中心主任黄筱雯一行到南京市玄武中等专业学校访问，洽谈合作办学事宜。台湾吴凤科技大学位于台湾东南部的嘉义县，已有50年的办学历史，是就业技能型大学，为嘉义地区最具规模的技职大专院校。该院校与南京市玄武中等专业学校在专业设置和办学理念上有许多共通之处，双方希望从师生交流互访开始，加强了解，建立信任，逐步进行学历和国际职业证照的教学合作。南京市教育局副局长潘东标建议玄武中专用“三步走”的方式，逐步开展合作，使南京的职业教育与台湾的合作走在其他地区的前列。

（唐一娜）

高等教育

·东南大学·

【概况】 2014年，学校设有29个院（系），本科专业75个，博士学位一级学科授权点29个，硕士学位一级学科授权点49个，国家一级重点学科5个（涵盖二级学科15个），国家二级重点学科5个，国家重点（培育）学科1个，江苏高校优势学科建设工程二期项目立项学科（群）13个，江苏省重点序列学科1个，江苏省一级学科重点学科14个，博士后科研流动站30个。有国家重点实验室3个，国家工程研究中心3个，国家工程技术研究中心2个，国家专业实验室1个，教育部重点实验室11个，教育部工程研究中心5个，并以此为依托形成一批重点科研基地。2014年新增汉语国际教育、护理、社会工作、应用心理4个硕士专业学位授权点。

学校现有全日制在校生32000余人，其中研究生14000余人，另有在职硕士研究生3300余人。专任教师2659人，具有博士学位的教师2015人，占教师总数的75.8%，正、副高级职称1800余人，博士生指导教师786人，硕士生指导教师1786人，两院院士11人，国务院学位委员会委员2人，国务院学科评议组成员13人，国家“万

2014 年度东南大学获五项国家科技大奖

人计划”专家 8 人，其中哲学社会科学领军人才 1 人，国家“千人计划” 专家 27 人，“长江学者奖励计划”特聘教授、讲座教授 40 人，国家级教学名师奖获得者 5 人，国家杰出青年科学基金获得者 35 人，国家“十二五”863 计划主题专家 3 人、国际科技计划专项专家 1 人、国家重大专项专家 2 人，人事部“百千万人才工程” 国家级人选 20 人，全国十大青年法学家 2 人。2 位专家新入选国家“外专千人计划”。

学校工程学、材料科学、数学、物理学、化学、临床医学和计算机科学等 7 个学科进入 ESI 世界前 1%；工程学上升到第 75 位，进入 ESI 世界前 1‰。

2014 年，学校获“2013 年度江苏省教育宣传工作先进单位”称号。尤肖虎教授获“全国杰出专业技术人才”称号。学校力魔车队在“2014 第五届中国大学生方程式汽车大赛”中，获赛事网络传播大奖，并破世界纪录。3 篇论文入选“2013 年中国百篇最具影响国际学术论文”。研究生许德旺当选“全国大学生自强之星标兵”，成为东南大学历史上第一位获此殊荣的学生，也是此次江苏省唯一获得“全国大学生自强之星标兵” 称号的大学生。东南大学校歌位列“最受网友欢迎的高校校歌”第四名。

【国家科学技术奖】 1 项成果获国家科技进步一等奖。中国工程院院士吕志涛领衔的“现代预应力混凝土结构关键技术创新与应用”研究成果获国家科技进步一等奖。该研究是重大土木工程建设的核心技术，可节约钢材和混凝土用量的 20%~30%，显著减少碳排放量，满足资源节约和环境保护等国家战略需求。吕志涛带领科研团队经过 10 余年研究，实现预应力结构理论、病害控制、抗震减灾、核电安全等领域的突破。构建了以 13 部国家标准为支撑的我国预应力混凝土结构标准体系，其成果应用于南京奥体中心、苏通大桥、福清核电站、上海磁悬浮、青岛液化天然气储罐、沙特 SCC 筒仓等百余项重大工程，近 3 年新增产值 41 亿元。

2 项成果获国家科技进步二等奖。孙伟院士领衔的“超高性能混凝土抗爆材料成套制备技术、结构设计及其应用”项目获国家科技进步二等奖。项目组经过近 10 年的研究，在国际上率先系统开展超高性能混凝土材料成套制备、结构设计及应用的关键技术研究，在混凝土的超高强、超高韧、超高抗力，及其抗冲击设计计算方法与超高抗力结构研发等方面取得一系列创新性成果。

电子科学与工程学院时龙兴教授主持的“服务三农的安全可信金融电子交易关键技术和应用”项目获国家科技进步二等奖。该项目已应用于全国 31 个省市自治区，成为农村保有量最大、覆盖面最广的专用电子交易终端，交易系统安全无故障运行 9 年以上，支持助农取款、小额贷款、新农合、新农保、农资直补等 30 多种农村特色业务，超过 6000 万农户、2 亿农民足不出村享受现代金融服务。

1 项成果获国家自然科学二等奖。信息学院崔铁军教授领衔的“新型人工电磁媒质对电磁波的调控研究”成果获国家自然科学二等奖。该研究其核心是通过提出等效媒质一般性理论，用人工方法形成材料结构、控制电磁波，由此实现某些新奇性能，为社会带来前瞻性应用，其中电磁隐身、电磁黑洞等都在其中。研究成果在中国航天科工集团、中国航天科技集团等单位获得应用。相应成果入选 2010 年中国科学十大进展、获教育部自然科学一等奖。新型人工电磁媒质领域的先驱者之一、美国科学院院士、英国皇家工程院物理分会主席 John Pendry（约翰·潘德瑞）爵士在 *Nature* （《自然》杂志）、*Scientific American*（《科学美国人》杂志）对该项目给予高度评价。

1 项成果获国家技术发明二等奖。土木工程学院徐赵东教授领衔的“高稳定高耗散减振材料制备关键技术与装置开发及工程应用”研究成果获国家技术发明二等奖。该项目属于土木材料与防灾领域，项目组在土木减振材料和装置方面取得创新，成果应用到重庆梅溪河大桥、西安富锦佳苑等许多重大土木工程中，提升了我国减振材料和减振技术水平，为重大灾害防御提供技术支撑。

【“无线通信技术协同创新中心”入选“2011 计划”】 2014 年，由东南大学领衔的“无线通信技术协同创新中心”入选“2011 计划”，这是我国移动通信技术和产业第一次入选“2011 计划”，标志着该领域正式拥有支撑我国移动通信技术和产业 5G 时代引领世界发展的跨越目标的“国家队”。无线通信技术协同创新中心由东南大学牵头，信息科学与工程学院院长尤肖虎担任总负责人，清华大学、电子科技大学、北京邮电大学、哈尔滨工业大学、南京邮电大学、重庆邮电大学和中国人民解放军信息工程大学等高校共同参与，同时汇聚中国移动通信有限公司、华为技术有限公司、中兴通讯股份有限公司和电信技术研究院（大唐电信）四家龙头企业。

【东南大学附属中大医院医学影像科入选国家临床重点专科】 在国家卫生和计划生育委员会公布的 2013~2014 年度国家临床重点专科建设项目单位名单中，东南大学附属中大医院医学影像科（放射科）入选国家临床重点专科。这是中大医院继重症医学科之后的第二个国家级临床重点专科。中大医院医学影像科以临床放射诊断学、介入放射学、分子影像学、超声医学、核医学肿瘤治疗学、医学图像三维处理与临床应用等为主要研究方向及学科构成，其中，介入放射学和分子影像学在国内占有重要地位和影响力。该专科完成在研省部级以上课题 66 项，其中包括国家“973”计划 1 项（牵头单位），国家自然基金项目 26 项（其中重大国际合作项目 1 项、重点项目 3 项），国家“863”计划 4 项，“十一五”攻关项目 3 项，欧盟—亚洲联合项目 1 项，总经费 5000 余万元。获省部级以上科研成果奖 20 项，其中包括国家科技进步二等奖 2 项（分别排名一、二），教育部科技进步一等奖 1 项、二等奖 1 项。

【“国家级虚拟仿真实验教学中心”申报成功】 东南大学首次申报的“机电综合虚拟仿真实验教学中心”通过形式审核、网络评审和会议评审，成为国家级虚拟仿真实验教学中心。它依托虚拟现实、多媒体、人机交互、数据库和网络通信等技术，构建高度仿真的虚拟实验环境和实验对象，学生在虚拟环境中开展实验，达到所要求的认知与实践教学效果。此次申报的“机电综合虚拟仿真实验教学中心”主要依托东南大学国家级机电综合工程训练中心及 10 多个机电类专业，重点面向全校本科专业建设，涵盖基础理论教学、专业技术仿真实验教学以及工程项目设计仿真类的教学实验课程和综合实践项目。

【“传统木构建筑营造技艺研究”国家文物局重点科研基地获认定】 2014 年，在国家文物局正式发文公布的第五批国家文物局重点科研基地认定名单中，东南大学“传统木构建筑营造技艺研究”获得认定。该基地由东南大学建筑历史与理论学科负责人陈薇教授主持，朱光亚、张十庆教授与东南大学材料科学与工程学院、土木工程学院及浙江省古建筑设计研究院的专家共同承担工作。基地将与“东南大学城市与建筑遗产保护教育部重点实验室”互为支撑，围绕国家在遗产保护方面的重大课题开展创新性科学研究工作。

【“中华全国体育协进会成立大会旧址”纪念碑在东南大学落成】 5 月 7 日上午，“青春南京　奥运梦想”2014 年南京青奥会倒计时 100 天主题活动在东南大学大礼堂前广场举行。南京市领导，东南大学党委书记郭广银，党委副书记兼副校长刘波及南京市、青奥组委的有关部门负责人，前中国篮球国手、1948 年伦敦奥运会中国男篮运动员吴成章先生，奥运冠军仲满，社会各界健身人士及东南大学师生近千人参加活动。活动由南京青奥组委、东南大学、江苏广播电视总台主办，中共南京市委宣传部、南京报业传媒集团、南京广播电视集团、江苏交广网承办。

郭广银和吴成章共同为“中华全国体育协进会成立大会旧址”纪念碑揭幕。纪念碑取自大山深处，是一块灰色的天然石材，经河水冲刷而成，形似足印，表面粗粝，沧桑而充满力量感，寓意在中国历史长河中，中国奥运梦想的第一步由此迈出，坚定而有力。1924 年，“中华全国体育协进会”成立大会在国立东南大学化学教室召开，作为当时的中国奥委会组织，曾先后组织参加 1928 年、1932 年、1936 年和 1948 年四届奥运会，东南大学校园堪称中国参与国际奥林匹克事业的发祥地。奥运会上的首位中国裁判系曾经执法 1936 年柏林奥运会男篮决赛的国立东南大学体育系副教授舒鸿先生。1937年，国立东南大学化学教室毁于日军轰炸，但原址范围仍可通过历史地图确认。活动结束后，吴成章到东南大学体育馆，重游1948年参加伦敦奥运会篮球比赛前在此集训1个月的故地，并与东南大学体育系师生座谈，追忆往昔光景。（梅霞宇）

·南京理工大学·

【概况】 2014年，学校6个学科获批江苏省优势学科。新增一级学科博士后科研流动站2个、专业学位授权点3个；新增国务院学科评议组成员2名。首期立项建设“机械工程”等一批品牌专业；完成12个江苏省重点专业类中期检查，38个专业通过验收；4个专业通过教育部专业认证。

3项成果获国家级教学成果奖二等奖；1个虚拟仿真实验教学中心获批国家级虚拟仿真实验教学中心；4门课程获教育部精品视频公开课立项建设；分别有5部教材获批教育部和江苏省第二批“十二五”规划重点教材立项；5篇博士学位论文和13篇硕士学位论文获江苏省优秀学位论文，在国家博士学位论文抽检中全部合格。学生在国内外重大赛事中获奖1300多人次。毕业生年终就业率99.45%，出国升学率46.2%。

获批国防“973”技术首席项目1项、“核高基”国家重大专项项目1项、04重大专项1项、总师单位型号项目2项、“863”计划项目1项、国家科技支撑计划项目课题2项、国防重大探索项目1项、重大探索转化项目1项、火炸药创新专项5项、086和1011专项25项；国家自然科学基金项目104项，其中重点项目2项；国家社科基金6项，其中重点项目2项。SCI、SSCI/A&HCI论文收录分别增长44%和166%。格莱特纳米科技研究所研究人员在《科学》《自然》等国际顶级系列刊物发表论文8篇。获批江苏省重点实验室和行业重点实验室各1个；获批工信部协同创新中心和江苏省高校协同创新中心各1个。申请发明专利926件、授权329件。获省部级奖励24项。

引进教师153人，其中教授21人、副教授29人，具有1年以上海外留学经历的占55.6%；取得海外名校博士学位的占37.3%；新增双聘院士1名、“长江学者”特聘教授1名、“国家百千万人才工程”人选2名、“万人计划”入选者2名，享受政府特殊津贴人选5名，江苏“双创计划”“江苏特聘教授”等省部级人才工程入选者38人，其中2名引进人才入选江苏特聘教授；江苏省创新团队2个，江苏省“青蓝工程”科技创新团队1个；1人获“何梁何利基金科学与技术进步奖”，1人获“全国优秀教师”称号，1人获“全国机械工业先进工作者”称号，3名专家入选2014年全球“高被引科学家”。

1个国际联合研究中心入选国家级国际联合研究中心。首次获批国家国际科技合作专项项目立项1项。举办第33届中国控制会议、第三届激光与物质相互作用国际会议、第一届海外青年学者“紫金高层论坛”等13个国际会议。新增中外合作办学项目1个，总数达9个。招收学历留学生418人，其中本科生243人、研究生175人。

完成与南京农业大学土地置换工作，启动南区学生运动场建设；材料实验楼(一期)获工信部立项建设。节能监管平台二期建设项目通过住建部、教育部、工信部等部门验收。

全年在校外平面媒体刊出新闻508条次，电视媒体报道学校41条次。获“江苏省高校毕业生就业工作先进集体”、南京市首批“园林式单位”等称号。1个党支部获“江苏省高校先进基层党组织标兵”、1个团队获“全国社会实践优秀团队”，1名团干部获“江苏省优秀共青团干部”，1个学院团委获“江苏五四红旗团委”、1个团支部获“江苏省活力团支部”“江苏省人气团支部”、1人获“2013年江苏省高校辅导员年度人物”称号。

【6个学科入选江苏省高校优势学科二期建设项目】 5月8日，江苏省学科建设与研究生教育工作会议公布“江苏高校优势学科建设工程”一期项目考核验收结果和二期项目建设学科名单。学校兵器科学与技术、光学工程、控制科学与工程、材料科学与工程、高端装备与微纳器件设计制造5个一期项目建设学科被批准为二期项目立项建设学科，新增“社会公共安全技术”学科被批准为省重点序列学科，6个学科入选江苏省高校优势学科二期建设项目。

【新增2个博士后科研流动站】 9月18日，经人力资源和社会保障部、全国博士后管理委员会批准，学校新设立数学、软件工程2个博士后科研流动站。截至2014年底，学校获准设立16个博士后科研流动站，覆盖学校所有具备一级学科博士学位授予权的学科。

【微纳米材料与技术国际联合研究中心获批国家级国际联合研究中心】 11月2日，学校微纳米材料与技术国际联合研究中心被科技部认定为国家级国际联合研究中心,该中心成为学校首个国家级国际合作研究机构。

微纳米材料与技术国际联合研究中心由学校联合德国卡尔斯鲁厄理工学院纳米技术研究所、德国明斯特大学纳米技术中心、澳大利亚莫纳什大学碳功能材料实验室、美国北卡州立大学等国际知名科研机构共同建设。该中心旨在建成国际一流的微纳米材料知识创新基地,组建国际顶尖水平的研究团队,在纳米非晶材料与纳米金属结构材料等方面起到引领作用。

【现代制造企业虚拟仿真实验教学中心获批国家级虚拟仿真实验教学中心】 2月19日,经教育部批准,学校工程训练中心建设的"现代制造企业虚拟仿真实验教学中心"获批国家级虚拟仿真实验教学中心,成为学校第3个国家级实验教学中心。

学校工程训练中心以"信息化与工业化深度融合"发展战略需求为牵引,与美国PTC公司、美国HP公司、北京育文世纪科技有限公司、南京斯沃软件技术有限公司和南京先极科技有限公司等合作,仿真现代制造企业生产运作与管理模式,共同开发基于Windchill平台的教学系统,让学生体验产品全生命周期管理,提升对未来岗位的适应能力,并具备引领企业创新发展的潜质。学生通过校内仿真实践教学平台的训练,掌握现代企业产品、生产工艺、系统,进入企业后能够更好地融入企业的产品生产过程,有利于校企双方合作,节约成本。

【全国首家机械安全标准化产学研示范基地揭牌】 12月14日,在南京理工大学举行。国家标准化管理委员会总工程师殷明汉、南京理工大学校长王晓锋、全国机械安全标准化技术委员会主任李勤、欧姆龙美国有限公司总裁李立言出席揭牌仪式。仪式由工程训练中心主任徐建成教授主持,王晓锋致辞。殷明汉、王晓锋、李勤、李立言共同为"全国机械安全标准化产学研示范基地"揭牌。殷明汉、李勤、李立言分别发言。王晓锋为李勤、李立言颁发兼职教授、客座教授聘书。

全国机械安全标准化产学研示范基地由全国机械安全标准化技术委员会(SAC/TC208)、欧姆龙自动化有限公司和南京理工大学三方合作共建。该示范基地设在南京理工大学工程训练中心,建有机械安全技术实验室,实验室基本涵盖机械安全标准中常用的安全装置和安全技术,如:急停装置、防护装置、联锁装置、压敏保护装置、安全控制技术及安全联锁技术等。

【第33届中国控制会议举办】 7月28~30日,由中国自动化学会控制理论专业委员会和中国系统工程学会主办,南京理工大学承办的第33届中国控制会议(CCC2014)在南京国际会议大酒店举行。参会人数1800余人,其中控制理论专业委员会顾问、委员100余人。大会由学校自动化学院院长徐胜元教授主持,南京理工大学校长王晓锋、大会主席陈翰馥院士分别致辞。会议收到27个国家和地区的投稿2377篇,录用论文1634篇。会议邀请国内外7名专家学者进行大会报告。

【第三届激光与物质相互作用国际会议】 11月2~5日在南京理工大学召开。会议由南京理工大学和激光与物质相互作用国家重点实验室主办。南京理工大学副校长廖文和、中国科学技术部副部长曹健林、中佛罗里达大学副校长M J Soileau、欧洲激光协会前任主席Stefan Kaierle、中国、法国、美国、德国、英国、俄罗斯、瑞典、日本等国家和地区约250位激光及应用技术方面的著名专家、学者和代表出席会议。南京理工大学理学院教授沈中华主持,廖文和、Stefan Kaierle致辞。会议就激光辐照效应与机理、激光等离子体物理、激光光谱技术与应用、高功率激光器、非线性光学、激光加工与制造和激光化学等主

12月14日,全国首家机械安全标准化产学研示范基地揭牌仪式在南京理工大学举行

题进行交流和研讨。会议收到 250 多篇稿件，录用 226 篇。其中 11 篇大会邀请报告,23 篇分会场邀请报告,68 篇口头报告,124 篇海报张贴。 (陈可珂)

·南京农业大学·

【概况】 2014 年，学校招生 7000 余人,其中本科生 4394 人,一志愿率 98.64%；全日制硕士生 2190 人、博士生 441 人。2014 届本科生就业率 97.31%，研究生就业率 90.81%。入选首批国家卓越农林人才教育培养计划改革试点高校,8 个专业入选拔尖创新型、复合应用型人才培养模式改革试点。全面推进本科教学工程,获国家级教学成果二等奖 1 项,新增国家级实验教学中心 1 个。启动 2015 版本科专业人才培养方案修订工作。入选第二批"十二五"国家级规划教材,数量居全国农林高校之首。1 人获"全国教育系统先进工作者"称号。改革研究生奖助体系,设立校长奖学金，扩大奖助覆盖面并提高额度。授予博士学位 377 人、硕士学位 1979 人，获江苏省优秀博士学位论文 7 篇。

全年引进高层次人才 11 人，海内外公开招聘 84 人。新增"千人计划"1 人、长江学者 2 人、国家杰出青年科学基金获得者 1 人、国家百千万人才工程 1 人、科技部中青年科技创新领军人才 1 人，入选江苏省特聘教授和 333 工程等各类人才工程 20 余人次,1 个团队入选江苏省"双创团队",6 个团队入选江苏省现代农业产业技术创新团队。启动人事制度改革,新增科研型、推广型和实验性职称系列，建立师资博士后管理模式，招收博士后 56 人,24 人进入师资博士后岗位。

5 月 28 日,南京农业大学与江苏省农业科学院签署全面战略合作框架协议

完成江苏高校优势学科建设工程一期项目验收,8 个验收项目 7 个获得优秀,所有项目均获得二期立项资助。学校 ESI 总体排名稳步提升,"生物与生物化学"学科首次进入 ESI 前 1%,进入 ESI 前 1% 学科达到 4 个;其中"农业科学"学科排名提升至 72 位，已接近前 1‰。以第一通讯作者单位发表 SCI 论文 1000 余篇，数量较 2013 年增加超过三分之一,其中在 Nature 子刊发表论文 6 篇。2 项研究成果在国际权威刊物《自然生物技术》上发表。以第一完成单位获部省级以上科技成果奖 8 项,其中国家技术发明二等奖 1 项并入选教育部年度"中国高等学校十大科技进展";7 项社会科学成果得到中央和省部级领导批示。新增 2 个江苏高校协同创新中心和 2 个省级科研平台;3 个农业部重点实验室设计方案通过审批;3 个省部级平台通过验收。实现全校 13 个网点 400 余台大型设备的资源共享。

确定综合示范基地 3 个、特色产业基地 5 个、分布式服务站 10 个。实施"挂县强农富民工程"等社会服务项目,开展技术培训 180 余次,培训基层技术人员、农户 4000 余人。签订成果转化合同 437 项，横向合同金额 1.31 亿元，达历史新高。

2014 年，学校召开第十一次党代表大会、第七届学术委员会成立大会暨第一次会议,承办第二届世界农业奖颁奖典礼、中国畜产品加工科技大会、2014"消化道分子微生态"国际研讨会、中国作物学会第十次全国会员代表大会。

学校获 2014 年"中国产学研创新成果奖""中国产学研合作促进奖"、中国园艺学会第三届"华耐园艺科技奖"、第 16 届中国国际工业博览会高校展区特等奖。2014 年"创青春"全国大学生创业大赛获 2 项金奖、1 项银奖。

【国家科学技术奖】 1 项成果获国家技术发明二等奖。2015 年 1 月 9 日,2014 年度国家科学技术奖励大会在北京举行。南京农业大学万建民教授团队研究项目"水稻籼粳杂种优势利用相关基因挖掘与新品种培育"获国家技术发明二等奖。此项目通过 20 年的系统研究,发掘出水稻广亲和、早熟和显性矮秆基因，开发相应分子标记和育种技术，成功培育籼粳交高产水稻新品种。该团队的"水稻矮化多分蘖基因DWARF 53 的图位克隆和功能研究"入选教育部 2014 年度"中国高等学校十大科技进展"。

1 项成果获国家科技进步二

等奖。1月10日,在2013年度国家科学技术奖励大会上,周光宏教授课题组科研成果"冷却肉品质控制关键技术及装备创新与应用"获国家科学技术进步二等奖。该项目历时近20年,系统开展冷却肉品质控制关键技术及装备的研发与应用,在冷却肉品质形成和变化规律、冷却肉品质控制关键工艺技术以及关键装备研发等方面,取得重要进展。

【中肯"作物分子生物学联合实验室"中方执行机构获批】 5月10日,国务院总理李克强在内罗毕与肯尼亚总统肯雅塔共同出席双边合作文件签字仪式。签署的合作文件之一为《中华人民共和国科学技术部与肯尼亚共和国教育科学技术部关于共建中肯作物分子生物学联合实验室的谅解备忘录》,南京农业大学为该项目中方执行机构。南京农业大学孔子学院中方院长李远、农科教师刘高琼受到李克强总理接见。联合实验室主要开展分子生物学研究人员培训、作物基因资源发掘、重要功能性基因克隆以及生物技术育种等工作。联合实验室建设将促进科技人员的交流与培养,鼓励技术转移,加强肯尼亚科技能力建设,并以此促进两国在利用分子生物技术进行作物改良领域建立长期、稳定的科技合作关系。

【"国土资源保护与生态法治建设研究基地"揭牌】 11月20日,最高人民法院中国应用法学研究所、环境司法研究中心与南京农业大学共建的"国土资源保护与生态法治建设研究基地"揭牌及聘任仪式在南京农业大学公共管理学院举行。最高人民法院中国应用法学研究所所长孙佑海、环境司法研究中心主任韩德强、南京农业大学党委副书记盛邦跃出席仪式,仪式由公共管理学院院长石晓平主持。公共管理学院相关专业的硕士生与博士生参加仪式。盛邦跃在致辞中介绍双方在"国土资源保护与生态法治建设"领域已取得的研究成果,提出研究基地的具体任务、目标和意义。孙佑海指出,研究基地的建立既可以为国家法律建设提供理论上的支持和帮助,又能为国家输送大量专业人才。盛邦跃与孙佑海为研究基地揭牌。盛邦跃向孙佑海、韩德强颁发兼职博士、硕士生导师聘书。

【第二届世界农业奖颁奖典礼举行】 9月20~22日,全球农业与生命科学高等教育协会联盟(GCHERA)2014年世界对话暨世界农业奖颁奖典礼在南京农业大学举行。来自美国、法国、加拿大等12个国家的近百位专家参会,共同探讨全球农业及生命科学的教育与创新。作为目前世界农业高等教育领域唯一的国际性奖项,保罗·弗莱克(Paul L.G.Vlek)教授凭借40年来在自然资源可持续利用方面的杰出成就获得2014年度世界农业奖。

【对外合作交流】 2014年为学校"国际化推进年",深化与加州大学戴维斯分校等高水平大学实质性合作,拓展与非洲、东南亚等发展中国家的校际合作。新签校际合作协议21个,"中肯作物分子生物学联合实验室"获科技部立项。举办第二届"世界农业奖"颁奖典礼等国际会议9个。新增"高端外国专家项目""江苏省百人计划""111计划"各1项,聘请美国科学院院士在内的外籍文教专家、外籍教师360余人次,2位外籍专家分别获"江苏省国际合作贡献奖""江苏省五一劳动荣誉奖章"。孔子学院积极传播中国文化和农业生产技术,提升学校在非洲的影响力。

(吴　玥)

·南京林业大学·

【概况】 2014年,学校各类全日制在校学生30099人,其中,博士研究生729人、硕士研究生2715人。招收本科生6776人、博士研究生128人,硕士研究生1067人。毕业本科生6448人、博士研究生65人、硕士研究生887人。教职工1949人,其中,专任教师1249人、中国工程院院士2人、长江学者奖励计划特聘教授1人、江苏特聘教授11人、国家杰出青年基金获得者1人,具有正高级职称224人、副高级职称369人。有19个学院及研究生院和公有民办南方学院。博士后流动站8个、一级学科博士学位授权点7个、二级学科博士学位授权点39个、一级学科硕士学位授权点19个、二级学科硕士学位授权点82个和专业学位授权领域26个。学校占地面积686.33公顷(包括新庄主校区、句容下蜀实习林场、白马教学科研基地、南方学院淮安校区、江宁工程培训中心等)。

2014年,学校森林资源与环境学院更名为林学院,设立生物与环境学院。承办第二届全国农林院校林产品贸易学术研讨会、全国林科十佳毕业生表彰大会等。选育"不飘絮"雄性杨树品种通过国家林业局审定,林学类(包含林学、园林、生物科学、生态学四个专业)获江苏省教育厅优秀等级,汉语国际教育、材料科学与工程、软件工程3个本科专业经教育部核准招生，工程管理硕士和翻译硕士专业学位授权点获国务院学位委员会批准，“水土保持与生态修复重点实验室”获江苏省高校重点实验室。

【1项成果获国家科技进步二等奖】 1月9日，中共中央、国务院在北京举行2014年度国家科学技术奖励大会。南京林业大学教授曹福亮主编的科普作品《听伯伯讲银杏的故事》项目，获2014年度国家科技进步二等奖。该作品针对儿童特点，集儿歌、故事、摄影、漫画、动画等创作于一体，全方位普及银杏的起源与演化、生物学和生态学特性、培育、利用、文化艺术等知识，取得良好的经济和社会效益。

【亚太森林恢复与可持续管理组织奖学金项目获批】 2月，学校获亚太森林恢复与可持续管理组织(APFNet)奖学金项目。9月，该项目面向亚太地区招收10名来华留学生，通过在南京林业大学的系统学习，掌握林学、林业工程、环境科学等方面的专业知识和实践技能。

【木结构社区医院设计获一等奖】 3月28日，学校材料科学与工程学院选送作品“Knot Garden——木结构社区医院设计”“在神州北极杯”第二届中国木结构建筑设计大赛中获一等奖。该设计的社区医疗服务中心集养生、休闲、健身、景观于一体，建筑主体结构采用梁柱式木结构，综合考虑承载和造型需要，以木构穹顶为中心，通过连廊向四周辐射展开，逐步导入各就诊单元。设计选用环保低碳的木材作为主要建筑材料，采用呼吸幕墙和智能调节系统，并配套太阳能集热器和光伏发电技术，结合种植屋面等设计，紧扣大赛“绿色、节能、和谐”的主题。大赛由中国林产工业协会主办，南京林业大学和北京海墅展览策划有限公司承办。

【簸箕柳全基因组测序工作完成】 7月，南京林业大学长江学者尹佟明教授联合兰州大学、深圳华大基因研究院和美国能源部橡树岭国家实验室等单位完成簸箕柳全基因组测序，为解码木本植物基因组奥秘提供理想的研究体系。主要成果发表在中国科学院上海生命科学研究院生物化学与细胞生物学研究所与中国细胞生物学学会共同主办的*Cell Research*杂志上。

【承办全球森林生态经济论坛】 7月16日，由国际林业研究组织联盟等联合主办的以“和谐的生态与经济”为主题的第二届“全球森林生态经济论坛”在南京林业大学举行。来自国际林联、美国耶鲁大学、中国人民大学、北京林业大学等国内外知名大学及科研机构代表参加论坛。论坛就森林生态核算、森林生态需求、森林生态补偿、森林生态系统管理、森林生态旅游、森林生态政策、生态计量经济学等内容进行3场主题报告和12场分报告。

【紫金山国家森林公园总体规划项目通过评审】 11月6日，由南京林业大学王浩教授主持的《紫金山国家森林公园总体规划》项目通过评审。江苏省植物、森林资源管理、旅游、园林等专业的9位专家评委以及中山陵园管理局相关人员参加会议。经审阅规划方案，听取规划汇报，规划通过评审。紫金山国家森林公园是南京市生态系统的组成部分，是城区的重要生态屏障，对区域环境保护和经济发展具有重要作用。该规划的编制对保护森林风景资源和生物多样性，开展森林旅游，建设宜居城市具有重要意义。

【与美国阿拉巴马农工大学共建孔子学院】 11月14日，美国阿拉巴马农工大学孔子学院美方理事会成员一行到南京林业大学召开两校合作共建孔子学院首届理事会第一次会议，审议孔子学院发展战略、院长人选、学院章程、两校执行协议、中国文化活动等。授予南京林业大学曹福亮校长阿拉巴马农工大学校长最高荣誉奖章。11月15日，美国阿拉巴马农工大学来访团参观玄武区徐庄软件园区，并与有关企业进行交流与合作探讨，双方希望在Huntsville市(孔子学院所在地)和南京徐庄软件园通过孔子学院的平台开展经济合作与交流。11月17日，在孔子学院总部/国家汉语国际推广领导小组办公室(国家汉办)举行“中国南京林业大学与美国阿拉巴马农工大学孔子学院执行协议”签字仪式。南京林业大学校长曹福亮教授和美国阿拉巴马农工大学校长Andrew Hugine博士分别代表学校签字。

【市领导考察南京林业大学】 3月5日，南京市委常委李世贵、南京市委副秘书长孙惟勤一行到南京林业大学考察，学校党委书记封超年、校长曹福亮、副校长薛建辉等出席座谈。学校介绍溧水白马教学科研基地建设、产学研合作开展和农产品深加工科技服务平台建设等情况。南京市农委主任方中

8月26日，国际奥委会主席巴赫先生在南京钟山国际高尔夫赛场与南京林业大学青奥会志愿者合影

友、科委副主任于建宇围绕“绿色南京”、江苏南京白马国家农业科技园区建设等进行研讨，希望南京林业大学在南京市生物农业项目建设等方面做贡献，促进高校科技成果的转化。

【国际奥委会主席托马斯·巴赫看望南京林业大学青奥会志愿者】 8月26日，国际奥委会主席托马斯·巴赫先生一行到南京钟山国际高尔夫赛场看望在那里服务的南京林业大学青奥会志愿者，并参加“巴赫对话‘小青柠’”活动。志愿者林琳向巴赫介绍自己青奥志愿服务经历。巴赫用掌声对林琳和“小青柠”们表现给予赞扬，赠送给志愿者奥运徽章。志愿者沈寒、林琳为巴赫戴上漂亮醒目的“志愿彩”，并将两枚志愿者徽章别在巴赫的西服上。巴赫与志愿者们一起玩了自拍。（钱一群）

·南京体育学院·

【概况】 2014年，学院录取本科新生1000人，本专科毕业生一次就业率73.37%，年终就业率90.85%。新签订生源基地4所，新增实习基地1家。

2014年，学院获国家社科基金青年项目、省社科基金青年项目、国家体育总局哲学社会科学青年项目和重点实验室重大基础研究计划项目各1项，获教育部青年基金项目2项，在此项目实现突破；学生获江苏省大学生实践创新项目立项40项，其中国家级项目（省级重点项目）10项。获省第13届哲学社会科学优秀成果奖一等奖、二等奖各1项，1部著作获南京青奥会“最佳方案奖”。“运动训练与康复实验中心”获省高校重点实验室立项。8月10日，南京体育学院中国网球学院挂牌。

2014年，体育学省优势学科一期项目通过评估，二期项目立项申报完成，“运动与健康工程协同创新中心”获批第二批江苏高校协同创新中心培育建设点。通过教育部“十二五”专业综合改革试点项目和省“十二五”高等学校重点专业年度考核验收，完成“十二五”国家级实验教学示范中心申报、省级“健身科学实践教育中心”中期评审考核。启动与台湾体育运动大学的本科生交换合作项目。完成运动员网络课程的二期建设，国家体育总局青少司委托的全国青少年运动员赛前文化测试，科教司委托的国家乒乓球队、国家曲棍球队、国家激流回旋队、上海市、山东省、江苏省优秀运动队入队文化测试工作。国家“全民终身学习体育（乒乓球）测评中心”挂牌。

2014年，学院被省教育厅批准为“副教授学科评议权单位”；获省教育厅“青蓝工程”创新团队立项1项；1人获“省优秀教育工作者”称号，1人获批省政府留学奖学金。

【中国网球学院挂牌】 8月10日，由国家体育总局网球运动管理中心、江苏省体育局、南京体育学院共建的南京体育学院中国网球学院挂牌。中国网球学院坐落于南京体育学院内，拥有4片澳网标准硬地、4片温网标准草地、17片室外美网标准硬地、4片硬地室内网球训练馆和网球学院综合楼。场馆建成后，承接国家网球队备战伦敦奥运会的集训任务，举办第二届南京亚青会和一系列国际性网球赛事。8月17日，第二届夏季青奥会网球比赛在学院场馆举行。

【全民终身学习体育（乒乓球）测评中心挂牌】 12月27日，全民终身学习体育(乒乓球)测评中心挂牌仪式在南京体育学院举行。中心将在全省范围内推动测评工作，组织相关测评赛事，为乒乓球爱好者提供测试平台。参赛选手按成绩获得相应积分，积累到一定的积分后，本人向测评中心提交申请，经审核通过可获授相应段位证书。乒乓球段位制分初、中、高三个级别，每个级别分三个段位，初级为1、2、3段；中级为4、5、6段；高级为7、8、9段。每获1500分（包括技术分1200分，理论分300分），可升一个段位。

【比赛成绩】 2014年，学院11名运动员获6项次世界冠军。在全国比赛中夺得19.5金、4银、15.5铜；仁川亚运会上，夺得8.5金、5银、6.5铜；第二届夏季青奥会上，夺得10金、5银、1铜。陈若琳在国际泳联世界跳水系列赛中获得多项冠军。汤金华5月24日在印度新德里举行的第25届尤伯杯女子羽毛球团体赛中和王适娴合作获得冠军。尤浩10月7日在中国南宁举行的第45届世界体操锦标赛男子团体决赛中和队友获男团冠军；在2014年全国体操锦标赛中获双杠比赛冠军。呙俐、顾笑、梁馨枰9月在韩国仁川亚运会上代表国家队获得集体项目和自由组合项目的两枚金牌；10月底代表国家队参加在加拿大魁北克世界泳联举办的世界杯赛上，获得集体项目和自由组合项目的两枚金牌；11月在全国花样游泳锦标赛上代表江苏队获得集体技术自选和自由自选两枚金牌。周溢、巫叶秋胤、王磊、唐建7月13日在法国举行的第24届世界技巧锦标赛上蝉联男子4人冠军。王适娴3月10日在2014全英羽毛球顶级赛、4月6日在2014印度羽毛球超级赛上分获冠军。

【刘延东视察南京体育学院】 8月6日，中共中央政治局委员、国务院副总理刘延东到学院视察青奥工作。国家体育总局局长刘鹏，中共江苏省委书记罗志军，省长李学勇，国家体育总局副局长杨树安，省委常委、省委秘书长樊金龙，副省长曹卫星，南京市市长缪瑞林等陪同视察。刘延东视察学院体育馆、中央体育场、中国网球学院等青奥会比赛和训练场地，对学院坚持“教体融合”办学理念、探索“高校办运动队”特色发展之路给予充分肯定，对学院“中央体育场”民国建筑群及其所蕴含的丰富历史人文底蕴作出高度评价。

8月17日，刘延东到学院接见青奥会中国代表团的羽毛球运动员，看望正在工作、训练的各国技术官员、运动员和教练员，并观看青奥会羽毛球比赛。刘鹏、罗志军、曹卫星、学院领导陈国祥、张雄、金松、肖爱华等陪同。

9月22日，在韩国仁川亚运会花样游泳集体项目比赛中，南京体育学院夺得金牌

【国际奥委会主席托马斯·巴赫受聘学院“名誉教授”】 8月19日，国际奥委会主席巴赫、荣誉主席罗格等48位国际奥委会执委、委员到访南京体育学院，出席学院授予国际奥委会主席巴赫先生“名誉教授”暨学院奥运冠军、教练员代表颁奖典礼，并观看青奥会羽毛球比赛。国家体育总局局长刘鹏、江苏省省长李学勇、副省长曹卫星、南京市市长缪瑞林、学院党委书记陈国祥、院长张雄、15位奥运冠军、5位奥运冠军教练员和师生代表参加典礼。

巴赫发表演讲表示，学院“名誉教授”的殊荣不仅仅是授予他本人的，更是授予国际奥委会诸多委员的。他代表国际奥委会对学院60年来为奥林匹克体育运动做出的贡献表示感谢，对学院运动健儿取得的奥运成绩给予高度肯定，并认为学院对体育教育的深刻理解，与青奥会培养青年人才的宗旨契合。期待学院再接再厉，为国际奥林匹克运动做出更大的贡献。应学院邀请，巴赫为学院30年来培养的奥运冠军及其教练员颁发“南京体育学院奥林匹克运动荣誉奖章”。

（吴文婷）

·玄武开放大学·

【概况】 2014年，学校以“玄武开放大学”建设为契机，以“文化立校、特色打造、品牌建设、创新发展”为发展目标，坚持“博”文化核心理念为引领，谨记“博雅”校训，建设“博学”校风，提升学校文化内涵品位，提升教育管理和服务能力。按照市开放大学部署和区政府、区教育局要求，在原南京市广播电视大学玄武分校基础上组建玄武开放大学,11 月 20 日, 玄武开放大学正式挂牌成立。

2014 年,招收新生 877 人,其中五年制高职新生 172 人、专接本 165 人,开放本专科 340 人,网络教育 200 人。现在校学生 2286 人,五年制高职班 20 个,880 人;专接本班 7 个,282 人; 开放专本科专业 7 个,924 人;网络学院 200 人。2014 届 170 名毕业生, 就业率 100%,签约率 78%。

学校采用合作办学形式,开展社区居民培训和青少年特色素质培训。2014 年,培训社区居民 2500 人次、社区工作者 1000 人次、青少年素质培训 12000 人次,进行报关员、会计证、计算机等级证书、英语应用能力、助理营销师等证书培训 3000 人次。完成《玄武文化场馆》等社区教育读本编印工作,在全区举办多场"博学玄武学习在线"网上学习培训和网上注册学习推介会。截至 2014 年 11 月,网站注册人数 13 万多人, 累计浏览人数达 65 万人。学校投入 70 余万元、教育局投入 300 余万元,完成后宰门学生宿舍区改造工程。

2014 年,学校获"江苏省平安校园"、南京开放大学"招生工作先进单位""社区教育先进单位""南财专接本工作先进集体""省通讯报道先进集体""2014 年南京城市职业学院学生技能大赛优秀组织奖""纪念南京广播电视大学建校 35 周年'我与电大'征文比赛优秀组织奖"等荣誉。

11 月 20 日,玄武开放大学挂牌成立,副区长蒋兆全(右)、南京市开放大学校长夏桂松(左)揭牌

【玄武开放大学成立】 11 月 20 日,玄武开放大学成立揭牌仪式在玄武开放大学举行,市教育局副局长潘东标、职业教育与社会教育处调研员王广礼、南京开放大学校长夏桂松、副校长秦怀建、副区长蒋兆全、区教育局局长李玉鹏、副局长戴继根、全区各街道分管书记、社会资源单位(联合办学单位、社区教育共同体单位)代表、社区居民代表以及玄武开放大学师生代表 600 多人参加仪式。仪式上,潘东标对玄武开放大学办学给予具体指导。李玉鹏宣读玄武开放大学成立批复,夏桂松、蒋兆全为玄武开放大学揭牌,玄武开放大学校长业冰为南京师范大学教授邵泽斌、南京财经大学教授徐训芳、南京开放大学开放教育处处长林岚、南京终身学习服务中心主任张煌、玄武区人防办主任陈宁伟及玄武区社区教育名师杨洋等颁发客座教授聘书。蒋兆全致贺辞。

新成立的玄武开放大学,占地面积 15940 平方米, 建筑面积 12250 平方米,多媒体标准教室 24 个、多功能报告厅 5 个、机房 3 个、财会专用机房 1 个, 成为全区居民学习的共享平台和终身教育的支持载体、现代远程教育的中心、社会培训的基地、社区教育的龙头、市民终身学习的超市, 成为非学历教育和学历继续教育并重、职业教育和普通教育相互沟通、职前教育和职后教育有效衔接、具有独立法人资格和本、专科学历继续教育的新型大学,秉承立足玄武、服务玄武,为玄武全体市民提供"人人可学、时时可学、处处可学"终身教育服务的办学理念, 服务于玄武终身教育体系构建和学习型玄武的建设。

【"博" 文化体系构建】 2014 年,学校组织编写文化手册,提出"博雅" 校训、"博学" 校风、"博爱"教风、"博习"学风。以"博"文化核心理念引领学校发展,探索"博雅教育"为学校特色的内涵,培育"包容、互融、共荣"的学校精神,践行"三精"(精心、精细、精致)管理理念,用"三心"(用心、尽心、精心)服务理念,将"博雅润心智"的核心价值观转为全体教工的教育教学实践和追求。投入资金 2 万余元打造"博"文化校园环境,建成博雅、博爱、博学、博习文化廊。设立以"博雅"命名的学生奖学金,评选第一届"博雅"青年教师和优秀班主任,开展第二届"博雅"杯青年教师好课评选活动。

【10 个学生社团成立】 2014 年,学校在原有学生兴趣小组基础上扩大规模,成立英语、话剧、器乐、创业、太极拳、家庭影像拍摄制作、电影欣赏、编织、十字绣、舞蹈等10 个

学生社团，覆盖全校所有学生，指导教师11人，总课时79课次，参与学生328人，青年教师承担大部分指导任务，学期末举办社团成果展。

【"专接本"品牌建设】 学校从2009年与南京财经大学合作，开办"专接本"班，现有"专接本"班7个，在校生282人。2014级有165名学生参加南京财经大学"专接本"班学习，提升学历层次。截至2014年底，毕业率96.3%，22名学生取得南京财经大学管理学学士学位。

【知名企业走进校园】 11月13日，学校邀请大学生创业明星——乐派徐庄的创始人进校园宣讲，乐派徐庄是南京徐庄软件园里最大的本地化生活服务类平台，隶属南京创众网络科技有限公司，公司负责人江水平与即将毕业的2010级学生进行互动交流。知名企业中国人寿南京理财中心、南京福特汽车4S店（新港）、南京市金阳光乳品有限公司到校举办毕业生"双选"见面会。截至12月1日，2015届235名毕业生，有207人落实就业单位，初次就业率比上年同期上升10%。

【电子商务专业与北大青鸟·南京协同合作办学】 2014年，学校与北大青鸟Aptech联合办学（TC精英教育），新开设五年制电子商务（网络营销方向）专业，采取"学历+技能"的职业教育新模式，这是学校为部分在校第五年的学生提前"入职"专门开设的平台。学生入学时与北大青鸟Aptech签订技能教育协议书，按期缴纳技能教育费用，获得相关证书，由北大青鸟Aptech负责推荐至阿里巴巴、淘宝网、腾讯科技、联想集团、北大方正、苏宁云商、清华同方、宏图高科等多家知名企业就业。

【第二届"博雅"教师形象展评活动】 9月12日，学校举办第二届"博雅"教师形象展评活动。52位教师分为8个参评团队，用微视频展示处室教育教学、办公生活风采，教师们从小事入手，从对学生的教育管理实际出发，体现对"博学、博雅、博爱"三博教育的理解，对以博励学、以雅弘德、以爱促和行动的落实，对构建和谐校园文化所做出的贡献。

社区教育

【概况】 2014年，玄武区深化生态式社区教育，彰显博学、博雅、博爱"三博"区域社区教育特色，把社区教育打造成全民终身学习的有效平台。玄武区获全国2013年全民终身学习活动周优秀组织奖、"玄武社区学堂"获全国2014年"特别受百姓喜爱的终身学习活动品牌"奖、8门社区教育微课程获全国奖、5门社区教育课程（读本）获省级奖；3个市级、9个区级社区教育实验项目顺利结题。举办"品味书香享受阅读"玄武区全民阅读专场活动、2014年全民终身学习活动周、认领社区绿地奉献青年奥运盛会暨社区教育读本——《家庭养花顾问》首发式等。编印《博学玄武》社区教育系列读本：《玄武文化场馆》《玄武古街名巷》《玄武寺庙文化》《玄武民国建筑》向社区居民发放；推进"博学玄武学习在线"网上学习活动，社区居民登录"博学玄武学习在线"注册学习达12.9万余人；完善区域终身教育体系，成立玄武开放大学，7个街道社区学校转型成立街道社区教育中心，58个社区居民学校全部通过区级标准化建设；编辑出版玄武区社区教育专著《提升居民幸福感的区域战略选择——生态式社区教育理论与实践》。 （王信芳）

链接

玄武区获全国2014年社区教育优秀微课程奖

二等奖：

《粘土诉心声——黏土青奥会吉祥物"砳砳"制作》（玄武湖街道社区教育中心）

三等奖：

《曹雪芹家族与江宁织造博物馆》（梅园新村街道社区教育中心）

优秀奖：

《计算机画图软件的应用与实践》（红山街道社区教育中心）

《手工串珠制作——苹果》（玄武门街道社区教育中心）

《地震的认识与防范》（玄武区社区进修学院）

《手工编织——钩花》（红山街道社区教育中心）

《中国近代史遗址博物馆——南京总统府》（玄武区社区进修学院）《"她智慧"——社区青少年心理辅导》（新街口街道社区教育中心）

玄武区获省2014年优秀乡土社区教育课程评选奖

二等奖：

《玄武文化场馆》（玄武区社区进修学院）

三等奖：

《玄武社区教育学习体验馆》（玄武区社区进修学院）

优秀奖：

《玄武古街名巷》(玄武区社区进修学院)

《幽兰香风远蕙草流芳根——湖南京成语之源》(红山街道社区教育中心)

《费姐话保障》(玄武湖街道社区教育中心)

【"玄武社区学堂"获全国2014年"特别受百姓喜爱的终身学习活动品牌"】 11月4日,2014年全民终身学习活动周全国总开幕式在重庆举行。"玄武社区学堂"获全国2014年"特别受百姓喜爱的终身学习活动品牌"(十佳品牌之一)奖,玄武区社区教育办公室副主任王信芳领奖。作为江苏省唯一入选全国十佳"特别受百姓喜爱的终身学习活动品牌"——玄武区社区教育项目"贴心的流动课堂——玄武社区学堂"以微视频和书面形式向全国各地代表汇报展示。在活动仪式现场,王信芳向教育部副部长鲁昕汇报玄武区社区教育服务于全民终身学习的工作,并把玄武区社区教育成果《提升居民幸福感的区域战略选择——生态式社区教育理论与实践》专著送给鲁昕,得到鲁昕肯定。

【2014年全民终身学习活动周】 11月20日,在玄武开放大学举行,市教育局副局长潘东标、职业教育与社会教育处调研员王广礼、南京开放大学校长夏桂松、副校长秦怀建、副区长蒋兆全、区教育局局长李玉鹏、副局长戴继根、全区各街道分管书记、社会资源单位(联合办学单位、社区教育共同体单位)代表、社区居民代表以及玄武开放大学师生代表600人参加。

潘东标对全民终身学习活动给予具体指导。王广礼、秦怀建、戴继根为7个街道社区教育中心授牌,玄武区社区教育办公室副主任、玄武开放大学书记王信芳向7个街道社区教育中心赠送玄武区编制的玄武社区教育系列读本。获得市级学习之星、优秀志愿者代表、"走进博学玄武学习超市、寻觅玄武历史文化印记"博学玄武学习在线网上阅读活动的先进集体和个人代表作交流发言,玄武开放大学学生、锁金村街道锁二社区居民学校、梅园新村街道社区教育中心的居民以说唱、舞蹈形式展示社区教育学习成果。

【"青春飞扬与我同行" 系列活动】 7月1日,在江苏省美术馆多功能厅举行。全区58个社区居民代表、38所学校负责人及逸仙小学、玄武高级中学师生350余人参加活动。市青奥办活动处处长郭双庆、区委常委、宣传部部长陈乙华、区教育局副局长、区社区教育办公室主任黄子亮、江苏省美术馆副馆长缪鹏、区社区教育办公室副主任王信芳、缪勇,梅园新村街道政协工委主任、党工委副书记卢惠等到会。

活动分场内、场外同时进行。场外,南京博物院、南京图书馆、江宁织造博物馆等玄武区9家文化教育联盟单位开展文化惠民活动。场内,在宇花小学空竹舞"青奥行龙飞舞"、音乐快板"翻飞快板迎青奥",南京师范大学附属小学健美操"舞动青奥",长江路小学双人舞"一条红领巾"的表演中,夏令营正式开营。同时,玄武区7个街道举行中小学生进社区接纳仪式。2014"青春飞扬与我同行"夏令营,共设7个分营,开展"青奥行——我能行、青奥行——魅力文化行、青奥行——科普探究行、青奥行——军营体验行、青奥行——民间工艺行、青奥行——体育运动行、青奥行——爱心公益行"等七大类272场实践体验活动。

玄武区在"青春飞扬与我同行"的系列活动中,依托"博学玄武学习在线"网络学习平台,于5月16日至6月16日开展"博学玄武学习在线"青奥知识网上学习活动,并组织全体社区居民(包括中小学生)参与线上线下互动学习。活动现场,南京市第五十四中学等3所学校、锁金村第一小学单品贤等200名学生及梅园新村街道湛扬等50名社区居民接受市、区领导的颁奖。

仪式结束后,近百名学生参与现场艺术手工活动,用彩泥制作青奥吉祥物——砳砳。　(张　然)

11月4日,玄武社区学堂获全国2014年"特别受百姓喜爱的终身学习活动品牌"

文化

Culture

文化

档案

地方志

责任编辑　黄红权

文　化

·概　　述·

【概况】 2014年，玄武区文化工作坚持文化惠民，着力文化创新，提升群众文化素养，满足人民群众对文化生活多样性需求，圆满完成各项目标任务。推进公共文化设施建设，提前完成每万人拥有公共文化设施面积472平方米市现代化考核目标。为全区7个街道文化站各赠送1架雅马哈钢琴。区少儿图书馆实现全年365天免费开放和市、区两级图书借阅通借通还“一卡通”目标。建成全市第一家“3~6岁低幼亲子阅览室”，并对外开放。红山街道文化站通过江苏省公共文化服务示范街道的验收。区文化馆被共青团江苏省委和江苏省文化厅联合命名为文化系统2013~2014年度江苏省“青少年维权岗”。

【文化调研】 2月24日下午，区委常委、宣传部长陈乙华到区文化局调研指导文化工作。陈乙华对文化局长期以来所做的工作给予肯定，要求在所取得成绩的基础上，大力加强文化惠民活动，打造更多玄武文化品牌，满足群众不断增长文化需求，促进玄武和谐社区建设。3月17日下午，副区长陈云松到区文化局调研指导文化工作，并就2014年文化工作提出要求。10月21日下午，副区长戴航到区文化局调研指导文化工作，提出工作要求。

【区文化工作会议】 2月20日下午召开。全区各街道分管主任和文化站站长参加会议。会议播放以“玄武文化行”为主题2013年玄武文化活动宣传短片。区文化局分管领导分别从文化设施建设、文化活动开展、“扫黄打非”、文物保护、文化市场管理等方面总结和点评各街道2013年工作。区文化局局长鲁中全面总结2013年全区文化工作，对2014年文化工作提出要求。

（许家洲）

·群众文化·

【概况】 2014年，玄武区群众文化工作坚持文化惠民方向，以“玄武文化行——百姓大舞台”为统领，围绕实践教育活动和迎“青奥”，开展“四进社区、三下乡”，“精彩玄武、活力青奥”暨第18届“玄武之春”，“故乡月　思乡情”玄武区“港澳台胞中秋”联谊会暨第11届长江路文化艺术节，“玄武文化行——话剧进校园”，音乐魔幻剧《青奥火炬手》校园巡演等系列文化活动52场，举办电影、讲座等各类群众文化活动1462场，玄武群众文化活动呈现出量增质优局面。在江苏省第11届“五星工程奖”评比中，玄武区获得1金、2银、1铜和理论研究成果三等奖，在全市各区中名列前茅。其中男声四重唱《幸福就在梦想里》获音乐类金奖、舞蹈作品《小雪花、小雪球》获舞蹈类银奖、美术作品《丽水山花》获银奖、小品《划痕》获小品类铜奖、论文《整合区域优质资源加快文化事业发展》获理论研究成果类三等奖。

【第18届玄武之春广场文艺演出】 4月23日上午，在大行宫广场举行。区四套班子领导、区各部门、各街道以及社区群众约400多人参加。区委宣传部长陈乙华致辞。此次活动由玄武区委、区政府主办，区委宣传部、区文化局承办，区文化馆、各街道、区教育局、建设局协办。“魅力玄武　活力奥运”——第18届玄武之春大型广场文艺演出，拉开玄武区文化惠民“百千万行动计划——玄武文化行之百姓大舞台”和全区迎“青奥”活动序幕。

【区少儿图书馆暑期志愿者活动】 7月1日，区少年儿童图书馆暑期

10月28日，“玄武文化行·百姓大舞台”走进社区

志愿者活动正式启动。东南大学4名学生志愿者利用假期，到区少年儿童图书馆进行社会实践活动。在少儿图书馆老师指导和带领下，大学生志愿者认真投入书库整理和图书上下架工作，下架图书3756册，整理排架图书5000多册。7月7日，为期两周暑期“义务小馆员”实践活动正式展开。“义务小馆员”活动对象为小学三年级以上小读者，活动吸引大量的小读者积极报名，踊跃参与。小馆员近距离接触图书馆内各项事务，切身体验劳动的辛苦与快乐，并根据切身体会，以“我与图书馆”为主题，撰写一篇文章。

【区少儿图书馆低幼亲子阅览室正式开放】 区少年儿童图书馆低幼亲子阅览室7月15日正式开放。这是南京市公益性首家低幼儿童亲子阅览室，服务对象为全市3~6岁学龄前儿童。区文化局和区少儿图书馆先期投入10多万元，在馆内开辟52平方米低幼儿童亲子阅读区，按专业要求，进行房屋改造和装修，布局结构完全符合低幼儿童年龄和情趣特征。新增低幼绘本1500册，幼儿期刊20多种，内容涉及童话、寓言、歌谣、故事、百科、漫画等，丰富低幼阅览室书库。

【瑞康艺术团合唱音乐会】 7月13日晚在长江路文化艺术中心音乐厅举行。市委宣传部、市文化广电新闻出版局主办，市群众艺术馆、区文化馆承办。合唱音乐会以“活力青奥 快乐团队”为主题，向观众展示玄武区群众性文化活动成果。音乐会上有在“第13届全国中老年合唱节”获牡丹金奖的《光荣与梦想》，在“第六届世界合唱节”获金奖的《等你到天明》等节目。整场音乐会欢快奔放，互动热烈，获得好评。

【区征兵宣传文艺演出】 7月30日下午在南京邮电大学锁金校区礼堂举行。区人武部主办，锁金村街道承办，区文化局、南京邮电大学协办。玄武区征兵宣传文艺演出围绕“参军光荣、我爱军营、献身国防”为主题，以舞蹈、演唱、魔术、诗朗诵等群众喜闻乐见的形式面向辖区适龄青年及家长亲属进行深度宣传。开场舞《为祖国远航》，诗朗诵《热血青年进军营》、舞蹈《洗衣歌》、独唱《兵哥哥》等节目在观众中产生强烈共鸣。演出过程穿插相关征兵政策知识有奖竞答等活动。

【“点亮希望”公益演出六合玄武联谊专场】 11月11日上午在赛格数码广场举行。市委宣传部、市文广新局主办，玄武区文化局、六合区文广新局、新街口街道承办，玄武区文化馆、六合区第二文化馆协办。2014“点亮希望”百场公益演出活动六合玄武联谊专场，充满浓郁地方特色，腰鼓舞《东方红》，非物质文化遗产莲湘舞《拥军秧歌》，民歌对唱《九九艳阳天》、花轿《迎亲》、驴灯舞《回娘家》、马灯队列和花船表演等高潮迭起，演出活动在麒麟舞中落下帷幕。

【2014“唱响玄武”合唱展演】 11月14日在长江路文化艺术中心举行。合唱《太阳出来了》《节日欢乐》《康定情歌新唱》《香格里拉》《鸿雁》《不了情》等歌曲。12月28日，区选送的合唱节目在南京市第九届金陵合唱节中，获1金2银3铜好成绩。其中，江苏爱之声合唱团荣获第九届金陵合唱节合唱比赛金奖，长江路小学合唱团、东南大学教工合唱团获银奖，北京东路小学娃娃合唱团、江苏省卫生系统老年艺术团合唱团、南京天香财富瑞康合唱团获铜奖，江苏省老年科技协会合唱团、南京老园丁艺术团合唱团获优秀演唱奖；同时江苏爱之声合唱团节目《梅兰芳》获新作品优秀创作奖，长江路小学姜阿丹获指挥奖，张潇枝获钢琴伴奏奖；区文化局、文化馆获优秀展演奖。

【国家公祭日主题纪念活动】 12月13日上午，区文化局在区少年儿童图书馆举行南京大屠杀死难者国家公祭日纪念活动。区文化局、区少儿图书馆，优秀小读者代表和家长70多人参加。纪念活动分阅读“国家公祭日”读本、默哀仪式、讨论发言和读书征文活动四大部分。

【第13届社区文化艺术节】 11月9日上午在玄武门台城花园社区开幕。退休居民业余爱好者用表演形式展现欢庆歌舞、空竹秀、手杖操、书法秀等，少儿天真活泼的模特街舞秀《美女与狼》，葫芦丝演奏《柳江遗梦》将刘三姐故事搬上舞台。演出节目贴近社区居民生活，满足广大居民文化需求，受到居民欢迎。活动由区委宣传部、区文化局主办，玄武门街道承办。

【“玄武文化行——走进军营”杂技专场】 9月10日，为庆祝第30个教师节，“玄武文化行——走进军营”杂技专场演出活动在海军指挥学院举行。市杂技团和区文化馆演员联袂为海院师生奉献一台精彩节目，赢得海院师生阵阵掌声。区委书记储永宏和区四套班子领导向师生送上节日的问候，并观看演出。 （许家洲）

·文化市场管理·

【概况】 2014年，玄武区文化市场管理以文化安全为主线，以青奥会场馆、定点酒店、旅游景点、交通窗口地区为重点，联合区公安、消防、城管等职能部门开展“扫黄打非”“2014清源、净网、秋风”等10次专项整治行动。有针对性召开娱乐场所、网吧、印刷出版等行业专项整治会议，组织业务、法规、安全生产各类培训25期，受教育2500多人次。与区域内16家境内外卫星接收宾馆签订“青奥”安全播出责任书。全年出动执法人员近3000人次，集中组织网吧突击检查6次，检查文化经营单位5000多家次，警告并强令整改近30家，行政处罚6家。与各类文化经营单位和企业签订迎“青奥”安全责任书434份，发放宣传材料1500多份，组织针对青奥会保障安全演练6次，整顿大小安全隐患200多处，确保区域文化市场安全。

【区“扫黄打非”工作会议】 5月7日下午召开。省“扫黄办”常务副主任赵纪明，市文广新局副局长、“扫黄办”主任顾小荣，区委常委、宣传部长、区“扫黄打非”工作领导小组组长陈乙华出席会议，27家成员单位参加会议。会议传达省市“扫黄打非”工作会议精神，总结2013年区“扫黄打非”工作，部署2014年具体任务。区城管局、孝陵卫街道作经验交流发言。陈乙华对全区“扫黄打非”工作提出要求。省、市“扫黄办”领导对玄武区近年来“扫黄打非”工作给予充分肯定和高度评价。

【文化娱乐企业安全整治会】 3月5日下午召开。全区在册影剧院、歌舞娱乐（游艺）等近70余家人员密集型文化经营场所法人代表或相关负责人参加会议。会议贯彻落实省、市文化管理部门2014年工作重点和区委、区政府全年安全生产专项整治工作精神，强调整治的范围、内容、措施、步骤和时限，明确企业主体责任，开展自查自纠，严格落实各项安全制度。

【文化市场专项整治】 区文化局根据市、区《迎“青奥”行政执法200天专项整治行动方案》，4月4日，组织召开区域歌舞娱乐、影剧院、网吧等人员密集场所业主安全生产专项整治工作会议。开展以歌舞娱乐、影院等人员密集的经营单位及区域为重点文化市场安全生产专项整治。区文化局局长鲁中部署安全隐患排查行动方案，强调提高安全意识，克服麻痹大意；开展自查自纠，发现隐患迅速整改；加强从业人员应急知识学习，提高自救、互助能力；完善应急预案，做好应急事件处理准备。

【网吧场所迎“青奥”文化安全保障动员会】 7月30日下午召开。会议通报并讲评前期文化市场网吧行业集中整治行动情况，传达市、区关于迎“青奥”安全工作要求，结合玄武实际就做好迎“青奥”文化安全各项工作，并进行具体部署。会上，区文化局与网吧业主签订“玄武区迎青奥文化安全保障责任书”。

【文化演出市场专项检查】 7月10~30日，区文化局开展迎“青奥”文化演出市场专项检查，确保南京青奥会顺利召开。区文化局出动执法人员40人（次），检查演艺场所、演出经纪公司等单位20余家，安全隐患整改1家，严审营业性演出8个、备案3个，向区域演出单位（场所）和到玄武申办演出的经纪公司发放“致文化经营单位迎‘青奥’文化安全保障一封信”50余份。7月22日，区文化局主要领导带队，检查新近改造的太阳宫魔幻剧场，对筹备展演大型魔幻舞台剧“道法传奇”进行现场核查，要求演出单位及演出经纪公司严把演出安全，确保内容健康。8月7日，对南京商厦影城等影剧院进行文化安全专项工作检查，确保安全。

【市局领导到玄武区检查“青奥”文化市场安全工作】 8月5日晚19:30分，市文广新局副局长、文化综合执法总队总队长顾小荣，文化综合执法总队副总队长葛羿带领市文化综合执法检查组，对1912文化街区及周边多家歌舞娱乐场所进行安全检查。区文化局局长鲁中就玄武迎“青奥”文化安全保障工作开展情况作汇报。检查组对场所歌曲点播系统是否与境外曲库连接、是否存有违禁歌曲等进行检查。温莎KTV等娱乐场所负责人就自身安全工作开展、各类文化安全保障工作落实情况进行介绍。顾小荣强调加强文化安全巡查，做好重点区域防范确保“青奥”期间文化市场和谐稳定。 （许家洲）

·文物与非物质文化遗产保护·

【概况】 2014年，区文化局积极推进文化遗产保护利用，公布第一批玄武区不可移动文物66处。在全市率先建立区级文物监督员队伍。完成对52处省级以上文保单位巡查4次，对其他不可移动文物巡查2次，逐一核对登记未定级不可移动文物。制定2014年可移动文物普查实施方案，加强培训，指导辖区内600多家国有单位进行可移动文物专家认证及数据整理、登录工作。加强非遗传承保护工作，推荐南京鸡鸣寺胭脂井传说申报第三批南京市非物质文化遗产名录项目。戴德裕、王学龙等成功申报第四批江苏省级非遗代表性传承人，区省级以上非遗传承人增加至6人。

【第12届南京“文博之夏”】 7月18日上午，区文化局和梅园新村街道在梅园新村纪念馆组织50名青少年开展第12届南京“文博之夏”活动。孩子们参观中共代表团办事处旧址、国共南京谈判史料陈列馆，观看馆内陈列的各种珍贵历史资料、历史照片。讲解员向孩子们介绍梅园新村历史渊源和历史背景，结合图片介绍周总理感人事迹和高尚品格。在周总理铜像前，孩子们纷纷表示，以革命先辈为榜样，好好学习，为早日实现“中国梦”贡献自己一份力量。

【非物质文化遗产嘉年华广场活动】 9月26日下午在锁金村街道太阳宫湖滨广场拉开序幕。区委常委、宣传部长陈乙华参加。活动由省文学艺术界联合会、市文学艺术界联合会及区文化局联合主办，锁金村街道承办。省民间文艺家协会、省杂技家协会专业演员和社区群众自编自演节目相结合，现场观众反应热烈。活动中，全方位展示锁金村街道非物质文化遗产项目，锁金村街道不仅设立民俗文化艺术馆，还成立民俗文化艺术社区，引进风筝、剪纸、面塑、绳结、烙画等多个非遗项目，成为省艺术人才培训中心素质教育基地。

【非物质文化遗产巡展】 6月，区文化局结合“青奥”主题开展“大美非遗、魅力青奥——非遗文化巡展”进校园、进社区系列活动，制作12块精美展板介绍并宣传以南京剪纸、南京仿古木雕、仿古牙雕工艺、金陵竹刻、南京泥人、南京瓷刻技艺、雨花茶制作技艺、鸡鸣寺素食制作技艺、灵芝的传统知识与应用、苏作小木家具制作技艺等玄武区非物质文化遗产及传承人。5月15日下午，“大美非遗、魅力青奥——非遗文化巡展”系列活动在孝陵卫小学正式拉开帷幕。非遗文化巡展历时1个月，全区近8700名中小学生观看巡展。

【“纸质文物保护国家文物局重点科研基地”获批】 2014年1月，南京博物院以排名第一的成绩获批“纸质文物保护国家文物局重点科研基地”。这是具体落实2012年9月文化部、国家文物局与江苏省政府签署《关于加快推进江苏文化强省建设的合作协议》取得的成果。在各级政府的大力支持下，以南京博物院为依托的纸质文物保护国家文物局科研基地将为我国文化遗产保护事业做出更大贡献。

【南京博物院获2014年全国最具创新力博物馆称号】 2014年，“5·18国际博物馆日”主题为“博物馆藏品架起沟通的桥梁”，全国主会场活动在南京博物院举行。开幕式上，南京博物院获中国博物馆协会颁发的“2014年全国最具创新力博物馆”称号，副院长黄鲁闽代表南京博物院上台领奖。南京博物院的发展定位是：内涵丰厚文化艺术殿堂与文化休闲场所兼蓄并包，“一院六馆”馆舍建筑空间与陈列展览相融合的格局，以科研水准确保陈列展览和公众服务质量的专业能力，向残障人群提供特殊服务的人文关怀等，从不同角度体现南京博物院的理念创新与积极探索。 （许家洲）

·文化产业·

【概况】 2014年，玄武区文化产业增加值占GDP比重为12.6%。10月11日，成立区文化改革发展领导小组，12月26日下发《玄武区深化文化体制改革实施方案》。2014年，全区有7个项目列入全市“七个一批”重点文化产业项目库，圆满完成进度要求。有29个重点文化产业项目获得省、市引导资金2625万元，7家企业获得文化产业专项贷款8530万元。9家企业获得南京市首届文化产业“金梧桐”奖，数量居全市第一。截至2014年底，全区引进“321”文化人才30名，提前完成“54321”文化玄武战略目标。途牛科技、华泽传媒两家企业获南京市首批重点文化科技融合企业称号，参选全省民营文化企业30强。睿辰欣创、幸福蓝海、华泽传媒3家企业获评首届南京最具投资价值文化企业奖。1912街区获中国驰名商标称号。幸福蓝海、德乐科技、赛特斯网络、速度科技4家企业处于上市辅导期，途牛科技顺利上市，亚奥、智达康、建策3家企业在新三板挂牌。

【南京第7届文交会“文化玄武”展区】 10月17~19日，第七届中国南京文化创意产业交易会在南京国际展览中心举办。玄武展区以“文化玄武”为主题，设计1棵由碧波荡漾玄武湖滋养而成的参天大树，树上孕育5颗丰硕果实，象征着“五大玄武”的发展目标。以时间为脉络，展示代表历史的3个博物馆：南京博物院、六朝博物馆、江宁织造博物馆；代表现代的3条文化街区：长江路历史文化休闲街区、百子亭民国记忆文化街区、明城汇文化艺术创意街区；代表未来的3个文化科技园区：紫金(玄武)科技创业特别社区、徐庄软件园(国家版权示范基地)、创意中央文化园。结合大屏播放玄武宣传片和由区“321”文化人才制作“玩转玄武”体感游戏，充分展示由玄武深厚文化底蕴而喷薄出的文化创新力。由南京博物院根据馆藏文物研发的一系列创意产品、荣贵坊根据传统云锦研发的时尚包袋，在现场受到广泛关注。

【文化产业“众筹沙龙”举办】 文创企业在发展上普遍存在重创意、轻资产、少抵押，融资难成为制约文创企业发展的瓶颈，众筹模式兴起，一定程度上拓宽了中小文创企业融资渠道。12月21日，玄武区在全市率先举办文化产业众筹沙龙，由一站式众筹创始人、金点投资合伙人陈晖做主题演讲，50余家企业到会，同步组建近200人参与的南京文化产业众筹微信群，为全市下一步推广文化产业众筹模式试点作出示范。 (夏星草)

【徐庄数字文化产业园】 数字文化产业作为徐庄软件园主导产业之一，经过5年精心打造已初具规模，产业园面积达12万平方米，2012年获国家版权示范基地称号，2014年正在申报第二批南京市重点文化产业园区。截至2014年底，入驻影视制作、动漫游戏、版权保护、数字传媒、多媒体软件开发等各类文化科技融合企业300余家，从业人数近3万人，企业总营业收入196亿元，其中产值过亿企业有6家，产业集聚效应明显。2014年，园区进一步提档升级，在园区公共服务平台建设方面，构筑五大保障体系：组织服务保障、金融服务保障、人才支撑保障、技术平台保障和版权服务保障。

【幸福蓝海影视文化集团股份有限公司】 由江苏广电总台2005年投资成立，2009年成立幸福蓝海集团。公司业务主要分为两大板块，一是电视剧的生产，二是电影全产业链的经营。电视剧生产主要采取公司制和工作室制，电影业务对应制作、发行、拓展、放映分别成立江苏幸福蓝海影业、江苏幸福蓝海院线、江苏幸福蓝海影院发展、江苏幸福蓝海影城管理等4家公司。幸福蓝海投资开业的影城有38家。

【南京华泽传媒广告传媒有限公司】 成立于2009年3月，是一家以“现代公共交通出行媒体”平台为核心业务的广告传媒集团公司，已逐步发展成为以长三角为中心、辐射全国的现代公共交通出行优势媒体资源公司。公司斥资数十亿元，整合打造集“地铁、广播、出租车、机场和高铁”等公共交通出行为一体的“地面、空中”全方位、立体优势媒体资源平台，独家买断南京地铁媒体9年经营权，成为江苏区域内最大公里的地铁媒体拥有商。公司成功开发中国首家移动物联网技术地铁媒体，成为中国唯一同时具备融合移动互联网、物联网、数字媒体、地铁空间的现代媒体公司。公司还利用“海陆空”媒体资源优势成立华泽艺术中心，让地铁这一公共交通区域增添文化韵味，让中青年艺术家多一个向大众展示的平台。2014年，公司获南京市首批重点文化科技企业称号、第二届南京文化产业“金梧桐”奖“民营文化企业10强”称号，并参选江苏民营文化企业30强。

【江苏艺之行文化投资发展有限公司】 初创于2006年，是华东地区规模最大的艺术教育培训机构，公司业务充分整合艺术产业链资源，涉及亲子教育、艺术培训、高中美术学历教育、教材图书研发出版、艺术品投资等领域。公司采取小班制、创意作坊教学模式和首创学院自选式上课体系，为3~18岁孩子量身定制20余种国际艺术创意课程，一站式满足各项艺术培训需求，年培训量达2万人次。2009年成为江苏省唯一被教育部和新浪网联合评为“中国十大美术培训机构”。

【江苏省音韵文化产业发展有限公司】 成立于2011年，2014年在玄武区珠江路玄东科技园建成全亚洲最顶级数字音视频制作中心，青奥会期间负责录制音乐总监下留念的所有作品，与市委宣传部副部长、文明办主任曹劲松共同创作录制青奥志愿者之歌《最爱梧桐叶》，参与制作大型南京本土音乐剧《南京攻略》数字音频创作部分，录制英国著名连续剧《唐顿庄园》、江苏卫视王牌栏目《最强大脑》，录制电影、电视连续剧累计200余集。公司创作的“创赢未来”主题曲《创业家》获2014年南京市重点文艺作品。公司获第二届南京文化产业“金梧桐”最佳创意十佳奖。 (许家洲)

·文　　联·

【概况】 2014年，玄武区文联围绕区委、区政府中心工作，加强文艺培训，广泛开展各类文化活动。“金陵五月风”、第八届玄武摄影论坛、大家一起来舞等文化活动受到广大群众欢迎。舞蹈作品《玄武湖畔》在“中国梦·我心中的梦”江苏舞蹈新人新作大赛中获青年组创作、表演铜奖。面向街道、社区开设摄影知识入门培训系列讲座。组织15名南京艺术学院文化志愿者走进街道、社区开设舞蹈、声乐、器乐、服饰表演等培训课，受到文艺爱好者欢迎。2014年1月，梅园新村街道文联成立，标志着玄武区7个街道文联组织全覆盖。

【区文联座谈会】 11月11日上午在区文化局会议室召开。区文化局局长、区文联常务副主席鲁中，区文化局副局长、区文联副主席樊姝玉与文艺工作者代表交流学习体会。区音乐、舞蹈、戏曲、文学、书画、摄影、民间艺术家及创作指导委员会等8个协会代表分别作交流发言。文艺工作者为玄武文化发展出谋划策，从文艺作品创作、特色品牌打造、文艺队伍整合、基层文化开展等多方面、多角度展开讨论，并表示要创作出更多、更好、更贴近基层的文艺作品，让老百姓在家门口实实在在享受文化惠民成果。

【街道文化工作者摄影培训】 10月16日下午，区文联和区机关工委共同在区政府三楼电教室举办街道文化工作者摄影入门培训。摄影培训由区文化局调研员、市摄影家协会理事肖海林主讲，街道、社区60多人参加培训班，培训课程10月底结束。

5月24日，第八届玄武摄影论坛开幕式

【玄武摄影论坛举办】 5月24日上午，首届南京摄影艺术节暨第八届玄武摄影论坛开幕式在南京人民大会堂举行，应邀参加有美国圣路易斯摄影家代表团、全国省会城市、中国名城摄影联盟，江苏省省辖市摄协主席、秘书长以及南京摄影家近200人出席。市文联副主席陶琪主持开幕式，市文联党组书记、副主席李海荣，区委常委、宣传部长陈乙华分别代表市文联和区文联致辞，区人大副主任李辉、区政协副主席王敬玲应邀出席。美国国际摄影名人堂暨博物馆执行馆长约翰·内格尔先生作《美国摄影过去与未来》专题演讲，中国摄影金像奖获得者梁达明先生作《艺术摄影创作启示录》专题演讲。 (许家洲)

档　　案

【概况】 2014年，全区档案事业发展以“立足实际、抢抓机遇、优化服务、创新发展”为总体目标，以“保管好档案、记载好历史、传承好文化”为工作思路，编纂出版发行《钟灵玄武》和《玄武风骚——历代玄武诗词选集》。加快数字档案馆建设，完成馆藏档案数字化加工96%。优化馆藏结构，加大名人档案征集力度，新增南京九中音乐特级教师钱逸瑞个人档案百余件进馆。完成《民国一区地籍图》资料编印，将玄武馆藏史料追溯到民国时期。开展全区多媒体中心试点工作，制定《玄武区数码照片收集办法(试行)》，提升档案馆多媒体公共服务能力。服务宗教场所规范化建档，指导鸡鸣寺完成南京市首家宗教场所省四星级档案室和玄奘寺、天城堂三星级档案室创建工作。加大青奥会等“三重”(重大活动、重大事件、重大项目)档案指导力度，完成红星美凯龙南京中央路商场华东区首家三星级档案室创建。做好市民查档服务，全年接待查档3574人次，出具证明4614份，同比增长30%。

【《钟灵玄武》《玄武风骚》编纂出版】 为服务“文化玄武”建设，组织专家共同策划、集中研讨，编纂出版发行《钟灵玄武》和《玄武风骚——历代玄武诗词选集》，第一次全面系统地展示玄武地区有史以来至1949年的悠久历史、灿烂文化和辉煌成就。《钟灵玄武》由南京本土著名作家薛冰担任总纂，南京师范大学教授、博士生导师何永康作序。该书分为"自然、政治、建筑、军事、文化、宗教、科技、教育、经济、人物"十个类别，共10章40节约30万字，收录1949年以前的老照片220余幅，全书突出反映玄武文明。《玄武风骚——历代玄武诗词选集》以写作时间先后为序，收辑有李白、杜牧、王安石等60位诗词名家所作的古体诗词90首，展示玄武区襟玄武而倚钟山，地灵人杰，文采风流，该诗词选集由南京师范大学教授吴新江主撰，教授、博士生导师何永康终审。

【数字档案馆建设】 按照《江苏省数字档案馆(室)等级评估办法》，上半年提前完成全年馆藏档案数字化工作，启动新一批次专题数据录入和数字化加工工作，至2014年末，除涉及房产、建筑图纸等未加工，其余馆藏档案已全部实现数字化，完成馆藏档案数字化加工96%。

【馆藏结构优化】 加大名人档案征集力度。2014年新增全国教育系统劳动模范、国务院政府特殊津贴获得者、南京九中音乐特级教师钱逸瑞个人档案百余件进馆。在2013年完成民国第一区区公所和地籍图两个特色档案资料征集基础上，完成《民国一区地籍图》资料编印，将玄武馆藏史料追溯到民国时期。

【档案资源建设】 2014年，档案资源建设以多媒体档案的收集、规范整理和有效利用为目标，开展全区多媒体中心试点工作，制定《玄武区数码照片收集办法（试行）》，研发配套的多媒体档案管理软件已试运行，已收集整理各单位数码照片3000多张，提升档案馆多媒体公共服务能力。修订本馆档案收集范围实施细则、接收进馆单位名录，完成区属国有企业《文件材料归档范围和保管期限表》编制和审核工作。

【宗教场所规范化建档】 继毗卢寺全市首家建成省三星级档案室，2014年指导鸡鸣寺完成南京市首家宗教场所省四星级档案室和玄奘寺、天城堂三星级档案室的创建工作。

【档案法制宣传】 以"6·9国际档案日"宣传活动为契机，开展广场宣传活动，发放宣传手册；制作名人档案展板在社区和干休所巡展；组织参加全市"走进档案"主题征文活动，4篇征文获奖，并获优秀组织奖；推选区人大机关档案员吴九林入选区"善举榜"；并在局网站开展家庭建档知识介绍和开通发布档案政务微博260余条，扩大档案影响力，区人大第25次主任会议专题听取档案局局长王莉受区政府委托所作的档案工作情况汇报。全区档案基础工作扎实，特色工作明显，创新工作出彩，档案事业在全区经济发展和社会进步中发挥重要的促进作用。

【档案指导工作】 2014年，与区委组织部、区体育局等部门联系沟通，召开专题会议，做好档案材料收集整理指导工作，确保青奥会及教育实践活动档案规范整理，同时加大对民营企业指导力度，指导完成红星美凯龙南京中央路商场华东区首家三星级档案室的创建，成为"南京市玄武区唯一一家非公企业省三星级示范点"。

【档案执法检查与档案室星级创建】 认真开展档案执法检查和监督指导工作。分组对区机关各部

4月11日，宗教场所鸡鸣寺规范化建档现场指导

门、街道及有关单位开展年度检查，对检查中发现的问题当场反馈和指导，并进行情况通报。坚持基层档案室到期复查制度，并鼓励有条件的单位在复查基础上进行升级，2014年完成机关、街道、人社所测评及复查单位计28家。

（卢永晨）

地方志

1月，举办年鉴编纂培训

【概况】 2014年，玄武区地方志工作巩固党的群众路线教育实践活动成果，服从大局、服务中心。年鉴编纂坚持精密筹划、精细设计、精准分工、精心编辑，上半年抓实《玄武年鉴(2014)》组稿调研及稿件编审，下半年按计划完成年鉴编辑出版和发行总结。全年年鉴工作着重抓好三个"主动性"，年鉴组稿前期主动上门开展调研，在总结基础上有针对性与区文化局和住建局就全区文化市场管理、文化产业、群众文化，以及城市规划等方面，完善组稿架构，编目设置与相关内容；年鉴制版印刷主动上门监印，及时掌握图片彩页等印刷过程质量；横向交流学习主动加强联系，与苏州、扬州等地优秀年鉴加强交流，通过交换《年鉴》学习参考和借鉴。

【《玄武年鉴（2014）》编辑出版】 2014年10月，《玄武年鉴(2014)》编撰完成并正式出版发行。全卷共1003千字，设类目22个、分目83个、副分目95个、条目1140个，配图片160余幅。此外，《玄武年鉴(2014)》相关重要内容安排"链接"11条。选编特色工作"专记"《推进基层社会管理与服务机制创新 全力打造"金陵幸福第一街"》《注重品质规模 开启玄武电子商务新时代》《实施文化玄武战略 提升玄武文化品质》《开拓创新 倾力做好玄武区妇联工作》等4篇。突出重点、特色工作。城市建设与管理方面，新增"城市规划""征收及征地拆迁""老城改造"；文化旅游方面，增设"群众文化""文化市场管理""文物与非物质文化遗产保护""文化产业"等二级目录。《玄武年鉴(2014)》同时配有多媒体光盘。电子版《玄武年鉴(2014)》进入"玄武区政府网"，方便读者查阅。

【地方军事年鉴编辑指导】 2013年11月，区人武部按照南京警备区统一要求，启动编辑出版《玄武军事年鉴(2006~2012)》(创刊号)工作。2014年，区方志办与人武部编纂人员共同研究编辑地方军事年鉴规范和要求，提出编纂意见，指导年鉴框架设置和编目安排，以及图片选取和文字内容编写，期间几易其稿，年底前完成初稿。全书约30万字、110余幅图片，设置有图片、大事记、时任领导人、玄武区人民武装部、街道武装部、工业园区武装部、驻区军事领导机构与驻区部队、辖区企事业单位、辖区高等院校、附录10个类目。地方军事年鉴的编辑出版，为各级领导机关研究工作、科学决策提供依据和相关信息，为部队建设积累丰富资讯。

【年鉴图片收集与利用拓展】 《玄武年鉴(2014)》图片编辑中坚持创新并进一步拓展图片收集与利用。在图片收集上注重摄影爱好者队伍建立，"5·20广场"、"六朝博物馆夜景"等均出自这支队伍；注重相关单位图片"延伸"，即除组稿中配合文字图片外，如江宁织造博物馆展馆图片、南京植物研究所花卉图片等；注重属地外单位图片利用，近年来封面等设计均利用南京云锦研究所精美云锦图片作图案设计。在图片利用上，一是重视反映全区重大项目和道路出新改造等动态性图片选用，如紫金（玄武）创业特别社区——智慧园项目建设、玄武大道综合整治项目等；二是在人物编目中人物介绍内容配上相关图片，人物介绍更加鲜明；三是近年来利用图片补白，选用系列性并包含有价值信息图片，如选用的钟山植物园珍稀植物图片、江宁织造博物馆开馆展出图片等。

【年鉴编纂培训】 2014年，《玄武年鉴》撰稿人员队伍的培训注重实效，增强针对性，培训形式灵活多样。一是在年鉴组稿通知中明确年鉴编写要求，细化组稿任务分解表，为撰稿单位编写人员列出编写分目名称及综合性和主要条目内容，指导编写人员掌握年鉴编写基本要求，起到"以发文代培训"效果。二是在年鉴组稿期间，区方志办年鉴编辑部人员上门开展调研活动，到区文化局、住建局等部门开展年鉴编目调整调研并开展指导培训工作，"以调研代培训"。三是对年鉴编写中存在共性问题的部分组稿单位，采取交流学习形式，1月中旬和2月中旬，分别请13家驻区年鉴组稿单位以及区委办、人大办、政府办、政协办年鉴编写人员，就《玄武年鉴（2014）》驻区单位编写要求和"四办（区委办、区府办、人大办、政协办）"年鉴综合性（概况）条目编写等进行交流学习和指导性培训，"以座谈代培训"。　（顾　坚）

南京六朝博物馆——釉下彩盘口壶

卫生·体育

Health, Sports

卫生

体育

责任编辑　黄红权

卫　　生

·概　　述·

【概况】 2014年，区卫生系统不断深化卫生体制改革，全力做好卫生应急和青奥会卫生保障等工作，着力打造健康服务名区，提升幸福玄武品质。全年区政府对卫生事业拨款16794万元，占区财政支出6.29%。新增20万元以上仪器设备4台(件)，总价值188.6万元。全区有各级各类医疗卫生机构197个，床位3188张，卫生人员6085人。其中，卫技人员4912人，执业医生1904人，注册护士2071人。区属医疗卫生机构14个，床位180张，从业人员901人，在册正式工作人员684人；其中，专业技术人员580人，高级职称以上101人。玄武区被评为“南京市无偿献血先进区政府”，兰园社区卫生服务中心获“江苏省巾帼文明岗”称号，锁金村社区卫生服务中心被评为“省级规范化社区卫生服务中心”和“江苏省中医药特色社区卫生服务中心”，区卫生监督所被评为“江苏省基层卫生监督工作先进单位”。

【卫生应急】 2014年，区卫生局强化卫生应急队伍建设，制定下发《玄武区卫生应急工作目标任务和各医疗卫生单位卫生应急工作考核评分标准》，开展岗位练兵。与区教育、城管、商务、公安、工商等部门密切联系，联防联控，有效控制H7N9禽流感疫情，处置3起H7N9禽流感相关情况，处置3起H7N9禽流感疫情，共流调跟踪密切接触者11人，相关疫情紧急出动6次。做好埃博拉出血热疫情防控工作，重点做好西非四国人员随访工作，每天通过网络和上门随访对14名来自西非客人开展健康监测，登记客人体温变化，有效排除传染病传播的风险。

【青奥会保障】 做好2014年青奥会卫生保障工作，从局机关和全区卫生系统单位抽调35名技术过硬人员进驻场馆，组建50余人卫生应急保障队伍。区卫生局、卫生监督所和疾控中心相关人员，深入各场馆、接待宾馆检查指导监督，确保全区12个比赛训练场馆、3个接待宾馆赛事活动顺利。对紫金山庄、国际会议中心等国家领导人、外国元首驻地和外事活动开展突击性卫生保障，圆满完成任务。

【爱国卫生】 3月，根据新颁布实施的《江苏省爱国卫生条例》，玄武区爱卫工作职能由区城管局移交至区卫生局。区卫生局迅速完成爱卫科科室组建、人员配备、经费保障等工作，确保工作平稳过渡。开展病媒生物防制与健康教育工作。5月，对全区5个“青奥”场馆及3家接待宾馆的病媒生物防制进行多轮检查督导。8月，召开全委会，明确各委员部门职能，分工负责。10月下旬，顺利通过国家灭蝇先进城市复审。

【基建工作】 加强公共卫生硬件建设。2014年，改扩建卫生服务设施1.3万平方米。完成玄武区公共卫生事件应急处置大楼建设项目招投标；完成新街口社区卫生服务中心过街楼改造和污水处理工程。（尹晓军）

·医政管理·

【概况】 2014年，区卫生系统完善长效管理机制，通过条线指导和医疗质量控制管理，季度督导、公示督导和不定期单项检查，提升机构服务能力。落实医疗核心制度，坚持医疗核心制度明察暗访和通报制度。以核心制度督查为重点，规范开展医疗质量控制活动，提高质量控制工作的有效性、针对性。

【医疗机构校验及执业注册】 加强医疗机构行政监管规范化建设和医政审批管理，依法做好全区社区卫生机构、诊所、卫生室行政许可和备案。组织召开全区医疗机构医政工作会议，明确医疗机构准入制度及精细化、长效化、标准化管理的要求，以基层医疗机构医疗许可证校验为契机，从机构准入、人员、设备、执业情况、医院感染等各方面严格要求和管理，保证医疗质量，维护医疗安全。全年受理行政许可项目126件，办结126件。其中医疗机构执业许可证换证40件，变更登记30件，注册登记5件，医疗机构年度校验100件。

【药事管理】 扩大基本药物制度实施范围，玄武区唯一一家非政府办社区卫生服务中心——熊猫集团社区卫生服务中心于2014年1月1日起实施基本药物制度，实现真正意义上的基本药物制度全区广覆盖。重点加强基本药物集中采购、配送、结算和使用的全程监管，平均配送率达96.8%，验收率为97.5%。抗菌药物门诊使用率约为17.4%，各社区卫生服务机构在用品规数约为20种。区卫生局、区医学会有计划、有步骤对全区广大医务人员开展科学合理使用抗菌药物教育与培训，考试通过者颁发“合格证书”。后宰门社区卫生服务中心作为南京市唯一一家社区卫生服务机构接受省厅抗菌药物专项整治工作专项检查，得到专家组一致好评。

【中医药服务】 2014年，玄武区评选4位区名中医，促进全区中医诊疗水平和知名度提升。以创建中医特色科室为抓手，提升社区卫生服务机构的中医药服务能力和服务水平，加强中医药建设，顺利通过省“中医药服务能力提升工程”督察工作。

【献血工作】 根据市献血办要求，组织开展2014年度无偿应急献血工作，全区约600名机关干部、职工报名参加献血，现场体检合格470多人献血，总献血量10万毫升，采集造血干细胞志愿者67人加入中华骨髓库。　(尹晓军)

·卫生监督与疾病控制·

【概况】 2014年，玄武区严格落实《南京市进一步整顿医疗秩序打击非法行医专项行动实施方案》，成立专项行动领导小组，认真组织开展全区医疗市场专项整治行动，严厉打击非法行医行为。做好全区青奥会卫生行政执法保障工作，制定下发《玄武区卫生局全面加强迎“青奥”行政执法保障工作实施方案》和《玄武区卫生局迎“青奥”行政执法备勤值班表》，落实各项制度，不断强化一线执法人员执行力和落实力。以传染病防控为重点，深化和规范艾滋病、结核病防治，严格落实计划免疫，全面提升卫生防病能力。

【卫生监督】 2014年，全区187家医疗机构监督覆盖率100%，二级以上医疗机构覆盖率200%以上；38家放射诊疗机构覆盖率200%。下达卫生监督意见书218份，立案查处各类医疗机构11家。处理各类投诉举报21件，其中公共场所8件，医疗机构12件，生活饮用水1件，均作调查处理并及时反馈。新办公共场所卫生许可证197户，复核361户，变更103户；新办放射许可证2户。服务对象满意度100%，无一例投诉。

区卫生监督所联合各社区卫生服务中心卫生监督协管人员和区疾控中心集中检验人员，出动人员1300余人次，车辆189台次，对全区98个居民小区238个居民水箱，80个企事业单位、大型宾馆饭店、写字楼129个水箱，38所中小学直饮水进行全覆盖监督检查和水质检测。下达卫生监督意见书460余份，检测水样405份，合格404份，合格率99.75%，确保全区生活饮用水卫生安全。开展学校卫生综合评价和学生饮用水卫生专项监督检查。11月，联合区教育局、区食药监所和疾控中心对全区36所中小学60项卫生指标进行综合评价。

【卫生执法】 4月，集中执法力量，组织开展为期4天非法行医专项摸排。出动执法人员285人次，车辆27台次，对辖区7个街道158条街巷进行全覆盖摸底排查，发现非法行医窝点1家，多个不良行医行为得到现场整治。全区立案查处非法行医案件5例，移送公安机关3例，判刑1例，处罚金5万元。6月，区卫生监督所查处南京首例“非法终止妊娠手术”案件以“非法节育手术罪”移送公安机关立案查处，检察机关以“非法节育手术罪”对当事人提起诉讼。在玄武区已形成符合移送公安机关的案件必移交，移交公安的案件公安机关必受理，符合起诉条件的案件检察机关必起诉畅通渠道，使非法行医者受到法律应有惩处，对全区非法行医者产生强大的震慑作用。8月，1例非法行医案件由省卫计委作为典型案例推荐上报国家卫计委参评。对列入黑名单的非法行医窝点采取每周定期巡查和不定期抽查方式，全年定期巡查768次，抽查245次，留存照片536张，录像片段19段，对非法行医行为始终保持高压严打态势，净化全区医疗市场环境。

【疾病预防与控制】 2014年，报告乙类传染病475例，无甲类传染病报告，乙类传染病发病率为72.26/10万，与2013年相比发病率下降5.01%。开展疫苗接种现场督导，强化接种门诊工作规范性，全年累计接种一类疫苗80256针次，儿童建证建卡率100%。探索结核病宣传新方法，启动高校结核病防治志愿者招募工作，全区发现涂阳肺结核病人52例，结核病人治管率100%。艾滋病管理在持续规范基础上，探索与社会组织合作模式。全区新增艾滋病病人/病毒感染者42例，现管理艾滋病人/病毒感染者累计191例，为911人提供艾滋病自愿咨询检测服务。开展高危人群行为干预，男性性行为人群月均干预359人，抽血检测1514人，发现艾滋病病毒感染者65例；女性性服务人群月均干预428人，抽血检测552人，未发现艾滋病病毒感染者。组织对羁押人员艾滋病筛查11次427人次，发现HIV抗体阳性者2例，检测覆盖率为100%。全年报告手口病病例1145例，无聚集性病例。

10月22日,在孝陵卫街道西村组织健康咨询义诊

【慢性病防治】 2014年,配合完成疟疾消除达标区验收及南京市慢病示范区创建和6个主体单位全民健康生活方式示范创建工作。全区累计高血压建档27033份,规范管理13634份,规范管理率50.4%。糖尿病建档11026份,规范管理6354份,规范管理率57.6%。全区重性精神病人建档1362份,在管910人,管理率68.06%。

(尹晓军)

·基层卫生与妇幼保健·

【概况】 2014年,深化社区卫生服务模式,提高家庭医生团队服务能力,为社区居民提供便捷、连续、低廉、可及的基本公共卫生和基本医疗服务,当好居民健康的“守门人”。制定《南京市玄武区创建示范家庭医生团队活动实施方案》和《南京市玄武区示范家庭医生团队评估标准》,全区开展家庭医生团队能力提升工程,进行优秀全科医生、社区护士评选活动。

【社区卫生】 强化慢病综合防治。制订玄武区慢病防控措施和长效管理策略、完善社区高血压、糖尿病等慢病管理实施方案,提高慢病发现率。推进家庭医生制度建设,完善“家庭医生服务模式”。以“健康服务”理念为引导,创新服务模式,深入推进健康管理团队服务,探索将家庭健康管路融入诊疗和公共卫生服务行为的实现路径,完善家庭医生制度。完善社区健康管理服务体系,利用现有卫生资源,延伸公共卫生服务领域和范围,贴近居民,传递健康服务理念,满足广大社区居民健康管理服务需求。

【基本公共卫生服务】 2014年,全区各医疗卫生服务机构有序开展11大类43项基本公共卫生服务。为确保玄武区2014年公共卫生服务项目任务指标全面完成,区卫生局制定《2014年玄武区基本公共卫生服务项目考核工作方案》,4月和7月对全区各社区卫生服务中心开展基本公共卫生服务项目考核督察,督察的主要内容为全人群健康档案管理项目、65岁以上老年人健康管理项目、中医健康管理项目、家庭医生签约服务项目。全区累计建立居民健康档案482792份,建档率73.1%,65岁以上老年人建档63704份。

【妇幼保健】 2014年,开展育龄妇女妇女病普查21248人,普查率99.98%,检出病人数3325人,占普查人数15.65%。产前筛查15~20周孕妇4710人,婚前医学检查与上年同期相比上升9.73%。7岁以下儿童管理24578人,管理率99.93%,新生儿访视4708人,访视率97.19%。孕产妇保健管理4723人,高位孕产妇管理2052人,孕产妇保健管理覆盖率99.49%。孕妇学校举办100期,受教育孕产妇及家长3014人。 (尹晓军)

玄武区社区卫生服务中心一览表

序号	单　　位	地　　址	电　　话
1	新街口社区卫生服务中心	玄武区杨将军巷21号	025-84453715
2	兰园社区卫生服务中心	玄武区珠江路318号	025-57715305
3	同仁街社区卫生服务中心	玄武区同仁街42号	025-83615372-8103

续表

序号	单　位	地　址	电　话
4	锁金村社区卫生服务中心	玄武区锁金村 63 号	025-85413850
5	后宰门社区卫生服务中心	玄武区后宰门西村 10 号	025-84823484-8001
6	玄武门社区卫生服务中心	玄武区百子亭 6-1 号	025-57711974-801
7	玄武湖社区卫生服务中心	玄武区板仓街 288 号	025-85280034
8	红山社区卫生服务中心	玄武区营苑南路 102 号	025-85308353
9	孝陵卫社区卫生服务中心	玄武区孝陵卫 200 号	025-83215997
10	仙鹤门社区卫生服务中心	玄武区鹤鸣路 59 号	025-85652381

体　育

【概况】 2014 年，玄武区体育工作以服务保障青奥会、组织参赛省运会为抓手，以提高市民身体素质为目标，坚持体育工作向街道社区延伸、向企业百姓延伸、向厂矿学校延伸，让体育工作为民惠民、服务于民。在全区广泛开展全民健身活动，成功举办“玄武区第九届运动会”，组织各类群体活动 90 多项次，直接参与人数超过 15 万人次。牵头圆满完成玄武“青奥”保障工作，实现“青奥”工作“零失误”。玄武区指挥保障中心被授予第二届夏季青奥会全国先进集体，玄武中等专业学校被授予江苏省先进集体，南京市公安局玄武分局、玄武区体育局、教育局等 17 个部门(单位)被授予南京市先进集体；叶丽(女)被授予第二届夏季青奥会全国先进个人，章川、丁毓萍(女)、封炜、万金兵等 4 人被授予江苏省先进个人，罗迎庆等 10 人被授予南京市先进个人。在第十八届省运会上，玄武健儿代表南京市勇夺 11 枚金牌，全市区县排名第一，为全市唯一超额完成目标任务单位。按期保质完成第六次全国体育场地普查工作，被市第六次全国体育场地普查领导小组评为“先进集体”。

【玄武区 5 个场馆承担青奥会赛事】 8 月，第二届夏季青年奥林匹克运动会在南京成功举办，本届青奥会玄武区共承担南京体育学院、南京水上运动学校、玄武湖铁人三项、新庄马术馆、南京钟山国际高尔夫俱乐部 5 个赛事场馆和明城墙文化工作部的筹备及运行任务，开展网球、羽毛球、皮划艇、赛艇、铁人三项、马术、高尔夫 7 个大项，28 个小项的比赛。区体育局作为玄武区“青奥”工作的牵头单位和责任单位，牵头率先在全市范围内成立区级“青奥”指挥保障中心办公室，严格按照区委、区政府“落小、落细、落实”要求，认真贯彻“三个保持、三个第一”的指导思想，牢固树立守土有责、精心精益的意识，毫不松懈、持之以恒、善始善终地做好赛事运行各项工作，全力帮助场馆解决备用发电机组租赁、临建设施搭建、场馆和观众停车、设施设备清洗、安防视频监控设施和办公设施等难题，为青奥盛会作出应有贡献。

【省运会获佳绩】 8 月，在江苏省十八届运会上，玄武区参赛选手取得 11 金 6 银 6 铜共 23 块奖牌，其中艺术体操 3 金 3 银 1 铜，花样游泳 5 金，羽毛球 3 金 3 银 2 铜，跳水 3 铜，超额完成市政府下达 10.5 块金牌目标任务。

【第 6 次全国体育场地普查】 2014 年，全国体育场地普查工作拉开序幕，玄武区体育场地普查工作以区教育局及各街道为基本普查单元，按照“不漏不重、不走过场、不虚报瞒报及求真、求实、求质量”要求，对辖区内体育场地现状进行登记统计。截至 2014 年底，全区有体育场地总数为 698 个，场地总面积 376.66 万平方米。

【第 4 次全国国民体质抽样检测】 2014 年，玄武区第四次全国国民体质监测工作历时 3 个月，完成对全区机关、街道、社区、工厂、学校、公司等 3000 多名 3~69 周岁人群的体质测试，实现有效抽样样本 792 份，圆满完成本次体质监测国查任务。本次体检监测在完成有效抽样和为测试人群提供健身科学指导的同时，完善玄武区国民体质与健康数据库，受到社会各界及广大群众好评。

【全民健身活动】 落实《全民健身条例》和《全民健身计划》，构建“政府主导、部门协同、全社会共同参与”的玄武区全民健身工作格局。成功举办玄武区第九届运动会；组队参加“2014 年元旦健身长跑”和南京市迎“青奥”倒计时 100 天系列活动启动仪式等活动；与市体育局联办“全民健身日暨骑遍南京”玄武站活动;举办迎“青奥”江苏省老年人体育节南京市玄武区分会场暨“玄武区万名老年人健步走活动启动仪式”;协助老年体协、腰鼓协会等体育社团开展各类体育比赛与群众运动健身展演活动。全年组织参与或举办联办各级各类群众体育活动90多项次,参与市民群众人数达15万多人次,全区群众体育工作呈现蓬勃发展局面。

【社区体育健身站(点)建设】2014年,加强体育基础设施建设,加大资金投入,深化城市社区“十分钟体育健身圈”建设,在7个街道建立国民体质监测站,对58个社区各健身站(点)、健身团队进行优化,为辖区所有社区配备乒乓球桌、棋牌桌和室内健身室。按照器材使用管理规定,对辖区内37处健身路径已到使用年限的器材进行出新更新。优化群众体育组织网络。在做好督促和指导各体育协会按章程及时做好年检、换届、登记工作的同时,注重对各类体育活动指导和体育人才队伍建设。在实现全区社会体育指导员社区“全覆盖”基础上,组织安排三级体育指导员培训50名,组织推荐一级社会体育指导员再培训15名和国家级社会体育指导员培训3名。

【老年人体育节系列活动】4月18日,在玄武湖莲花广场举行玄武区老年人体育节开幕式暨玄武区万名老年人健步走启动仪式,7个街道和东南大学3000多名老年人参加活动,区人大主任、老年体协主席张萍,副区长蒋兆全到场并讲话。10月25日,在玄武区体育活动中心举办玄武区老年人体育节闭幕式,区人大主任、老年体协主席张萍,区委常委、统战部长许恺,区老年体协常务副主席陈勐参加。4~10月,玄武区老年人体育节举办系列活动,主要有第21届“玄武杯”老年人门球赛、“老干部杯”门球赛,第七届“玄武杯”乒乓球赛,玄武区首届广场舞大赛,男子手杖操展演,玄武区万名老年人健步走活动等。2014年,玄武区老年人参加健步走、球类、棋类、操舞等57项健身活动,计18000多人次。

【组队参加老年体育比赛】9月,区老年体协组队代表江苏省参加全国老年气排球比赛,获优胜奖。8月,组队代表南京市参加江苏省象棋比赛,获优胜奖。3~11月,组队参加门球、乒乓球、羽毛球、健身球、柔力球、气排球、象棋、男子手杖操、太极拳(剑)、大秧歌、体育舞蹈、广场舞、民族舞、快乐健身步等比赛,均获优胜奖。

(董长春)

10月25日,玄武区老年人体育节闭幕式

2014年玄武区全民健身工程(点)一览表

受赠单位	建设地址	地面情况	件数	受赠单位	建设地址	地面情况	件数
玄武湖	樱铁村明星幼儿园	塑	8	孝陵卫	双拜巷108号	塑	10
锁金村	锁金五村(北)	塑	10	玄武湖	樱驼花园怡静园8号	塑	8
红　山	营苑新寓	塑	11	新街口	唱经楼西街7号	水泥	7
新街口	杨将军巷8号	土	6	新街口	大石桥28号	塑/土	10
新街口	忠林坊	方砖	10	新街口	居安里	水泥	3
梅园新村	雍园41号	方砖	9	梅园新村	海军指挥学院	草地	10

续表

受赠单位	建设地址	地面情况	件数	受赠单位	建设地址	地面情况	件数
梅园新村	富贵山10号	水泥	12	红　山	月苑1村	土	8
孝陵卫	童卫路26号	方砖	10	红　山	北苑之星旁	塑	10
孝陵卫	农化所内	水泥/土	10	玄武湖	仙居雅苑	塑	10
孝陵卫	中建八局	土	10	玄武湖	仙居华庭	塑	7
孝陵卫	南农大	塑	10	孝陵卫	军干6所	土	10
孝陵卫	双拜巷151号	土	10	锁金村	锁二村	塑	7
孝陵卫	农科院	人草	10	红　山	北苑一村	塑	8
玄武湖	钟山山庄28号	水泥	7	新街口	相府营社区	人草	3
玄武湖	樱铁村37-39幢	塑	11	玄武门	公教一村2(后山)	草地	7
锁金村	新庄39号	塑	10	新街口	成贤街39号	塑/砖	10
锁金村	锁四村2	塑	9	新街口	进香河路33号	方砖	10
锁金村	锁四村3	塑	10	新街口	吉兆花园4-8号	塑	10
锁金村	林化所1	土	13	新街口	红庙4号	水泥	10
锁金村	锁六村1-4幢	塑	10	梅园新村	太平桥南128号	土	10
红　山	南汽一村	土	10	梅园新村	龙蟠中路37号	土	10
红　山	营苑西村	塑	11	梅园新村	黄浦路2号	土	10
红　山	清心家园	塑	10	梅园新村	太平花园1号	水泥	10
锁金村	岗子村车站后	塑	10	梅园新村	54中	塑	10
红　山	阳光嘉园	土	10	梅园新村	佛心桥社区前	塑	7
孝陵卫	康定里小区	面包砖	10	梅园新村	陆军干休所	水泥	7
孝陵卫	紫金南苑	塑	10	梅园新村	清溪路8号	面包砖	8
玄武门	公教一村1	塑	10	孝陵卫	南理工大	草地	10
玄武湖	仙鹤门	塑	10	孝陵卫	农科院松林坡	人草	12
玄武湖	仙鹤茗苑	塑	9	孝陵卫	铁匠营1号楼前	土	10
红　山	机电花园	土	10	玄武湖	钟麓花园	塑	10
梅园新村	前半山园小区	水泥	10	玄武湖	东方城小区	塑	10
玄武湖	樱驼花园跃新园	水泥	9	玄武湖	花园路7号	塑	10
梅园新村	小营北路6号	塑	10	玄武湖	花园路5号	塑	10
锁金村	锁一、二村	塑	9	玄武湖	樱驼花园华泰园	塑	7
红　山	北苑2村	塑	9	玄武湖	天文仪器厂	塑	10
新街口	网巾市20号	水泥	11	玄武湖	东方城100号	塑	10
梅园新村	汉府雅苑	塑	11	玄武门	高楼门7号	方砖	10
新街口	汇杰公寓	水泥	6	玄武门	东升花苑	草地	10
孝陵卫	南理工大	水泥	10	锁金村	锁二村小区	塑	10
玄武门	九华山公园	塑	14	锁金村	林化所2	方砖	10
锁金村	白马山庄	土	7	锁金村	炮干所	水泥	10
孝陵卫	钟山花园城外	方砖	10	锁金村	翠岭居	土	10
孝陵卫	晏公西村16幢	水泥	10	锁金村	盛世华庭	土	10

续表

受赠单位	建设地址	地面情况	件数	受赠单位	建设地址	地面情况	件数
梅园新村	东大体育场	塑	10	红　山	区体育中心	塑	19
梅园新村	清溪路1号	方砖	10	锁金村	新庄53号	水泥	11
梅园新村	后宰门大街50号	水泥	7	红　山	老年公寓	塑	10
梅园新村	清溪路4号	水泥	10	玄武门	台城花园28号	塑	21
梅园新村	月新公寓	方砖	7	锁金村	锁三村小广场	塑	8
梅园新村	香林路	面包砖	7	红　山	营苑东村	水泥	10
锁金村	林大二村	土	10	锁金村	湖景花园	运动石材	15
锁金村	板仓街49号	面包砖	7	玄武门	中央路298号	水泥	10
锁金村	锁五村(南)	塑	7	玄武湖	聚宝山馨园	塑	10
红　山	玉林山庄	土	10	锁金村	南京邮电大学	塑	10
玄武湖	板仓街57号	塑	7	锁金村	锁四村1	塑	10
玄武湖	野生所	草地	7	玄武门	大钟新村	塑	10
玄武湖	花园路70号	塑	10	梅园新村	富贵山6号	塑	10
玄武门	百子亭26号	塑	7	红　山	紫金小营小区	草地	10

南京六朝博物馆——青瓷莲花尊

人民生活

People's Life

- 人力资源和社会保障
- 民政
- 老龄工作
- 人口和计划生育
- 残疾人扶助
- 民族·宗教
- 红十字会

责任编辑　顾　坚

人力资源和社会保障

【概况】 2014年，区人社局围绕“民生为本，人才优先”工作主线，圆满完成各项目标任务，为全区经济社会发展提供人力资源社会保障支撑。党的群众路线教育实践活动，征求到各类意见建议31条，区委督导六组反馈意见6条，对列入整改计划的8项22条问题逐一落实，重点问题开展专项整治。2014年，区人社局建成全省劳动人事争议示范仲裁院。区人社局获市妇女儿童工作先进集体、市残疾人就业服务先进单位、市流动人口服务管理工作先进集体等称号。

【人才引进服务】 2014年，全区组织1028名人才申报“321引进计划”，最终入选42人；申报评审高级职称90人，中级职称127人，办理职称初定116人；1人申报江苏省有突出贡献中青年专家，2人申报江苏省企业博士集聚计划；培养高技能人才1417人。

【人事管理】 2014年，区人社局按照优先考虑缺人单位、保障重点单位和人岗匹适配等原则，合理分配新招录公务员和军队转业干部，优化有关单位干部队伍结构。注重公务员网上学习管理，定期通报学习情况。建立健全事业单位管理平台，及时更新完善事业单位人事管理系统，以推进事业单位岗位管理和聘用管理，严格执行按岗聘任原则，完善管理岗位晋升审批手续，加强各事业单位聘任流程管理，突出聘用合同作用，将聘任与岗位有机结合。会同区规范津补贴领导小组其他成员单位，对全区公务员津补贴发放情况进行清理，对存在问题及时督促整改。完成自主择业军转干部进医保、机关事业单位医保个人账户增记工作。全年接收安置军队转业干部48名，完成6个招录计划、580多名考生资格审核、笔试、面试等工作；组织区教育、卫生部门和城管大队，以及公共类岗位计185个公开招聘工作，全区事业单位合同签订率100%。

【“321人才”企业专场招聘会】 2月28日上午在玄武区人力资源市场2楼大厅举行。25家企业参加，提供有软件开发工程师，行政专员，技术支持和研发等各类岗位1000余个。为服务好与会企业，区人社局在《扬子晚报》《现代快报》南京市人才市场宣传屏和“玄武人社”微博平台等投放相应信息，吸引400余人前来应聘，初步达成意向近200人，为区“321人才”企业和求职人员双向选择起到桥梁作用。

2月21日，区人社局召开“321”人才企业人力资源保障政策解读会

【公务员教育培训】 10月28日下午，全区公务员“依法治国——党的十八届四中全会精神解读暨法治理念教育”培训会在区政府四楼会议室举行。培训由区委组织部部长梁爱国主持，省委党校法政教研部副主任、教授沈林荣主讲。授课紧扣依法治国主题，对十八届四中全会指导思想、总体目标、根本任务，以及一系列新观点、新举措等，结合具体事例，进行分析讲解，为玄武区建设法治政府、坚持依法执政、依法行政奠定良好理论基础和智力支撑。梁爱国强调，全区公务员要掀起新一轮学法、尊法、用法热潮，强化法治理念，结合本职工作，切实转化为推动实践的具体行动，为推动玄武政治安定、社会稳定、经济发展以及各项事业进步做贡献。

【劳动关系监管】 2014年，区人社局加强对区域劳动关系形势的研判，规范集体合同合法性审查、企业工资集体协议审查、劳务派遣行政许可、特殊工时审批等行政权力，依法维护劳动者合法权益。同时整合好区、街两级监察力量，建立联合工作组到辖区企业开展送法上门、日常巡查等，及时查处劳动用工方面违法违规行为，全力维护区域劳动关系和谐稳定。成立劳动人事争议仲裁院，充分发挥人民调解室、法律援助室作用，全面推进争议调解仲裁工作。年内全区集体合同审查、工资集体合同审查1126份，完成134家企业薪酬调查工作。主动巡查用人单位982户，受理职工举报投诉立案562件，为1500名劳动者追回工资458万元，受理劳动争议案件533件，审理结案532件，为职工讨回工资、经济补偿、工伤待遇383万元，区仲裁院被认定为省级示范仲裁院。

【劳务派遣法律法规巡回辅导】 7月4日下午，市人社局劳动关系处处长巴坤亚、副处长周正国走进玄武，开展第一片区(玄武区、栖霞区、南京开发区)劳务派遣法律法规巡回辅导讲座。区人社局副局长、公务员局局长张训宝主持。玄武区、栖霞区、南京开发区人社局劳动关系科、劳动监察相关工作人员，劳务派遣用工单位负责人，人力资源部门负责人，以及取得《劳务派遣经营许可证》劳务派遣单位负责人200多人参加活动。周正国分别做《劳务派遣暂行规定》及其贯彻实施、劳动合同相关知识专题辅导，帮助劳务派遣用工单位及劳务派遣单位正确理解和准确实施相关法律法规，规范劳务派遣用工行为，促进劳动关系和谐稳定。

【“春风行动”招聘活动】 2月19日上午在南京火车站站前广场举行，市、区人社局领导参加活动并作现场指导。活动中，区人社局集聚20家单位1000多个岗位，现场开展职业介绍服务，同时设立劳动维权、养老保险、劳动争议仲裁等咨询服务处，为外来务工人员提供免费咨询和维权服务。现场免费发放2014“春风记事本”和“维权扑克”等人力资源和社会保障服务资料，接受外来务工人员政策咨询近千人次，帮助50余人与招聘单位达成就业意向。

【社会保障】 2014年，区人社局在做好社会保险扩面征缴基础上，重点推进社会保险全民参保登记工作，建立社会保险基数申报、劳动监察书面审查联审机制，全区社保管理水平不断提高，被征地农民、“三无”“老军工”等特殊群体保障水平得到提升，企业退休人员社会化管理服务体系更加健全。全年发放失业金5.4万人次5471.48万元；全区基本养老保险单位参保净增8180人，灵活就业人员参保新增9260人，城乡居民养老保险参保覆盖率98%，社会保险费征收总额16.1亿元，清理社会保险欠费376万元，第三轮周期免费体检2.6万人。

【就业创业工作】 区人社局坚持把就业创业作为全区人民生活社会事业发展“龙头工程”，对三类就业服务人群实施分类援助，将就业创业政策作用发挥好，衡量就业水平各项评价指标在全市保持领先，市对区综合考核中附加分指标大学生就业获4.35分好成绩(总分5分)。2014年，全区新增城镇就业24748人，其中新增城镇单位就业14849人，大学以上学历人员就业占62.41%，实现再就业12051人，援助困难人员就业2111人，培育自主创业2030人，创业带动就业20259人，组织22330人参加各类培训。全年审核发放用人单位岗位补贴73.8万元、社会保险补贴327.19万元，灵活就业人员社会保险补贴2300万元。玄武门街道台城花园社区被评为全国充分就业示范社区，玄武湖街道新南京人服务中心被评为省级外来务工人员综合服务示范中心，南京理工大学大学生创业实践基地被认定为南京市大学生创业园。

【省领导视察台城花园社区】 12月11日下午，副省长张雷视察玄武区台城花园社区基层人力资源和社会保障服务工作平台建设情况，省人社厅厅长谭颖、副厅长周英，市人社局局长朱志宏、副局长江萍，区委常委、常务副区长曹曙，以及玄武湖周边地区综合管理办公室主任马千山等陪同视察。台城花园社区人力资源和社会保障站负责人邢素丽详细介绍台城花园社区人力资源和社会保障服务工作平台运行、辖区大学生就业创业等情况，现场演示江苏省高校毕业生实名制管理信息系统。张雷对社区离校未就业高校毕业生实名制登记服务、岗位信息发布、推荐就业等工作给予充分肯定，同时对社区工作人员生活和工作情况表示关心和慰问。

【储永宏会见海外人才】 4月26日，区委书记储永宏会见参加第七届中国留学人员南京国际交流与合作大会玄武专场活动海外人才。向美中高层次人才交流协会秘书长孔德海等100多名海外人才介绍玄武区基本情况、产业特点和比较优势，邀请海外人才到玄武区创业发展。区领导滕涛、陈云松，以及徐庄管委会主任薛磊，玄武湖周边地区综合管理办公室主任马千山等参加会见。会见前，海外人才参观徐庄软件园“321人才”大厦和物联网中心，并参加“圆梦玄武、创赢未来——玄武区招才引智政策推介会”。推介会由区人才办主任孙荟主持，副区长陈云松致辞，薛磊介绍徐庄软件园基本情况及创业环境，马千山介绍玄武区创业政策，徐庄软件园区“321”创业人才代表万春向海外人才介绍玄武区“321人才”政策及创业体会。

【企业退休人员摄影作品获奖】 10月15日上午，由南京市社会保险管理中心主办，2014首届“南京社保杯”企业退休人员摄影大赛获奖作品展启动仪式暨颁奖活动在金陵图书馆举行。5月，主办单位开始征集参赛作品，区人社局精心组织、积极宣传，辖区内退休人员用手中相机记录南京剪影，玄武区选送50幅优秀作品参赛，区企业退休人员陶水玲作品《荣光》获特等奖，另有9幅作品分别获一等奖、二等奖和优秀奖，颁奖仪式上省、市社保中心领导等为获奖者颁发荣誉证书。 （封 炜）

民 政

【概况】 2014年，全区民政工作把握“改革创新、特色发展”主线，践行党的群众路线教育活动，以创建现代民政示范区为抓手，立足“惠民”“强基”“善治”。动员组织驻区部队参加“大干一百天、环境大扫除”专项整治行动，组织兵力34300人次，出动车辆500台次，清运垃圾1500余吨，拆除违建2600平方米。新增社会组织207家，全区注册登记社会组织数量达859个，其中社会团体57个，民办非企业单位802个，

【社会治理创意园建成】 5月16日上午，玄武区召开“建设全国社区治理和服务创新实验区暨2014年和谐社区建设工作推进会”。会

玄武区为3名符合救助条件原国民党抗战老兵发放困难救助金。图为10月31日在孙道成家中老人领取救助金

上，省民政厅副厅长戚锡生与市民政局局长陈学荣为玄武区社会治理创意园揭牌。该园由玄武区民政局立项，联合孝陵卫街道共同打造，为全市首家集“社区治理研究、社区体制创新、社会组织培育和公益人才集聚”于一体综合性社区治理平台。按照“一园两中心五个功能模块”建设思路，园内设立玄武区社会工作创意发展中心和玄武区社会组织发展促进中心，设立社会组织党建中心、社区治理实证研究中心、公益组织支持中心、公益人才培育中心和社工（社区）学校等5个功能板块。该园按照“政府业务指导、机构独立运作、项目契约管理、绩效外部评估”运作思路，通过政府购买服务，改变以往政府单一主体运作模式。园内日常运行由第三方专业机构——江苏华益社会组织评估中心负责；各功能板块坚持项目化运作，由玄武区社区合作治理研究中心、玄武区社会工作服务中心、玄武区同仁社工事务所、南京市你和我公益组织发展中心等多家支持型组织承接。

【“三无”人员保障落实】 2014年初，玄武区在全市率先出台《玄武区城市“三无”人员保障暂行办法》，从城市“三无”人员的认定到他们的生活保障、医疗救助、丧葬服务等有了政策保障，解决多年来这一群体生活生命保障，因没有相关文件依据而无法纳入保障系统问题。文件出台后，年内全区已有27名“三无”人员纳入保障。

【原国民党抗战老兵获生活困难救助】 2013年7月，国家民政部首提“原国民党抗战老兵纳入保障”的政策，经前期调查核实，玄武区有3名符合救助条件原国民党抗战老兵，也是全市仅有的3名原国民党抗战老兵（任时雪、孙道成、邬汉忠）。2014年10月19日，区民政局专门下发《关于给原国民党抗战老兵生活困难救助的通知》62号文，将生活困难救助金发放到老人手中，救助金额为每人每月2180元。

【全国社区治理和服务创新实验区建设】 1月6日，经过申报、评审

等程序，国家民政部确认玄武区为“全国社区治理和服务创新实验区”。5月16日上午，区委、区政府在409会议室召开“建设全国社区治理和服务创新实验区暨2014年和谐社区建设工作推进会”。省民政厅副厅长戚锡生，市民政局局长陈学荣，区委书记储永宏，区人大主任张萍，区政协主席邱小凡，区委副书记杨乐华，区政府副区长蒋兆全，各街道党政领导、民生服务中心主任、副主任，各系统、部门主要领导，各社区党组织书记、居委会主任等200多人参加会议。杨乐华主持。会议出台《关于推进全国社区治理和服务创新实验区建设的意见》等文件，正式启动全面探索和推进以“多元主体、社区善治”为主题的实验区建设工作。

【参加全国社区治理和服务创新推进会】 4月10日上午，“全国社区治理和服务创新推进会”在南京召开。会议期间，民政部副部长窦玉沛、民间组织管理局局长王建军、基层政权和社区建设司司长蒋昆生、副司长刘勇，省民政厅厅长侯学元、副厅长戚锡生，南京市副市长徐锦辉、副秘书长孙宁，市民政局局长陈学荣、副局长陈芳，在区委书记储永宏，区长徐曙海，区委常委、区委办主任滕涛，副区长蒋兆全等陪同下，率领来自全国第一批、第二批社区治理和服务创新实验区相关领导、江苏省各市民政局领导及社会组织、社区代表约200人，实地考察玄武区锁金村街道“中心化”改革工作。下午，全国社区治理和服务创新推进会在钟山宾馆召开，玄武区代表全国社区治理和服务创新实验区做经验交流，储永宏发言，从三个方面介绍玄武区围绕“多元主体、社区善治”实验主题，坚持建设模式、管理体制、服务机制三管齐下社区治理和服务创新经验做法。

【社区“去行政化”改革启动】 2014年，玄武区围绕“多元主体、社区善治”为主题“全国社区治理和服务创新实验区”建设工作，进一步深化街道“中心化”改革，全面启动社区“去行政化”改革工作。推进街道分中心建设，重构社区“委居站办”管理服务格局，实施居、站适度分离，试点社区公共服务整体外包。创新社区服务模式，通过“拆柜台、搭前台、建后台”，构建“前台办理和前台受理+后台办理”的服务模式，在全区逐步推广。优化社区网格化服务机制，推行特殊群体上门服务、代办和陪伴服务。年内全区社工走访居民、驻区单位，开展网格服务28万余次，有效提高服务效能。

【参加海峡两岸社区治理论坛】 6月15日，首届海峡两岸社区治理论坛在厦门举行。来自海峡两岸200余名社区工作者、专家学者和社会组织代表参加，围绕如何进行社区定位、自治与发展等相关议题进行深入交流与探讨。民政部部长李立国、国台办主任叶克冬、新党主席郁慕明、国民党中央评议委员会主席团主席赵守博参加开幕式。玄武区作为江苏省唯一一家基层政府代表受邀参加，区长徐曙海、副区长蒋兆全出席会议。

【“全国志愿服务记录制度”试点工作】 2014年，区民政局在全区范围内选择10个社区以及10家在民政部门登记注册社会组织作为志愿服务记录制度试点主体，多次组织业务培训，加强对试点单位业务指导，《全国志愿者队伍建设信息管理系统》试点注册登记志愿者4317名，20家社会组织，发布各类志愿服务项目近200个，逐步实现志愿者信息集中管理、统一认证，志愿服务时间及时记录，志愿服务项目集中发布、认领，信息交流等各项服务和综合协调功能，稳步推进试点工作。

【社区服务多领域拓展】 2014年，玄武区在“扶老、助残、救孤、济困”等领域，进一步拓展社区服务范围、扩大公益创投项目实施规模。年内获中央财政支持项目1个；获省级“公益创投大赛”优秀项目6个，为全省最多。通过市、区公益创投评审项目30个，涉及为老服务、助残、教育、卫生等10多个领域及有关部门。获得中央、省、市资助资金近130万元，区级投入配套资金近130万元。全年公益创投项目规范运作，直接或间接服务约10.8万人，初步形成实体化、多元化、规模化运作。

【未成年人保护试点工作】 2014年，区民政局开展未成年人保护试点工作，做到孤儿保障及时到位。将工作范围从传统孤儿扩大到事实无人抚养的困境儿童，为全区6名孤儿发放基本生活保障金69480元。根据《民政部关于开展第二批全国未成年人社会保护试点工作的通知》和《南京市未成年人社会保护试点工作实施方案》有关要求，在开展未成年人保护试点工作中，成立领导小组，11月21日，组织召开未成年人保护试点工作会议，会议下发玄武区未成年人社会保护工作政策文件300余册，明确全区未成年人社会保护工作具体任务和工作要求，以及各相关部门职能。

【烈士证明书换补发工作】 2014年，全区烈士证明书换发、补发工作启动。区民政局根据上级有关通知精神，迅速部署，细化工作，确定流程，做到保质保量完成换证工作。在换发烈士证明书同时，对烈士遗属进行一次普查，确保烈属待遇落实到位。

【退役士兵安置改革】 2014年是新《退役士兵安置条例》实施后，义务兵退出现役第一年，区民政局从四个方面稳步推进退役士兵安置改革工作。一是加大宣传力度，通过发放各种安置政策材料，深入街道召开退役士兵座谈会，以面对面交流等方式有针对性宣传政策，使退役士兵及家长对安置政策有深刻的认识。二是加强退役士兵免费技能培训，严格教学管理，狠抓培训质量，提高退役士兵就业能力和社会竞争能力，年内有76名退役士兵参加驾驶、计算机、电工、室内装潢设计等短期培训，1人参加中高级技能培训，21人报名参加复学等学历教育。三是为退役士兵搭建就业平台，提供政策保障。及时对退役士兵进行就业指导培训，组织退役士兵参加2场退役士兵专场招聘会，主动与有用工需求单位沟通联系，努力为退役士兵就业开辟渠道。四是通过双向选择完成计划安置工作，做到公开、公平、公正，切实保障退役士兵的利益。

【救助保障多线托底】 2014年，全区新增低保147户、200人；退出低保270户、465人。截至12月底，全区有低保对象2256户，3502人，占全区总人口0.69%；累计发放最低生活保障金43892人次，2323.1万元，人均补差564.06元。为全区城乡困难居民实施医疗救助16035人次，救助金额351.89万元；为全区困难家庭中因病、残疾、就学、突发灾害等原因而导致生活困难的9270户家庭办理临时救助，发放救助金175.12万元；为全区困难家庭中依老养残、一户多残、重度残疾2728人次，发放特残补助金153.06万元；实施“3+X”特色救助，支出救助金158.94万元，惠及困难群众近2.9万户次。联手区政法委为全区约14.5万户家庭和50.2万户籍人口办理惠民保险，推动民政服务由“补救型”灾后救济向“预防型”灾前保障转型。

【婚姻收养登记】 全年办理结婚登记8757对、离婚登记2966对；补领婚姻证903对；出具无婚姻证明21530件。登记合格率100%。办理收养12件，收养登记合格率100%。

【“连理树”工作室成立】 5月，为缓解家庭矛盾，维护婚姻和谐、社会稳定，区民政局结合工作实际，率先在区婚姻登记中心成立全市首家婚姻家庭调解类专业社会组织——玄武区婚姻登记处“连理树”工作室，为拟离婚夫妻搭建一个倾诉和缓冲的平台。“连理树”工作室坚持“以人为本”“调解优先”方针，在离婚登记前，增设一个缓冲环节，运用法律、文化、家庭社会工作专业服务等方法调解婚姻家庭纠纷，对婚姻家庭问题进行心理辅导，情感疏导。向当事人宣传相关法律、法规和国家政策，及时告知当事人应有的权利、义务，引导双方依法规范处理纠纷，使拟离婚双方从法律层面进一步厘清各自权利与义务，化解并遏制矛盾纠纷再生。同时引导婚姻当事人扮演好家庭角色，树立正确婚姻家庭观，正确处理婚姻家庭关系。至2014年底，已成功调解202起纠纷。

【福利彩票】 2014年，福利彩票区域性销售额1.8亿元，积累福利彩票公益金近6000万元；中福在线珠江路销售厅年销量5981万元，销量全省第一。在玄武湖公园内，率先成立全国首个福利彩票文化园，受到中彩中心和省、市福彩中心领导肯定。

【军休工作】 2014年，玄武区现有7个军休所，工作人员74名。年内，玄武区新接收安置军队离退休干部87人，军队离退休干部实有1745人。出台军休所财务管理、人员管理、车辆管理、会议制度和网格化管理制度。针对军休干部医疗费增幅较大情况，协助卫生部门出台《关于加强玄武区军休干部医疗保障管理工作的试行意见》，推进军休所规范化建设，提高军休服务水平。同时建立军休干部各项基础资料信息数据库，整理完善个人及家庭基本信息，以及相关工资、药品、住院情况等医疗档案，以加强对军休干部的了解。通过玄武军休网站、离退休生活杂志、手机信息平台、电话等方式，让军休干部了解各所军休动态，逐步搭建起军休干部与工作人员直接交流的平台，增进感情。全面落实“两项待遇”，做好重大节日走访慰问军休人员工作，对特困军休人员家庭进行重点帮扶照顾。认真做好军休干部职工接访处理工作，确保军休群体和谐稳定。 （马　凌）

老龄工作

【概况】 截至2014年底，全区60岁以上老年人口约8.9万人，约占全区总人口16.95%，80岁以上高龄老人约1.5万人，约占老年人口17.93%。全区老年人尤其是高龄老人呈持续增长态势。玄武区老龄工作始终贯彻落实好《国务院关于加快发展养老服务业的若干意见》，以及《省政府关于加快发展养老服务业完善养老服务体系的实施意见》等文件精神，不断加快养老服务业发展，形成“政府主导、规划引领、社会化建设、市场化运作”的玄武养老服务发展特色。2014年，玄武区老年优待工作继续加大政府购买服务力度，实现政府为60岁以上“五类”人群购买居家养老服务全覆盖，为全区15000名高龄老人发放长寿营养补贴1000万元，为6000多名老人免费办理江苏省老年优待证，为全区所有60岁以上户籍老年人提供老年意外伤害保险。全年征订1500份《老年周报》下发到各社区，供老年人免费阅读。连续两轮被评为全国老龄工作先进区。

【养老服务政策完善】 2014年，玄武区率先对接国家、省市养老有关要求，出台《玄武区居家养老政府购买服务实施细则》《玄武区居家养老服务补贴办法》，将“五助”纳入“以奖代补”范围，鼓励、吸引社会资源参与居家养老服务；出台《关于开展居家养老助餐服务的实施方案》，扎实推进为老助餐服务，助餐工作得到市民政局充分肯定并予以全文转发出台《玄武区推进“医养融合”养老服务工作方案》，依托区医疗卫生服务资源，全面启动并大力推进玄武区“医养融合”养老模式。

【“医养融合”养老模式启动】 2014年初，依托区医疗卫生服务资源，全面启动并大力推进玄武区“医养融合”养老模式，形成“1十7十N”的服务格局：即，在区级由民政、老龄、卫生部门成立“玄武区医养融合服务指导中心”，负责全区养老健康服务指导和协调，整合社会资源，引导社会力量，制定全区“医养融合”养老发展战略；7个街道分别由社区卫生服务中心和区域内养老机构签订合作协议并提供上门医疗服务；自身有医疗资质的养老机构，由社区卫生服务中心提供业务指导、监督和相关需求服务，指导帮助有条件的养老机构申请设立基层卫生服务点，对没有条件内设医疗资质的养老机构，通过送医疗服务上门的方式实现“医养融合”。截至2014年底，区域内通过自身申请医疗资质并通过审批的机构有7家，和医疗机构签订协议，采取外请医疗方式的机构有8家，全区“医养融合”覆盖率53%。

【养老服务产业发展】 玄武区注重引导企业通过市场化运作促进自身发展，为老年人带来更多实惠。一是提出互助养老、健康生活理念，培育“娱乐养老”“俏乐一族”文化养老品牌。二是开发健康养老服务业，支持企业技术成果市场转化，成立健康管理中心、智慧养老发展中心。三是发展互联网老年产业，为时尚中老年人提供网上购物、服务订购等。四是搭建老年服务及产业发展平台。成立玄武区福利事业发展促进会，建成玄武社会组织发展促进中心，扶持养老服务组织规范化、专业化发展。

【养老服务系统投入使用】 2014年，区民政局强化“万家帮+社会企业”养老发展模式，完成养老云服务二期工程，在对区原有数据库系统进行升级同时，建立养老服务评估系统，采用三级评估机制和评估员责任授权制，实现区、街、社区和

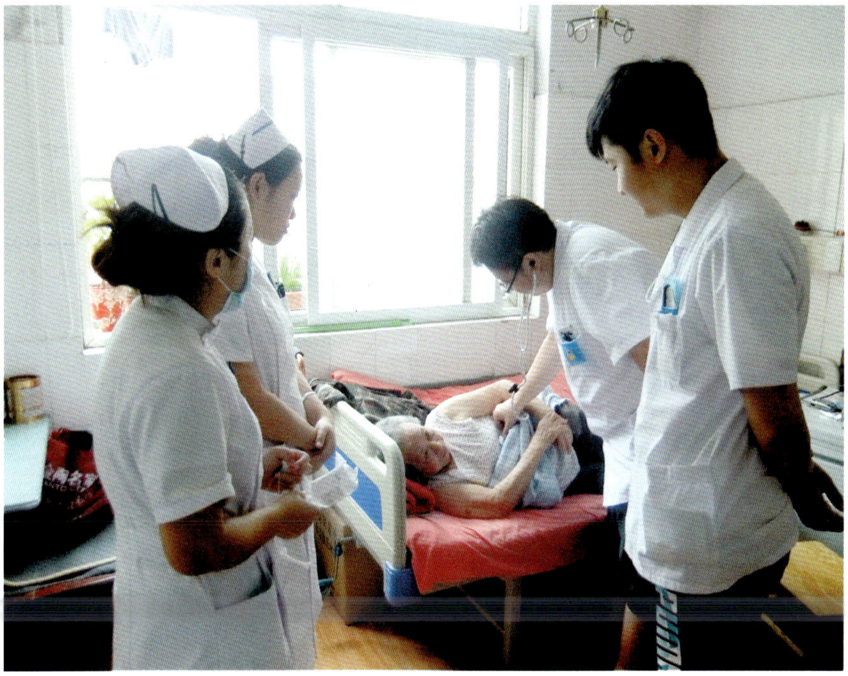

玄武区全面推进“医养融合”养老模式。图为医务人员在为老人医疗护理服务

服务组织之间责、权、利有效融合，将全区养老机构、居家养老服务中心全部纳入服务平台。通过服务人员手持终端，对服务组织的服务进行系统记录、跟踪评估。5月以来，对2317名服务对象开展政府购买居家养老服务评估。（马　凌）

人口和计划生育

【概况】 2014年，区人口计生局以争创省“十二五”人口协调发展先进区为主线，全面实施单独两孩政策、奖励扶助政策兑现、流动人口均等化服务、免费孕前优生促进、0~3岁婴幼儿早期教育、人口和家庭公共服务体系建设等重点项目。在“国际家庭日”举办“人人健康　家家幸福”邻里文化活动。全年新建“流动人口计划生育管理服务站”1家。完成1530对免费孕前检查。组织4127名育龄妇女参加免费生殖道感染综合防治，联合区卫生部门对9500名群众进行两癌筛查，建设街道和社区级指导服务站（亲子活动中心）10个。开展2~3岁婴幼儿免费体验服务2873人次，全年计划生育率99.93%，流动人口管理服务率96%以上，奖励政策兑现率100%。

【单独两孩生育政策实施】 2014年是江苏省“单独二孩”生育政策启动年，区人口计生局发挥宣传先导作用，加强政策宣传，利用媒体、报刊、宣传橱窗等，做好社会宣传工作，印制4万多份宣传折页，对“单独两孩”生育政策进行宣传。组织基层计生专干参加市人口计生委政策解读培训活动，进一步优化再生育审批流程，使基层工作人员熟悉政策规定，熟练办理再生育审批手续，做到熟练、规范、快捷为育龄群众服务。全年受理再生育审批915件，网上办理《独生子女父母光荣证》6633件。

【0~3岁婴幼儿早教机构培育】 2014年，区人口计生局着眼婴幼儿家庭服务需求，以发展全日制（半日制）育儿园及有特色计时制亲子园为主，强化指导服务中心（站、室）建设，扶持社会办育儿园2个，发展有特色计时制亲子园10个。加强婴幼儿早教师资力量建设，推行保教人员持证上岗，逐步实现持教师资格证、育婴师资格证“双证”上岗，对已准入机构进行规范管理。

5月16日，“国际家庭日”暨2014年台城邻里文化节“人人健康　家家幸福”主题活动

【计划生育家庭合法权益维护】 全年为8715名失业人员发放独生子女父母奖励金52.29万元；为829名特扶对象发放扶助金437万余元；为6193名企业退休职工发放一次性奖励2229.48万元；为85人申请计划生育公益金17.7万元；为314个失独家庭成员办理重大疾病保险，199户14岁以下独生子女困难家庭办理平安“两全”保险，129名基层计生职工办理意外伤害保险计64380元。全区有2550人参加独生子女康健保险，投保金额25.5万元，赔付232人次，赔付金额20.8万元。2014年南京市行政执法案卷评查中，区人口计生局社会抚养费征收案卷被评为优秀行政处罚、强制案卷，是全市计生系统唯一获该奖项案卷。12月29日《中国人口报》头版以“玄武区打造权力阳光计生运行新篇章”为标题，宣传推广该依法行政做法。全年受理“12345”平台工单111件，全部及时办结，群众对工单办理满意率为95.2%。

【流动人口均等化服务】 2014年，区人口计生局在流动人口计划生育服务管理过程中，全面实施流动人口与常住人口均等化服务管理。全面完成国家流动人口动态监测试点任务。在新街口、玄武湖、红山3个街道中抽取8个社区进行流动人口动态监测，通过入户调查，采集流动人口个案信息录入国家流动人口监测系统，完成动态监测任务。加强流入、流出人口婚育信息交换，确保流动人口各类信息数据更新及时,信息准确完整,全区流动人口管理服务率96%以上,信息反馈率95%以上。加强部门合作,实施流动人口综合管理。通过流动人口流出地与流入地签订流动人口服务管理双向协议,加强区域间协作,实行流动人口流入地和流出地联合有效管理。全年办理流出人口婚育证明528本,办理催办通知28120份,验证3744例,全年新增录入流动人口个案信息17054条。

【基层计生协会组织】 2014年,全区7个街道和58个社区完成计生协会组织换届工作。在驻区院校大学生中开展青春健康同伴教育活动100多场,组织大学生参加中国计生协第二届"青春健康"微作品创作大赛,征集作品近20件。南京体育学院建成省级青春健康教育基地,组织827名志愿者参与青奥会场馆服务。南京林业大学青春健康活动项目获国家计生协会资金和技术支持,该校志愿者林琳与巴赫主席分享青奥志愿服务经历。南京理工大学"小青柠"受到李克强总理接见。玄武中等专业学校200名学生参加青奥会闭幕式演出。全区基层计生协会组织进一步健全,各类服务项目不断拓展,基层协会组织在计划生育服务管理中发挥更大作用,2014年,玄武湖街道樱驼花园社区获"全国人口计生基层群众自治"示范社区称号。

(殷锦国)

残疾人扶助

【概况】 2014年,区残联抓保障和改善残疾人民生为核心,不断满足残疾人需求为基础,全面完成年初制定的目标任务。在党的群众路线教育实践活动中,抓好查摆问题、整改落实、建章立制三个环节,查摆出问题37条,制定整改措施和工作制度12项。有效回复和办理政协委员提案1件和"12345"平台工单9件,办结率100%。

7月,参加中残联举办第七届"同仁之声2014助残社会组织交流会"活动,并做主题交流发言。12月全省首家孵化、培育社会助残组织能力建设、评估与督导中心——南京市玄武区助残社会组织发展促进会成立。区残疾人康复中心全面投入使用,在全国率先同时引进并掌握国际先进托马迪斯、思诺速特等残疾人康复设备和康复技术。

2014年,提高街道、社区残疾人专职委员待遇,落实400元每人每月补贴。南京理工出版信息技术有限公司被中残联表彰为全国扶残助残先进集体。区残联制作公益微电影《生命因残疾而美丽》,获"我梦最美"省残疾人微电影公益广告和歌曲比赛优秀作品奖、最佳感动奖、最佳制作及出品人奖。玄武火凤凰助残中心等3家社会组织被省残联评为文化创业基地和志愿者服务基地。玄武九洲残疾人文化艺术中心及红山残疾人托养中心2家机构被评为市首届公益创投十佳单位。

【残疾人就业工作】 2014年,区残联在全区范围内开展就业年龄段持证残疾人就失业情况调查,全区入户调查就业年龄段残疾人3202人,系统录入成功3075人,死亡、失联、重复127人。其中已实现就业残疾人1081人,未就业残疾人793人,未就业人员中有就业意愿374人,无就业意愿419人,其余1201人为无就业能力或在校学习等情况。举办残疾人盘叉包装、电脑手工编织等各种技能培训,236名残疾人参加。第24次"全国助残日",组织118名残疾人,参加省、市残联联合举办残疾人就业专场招聘会,65名残疾人签订意向劳动协议,4名残疾人签订劳动合同,全年全区安排残疾人就业168人,扶持自主创业10人。开展用人单位按比例安排残疾人就业补贴和超比例奖励工作,补贴和奖励2家单位,补贴和奖励金额7.696万元。

【残疾人教育救助】 2014年,区残联重视残保金征收宣传,全年残保金入库2170余万元。落实残疾人各类保障救助政策,为287名低保重残发放重残补贴金26.76万元;为491名特困残疾人发放救助金294.9078万元;为649名"重残、孤残、老养残、一户多残""四类"残疾人发放救助金64.27万元;为260名困难残疾人发放护理补贴38.44万元;发放教育专项补贴19人2.55万元、残疾学生助学和奖励11人3.37万元;向低保残疾人家庭53名非残疾学生发放助学金4.14万元;对生活困难的残疾人家庭发放临时救助金10万余元,捐赠小家电130台,10个残疾人家庭接受"施宪纲助学金"捐赠项目。全年下拨各类庇护性劳动项目建设经费9.8万元,培育"一点爱心网店""蘑菇庄园"等一批特色项目。年内投入4.04万元,继续为全区236名接受托养机构托养的残疾人和托养机构工作人员购买意外身故及附加险和公共交通意外险,为全区8家残疾人托养机构购买公共责任保险和财产险。在全市率先为残疾人购买意外伤害保险，给予玄武区持证残疾人50%保险补贴7万元。

【残疾人康复服务】 2014年，区残联接受市残联0~6岁残疾儿童康复项目绩效考核，获市残联充分肯定，同时完成上报玄武区残联关于“十二五”残疾人康复项目专项检查自查报告。全年为94名0~6岁残儿与20家康复机构签订委托训练协议书，并制定专门康复训练档案。上半年区残疾人康复中心投入使用。全年免费白内障复明手术5例、安装假肢及矫型器15人；捐赠轮椅76辆、盲杖18根；助视器118副、助听器13个。按照残疾人实际情况和需求，为全区重度肢体残疾人、视力残疾人发放沐浴椅、声光盲杖等945件；家庭无障碍环境改造6户；重度残疾人免费健康体检373名。全年为176名贫困精神病人提供免费服药2076人次，年内全区贫困精神病患者免费服药新增6名。

【残疾人文体活动】 10月30日，由区九州残疾人文化艺术中心与南京市话剧团联合推出，第一部残疾人出演新版话剧《沦陷》首演成功，全国近30家媒体采访报道。11月30日，举办“爱在玄武 我梦最美”第六届残疾人文艺汇演。《九州残疾人》报刊试刊发行。开通《玄武残联》新浪官方微博。选送3副残疾人书画作品参加省残疾人书画推介会。3月，出台《玄武区残疾人运动员奖励暂行办法》，年内奖励在全国第八届残疾人运动会及省、市残疾人运动会上表现突出优秀残疾人运动员黄强、任泳杰、李洋、汪浩杰等。做好省残联第九届残疾人运动会坐地排球比赛场馆和集训的组织协调

6月20日，玄武区首届残疾人地滚球比赛

工作，组织参加省残联九残会，获5金4银3铜。

【助残社会组织服务活动】 2014年，区各残疾人协会和社会助残组织开展各类活动，盲协与蒲公英互助社合作，为残疾人办理意外伤害保险，组织盲人深入社区开展盲人按摩。肢残协会组织残疾人参观浦口青奥会场馆。聋协组织聋人朋友赴浙江舟山旅游，举办聋人学习摄影培训班。

【组联和维权工作】 组织街道、社区残疾人专职委员全员参加中残联“强基育人”工程—残疾人阅读与培训在线学习，并全部通过考核，取得培训证书。为残疾人办理残疾人意外伤害险，对符合办理条件的残疾人提供50%保费补贴近7万元。完成省助残志愿者网站注册及南京青奥助残志愿者注册登记工作。认真接听各类诉求电话，接待调处信访来访，青奥会期间，做好残疾人稳定工作，对已经或可能产生上访情况进行摸排梳理，对6名重点上访户进行教育疏导、走访慰问安抚。在“三小车”集中整治中配合全市统一行动采取教育疏导，对交警提供6名重点人头分解到各街道，采取稳控措施，未发生挑头载客营运现象。 （金丽娟）

链接

为残疾人购买意外伤害保险

自2014年起，玄武区残联为全区残疾人购买人身意外伤害保险，是玄武区为残疾人群体办的一件利好实事。残疾人群体因其自身的特殊性，不同于正常人的生理特点，其出行、行动不经意间容易发生意外跌倒、碰擦等现象，而其后期的医疗费用多少给原本不富裕的残疾人家庭带来经济上负担。区残联考虑到如此现状，经残联领导班子会议决定：委托南京玄武蒲公英残疾人互助社为玄武区残疾人办理人身意外伤害保险，让残疾人群体的人身安全和身体健康得到更好保障。2014年为区288\名参保残疾人给予50%保费补贴，年内已有数十人得到意外伤害的赔偿，赔偿金额约3

万元。2015年起区残联将承担本区残疾人参保对象全额人身意外伤害保险费用。

民族·宗教

·民　族·

【概况】 2014年，玄武区有少数民族27个，人数8648人。其中回族7861人、满族357人、蒙古族110人、壮族79人、苗族39人、土家族54人、维吾尔族9人、朝鲜族58人、白族4人、藏族3人、黎族3人、侗族6人、锡伯族6人、彝族7人、畲族3人、布依族8人、羌族12人、哈萨克族2人、高山族3人、达斡尔族8人、毛南族1人、阿昌族4人、仫佬族2人、瑶族3人、纳西族2人、撒拉族1人、鄂伦春族1人；少数民族流动人口1000余户、3000余人。呈现少数民族来源全国化，民族关系多样化。

2014年，开展民族团结进步创建活动，做好城市少数民族流动人口管理服务，解决少数民族在生产生活中的困难，妥善协调处理民族纠纷。落实市政府办公厅关于对回族等10个少数民族居民发放牛羊肉补贴意见，截至2014年底，审核报备7746名少数民族居民，全年发放108万元牛羊肉补贴。开展清真饮食行业执法检查，促进清真食品在规范化、制度化中运行。

【政策法规宣传】 2014年，区民宗局通过宣传板报、横幅标语，发放宣传材料、宣传画册，广场咨询和服务等形式宣传相关政策法规。6月，在全区范围内开展民族宗教政策法规学习月活动，组织区民族宗教工作领导小组成员单位和街道、系统民宗干部，以及辖区宗教活动场所负责人、教职人员，认真学习政策法规以及民族宗教方面基本知识。6月3日下午，由锁金村街道主办、锁三社区承办“心手相连一家亲”少数民族联谊会在街道中心大会议室举行。区民宗局领导、各街道分管领导和统战员参加联谊活动，200余名锁金地区各民族居民朋友参与现场活动。活动凝聚了各民族人士情感，提供少数民族朋友与居民群众沟通和交流的平台，进一步增进各民族之间的融合。

【民族团结工作】 2014年，区民宗局继续做好健全组织网络，搭建工作平台，实行优质服务，共享发展成果。开展群众喜闻乐见宣传教育活动，宣传党和政府的方针政策、惠民举措和经验成果。对常住少数民族，开展与困难户结对帮扶，优先解决就业就学，帮助实现全面小康目标。对流动少数民族人员，重点协调纳入城市管理和享受同城优待。春节筹款近2万元，慰问50户少数民族困难家庭。“六一”节和春节两次慰问红山外来工子弟学校16名少数民族学生。市人大常委会民宗侨外委与市人大代表调研玄武区少数民族工作。对于少数民族代表提出清真食品安全监管，以及清真餐饮企业较少等问题，要求认真梳理并上报提案，高位协调解决。

【少数民族合法权益维护】 2014年，区民宗局领导与各街道民宗助理一起，开展为少数民族困难家庭送温暖活动，走访慰问辖区内21户少数民族困难家庭，分别送上400元慰问金，通过走访慰问，增强政府与少数民族间感情。实行统一分片、集中定点、流水作业形式，严格规范对全区128名少数民族考生民族成分进行审核。做好10个少数民族牛羊肉补贴申请、登记、统计、公示、报批、拨款和发放等工作。组织区商务、工商、城管等执法部门，对各街道清真拉面店、农贸市场、超市等清真食品加工、销售单位进行专项检查，规范清真企业生产经营秩序。

（周　勇）

4月21日，清真食品执法检查

·宗　教·

【概况】 2014年，全区有宗教活动场所9处，各类信教群众2万余人，宗教教职人员74人。区民宗局严格依法管理宗教事务，推动宗教场所自身标准化建设，开展对宗教活动场所及周边综合整治工作，认真做好青奥会期间民族宗教领域安全稳定工作。创建“星级宗教活动场所档案室”；开展区“宗教慈善周”暨爱心助学活动；引导宗教与社会主义社会相适应，促进民族和睦、宗教和顺、社会和谐。6月20日，为弘扬宗教文化和促进宗教事业发展，市委常委、统战部长李世贵调研玄奘寺

9月30日，玄武区宗教界资助困难家庭学生仪式

【宗教活动场所标准化建设】 2014年，按照《城市综合治理标准化建设》中“建筑物、环境卫生、容貌秩序、绿化、设施、厕所、办公区域、场所食堂、窗口服务、工作制度”10项考核细则，区民宗局对全区9个宗教活动场所开展标准化建设达标创建工作，牵头对宗教活动场所周边开展内外并举综合治理。及时组织宗教活动场所负责人开展对标准内容学习，对市局标准化建设意见进行辅导。区民宗局联络相关场所，协同街道做好场所标准化建设中各项内容，同时各场所认真分解细化任务，实行片区专人负责，落实标准化各项指标。区民宗局会同街道做好场所标准化建设，协助场所把场所标准化建设与环境大扫除有机结合，各场所环境面貌焕然一新。认真按照考核细则要求，切实消除“脏乱差破”现象，力争“十无十净、一降低、本色化”落到实处。对没有达到考核细则标准的不予验收，列出整改意见督促整改。

6月20日，市委常委、统战部长李世贵调研玄奘寺

【宗教场所档案室规范管理】 2014年，开展宗教档案管理规范化建设。区民宗局主动与区档案局沟通协调，开展宗教活动场所相关调研，对场所资料、文物、建筑等进行摸底，细致梳理档案管理现状和存在的问题，为宗教档案规范工作提供依据。多措并举，提升宗教档案科学化管理水平。加大宣传，增强认识；夯实基础，以点带面；明确人员，完善制度；充实内容，账物相符。真抓实干，积极打造区域档案工作亮点。明确全区宗教团体和宗教场所工作目标，统筹规划，整体推进，年内寺观教堂全部建成档案室，两年内全区宗教场所建成档案室。鸡鸣寺达到四星级标准；毗卢寺和玄奘寺达到三星级标准；天城堂达到二星级标准；灵谷寺达到一星级标准。

【宗教场所实施文明敬香】 2014年，区民宗局依法加强对寺庙及周边香烛经营管理。向寺院提供展板和宣传材料，发出文明进香倡议。凡到寺院进香者，只用一支或三支

合标准、无污染的燃香敬佛。指导宗教活动场所管理好入口,要求售票寺庙香客购票赠香;无售票寺庙只售5元3支清香,劝导香客燃用环保香烛。区民宗局会同街道、场所及相关部门加强对宗教活动场所周边的检查,对经营劣质、大把香烛行为的经营者依法进行查处。

(周　勇)

红十字会

【概况】 2014年,玄武区有红十字基层组织56个,团体会员23个,会员14652名,志愿者1796名,红十字志愿服务基地4个,红十字青少年教育基地1个,红十字服务队伍78支(其中应急救援志愿服务分队70支),红十字博爱养老院1所,红十字博爱学校1所,红十字博爱卫生站1所。

7月8日,区委常委、统战部长许恺在紫鑫城社区红十字志愿服务基地接待台湾高雄市红十字会副会长洪富雄,双方就两地红会工作开展情况进行交流。10月20日,中国红十字总会组织中央、江苏省、南京市等多家媒体记者团到区红十字志愿服务基地——小霞癌友康复驿站做专题采访。

【区红十字会理事会八届四次会议】 11月6日召开,南京市红十字会常务副会长陈礼海,区委常委、统战部长许恺,区政府副区长、区红十字会会长蒋兆全出席。区红十字会常务副会长奚建彬主持。会议听取和审议《玄武区红十字会第八届理事会第四次会议工作报告》《玄武区红十字会2014年接受捐赠款收支情况报告》及《关于更换理事、常务理事的说明》,会议总结2014年工作,安排部署2015年工作,更换和增补第八届理事会部分理事和常务理事。

【博爱救助活动】 2014年,玄武区红十字会通过开展博爱助医、助学、助困等多种渠道和多种方式募集社会救助款83.21万元。开展红十字博爱送万家、大病救助、金陵宝宝救助等活动,发放救助款64.36万元,救助困难居民、困难学生425名。在仙鹤门、康定里社区开展博爱助医项目,为141名患高血压失地农民、困难群众免费提供送医送药服务。开展救护培训,7504名社区居民、学生接受普及救护培训,754人获初级救护员资格证书。鼓励无偿献血、捐献造血干细胞、捐献遗体(器官)。组织全区600多名机关干部以及企事业人员参加"捐血献爱心,保青奥援灾区"无偿献血活动,共献血120000多毫升。全年参加造血干细胞捐献采样的志愿者人数60人。全区参加志友捐体登记人数903人(新增27人)。已经实现遗体捐献180人(新增4人)。

【红十字活动】 1月9日,南京市暨玄武区2014年红十字"博爱送万家"活动在梅园新村街道正式启动。市红十字会常务副会长陈礼海,副会长刘霞、张杰,区红十字会会长蒋兆全、常务副会长奚建彬和市、区、街道红会工作人员参加活动。4月17日,玄武区红十字"宣传社区行"暨"博爱家园"项目启动仪式在锁金村街道锁三社区广场举行。区委常委、统战部长许恺出席,南京市红十字会党组书记、副会长刘霞参加并致辞,锁金村街道主任朱骏,区红十字会常委副会长奚建彬,社区和南京林业大学志愿服务队及部分群众代表150余人参加。5月8号,区红十字会和红山街道在玄武区体育馆前广场,开展以"迎青奥送健康红十字宣传社区行"为主题广场宣传纪念活动。许恺出席,南京市红十字会秘书长何慧君,红山街道书记王昌荣,区红十字会常务副会长奚建彬,以及爱心单位代表,区女子应急救援队和社区志愿服务队及社区群众2000

6月27日,玄武区红十字会"博爱助学"捐助仪式

余人参加。6月27日，区红会举行第14个“博爱助学”捐助仪式。许恺、奚建彬，区教育局副局长沈峰出席，区红十字会副会长颜晓民主持。2014年“博爱助学”结对帮助学生70名（其中大学生2人，高中2人，中专校1人，初中19人，小学46人），比上年新增加15名。11月13日，区红会在仙鹤门社区卫生服务中心二楼会议室开展“红十字博爱助医，为失地农民送温暖”就诊卡发放仪式。许恺出席，玄武湖街道工委书记王彦兴、奚建彬等和50名受助群众参加。

【小霞癌友康复驿站受关注】 3月19日，省委办公厅宣传科教处处长赵准、省红十字会秘书长李玉宁一行3人到区红十字志愿服务基地—小霞癌友康复驿站考察调研，南京市红十字会党组书记、副会长刘霞和副会长张杰陪同。3月30日，中国红十字会副会长、中国红十字会基金会理事长郭长江一行2人到区红十字志愿服务基地——小霞癌友康复驿站考察调研，南京市红十字会常务副会长陈礼海，党组书记、副会长刘霞，副会长张杰；玄武区委常委、统战部长许恺，副区长蒋兆全陪同。8月24日，中国红十字会党组书记、常务副会长赵白鸽一行到区红十字志愿服务基地——小霞癌友康复驿站调研志愿者服务工作。玄武区委常委、宣传部长陈乙华陪同，江苏省红十字会党组书记、常务副会长盛放，南京市红十字会会长、副市长胡万进等参与调研和交流。　（王丽珍）

南京六朝博物馆——六朝帝都展厅

街道

Sub-district

梅园新村街道

新街口街道

玄武门街道

锁金村街道

孝陵卫街道

玄武湖街道

红山街道

责任编辑　顾　坚

梅园新村街道

·街道工作·

【概况】 梅园新村街道位于玄武区东南部,东起中山门城墙,西至太平北路,南至中山东路,北至北京东路,东西分别与孝陵卫和新街口街道毗邻,内秦淮河蜿蜒穿过境内,明城墙横亘于街道东北部,面积6.35平方公里。下辖大行宫、东南大学、梅园新村、大影壁、兰园、明故宫、太平门、北安门、富贵山9个社区居委会,街道常住户36763户,常住人口11.5万人。

梅园街区曾是太平天国和民国时期的政治和文化中心,有南京中国近代史遗址博物馆(总统府)、梅园新村、明故宫等名胜;有毗卢寺、香林寺等寺庙;有南京博物馆、南京图书馆、江苏省美术馆等被列为江苏省十大文化场馆;有东南大学、南京外国语学校等院校;有珠江路科技街、长江路文化街、"1912"民国风情街等街区;有人保财险、宏图三胞、五星控股、中科集团、柯菲平等企业。

2014年,街道围绕加快"创新梅园、品质梅园、博爱梅园"建设思路,以"发展质量全区领先、城治水平全区争先、社会建设全市创先、党的建设全区率先"为工作目标,较好完成各项目标任务。街道获第二届全国社区社会建设自主创新百花奖、全国和谐社区建设示范社区、全国社会工作服务示范社区;区环境综合整治立功单位、2014年度全区精神文明建设信息工作先进单位、区新闻报道和舆情信息先进单位、区人口与计划生育工作先进集体等10多项称号。

【经济发展】 2014年完成一般预算收入6.47亿元,实际完成进度并列全区第二。引进注册资金1000万元以上企业34家,新增100万元以上税收企业8家,有2家企业在新三版挂牌,另有孩子王、汇通达等6家企业为境内外上市作准备,已上市公司设立20余家分支机构从事经营活动。新增科技在孵化企业20家,发明专利170多项,东大科技园被授予电子商务示范楼宇。重点项目按序推进。熊猫集团中电科技城项目A地块已基本完成桩基与支护工程施工,部分区域开始土方外运;B地块合作开发谈判进入最后阶段,合作方案正待集团总部通过;D地块全部桩基支护工程已完成,正进行基坑开挖及土方外运等工作,别墅部分已开始地下室建设,项目形象进度及固投指标完成数达预定进度。圣和文化广场项目六朝博物馆于8月11日正式投入使用,对外开放;圣和府邸豪华精选酒店进行内装工作,项目形象进度及固投指标完成数达预定进度。中山门至富贵山沿线环境整治项目于青奥会前顺利完成。汉府新村及毗卢寺西侧地块征收项目年底前全部完成。

【街道环境】 2014年,围绕"大干一百天,环境大扫除"专项整治行动,全年拆除违建102处5497.4平方米,清理建筑垃圾3644吨,整治店招店牌103处,清理楼顶镂空大牌79处,清除小招贴7600余个,清理流动摊贩89个。依托停车办,以交警委托管理的模式,大力整治机动车和非机动车违停,全年新增停车泊位820个。东箭道小区实施出新工程,提升街道社区整体环境面貌,有效改善群众居住环境。修改完善《12345平台工单处理考核办法》,增强平台工作人员业务能力,进一步提高工单处理效率,全年处理工单3466件,比2013年增长65.03%,综合满意率达90.95%,比2013年提高4.65个百分点。

【社会事业】 2014年,以社会组织发展促进会为平台,大力引进和培育社会组织,编印《博爱梅园社会组织公益服务项目指南》,着力打造社会组织"一园两区"发展格局。按照市、区民政部门"构筑基层社会救助服务平台"要求,完成"街道社会救助服务中心"标准化建设,完善配套设置。打造富贵山精品社区,完成"残障服务和文化交流类社会组织集聚区"硬件提档升级工程建设,引进多家社会组织入驻;指导社区成立"燕归来"社会工作发展中心。为方便辖区居民办事,结合区委"中心化"改革要求,建成大影壁民生服务分中心。全年新增注册社会组织20家,指导2家社会组织通过2014年市、区民政部门和专家公益创投联合评审。全年新增高科技人才120人,新增城镇就业岗位1250个,实现再就业720人,援助困难人员就业260人,培育自主创业者341人,创业带动就业2908人,完成小额担保贷款140万元,完成各类培训706人次,新增灵活就业人员参保1300人,做到应保尽保。维护地区安全稳定。全年接待群众上访86批次、378人,有力保障青奥会、十八届四中全会、国家公祭日等重大活动期间维稳工作,居民安全感有所提高,基层基础工作有所成效,预警信息收集有所突破,内部

5 月 28 日，梅园新村街道庆“六一”表彰大会暨演讲比赛

管理建设更加规范。

【基层党建】 2014 年，推进群众路线教育实践活动有序开展，街道工委班子开展集中学习 9 次，召开各类座谈会 16 场，征集意见建议 160 多条，制定《梅园新村街道党的群众路线教育实践活动专项整治工作方案》，重点从“机关干部能力提升”“城市环境提升”等五个方面进行专项整治，修改完善 8 项制度，新制定 4 项规定。创新党建工作载体，申请开通“小红梅”微信公众号，建立党员学习和交流平台。街道工会加强对 9 个社区工会联合会的建设，选好配强基层工会干部，完成 12 家非公企业建工会目标任务。武装工作采取“三个延伸”方案，制定“就近联片、同行联建、跨行编组”措施，探索民营企业中建立民兵组织，壮大民兵队伍。年内近 60 名适龄青年报名参军，在全区 7 个街道中报名人数第一，通过层层筛选，有 14 名青年入伍，其中大专以上文化程度 10 名，党员 1 名，高质量地完成区武装部下达任务。统战工作深化“三个一”工程建设，在富贵山社区突显“同心读书俱乐部”特色；在大行宫社区突出少数民族流动人口管理特色；建立“院士专家服务站”网站项目。有序推进民族工作示范社区创建工作。举办“共筑中国梦 同心迎青奥”庆“六一”表彰大会暨演讲比赛。

【人才工作】 2014 年，街道把“321”人才引进集聚作为推动产业转型升级导向性工作。定期召开人才情况分析会，对人才信息进行分析梳理，细化工作措施，出台《人才工作实施意见》，就创业载体、综合服务、激励机制、资金保障四个方面进行细化。加强同南京理工大学、南京农业大学等科研院所，以及市投促委、玄东科技园、东大科技园等单位和园区合作，与英泰力人才机构合作建立人才工作站。全方位服务人才项目申报、企业发展和个性需求。全年申报并通过资格评审领军型科技创业人才 154 人，通过技术评审 22 人，入选 4 人。

【获“第二届社区社会建设自主创新百花奖”最佳实践奖】 梅园新村街道全力推动基层社会管理创新，打造“博爱梅园”社会公益服务品牌，以培育本土化社会组织和引进成熟专业社会组织相结合方式，促成一批具有公益理念、专业精神和可持续发展能力的社会组织扎根社区。充分整合资源，以社会组织集聚和服务为突破口，重点打造社会组织“一园两区”：构建“博爱梅园社会组织服务园”，建成“拥军社会组织集聚区”和“残障服务社会组织集聚区”。打造“博爱梅园社会组织服务园”，创新 1+1+X 运作模式，即：一个空间载体——打造园区，一个支持型社会组织——梅园街道社会组织发展促进会，区域若干其他社会组织。成立全市首家街道层面枢纽型、支持性社会组织“梅园街道社会组织发展促进会”。横向打造“项目”服务链，共享社区服务。依托“一园两区”，采取定向培育与启动扶持相结合办法，构建以“为老、助残、为小、拥军活动”项目为主体公益服务体系。截至 2014 年底，一家圆心灵保姆服务中心“独居老人心灵陪护与心理危机干预”项目、梅园阳光家园“残疾人托养”、九州残疾人书画院“残疾人书画班”、亲范学堂“蒲公英计划”、军嫂服务站“军嫂就业创业”等一批品牌公益服务项目在梅园地区顺利推进实施。

【“小红梅”微信平台搭建】 2014 年，街道为顺应社会发展趋势，主动探索基础党建工作新载体。整合“小红梅”微信服务号、社区宣传栏、线下体验中心、各类社会组织等资源，建设运营“小红梅”平台，破解党员过组织生活难、社区工作存在感低、驻区单位参与性差等问题。该平台各项工作稳步推进，线上平台功能升级基本完成，线下体验中心选址改造正在实施,O2O系列活动方案按计划推进实施。

【社会组织集聚区建设】 2014年,街道以梅园新村社区"博爱梅园社会组织服务园"为主体,进一步发挥集聚效应、品牌效应和规模效应,建成带动梅园地区公益事业发展的品质示范园区。2014年对富贵山社区进行升级提档改造,以社区引进的南京九州残疾人书画院、亲范学堂、扬子书画社及金陵图书馆分馆等资源为依托,打造残障服务和文化交流类社会组织集聚区。

·社　　区·

【梅园新村社区】 东起龙蟠中路,西至东箭道,南延中山东路,北至珠江路,社区面积约0.38平方公里,常住人口3077户,8160人。社区有梅园新村纪念馆、毗卢寺、逸仙小学等100余家单位。社区党委下设7个党支部,有党员312名,党委书记1名,党委副书记2名,楼栋支部书记7名。社区有60座楼栋,32个社区居民小组。2014年,社区获全国社会工作示范社区、全国和谐社区建设示范社区、全国人口和计划生育基层群众自治示范社区,省和谐社区示范社区,区青年文明号、区三八红旗集体、区和谐社区示范社区等称号。

【东南大学社区】 北沿北京东路、南至太平北路122号、东到兰园28号、西至太平北路,社区面积约0.5平方公里。常住人口2350户、6280人。社区居委会办公地址文昌街2号9舍,办公用房面积150平方米。社区内有学生宿舍9幢,住有5000多名大学生。社区现有专职社工9名,居民小组31个。社区党总支,下设3个党支部,有党员116名。社区利用人才资源优势,成立温馨计划、院士专家服务站、健康同伴之家等特色志愿服务项目。2014年,社区获区平安社区先进集体称号。

【大行宫社区】 位于总统府东部,南至中山东路,北至太平北路120号,东至花红园路,与梅园新村社区、大影壁社区毗邻,西至太平北路1912街区,社区面积约0.45平方公里,户籍人口3250户、9750人;常住人口2800户、7200余人。社区有21个院落,65个居民小组。社区党委下设7个楼栋党支部,有党员312名。社区内有中国近代史遗址博物馆(总统府)、南京图书馆、江苏美术馆;有玄武区政府、区检察院、梅园新村派出所等党政机关;有雄狮国际电子商城、华海数码广场及宏图三胞等商务楼宇。

【大影壁社区】 位于珠江路北侧,龙蟠中路西侧,南至珠江路,东至龙蟠中路,西至花红园路,北至荷包套路,社区面积约0.07平方公里,常住人口3341户、7432人;流动人口485人。社区居委会办公地址东大影壁6幢—1号。社区党委下辖9个党支部,有党员331人。社区有东大影壁小区、西大影壁小区、佰仕园小区、花红园小区、红旗新村小区、华山饭店小区和杨家胡同小区。社区内有华山饭店、金鹏饭店、东方商城、雄狮商城、玄武外国语学校、太平洋国际商城等单位。

【兰园社区】 东起龙蟠中路、西至兰园路,南自红旗新村,北到北京东路,常住人口3261户,9523人,社区面积约0.43平方公里。社区有北京东路、兰园、演武新村、小营北路、红旗新村等小区,有居民小组65个,居民住宅楼99栋。社区居委会办公地址演武新村58号。社区党委下设7个楼栋党支部,25个楼道党小组,有党员301名。社区内有南京市教育局、玄武区委党校、南京市外国语学校及小营小学等单位。

【明故宫社区】 东起前半山园路与北安门社区相邻,西至龙蟠中路与梅园社区相邻,南起中山东路与秦淮区相邻,北到珠江路、后宰门街与太平门社区、北安门社区相邻,社区面积约1.3平方公里,户籍人口5640户,12768人;纳入社区管理企业退休人员2401人,是典型老龄化社区。社区内有中国第二历史档案馆、南京博物院、总参第60研究所、南京军区南京总医院、熊猫电子集团有限公司、五星控股集团有限公司、维景国际大酒店、钟山宾馆等单位。2014年,社区通过"工作走出去,服务引进来"工作方式,以项目化运作形式,打造"幸福健康自我管理社区同伴支持""幸福小饭桌""幸福茶坊""幸福老年柯之家"等项目。

【太平门社区】 东起北安门街(富贵山隧道),西至龙蟠中路,南至珠江路,北至龙蟠路(太平门街以南),常住人口6429户,17906人。社区有太平门街、太平门东街、太平新村、农场巷、富贵山、佛心桥、后宰门西村。社区有13个楼栋支部,党员492人。社区内有市物价局、南京市玄武区高级中学、玄武区教师进修学校、江苏省青年干部管理学院等单位400多家。社区内建有全民健身点4处,有精英艺术团、夕阳红老年艺术团、腰鼓队、舞蹈队、合唱队等多支民间组织队伍。2014年在职党员进社区人数112人,结对帮扶社区9户困难家庭,召开讲座、政策咨询活动6场,参与人数200多人次。社区着力打造一家亲军嫂服务站、橄榄绿拥军社会组织,为社区居民和部队官兵服务,开展多样化活动满足不同人群需求。2014年,社区获省和谐社区、省双拥共建文明单位等称号。

【北安门社区】 东起明陵路,西临北安门街,南及后宰门街,北至富贵巷,社区面积约1.2平方公里,常住人口5457户,15511人。社区居委会办公地址后宰门西村13号。社区党委下辖17个楼栋党支部,有党员520名。社区内有海军指挥学院、南京市慈善总会、市儿童福利院、金融科技园、江苏柯菲平医药有限公司、第五十四中学等单位100余家。6月月30日,社区举办"党是太阳我是花——庆祝建党93周年主题党日"活动。

【富贵山社区】 西至北安门大街,南至富贵巷,北依富贵山,社区面积约10万平方米,常住人口4133户,11252人。社区有楼宇113幢。社区居委会办公地址富贵山4号。社区党委下设17个楼栋党支部,有党员462名。社区内有海英小学、陆军指挥学院第一干休所、金陵竹刻、佛心桥高层物业等单位。2014年,社区本着"服务功能最大化"原则,缩小社区办公用房面积,打造社区会客厅——"邻里话访",办公用房三分之二面积用于居民服务,其中50%由专业社会组织使用,打造文化和残障服务社会组织集聚区。2014年3月,在街道民生中心指导下,社区注册成立"燕归来社会工作发展中心",主要承接政府各部门延伸到社区各项公共服务,实现社区多元主体功能。年内重点解决老旧小区楼道灯问题,出新富贵山5号院落。

·驻街园区·

【珠江路都市经济园】 位于玄武区龙蟠中路29号,西傍明城墙九华山风光带,北邻玄武湖、东眺紫金山、南接珠江路科技一条街,区域交通便捷,园区占地面积1公顷,建筑面积约14000平方米,园内建筑造型时尚、绿化秀美、环境优雅。截至2014年底,入驻企业30多家,年纳税1000余万元。是南京市经济园区、南京市大学生创业园、南京玄武区劳动创业园。

【安峰置业经济园】 位于北京东路46号,总建筑面积约12000平方米,2014年,由原东泉经济产业园更名而来,运作主体由原南京东泉投资管理有限公司变为安峰置业顾问有限公司。入驻企业主要有南京波轩信息科技有限公司、江苏正基建设工程有限公司、北京瑞事达世经科技有限公司、江苏建威建设管理有限公司、江苏中大建设项目管理有限公司、江苏良晋科技有限公司等30余家。主要从事受托资产管理、城市文化创意产业街区开发、城市商业街区与商业综合体开发等,在盘活城市存量资产、整合城市工业楼宇资源、产业园区与商业街区运营管理等方面拥有丰富经验。

【南京科技金融园】 是江苏首个由政府引导、市场化运作综合性多层次科技金融服务的专业机构,实行"平台+园区+基金"(中小企业科技金融服务平台+知识产权投融平台+科技金融园+基金)的新型商业模式,2012年正式开园投入运营。2013年,通过南京市科技局审核,成为南京市科技企业孵化器。入驻企业70多家,其中科技服务类代表江苏长三角技术产权交易有限公司,金融服务类代表中国建设银行,科技类企业代表江苏先安科技有限公司,金融类代表瑞升金融,节能环保型企业代表南京胜景环保设备有限公司,电子商务类代表酷飞在线信息科技南京有限公司,连锁企业苏美化妆品连锁有限公司,法律服务类代表江苏冠文律师事务所,中介服务类代表南京润道知识产权代理有限公司。

【东南大学国家大学科技园长江后街创业园】 位于玄武区长江后街6号,是东南大学国家大学科技园的孵化载体,园区占地面积1.73公顷,建筑面积2万平方米。截至2014年11月,长江后街园区在园企业总数达115家。园区企业入住率达98.8%。园区企业生产总值超2亿元,上缴税收逾1900万元。在园企业中,国家"千人计划"人才项目企业1家,南京市"321"人才项目企业7家,东大教授创办企业12家,大学生创业企业11家,校友企业25家。入园区从业人数近2700人,其中:博士72名,硕士约800名,本科近1400名。

2014年,大学科技园对长江后街园区进行局部出新改造,工程投入修缮经费约70万元。大学科技园投入30万元研发信息化管理系统,其中协同办公及园区管理等主要模块上线试用。

【玄东科技园】 处于珠江路科技街核心区域，毗邻东大科技园长江后街园区，总建筑面积1.08万平方米。长江后街园区服务体系延伸，让玄东园区企业享受到东南大学国家大学科技园专业和特色服务。探索建立创新性"预孵化—孵化器—加速器"孵化培育模式，建成"人才基地、创业市集、创新市集、云端平台"四大公共服务体系，为入园人才和企业提供基础设施、技术研发、知识产权服务、金融支撑、信息化服务和咨询中介等。2014年4月，"玄东科创服务基地"通过评审，成为南京市第四批中国科协海智计划江苏（南京）特色基地。专门引进海归专业人士为留学归国人才提供更加贴近海外生活习惯的针对性、专业化服务，全年举办高端讲座5次，开展西雅图招才引智活动4次、交流学习活动4次，接待海外创业团队及人才考察、项目洽谈数十次，与8家海外知名华人学、协会组织签订合作协议。 （谢登梅）

新街口街道

·街道工作·

【概况】 新街口街道位于玄武区西南部。东至太平北路，西到中山路，南至中山东路，北至北京东路，域内面积约2.6平方公里，街道办事处地址大石桥19号。现辖北门桥、唱经楼、成贤街、大石桥、香铺营、长江路6个社区居委会。辖区内有4所小学，2所中学和1所大学，有德基广场、南京银行总行、金陵图书馆、汉府饭店等单位500余家，商业发达、交通便利，街道位于南京最繁华中心地段，资源集中，优势明显，实力强劲，潜力巨大。2014年，街道坚持"高端、智汇、幸福"总体思路，与东南大学合作在杨廷宝故居纪念馆举办多场学术交流活动，接待海内外参观者2000余人次，推出陶瓷纪念杯等衍生创意设计产品，出版发行《杨廷宝传》。依托中山路国际名品街区和长江路历史文化休闲街区，着力打造金陵第一街区。2014年，街道获全国社区志愿服务示范街道、市"大干100天"立功单位、南京市AAA级居家养老服务中心等称号32项。

【经济发展】 2014年，街道完成全口径预算收入23.08亿元，新注册资金1000万元以上企业81户，其中注册资金1亿元以上企业4户，注册资金10亿元以上企业1户。实际利用外资完成2000万美元，外贸出口完成142000万美元。服务外包执行额完成16800万美元，离岸服务外包执行额5000万美元。服务业增加值完成134.4亿元，全社会固定资产投资20.7亿元，社会消费品零售总额完成78.775亿元，集聚区限上企业数120家和集聚区实现税收收入19亿元，科技服务业销售收入3亿元，电子商务销售收入15亿元。

【街道环境】 2014年，街道拆除各类违建326处，其中拆除"9322"以及"大干一百天、环境大扫除"计划内违建46处，自行发现和拆除新的及老旧违建41处，面积7889平方米。拆除各类广告(含镂空字)157处，其中市、区两级菜单上镂空字58处，面积合计1800平方米。清理各类垃圾杂物28600余吨。结合小区出新，对大纱帽巷、莑巷小区及进香河10-16号、估衣廊小区基础设施进行改造，协调出新部门为小区群众建设封闭式公共车棚，街道人居环境改善。全年处理"12345"工单3108件，办结2905件，办结率为96.2%。2014年，街道全面接管停车管理后，成立以街道主要领导为组长停车设施管理小组，加强对辖区内道路疏导、停车规范、设施配套综合管理，增设停车泊位1225个；安装抓拍通20个点(位)；购买和安装隔离栏、石墩等防护设施800余套；调整单向微循环道路10条，街道辖区道路交通秩序明显改善，停车矛盾得到好转。年内街道作为停车管理先行试点单位，得到上级部门肯定。

【社会事业】 2014年，街道把民生工作摆在重要位置，统筹区域资源，提升街道民生工作整体水平，不断提高服务质量，提升辖区群众幸福感、满意度。街道低保新增30户，退出60户，在线家庭485户730人，低保边缘户472户1073人，做到应保尽保，应出尽出。为921户低收入人群办理住房保障，为231户低保及低保边缘户办理大病医疗救助，救助金额786888元，为186人次办理临时救助，救助金额77265元，综合救助871人次，救助金额298267元，按政策及时准确提标，发放低保金4863345元，享受重残生活救助88户93人，发放重残生活救助金664838元。成功打造怡天居家省级养老服务中心，依托"爱松树""银龄视界""四月天""银华助老"和"夕阳天使"等社会组织和公益创投项目，开创居家养老社会化发展新局面。

新增城镇就业人数920人，实现再就业625人，援助困难人员就业262人，培育自主创业311人，创业带动就业人数2765人，签订企业集体合同审查份数(含女职工权益保护、劳动安全专项集体合同)105份，独立企业签订工资集体合同35份，区域性行业工资集体合同覆盖企业数35家，创业培训171人，再就业培训562人，其中职业指导300人，技能培训200人，在职职工培训800人，新增灵活就业人员参保922人，企业退休人员第三轮周期免费体检4500人，调处简易案件54件，举办“真情相助失业人员活动专场会”4场，主动监察用人单位200家，发放小额贷款80万元。

【基层党建】 2014年，街道党的基层组织163个，分属4个党总支和9个党委，另有工委1个，非公企业党组织269个，有党员615名。做好特色非公企业党建。街道通过成立中山路国际名品街区党委，服务名品街区和南京CBD核心区重点工作。立足“大党委”，以“一委多站”工作模式统筹整个街区党建，参与楼宇招商招租、企业招工招聘，实现楼宇、企业、党员大覆盖；立足“大服务”，确保人员、场地、经费三个到位，对党员提供标准化服务、对党组织提供菜单式服务、对企业和员工提供个性化服务，将楼宇党建服务站做实做强；立足“大合作”，由街区党委牵头，充分发挥楼宇社区管理服务议事会、行业人才联盟等自治组织桥梁纽带作用，促进员工凝聚、企业联合、楼宇发展，实现党建工作与经济发展良性互动。优化党员积极分子结构，严格执行党员发展程序，全年发展党员11人。在“两新”组织和大学生社工中发展党员，入党积极分子同发展党员数比例不低于5:1。优化社区党委班子结构，选举产生机关干部、大学生社工担任书记，区域单位相关人员担任委员比例提高。深入开展党风廉政建设、宣传廉政教育活动，召开街道两个责任传达部署会1场；签订廉政承诺书16份；结合工委会、党小组会、机关干部大会，以学习、座谈、参观、观看相关电教片等形式，举办反腐倡廉主题活动6场；发放廉洁从业警示教育书籍100余本；组织机关干部赴浦口参观王荷波纪念馆及老山廉政教育基地；在国际名品街区举办“庆七一·迎青奥”活动；唱经楼社区姐妹艺术团组建区纪委“心廉心艺术团”，编排廉政节目近10个，承办全区“送廉进社区”活动7场，得到省、市纪委肯定。积极参与“阳光村居”网建设，形成基层民主、社会管理、科技管控“三位一体”党风廉政建设新模式。开展群众路线教育实践活动，组织召开18场座谈会，对象覆盖街道机关干部、社区工作者、企业代表、居民代表共200余人，发放党的群众路线教育实践活动意见建议征集表2876份，有效收回调查问卷2325份，汇总出对街道意见建议32条。

6月30日，新街口街道中山路国际名品街区“庆七一·迎青奥”活动

【人才工作】 2014年，街道成功引进领军型科技创业人才6人。街道与市侨办、区人才办等合作组织2014年南京软博会玄武区专场活动，邀请10余位海外优质科技人才到玄武参观考察。

·社　　区·

【唱经楼社区】 东起进香河路，南至珠江路，西起中山路，北至学府路，社区面积约0.24平方公里。户籍人口6724户，14564人，流动人口4075人。社区有87幢楼宇，14幢高层，3幢小高层，70幢多层，11个居民小区，12个物业管理公司。社区内有医疗服务中心1家，幼儿园1所，小学1所，清真寺1座。有手机批发零售市场、虹飞电信城、赛格广场、越时空通信广场，信泰证券公司、地铁大厦、金鹰国际天地购物中心、华利国际高档写字楼等数百家单位，是一个集金融、商贸、科技、文化教育、医疗卫生等多元化、多功能为一体综合性社区。

社区居委会坚持“进己门、贯

百线、连千家、解万难"的工作理念，利用微博、微信服务居民。特别是微信平台提供居民自助查询服务，及时发布社区活动、政策法规等与居民切身利益相关的事情。微信平台开通不仅方便居民了解政策，同时更快了解居民诉求，解决居民难事。2014年，社区获先进基层党组织、江苏省机关团体企事业单位档案工作规范一星级称号。

【香铺营社区】 北临珠江路科技街，南接长江路文化街，东起太平北路，西至洪武北路。社区居委会办公地址相府营26号。社区内三横二纵主干道和1条河道将社区分成8个小区、12个院落、4个平房区，118栋(幢)住宅楼，是一个集商贸、文化、科技于一体综合性社区。2014年，社区重点打造"颐天居家养老中心""齐家义塾""启智工作坊""家立方"等品牌，组建一支专门为社区老人、妇女、青少年及社区企业等群体提供特色服务的志愿服务队伍。组织起"天姿""长青""锡剧"等民间文体组织。新挂牌"爱松树助老中心"与社区联动，针对重点服务的老人，每周开展例行服务，争取驻区单位支持，广泛发动"一日捐"募捐活动，开展传统节日走访慰问，打造"乐活香铺营"，并以青奥会为契机，发挥区位信息资源优势，开展"青奥南京·2014新春网络寄语"活动，以及"香铺营'家立方'企社联动""学雷锋、树新风""3·15维权宣传""健康养生课堂""暑期社区实践课堂""走进军营、传递温暖""城墙宝宝环保宣传"等系列活动20余场次；"童心堂国学班""爱之源青年志愿者协会""灰度摄影俱乐部"等民间组织积极为广大社区居民服务，受到居民称赞。社区"党员义工为民服务"项目持续发展，义务治安巡逻、义务扫雪清扫楼道、义务宣传、义务社教辅导300多次。2014年，社区获市创建幸福家庭示范社区，区敬老文明号、平安社区等称号。

【长江路社区】 位于新街口南京CBD核心区，东起太平北路、西至中山路，南起中山东路、北至长江路，社区面积约0.36平方公里。社区内有市体育局、市总工会，有德基广场、江苏省人保大厦、长江贸易大楼、置地广场等大型综合商场和写字楼，有市文化艺术中心、江宁织造博物馆、大行宫会堂等文化场馆，有第九中学高中部、长江路小学幼儿园，有银行、保险等多家金融机构。社区企业多、文化载体多、居民少，服务工作坚持"突出特色、提升品位、打造精品、共建和谐"原则，依托区域大党建平台，以健全组织体系为基础，以共同需求、共同目标为纽带，以双向服务、双向促进为目标，以建立协调有序工作机制为保证，积极探索资源共享、优势互补、共驻共建、共同发展的共建机制，通过"长江路社区公益伙伴联盟"社区"155党员义工工作室""上乘书院""七彩人生""时间银行"等品牌项目，共同打造文化精品社区。

【大石桥社区】 东至东南大学，西至中信银行，北至江苏广播电视总台，南至学府路。社区面积约0.42平方公里，常住人口3826户，10897人。是一个融经济、文化、商业及居住人口密集型综合性社区。社区党委下设9个党支部，党员250人。社区工作人员15人。社区低保户67户、低保边缘户41户，残疾人149人、60岁以上老人2343人。社区内有省广播电视总台、省物理勘探院、省中信银行、市审计局、市邮政局等单位。社区结对支部玄武区地税局；共建部队南京市武警国旗班。自2012年社区"'邮'爱就有家"党员义工品牌成立，坚持围绕"为老服务，创先争优"主题，打造出"服务高龄鳏寡孤独老人"义工品牌。2014年，社区获市一星级青年文明社区、和谐社区建设品牌创新奖、区老年体育工作先进集体、区未成年人零犯罪社区、区长环保工作目标先进集体等荣誉。

【成贤街社区】 位于市人民政府南侧，东起太平北路，西至进香河路，南临珠江路，北接北京东路，社区面积约0.57平方公里。是一个集商贸、文化、科教及良好人居环境为一体综合性社区。社区居委会办公地址大纱帽巷40号6幢。社区有东南大学，市文化局、市妇联，以及各民主党派社会团体等26家单位。2014年，社区通过跨区域融合资源，打造新型服务模式和载体。利用自身医疗资源优势，同南京市第一医院、解放军八一医院和解放军第四五四医院、南京市机关医院组建医疗专家志愿服务队。结合为老服务，探索"医养"养老模式。引导保险业参与社区管理，借助中华财险保险公司江苏省分公司，为社区老人低价设立"关爱独居老人险"，成为全省乃至全国首创。2014年，社区获区妇女儿童工作先进集体称号。

【北门桥社区】 位于新街口繁华区域东北角，东起洪武北路，南靠长江路文化街，西至中山路，北临珠江路电子一条街。社区面积约0.42平方公里。社区有住宅楼宇48幢，其中高层10幢，小高层8

幢,多层 30 幢。常住人口 3682 户,9882 人。社区党委下设 13 个党支部, 有党员 307 名, 其中在职78人,退休 229 人。社区有中山大厦、凯润金城、新世界中心、尚美学院、人民中学、洪武北路小学、雨舟艺术早教体验馆等单位。基层民间组织活动丰富, 社区星光艺术团、腰鼓队、武术队、银华助老服务队等 24 支。社区作为南京市 "社区六进"工作示范点,打造出消防之友俱乐部。2014 年,社区协助估衣廊 28 号小区依法成立业主委员会,并利用社会资源帮助建设门房、安装监控、修缮围墙、更换水管、出新花坛路面; 同时邀请市社科院和市、区社建工委,专家以及台湾政治大学江明修教授等对小区建设提供指导,开展社区营造、社区融合试点工作,对创新小区治理工作进行探索。

·驻街园区·

【德基广场】 (参见"商贸·旅游"类目,第 136 页)

【珠江壹号】 (参见"商贸·旅游"类目,第 137 页)

(邹玲华)

玄武门街道

·街道工作·

【概况】 玄武门街道位于玄武区西北部, 域内以鼓楼广场为轴心,纵轴沿中央路向北至中央门立交桥、护城河、神策门公园,横轴沿北京东路向东至太平门, 内含玄武湖、太平门至神策门段明城墙和北极阁山,呈环湖抱墙之势。东北沿玄武湖与锁金村街道接壤,西以中央路为界与鼓楼区相望,南以北京东路为界与新街口街道、梅园新村街道毗邻。域内面积约 6.54 平方公里 (含玄武湖 4.44 平方公里)。街道办事处地址天山路 5-2 号。辖台城花园、公教一村、天山路、高楼门、百子亭、大树根、廖家巷 7 个社区居委会,户籍人口 9.6 万人。辖区有玄武湖公园、明城墙、古台城、古鸡鸣寺、玄奘寺、北极阁山、九华山公园; 有南京明城垣史博物馆、中科院南京古生物博物馆;有傅抱石故居、徐悲鸿纪念馆、宋子文公馆;有国家审计署驻南京特派员办事处、财政部驻江苏省财政监察专员办事处、中科院南京古生物研究所、中国科学院土壤、地理和湖泊研究所,有省气象局、科技厅、卫生厅、商务厅、市规划建设展览馆及省肿瘤医院、市口腔医院、南京市第十三中学、科利华中学、北京东路小学等单位。中共南京市委、市政府所在地。

2014 年, 街道经济目标市 15 项, 区 17 项 (与市目标重复 13 项),区重点项目 2 项。年初目标任务分解,层层压力传导。经济指标稳中有进, 除一般预算收入外,其余目标均达超序时进度。年内,通过明城墙景观带整治工程和"大干一百天,环境大扫除"行动,街道环境面貌显著提升。维稳加大防控力度,维护辖区社会稳定,为青奥会顺利召开提供良好社会治安环境。社会事业以全国社区治理和服务创新实验区为指导,较好完成各项目标任务。街道党建围绕党的群众路线教育主题活动, 加强干部、人才、党员 3 支队伍建设。2014 年,街道获"2013~2015 江苏省科普示范街道""南京市乡镇(街道、园区)统计规范化建设示范单位""南京市环境综合整治先进单位""南京市特种设备安全管理先进单位"等称号。

【经济发展】 2014 年.街道一般预算收入人代会指标为 32993 万元,必成指标 33749.82 万元, 期成指标 34506.55 万元,全年缺口 1.1 亿元。实际完成 26357.9 万元(含四小税收 4596 万元),完成人代会指标 79.9%、必成指标 78.1%、期成指标 76.4%,完成进度在全区排名第 5,增幅-9.66%,全区排名第 4。社会消费品零售总额增幅 20%,位列全区第二。发明专利申请量 658 件,达进度 287.8%;固定资产投资在百子亭项目、玄武门地下项目未开工情况下,补缺 4.3 亿元。引进千万元以上注册资金企业 11 家,达进度 183%; 人均可支配收入由 2342 元提升到 4467 元, 增幅 91%。第三次全国经济普查全街法人及产活单位 1631 家 (其中税收异地户 287 家), 个体户 1195 家,普查数与当年名录库数相比增长 57.8%,普查质量全区第一,普查员靳鑫作为南京市唯一代表参评全国最美普查员。3 项目标项目中,北极阁环亚广场改造项目进展顺利,建设进度98%,招商进度 70%,预计 2015 年 3 月底开业。项目总投资 4.5 亿元, 新增招商面积 21500 平方米, 业态是商业综合体,为明城墙、玄武湖景区、鼓楼商业区提供配套服务。百子亭历史风貌区项目、玄武门广场地下设施项目取得重大进展。百子亭项目拆迁进度 97%,仅剩余 9 户。玄武城投公司积极开展运作招商,拟打造民国特色历史风貌文化街区和产业功能区,计划总投资 13 亿元,预计 2015 年开工建设。玄武门广场项目已上报市规划审批，计划总投资7亿元，作为玄武湖景区周边商业配套功能服务，预计新增867个停车位，旅游服务配套设施10702平方米，商业部分22964平方米。

【街道环境】 2014年。街道承担明城墙15米内，外环境综合整治，百子亭环境综合整治，太平门通道建设等多项青奥会重点项目，参与水上运动学校场馆、三项青奥会赛事和玄武湖水质保障等青奥会保障任务，牵头实施省肿瘤医院改扩建项目征收工作。街道在"大干一百天"环境整治活动中，发放"友情提示单""五个留下" 等宣传材料。清运零散垃圾364吨、建筑垃圾1832吨、清理卫生死角4144处、整治店招店牌380处、清理违规广告152处、清除小招贴1268处、清理流动摊贩521个、清理倚门出摊、占道经营1239处、整治机动车违停1215辆、规范非机动车摆放区域38处、种植草皮4067平方米、栽植、补种苗木400株、清除菜地139处、清洗楼宇13幢、清洗路面1260平方米、粉刷墙面890平方米，整改媒体曝光38件。完成明城墙15米外环境整治任务。"9322" 考核和环境综合整治位列全区前列。

【社会事业】 2014年，街道有低保户228户，349人，累计发放低保金239.112万元。其中，停发46户，41人；新增18户，22人；调整47户，123人。发放物价补贴3.98万元、水费补贴0.466万元、垃圾处理费0.724万元，为1名孤儿发放生活保障金1.25万元。春节期间，市、区两级为低保家庭发放春节慰问金25.885万元，为3名南京大屠杀幸存者发放慰问金0.66万元，为1名孤儿发放慰问金0.06万元。年内募集慈善资金22.936万元，救助困难群众1500人次，累计发放临时救助资金21.786万元。区大重病救助30人次，发放救助金2.5506万元；慰问六类(外)边缘户108户，发放慰问金7.35万元，发放边缘户物价补贴3045元；发放牛奶工程95次；发放苏果券2641人次，累计发放救助金13.168万元；发放重残补贴40户，发放救助金30.8867万元；受理低收入家庭住房保障46户。全年新增就业岗位2580个，辖区登记失业人员1813人，推荐就业1740人，就业率为95.97%；全年发放小额担保贷款3人，涉及金额50万元，享受创业补贴1人，发放金额4000元；组织各类人员培训10多场次，计1300多人次，培育自主创业141人，带动就业1690人，大学生创业优秀项目申报5个，已有2个分别获市级二、三等奖；困难群体帮扶就业率达95%，困难群体发放社区保险补贴406人，大龄延长失业金申领82人次；灵活就业人员参保目标数为700人，已实现缴费626人；全年新增单位126家，入库信息采集100%，书面审查送达单位1326家，主动巡查用人单位386户。劳动监察简易案件调处化解劳动纠纷36件，排查餐饮和建筑工地等各类企业217家，对发现的违法行为责令改正12家，督促企业补签劳动合同65人，督促企业参保158人。

【基层党建】 2014年，街道党建工作围绕"四风"突出问题扎实开展群众路线教育活动，采取走访入户、谈心谈话、以及"背靠背"书面征求意见等方式，收集到意见建议400多条。8月1日，召开玄武门街道班子专题民主生活会。截至8月30日，街道67个基层党组织专题组织生活会和民主评议党员工作全部完成，1600多名党员参加民主评议。以搭建服务热线平台为载体，积极为群众办实事解难事。全年受理各类工单件计1877件，回复率100%，满意率92.03%，位列全区7个街道第四名。搭建勤政廉政平台，切实树立基层干部勤政廉政形象。通过"阳光村居网"平台向居民群众公开街道工作，提高群众对街道、社区工作的知晓率与信任度。以社区廉政文化示范点建设为契机，开展社会公德、职业道德、家庭美德和个人品德教育。全年新建工会5家，街道独立工会有80家，基层涵盖单位679家，会员10362人。街道获"三亮三公开"活动一等奖和区第十四届职工技术大比武团体二等奖。在"青奥"期间，街道工会组织辖区职工志愿者，积极参与志愿服务。

【人才工作】 2014年，街道全年对接人才120多人，网上填报35人，其中4人进入综合评审，上半年落地1人(湖泊研究所丁士明)。以才荐才，充分利用已经申报成功"321"人才，上半年网上填报2例(汤乃梅和孙冬初)，为2012年引进"321"人才美藉华人张永新博士介绍，张永新博士已成为美国德州人才工作站点。上网招才，紧密对接，全年接待国内外考察人才6批18人次。与创意中央深度合作，创建文化创意企业创新联盟，搭建南京创客空间，打造创意中央"大学生创业园"，为大学生创业提供平台。配备成熟企业负责人作为大学生创业导师，为入园创业学生提供辅导。依托创意中央产业园人才服务站，完善入园企业人力资源共享平台,组织园区企业与高校合作开展成果转化,为人才提供政策咨询等服务。完善“毕业生人才中转站”,为高校毕业生提供就业见习推荐,为驻区企业提供人才交流服务,切实帮助高校毕业生解决就业实际困难,促进人才与企业供需对接。年内培养高技能人才60名。

【储永宏调研明城墙环境综合整治工程】 7月31日上午,区委书记储永宏,区委常委、区委办主任滕涛,副区长陈云松,区住建局局长庄佳峰等到玄武门街道视察明城墙周边环境整治工程。玄武门街道工委书记姚晓晖、办事处主任刘艳军陪同。出新改造后,玄武巷路一边明城墙,一边是整治一新大树根小区。储永宏等领导对明城墙周边环境整治结果表示满意,对奋战在一线街道工作人员及施工人员表示慰问。

【国际奥委会主席托马斯·巴赫到水上运动学校】 8月20日,国际奥委会主席托马斯·巴赫先生到水上运动学校,观看赛艇比赛,并出席颁奖仪式。在比赛场馆与运动员亲切交谈,并和志愿者小青柠玩自拍.当天比赛中,中国小姑娘罗雅丹和潘婕获女子双人单桨亚军。玄武门街道为赛艇比赛及颁奖仪式提供全方位保障。

8月20日,国际奥委会主席巴赫先生在水上运动学校与青年志愿者自拍

·社　　区·

【台城花园社区】 东倚明城墙,外靠玄武湖,南以北京东路与新街口街道隔街相望,西至北极阁风貌区、高楼门路,北以西家大塘路为界与天山路社区毗邻,内含北极阁山、古鸡鸣寺,因台城坐落其间而命名。社区居委会办公地址台城花园3号。社区内有明城墙古台城、鸡鸣寺及北极阁风貌区;有省科技厅、省对外经济贸易厅、南京气象台、南京古生物研究所、博物馆、南京明城垣史博物馆、市老干部活动中心、宋子文公馆、工艺美术大楼、泰达机电等30多家单位。2014年,社区成立“心活力”心理工作坊,工作坊由南京著名应用心理学教授担任咨询老师,以关注社区居民心理健康为目标,帮助正确判断和处理工作、生活中各种问题,提高心理健康水平,实现内心平衡,省纪委、市纪委检查组检查验收,得到肯定。“为小服务”成立宜幼社区教育中心,中心携手教育专家进社区开办教育公益事业,通过课程和管理模式培养孩子汲取多元文化,增强求知欲,以及自信心、责任心和动手能力。社区坚持暑期联合南京义工联开展各类助老为小服务。2014年,社区作为市妇联在全市设立首批“家庭驿站”示范基地。5月,家和万事兴“艺织坊”项目培训班开班,30多名社区下岗女性每周四下午参加学习培训。

【公教一村社区】 东至龙蟠路(太平门随心缘大酒店),南至北京东路,西至鸡鸣寺路,北至玄武湖明城墙。社区居委会办公地址北京东路51号22幢综合楼。社区内有中共南京市委、市政府、中科院土壤所、地理湖泊研究所、南空干休所、九华饭店、鱼翅皇大酒店、北京东路小学等单位;有和平公园、珍珠河、鸡鸣寺、九华山玄奘寺等休闲地。2014年,公教一村社区贴近群众,活跃社区文化生活,与区第七干休所开展青少年教育、互帮互助、走访困难老人等10项共建活动;与台盟南京市委员会玄武支部开展解决居民反映突出问题议事会、迎青奥广场活动、为社区党员开办培训等5项共建活动。社区开展青少年“青奥南京——2014”新春网络寄语”,“三爱”书签制作大赛优秀作品推荐,思想道德教育宣讲员丁明山老师宣讲活动等。开展“我为青奥做贡献”主题活动,招募志愿者,举办志愿者培训班。

【天山路社区】 东以玄武湖畔明城墙为临,北与百子亭社区紧邻,西至高楼门路,南以西家大塘、峨嵋路与台城花园社区比邻。社区居委会办公地址天山路3-37号,办公用房面积300平方米。社区内有3304工厂、南京市第十三中学、昆仑路小学、玄武门幼儿园、高楼门饭店、唐会、喜悦会、江苏《东方娃娃》期刊有限公司、玄武门街道、玄武门派出所、峨嵋路农贸市场、天山路卫生服务站、老年康复护理院等单位。2014年,天山路社区居委会立足社区、服务群众,结合"大干一百天,环境大扫除",成立天山路社区志愿服务队,为天山路71号环境整治和路面维修,峨嵋路一条街环境整治,北极山村化粪池疏通,天山路5号便民扶梯修建,慰问困难群众等。全年节假日慰问广大困难群众160余人次。社区针对老年人、青少年和残疾人等群体,开展好特色活动"朝夕相助""养生小讲堂""放学来吧"等,得到社区居民好评。

【高楼门社区】 东沿高楼门路,南起北京东路,西临中央路,北至傅厚岗东段。社区居委会办公地址高楼门65号。社区有院落42个,楼栋50个,总单元135个,小二楼11处,平房34处。社区内有中国移动、中国联通、国家审计署驻宁办事处、中信证券及江苏省卫生厅,南京市口腔医院等单位,有约5000平方米鼓楼市民广场及大钟亭公园等休闲场所。2014年全国第三次经济普查工作有条不紊,普查单位不重不漏。4月9日开始,在"大干一百天,环境大扫除"中,社区组织红马甲志愿者400余人奋战100天,清理楼道40次,清理卫生死角近20处,杂物垃圾计150吨。社区整合产权单位和驻区单位资源,多次上门与江宁监狱沟通协调,由江宁监狱出资3万元,社区结对支部区人防办出资9千元,在中央路50号院落新建车棚并投入使用。高楼门57号、59号,厚载巷后14号,厚载巷18-20号,厚载巷22号,大钟新村50号电子防盗门全部更新,并投入使用。

【百子亭社区】 东靠明城墙玄武门段,南至傅厚岗路2~16号,西连中央路,北到玄武门路。社区居委会办公地址百子亭后49号。社区内有省肿瘤医院、江苏省凤凰传媒出版股份有限公司、省气象局、南京市中央路小学、南京军区司令部第三干休所和南京军区空军昆仑路干休所、玄武门社区卫生服务中心等单位。2014年,社区针对百子亭35、37号下水道经常堵塞,公共自行车棚长期被占用及乱摆乱放等问题,发动党员对占用车棚住户反复做工作,说服后主动拆除,并重新对车棚进行改造及分配。协调区出新办,为每个出新居民单元加装电子防盗门,统一配置邮箱。社区党员参加环境卫生志愿活动50多人次。

【大树根社区】 东靠明城墙,西连中央路,北与玄武湖隧道接壤,南至玄武门路。社区居委会办公地址大树根11号。社区内有江苏省海事局、南京市城市建设规划展览馆、玄武湖公园管理处、南京港华燃气有限公司、南京军区第二干休所、红星家具城、金陵药业股份有限公司、南京公交总公司、南京城建集团,南京农垦集团等单位。2014年,在城墙景观路贯通后,再次启动明城墙周边居民小区环境综合整治,改善明城墙玄武门段沿线30米外综合环境,4家工企单位厂房以及11栋居民楼进行出新改造。社区发挥居民议事会、座谈会作用,与居民面对面沟通,得到居民群众配合和支持,拆除居民院落违建126处、600余平方米,11幢居民楼平改坡、出新建筑立面4500平方米、新建改建公共车棚15个、增加绿化500平方米。

【廖家巷社区】 东倚明城墙,外临玄武湖,西沿中央路,南起玄武湖隧道口,北至中央门护城河、神策门公园。社区居委会办公地址中央路298号。有居民住宅楼52幢。社区内有江苏电信大厦、城市休闲酒店、新立基大厦、南汽大全、金陵威孚有限公司、南京市科利华中学等单位。2014年,社区以项目化服务为抓手,设立4个主题项目:党在心中——党员进社区服务、老人营养餐桌讲堂、文明先锋——我为青奥献力量、爱我家园——美化环境聊民生。整合资源,将在职党员便民活动同"联合单位发挥能效"工作法、"组团式联系服务群众"工作机制等载体有机结合,利用活动交流平台,下发便民联系卡、需求记载卡,拓宽联系服务群众渠道。"志愿服务站"将街道有关志愿服务岗位、精神文明建设活动、民生实事等项目即时告知居民。

·驻街园区·

【创意中央】 位于玄武区中央路302号。园区占地面积36700平方米,建筑面积约4万平方米,已租面积38500平方米。垠坤·创意中央科技文化园是以创意设计、文化艺术、数字传媒、电子商务为产业主导,利用工业历史遗存改造成为

2014 年园区企业基本情况

	2014 年	2013 年	对比数
企业个数	65 家	59 家	6 家
规模以上企业	10 家	9 家	1 家
就业人数	2160 人	1750 人	410 人
营业收入	59532 万元	49200 万元	20%
利税总额	12923 万元	10507 万元	23%
实交税金	6911 万元	5712 万元	21%

产业园区。

园区提供 3200 平方米，占总建筑面积 8%的空间作为入园企业公共服务区，包括创意活动实验会所、园区展示中心、国际设计图书吧、创意餐厅、创业咖啡馆、公共会议室等。南京首个城市艺术实验空间——Matrix 会所，联合台湾、香港等创意产业机构，成为南京创意产业城市客厅。

园区软性服务助推企业成长。"整体策划，统一运营，专业管理"运营原则。构建包含资源体系、中介体系、技术体系、人才体系、基础支撑体系，扶持与推动创意企业发展。努力实现区域知识型人才的集聚。以创意产业园为发展主题，引入以知识和技术密集企业为主，提供高智力、高效率知识技术服务。"智慧乌巢"系统应用。

2014 年，园区新入驻企业 6 家，其中规模以上企业比上年增加 1 家。新入驻的企业中，多数企业是科技文化类企业，符合创意中央产业园招商业态要求，同时园区帮助企业进行相关政府申报工作。入驻中小企业中有：南京英特工程技术有限公司（南瑞集团下属单位南京英特工程技术有限公司以网络工程、网络设备研发为主的专业公司）、南京瀚品装饰设计有限公司、南京深蓝氢谷健康科技有限公司。

（王　莹）

锁金村街道

·街道工作·

【概况】 锁金村街道位于玄武区东北部，东靠紫金山，西临玄武湖，北接南京火车站，依山傍水，集中体现山水城林地理面貌。玄武湖隧道、九华山隧道、312 国道、龙蟠路，宁栖路穿境而过，交通便利。域内面积约 6 平方公里。街道办事处地址锁金村 67 号。辖锁一、锁二、锁三、锁四、锁五、新庄、紫鑫城 7 个社区居民委员会，户籍人口 49640 人。辖区内有金思维科技大楼、林产化学工业研究所、江苏省科学技术情报研究所、南京林业大学、南京邮电大学锁金村校区、南京师范大学紫金校区、江苏文化产业园、上海铁路分局南京办事处、南京商厦、南京南泰国际展览中心等单位 70 余家。

2014 年，街道经济围绕年度目标任务，推动转型发展。抓好联系大户企业、重点项目推进、企业转户、引进税收、引进人才、引进千万元企业、高技能专业人才 7 项任务，超额完成区下达财税指标，各项经济指标平稳运行。抓安全生产责任落实，加强基层基础建设，严密组织隐患排查，5 月 9 日，在全区首家通过省"安全生产事故隐患排查治理信息系统建设"验收。城市环境坚持常态长效，城市治理全覆盖为根本，推动"9322"整治工作；城市长效管理为抓手，推进"百日大扫除"任务完成；重点项目和任务为支撑，打造城市治理智慧系统，强化"网格化"环境综合整治机制。2014 年，开展扬尘污染控制示范街道创建工作，全面推进街道环境综合整治，街道"9322"行动第一轮第一阶段考核全区排名第一。国家级老年宜居社区创建，7 个社区居家养老服务中心完成 AAA 中期评估，实现生态宜居、环境友好型社区建设新突破；社区养老服务中心和娱乐养老生活馆建设，实现"万家帮"服务品牌整合与发展新突破；扁平化建设和网格化服务，实现社区服务机制改革新发展。"智慧锁金"项目在第十届南京软博会上成功签约，年内试运行各中心管理系统。引进国内第一家"社区院线"等一批优质社会组织，创新老年大学发展模式，"万家帮+社会企业"娱乐养老模式获全国首批社区发展创新奖。开展党的群众路线教育实践活动，征集"四风"问题 14 个，意见建议 12 条，群众反映需帮助解决问题 14 个。推进党员服务中心创新项目，与南京林业大学等院校合作，继续开展大学生书记助理党员义工活动，创优做强韩先林志愿者工作室、小霞癌友驿站等服务品牌。街道"中心化建设"被市委党校确定为现场教学基地。2014 年，街道率先成为"全国首批社会管理和公共服务标准化试点"；"'中心化'改革标准化文本全省第一个社会管理类地方标准"，"省人大民主立法联系点"单位，城市长效综合管理工作排名全市领先。2014 年，街道获国家级"首届中国社区发展创新奖”，江苏省科普示范街道，南京市“社会领域基层党组织服务品牌”“群众满意服务窗口”“全市‘六五’普法中期先进集体”“市无邪教示范街道”“全市信访工作绩效考核先进单位”等称号。

【经济发展】 完成固定资产投资3.68亿元、地方社会消费品零售总额40.98亿元。全年完成税收2.36亿元，达必成指标103.8%，期成指标101.5%，同比增幅27.06%，进度和增幅列全区第一。街道围绕“一核、两翼、三区”发展思路，挖掘和整合项目。创新招商方式，拓宽招商渠道，把招商引资活动作为促进经济快速发展有力举措，对外宣传，参加各种招商会、洽谈会，对引进的重点项目，街道成立小组跟踪服务。太阳谷发展有限公司、天达投资等一批具有良好发展前景企业落户街道，年内引进各类企业200余家，其中注册资金亿元企业1家，千万元以上企业11家。

【街道环境】 2014年，街道抓好青奥会保障，高标准推动“9322”考核，组织“大干一百天，环境大扫除”专项行动。完成青奥会场馆及周边环境保障任务。“9322”行动中，拆除各类违建4210平方米，清除违规广告223处684平方米，拆除楼顶镂空字19处481平方米，整治占道经营800余起，清理卫生死角600余处。全力推进板仓街、龙蟠路出新工作，拆除沿线违建，出新广告、门头路面，清洗出新楼宇立面，更换干道沿街公益广告1000平方米。青奥会前，完成辖区所有餐饮店家基本情况登记，玄武湖周边及紫金山沟系周边餐饮企业隔油池建设，排水进入玄武湖相关河道整治，确保玄武湖水质达到赛会标准。11月，街道按照市委、市政府拆除政府机关经营性违建要求，拆除锁金东路疏导摊点群180余间门面房。扬尘污染控制示范街创建，处理环保投诉工单100余件，联合南京林业大学风景院、江苏省环保联合会、江苏绿色之友、《金陵晚报》等单位，举办环保宣传活动100余次，淘汰黄标车377辆，完成率94%。3月，开展食品药品安全联合整治行动40余次。锁金四村社区获江苏省省级城市管理示范社区称号。2014年，街道取得“长效管理考核全区第一名”；获“市环境整治先进单位”“区环境整治立功单位”称号。

【社会事业】 2014年，街道围绕建设“金陵幸福第一街”目标，以建街30周年为契机，街道中心化改革、社区行政化改革、社会组织发展、标准化建设、智慧社区建设6项内容取得新突破。年内，国家民政部、省民政厅及市主要领导领导到街道视察指导，省市各主流媒体多次对街道社会事业发展进行报道，成为全国社区治理和服务创新现场会重要参观点。各类社会组织全面发展，截至2014年底，已有222家。“万家帮家园和谐促进中心”中标省社区公益服务项目，“社区沙盘游戏心理保健综合服务”被评为第三届中国公益慈善项目大赛实施类“百强项目”。娱乐养老中心新建苏漫社区院线，居民群众可以在家门口观看平价大片，“万家帮娱乐养老模式”获中国首届社区发展创新奖。街道创新“政府搭台、社会参与、机构运营、群众受益”模式，吸引社会资本成立苏新智慧社区公司，开展社会化运营，打造“智慧锁金”平台。惠民办实事工作，举办招聘会8场，实现再就业和困难人员再就业700多人；开展各类技能培训8期，受训人员280人次；走访慰问困难家庭，对785人次发放各类慰问金33.74万元。全力打造平安锁金，将“平安创建”作为平安社区创建核心内容，深入家庭、校园、企业做宣传发动；开展迎“青奥”信访维稳专项整治，“青奥”安保维稳大防控等行动。

【基层党建】 2014年，探索由社区党委牵头，党员带头，组织居民自荐推荐先锋议员，收集社情民意，组织群众议事，挂钩联系街道社区年度为民办实事项目，畅通群众参与评价受益渠道。党建中心获市“社会领域基层党组织服务品牌”。“大工委”项目工作法，以兼职委员认领项目、加盟项目、组团项目的形式，充分整合大工委资源，项目化运作、规范化管理党建工作项目。推进社会组织党建工作站建设，派菲特民俗文化中心等组织在党员带头示范下，全面发挥公益引领作用。全年举办“劳动最光荣，全城在行动”“喜迎青奥盛会，践行群众路线，共筑中国梦想”等主题广场宣传活动及各类文艺演出86场。“心廉心”云学堂、锁二社区、锁四社区分别成功申报玄武区廉政文化建设示范点。锁二社区、锁四社区获市级青年文明号集体。民主政治建设通过组织代表、委员和街道议员议事会察效能、定期例会、举办论坛议事等活动，创新代表、委员活动机制。街道武装部规范化建设南京市全面达标，民兵预备役整组、应急演练集训任务顺利完成。市、区两级人大代表参加接待选民102人次，接待选民1356人，收集群众意见和建议86件，并跟踪落实。组建非公企业独立工会5

家，完成非公企业建会、入会任务。完成企业工会市级“模范职工之家”“市级工人先锋号”、紫鑫城社区工会联合会“市级职工书屋”，2位社区工会主席“南京市文明职工”的申报工作。2014年，街道获“江苏省科普示范基地”称号；“社区居民心理保健综合服务”项目在省首次社区公益服务项目公开招标中中标。

6月19日，锁金村街道“智慧锁金”项目签约仪式

【人才工作】 2014年，街道做好人才引进“一对一”跟踪服务，按市“321计划”要求，深挖本地资源，走访联系相关高校院所、科技企业等，掌握人才信息，整合各类资源，组织人才政策宣传和动员。年内对引进人才57人进行申报，1人入选“321”人才计划，6人进入综合评审。

【“智慧锁金”社会化模式】 6月19日下午，南京电信与南京苏新智慧社区运营有限公司就“智慧锁金”平台建设签订协议。“智慧锁金”项目实现街道社会重点要素动态管控、基层民情分析研判、矛盾纠纷联合调处、社会组织共同参与、百姓生活细化服务等，开发部署全面覆盖、动态跟踪、联通共享的省内一流、国内先进智能化平台。“智慧锁金”平台按照“政府搭台、社会运营、机构参与、群众受益”模式，通过技术创新、模式创新和资源整合三大手段，形成一套在技术、管理和服务上宜于推广的适用标准，实现对“人、地、事、物、组织”管理无缝隙、服务无盲点。平台建设由街道主导统筹规划，同时引导和监督项目整体建设与运营，各类社会资本共同建立，形成全国第一家智慧社区专业运营实体，立足社会公益和社区经济联合发展，投入资金承担具体建设和运营事宜，独立核算，自负营亏。由南京电信负责平台通讯、硬件、软件和服务资源综合统筹。

【缪瑞林视察街道城市长效管理网格化工作】 10月13日上午，市长缪瑞林一行到锁金村视察街道城市长效管理网格化工作，区委书记储永宏，区委副书记、区长徐曙海陪同。街道党工委书记石磊，党工委副书记、办事处主任朱骏汇报街道城市长效管理网格化情况，缪瑞林对街道城市治理全覆盖网格化布局、工作措施以及运用“智慧锁金”治理手段等常态长效工作给予肯定。缪瑞林等实地视察街道“智慧锁金数据中心”，观看街道“城市治理智慧平台”工作流程演示。询问平台工作人员配置、功能设置、运行模式等细节问题，对街道构建智能化城市管理创新体系，打造“智慧网格”，把城市管理全覆盖落实到管理末端，让群众生活更幸福，让社会更和谐，让城市运行更有序等做法，以及平台能够覆盖全街道主要街巷，通过平台及时发现、整改车辆违停、占道经营、倚门出摊等功能表示认可。缪瑞林要求街道结合“智慧社区”发展方向，充分整合民生、党建等各项工作，建好综合智慧平台，切实提升服务群众能力和水平。

【建街30周年暨首届锁金“公众日”活动】 12月26日，锁金村街道建街30周年暨首届锁金“公众日”活动拉开序幕。区领导杨乐华、陈乙华、刘显平、蒋健等参加主题座谈会。杨乐华致辞，街道工委书记石磊、娱乐养老创始人侯国新、东南大学教授仇向阳分别作社区治理、社区养老、智慧社区建设主题演讲。南京大学教授陈友华、市社科院院长叶南客、市社建工委书记祁豫玮和江苏省政府参事室主任、中国社会学会会长宋林飞作点评，《南京日报》《扬子晚报》等新闻媒体单位嘉宾进行交流发言。江苏省民政厅副厅长戚锡生讲话。中国社区发展协会向街道颁发“中国社区发展创新奖”荣誉证书；新华网总编辑徐寿泉向街道授“紫金对话共建单位”牌匾。《南京日报》《扬子晚报》，新华网、龙虎网、凤凰网、新浪网等16家媒体全程采访报道，100余名受邀群众代表参观街道“五个中心”建设，观看“民创·民享”群众文艺展演和社会组织活动展示。由微博大V“张旭东南京”发起“2014·锁金公众日”话题，达到25.1万阅读量。30多名区诗词歌赋协会会员到现场采风。南京电视台《老吴韶韶》著名节目主持人吴晓平现场与50多名在锁金生活30余年的老居民代表访谈对话，共同分享。《南京日报》当天刊登“30年，铸就金陵幸福第一街”整版专题报道。参与活动者还深入社区亲身感受。国家民政部城乡社区建设专家委员会成员唐忠新点评。街道确定每年12月举办“锁金公众日”活动。

链接

“智慧锁金”项目

“一个平台”：搭建PAAS综合系统平台，作为各类数据库和模块基础支撑。“三个基础数据库”：建设地区三维地理信息库（包含公共设施信息库）、房屋信息库和人口信息库，并相互集成。“三大模块”：公共服务模块。与“智慧南京”相融合，为“五个中心”和各社区建立信息化办公和政社、政民互动平台，建立服务型政府。社会服务模块。为各类社会组织建立社民互动平台，如心理关爱和社区微公益等。商圈服务模块。为各类商家建立商社、商民互动平台，如家政、老年、少儿、体育、社区物流和支付等现代服务产业。“三套终端”：智能视频监控终端，实现地区管理与服务动态监控和智能分析；干部和社工手持终端，实现“离案”服务；居民互动终端，逐步以APP、网站、信息发布平台和居民生活手机等形式，打通群众身边IPTV、宽带、手机等终端。“一个数据集成中心”。承担公共服务动态监控、基础数据和动态数据集成等任务，以及加盟平台的各类社会的服务实体如家政、老年、体育等的统筹、管理、评估、展示和集中服务居民的任务。“一个呼叫中心”。承担多方（公共、社会和商业）呼叫服务的统一承接和任务调度。“一个运营实体”。发挥社会力量在多元参与社会治理和市场在资源配置中的主体作用，成立全国第一家智慧社区专业运营实体（南京苏新智慧社区服务有限公司），投资建设并运营“智慧锁金”平台，社会化运营。“智慧锁金”平台。为街道“五个中心”分别建立全业务型的智慧党建、民生、城管、经济和综治平台，对窨井、消防栓、路灯等部件，停车场、广场、名胜古迹等场所，沿街店面、经济单位等组织，倚门出摊、违停违行、车流人流等事件，对社工、城管队员等各类人员的定位管理、轨迹管理、信息采集、业务流转、事件处置和绩效考核，实现智慧的管理和服务。

·社　　区·

【锁一社区】 东临玄武湖，南至南京师范大学紫金校区，西靠南京市第十三中学锁金校区，北依紫金山。社区居委会办公地址锁金六村17幢旁，社区有居民小组84个，建立社区党委。社区内有锁金村第一小学，锁金村第一幼儿园。江苏好享购物、南京蔬科所、板仓茶叶城、苏果超市和锁金农贸市场等单位30多家。2014年，社区开展主题为“提素质，促转型，打造全能社工”轮岗活动，着力培养“全能型”社工队伍，提高工作效率，提升服务质量。结合传统节日开展“邻里和谐迎端午”“九九重阳　敬老情益浓”“温暖居民送爱心”等敬老爱老系列活动。为群众办实事、解难题，在4-2号院落安装晾衣架；为六村1幢、14幢和16幢门前安装路灯；对老旧居民楼污水管道进行改建；在小区新建居民健身广场安装休息椅，方便居民，美化环境；协调区人防办为居委会安装LED电子显示屏。开展“百日大扫除”，清理卫生死角100多处。2014年，社区获区城市管理先进单位称号。

【锁二社区】 东至锁金中路，南临锁金南路，西接玄武湖公园，北靠锁金北路。社区有住宅楼35幢，其中高层住宅楼3幢，多层住宅楼32幢。社区居委会办公地址锁金二村12幢旁。社区建有休闲、娱乐、学习为一体的科普广场，面积约1000平方米。社区内有南京邮电大学锁金村校区、江苏省科技情报所、江苏省金思维信息技术有限公司、金陵之星大酒店等单位。社区活动中心设有党员活动室、世代服务室、老年活动沙龙、巧手坊、棋牌室等场所。2014年，利用国学、慈孝文化学堂，引导青少年传承中华民族美德，开展爱国主义教育。开展文体活动33场，700余人次。利用橱窗、横幅、展板等形式宣传社区党建和政务工作。全年社区在各类报刊、党建网发布信息200余篇（条）。2014年，社区获国家级人口计生基层群众自治示范社区称号；获城市志愿服务站示范点一等奖；南京市第六届社区科技“四个一”作品竞赛组织奖；“走进博学玄武学习超市寻觅玄武历史文化印记”博学玄武学习在线网上阅读活动优秀组织奖。

【锁三社区】 东靠林产化学工业研究所，南临锁金北路，西倚龙蟠路和新庄立交桥，北接312国道。社区分为锁金三村和锁金村80号、84号3个大院及林业大学校区。社区居委会办公地址锁金三村14幢旁。社区内有南京林业大学、玄武区军队干部休养一所、南京市政工程管理处、实诚物业公司、金卡大厦和锁金二小附属幼儿园等单位。2014年，社区倡导居民在生活工作中践行低碳环保理念，建立社区低碳先锋行动驿站，助推节电、节油、节气等从点滴做起，开展“低碳先锋、绿色出行”活动。定期举办“垃圾减量——回收行动”绿叶袋与废旧软包装互换及发放节能承诺卡大型宣传活动，11月14日，《南京日报》以“低碳生活进社区”为题进行报道。社区“韩先林工作室”以“奉献、友爱、互助、进步”为宗旨，为社区群众提供代办事务、学习辅导、心理咨询、家庭理发、民事调解、水电维修、健康保健服务及未成年人的德教、法教、科教、家教、帮教的校外教育辅导，实行定点服务、上门服务、应急服务、跟踪服务和预约服务，5月14日，《新华日报》对锁三社区韩先林志愿者工作室进行特别报道，标题为“今天你帮别人，明天别人帮你”。2014年，社区获全国科普示范社区，区平安示范社区等称号。

【锁四社区】 东临锁中路，南与锁金一村相接，西靠锁金二村，北临锁北路。社区居委会办公地址锁金四村12幢-1。社区有住宅楼35幢，社区内有南京市十三中分校锁金校区等单位。2014年，社区以社区议事园为平台，引导居民参与社区自治。开展关爱老人活动，先后组织295位退休人员参加体检，对患有慢性病的老人进行跟踪调查，定期开展健康讲座，为919名老人进行工资、医保验证；为70位企业退休人员申报生日及重病慰问事宜；对生活困难、鳏寡孤独老人进行节日慰问；为去世老人办理死亡丧葬抚恤金申报；组织近百名退休人员参加“迎青奥看河西新貌”活动。社区文化活动以盛禾艺术团、广角镜艺术摄影沙龙为龙头，下设合唱队、昆歌队、表演唱、快板等多种艺术表演队，多次参加区、街道的文艺演出。社区教育分中心定期开展电脑培训、传统文化课堂、科普文化、安全文化、环保文化、健康文化、旅游文化教育活动。2014年，社区获省城市管理示范社区，市全民生活健康方式行动健康社区，区全民生活健康方式行动示范社区等称号。

【锁五社区】 东与玄武湖街道相邻，南到宁栖路，西以锁东路与锁四、锁一社区相临，北至南京林业大学。社区居委会办公地址锁金五村4号。社区有锁金五村南院、北院、翠岭居、板仓街130号、板仓街78号、锁金村200号、林化所7个院落。社区内有南京师范大学紫金校区、锁金二小、中国林产化工研究所、总参炮兵干休所等单位。2014年，社区以全市首家“侨法宣传角”为品牌，开展侨务双向服务，以“侨眷关爱月”为平台，组织归侨侨眷观看电影，参观“南京眼”步行桥、滨江风光带。发挥社团作用，服务社区居民，社区探路先锋儿童团获区妇联“妇女儿童之家”公益创投项目。创办“心语红娘”公益组织，成功牵手10余对。打造社区“没有围墙”的大学校，开展老年“动动乐”门球学堂、老年“墨香乐”书画学堂、“爷爷奶奶一家亲”电脑课堂。举办“心相印联动”社区邻里文化节，组织“邻里乒乓球”比赛、书画协会送文化下乡、“军警一家亲”“至青春”志愿服务等系列活动。2014年，锁五社区党委获区先进基层党组织称号。

【新庄社区】 东靠紫溪湖桥，南临玄武湖，西倚白宫大酒店，北接红山铁道口。社区居委会办公地址新庄39号综合楼3楼。社区有13个小区：新庄村39号、御湖国际、新庄村53号、新庄村55号、湖畔居149号、韶山路288-290号、韶山路246号、198号106号及102号及平房、和平大沟、湖景花园及紫金联合立方小区。社区有南京南泰国展中心、园林实业总公司、铁路办事处、中铁24局江苏公司、新世纪大酒店、南京火车站、邮政枢纽、曙光国际大酒店、军转站、南京商厦等单位，以及100余户五小行业。“社区邻里中心”面积1000平方米，主要用于接待和处理社区事务、人口与计划生育、环境与卫生、社区劳动保障、综合治理。2014年，社区打造“平安社区”，建立健全治保会、调委会等群防群治网络，组织社区居民和党员成立义务巡逻队，坚持每天在社区内排查安全隐患。青奥会期间，坚持巡逻公交站台、火车站等人群密集场所，对疑携带危险品的乘客进行劝阻，引导乘客文明乘车。开展“敲门关爱”行动，定期走访孤寡老人、残疾人等弱势群体。举办“迎青奥、树新风、学雷锋、促和谐”主题活动。

【紫鑫城社区】 东靠紫金山，西临玄武湖，南邻白马公园与北安门大街，北接宁栖路。社区居委会办公地址板仓街49号14幢旁。社区有大小楼宇78栋，有白马山庄，岗子村63号，板仓街3号，板仓街5号，板仓街9号，板仓街49号6个院落。社区办公用房500平方米，设有活动室、残疾人康复室、社区公共服务站、社区计生卫生室、社区党建活动室、社区学校、图书室、青少年机器人校外辅导站、社区体育健身俱乐部、综合治理办公室、生殖健康服务站、心理咨询室、警务室、室内体育活动室等。社区有南京电影机械厂、江苏文化产业园、白马公园、紫金山索道等单位。2014年，社区发挥“小霞癌友康复驿站”作用，申请公益创投项目资金，为社区老少开展各类活动；举办“夕阳乐”中老年电脑培训班，帮助老人们学习掌握电脑知识、网络信息，如何上QQ、发微博。社区多次与港华燃气、地铁公司、中山陵园管理局等沟通协调，解决岗子村63号小区、白马山庄小区多年不通管道煤气问题。2014年，社区获2013—2014年度区先进团(总)支部称号。社区小霞癌友康复驿站被团区委、区志愿者协会评为2014年度玄武区优秀志愿服务先进集体。社区“职工书屋”被市总工会评为“市职工书屋”。

·驻街园区·

【世界之窗文化产业园】 位于板仓街9号，是锁金村街道目前最大的一处商业载体，园区占地面积约6.67公顷，营业及办公面积约38000平方米，园区分A、B、C三区，A区临街约60米长，面积约8100平方米，B区位于园区中央位置，由7栋小楼组成，面积约20840平方米，C区位于园区东南部，紧邻紫金山，由3栋建筑组成，面积约9060平方米。园区企业有南京金域医学检验所有限公司、江苏色达文化发展有限公司、南京平泰科技有限公司、南京尚金文化传播有限公司、南京讯点软件技术有限公司、南京视野工程有限公司等50多家，涉及文化、科技、医药、计算机等核心产业。

【紫金联合立方广场】 广场南看玄武湖、国展中心，东联紫金山，北靠红山，西接南京火车站，紧邻新庄立交桥。占地3.08万平方米，建筑面积4.55万平方米，有5栋4~5层电梯多层建筑，紫金联合立方已登记企业121家。其中设立分公司、办事处或公司下属部门10家，注册资金1000万元(含)以上企业有9家，500万(含)-1000万元企业7家，100万(含)-500万元企业19家。 (孟　军)

孝陵卫街道

·街道工作·

【概况】 孝陵卫街道东起顾家营与栖霞区相接，西至中山门与秦淮区相连，南至沧波门外秦淮河与江宁区接壤，北至紫金山分水岭与玄武湖街道毗邻，域内面积约30平方公里。街道办事处地址罗汉巷119号。辖11个社区居民委员会。居住人口36748户，11万余人(含在校学生约3.2万人)。辖区内有南京理工大学、南京农业大学、南京体育学院、江苏省农科院、江苏省地震局、江苏省石油物探所、南京军区政治部文工团、中山陵园管理局、南京奶业集团等企事业单位50余家。2014年，街道承担市、区各项考核指标65项，其中市综合考核指标24项、区国民经济和社会发展计划目标35项(含市综合考核指标18项)、重点建设项目目标6项。除财税指标欠进度外，均达超进度。街道坚持转型发展，全力打造新兴产业集聚区。完成生物医药园A、B、C、D栋主体建设，进行室内外装饰和管网施工。完成生命国际社区原址原面积改造，年内全面招商。生物基因园已完成规划、施工手续办理，进行桩基施工。科学规划运作。细化部门工作职能、规范公司管理制度、完善企业数据库、开展孵化器申报，选配11名人员充实园区力量，制作宣传片和多语种宣传册，5月，参展首届中国(南京)国际生物医药产业博览会，提升园区品质形象。多措招才引智。对接“留交会、创洽会”“金洽会”“紫金山峰会”，组织运用生命科学专题推介会等形式，宣传政策、跟踪服务，形成“校区、园区、社区”三区联动创业氛围。“玄武区生命科学企业孵化器”通过省级认定。福怡科技、江苏润地农业科技、越存信息科技、颂拓网络科技、诺唯赞生物科技、讯奥商务信息6家企业获科技创业投资额1967.5万元，占全年计划400%。2014年，街道获区现代化建设目标综合考核一等奖；获全国和谐社区示范单位、省第三次全国经济普查先进集体、省充分就业示范社区、省优秀司法所等称号。

【经济发展】 2014年，全年完成财税23059万元，占年计划83.7%。服务业增加值增长12%。社会消费品零售总额完成5.54亿元，增长15%。全社会固定资产投资完成10亿元，占年计划117.6%。电子商务销售额预计完成2.1亿元，占年计划105%。服务外包执行额完成11330万美元，占年100.3%；离岸执行额完成4440万美元，占年计划100.9%。实际利用外资完成1242万美元，占年计划103%；外贸出口总额预计完成2450万美元，占年计划102%。新引进1000万元以上规模企业10家，新增注册资本近3.5亿元。顾家营A地块一期6栋封顶、二期12栋进行主体建设，南汽制动器厂项目完成三大件办理、拆迁评估概算、土地性质确权、拆迁方案制定等相关工作，正按流程办理拆迁许可。完成第三次全国经济普查工作。

【街道环境】 2014年，街道坚持综合治理，推行城市治理责任全覆盖。注重“六个强化”(组织落实、宣传发动、问题整改、重点整治、建立机制、经费保障)，做到“三个结合”(群众路线教育实践活动、“9322”考核、城市长效管理)。年内，集中对卫岗片区、绕城公路绿色通道、小卫街社区周边、胜利村南头渣土山、沪宁连接线、森林摩尔至民国风情街沿线等环境整治。3月30日，对中山门大街卫岗段沿街两边实施综合整治：路南面西起卫岗，东至江苏省地震局，长450米；路北面西起龙宫大酒店，东至加油站，长250米。对卫岗将军岭房屋和童卫路口门面房实施征收，同时对沿街门头店招、外立面进行出新以及依据地形地貌统一维修出新。沿街绿化按中山门大街总体格调及景观路标准进行改造。7月30日，整治工程完成。4月11日下午，街道召开“大干一百天、环境大扫除”专项整治动员大会，约200人参会。全年街道投入300多万元，完成“9322”目标任务，拆除违章建筑80处13000平方米，出动18500多人次、1100台次车辆，清理建筑垃圾和卫生死角12000余吨、整治店招店牌及违规广告300处，铲除平整菜地280处21000平方米，率先拆除区级违规楼顶镂空字34处708平方米，整治机动车、非机动车违停3800辆，清除“僵尸车”29辆、出新墙面近10000平方米、修缮小区下水道210处。增划停车位1480多个，安装隔离石柱1350多个，隔离护栏800米。2014年，街道环卫“54321”、垃圾分类工作全区排名综合第一；环境大扫除综合排名全区第一；工地管理被市评为扬尘管控示范街道。

【社会事业】 2014年，街道坚持民生优先，落实各项惠民政策。完成低保季审、半年审、提标工作，办理低保家庭369户、543人，累计发放低保金368.4万元。审核、审批街道临时救助360户，救助金额20.4万元。帮扶无固定收入重残人员68人，累计发放50.06万元。对辖区内80周岁以上高龄老人发放尊老金168万元。新增城镇就业人数789人，实现再就业人数566人，帮扶就业困难人数266人，培育自主创业者人数243人，创业带动就业人数2361人，征收社会保险费140.14万元。深化管理服务创新。着力推行小卫街社区“前台受理、后台处理”服务模式，区街联手打造全市首家社会工作创意园，成立“社会工作创意发展中心”和“社会组织发展促进中心”，苹果树亲子园等45家社会组织注册进驻，省、市、区领导多次调研视察，《人民日报》予以报道。优化街道民生服务中心服务功能，铁匠营分中心改造建设完工。4月1日下午，省政协人口资源环境委员会主任张肖敏，市人口计生委主任姬桂玲到孝陵卫街道民生服务中心调研指导人口和家庭公共服务工作。

【基层党建】 3月14日下午，街道党工委召开党的群众路线教育实践活动动员部署大会。街道27个党组织、1744名党员参加教育实践活动。学习弘扬焦裕禄精神，以“大干一百天、环境大扫除”专项整治行动为抓手。突出问题导向、多方联动找差距；突出党性宗旨、多层学习固根基；突出环境提升、多项整治强作风；突出统筹综合、多办实事抓整改。制定“集中办好六件实事、开展八项提升行动、完善十项制度”整改方案，南京电视台《东升工作室》、《党的生活》等作专题报道。

【人才工作】 2014年，完成“321计划”领军型科技创业人才5人，

4月11日，孝陵卫街道“大干一百天、环境大扫除”专项整治行动动员大会

引进4名创业人才参加综合评审，排名全区街道前列。

【综治工作】 2014年，街道坚持服务大局，着力排查化解矛盾隐患。突出信访老户、集访和沧波余粮地区新增矛盾三大重点，围绕“三转五到位”工作目标，抓制度、抓作风、抓预案、抓协调、抓考核、抓保障，全面做好稳控化解工作，较好处置沧波余粮失地农民选房、利息等可能引发不稳定事件。开展青奥会安保维稳大防控专项行动，确保6个一级、35个二级、29个三级防控目标，81个公交站台和44个重点人员安全稳控，实现“六个绝不发生”目标。成立全省首家基层矛盾预防化解工作新机制“庭所站共建基地”，妥善调处10多起较大矛盾纠纷。全年化解7个信访积案开展重点排查24次，及时处置民国风情街、紫金华府、周顺保抚养、南京理工大国际培训中心民工讨薪等矛盾纠纷。签订安全生产责任状1235份，排查辖区企事业单位557家、餐饮业161家，督促整改30家存在安全隐患企业，取缔孝陵卫52号无证作坊熟食加工店，拆除卫岗26号内危险建筑。

【街道社会工作创意发展中心建成】 2013年底，由区政府和孝陵卫街道联手在小卫街社区打造南京市首家集“社区治理研究、社区体制创新实践、社会组织培育和社会公益创业人才”于一体综合性社区治理平台——社会工作创意发展中心。该中心占地面积约1200平方米，2014年2月交付。有效发挥中心引领社区治理与创新实践作用，中心创新运作模式，采取“政府有关部门进行业务指导、社会机构独立运作、服务项目外包”等形式，由江苏华益社会组织评估中心负责该园区具体运作。中心不断深化对社会组织指导、协调与服务功能，引进和培育各类社会组织，有江苏华益社会组织评估中心、南京玄武小云社工事务所、南京玄武爱家暮童服务中心、希望家园社会工作服务站、影秋心灵保健室、非遗传承工作室、青少年科普工作室、紫灵艺术团、老娘舅调解室以及南京市“我和你”公益组织发展中心在中心内办公和提供服务，服务类别从最初的助老、助残等基础服务逐步扩展到社区教育、卫生、科普、矛盾调解等多个领域。

【“庭所站共建基地”揭牌】 6月12日上午，全省首家由孝陵卫司法所、孝陵卫派出所、区检察院孝陵卫工作站及孝陵卫法庭组成的“庭所站共建基地”在孝陵卫街道揭牌，揭牌后召开共建基地工作推进会，区委政法委、玄武公安分局、区检察院、区法院、区司法局及7个街道领导参加。会议由区政法委副书记、综治办主任杨杰主持，区委常委、区政法委书记易兵讲话，街道工委书记王玉兰致辞，有关部门签订共建条约，区检察院、孝陵卫街道代表作交流发言。与会人员参观孝陵卫司法所。“庭所站共建基地”成立，实现人民调解组织与公安机关、检察机关、人民法庭无缝对接，在化解矛盾纠纷、维护该地区社会和谐稳定发挥特有作用，形成维权与维稳、执法与服务基层矛盾预防化解工作新机制。

【南京大屠杀死难者东郊丛葬地悼念活动】 12月13日，首个国家公祭日，玄武区在南京大屠杀死难者东郊丛葬地开展悼念活动，区委副书记杨乐华，副区长陈云松等参加，孝陵卫街道全体干部和南京报业集团记者200多人，以及自发前来的各界群众和学生等近2000人，在南京大屠杀死难者东郊丛葬地悼念遇难同胞、寄托哀思。哀悼仪式结束后，市民自发排队敬献菊花。

·社　　区·

【盛和家园社区】 东临栖霞区马群街道向尚村，南至江宁区建南村，西靠白下区科技园，北依江苏省农科院。社区有余粮一期拆迁安置房小区，二期工程在建设中，一二期总占地面积约0.14平方公里。2014年3月，社区居委会办公地点从沧波门油坊闸搬迁至马高路318号盛和家园余粮一期小区内。小区有住户1925户，入住率80%，小区居民多为来自全市各区拆迁安置人员。上半年，社区协助区住建局等部门完成对安置房源的管理分配工作，社区原三分之二户籍居民拆迁后已分批拿房入住栖霞区马群街道东花岗和西花岗社区。2014年，社区围绕“大干一百天、环境大扫除”活动，进行环境卫生清扫与治理；开展“弘扬青奥精神、奉献热情汗水”等专项活动。

【康定里社区】 东、南、西三面与秦淮区相邻，社区面积约1.6平方公里，常住人口6526人，由康定里小区、胜利村路50号、胜利村100号、胜利村108号、长巷200号、小卫街226号和紫金南苑7个小区组成，社区内有玄武区军休六所、1101工厂、南京振华包装材料厂、南京金陵调温床厂等单位，非公有制经济组织和新社会组织16个，个体商业网点12个。社区办公地址康定里小区3幢，办公用房面积

400平方米。2014年，社区成立康定里社区文体活动中心和居家养老服务中心。

【南京理工大学社区】 东至罗汉巷，南至光华路，西至友谊河，北至中山门大街。社区居委会办公地址位于孝陵卫200号，社区有8个住宅小区，住宅楼114幢，总人口3888户、9290人。2014年，社区党总支执照工作计划开展活动。党建、关工委等活动信息报道60篇，每月出一期综治宣传橱窗。完成各种民调26起。组织居民各种活动12次；组织环保志愿者清理小区垃圾15吨；青奥会宣传16期、橱窗宣传20期。完成"大干100天，环境大扫除"和迎接青奥会召开任务，为社区青少年开展各类活动15项，全体社工积极参与区、街组织文明创建指数测评迎查工作，完成街道办事处及学校后勤管理服务中心各项任务。2014年，社区获市创建幸福家庭活动示范社区，区年度优秀党组织、区平安社区等称号。

【南京农业大学社区】 东至龙宫路，西至童卫路，南至后标营路，北至中山门大街。2014年，社区与区体育局等单位协调，对社区健身活动器材进行维护和升级。近两年学校筹集资金千万元，完成对社区内所有住宅实施水表出户改造工程；天然气主管更换基本结束。2014年，社区举办法律知识、健康与老年保健、老年人自我保护与防范等主题活动，包括普法知识、按摩康复、白内障眼科、哮喘、糖尿病防治知识、地震、控烟、天然气、人民调解、急救等内容28项；更新宣传橱窗板报15期；印刷有关眼科、地震、控烟等方面科普宣传手册3种、500多册；制作宣传横幅32条。

【江苏省农科院社区】 北依南京地铁二号线钟灵街地铁站森林摩尔街区，东临农业部南京农业机械化研究所，南毗宁芜铁路，西至孝陵卫一号，社区面积约0.8平方公里。社区居委会办公地址钟灵街50号（江苏省农科院办公科研区内）。社区有农科院住宅小区、钟灵街46号老粮站楼、紫金生态园范围的紫金柳苑、紫金时代、金贝家具、现代农业展示中心和大学生创业园，办公区3幢人才公寓、综合大市场楼、研究生宿舍楼以及一座四合院。社区内72幢住宅楼4幢住宅平房，人口1447户、3795人，残疾人52人，60岁以上老人911人，低保户25户35人。社区有1所合办幼儿园，有13个专业研究所，2个科研试验基地，7个院办公司，1个后勤服务集团；社区内有105家企业，47家个体经营户。2014年，社区开展"送春联迎新春书画展""迎国庆书画展"、重阳节敬老扇子舞太极拳表演、安居防火少儿消防知识讲座、少儿书法培训、"孝陵卫巨变"历史文化知识讲座等活动。社区在"大干一百天，环境大扫除""喜迎青奥会" 活动中，协调相关部门拆除违建10处，清运垃圾500余吨，栽种草坪2000余平方米，修补缺损路面120平方米，整改堆放杂物47处，整治脏乱差2万余平方米。组织百余名志愿者和巡防队员昼夜巡逻，确保社区平安稳定。召开社区党员动员大会。7月1日，组织社区党员参观南京大屠杀纪念馆；完成450余名党员进社区开展为民服务报名工作，制定服务"菜单"到支部和个人。2014年，社区党支部获街道党工委先进党支部称号。

【铁匠营社区】 地处紫金山脚下，紧邻沪宁高速连接线。北沿中山门大街，东与理工大学相邻，西与秦淮区相连，社区面积约2.3平方公里。由原童卫路社区和原铁匠营社区调整而成，社区居委会办公地址小卫街218号园区内。社区内有东郊美树苑、东元山庄、樱花苑等16个小区，有江苏省地震局、中石化物探研究院、中山陵园管理局、前线文工团、南京市歌舞团、奶业集团共建单位玄武区食品药品监督管理局等10余家单位。2014年，社区开展 "迎青奥""大干一百天，环境大扫除"专项整治活动，组建治安巡逻、关心下一代、扶贫帮困等党员志愿者队伍；依托党员活动室、法制宣传栏、法律服务站等服务阵地开展活动。2014年，社区获市第三次全国经济普查先进集体、孝陵卫街道社区党委先进基层党组织等称号。

【小卫街社区】 位于紫金山南麓。东靠韶家山公园，南临宁杭公路，西倚下马坊公园，北接紫金山，社区面积约0.85平方公里，社区居委会办公地址铁匠营1号，办公用房面积1200平方米。社区党总支下设4个党支部，有党员103人。2014年，启动社区"去行政化"改革，推行居、站适度分离试点，社区成立社工事务所，按照"拆柜台、搭前台、建后台"要求，推行"前台受理、后台处理"服务模式。成立"社区治理发展协会""社区老年大学"，发动群众以协商议事方式，利用"紫金阳光"基金，解决居民关注问题，带动社区多元主体参与社区治理积极性。社区培育引进"希望家园社会工作中心"等，以及为老为小及助残类社会组织12个，为居民提供专业服务。2014年，社区获区“优秀党总支”“先进单位”等称号。

【孝陵卫社区】 东至孝陵卫1号，西连南京理工大学，南至晏公庙1号，北邻中山门外大街。由原孝陵卫东段社区、孝陵卫西段社区、晏公庙西村社区、铁匠营社区部分合并而成，社区面积约2平方公里，社区内有孝陵卫街道办事处、南京孝陵卫供销实业有限公司、紫金宾馆、玄武区军休二所等10家单位，非公有制经济组织和新社会组织15个，个体商业网点272个。社区依托居家养老服务站、劳动保障服务站、流动人口管理服务站，面向社区老年人、残疾人、孤儿、妇女，以及社区贫困户、优抚对象，开展社会救助、社会福利和优抚保障服务；面向社区居民开展便民利民服务，面向社区单位开展社会化服务；面向下岗失业人员开展再就业服务和社会保障社会化服务。社区银发乐园为老年人提供交流、保健等相关服务场所。园内公益性活动以志愿者参与为主体，分为健康服务、心灵陪伴、真人图书馆、休闲娱乐、特别服务五大服务板块，注重老年人生活及精神需求。5月，社区银发乐园开始为社区困难老人开展送餐服务。2014年，社区获孝陵卫街道先进单位和优秀党组织等称号。

【晏公庙社区】 东邻双拜巷100号，南至双拜巷106号，西至晏公庙新村小区，北至双拜巷1号，社区面积约1.5平方公里，有9个小区，统一纳入网络化管理。常住人口2512户、6898人，流动人口1938人；老年人1045人，残疾人95人，低保户79户。社区党总支下设3个支部，有党员185人。社区内有紫金山冶炼厂、中建八局、公路管理站、电子原件厂等单位。社区有便民利民服务站，消费者协会维权服务站，流动人口管理服务站。引进社会组织机构有南京市博爱残疾人服务中心、南京博爱勤善老年服务中心、快乐谷养老院等。2014年，社区成立“希望来吧”，面向新市民子弟和城市困难儿童及特殊儿童，提供长期学业辅导、兴趣培养。社区居民学校开展法律法规，消防安全，健康教育，普法维权及青少年教育等各类讲座。社区志愿者队伍有大学生党员“百时奉献”志愿者队伍，江苏第二师范学院“大学生志愿者服务基地”，南京理工大学计算机科学与工程学院“青年志愿服务基地”。2014年，社区获市社区文化活动室示范点，区“平安社区”等称号。

【银城东苑社区】 东起胜利村北路、南至光华路、西至后标营路、北至锦湖路，社区面积约0.397平方公里，社区居委会办公地址银城东苑101号，社区党支部有党员99人。社区有居民楼76栋(66栋高楼，10栋多层)，包含菱香园6栋、东篱园5栋、毓秀园9栋、望山园7栋、揽翠园8栋、西华园3栋、紫荆园4栋、山水居10栋、陶然居10栋、博雅居14栋。有居民4973户、1.2万余人。社区内有南京市弘光中学，银城东苑双语幼儿园。2014年，社区开展单独二孩政策实施前入户摸底调查；完成全国第三次经济普查（持电子终端设备）正式入户调查。

【钟灵街社区】 东至栖霞区五棵松，西连灵谷寺路，南至江苏省农科院，北邻中山门外大街。社区居委会办公地址顾家营2号。社区内有森林摩尔大型商业街区以及南京体育学院、南京农业机械化研究所等单位。2014年4月，在“大干一白天”活动中，社区党员义工队伍、大学生志愿者、居民骨干力量开展卫生环境整治。8月，在青奥会期间，社区内南京体育学院羽毛球、网球等场馆，作为重要比赛场馆，安保工作重大，社区利用工会志愿者、巾帼志愿者等队伍，积极投身平安青奥志愿服务，形成共保安全浓厚氛围。12月13日国家首个公祭日，社区东郊丛葬地作为悼念地点，参加悼念群众络绎不绝，社区积极组织居民骨干、志愿者在重要干道进行引导、疏通，确保公祭活动文明、有序进行。

·驻街园区·

【南京钟山生命科学园】 （参见“产业经济”类目，第162页）

（周　川）

玄武湖街道

·街道工作·

【概况】 玄武湖街道位于玄武区东北部，东与栖霞区马群街道和尧化门街道接壤，西与锁金村街道交界，南隔紫金山同孝陵卫街道毗邻，北临沪宁铁路与红山街道相望，玄武大道、长江二桥连接线贯穿全境，构成四通八达的交通网。域内面积19.6平方公里。街道办事处地址板仓街98号。辖板仓、花园路、蒋王庙、樱铁村、樱驼花园、东方城、聚宝山、仙鹤门、仙居雅苑9

个社区居委会。辖区总人口92104人,其中户籍人口48744人。辖区内有中科院南京天文研究中心、中国医学院皮肤研究所、玄武中等专业学校等单位50余家。街道区域整体以玄武大道为轴呈哑铃型分布,东部为仙居雅苑和仙鹤门社区组成仙鹤门经济适用房片区,西部为板仓等7个社区组成城市化片区。2014年,街道有社工108名。街道托底成立2家物业公司:雅苑物业承担经济适用房片区物管工作,有员工107人,年经费支出483万元;洁安序物业承担辖区12个老旧小区物管工作,有员工68人,年经费支出234万元。街道围绕群众路线教育实践活动、"大干一百天、环境大扫除"和青奥会维稳保障,坚持"守底线,超标线"目标导向,以"心连心"云平台为基础,突出"作风提升、民生实事、组织培育"三大重点,注重管理精细化、服务特色化。2014年,樱驼花园社区获全国和谐社区建设示范单位,省劳动保障监察示范网格、省和谐社区示范街道,市科普示范社区,区优秀基层党组织等18项称号。

【经济发展】 2014年,街道完成地方一般预算收入2.12亿元,占必成指标67.8%,占期成指标66.3%;完成固定资产投资5.8亿元。重点项目王家湾总部经济园,市交通产业集团规划方案已出,拟整体转让或打包引入投资方开发;仙鹤新天地置业广场,招商已全面完成。年内引进企业221家,个体经营户62家。注册资金1000万元以上的企业15家,超额400%完成全年任务。

【街道环境】 2014年,街道加强城市治理全覆盖和长效管理机制,与相邻街道协调,理清管理区域,通过成立城市治理巡查整治快速反应分队,加大对边缘、死角、街巷巡查密度。细化三级网格,建立河长、路长责任制,形成巡查、报告、协调、检查、监督等工作机制;将五个中心与街道网格、社区网格、城管和保洁片区网格整合,形成三网合一,双向监督,双向考评整体联动和互动机制。围绕"大干一百天、环境大扫除"迎接青奥会,做好环境整治和长效管理工作,发挥驻区单位、社区居民和志愿者力量,铲除菜地6100平方米,清除卫生死角620余处,清理各类垃圾、杂物6800余吨。拆除违建103处,7048平方米,拆除户外广告牌及广告镂空字80处、3028平方米;配合板仓街出新整治,拆除8间违章亭棚100平方米,街道顺利通过"9322"首轮考核。联合交警一大队对板仓街、花园路、华新西路等道路两边机动车停车秩序进行集中整治,配合交警张贴罚单850余张,清除"僵尸车"6辆,清拖乱停乱放机动车27辆。新划机动车停车位1100个,安装隔离栏320米,设立隔离柱420根,起到限制违停、疏导停车,便民利民作用。协调聚宝山庄小区开发商、物业公司,采取开发商授权,物业实施管理方式,解决非市政道路机动车停车秩序乱、小区居民停车难问题。

【社会事业】 2014年,街道创新社会管理,提升服务内涵和品质,社会各项事业及居民幸福指数稳步提升。全年发放补助、慰问金204万元,覆盖低保户、优抚对象、高龄老人等各类群体3244人。全面推广"心连心"云平台系统,推出"网格经理人""互联社区""智慧社工""三位一体"社会管理创新项目,配发手持终端,实时零距离为居民提供更加高效、便捷、智能服务,实现社区工作台账"减负"。年内,通过云平台办结24400余件事项。组织"春风行动"系列活动8场次,实现760人就业。发放各类就业补贴148万元;解决辖区劳资纠纷68起,协助追讨工资10.7万元。盘活资源孵化引进社会组织,先后引进培育金樱居家养老服务中心、雅苑禾苗耘作园等一批具有代表性社会组织。引入和支持的社会组织以及家政服务公司等多元主体作用突出,为居家老人开展以"助餐、助医、助浴、助洁、助急"为核心内容各类服务28600次。全年接访群众982人次,排查矛盾纠纷380人次,成功阻止群体性事件5批次,调处矛盾纠纷46件,主动约谈重点人员42人次,化解历史遗留问题16件,有效维护辖区内社会稳定。年内开展各类安全生产专项检查整治活动9次,检查企业和单位1127家,现场整改各类隐患140余处。

【基层党建】 2014年,党建网站信息3127余条;市级以上网站信息978余条、市级以上媒体报道32条,对外宣传信息综合排名全区第一。制定《玄武湖街道党的群众路线教育实践活动学习计划表》,领导班子成员先后走进社区、走进企业,召开社区党员群众、机关干部、"两代表一委员"、驻区单位、服务对象等21场座谈会。在社区设立专人负责的意见收集站点9个,发放意见征集表8000多份;在小区设置固定和流动意见信箱30个;在辖区公告栏和物业公示栏张贴征求意见建议公告;开通微博、QQ群等多渠道邀请广大市民朋友提建议和意见,共征收建议

47条，意见124条，解决102条。将存在问题分为3大类12个方面，对每一个问题都明确牵头领导、责任中心、制定任务书、时间表，并做好整改工作的措施细化和组织实施。全面加强党员干部廉政教育，构建"大廉政"，落实"两个责任"要求，严格"一岗双责"，突出抓好提升素质、完善制度、监督考评三项工作。

【人才工作】 2014年，研究对市、区引进人才政策，制订街道人才工作方案。建设人才队伍和当好企业引才工作"智囊团"。坚持服务企业为宗旨，带政策、跑高校、下企业。按照"定人、定时、定量"三定原则，了解企业对人才不同层次要求，专门下发海外领军型人才需求调查表，对企业引进海外领军型人才进行摸底，重点企业建立人才需求信息台账。2014年，街道人才工作搭建平台，制作招才引智的"晴雨表"；拓宽渠道、创新方式，善用发掘人才的"放大镜"。注重落实、强化服务，安装集贤聚才的"助听器"。

【樱驼花园社区评为全国和谐社区建设示范社区】 樱驼花园社区是典型老龄化小区，60岁以上老人2800多人，其中空巢老人902人，独居老人65人。社区积极构建为老服务平台，针对社区孤寡、空巢老人提供一系列服务，在养老、医疗、老年维权、生活照料、老年教育、老年人精神生活等方面，社区采取一系列措施，务求小区老年人在养老生活上不愁，保健就医上方便，邻里矛盾不烦，独居生活不寂寞，精神文化生活不空虚。社区每月组织一次专题学习和讨论，2014年开展"如何更好的开展网格化服务""针对社区的空巢、独居老人应如何管理"等具体问题展的讨论，邀请居民群众，提出意见和建议。社区依托19支民间组织、近千人志愿者队伍，通过志愿者及楼长等，第一时间了解居民动态，并及时反馈给社区，形成社区与居民心手相连、共建和谐良好局面。从每个家庭、每个楼栋、每个小区抓起，通过楼栋文化、院落文化促进居民之间邻里友善，关系和谐，使居民融入大家庭亲情氛围中。发挥社区居民代表在社区管理和服务中重要作用，定期组织召开居民代表大会，提升居民自治能力，强化居民在社区管理和服务中主导作用，认真听取居民代表意见和建议，及时协调解决小区存在纠纷问题。社区各类社团，以自编自演节目内容，活跃在社区和周边地区。在社区广场和街头巷尾，以操会友、以艺会友、强身健体。社区从单方面开展摄影沙龙、书画沙龙、根雕沙龙等活动，逐渐拓展为推广健康快乐型文化、爱老助老型文化、宜居生活型文化、志愿服务型文化、邻里关爱型文化、群众娱乐型文化、终身学习型文化、民主自治型文化等八大社区文化，5月9日，开展"聚宝山、聚宝乐"感恩母亲节活动。通过党员书画讲堂项目，以党总支第六支部书记"傅必荣老师的名师课堂"为载体，组织社区党员、义工、志愿者，开展丰富多彩书画笔会等文化活动，深化社区"文化樱驼"品牌内涵，强化社区党总支在居民心中的凝聚力和影响力，增加社区党员社会责任感和服务意识，引领社区精神文明建设和文化事业发展。2014年，樱驼花园社区被国家民政部评为全国和谐社区建设示范社区。

【农民工综合服务中心评为江苏省示范农民工综合服务中心】 仙鹤门地区是玄武区规模最大经济适用房小区，建有住宅楼194幢，住房6702套，主要用于安置被征地农民，入住人口约3.2万人。徐庄软件园紧邻小区西面，随着仙林大学城周边生活配套设施不断完善，吸引大量外来务工人员，社区流动人口约占总人口数三分之二，居民构成更趋多元化。2月，玄武湖街道成立"新南京人服务中心"，以"同城服务共享蓝天"为主题，创新服务理念。由"1个服务中心""2个社区服务站

5月9日，玄武湖街道聚宝山社区开展"聚宝山、聚宝乐"感恩母亲节活动

点”“各类服务设施”组成，全面完善服务中心管理服务、权益维护、文化教育和党团活动四大功能，为外来务工人员提供就业、培训、社保、法律援助等10项基本服务，使外来务工人员真正享受到“进城有工作、上岗有培训、劳动有合同、工作有报酬、生产有安全、参保有办法、住宿有改善、维权有渠道、生活有文化、发展有目标”的市民待遇。8月，街道结合这一地区实际和自身条件，拓展服务功能，形成自身特色，将“新南京人服务中心”创建成农民工综合服务中心。服务中心面积800平方米，配有“中国农民工”标识，张贴公示各项服务指南。服务大厅内设有12个“一站式”服务窗口，都设有显著标识，办公硬件设施齐全，并配备业务熟练专职工作人员14名。为农民工和用人单位搭建双向选择平台，实现供需有效对接。2014年，举办3场农民工专场用工信息招聘会，提供政策咨询、法律法规、计生等相关知识宣传与服务，累计成功推荐就业106人，解答咨询359人次。开展农民工工资支付和规范劳动用工行为专项行动，调解劳务纠纷39起，涉及劳动者人数39人，协助追讨拖欠工资7万元，切实维护农民工合法权益。2014年底，农民工综合服务中心被评为“江苏省示范农民工综合服务中心”。

10月13日，玄武区“心廉心”艺术团社区行活动

【“心连心”云平台服务系统建成】 全面推进“中心化”基层管理体制改革后，街道将原有科室机构按模块化整合分类建立“五个中心”，强化“一站式服务”和“扁平化管理”。2013年4月，街道与南京集华科技有限公司合作建成“心连心”综合服务云平台。包含七大应用系统：区域党建中心、民生服务中心、城市建设管理、社会综治中心、经济发展服务中心五个综合业务系统，以及业务总览与统计系统和统一诉求受理系统，同时实现与南京市民政局“智慧社区”系统、玄武区“数字城管系统”和玄武区“安全生产监管系统”数据交换与互操作。“心连心”综合服务云平台开通运用，社工根据“140工作法”走访居民，对居民提出服务诉求，可随时通过手机微信查询平台“知识库”，给居民全面详尽的解答。走访中发现需要上报的事项，可以将相关照片、文字和所在位置通过手机微信上报平台相关部门，协同处理。发现社区环境卫生情况，可以随手拍下后将照片、文字和所在位置通过手机微信直接上报平台城建城管中心，快速流转到相关网格责任人手机微信或App上及时处理。6月，平台顺利通过项目验收。省、市民政局、安监局，以及市社工委、市城管委等部门组织参观考察该平台动作情况，对系统设计的创新性、合理性、经济性等方面给予高度评价。

·社　　区·

【板仓社区】 南临紫金山，东接蒋王庙社区，西接玄武湖畔，和锁金村街道接壤，北接花园路7号。社区面积约2.7平方公里。社区有居民小区17个，住宅楼91幢，常住人口6236人。社区党总支下设5个党支部，有党员129人。社区内有中科院南京天文研制中心、南京市疾病预防控制中心金山医院、玄武区法院锁金村法庭、73681部队等单位。2014年，社区召开居民议事会8场，主要内容涉及文明养犬、物业管理、194号广场出新、钟麓花园草坪砖铺设、板仓街出新等。通过居民民主自治，社区成功为194号居民排除树枝搭高压线隐患，为钟麓花园小区顺利铺设草坪砖，保障板仓街整治出新工程。2014年，社区获全国和谐邻里建设示范单位，省和谐示范社区、省科普文明社区、省先进村(居)委会，市级和谐示范社区、市廉政文化示范点、市流动人口计划生育示范社区、市品牌社区、市关心下一代先进集体、市六好关工委等称号。

【花园路社区】 社区面积1平方公里，东临华新西路，西临南京林业大学，南至花园路5号(省经干院住宅楼)、8号（南京环保创业园)，北至玄武大道(东北至花园路

39号加油站、西南至花园路78号)。居民楼96幢,常住人口8659人。社区内有南京长途汽车东站、先声再康江苏药业有限公司、花园路8号创业园等单位。社区党总支下设4个党支部,有党员140名。2014年,社区以创建“共建共享型”和谐社区为目标,整合资源,社区党建、社区自治、社区服务水平得到提升。组织党员义工参加义务巡逻、网吧义务监督、文明劝导等活动。开展“双结对双促进”工作,与区纪委党支部开展廉政文化进社区、结对帮扶等活动。全年慰问困难居民群众76人次,金额4万余元。全年开展各类议事会8次,解决邻里纠纷、小区管理、下水道堵塞等问题4件,花园路26号小区居民自治恢复运行。结合社区廉政教育开展“廉心家园”项目;针对老年人开展“健康365”项目;针对青少年开展“法制小火车”项目活动;结合传统节假日开展“我们的节日”——春节、端午、中秋、重阳等系列活动。

【蒋王庙社区】 建于1982年6月。地处紫金山下,东至蒋王庙1号,南靠宁栖路,临312国道,北与华新西路连接。社区面积约1.85平方公里,有居民楼60幢,总人口6183人。社区内有中国医学科学院皮肤病医院、国家环保总局南京环科所、野生植物研究院等单位。2014年,社区坚持“居民自治、管理有序、服务完善、保障有力、治安良好、环境优美、文明祥和、特色明显”工作理念,举办以“绿色钟山,邻里有约”“相约紫金山”等为主题邻里文化节系列活动,引导家庭成员从自己做起、从家庭做起、从点滴做起,保护生态环境,弘扬团结友爱、邻里相亲、互帮互助社会风尚,建立积极和谐人际关系。

【樱铁村社区】 东与车管所相邻,南至樱驼花园路社区,西到长途汽车东站,北至312国道。位于紫金山麓,玄武湖畔,紧邻312国道。社区面积约0.6平方公里,居民1710户、5326人。社区内有上海铁路局南京办事处党校、铁路职校、铁路体育馆等9家单位。社区党总支下设7个支部,有党员167人。2014年,社区以环境卫生整治工作为重点,以服务群众和文明城市检查工作为抓手,完成清除垃圾30余吨、清理菜地1200平方米;解决邻里纠纷46起,收到群众感谢锦旗2面。2014年,社区获区和谐社区称号。

【樱驼花园社区】 位于紫金山北麓,东临经五立交桥西南角,南邻宁栖公路,西有华新西路,北毗312国道。社区有13个小区,面积约0.32平方公里,常住人口7890人。社区党委下设9个党支部,有党员220名。2014年,社区以“满足居民生活需求,提升居民幸福指数”为目标,创新服务、整合资源、优势互补,社区教育《黏土诉心声》微课程获全国二等奖,社区选手代表街道参加区组织“我与中国梦”读书演讲比赛获一等奖。社区为无物业小区华康苑1幢添置楼道灯18个;整改跃新园、承乐园小区出新不到位问题56处;增添更换20套健身器材;更换路牙1500多米、人行道出新2处共400多米;协调解决思立园10幢直供水分表到户问题,成立思立园10幢管委会实现楼幢自治。“金樱居家养老社会服务中心”顺利通过南京市居家养老AAA级验收。举办大小文体活动32场次,组织社区文体团队参加市、区举办各类文体活动15次,获奖牌10余枚。2014年,社区获全国和谐社区建设示范社区、全国第五批人口计生基层群众自治示范社区、省和谐示范社区、市防震减灾示范社区、市科普示范社区、市幸福家庭建设示范社区、区优秀基层党组织等称号。

【东方城社区】 南依紫金山,北靠312国道,东邻岔路口,西沿宁栖路至经纬立交桥。社区面积约1.3平方公里,有居民小区5个,社区居民3328户、8991人。社区党总支下设4个支部,有党员118人。2014年,社区以党建带社建,社建促党建,由社区党总支牵头,先后组织策划针对社区独居、空巢老人“银梦读书会”读书交流项目、关爱牙齿的“护齿行动“项目。社区征集党员群众意见和建议47条,全部得到整改。社区获市文明社区、市平安示范社区、市经济普查先进集体、平安玄武建设先进集体、玄武湖街道先进党组织等称号。

【聚宝山社区】 东临绕城公路,南与栖霞马群接壤,西面以刘王井为界,北以朝阳山红山街道、栖霞尧化门街道接壤。社区面积约3.5平方公里,社区居民3396户、7542人。包括聚宝山庄小区、臻园小区、帝豪花园小区、高尔夫别墅小区。社区内有索菲特大酒店、新华日报社、南京邮区中心局、南京理工大部队、南京亿文物业有限公司、南京紫竹物业有限公司、北京东路小学阳光分校等单位150多家。2014年,社区以“汇聚幸福、共创和谐”为理念,开展“邻里有约”系列活动，以邻里互助为内容“邻里亲”、以新型邻里关系“邻里情”、以举办“迎青奥、促和谐”家庭趣味运动会的“邻里乐”等。开展以“十佳好邻里”示范户评比推荐表彰的“邻里颂”活动。2014年，社区获区未成年人零犯罪社区、平安社区、先进基层党组织、“平安家庭”先进集体、关心下一代先进集体、绿色社区先进单位、安全生产先进集体、平安家庭、文明社区等荣誉。

【仙鹤门社区】 东邻仙林大学城、南毗栖霞大道、西接徐庄软件园、北至玄武大道。社区面积约2.1平方公里，社区居民2885户、6838人，常住人口2245人，暂住人口4593人，流动人口占总人口数67%。社区党总支下设4个党支部，有党员86名。2014年，在“环境大扫除、大干一百天”中，把仙居花园小区25幢、17幢打造成环境精品示范网格区，动员党员、居民、部队战士、物业人员计320多人，清理垃圾和杂物23车、70余吨。社区以构筑社区关爱救助线为依托，资助400多户困难家庭9.2万元，协助73人再就业。社区围绕“稳定和谐”这一主线，引进薛济民律师工作室等义工队伍，开展法律咨询11次，化解矛盾87起。2014年，社区获区平安社区称号。

【仙居雅苑社区】 东临紫东实验学校，南至仙鹤门3号路，西临宁芜铁路，北靠百亩渔塘。社区居委会地址仙居华庭63幢，社区面积约1.2平方公里，有居民楼112幢，总人口4340人。社区党总支下设4个党支部、有党员？人。2014年，社区坚持以构建和谐社区为目标，以推进社会化管理创新为动力，服务好辖区居民和企业单位，结合社区特点与实际，调动社区居民参与意识，开展志愿服务活动，树立打造“社区老管家”“校外护导”志愿者服务特色项目，通过开展居民群众文化体育活动，丰富社区居民业余文化生活，形成“共同建设、共保平安、共建文明”社区特色。

·驻街园区·

【南京环保科技创业中心】 2007年11月，高信环保公司开始投资改造江苏省新华书店集团有限公司位于玄武区花园路8号的发行和物流中心，建设一个集软件开发，环保检测系统设计、研发，环境评价咨询及提供相关软硬件服务和支持，以及物业管理，房屋租赁相关配套服务的都市产业园。园区占地面积10276.8平方米，建筑物总面积3万平方米，总投资3300万元，入驻企业75家，注册资金达3亿元，从业人员1327人。创业中心共四幢创业楼：一号楼，五层，半地下一层，总面积15000平方米，分层面积2500平方米，作为专业环保类科技企业研发、设计、环保类产品检测平台、企业产品展示、环保知识宣传等办公用；二号楼，楼高六层，总面积9000平方米，作为餐饮、娱乐、办公场所；三号楼，楼高五层，总面积4500平方米，分层面积900平方米，作为入驻企业商务洽谈、商务宾馆、员工食堂等公共配套设施；四号楼，总面积1000平方米，分层面积250平方米，作为风险投资公司（种子基金）、法律事务所、会计师事务所、质量认证咨询管理、物业管理公司办公用，整体规划充分体现生态、科技、健康三大特色。被评为江苏省科技创业孵化器、南京市都市产业园、南京市现代服务业集聚园区等称号。

2014年，创业中心按照“有就业、有税收、有环保、有形象的现代绿色产业”的经营思路，为入驻企业创造良好的软硬件投资和办公环境以及完善的技术服务体系。园区设立专家技术委员会、南京市环保产品检测服务窗口、科技服务平台、专家技术委员会、综合管理部、技术服务平台部、财务部、招商部、物业管理部，提供政策、管理、法律、财务、融资、市场推广和培训等方面的服务，以降低企业的创业成本和创业风险，提高企业的成活率、成功率、竞争力，为社会培养成功的科技企业和新型科技企业人才。2014年，创业中心上缴税收900万元。

【南京千秋艺境文创园】 位于玄武区花园路11号（原南京森林警察学院），2013年10月开始打造，2014年10月对外招租。园区占地面积约3万平方米，总建筑面积4.3万平方米。园区分为1号楼和2号楼，1号楼建筑面积1.9万平方米，办公面积从100~3000平方米不等，园区有咖啡馆、小剧场、青年公寓、足球场等个性配套设施。2号楼总建筑面积2.4万平方米，主要用于商务办公、培训、创意展示等，园区通过富有活力和互动成长平台，将“千秋艺境”打造成为集生态商务、时尚休闲、艺术创造于一体文创产业园区。

园区主要优势：一是“南京制造”转向“南京智造”，文化创意产业提档升级。南京已确立“创意产业化、产业创意化”发展理念，透过文化创意产业“整合、渗透、提升”功能，助推“南京制造”向“南京智造”转变。二是文创新名片，资源“富氧区”厚积薄发。园区主体单位千秋艺境与各相关行业和企业、高等院校以及设计大师的友好关系，与志在传统手工传承的媒体和机构深度合作交流，有利于吸引志同道合者汇聚交流，不断迸发出新的创意。三是全城畅达，地铁4号线贯通10多所高校。即将开通的地铁4号线贯通南京艺术学院、南京林业大学等10多所院校，周边拥有多条公交线路。城市快速通道使入住机构等商务出行至高铁、机场、高速公路乃至新街口商业中心十分便捷。四是主城“森林式办公”条件，财富与健康顶级双配。千秋艺境园区位于玄武湖东畔，紫金山北麓，园区内树木参天，绿草如茵，有足球场、篮球场等健康运动场所配套。设计者、学习者拥有更为健康和舒适的工作环境，绿色而富有活力的园区无疑是催生创意灵感的最佳场所。（唐杰祥）

红山街道

·街道工作·

【概况】 红山街道位于南京市玄武区北部，地处城郊结合部，东靠南京长江二桥，西含红山森林动物园，南望紫金山，北抵栖霞区和燕路；东面、北面与栖霞区相邻，西面与鼓楼区相邻，南面与锁金村街道、玄武湖街道相邻。区域面积6.9平方公里。辖10个社区居民委员会。现有居民90164人，常住人口18337户、50854人，流动人口39310人。辖区内有省建材检测中心、南京依维柯汽车有限公司、南京中北巴士公司、红山森林动物园等单位。2014年街道经济指标及重点项目：南京常发广场、启动建设华飞路1号地块、启动征收沈阳村地块。8月，成立南京铁北红山新城管委会，调整开工建设红山路以西地块、启动曹后四组地块拆迁以及启动藤子村地块和黄家圩地块拆迁征收工作等4个项目。其中建设南京常发广场项目为市重点项目。年初，红山街道成立以办事处主要领导为组长，经济发展服务中心主任为副组长，经济发展服务中心副主任为专职联络员、城市发展服务中心副主任、街道安全生产监管站负责人、红山司法所所长等人组成的红山地区重点产业项目服务小组，8月，南京铁北红山新城管委会项目规划部与项目发展服务部的部长也加入到重点产业项目服务小组，服务组分别与重点项目的投资方建立定期沟通机制。2014年红山重点项目服务小组参与接待市、区各项检查40次。

【经济发展】 2014年，街道经济口子11项指标，其中税收人代会指标3亿元，截至12月，完成一般预算收入2.05亿元，达进度68%。一般预算收入完成2.05亿元，达必成目标65%；固定资产投资完成14.5亿元，完成年度计划100%；社会消费品零售总额完成8.48亿元，同比增长7.2%。其余10个指标均完成。服务项目稳步推进，新增长点初步显现。市重点项目南京常发广场，年内，3、4号楼封顶，4号楼结束销售，3号楼开始销售。2号楼2015年初销售。区重点项目华飞路1号翡翠华庭，12月开盘销售。1月，推动红山小营集贸市场正式运转；3月，推动完成小营经济适用房百分之五十的门面房招租工作；4月，在“重洽会”上，重点向海内外推荐小红山长途客运中心以及其所属的商业载体；5月初，全力协助东华地块重点项目凯迪拉克4S店正式建成开业；9月，在全区“金洽会”上，促成南京五星控股公司入住玄武区文体大厦。

【街道环境】 2014年，街道完成21项城市管理工作目标，妥善处理各类督办问题71起，清理卫生死角3537处、清理垃圾11770吨，清理流动摊贩、倚门出摊、占道经营2023处。开展道路停车秩序整顿。清除“僵尸车”300余辆，规划停车泊位1689个，整治机动车、非机动车违停4168辆、设置非机动车停放区域10处，新增道路收费停车场11个，对辖区内14条道路进行全面管理。其中月香路、月苑南路高效整治被媒体报道，受到好评。拆违、拆迁工作。拆除违建约10702平方米，拆除不规范广告牌125处，完成藤子村三角地块、曹三地块、沈阳村地块、曹四地块拆迁工作。6月14日，区委书记储永宏一行调研红山南路建设情况。

【社会事业】 2014年，发放低保金2992253元，救助金额67166元，节日慰问金392970元。为62名残疾人落实重残政策，发放救助金额413160元。引进6个社会组织项目，成功申报全区公益创投，墨香山庄社区成功创建为国家级综合减灾示范社区，北苑社区成功创建AAA级居家养老服务中心，街道获2013年度江苏省和谐社区建设示范社区、南京市文化建设示范街道称号。积极开展

6月14日，区委书记储永宏视察红山南路建设情况

"四走访"7828次，"五慰问"796人次，"六服务"23125人次，提供空岗信息2024条，帮助230名失业人员成功创业，创业带动就业2300人，实现退休人员信息的动态管理，为企业9562名退休人员办理验证手续。

【基层党建】 2014年，组织发动区域内街道机关、社区、学校、企业等56个基层党组织、1537名党员参与群众路线教育实践活动，历时8个月。实行楼栋党支部项目化运作，与机关结对党支部联合组织实施46个项目。街道工委获得2013~2014年度省级党员冬训先进集体称号。发动机关、社区党员5000余人次投身环境大扫除、青奥会安保维稳行动。全年节日慰问困难党员40余名，做好积极分子培养和发展党员工作，发展新党员7名，按时序进度。

【人才工作】 2014年，街道人才工作成功引进并落地1人及2家南京领军型科技企业。南京创斯德科技有限公司从事聚合物纳米复合材料在锂离子电池中的应用研究及其产品开发。南京波洁磁科技公司是利用最尖端纳米技术之一巨磁电阻传感器开发次级产品和相关服务，重点是将磁性材料技术和生物技术相结合。

【文化活动】 2014年，街道开设政务微博，扩大政务公开；开展我们的节日"传统文化活动，营造关爱氛围。举办四进社区三下乡活动，书法家现场为居民写春联送祝福；联合爱心之旅开展新市民子女春节游览玄武湖"游五洲祈五福"活动；联合省美术馆开展城乡儿童手拉手新春书画寻宝活动。各社区举办新春、端午、重阳等慰问活动。在社区开展"善行义举榜"立榜表彰活动，围绕"迎青奥"开展社区志愿服务活动，北苑、红山公园、藤子3个城市志愿服务站被评为区二等奖；阳光雨露社工事务所被评为市优秀志愿服务集体；北苑社区居民田海防被授予南京市见义勇为先进分子称号。联合区检察院在紫金小营设立向阳花青少年自护教育基地；在区关工委支持下配齐社区电子阅览室电脑设备，开展"迎青奥"电子小报制作评比及暑期"六小"作品征集活动；引进公益律师团队在各社区成立家庭法律咨询服务站，每周三由专业律师在社区巡回讲座、坐堂服务；举办庆"六一"红山十佳少年表彰会暨"共筑中国梦·同心迎青奥"征文演讲比赛；暑期开展青少年进社区活动，举办"民间工艺伴我行"暑期纳入仪式，剪纸、空竹、风筝、中国画等民间艺人现场教授，受到青少年追捧，各社区共开展暑期活动60余场。

【国家级综合减灾示范社区创建】 2014年，墨香山庄社区获省、市综合减灾示范社区称号。以争创"综合减灾示范社区"为目标，成立社区防震减灾工作领导小组，建立志愿者队伍和社会组织参与防灾减灾应急协调联动机制；制定防震减灾应急预案，按照社区网格化管理要求，定期采集社区内危险源、灾害点，建立应急信息动态管理台账，形成网格化预警报送制度；成立社区义务消防员队伍和社区心理疏导员队伍。整合资源，发挥辖区学校优势，建设社区标准化防灾减灾紧急救援避难所，打造"五分钟疏散圈"。强化"技防"，物管小区主要道路安置电子监控器，为发现灾害隐情提供第一手资料。在社区宣传橱窗设置防火减灾活动剪影和科普知识版，组织"5·12"为主题的宣传活动。组织开展包括高层住宅楼消防预防演习、居民紧急疏散演习、邻里互救方案演习、救援儿童、老人、病患、残疾等弱势群体演习、应急器材使用方法演习等一系列应急演习活动，全年参加人数500人。发挥"街道爱心慈善超市"等平台作用，形成政府与社会力量双轮驱动体系。

·社 区·

【北苑社区】 东至北苑东路，南临华飞路，西到北苑西路，北至网板路，社区面积1.14平方公里，由北苑一、二、三村及北苑之星小区组成，有74幢楼房。社区居民主要是当地拆迁失地农民，及华飞、南汽、网板等公司职工和家属。社区总户数3428户、11236人，常住人口3116户、10060人。其中老年人口933人，低保户33户，残疾人70人。社区党委下设5个楼幢支部，有党员218名。社区居委会办公地址北苑二村19幢1号，办公用房面积1000平方米，有专职社工8人。设服务大厅、居家养老服务站、“银龄管家工作室”、妇女儿童之家、党员活动室、未成年人活动中心等。社区内有红山物业服务公司、永和物业服务公司、华飞卫生所、北苑之星幼儿园、南京立贤小学等单位。社区银龄管家工作室为自治服务平台，逐级分类管理，一级领袖管家10名，实行首席接待制；二级管家由网片志愿者、党员志愿者组成，实行一家四员制；三级管家由驻区单位志愿者、社会组织志愿者、高校外部大学生志愿者组成，实行项目召集制。10名一级领袖管家每天到社区，首席接待处理居民群众民生问题；二级管家分别以网格区域、各楼栋支部为单位，立足群众实际，自主承办网片特色活动、楼幢支部项目化认领活动；三级管家发挥社会组织自身专业优势，主动承办社区暑期夏令营活动。居家养老主题特色活动。如南京城市老年服务中心承接的“中风后遗症老人生活行为锻炼康复服务”项目；南京玄武——爱助人社会工作服务站承接的“新市民子女托管及素质提升”项目；南京玄武北极星亲子活动中心开展的“北极星育苗营”项目；辖区单位华飞卫生所开展的“社区失地困难老人医疗援助”项目等。社区以中心化改革为契机，建立“网格化”管理，形成多元共治社区服务体系。2014年，社区获省和谐示范社区、市科普示范社区、“六好”示范关工委、优秀远程教育示范站点、绿色环保社区、文明社区、区平安社区、“幸福社区”、先进基层党组织等称号。

【营苑社区】 南至营苑南路，北与栖霞区接壤，东至经五路，西至北苑东路。社区内有营苑东村、营苑西村、营苑新寓、祥和佳园4个小区。社区面积约0.4平方公里，有居民住宅楼68幢。社区常住人口3975户、9926人。区域内有红山街道办事处、红山派出所、红山卫生院、苏果超市、大贺房地产公司、晶晶幼儿园、月苑农贸市场等单位。2014年，社区对特困户上门慰问，实施医疗救助，及时向外公示，接受居民监督，社区为5名贫困学生申请3000元助学金。截至12月底，社区享受低保生活保障对象42户、74人，月发放保障金43132元。全年停发、取消低保对象6户，新增4户，变更低保金额3人次，低保边缘户14户，落实最低收入家庭廉租住房租赁补贴政策。打造“平安社区”，开展无毒社区创建工作。全年社区调委会受理民间纠纷68起，排查率100%，调成率98%。

【墨香山庄社区】 东临农场山，南至沪宁铁路，西至经五路，北至兴贤佳园小区，社区内有修贤苑小区、尚贤苑小区、近贤苑小区和墨香山庄小区。社区面积约0.56万平方公里，总户数7041户，常住人口14264人。其中，户籍人口5390人，流动人口8874人；60周岁以上老人935人，低保户99户，残疾人172名。社区居委会办公地址修贤苑18-22幢一层，办公房面积1380平方米，设有社区党建、社区综合治理、计生服务、环境保护、民政事务、劳动保障和警务室等服务窗口。社工18人。2014年，社区获全国综合减灾示范社区、省充分就业示范社区、市文明社区、市民主法治社区、市绿色社区、市“六好示范社区”、区平安社区、区群众体育工作先进单位、区人口与计划生育工作先进集体，红山街道先进基层党组织等称号。

【月苑社区】 东至经五路，南与藤子村、南汽厂区相邻，西至北苑东路，北至营苑南路，社区面积约1.6平方公里。社区总户数4382户，常住居民12456人，社区由月苑一村、二村、三村、四村、五村、六村、紫萝苑、紫藤苑、雯锦雅苑、北城新风和月苑综合楼所组成，83个居民小组。社区党委下设5个楼幢支部，有党员202名，低保户52户，残疾人76名，社区内有玄武区老年公寓、玄武区体育馆、月苑第一小学、十三中(红山分校)、南京市红山幼儿园、月苑双语幼儿园、玄武区园林建总公司等单位，社区居委会办公地址新苑路6号，办公用房面积560平方米，专职社工10人。2014年，社区何婷社会工作室，依托社区教学资源为社区内青少年开展心理疏导服务，开展“阳光家教”三社联动项目，通过社区内宏硕教育培训机构，免费为困难家庭子女开展英语培训。银龄足浴健康养生教育服务项目，社区与社区内足春堂合作，为困难老人进行足浴健康养生服务，同时开展健康养生讲座、发放健康宣传册等。和事佬邻里矛盾调解服务项目采用“1+1+1”模式：一个有专业资质社工加一个有经验志愿者加一位民警。2014年社区和事佬居民邻里纠纷矛盾调解服务作为典型刊登在国家民政部有关社区杂志第426期。2014年，社区获省科普工作先进集体、关心下一代工作先进单位，市先进集体、市“六好”先进集体、市共青团工作先进集体，区文明社区等称号。

【红山公园社区】 地处红山路中段。东至石景山山边和东华培训中心围墙，南至曹后村社区中北的士公司，西至红山动物园西大门围墙，北至小白桥以北，十里长沟将社区与栖霞区迈皋桥街道十字街社区南北分割。社区面积约1.5平方公里，总户数3919户，常住人口10388人，户籍人口6032人，流动人口4356人，其中低保户16户，边缘户38户，残疾人47人。社区内有南京质检院，公安玄武分局，省建筑工程质量检测中心，南京红山森林动物园、南汽东华培训中心、南京兵工物资学校、江苏天泓4S店、华夏医院、南汽工程研究院、新华书店仓库、海南马自达4S店、红森菜场等单位。现有党员380名。社区老年大学开设有舞蹈、模特、声乐、国画、钢琴班等，有师生160人。2014年，社区获省绿色社区、市一星级青年文明社区、文明社区、和谐社区建设示范社区、平安社区等称号。

【阳光嘉园社区】 东与藤子村毗邻，西以恒嘉路为界，南临沪城际铁路，北至依维柯公司。社区由阳光嘉园和中电颐和家园二期2个小区组成。有多层和高层住宅楼46幢，住户2229户，常住人口6108人，老年人口2233人。社区居委会办公地址黑墨营98号南会所二楼。2014年，社区在“大干一百天，环境大扫除”专项整治中，协调区体育局为小区居民更换全新体育器材，方便居民健身锻炼。结合“我推荐、我评议身边好人”和善行义举榜评比契机，对小区内孝老爱亲、助人为乐、见义勇为、爱岗敬业、拾金不昧等好人好事进行宣传。建立矛盾纠纷排查调处长效机制，年内调解矛盾纠纷84起，其中邻里关系27起、物业与居民矛盾50起、环境污染纠纷1起、婚姻家庭矛盾纠纷6起。社区按照网格化走访了解老人各类需求，妥善处理老年人反映的问题；利用寒暑假组织开展青少年“迎青奥红山杯”绘画比赛，“青奥运动季”主题活动，夏季音乐会等特色活动。

【藤子社区】 位于红山街道东北部，社区面积约1.75平方公里，有6个片区：藤子一片区、藤子二片区、过街村片区、尚塘村片区、伊刘村片区、黑墨营片区。村(居)住户653户、1827人，流动人口约9000人。社区内有依维柯公司及各类企业仓储等20家单位。2014年，藤子服务中心更名为玄武区红山街道藤子民生服务分中心，地址藤子村48号，由服务中心和办公楼2幢组成。社区“李养明新南京人警务服务站”流动人口管理工作走在全区前列；残疾人托养服务中心开展智障残疾人支持服务。在“大干一百天，环境大扫除”期间，社区召开居民动员大会，投入资金近50万元，新增保洁员5人。2014年，社区获全国敬老模范社区、省(市、区)文明村、省非公企业职代会建设先进单位、市先进社区老年活动室、市综合实力百强村、市双拥共建工作先进集体、市模范职工之家、区和谐社区建设示范社区称号。

【红山社区】 东起南汽黑默营厂区，西临下关区黄家圩，南及南京火车站，北至十字街十里长沟，环抱红山森林动物园。社区面积约68公顷。经过历年数次拆迁目前只有黄家圩一个片区，户籍人口1404户、2741人，党员95人，60岁以上老人687人（其中80岁以上老人77人，90岁以上老人5人），在册残疾人39人，低保户9户、13人。社区有社工6名。2014年，社区重点配合有关部门做好拆迁工作，拆除企业17家，居民住户200余户，其中红山路以西地块拆迁居民50户，企业3家；沈阳村地块拆迁居民102户，企业5家；曹后四组地块拆迁居民约50户，企业9家。社区获省级村集体财务规范化先进集体、市级经济实力百强村、市计划生育协会先进集体、市社区民族工作先进单位、区军民共建精神文明活动示范社区、区社区综合治理先进集体、区先进基层武装单位等称号。

【曹后社区】 位于玄武区东北角，南以黄曹路中间为界，西、南均与红山社区相邻，东起红山路黄曹路口，紧依沪宁铁路线呈东西走向，北靠红山森林动物园围墙。社区面积约0.24平方公里。社区内有中北巴士公司、中北的士公司、栖霞教师进修学校3家单位，社区有7个住宅小区，70栋居民住宅楼，人口总户数2742户，常住人口1930户、5392人，流动人口1256人。2014年，社区党委与结对单位开展帮困活动，春节慰问10户、端午节6户；重阳节为社区80岁老人过集体生日。社区关工委暑假组织社区内青少年参观区档案馆和馆陈列室等，与区档案局共同组织参观竹刻博物馆，让青少年了解南京民俗及手工制作等。与结对单位区档案局开展组织党员外出活动，在“大干一百天”环境整治中，先后完成南汽一村、二村、邮局等小区垃圾清理。组织社区志愿者在“两会”“两节”“青奥会”期间加强巡逻。

【紫金小营社区】 地处京沪城际铁路北侧（月香路6号），社区面积约0.15平方公里，社区有楼房18幢，总住户3079户，分别安置沪宁城际铁路、华电路、火车站北广场、红山商贸地块、小营地块、中南里、明城墙等项目拆迁户。社区居委会办公地址紫金墨香苑4幢，社区党支部2014年7月成立，有党员13名。社区开设社区党建、民政、社会保障、计划生育、流动人口管理、民事调解、文教、卫生、信访、安全生产等服务窗口，为居民提供“一站式服务”。2014年，社区携手区法院打造青少年法制教育基地——“向阳花”工作室，同时设有信访调解室、0~3岁幼儿功能室、电教室、多功能活动室。青奥会期间，社区接受江苏省无线电协会授牌成为“业余青奥特设电台活动基地”，全市中小学以及各国青奥会参赛选手可以通过紫金小营社区青奥特设电台进行通联，通过无线电波分享青奥盛会。9月，社区紫金花健身艺术团在“2014年幸福社区南京首届广场舞展示海选推广活动”首场玄武区赛区海选中获第二名，11月，在全市决赛中获第四名。

·驻街园区·

【南京常发广场】 位于玄武区东北红山路东侧曹后村，南距新庄立交500米，北距红山森林动物园1公里。项目占地5公顷，容积率2.7，建筑高度35米，地上6至10层，地下2层，总建筑面积约21.4万平方米，其中地上建筑面积13.4万平方米（包括9.4万平方米商业面积和4万平方米商务面积），地下建筑面积8万平方米。总投资16.7亿元。项目定位南京主城东北部体量最大，档次最高商业综合体，其中包含主力百货1家（面积30000平方米）、主力超市1家（面积12000平方米）及餐饮、电影院、卡拉OK、儿童休闲等项目。南京常发广场建设项目为2013年转接项目，2014年，该项目完成4号楼销售，3号楼封顶并开始销售，主体百货店与3号楼完成地下基础工程，完成总体招商任务30%以上，实现固定资产投入2亿元。红山地区重点产业项目服务小组与该项目建设方签订服务和合作协议，明确双方的合作框架，制定全年工程项目建设流程，按月向区发改局、投促局汇报进度。街道安全生产监管站加强对项目的监管，全年该项目未发生一例安全生产责任事故。

（张　劲　蒋晓红）

南京六朝博物馆——风采展厅（鸡首壶）

人物·荣誉

Characters, Honors

新任区领导

全国优秀教育工作者

全国优秀科技工作者

新闻人物

非物质文化遗产传承人

逝世人物

先进集体

个人奖项

责任编辑 张宁芳

新任区领导

陈乙华

2014年1月29日，经中共南京市委决定，任中共南京市玄武区委常委、宣传部长。

女，1978年8月出生，江苏东台人，1998年9月参加工作，2002年11月加入中国共产党，硕士研究生学历。1998年9月任南京市鼓楼区人才交流服务中心科员；1999年10月任鼓楼区人事局科员；2002年7月任鼓楼区人才交流服务中心副主任；2004年5月任共青团鼓楼区委书记助理；2005年6月任共青团鼓楼区委副书记；2007年1月任共青团鼓楼区委书记；2010年12月任共青团鼓楼区委书记、华侨路街道工委副书记、办事处主任；2011年2月任共青团南京市委副书记、党组成员；2011年8月任共青团南京市委副书记、党组成员、南京青奥组委志愿者部副部长。

薛　磊

2014年2月27日，经中共南京市委决定，任中共南京市玄武区紫金科技创业特别社区党工委书记兼管委会常务副主任（市副局级）。2014年3月8日，被任命为中共南京市玄武区委徐庄软件产业基地工委委员、副书记。2014年4月8日，被任命为南京市徐庄软件园管理委员会主任。

男，1963年2月出生，江苏新沂人，1980年11月参加工作，1984年6月加入中国共产党，党校研究生学历。1980年11月任空军雷达兵战士、班长；1985年1月任白下区委党校职工；1989年3月任白下区委办公室秘书；1992年12月任白下区委组织部科员；1993年12月任白下区委组织部综合科科长；1994年10月任白下区政府办公室街道科科长；1995年3月任白下区淮海路街道办事处副主任；1996年10月任白下区开发三公司副总经理；1998年2月任白下区政府办公室副主任；1999年12月任白下区人防办公室主任；2002年11月任白下区政府办公室主任、人防办公室主任；2003年3月任白下区政府办公室主任；2008年1月任白下区区委办公室主任；2008年12月任白下区五老村街道工委书记；2010年5月任白下区五老村街道工委书记、人大工委主任、政协工委主任；2011年12月任白下区五老村街道工委书记、人大工委主任、政协工委主任、新管办主任；2012年7月任白下区发改局局长；2013年4月任秦淮区发改局局长。

马千山

2014年2月27日，经中共南京市委决定，任南京市玄武湖周边地区综合管理办公室主任（市副局级）。

男，1969年2月出生，江苏泗阳人，1990年11月参加工作，1998年12月加入中国共产党，党校研究生学历。1990年11月任玄武区财政局科员、科长；1997年8月任玄武区财政局局长助理；1998年12月任玄武区人大办公室副主任；2000年7月任珠江路科技街管委办副主任；2003年2月任珠江路科技街管委会办公室主任；2005年1月任玄武区政府办公室副主任、法制办公室主任；2005年11月任玄武区劳动局局长；2010年7月任玄武区人力资源和社会保障局局长；2012年2月任玄武区委组织部副部长、区人力资源和社会保障局局长；2013年8月任玄武区委组织部副部长、区人力资源和社会保障局局长、玄武湖周边地区综合管理办公室副主任。

郭永强

2014年7月22日，经中共南京市委决定，任中共南京市玄武区委委员、常委。

男，1969年4月出生，河南社旗人，1987年10月参加工作，1989年8月加入中国共产党，大学学历。1987年10月任中国人民解放军空军成都场站战士；1990年8月任解放军运输工程学院学员；1993年7月历任南空航空兵运输团场站汽车连排长、副政治指导员、指导员；1997年5月任陆航五团场站汽车连政治指导员；1999年3月任陆航五团保卫股长；2002年

2月任陆航五团飞行一大队教导员;2005年3月任陆航十团副政委;2009年3月任安徽省界首市人武部政委;2011年3月任南京市玄武区人武部政委;2014年7月任南京市玄武区委常委、人武部政委。

全国优秀教育工作者

王　恬

南京农业大学动物科技学院教授、博士生导师、教务处处长,2014年9月被人力资源和社会保障部、教育部授予全国教育系统先进工作者称号。

男,1958年11月生,江苏常州人。1977年就读于南京农学院,动物生理与营养学博士。1994年香港大学动物学系研究助理,2000年加拿大McGill大学高级访问学者。1982年起,先后任南京农学院畜牧兽医系、畜牧系与动物科学系助教、讲师、副教授、系副主任、南京农业大学实验牧场场长、中外合资南京三益饲料添加剂有限公司(南农大参股)总经理、农业部南京奶牛原种场场长、南京农业大学动物科技学院院长。长期从事动物营养及饲料科学方面的科学研究、本科生教学和研究生指导工作,获"江苏省优秀教育工作者"称号。主持或参与国家科技攻关、"863"、国家自然科学基金、教育部青年骨干教师基金、农业部重点科技攻关、江苏省科技攻关及国际合作等项目,在国内外学术刊物上发表论文100余篇,主编或参编出版科技著作及教材18部。先后获江苏省供销合作总社科技进步奖三等奖、江苏省高等教育教研成果奖二等奖。

王建新

南京理工大学电子工程与光电技术学院教授、博士生导师。2014年9月获教育部授予的"全国优秀教师"称号。

男,1963年12月出生,江苏无锡人。毕业于南京理工大学,获博士学位。从事通信信号处理方面的研究工作,在国内外刊物和国际会议上发表学术论文50余篇。获国家教学成果奖二等奖1项,江苏省教学成果奖一等奖3项、二等奖1项,主持的"数字逻辑电路"课程先后被评为国家精品课程和国家精品资源共享课,"电工电子教学团队"被评为江苏省优秀教学团队,指导的毕业设计获江苏省本科优秀毕业设计三等奖和本科优秀毕业设计团队。现为教育部高等学校电工电子基础课程教学指导委员会委员、江苏省高等学校教学名师。

全国优秀科技工作者

张齐生

南京林业大学教授、博士生导师,中国工程院院士,木材加工与

人造板工艺学专家。2014年9月获中央组织部、中央宣传部、人力资源和社会保障部、科技部联合授予的"全国杰出专业技术人才"称号。

男,1939年1月出生,浙江淳安县人。1961年毕业于南京林学院,1997年当选为中国工程院院士,是我国和世界竹材加工利用研究领域的开拓者,先后获"国家发明二、三等奖""林业部科技进步一等奖""国家科技进步二等奖"(两次)、"第二届亿利达科技奖""中国专利创造金奖"等奖项,已授权中国国家发明专利8项。先后获"国家级有突出贡献的优秀中青年科技专家""国家星火科技先进工作者""国家科技推广先进工作者"等称号,是国家林业局科技委员会委员、中国竹产业协会副会长、中国林学会木材工业分会副理事长。

新闻人物

冯虎田

南京理工大学机械工程学院教授、博士生导师。2014年3月获人力资源和社会保障部与中国机械工业联合会授予的"全国机械工业先进工作者"称号。

男，1965年1月出生，辽宁锦州人。国家科技重大专项“高档数控机床及基础制造装备”十二五总体组专家、滚动功能部件及功能部件可靠性责任专家，2011年度南京理工大学十大科技精英。近5年承担国家科技重大专项8项、国家自然科学基金4项、省学者攀登计划项目1项、省成果转化项目1项，科研经费5000多万元。2012年作为责任单位课题组长，组织行业8家龙头企业联合攻关国家科技重大专项重点课题，螺纹加工关键技术处于国际先进水平，专项检测技术处于国际领先水平。与汉江机床、南京工艺等企业开展滚珠丝杠副精度与性能测量方面的合作研究项目12项，成果通过技术鉴定，技术覆盖国内18家单位，设计开发滚动功能部件精度及性能测量系统43台套，应用于国内17家滚珠丝杠副生产企业，新增产值7430万元，市场份额70%。作为滚动功能部件标准委员会成员，牵头制订国家及行业标准18项。获国防科技三等奖1项、省科技进步二等奖3项、三等奖1项、市科技进步二等奖2项、国防科工委优秀软件奖2项。申请授权专利30项、专著2部、软件著作权4项。发表论文100余篇。

刘艳红

东南大学教授、博士后、博士生导师，中国法学会刑法学会理事，东南大学校学术委员会委员，东南大学法学院院长、刑事法研究所所长，江苏省刑法学会副会长、江苏省人大常委会立法咨询专家委员、江苏省人民检察院咨询委员会委员。2014年3月，被中国法学会授予第七届“全国十大杰出青年法学家”称号，成为我国刑法学界唯一获此殊荣的女性学者。

女，1970年5月出生，湖北武汉人。1997年毕业于中南政法学院，获法学硕士学位；2001年毕业于北京大学法学院，获法学博士学位。2002~2004年，于武汉大学法学院从事博士后研究工作；2002年德国萨尔大学(UdS)法学院做访问学者。1992年7月起，先后任教于中南财经政法大学法学院、武汉大学法学院和东南大学法学院。江苏省“333高层次人才培养工程”第二层次“中青年科技领军人才、江苏省“六大人才高峰”培养对象；2008年入选教育部“新世纪优秀人才支持计划”。获第六届高校人文社会科学研究优秀成果一等奖等各类省部级荣誉10余项。在国内外法学期刊发表学术论文100余篇。主持承当国家社科基金项目、教育部霍英东教育基金项目、司法部国家法治与法学理论研究项目等各类省部级项目10余项。出版专著《实质刑法观》等六部，主编教材《刑法学》(上)、《刑法学》(下)，参编著作10余部。

研究领域与特长为犯罪成立理论以及刑法解释论。围绕实质刑法的核心命题，相继展开“开放的犯罪构成要件”“实质刑法观”“实质的刑法解释”“实质的犯罪论”等实质刑法立场相关问题的研究，在同领域中居于领先地位。

非物质文化遗产传承人

赵　荣

江苏省非物质文化遗产金陵竹刻传承人，江苏省民间文艺家协会会员，南京市民间文艺家协会会员，南京市工艺美术大师，江苏省工艺美术名人，江苏省金陵竹刻传承人。

女，1964年12月出生，江苏南京人。18岁跟随祖父金陵竹刻名家赵德帧学习竹刻，现在南京市工艺美术总公司专事竹刻艺术创作。

从艺竹刻30余年，先后创作大量竹刻作品，臂搁、扇骨、填纸等。作品保留了金陵竹刻的艺术风格，以刀代笔线条流畅；阴刻勾勒叶茎、衣纹、发髻等，一气呵成。2010年作品《荷塘清趣》获江苏省艺博杯工艺美术精品展银奖，2011年作品《竹》获江苏省艺博杯工艺美术精品展银奖，2012年作品《富春山居图》获江苏省艺博杯工艺美术精品展银奖，2014年作品《兰亭修契图》获江苏省艺博杯工艺美术精品展金奖。曾多次应邀到台湾地区及加拿大、日本、法国、马来西亚、新加坡参加表演。

倪小庆

江苏省首届非物质文化遗产仿古牙雕代表性传承人，南京市首届工艺美术大师。

男，1955年出生，江苏南京

人。1973年进入南京工艺雕刻厂，师从工艺美术大师朱至耀学艺，从事仿古牙雕的制作与创作，同时进修工艺美术专业的理论和学习，经数十年的勤学苦练和不断钻研，成为该厂牙雕技术骨干。1987年5月，随中国工艺美术代表团去日本作雕刻艺术交流与表演。擅长南京仿古牙雕的设计和制作技艺，包括圆雕、深浮雕、浅浮雕、透雕等各种雕刻技法和选料、下料、出坯、雕刻、作旧等各种工序。主要作品获得工艺美术百花奖金、银、铜奖。

戴德裕

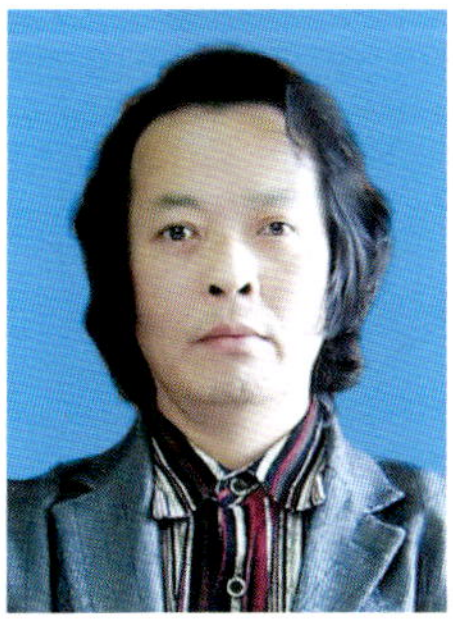

江苏省非物质文化遗产仿古牙雕传承人、高级工艺美术师、南京市工艺美术大师、中国工艺美术协会理事、江苏工艺美术协会理事。

男，1964年出生，江苏南京人。受祖父戴思鸿（民间艺人）的影响，自幼酷爱美术。1979年进入南京工艺雕刻厂，学习彩绘泥人、仿古木雕和象牙雕刻，同时进修美术专业，后经刘道藩大师（中国首批高级工艺美术师、南京工艺雕刻厂厂长、仿古牙雕传人、江苏省文史研究馆馆员）及兄长戴德生和戴德霖的指导和培养，通过30多年生产实践，对圆雕、浮雕、深雕、镂空雕、线刻、着色及仿古技艺皆能得心应手，并且有鲜明的文化特质和丰富的艺术内涵，彰显南京仿古牙雕凝重、古朴的艺术风格，受到各界人士的一致赞誉。

王学龙

江苏省非物质文化遗产仿古木雕传承人，南京市工艺美术大师。

男，1948年出生，江苏南京人。1972年学习仿古木雕的雕刻技艺，在雕刻中总结出“开脸五刀定位法”。2000年后在传承、创新、发展精神的指导下，运用木雕技艺开发果核（象牙果、桃核、橄榄核等）雕刻，并将竹雕、牙雕和玉石雕刻艺术融入作品中。多次参加省、市大型工艺美术展览会和民俗展演活动。雕刻作品在省、市工艺美术作品展览中多次获奖，电视、报刊、网络多有报道。

逝世人物

熊文愈

南京林业大学教授，著名林学家、森林生态学家和竹类研究专家，中国竹类研究所的倡导者，中国竹林培育科学创始人，国际“竹先生”，因病于2014年9月27日在南京逝世，享年99岁。

男，1915年7月出生，四川崇庆县人。1940年毕业于四川大学森林系，1944年考取公费留学，1947年获美国耶鲁大学硕士学位，1951年获美国明尼苏达大学博士学位，1953年回国。曾任南京林学院（现南京林业大学）林学系主任，中国林学会第三、四、五届理事，国务院学位委员会第一、二届学科评议组成员，九三学社社员。长期从事森林生态学的教学与研究，主编有《森林学》，合编有《竹林培育》等。提出的“现代林业”“生态系统工程”“生态边界层”和“仿生生态学”等理论，对推动中国林业现代化和森林生态学的发展发挥积极作用；在竹林生态、竹林培育、竹林经营、竹材解剖、竹林利用、南竹北移、竹子引种驯化等方面有深入研究，极大地提高竹林的经济效益和社会效益。1978年，“毛竹丰产和南竹北移”成果获全国科学大会集体奖；1990年，获“国际林联工作突出贡献奖”；2003年“生态边界层”理论系列研究成果获国家科技进步二等奖；2012年，获第九届世界竹子大会“竹子先驱奖”；2014年4月，中国林学会竹子分会授予他“竹子科学技术终身成就奖”。

一生致力于推动林业科学的国际国内交流合作。曾担任中国科学院生态环境研究中心学术委员会委员、中国科学院南方山区综合考察会顾问、林业部科技委员会顾问、中国生态学会顾问以及国际林联第5学部专业组组长、联合国开发署马来西亚林业顾问等职务，担任加拿大不列颠哥伦比亚大学讲座教授、华盛顿大学林学院博士生论文答辩委员。

先进集体

国家级先进

获奖单位	荣誉称号	授予单位	授予时间
玄武区	全国和谐社区建设示范单位	国家民政部	2014 年 12 月
玄武区	全国社区治理和服务创新实验区	国家民政部	2014 年 1 月
玄武区	全国社会工作服务示范区	国家民政部	2014 年 1 月
梅园新村街道梅园新村社区、玄武湖街道樱驼花园社区	全国和谐社区建设示范社区	国家民政部	2014 年 10 月
锁金村街道	全国第一批社会管理和公共服务综合标准化试点	社会管理和公共服务标准化工作联席会议办公室	2014 年 4 月
北京东路小学、南京师范大学附属小学、南京市第十三中学	国家级教学成果二等奖	国家教育部	2014 年 9 月
立贤小学	中国少年科学院科普教育示范基地	中国少年科学院	2014 年 1 月
红山小学	2014 年度全国环境教育示范学校	全国环境教育示范学校推选委员会	2014 年 12 月
区检察院	全国检察机关“文明接待示范窗口”	最高人民检察院	2014 年 1 月
区红十字会	全国红十字会总会报刊宣传先进集体(三等奖)	中国红十字会总会	2014 年 9 月

省级先进

获奖单位	荣誉称号	授予单位	授予时间
玄武区	江苏省首批教育现代化建设示范区	江苏省人民政府办公厅	2013 年 5 月
玄武区	江苏省双拥模范区	中共江苏省委、江苏省人民政府、江苏省军区	2014 年 7 月
玄武区	江苏省现代民政建设示范区	江苏省民政厅	2015 年 1 月
新街口街道团工委	江苏省五四红旗团委	共青团江苏省委	2014 年 4 月
长江路小学教工团支部	江苏省 2013~2014 年度先进团支部	共青团江苏省委	2014 年 4 月
玄武门街道台城花园社区	江苏省服务离退休干部工作精品社区	中共江苏省委老干部局	2014 年 12 月
玄武门街道经济普查办公室、梅园新村街道经济普查办公室、孝陵卫街道经济普查办公室	江苏省第三次全国经济普查先进集体	江苏省第三次全国经济普查领导小组	2014 年 12 月
红山街道	江苏省基层党员冬训工作示范街道	江苏省委组织部、宣传部	2015 年 1 月
红山街道	江苏省和谐社区建设示范街道	江苏省民政厅	2013 年 12 月
区委宣传部	江苏省文化科技卫生“三下乡”先进集体	江苏省委宣传部、江苏省精神文明建设指导委员会办公室	2015 年 1 月
区科协	2014 年全国科普日活动工作优秀组织奖	江苏省科学技术协会	2014 年 12 月
区知识产权局	2014 年度江苏省知识产权宣传培训工作先进单位	江苏省知识产权局	2015 年 2 月
北京东路小学附属幼儿园	江苏省教学成果(基础教育类)特等奖	江苏省教育厅	2013 年 12 月

续表

获奖单位	荣誉称号	授予单位	授予时间
南京市第十三中学、同仁小学	江苏省教学成果(基础教育类)一等奖	江苏省教育厅	2013年12月
北京东路小学、弘光中学	江苏省教学成果(基础教育类)二等奖	江苏省教育厅	2013年12月
玄武中等专业学校	江苏省教学成果(职业教育类)二等奖	江苏省教育厅	2013年12月
锁金新村第一小学	江苏省节水型学校	江苏省水利厅、江苏省教育厅	2014年3月
广播电视大学玄武区分校、十三中学红山校区、第九初级中学、孝陵卫中心小学附属幼儿园	江苏省平安校园	江苏省教育厅、江苏省综治办、江苏省公安厅	2014年4月
区民政局	江苏省民政宣传工作先进集体	江苏省民政厅	2014年1月
区司法局	江苏省司法行政系统"青少年维权岗"	共青团江苏省委、江苏省创建"青少年维权岗"活动领导小组	2014年5月
区财政局	江苏省五一巾帼标兵岗	江苏省总工会	2014年3月
区城市管理行政执法局	江苏省城市管理行政执法案卷工作先进单位	江苏省法制办公室	2015年1月
区文化馆	江苏省文化系统"青少年维权岗"	共青团江苏省委、江苏省创建"青少年维权岗"活动领导小组	2014年5月
锁金村社区卫生服务中心	江苏省规范化社区卫生服务中心建设单位	江苏省卫生和计划生育委员会	2014年7月
锁金村社区卫生服务中心	江苏省中医药特色社区卫生服务中心	江苏省卫生和计划生育委员会	2014年12月
区卫生监督所	江苏省基层卫生监督工作先进单位	江苏省卫生监督所	2014年12月
弘光中学、区青少年业余体育学校、区总工会	江苏省群众体育先进集体	江苏省体育局	2014年9月
区青少年业余体育学校	江苏省高水平体育后备人才艺术体操训练基地	江苏省体育局	2014年1月
区少工委	江苏省少先队工作优秀项目	少先队江苏省工作委员会	2015年3月
公安玄武分局	江苏省公安机关青奥安保工作有功集体(二等功)	江苏省公安厅	2014年9月
公安玄武分局	江苏省公安机关集中开展解决信访突出问题专项行动成绩突出集体	江苏省公安厅	2014年10月
玄武地税局	江苏省"依法行政示范单位"	江苏省地方税务局	2014年1月

个人奖项

2014年南京市五一劳动奖章获得者

姓　名	工作单位及职务
李长生	南京市公安局交通管理局第一大队三级警长
从　蓉(女)	玄武区红山街道北苑社区居委会书记兼主任
范萍萍(女)	南京玄武环境工程有限公司副所长
张仲金	玄武区国有资产投资管理控股(集团)有限公司董事长兼总经理

2014年玄武区当选的“江苏好人”

姓　名	工作单位及职务
陈苏荣(女)	玄武区梅园新村一家圆心灵保姆服务中心主任
徐进春(女)	玄武区兰园社区卫生服务中心护士

玄武区当选的第13届南京好市民

姓　名	工作单位及职务
徐进春(女)	玄武区兰园社区卫生服务中心护士
陈苏荣(女)	玄武区梅园新村一家圆心灵保姆服务中心主任
孙　巍	南京市公安局交通管理局第一大队民警
林　虹(女)	南京中央路小学校长
于敦德	途牛旅游网首席执行官
田海防	南汽集团职工

2014年当选的“玄武好人”

姓　名	工作单位及职务
徐进春(女)(孝老爱亲、邻里团结型)	玄武区兰园社区卫生服务中心护士
陈苏荣(女)(孝老爱亲、邻里团结型)	玄武区梅园新村一家圆心灵保姆服务中心主任
孙　巍(敬业奉献、诚信公道型)	南京市公安局交通管理局第一大队民警
林　虹(女)(敬业奉献、诚信公道型)	南京中央路小学校长
隋文涛(创业创新、创优创造型)	南京睿辰欣创网络科技有限责任公司总经理
印向涛(创业创新、创优创造型)	南京华之聚信息科技有限公司首席执行官
于敦德(创业创新、创优创造型)	途牛旅游网首席执行官
陈　凝(见义勇为、助人为乐型)	玄武公安分局韶山路派出所民警
李穗奕(见义勇为、助人为乐型)	南京林业大学学生
张秀娥(女)(保护生态、美化环境型)	玄武区钟山山庄居民

统计资料

Statistics

- 综合
- 人口
- 科技·教育
- 人民生活

责任编辑 顾 坚

综　合

地区生产总值完成情况

单位：亿元

指标	2014 年	可比价增幅±%
地区生产总值	482.51	10.3
第一产业	0.00	0.0
第二产业	25.94	-7.9
工业	11.16	0.1
规模以上	10.20	0.1
规模以下	0.95	0.0
建筑业	14.79	-14.0
第三产业	456.57	11.5
交通运输仓储业	2.88	5.5
信息传输、计算机服务和软件业	90.58	12.0
批发和零售业	82.72	13.3
批发业	58.40	12.8
零售业	24.31	15.0
住宿和餐饮业	12.00	9.8
住宿业	8.61	10.2
餐饮业	3.39	9.5
金融业	50.02	12.4
房地产业	26.01	4.0
房地产开发经营业	11.05	0.0
物业管理与房地产中介服务	7.10	16.5
居民自有住房	7.86	6.0
其他服务业	192.35	12.5
其他营利性服务业	90.68	16.0
其他非营利性服务业	101.68	11.3
公共管理和社会组织	17.17	6.5
除公共管理和社会组织外的	84.50	13.0

注：绝对值按现行价格计算，增长速度按可比价格计算，本表为季报；2013 年基数根据经济普查数据进行调整

全区服务业增加值完成情况

单位：万元

街道名称	2014 年	可比价增幅±%
全区合计	3358339	12.7
梅园新村街道	724339	12.7

续表

街道名称	2014年	可比价增幅±%
新街口街道	1374247	12.7
玄武门街道	447652	12.7
锁金村街道	177837	12.6
红山街道	41414	12.6
孝陵卫街道	483497	12.7
玄武湖街道	109352	12.7

全社会固定资产投资完成情况

单位：万元

指标内容	2014年	2014年为上年±%	完成2014年计划%
合　计	1115931	2.4	111.6
其中：工业投资	16755	-80.7	-
民间投资	623374	11.8	-
城镇固定资产投资	534670	-21.8	-
房地产开发投资	581261	43.2	-

全区固定资产投资完成情况

单位：万元

部门名称	2014年
全区合计	1115931
其中：梅园新村街道	265044
新街口街道	254713
玄武门街道	89624
锁金村街道	36127
红山街道	100339
孝陵卫街道	105664
玄武湖街道	54137
徐庄管委会	159943
住建局	2300
教育局	2440
科创办	45600

房地产开发投资完成情况

指　　标	计量单位	2014年	2014年为上年±%
房地产开发投资额	万元	581261	43.2
1、按工程用途分			

续表

指　　标	计量单位	2014 年	2014 年为上年±%
住宅	万元	291105	81.2
办公楼	万元	45670	-29.0
商业用房	万元	120114	27.4
其它	万元	124372	43.6
2、房屋建设面积			
施工面积	平方米	2386129	-14.9
其中：住宅	平方米	1000059	-17.0
竣工面积	平方米	99348	-88.1
其中：住宅	平方米	42173	-92.4
3、商品房销售面积	平方米	289881	-49.8
其中：住宅	平方米	255087	-52.6
4、房屋销售额	万元	566386	-29.8
其中：住宅	万元	496740	-31.4

注：商品房销售面积包括现房销售面积和期房销售面积；销售额同指

社会消费品零售总额完成情况

单位：万元

项　　目	2014 年	2013 年	2014 年为上年±%
社会消费品零售总额	3907170.21	3451563.79	13.2
一、按行业分组			
(一)批发和零售业	3584697.8	3048940.7	17.6
其中：限额以上企业	2707314.5	2453039.0	10.4
(二)住宿业	154711.6	117386.5	31.8
其中：限额以上企业	61024.4	63565.3	-4.0
(三)餐饮业	177417.3	198527.6	-10.6
其中：限额以上企业	54387.0	68180.9	-20.2
(四)市局分割连锁企业	-9656.49	86709.0	
二、按登记注册类型分			
(一)国有经济	243994.7	208981.9	16.8
(二)集体经济	2600.2	2306.3	12.7
(三)私营经济	1953320.8	1654265.9	18.1
(四)个体经济	15686.1	13424.6	16.8
(五)联营经济	2885.6	2501.1	15.4
(六)股份制经济	648760.9	549281.7	18.1
(七)外商投资经济	108189.7	94206.6	14.8
(八)港澳台投资经济	904820.1	807282.1	12.1
(九)其他经济	36568.6	32604.59	12.2
(十)市局分割连锁企业	-9656.49	86709.00	

注：本表数据产业活动单位按在地划分

外向型经济完成情况

单位：万美元

	2014 年计划	2014 年	2014 年为上年±%	完成 2014 年计划%
实际到帐注册资金	15750	17153	12.7	108.9
外贸出口额	223000	276785	36.6	124.1
对外承包工程营业额	5231	8437	66.2	161.3
服务外包执行额	156000	159435	30	102.2

人　口

玄武区 2014 年末户籍人口

地　区	总户数(户)	总人口(人)			性别比	2013 年末户籍人口
		合计	男	女		
玄武区	145300	495259	251680	243579	103.33	501848
玄武湖街道	16374	45075	22411	22664	98.88	43877
梅园新村街道	31124	87602	42167	45435	92.81	88292
锁金村街道	13528	46364	22925	23439	97.81	48123
孝陵卫街道	24493	87404	44501	42903	103.72	89011
新街口街道	25656	88301	45480	42821	106.21	89760
玄武门街道	15789	89659	48589	41070	118.31	93673
红山街道	18336	50854	25607	25247	101.43	49112

玄武区 2014 年户籍人口变动情况

单位：人

		总人数	男	女
增加数	出　生	4122	2142	1980
	市外迁入	15957		
	市内移入	12028		
	其　它	17		
减少数	死　亡	2283	1262	1021
	迁往市外	19240		
	市内移出	17169		
	其　它	21		

科技·教育

2014 年高新技术、科技型企业认定情况

	新增数	全区累计数
高新技术企业(家)	22	78

2014 年科技园入驻企业情况

	新入驻企业	累计入驻企业
徐庄软件产业基地(含江苏软件园)	112	432

2014 年专利申请量完成情况

类别	2014 年(件)	2014 年为上年增长%±%
发明专利	5725	74.3
实用新型	1377	12.4
外观设计	255	-94.49
合　　计	7357	-19.5

玄武区 2014/2015 学年初幼儿园班级、学生数、办学条件基本情况

学校名称	班数(个)	入园人数(人)	在园人数(人)	离园人数(人)	幼儿园占地及校舍面积(平方米)				户外活动场地(平方米)	图书(册)
					占地面积	建筑面积	教学及辅助用房	行政办公用房		
总　　计	378	4461	11281	3928	171629	120931	81712	8085	76238	155645
北京东路小学附属幼儿园	7	90	211	88	3248	3247	1890	160	2000	2200
半山园小学附属幼儿园	7	74	173	88	4528	3775	1939	409	2088	2250
长江路小学幼儿园	9	83	243	89	4000	3544	2715	345	1800	4030
逸仙小学附属幼儿园	8	81	226	86	3000	2246	1398	104	1899	3000
锁金村第二小学附属幼儿园	9	78	254	89	3600	1677	1399	183	1600	3278
珠江路小学附属幼儿园	10	107	270	101	4554	5413	4274	330	2450	11792
玄武区玄武门幼儿园	7	56	200	64	3670	1367	1137	121	609	3810
长江路小学附属银城双语幼儿园	10	96	301	101	7000	3650	2790	120	2762	3100
孝陵卫小学附属幼儿园	8	90	251	93	3813	2518	1578	86	1500	2800
南京理工大学附属幼儿园	15	105	447	160	7235	4328	2110	267	4318	4000
东南大学后勤服务集团幼儿园	18	113	544	142	7001	4213	3594	120	2788	4677
南京体育学院附属幼儿园	6	70	173	34	3285	1719	1518	63	740	2000
南京农业大学附属幼儿园	12	68	373	114	3078	3300	2789	199	2260	3890
玄武区钟灵农科苑幼儿园	10	282	282	94	4200	3100	2820	100	2000	1800
海军指挥学院政治部幼儿园	9	78	260	104	5500	2800	1258	200	3300	8000
七三六一〇部队香禾幼儿园	11	249	249	76	4050	3307	1095	1182	2306	1500
南京军区南京实验幼儿园	13	164	419	168	11340	5880	3869	116	5732	7900

续表

学校名称	班数（个）	入园人数（人）	在园人数（人）	离园人数（人）	幼儿园占地及校舍面积（平方米）				户外活动场地（平方米）	图书（册）
					占地面积	建筑面积	教学及辅助用房	行政办公用房		
南京前线幼儿园	6	68	202	80	4600	2687	2107	60	1750	2380
南空后勤部机关幼儿园	11	142	359	140	2146	3387	2142	165	1350	4600
南京军区空军直属机关幼儿园	12	123	387	152	7451	5183	3198	594	1665	2200
南京军区政治部小天鹅幼儿园	15	139	461	193	7500	7750	5422	615	2470	16000
七三六八一部队幼儿园	6	47	183	62	3770	2365	1392	100	1400	2300
南京市市级机关幼儿园	13	140	367	163	5163	4295	1552	170	2600	3680
南京熊猫公司御道街幼儿园	10	126	378	128	4800	3956	2331	104	2700	6612
锁金新村第一小学附属幼儿园	10	103	310	111	2500	1000	770	30	1050	3000
南京熊猫公司后宰门幼儿园	6	85	221	41	2324	1254	912	170	1300	2318
玄武区如意幼儿园	7	67	214	84	2125	2426	1805	97	1506	5820
玄武区花红园幼儿园	5	48	187	40	1057	640	510	30	450	1650
玄武区钟山幼儿园	7	76	226	69	1563	863	657	18	700	2300
玄武区锁金村第一幼儿园	6	65	192	77	3265	1921	1434	73	1285	4006
玄武区行知实验幼儿园	13	138	375	84	6800	4960	3211	481	2180	4600
玄武区华星艺术幼儿园	6	156	156	30	2120	1740	850	150	1000	600
玄武区小哈佛双语幼儿园	10	114	289	143	1700	1440	1120	80	700	3105
玄武区淘淘幼儿园	21	223	616	183	7835	5750	4519	170	1900	3500
玄武区樱花双语艺术幼儿园	7	85	249	69	2644	1697	1357	30	1326	3700
南京市玄武晶晶幼儿园	10	260	260	167	6048	2628	2110	168	2500	5000
南京玄武东方城幼儿园	6	117	117	0	2223	1923	1693	40	850	1170
玄武区红山幼儿园	14	141	391	149	6376	3933	2969	528	3851	4577
北京东路小学附属幼儿园分园	8	114	265	72	4517	3049	1478	107	1553	2500

玄武区2014/2015学年初幼儿园教职工数、专任教师学历和职称情况

学校名称	教职工	专任教师	专任教师按学历分					专任教师按职称分					
			研究生毕业	本科毕业	专科毕业	高中阶段毕业	高中阶段毕业以下	中学高级	小学高级	小学一级	小学二级	小学三级	未评职称
总　计	1616	866	9	453	387	17		1	288	237	36		304
北京东路小学附属幼儿园	31	26	2	24					12	8			6
半山园小学附属幼儿园	24	20		18	2				14	4			2
长江路小学幼儿园	28	21		20	1				12	7			2
逸仙小学附属幼儿园	25	18	1	15	2				14	2			2
锁金村第二小学附属幼儿园	24	20		12	8				13	7			
珠江路小学附属幼儿园	31	21		18	3				16	3			2
玄武区玄武门幼儿园	24	22		17	5				16	4			2
长江路小学附属银城双语幼儿园	35	19		17	2				1	15			3
孝陵卫小学附属幼儿园	22	16		14	2				3	11			2
南京理工大学附属幼儿园	76	39		17	22				13	11	1		14
东南大学后勤服务集团幼儿园	76	44		22	21	1			9	12			23

续表

学校名称	教职工	专任教师	专任教师按学历分					专任教师按职称分					
			研究生毕业	本科毕业	专科毕业	高中阶段毕业	高中阶段毕业以下	中学高级	小学高级	小学一级	小学二级	小学三级	未评职称
南京体育学院附属幼儿园	24	12		1	10	1			3	2			7
南京农业大学附属幼儿园	49	25		10	15				2	9			14
玄武区钟灵农科苑幼儿园	44	22		5	16	1					1		21
海军指挥学院政治部幼儿园	51	26		16	10				6	14			6
七三六一〇部队香禾幼儿园	37	19		5	14				4	4	2		9
南京军区南京实验幼儿园	73	26		15	11				18	4			4
南京前线幼儿园	35	12		8	4					6	6		
南空后勤部机关幼儿园	64	28		18	10				14	5			9
南京军区空军直属机关幼儿园	76	47	1	22	19	5			30	8			9
南京军区政治部小天鹅幼儿园	83	38	3	33	2				22	6	1		9
七三六八一部队幼儿园	31	14		12	2				4	6			4
南京市市级机关幼儿园	69	36	1	27	8			1	21	13	1		
南京熊猫公司御道街幼儿园	44	22	1	4	17				6	5	2		9
锁金新村第一小学附属幼儿园	40	20		9	11				12	3			5
南京熊猫公司后宰门幼儿园	26	12		4	8				1	3	2		6
玄武区如意幼儿园	32	16		6	8	2			7	7			2
玄武区花红园幼儿园	20	10		8	2				3	4	3		
玄武区钟山幼儿园	27	13			13					8			5
玄武区锁金村第一幼儿园	29	14		3	11				6	3			5
玄武区行知实验幼儿园	52	26		10	14	2				2	1		23
玄武区华星艺术幼儿园	25	12		2	10					5	6		1
玄武区小哈佛双语幼儿园	45	21		4	16	1			4	6	1		10
玄武区淘淘幼儿园	80	42		4	36	2					2		40
玄武区樱花双语艺术幼儿园	33	16		5	9	2			2	7	2		5
南京市玄武晶晶幼儿园	39	17		5	12					3			14
南京玄武东方城幼儿园	24	12			12								12
玄武区红山幼儿园	53	28		9	19					9	5		14
北京东路小学附属幼儿园分园	15	14		14						11			3

玄武区2014/2015学年初小学学校班级、学生数情况

学校名称	毕业生数	招生数	在校生数							班级数(个)						
			合计	一年级	二年级	三年级	四年级	五年级	六年级	合计	一年级	二年级	三年级	四年级	五年级	六年级
总　计	3373	4357	22001	4357	3856	3475	3748	3371	3194	594	110	104	97	99	95	89
南京市锁金新村第一小学	93	102	536	102	89	96	96	87	66	18	3	3	3	3	3	3
南京市锁金新村第二小学	90	104	590	104	113	108	92	81	92	20	3	4	4	3	3	3
南京市宇花小学	58	82	461	82	85	75	83	83	53	17	3	3	3	3	3	2

续表

学校名称	毕业生数	招生数	在校生数							班级数(个)						
			合计	一年级	二年级	三年级	四年级	五年级	六年级	合计	一年级	二年级	三年级	四年级	五年级	六年级
南京市小营小学	115	228	937	228	185	148	145	122	109	29	6	5	5	5	4	4
南京市成贤街小学	219	210	1087	210	191	176	179	150	181	26	5	5	4	4	4	4
南京市逸仙小学	80	87	499	87	87	75	96	78	76	16	2	2	3	3	3	3
南京市长江路小学	244	288	1616	288	239	278	300	274	237	35	6	6	6	6	6	5
南京市洪武北路小学	58	145	525	145	105	81	78	61	55	19	4	3	3	3	3	3
南京市同仁小学	68	118	485	118	86	74	83	67	57	18	3	3	3	3	3	3
南京师范大学附属小学	258	404	2204	404	394	354	369	355	328	56	10	10	9	9	9	9
南京市中央路小学	160	164	835	164	164	104	162	127	114	30	5	6	4	6	5	4
南京市红山小学	110	152	778	152	161	121	113	105	126	21	4	4	4	3	3	3
南京市孝陵卫中心小学	163	219	1069	219	184	183	174	147	162	27	5	5	5	4	4	4
南京市海英小学	130	136	703	136	127	114	121	96	109	24	4	4	4	4	4	4
南京市北京东路小学	302	326	1740	326	293	288	293	261	279	37	7	6	6	6	6	6
南京市月苑第一小学	213	351	1477	351	271	227	236	203	189	36	8	7	6	6	5	4
南京市北京东路小学阳光分校	56	94	519	94	114	80	84	84	63	14	3	3	2	2	2	2
南京市立贤小学	111	186	933	186	176	160	146	135	130	21	4	4	4	3	3	3
南京理工大学实验小学	259	450	2061	450	364	337	331	307	272	45	10	8	7	7	7	6
南京市樱花小学	182	189	984	189	154	159	161	160	161	24	4	4	4	4	4	4
南京市科利华小学	25	98	419	98	78	72	70	56	45	16	3	3	3	3	2	2
玄武红山外来工子弟学校	182	0	469	0	0	0	162	151	156	12	0	0	0	4	4	4
南京市孝陵卫初级中学	52	114	458	114	85	54	72	74	59	16	5	3	2	2	2	2
南京市紫东实验学校	76	110	616	110	111	111	102	107	75	17	3	3	3	3	3	2

玄武区2014/2015学年初小学学校教职工基本情况

学校名称	教职工数(人)	专任教师数(人)	专任教师按职称分(人)						专任教师按学历分(人)				
			中学高级	小学高级	小学一级	小学二级	小学三级	未评职称	研究生毕业	本科毕业	专科毕业	高中阶段毕业	高中阶段毕业以下
合　计	1448	1423	62	850	391	1	0	119	66	1120	220	17	0
南京市锁金新村第一小学	45	45	1	27	15	0	0	2	1	31	13	0	0
南京市锁金新村第二小学	46	46	2	23	18	0	0	3	2	38	6	0	0
南京市宇花小学	41	40	2	21	14	0	0	3	2	36	1	1	0
南京市小营小学	66	64	4	44	13	0	0	3	1	56	7	0	0
南京市成贤街小学	69	65	5	44	15	0	0	1	1	47	14	3	0
南京市逸仙小学	42	41	2	29	9	0	0	1	1	27	12	1	0
南京市长江路小学	80	77	6	48	19	0	0	4	3	62	12	0	0
南京市洪武北路小学	46	45	1	31	9	0	0	4	2	32	10	1	0
南京市同仁小学	44	44	2	32	8	0	0	2	0	36	8	0	0
南京师范大学附属小学	142	140	11	86	35	0	0	8	14	105	20	1	0
南京市中央路小学	79	77	3	52	20	0	0	2	1	65	11	0	0
南京市红山小学	48	47	1	25	18	0	0	3	2	40	5	0	0
南京市孝陵卫中心小学	67	63	2	45	13	0	0	3	1	50	11	1	0
南京市海英小学	73	73	2	55	15	1	0	0	2	54	15	2	0

续表

学校名称	教职工数(人)	专任教师数(人)	专任教师按职称分(人)						专任教师按学历分(人)				
			中学高级	小学高级	小学一级	小学二级	小学三级	未评职称	研究生毕业	本科毕业	专科毕业	高中阶段毕业	高中阶段毕业以下
南京市北京东路小学	95	94	8	71	14	0	0	1	2	81	9	2	0
南京市月苑第一小学	75	75	1	40	26	0	0	8	5	59	10	1	0
南京市北京东路小学阳光分校	29	29	1	6	17	0	0	5	4	25	0	0	0
南京市立贤小学	47	47	1	19	25	0	0	2	4	43	0	0	0
理工大实小	109	109	4	56	30	0	0	19	6	96	7	0	0
南京市樱花小学	64	64	2	40	20	0	0	2	3	45	15	1	0
南京市科利华小学	28	28	0	12	9	0	0	7	3	23	2	0	0
玄武红山外来工子弟学校	36	36	0	3	3	0	0	30	0	24	12	0	0
南京市孝陵卫初级中学	32	32	1	20	10	0	0	1	1	22	8	1	0
南京市紫东实验学校	45	42	0	21	16	0	0	5	5	23	12	2	0

玄武区2014/2015学年初小学学校办学条件基本情况

学校名称	占地面积(平方米)	校舍建筑面积(平方米)					图书(册)	计算机(台)		运动场地面积(平方米)	固定资产总值(万元)	
		计	教学及辅助用房					计	教学用计算机		计	仪器设备
			计	体育馆	实验室	教室						
合　计	263065	168546	99972	7707	7310	74658	651464	5345	4749	104695	23076.69	6776.74
南京市锁金新村第一小学	6345	3459	2113		80	1841	21976	159	159	3471	472.80	173.50
南京市锁金新村第二小学	7575	3779	3135		135	2720	21861	175	91	3260	659.93	352.38
南京市宇花小学	9414	6239	5008		200	4344	17257	127	124	3500	1310.79	223.03
南京市小营小学	15200	6425	4043		365	3254	25359	285	285	4050	1011.54	376.02
南京市成贤街小学	9476	8340	7980	880	115	6725	32159	264	264	4486	856.00	301.00
南京市逸仙小学	9805	6958	2554		89	2087	12307	128	122	2193	892.30	193.98
南京市长江路小学	11512	8350	4102	780	190	2552	50879	431	213	6503	1186.88	556.50
南京市洪武北路小学	8600	6710	5426	520	89	4576	15880	143	95	4000	472.94	164.92
南京市同仁小学	6442	7090	5797	993	282	4120	19993	188	183	1400	757.80	227.70
南京师范大学附属小学	23932	17309	10769	1150	340	8449	72501	479	462	9000	2385.90	775.30
南京市中央路小学	4719	4943	3124		160	2464	23384	228	148	2960	906.34	559.84
南京市红山小学	14100	10040	3199	432	345	2009	25113	226	223	4314	448.36	294.90
南京市孝陵卫中心小学	13872	6151	3468		155	2746	34615	246	242	5239	733.50	303.10
南京市海英小学	7389	6810	5372	300	242	4542	21931	195	190	2400	915.56	231.69
南京市北京东路小学	18820	13156	7015	360	2565	3010	54714	437	431	13730	2631.02	632.19
南京市月苑第一小学	12321	9882	3990	462	198	2928	40347	410	310	4550	871.30	294.70
南京市北京东路小学阳光分校	15000	6525	3055	570	800	1264	13377	123	123	4344	1947.00	147.00
南京市立贤小学	10907	5559	2560	340	120	1800	21862	169	160	3520	150.60	130.60
南京理工大学实验小学	24926	12433	9085	920	298	7270	63069	476	474	10999	1655.00	331.00
南京市樱花小学	17729	9562	3648		270	2874	28423	269	269	6827	830.37	375.20
南京市科利华小学	5500	4318	1961		152	1403	9457	117	117	1870	1889.91	107.34
玄武红山外来工子弟学校	9481	4508	2568		120	1680	25000	70	64	2079	90.85	24.85

注：孝陵卫初级中学小学部、紫东实验学校小学部办学部分统计在初中

玄武区2014/2015学年初普通中学及中等专业学校班级、学生数情况

学校名称	合计	班级数(个) 初中 计	初中 一年级	初中 二年级	初中 三年级	高中 计	高中 一年级	高中 二年级	高中 三年级	毕业学生数 初中	毕业学生数 高中	招生数 初中	招生数 高中	在校学生数(人) 合计	初中 计	初中 一年级	初中 二年级	初中 三年级	高中 计	高中 一年级	高中 二年级	高中 三年级
总计	498	268	89	86	93	230	84	75	71	3488	2887	3681	3043	19977	10956	3681	3461	3814	9021	3043	2965	3013
南京市梅园中学	24	24	8	8	8					192		286		801	801	286	254	261				
南京市孝陵卫初级中学	6	6	2	2	2					73		69		228	228	69	83	76				
南京市科利华中学	39	39	13	13	13					535		626		1837	1837	626	574	637				
南京市紫东实验学校	12	12	4	4	4					123		111		352	352	111	138	103				
南京市弘光中学	33	33	11	11	11					420		480		1473	1473	480	505	488				
南京市第十三中学锁金分校	33	33	11	11	11					494		470		1440	1440	470	446	524				
南京市第十三中学红山校区	35	35	12	11	12					505		543		1565	1565	543	489	533				
南京市第五十四中学	19	19	6	6	7					169		155		508	508	155	149	204				
南京玄武外国语学校	26	26	10	8	8					340		437		1148	1148	437	358	353				
南京市第九初级中学	31	31	10	10	11					450		455		1357	1357	455	418	484				
南京市玄武高级中学(太平门校区)	31					31	10	10	11		380		391	1239					1239	391	398	450
南京市人民中学	29	10	2	2	6	19	6	5	8	187	308	49	255	1034	247	49	47	151	787	255	225	307
南京市第十三中学	42					42	17	13	12		596		682	1883					1883	682	601	600
南京市第九中学	44					44	15	15	14		751		697	2085					2085	697	705	683
玄武中等专业学校	94					94	36	32	26		852		1018	3027					3027	1018	1036	973

玄武区2014/2015学年初普通中学及中等专业学校教职工基本情况

学校名称	教职工(人)	专任教师(人)	初中专任教师(人) 按职称分 中学高级	中学一级	中学二级	中学三级	未评职称	按学历分 研究生毕业	本科毕业	专科毕业	高中阶段毕业	高中阶段毕业以下	高中专任教师(人) 按职称分 中学高级	中学一级	中学二级	中学三级	未评职称	按学历分 研究生毕业	本科毕业	专科毕业	高中阶段毕业	高中阶段毕业以下
总计	1747	1646	230	422	166	0	74	95	774	20	3	0	365	294	52	0	43	110	569	20	0	0
南京市梅园中学	80	67	21	34	10	0	2	3	62	2	0	0										
南京市孝陵卫初级中学(中学部)	21	20	7	9	3	0	1	1	19	0	0	0										
南京市科利华中学	160	154	43	73	25	0	13	17	131	3	3	0										
南京市紫东实验学校(中学部)	39	34	4	20	7	0	3	5	29	0	0	0										
南京市弘光中学	106	103	31	44	20	0	8	14	86	3	0	0										
南京市第十三中学锁金分校	107	101	29	45	20	0	7	13	83	5	0	0										
南京市第十三中学红山校区	116	115	23	44	31	0	17	16	95	4	0	0										
南京市第五十四中学	77	69	29	32	7	0	1	3	65	1	0	0										
南京玄武外国语学校	88	84	4	48	27	0	5	5	79	0	0	0										
南京市第九初级中学	119	114	25	61	14	0	14	15	97	2	0	0										
南京市玄武高级中学(太平门校区)	156	150											83	57	9	0	1	4	137	9	0	0
南京市人民中学	122	114	14	12	2	0	3	3	28	0	0	0	42	32	6	0	3	7	72	4	0	0
南京市第十三中学	173	162											71	72	7	0	12	39	122	1	0	0
南京市第九中学	200	188											98	69	8	0	13	28	156	4	0	0
玄武中等专业学校	183	171											71	64	22		14	32	82	2		

玄武区 2014/2015 学年初普通中学及中等专业学校办学条件基本情况

学校名称	占地面积(平方米)	建筑面积(平方米)					图书(册)	计算机(台)		运动场地面积(平方米)	固定资产总值(万元)	
		计	教学及辅助用房					计	教学用计算机		计	仪器设备
			计	体育馆	实验室	教室						
合　计	435528	282237	142505	19887	26625	77457	779404	6519	5705	129755	34338.65	10673.58
南京市玄武高级中学(梅园校区)	15965	18534	8307	1030	1440	4637	37331	338	338	3481	2249.00	506.00
南京市孝陵卫初级中学	15840	6173	3221		548	2249	23734	204	198	4588	1042.99	243.68
南京市科利华中学	18031	13684	6606		864	4972	69478	484	484	7397	2413.70	639.91
南京市紫东实验学校	39824	9920	4750		1117	3013	29070	259	221	11192	1719.79	346.04
南京市弘光中学	28380	18195	14265	1320	5420	5665	44785	431	431	9280	520.00	390.00
南京市第十三中学锁金分校	19079	11505	4545		400	3414	48961	391	391	6400	1444.00	715.00
南京市第十三中学红山校区	40494	24978	8888	1393	1773	4466	50233	436	436	11800	928.50	878.50
南京市第五十四中学	16170	9541	3263		610	1881	19914	191	191	7004	1069.00	361.00
南京玄武外国语学校	17207	13202	3507	748	629	1876	34953	172	147	5641	2558.70	330.50
南京市第九初级中学	14164	11010	4134	224	681	2703	43229	323	307	3667	595.62	349.15
南京市玄武高级中学(太平门校区)	19606	22160	9065	1278	1445	4254	60524	430	430	8000	3738.17	618.11
南京市人民中学	27105	31826	26771	7284	1522	16444	54658	519	319	9602	2215.00	791.00
南京市第十三中学	41670	28200	14625	2800	1516	8656	83361	420	220	15700	3847.18	1179.69
南京市第九中学	67381	39324	15983	2610	2660	7452	116666	522	402	16447	5889.00	1298.00
玄武中等专业学校	54612	23985	14575	1200	6000	5775	62507	1190	1190	9556	4108.00	2027.00

玄武区 2014/2015 学年初特殊教育学校基本情况

学校名称	校数	学校情况			学生情况	
		学校类别	学校办别	班　数	毕业生数	学生数
玄武特殊教育学校	1	弱智学校	教育部门	4	7	39

学校名称	教职工情况								
	按学历分				按职称分				
	研究生毕业	本科毕业	专科毕业	高中阶段毕业	中学高级	小学高级	小学一级	小学二级	未评职称
玄武特殊教育学校	2	11	1	0	1	3	6	0	4

学校名称	办学条件					
	占地面积(平方米)	建筑面积(平方米)	教辅用房(平方米)	行政用房(平方米)	图书(册)	数字资源(GB)
玄武特殊教育学校	4289	5377	4190	500	2500	120

人民生活

城镇居民生活情况

单位:元

	2014 年	2014 年为上年±%
城市居民人均可支配收入	47375.5	8.7
城市居民人均消费支出	36313.7	7.6
恩格尔系数(%)	24.1	–
文教娱乐支出比重(%)	17.6	–
人均住房建筑面积(含偶尔居住房平方米)	30.52	–

附录

Appendix

- 玄武区现代化建设目标
- 文件目录
- 文件选编
- 新闻媒体报道题录

责任编辑 张宁芳

2014 年玄武区街道、社区一览表

街道办事处		社区居民委员会		备注
名 称	驻 地	个数	名 称	
新街口	大石桥 19 号	6	香铺营、长江路、北门桥、唱经楼、大石桥、成贤街	
玄武门	天山路 5-2 号	7	台城花园、百子亭、大树根、高楼门、天山路、廖家巷、公教一村	
梅园新村	后宰门街 23 号	9	东南大学、兰园、大影壁、梅园新村、大行宫、太平门、富贵山、北安门、明故宫	
锁金村	锁金村 67 号	7	锁一、锁二、锁三、锁四、锁五、新庄、紫鑫城	
孝陵卫	罗汉巷 119 号	11	小卫街、孝陵卫、晏公庙、盛和家园、钟灵街、农科院、南农大、铁匠营、理工大、康定里、银城东苑	
玄武湖	板仓街 98 号	9	板仓、花园路、蒋王庙、樱驼花园、东方城、樱铁村、仙鹤门、仙居雅苑、聚宝山	
红 山	营苑南路 58 号	10	北苑、月苑、营苑、红山公园、曹后、藤子、墨香山庄、红山、阳光嘉园、紫金小营	

2014 年玄武区地名命名、更名、销名表

地名名称	类 别	所在位置
圣和文化广场	综合楼	部队用房以西、长江路以北、东箭道以东、住宅区以南
莱蒙都会广场	综合楼	黄家圩路以东、沪宁城际高铁以北、北广场公交场站以西、红山南路以南
颐和府	住宅区	珠江路南侧、军区总院住宅区西侧、地质大厦东侧、熊猫集团厂区北侧
云邸	住宅区	仙鹤茗苑北侧、鹤鸣路东南侧
翡翠华庭	住宅区	北苑东路西侧、华飞路北侧、北苑之星花园东侧、网板路南侧
紫柚园	住宅区(别墅)	环陵路东北侧钟山国际六期

2014 年玄武区高新技术企业名单

序号	名 称	所属街道(园区)
1	南京熊猫信息产业有限公司	梅园新村
2	江苏鸿基科技有限公司	新街口
3	南京信风网络科技有限公司	梅园新村
4	江苏瑞德信息产业有限公司	梅园新村
5	南京长城信息系统有限公司	梅园新村
6	南京科进实业有限公司	徐 庄
7	南京中科水治理股份有限公司	梅园新村
8	南京东大智能化系统有限公司	徐 庄
9	江苏欣力光电有限公司	徐 庄
10	江苏瑞华农业科技有限公司	孝陵卫
11	南京未来星传感技术有限公司	徐 庄
12	南京智浦芯联电子科技有限公司	徐 庄
13	江苏金思维软件有限公司	锁金村
14	南京依维柯汽车有限公司	红 山

续表

序号	名　称	所属街道(园区)
15	南京智达康无线通信科技股份有限公司	徐　庄
16	南京嘉腾维新软件有限公司	徐　庄
17	南京金域医学检验所有限公司	锁金村
18	南京迅测科技有限公司	梅园新村
19	南京宜热纵联节能科技有限公司	梅园新村
20	江苏思迈特软件工程有限公司	梅园新村
21	南京再造科技有限公司	梅园新村
22	南京丰泰通信技术股份有限公司	徐　庄
23	南京开江科技有限公司	梅园新村
24	江苏鸿信系统集成有限公司	徐　庄
25	江苏亚奥科技股份有限公司	梅园新村
26	南京紫泉电力设计咨询有限公司	梅园新村
27	江苏猎宝网络科技有限公司	徐　庄
28	南京海泰医疗信息系统有限公司	徐　庄
29	江苏普旭软件信息技术有限公司	徐　庄
30	南京翔晟信息技术有限公司	梅园新村
31	江苏省金图科技有限责任公司	徐　庄
32	江苏东奇信息科技有限公司	梅园新村
33	南京微盟电子有限公司	徐　庄
34	江苏兰德数码科技有限公司	梅园新村
35	南京肯立科技有限责任公司	梅园新村
36	南京常荣噪声控制环保工程有限公司	新街口
37	南京科强科技实业有限公司	新街口
38	江苏百年软件科技有限公司	梅园新村
39	中科院南京天文仪器有限公司	玄武湖
40	南京埃森环境技术有限公司	徐　庄
41	南京远古科技有限公司	梅园新村
42	南京方瑞科技有限公司	徐　庄
43	南京优泰科技发展有限公司	梅园新村
44	江苏鹏力高通通信技术有限公司	新街口
45	南京肯信精密机器制造有限公司	梅园新村
46	江苏新创光电通信有限公司	梅园新村
47	南京芯力微电子有限公司	梅园新村
48	南京熊猫通信科技有限公司	梅园新村
49	江苏国瑞信安科技有限公司	徐　庄
50	南京梅花软件系统有限公司	梅园新村
51	南京中软软件与技术服务有限公司	玄武门
52	江苏柯菲平医药股份有限公司	梅园新村

续表

序号	名　称	所属街道(园区)
53	南京途牛科技有限公司	梅园新村
54	江苏南大尚诚高科技实业有限公司	新街口
55	赛特斯网络科技(南京)有限责任公司	徐　庄
56	南京迪威普光电技术有限公司	徐　庄
57	南京中核二三能源工程有限公司	梅园新村
58	南京江北自动化技术有限公司	徐　庄
59	南京市城市与交通规划设计研究院有限责任公司	新街口
60	江苏高伟达信息技术有限公司	徐　庄
61	南京苏商新能源科技有限公司	新街口
62	南京智慧交通信息有限公司	玄武门
63	江苏苏宁易购电子商务有限公司	徐　庄
64	南京宽慧无线网络通信有限公司	徐　庄
65	江苏谷科软件有限公司	新街口
66	江苏智道工程技术有限公司	徐　庄
67	南京极客网络科技有限公司	徐　庄
68	南京西祠信息技术股份有限公司	梅园新村
69	南京宝光检测技术有限公司	梅园新村
70	南京博兰得电子科技有限公司	徐　庄
71	南京水晶石数字科技有限公司	徐　庄
72	江苏明天种业科技有限公司	孝陵卫
73	南京凯唱软件有限公司	新街口
74	南京日新科技有限公司	新街口
75	江苏万邦微电子有限公司	徐　庄
76	南京英锐祺科技有限公司	梅园新村
77	南京模拟技术研究所	梅园新村
78	江苏卧牛山保温防水技术有限公司	徐　庄

2014年玄武区各级科技项目资金汇总表

序号	类　别	立项数量(项)	立项金额(万元)
1	科技部科技型中小企业技术创新基金	3	207
2	国家科协奖励	1	20
3	中国优秀专利奖	2	40
4	省创基	4	100
5	省科技型中小企业技术创新基金	1	800
6	省国际科技合作计划项目	2	100
7	省科技支撑计划(工业、农业、社会发展)	4	165

续表

序号	类　别	立项数量(项)	立项金额(万元)
8	省科协奖励	1	10
9	省专利实施计划	3	360
10	省知识产权贯标	5	42
11	市科协奖励	2	3.4
12	市地震局奖励	2	8
13	市企业创新券	20	400
14	市级科技公共服务平台专项计划	4	85
15	市科技发展计划项目——知识产权	2	40
合　计		56	2380.4

第二批玄武区文物保护单位名单

序号	名　称	年　代	地　址
1	周恩来图书馆	中华人民共和国	玄武区梅园新村街道梅园新村社区内
2	笼子巷住宅B楼	民国	玄武区太平北路58号
3	笼子巷住宅A楼	民国	玄武区太平北路58号
4	梅园新村1~4,9~12号民国住宅	民国	玄武区梅园新村1~4,9~12号
5	梅园新村22号民国住宅	民国	玄武区梅园新村22号
6	梅园新村28~29号民国住宅	民国	玄武区梅园新村28~29号
7	梅园新村31~33号民国住宅	民国	玄武区梅园新村31~33号
8	梅园新村34号民国住宅	民国	玄武区梅园新村34号
9	梅园新村36~37号民国住宅	民国	玄武区梅园新村36~37号
10	梅园新村38~39号民国住宅	民国	玄武区梅园新村38~39号
11	梅园新村40号民国住宅	民国	玄武区梅园新村40号
12	梅园新村42号民国住宅	民国	玄武区梅园新村42号
13	梅园新村43号民国住宅	民国	玄武区梅园新村43号
14	梅园新村44号民国住宅	民国	玄武区梅园新村44号
15	梅园新村45号民国住宅	民国	玄武区梅园新村45号
16	梅园新村48~51号民国住宅	民国	玄武区梅园新村48~51号
17	梅园新村52号民国住宅	民国	玄武区梅园新村52号
18	大悲巷7号民国住宅	民国	玄武区大悲巷7号
19	大悲巷9、11号民国住宅	民国	玄武区大悲巷9、11号
20	雍园3号民国住宅	民国	玄武区雍园3号
21	雍园5号民国住宅	民国	玄武区雍园5号
22	雍园6号民国住宅	民国	玄武区雍园6号
23	雍园7号民国住宅	民国	玄武区雍园7号
24	雍园9~19号民国住宅	民国	玄武区雍园9~19号

续表

序号	名　　称	年　代	地　　址
25	雍园21号民国住宅	民国	玄武区雍园21号
26	雍园23号民国住宅	民国	玄武区雍园23号
27	雍园25号民国住宅	民国	玄武区雍园25号
28	雍园29号民国住宅	民国	玄武区雍园29号
29	雍园31号民国住宅	民国	玄武区雍园31号
30	雍园33号民国住宅	民国	玄武区雍园33号
31	桃源新村1~4号民国住宅	民国	玄武区桃源新村1~4号
32	桃源新村5~12号民国住宅	民国	玄武区桃源新村5~12号
33	桃源新村13、14号郑介民公馆	民国	玄武区桃源新村13、14号
34	桃源新村19~24,35~42号民国住宅	民国	玄武区桃源新村19~24,35~42号
35	桃源新村24~34号民国住宅	民国	玄武区桃源新村24~34号
36	桃源新村43~48号民国住宅	民国	玄武区桃源新村43~48号
37	桃源新村49号民国住宅	民国	玄武区桃源新村49号
38	桃源新村50号民国住宅	民国	玄武区桃源新村50号
39	桃源新村51号民国住宅	民国	玄武区桃源新村51号
40	桃源新村54号民国住宅	民国	玄武区桃源新村54号
41	桃源新村55号民国住宅	民国	玄武区桃源新村55号
42	桃源新村56号民国住宅	民国	玄武区桃源新村56号
43	桃源新村57号民国住宅	民国	玄武区桃源新村57号
44	兰园8号民国建筑	民国	玄武区兰园8号
45	戈宝权旧居	中华人民共和国	玄武区后半山园5号3-2
46	南京明代外郭(玄武段)	明	南京市玄武区
47	无字碑与龟趺	明	玄武区孝陵卫街道梅花山
48	南京农学院旧址	民国	玄武区卫岗1号
49	上海震旦大学预科部	民国	玄武区碑亭巷51号
50	黄焕然墓	民国	玄武区蒋王庙街6号
51	高楼门22号民国建筑	民国	玄武区高楼门22号
52	涵碧轩旧址	民国	玄武区武湖公园梁洲
53	峨眉路15号民国建筑	民国	玄武区峨眉路15号
54	峨眉路7号民国建筑	民国	玄武区峨眉路7号

玄武区不可移动文物名单

序号	名　　称	年代	类　别	地　　址
1	六朝建康宫城遗址	六朝	古遗址	梅园新村街道大行宫社区
2	杨吴城壕	五代	古遗址	梅园新村街道大行宫社区竺桥至北门桥
3	兰园14号民国建筑	民国	近现代重要史迹及代表性建筑	梅园新村街道兰园社区14号

续表

序号	名　称	年代	类　别	地　址
4	兰园15号民国建筑	民国	近现代重要史迹及代表性建筑	梅园新村街道兰园社区15号
5	兰家庄2号民国建筑	民国	近现代重要史迹及代表性建筑	梅园新村街道东南大学社区兰家庄2号
6	兰家庄5号民国建筑	民国	近现代重要史迹及代表性建筑	梅园新村街道东南大学社区兰家庄5号
7	梅园新村18号民国建筑	民国	近现代重要史迹及代表性建筑	梅园街道梅园新村社区梅园新村18号
8	兰园7号民国建筑	民国	近现代重要史迹及代表性建筑	梅园新村街道兰园社区兰园7号
9	玉带河	明	古遗址	梅园新村街道梅园新村社区明故宫西
10	竺桥	明	古建筑	梅园新村街道梅园新村社区珠江路与城东干道交界处西南角
11	原国民政府水利部旧址	民国	近现代重要史迹及代表性建筑	梅园新村街道长江后街6号
12	弹琴石	宋	石窟寺及石刻	紫金山头陀岭以北
13	板仓墓地	明	古墓葬	锁金村街道紫鑫城社区玄武绿化所
14	戴笠墓	民国	近现代重要史迹及代表性建筑	灵谷寺第三公墓
15	灵谷寺双铁镇	明	古建筑	灵谷寺无梁殿西
16	红楼艺文苑	中华人民共和国	近现代重要史迹及代表性建筑	梅花山暗香阁旁
17	博爱阁	中华人民共和国	近现代重要史迹及代表性建筑	梅花山山顶
18	颜真卿碑林	中华人民共和国	近现代重要史迹及代表性建筑	明东陵以北
19	紫霞湖	民国	古建筑	明孝陵景区
20	沈骊英、陈品之墓	民国	近现代重要史迹及代表性建筑	孝陵卫街道孝陵卫社区省农科院内
21	刘基洞	明	石窟寺及石刻	紫金山头陀岭以北
22	流觞厅	民国	古遗址	灵谷寺第一公墓旁
23	永丰社	民国	近现代重要史迹及代表性建筑	中山陵3号
24	应潮井	六朝	古建筑	紫金山头陀岭以北
25	紫金山马腰南山沟钟山寺庙遗址	明	古遗址	紫金山马腰南山沟
26	古白云泉	清	古遗址	紫金山头陀岭以北
27	听琴亭	宋	古建筑	紫金山头陀岭以北
28	紫霞湖西南水塔	民国	近现代重要史迹及代表性建筑	紫霞湖畔
29	碑亭巷191号民国建筑	民国	近现代重要史迹及代表性建筑	新街口街道碑亭巷191号
30	珍珠河	三国	古遗址	新街口街道成贤街社区（从市政府至珠江路南珍珠桥）
31	梅庵东南侧古井	民国	近现代重要史迹及代表性建筑	新街口街道成贤街社区东南大学内
32	尖角营51号民国建筑群	民国	近现代重要史迹及代表性建筑	新街口街道大石桥社区尖角营51号
33	尖角营26号古井	清	古建筑	新街口街道大石桥社区尖角营51号旁
34	进香河	三国	古遗址	新街口街道鸡笼山南麓
35	碑亭巷110号民国建筑	民国	近现代重要史迹及代表性建筑	新街口街道香铺营社区碑亭巷110号
36	石婆婆庵10号-1、10号-3民国建筑	民国	近现代重要史迹及代表性建筑	新街口街道香铺营社区石婆婆庵10号
37	石婆婆庵8-3号民国建筑	民国	近现代重要史迹及代表性建筑	新街口街道香铺营社区石婆婆庵8号
38	浮桥	民国	近现代重要史迹及代表性建筑	新街口街道香铺营社区珠江路与碑亭巷交接处
39	百子亭42号民国建筑群	民国	近现代重要史迹及代表性建筑	玄武门街道百子亭社区42号

续表

序号	名　　称	年代	类　别	地　　址
40	百子亭5号民国建筑	民国	近现代重要史迹及代表性建筑	玄武门街道百子亭社区5号
41	百子亭17号民国建筑	民国	近现代重要史迹及代表性建筑	玄武门街道百子亭社区百子亭17号
42	百子亭51号民国建筑	民国	近现代重要史迹及代表性建筑	玄武门街道百子亭社区百子亭51号
43	百子亭7号民国建筑	民国	近现代重要史迹及代表性建筑	玄武门街道百子亭社区百子亭7号
44	傅厚岗10号民国建筑	民国	近现代重要史迹及代表性建筑	玄武门街道百子亭社区傅厚岗10号
45	傅厚岗12号民国建筑	民国	近现代重要史迹及代表性建筑	玄武门街道百子亭社区傅厚岗12号
46	傅厚岗14号民国建筑	民国	近现代重要史迹及代表性建筑	玄武门街道百子亭社区傅厚岗14号
47	傅厚岗16号民国建筑	民国	近现代重要史迹及代表性建筑	玄武门街道百子亭社区傅厚岗16号
48	中央路52-1号民国建筑	民国	近现代重要史迹及代表性建筑	玄武门街道百子亭社区中央路52号之一
49	中央路82号民国建筑	民国	近现代重要史迹及代表性建筑	玄武门街道百子亭社区中央路82号
50	中央路84号民国建筑	民国	近现代重要史迹及代表性建筑	玄武门街道百子亭社区中央路84号
51	北京东路57号民国建筑群	民国	近现代重要史迹及代表性建筑	玄武门街道公教一村社区北京东路57号
52	丰润门	清	古建筑	玄武门街道大树根社区玄武湖公园大门
53	十里长堤	六朝	古建筑	玄武门街道大树根社区玄武湖公园内
54	黄册库遗址	明	古遗址	玄武门街道大树根社区玄武湖梁洲西
55	铜钩井	清	古建筑	玄武门街道大树根社区玄武湖梁洲西
56	中央路50号民国建筑	民国	近现代重要史迹及代表性建筑	玄武门街道高楼门社区中央路50号
57	胭脂井	南北朝	古建筑	玄武门街道台城花园社区鸡笼山东麓
58	甘露井	民国	古建筑	玄武门街道台城花园社区鸡鸣寺山门东
59	北极山村13、14号民国建筑	民国	近现代重要史迹及代表性建筑	玄武门街道天山路社区北极山村13号，14号
60	北极山村1号民国建筑	民国	近现代重要史迹及代表性建筑	玄武门街道天山路社区北极山村1号
61	峨嵋路13-2号民国建筑	民国	近现代重要史迹及代表性建筑	玄武门街道天山路社区峨嵋路13-2号
62	峨嵋路23号民国建筑	民国	近现代重要史迹及代表性建筑	玄武门街道天山路社区峨嵋路23号
63	天山路24号民国建筑	民国	近现代重要史迹及代表性建筑	玄武门街道天山路社区天山路24号
64	天山路2号民国建筑	民国	近现代重要史迹及代表性建筑	玄武门街道天山路社区天山路2号
65	天山路39号民国建筑	民国	近现代重要史迹及代表性建筑	玄武门街道天山路社区天山路39号
66	天山路7号民国建筑	民国	近现代重要史迹及代表性建筑	玄武门街道天山路社区天山路7号

玄武区非物质文化遗产传承人名录

序号	传承人	项　目	单　位	保护级别
1	张方林	南京剪纸	南京市工艺美术总公司	国家级
2	殷嘉才	南京剪纸	南京市工艺美术总公司	省　级
3	赵　荣	金陵竹刻	南京市工艺美术总公司	省　级
4	倪小庆	仿古牙雕	南京市工艺美术总公司	省　级

续表

序号	传承人	项　目	单　位	保护级别
5	戴德裕	仿古牙雕	南京市工艺美术总公司	省　级
6	王学龙	仿古木雕	南京市工艺美术总公司	省　级
7	张林娣	南京剪纸	南京市工艺美术总公司	市　级
8	冯　敏	灵芝中医药中的运用	南京中科集团	市　级
9	张　钧	中国剪纸(南京剪纸)	南京市工艺美术总公司	市　级
10	戴德霖	象牙雕刻(南京仿古牙雕)	南京市工艺美术总公司	市　级
11	王中帮	象牙雕刻(南京仿古牙雕)	南京市工艺美术总公司	市　级
12	王　艺	木雕(南京仿古木雕)	南京市工艺美术总公司	市　级
13	张林娣	金陵竹刻	金陵竹刻艺术博物馆	市　级
14	龙双衡	竹刻(金陵竹刻)	金陵竹刻艺术博物馆	市　级
15	林媛英	金陵竹刻	金陵竹刻艺术博物馆	市　级
16	黄　羚	南京瓷刻	南京市工艺美术总公司	市　级
17	黄建强	南京泥人	南京市工艺美术总公司	市　级
18	何　斌	南京泥人	南京市工艺美术总公司	市　级
19	雷　勇	苏作小木家俱制作技艺	南京观朴艺术博物馆	市　级
20	莲　华	素食制作技艺	南京鸡鸣寺	市　级
21	陈盛峰	雨花茶制作	南京中山园林建设(集团)有限公司中山陵茶厂	市　级
22	张国祥	苏作小木家具制作技艺	南京观朴艺术博物馆	区　级
23	王金明	金属造艺		区　级
24	侯庆发	象牙雕刻(南京仿古牙雕)	南京市工艺美术总公司	区　级
25	曾　斌	南京瓷刻	南京市工艺美术总公司	区　级
26	张春林	竹刻(金陵竹刻)	金陵竹刻艺术博物馆	区　级
27	荆红花	绿茶制作技艺(雨花茶制作技艺)	南京中山园林建设(集团)有限公司茶厂	区　级
28	陈　群	绿茶制作技艺(雨花茶制作技艺)	南京中山园林建设(集团)有限公司茶厂	区　级
29	陆葵香	绿茶制作技艺(雨花茶制作技艺)	南京中山园林建设(集团)有限公司茶厂	区　级
30	陈　军	绿茶制作技艺(雨花茶制作技艺)	南京中山园林建设(集团)有限公司茶厂	区　级
31	周加梅	绿茶制作技艺(雨花茶制作技艺)	南京中山园林建设(集团)有限公司茶厂	区　级
32	郑素芬	绿茶制作技艺(雨花茶制作技艺)	南京钟山旅游发展有限公司中山陵茶厂	区　级

2014 年玄武区各类文化场馆

类　别	单　位	地　址
博物馆	南京中国近代史遗址博物馆	长江路 292 号
	南京博物院	中山东路 321 号
	南京地质博物馆	珠江路 700 号
	南京古生物博物馆	北京东路 39 号
	南京明城垣史博物馆	解放门 8 号

续表

类　别	单　　位	地　　址
博物馆	明孝陵博物馆	石象路7号
	白马石刻博物馆	白马山庄1号
	紫金山天文台天文历史博物馆	太平门外东郊钟山第三峰北侧
	金陵竹刻博物馆	富贵山4号
	南京长枫堂博物馆	北京东路22号和平大厦16楼
	南京市文物研究所	蒋王庙6号
	江宁织造博物馆	长江路123号
	六朝博物馆	长江路302号
档案馆	中国第二历史档案馆	中山东路309号
	南京市档案馆	北京东路43号
	南京军事档案馆	中山东路311号
	玄武区档案馆	珠江路455号19楼
纪念馆	中共代表团梅园新村纪念馆	汉府街18-1号
	孙中山纪念馆	中山陵东侧密林高阜
	徐悲鸿纪念馆	傅厚岗4号
	傅抱石纪念馆	傅厚岗6号
图书馆	南京图书馆	中山东路189号
	玄武区少儿图书馆	太平北路120号-2
	周恩来图书馆	梅园新村18号
美术馆	江苏美术馆	长江路333号

备注：南京市档案馆于2014年7月搬迁至建邺区梦都大街168号

2014年玄武区部分驻区服务单位一览表

类　别	名　　称	地　　址
城市公交	南京市公交总公司	中央路258号
	南京中北(集团)股份公司巴士分公司	红山路99号
	南京中北(集团)股份公司的士分公司	红山路101号
	南京市公交雅高巴士有限公司	龙蟠路92号
地　铁	南京地下铁道总公司	中山路228号
铁　路	南京火车站	龙蟠路264号
长途汽车	南京汽车客运站	红山南路(火车站北广场)
	南京汽车长途东站	花园路17号
水	南京市自来水总公司城东办事处	龙蟠路167号
燃　气	南京港华燃气有限公司	中央路214号
	南京港华燃气(北门桥客户服务中心)	北门桥路4号
	南京港华燃气(新庄客户服务中心)	锁金村83号

续表

类　别	名　　称	地　　址
电　信	中国电信南京分公司	中央路 2 号
	中国联通南京分公司	中央路 32 号
邮　政	南京邮政局	中山路 366 号
烟　草	江苏省烟草专卖局	长江路 168 号
	南京市烟草专卖局(公司)二分局(分公司)	进香河路 33-3 号
物　流	南京王家湾物流中心	东方城 108 号

2014 年玄武区银行网点一览表

企业名称	地　　址
中信银行股份有限公司南京分行	南京市玄武区中山路 348 号
上海浦东发展银行股份有限公司南京城中支行	南京市玄武区长江路 111-9 号
中国光大银行股份有限公司南京珠江路支行	南京市玄武区珠江路 370 号
中国工商银行股份有限公司南京和平支行	南京市玄武区北京东路 40 号
中国工商银行股份有限公司南京汉口路支行	南京市玄武区丹凤街 19 号
中国工商银行股份有限公司南京后宰门支行	南京市玄武区后宰门 1 号
中国工商银行股份有限公司南京板仓支行	南京市玄武区锁金五村 16 号
中国工商银行股份有限公司南京城东支行	南京市玄武区中央路 308 号
中国银行股份有限公司南京新街口支行	南京市玄武区中山东路 3 号
中国农业银行股份有限公司南京四牌楼支行	南京市玄武区太平北路 39-2 号
中国工商银行股份有限公司南京红山路支行	南京市玄武区红山路 175 号
南京银行股份有限公司江南大厦支行	南京市玄武区中央路 258 号
中国建设银行股份有限公司南京卫岗支行	南京市玄武区童卫路 5 号
中国建设银行股份有限公司南京黄埔路支行	南京市玄武区龙蟠中路 112 号
中国建设银行股份有限公司南京市丹凤街分理处	南京市玄武区丹凤街 77 号-1
中国建设银行股份有限公司南京市孝陵卫分理处	南京市玄武区孝陵卫街 99 号 102 室
中国建设银行股份有限公司南京四牌楼支行	南京市玄武区四牌楼 59-3 号
中国建设银行股份有限公司南京市鸡鸣寺分理处	南京市玄武区北京东路 24 号 2 幢底层西侧
中国建设银行股份有限公司南京市长江大楼分理处	南京市玄武区长江路 99 号
中国建设银行股份有限公司南京中山东路支行	南京市玄武区中山东路 145 号
中国民生银行股份有限公司南京分行	南京市玄武区洪武北路 20 号
兴业银行股份有限公司南京分行	南京市玄武区长江路 2 号
中信银行股份有限公司南京中央路支行	南京市玄武区中央路 258-27 号 1A、2A
南京银行股份有限公司黄埔支行	南京市玄武区珠江路 655 号
广发银行股份有限公司南京玄武支行	南京市玄武区中山东路 145 号全民健身中心一层
平安银行股份有限公司南京城中支行	南京市玄武区长江路 109-6 号
广发银行股份有限公司南京中央路支行	南京市玄武区中央路 238 号
兴业银行股份有限公司南京中央路支行	南京市玄武区中央路 258 号

续表

企　业　名　称	地　　址
招商银行股份有限公司南京鼓楼支行	南京市玄武区北京东路4号
招商银行股份有限公司南京珠江路支行	南京市玄武区珠江路280号珠江大厦1-2层
中国邮政储蓄银行股份有限公司南京市鼓楼支行	南京市玄武区中山路366号
中国邮政储蓄银行股份有限公司南京市浮桥支行	南京市玄武区太平北路51号
中国邮政储蓄银行股份有限公司南京市中山陵支行	南京市玄武区小卫街16号3幢-4
中国邮政储蓄银行股份有限公司南京市板仓街支行	南京市玄武区板仓街95号
江苏银行股份有限公司南京鼓楼支行	南京市玄武区中山路338号101室
招商银行股份有限公司南京长江路支行	南京市玄武区长江路109号
恒丰银行股份有限公司南京城东支行	南京市玄武区中山东路311-2号
中国工商银行股份有限公司南京徐庄软件园支行	南京市玄武区玄武大道699-8号徐庄软件园专业基地2栋一楼
中国农业发展银行南京市栖霞区支行	南京市玄武区龙蟠中路95号
徽商银行股份有限公司南京长江路支行	南京市玄武区长江路111号
江苏智能银行机具发展中心	南京市玄武区孝陵卫200号
华夏银行股份有限公司南京玄武支行	南京市玄武区珠江路222号
中国工商银行股份有限公司南京玄武支行	南京市玄武区洪武北路139号
中国农业银行股份有限公司南京中山路支行	南京市玄武区珠江路189号
中国农业银行股份有限公司南京后宰门支行	南京市玄武区佛心桥44号
中国银行股份有限公司南京珠江路支行	南京市玄武区珠江路185号
中国农业银行股份有限公司南京市府支行	南京市玄武区北京东路57号
中国农业银行股份有限公司南京高楼门支行	南京市玄武区高楼门路51号
南京银行股份有限公司鸡鸣寺支行	南京市玄武区成贤街119-1号
南京银行股份有限公司百子亭支行	南京市玄武区高楼门30号
南京银行股份有限公司玄武支行	南京市玄武区太平门街10号
广发银行股份有限公司南京鼓楼支行	南京市玄武区进香河路33-4号
中国银行股份有限公司南京后宰门支行	南京市玄武区后宰门街50号-1
中国银行股份有限公司南京钟山支行	南京市玄武区太平门街1号
中国建设银行股份有限公司南京莲花桥支行	南京市玄武区珠江路573-1号
招商银行股份有限公司南京中央路支行	南京市玄武区中央路238号
江苏银行股份有限公司南京珠江路支行	南京市玄武区珠江路648号01、02幢2177室
徽商银行股份有限公司南京珠江路支行	南京市玄武区珠江路521号1、2层
中国建设银行股份有限公司南京科技金融园支行	南京市玄武区后宰门西村95号
广州银行股份有限公司南京玄武湖支行	南京市玄武区中央路276-1号
恒丰银行股份有限公司南京分行	南京市玄武区长江路188号
中国农业银行股份有限公司南京学府路支行	南京市玄武区四牌楼61号
中国银行股份有限公司南京中央路支行	南京市玄武区中央路224号
中国银行股份有限公司南京明故宫支行	南京市玄武区中山东路311-2号
中国银行股份有限公司南京百子亭支行	南京市玄武区百子亭10号
南京银行股份有限公司珠江支行	南京市玄武区中山路268号

续表

企业名称	地址
中国农业银行股份有限公司南京鼓楼支行	南京市玄武区估衣廊2号
中国银行股份有限公司南京城中支行	南京市玄武区中山东路105号
兴业银行股份有限公司南京珠江路支行	南京市玄武区珠江路63号
兴业银行股份有限公司南京北京东路支行	南京市玄武区龙蟠中路37号
广发银行股份有限公司南京白马支行	南京市玄武区白马山庄1号
中国建设银行股份有限公司南京徐庄软件园支行	南京市玄武区苏宁大道9号苏宁电器总部大楼一楼
中国建设银行股份有限公司南京樱驼花园支行	南京市玄武区思立园10幢
南京银行股份有限公司南京分行	南京市玄武区中山路288号
汇丰银行(中国)有限公司南京新街口支行	南京市玄武区中山路132号102室
宁波银行股份有限公司南京太平门支行	南京市玄武区太平门街81号
中国农业银行股份有限公司南京紫金山支行	南京市玄武区孝陵卫街49号
江苏紫金农村商业银行股份有限公司玄武湖支行	南京市玄武区板仓街98号
中国银行股份有限公司南京黄埔支行	南京市玄武区珠江路680号
北京银行股份有限公司南京玄武支行	南京市玄武区中央路70号
中国光大银行股份有限公司南京鼓楼支行	南京市玄武区丹凤街29号恒基中心B楼
上海银行股份有限公司南京分行	南京市玄武区北京东路22号
南京银行股份有限公司	南京市玄武区中山路288号
中国工商银行股份有限公司南京成贤街支行	南京市玄武区成贤街90号
中国工商银行股份有限公司南京孝陵卫支行	南京市玄武区孝陵卫街101号
中国工商银行股份有限公司南京长江路支行	南京市玄武区长江路66号
交通银行股份有限公司南京花园路支行	南京市玄武区花园路68号
中国农业银行股份有限公司南京中央门分理处	南京市玄武区龙蟠路19号
中国工商银行股份有限公司南京钟山支行	南京市玄武区中山东路1号
中国农业银行股份有限公司南京丹凤街支行	南京市玄武区丹凤街19号
交通银行股份有限公司南京银城东苑支行	南京市玄武区长巷银城东苑2-1号
南京银行股份有限公司紫金支行	南京市玄武区太平北路104号
中国农业银行股份有限公司南京卫岗支行	南京市玄武区苜蓿园东街1号
中国建设银行股份有限公司南京高楼门支行	南京市玄武区高楼门61号
兴业银行股份有限公司南京未来城社区支行	南京市玄武区珠江路488号105室
招商银行股份有限公司南京北京东路支行	南京市玄武区北京东路24-2号
杭州银行股份有限公司南京迈皋桥支行	南京市玄武区营苑北路营苑西村17幢
渤海银行股份有限公司南京城东支行	南京市玄武区中山东路311-2号
苏州银行股份有限公司南京分行	南京市玄武区中央路288号
江苏银行股份有限公司	南京市玄武区洪武北路55号
中信银行股份有限公司南京城东支行	南京市玄武区北京东路40号
中国光大银行股份有限公司南京中山东路支行	南京市玄武区中山东路147号
华夏银行股份有限公司南京城东支行	南京市玄武区黄埔路2号
中国工商银行股份有限公司南京小营第二储蓄所	南京市玄武区解放路1号

续表

企业名称	地址
中国工商银行股份有限公司南京南空支行	南京市玄武区小营北路1号
中国工商银行股份有限公司南京四牌楼支行	南京市玄武区珠江路330号
中国工商银行股份有限公司南京月苑支行	南京市玄武区营苑南路66号
中国工商银行股份有限公司南京南京理工大学支行	南京市玄武区孝陵卫200号
中国工商银行股份有限公司南京高楼门支行	南京市玄武区高楼门62号
中国工商银行股份有限公司南京东方花园支行	南京市玄武区东方城旭日园9栋底层
中国建设银行股份有限公司南京中山支行	南京市玄武区洪武北路9号
中国建设银行股份有限公司南京城中支行	南京市玄武区珠江路205号
中国建设银行股份有限公司南京银城东苑分理处	南京市玄武区锦湖路银城东苑8号
中国工商银行股份有限公司南京小营支行	南京市玄武区珠江路609号
中国建设银行股份有限公司南京珠江路支行	南京市玄武区丹凤街丹凤新寓南侧
中国建设银行股份有限公司南京营苑小区支行	南京市玄武区营苑小区2号
中国邮政储蓄银行股份有限公司南京市墨香路支行	南京市玄武区墨香路32号-7
招商银行股份有限公司南京银城东苑社区支行	南京市玄武区东苑路16号
上海银行股份有限公司南京玄武支行	南京市玄武区中山东路307号
中国工商银行股份有限公司南京军管支行	南京市玄武区明故宫路6号
交通银行股份有限公司南京鼓楼支行	南京市玄武区中央路32号
交通银行股份有限公司南京玄武支行	南京市玄武区珠江路519号
交通银行股份有限公司南京北京东路支行	南京市玄武区北京东路24号
交通银行股份有限公司南京后宰门支行	南京市玄武区后宰门街36号
交通银行股份有限公司南京珠江路支行	南京市玄武区珠江路220号
交通银行股份有限公司南京长江路支行	南京市玄武区长江路109号
中国银行股份有限公司南京玄武支行	南京市玄武区洪武北路127号
中国银行股份有限公司南京花园路支行	南京市玄武区花园路18号
南京银行股份有限公司城东支行	南京市玄武区中山门大街99号-1
交通银行股份有限公司南京孝陵卫支行	南京市玄武区中山门大街99-7号103室
交通银行股份有限公司南京学府路支行	南京市玄武区大石桥29号
中国民生银行股份有限公司南京长江路支行	南京市玄武区太平北路80号凤凰座一层
中国建设银行股份有限公司南京城东支行	南京市玄武区龙蟠路新庄9号
中国建设银行股份有限公司南京锁金小区支行	南京市玄武区锁金小区68号
中国邮政储蓄银行股份有限公司南京市分行	南京市玄武区中山路366号
交通银行股份有限公司南京月香路支行	南京市玄武区月香路6-15、6-16号
宁波银行股份有限公司南京玄武支行	南京市玄武区中山东路307号
中国农业银行股份有限公司南京龙蟠路支行	南京市玄武区锁金村80号6幢101、102室
江苏紫金农村商业银行股份有限公司仙鹤支行	南京市玄武区仙居雅苑小区大门口综合楼第一层
交通银行股份有限公司南京龙蟠路支行	南京市玄武区龙蟠路167号
江苏紫金农村商业银行股份有限公司孝陵卫支行	南京市玄武区孝陵卫街99号110室

2014 年玄武区证券机构一览表

企业名称	地址
中信证券股份有限公司南京高楼门证券营业部	南京市玄武区高楼门 5 号
华泰证券股份有限公司南京中央路证券营业部	南京市玄武区中央路 264 号
华泰证券股份有限公司南京鱼市街证券营业部	南京市玄武区鱼市街 96 号
华泰证券股份有限公司南京长江路证券营业部	南京市玄武区长江路 99 号二楼
华融证券股份有限公司南京北京东路证券营业部	南京市玄武区北京东路 42 号
中信证券股份有限公司江苏分公司	南京市玄武区高楼门 5 号
南京证券股份有限公司	南京市玄武区中山东路 200 号
南京证券股份有限公司南京龙蟠路证券营业部	南京市玄武区龙蟠路 222 号
南京证券股份有限公司南京大钟亭证券营业部	南京市玄武区大钟亭 8 号
平安证券有限责任公司南京太平北路证券营业部	南京市玄武区太平北路 51 号太平商务大厦 9 楼
兴业证券股份有限公司南京珠江路证券营业部	南京市玄武区珠江路 699 号东鼎大厦 3 号楼
长城证券有限责任公司南京童卫路证券营业部	南京市玄武区童卫路 4 号 2 楼
长江证券股份有限公司南京中央路证券营业部	南京市玄武区中央路 258 号-28 二层
方正证券股份有限公司南京珠江路证券营业部	南京市玄武区珠江路 699 号东鼎大厦 1 号楼 1 层、4 层
东海证券股份有限公司南京长江路证券营业部	南京市玄武区长江路 109 号长江路九号街区 A3 幢三楼
东方证券股份有限公司南京进香河路证券营业部	南京市玄武区进香河路 22-5、6 号
安信证券股份有限公司南京珠江路证券营业部	南京市玄武区珠江路 222 号
南京票据证券印刷有限公司物业贸易分公司	南京市玄武区百子亭 4 号
广发证券股份有限公司南京北京东路证券营业部	南京市玄武区北京东路 31 号工艺美术大楼 6 层
华泰证券股份有限公司南京分公司	南京市玄武区鱼市街 96 号
华福证券有限责任公司南京长江路证券营业部	南京市玄武区长江路 99 号 1205 室

2014 年玄武区保险机构一览表

企业名称	地址
江苏保险大厦	南京市玄武区长江路 69
中国人民财产保险股份有限公司江苏省分公司	南京市玄武区长江路 69 号保险大厦
大众保险股份有限公司江苏分公司	南京市玄武区北京西路 8 号 01 幢第二层
中华联合财产保险股份有限公司江苏分公司	南京市玄武区珠江路 229 号
太平人寿保险有限公司江苏分公司	南京市玄武区洪武北路 55 号 5、24、26 楼
中国大地财产保险股份有限公司江苏分公司	南京市玄武区龙蟠中路 93-8 号
合众人寿保险股份有限公司江苏分公司	南京市玄武区珠江路 88 号新世界中心 A 座 16 楼
阳光财产保险股份有限公司江苏省分公司	南京市玄武区中山东路 145 号 15 层
永诚财产保险股份有限公司江苏分公司	南京市玄武区中山路 338 号苏粮国际大厦 13 层、14 层
正德人寿保险股份有限公司江苏分公司	南京市玄武区龙蟠中路 23 号南(一楼至三楼)
江苏汇丰保险代理有限公司	南京市玄武区汉府街 18 号东大门院内北楼 309、311 室

续表

企业名称	地址
长城人寿保险股份有限公司江苏分公司	南京市玄武区洪武北路121号苏苑大厦6楼
敏梅保险直购销售有限公司	南京市玄武区花园路8号一号楼166室
利安人寿保险股份有限公司江苏分公司	南京市玄武区长江路2号21层
中国人民健康保险股份有限公司江苏分公司	南京市玄武区中山路228号地铁大厦7-8楼
中盛国际保险经纪有限责任公司江苏省分公司	南京市玄武区长江路99号长江贸易大厦807室
中国人民财产保险股份有限公司南京市城东支公司	南京市玄武区龙蟠中路69号二楼
天安财产保险股份有限公司南京市大厂支公司	南京市玄武区龙蟠中路30号东来商务中心3楼
天安财产保险股份有限公司江苏省分公司城中营销服务部	南京市玄武区龙蟠中路30号东来商务中心3楼
泰康人寿保险股份有限公司江苏分公司南京雨花营销服务部	南京市玄武区北京东路40号207幢4楼
泰康人寿保险股份有限公司江苏分公司南京鼓楼营销服务部	南京市玄武区中山路268号1幢2006、2007、2008室
中国人寿保险股份有限公司南京市分公司第六营销服务部	南京市玄武区龙蟠中路158号
中国平安人寿保险股份有限公司江苏分公司南京第二营销服务部	南京市玄武区进香河路33-5号208、209、401室
中国平安人寿保险股份有限公司江苏分公司第一营销服务部	南京市玄武区高楼门5号
中华联合财产保险股份有限公司南京市玄武支公司	南京市玄武区龙蟠中路30号文化影视楼3层
中国平安人寿保险股份有限公司江苏分公司南京培训中心营销服务部	南京市玄武区长江路99号2楼东、3楼
农银人寿保险股份有限公司江苏分公司	南京市玄武区中山路348号中信大厦14、15层
中国大地财产保险股份有限公司南京中心支公司	南京市玄武区龙蟠中路93-8号
南京国瀚保险代理有限公司	南京市玄武区长江路109号910室
江苏福泰保险代理有限公司	南京市玄武区长江路99号1212室
南京新达新保险代理有限公司	南京市玄武区珠江路685号
华安财产保险股份有限公司南京市银城东苑营销服务部	南京市玄武区孝陵卫街道长巷银城东苑15号101室
中华联合财产保险股份有限公司江苏分公司南京市白下营销服务部	南京市玄武区珠江路685号
泰康人寿保险股份有限公司江苏分公司营业部	南京市玄武区中央路302号12幢4层、5层
苏宁保险销售有限公司	南京市玄武区苏宁大道1-3号
根宁翰保险公估(中国)有限公司南京分公司	南京市玄武区珠江路88号新世界中心2幢1209室
信诚人寿保险有限公司江苏省分公司南京营销服务部	南京市玄武区中山路268号1幢1901室
恒安标准人寿保险有限公司江苏分公司南京第一营销服务部	南京市玄武区珠江路88号1幢904、905、906、907、1809室
天安财产保险股份有限公司江苏省分公司南京玄武营销服务部	南京市玄武区龙蟠中路30号三楼
中英人寿保险有限公司江苏分公司珠江营销服务部	南京市玄武区珠江路222号17层
北大方正人寿保险有限公司江苏分公司南京玄武营销服务部	南京市玄武区中山路338号1401室((苏粮国际大厦15楼)
江苏保险大厦停车场	南京市玄武区长江路69号
江苏保险大厦商品经营部	南京市玄武区长江路69号
永诚财产保险股份有限公司南京中心支公司	南京市玄武区中山路338号苏粮国际大厦1301、1401室
中国人寿财产保险股份有限公司南京市城东支公司	南京市玄武区龙蟠中路158号51号楼3楼
中国平安财产保险股份有限公司江苏分公司南京市中山路营业部	南京市玄武区中山路228号地铁大厦16楼01、06室
中国平安财产保险股份有限公司南京市营业一部	南京市玄武区龙蟠中路77号
南京广途保险索赔咨询服务有限公司	南京市玄武区珠江路185号618室

续表

企业名称	地址
百年人寿保险股份有限公司江苏分公司南京徐庄支公司	南京市玄武区玄武大道699号-22号江苏省软件园徐庄独立研发区11号楼1层101座
阳光财产保险股份有限公司南京中心支公司	南京市玄武区中山东路145号全民健身中心18楼
华泰保险销售有限公司江苏省分公司南京市泰鹏华泰营业部	南京市玄武区孝陵卫200号545栋南京理工大学综合楼一楼
平安保险代理有限公司江苏分公司长江路营业部	南京市玄武区长江路99号2101室
永鑫保险销售服务有限公司江苏分公司	南京市玄武区中山路338号
安邦财产保险股份有限公司南京中心支公司	南京市玄武区后宰门西村95号
英大泰和财产保险股份有限公司南京中心支公司	南京市玄武区龙蟠中路85号
江西金虎保险设备集团有限公司南京分公司	南京市玄武区鹤鸣路52号仙鹤茗苑51幢
南京安吉利保险代理有限公司	南京市玄武区中山东路9号12层D座
江苏海泰保险代理有限公司	南京市玄武区洪武北路121号2503-2506室
中国平安人寿保险股份有限公司江苏分公司南京第七营业部	南京市玄武区小卫街胜利路2号南京金陵自动调温床有限公司综合楼三楼
南京泰恒保险代理有限公司	南京市玄武区网巾市9号五楼8511号
江苏成跃保险代理有限公司	南京市玄武区龙蟠中路81号A楼306室
长城人寿保险股份有限公司南京营销服务部	南京市玄武区洪武北路121号6楼(部分)

2014年玄武区域内旅游星级饭店一览表

序号	饭店名称	星级	地址
1	南京维景国际大酒店	五	中山东路319号
2	南京索菲特钟山高尔夫酒店	五	环陵路9号
3	南京国际会议大酒店	五	中山陵四方城2号
4	南京国信大酒店	四	长江路88号
5	南京中山大厦	四	中山路200号
6	江苏辰茂新世纪大酒店	四	龙蟠路133号
7	江苏山水大酒店	四	龙蟠中路118号
8	南京黄埔大酒店	四	黄埔路2-2号
9	南京东方珍珠饭店	四	珠江路389号
10	南京高楼门饭店	四	高楼门62号
11	南京曙光国际大酒店	四	龙蟠路107号
12	太和紫金大酒店	四	太平北路37号
13	南京富建城市酒店	四	中央路278号
14	南京中央饭店	三	中山东路237号
15	江苏保险大厦	三	长江路69号
16	南京斯亚花园酒店	三	太平门东街2号
17	榴园宾馆	三	进香河38号
18	南京汉府饭店	三	长江路262号

序号	饭店名称	星级	地　址
19	南京白宫大酒店	三	龙蟠路1号
20	南京军区华山饭店	三	龙蟠中路81号
21	西宫大酒店	三	明故宫路19号
22	金鹏饭店	三	珠江路东大影壁55号
23	年发168酒店	三	珠江路667号
24	南京市军人中转接待站	二	龙蟠路250号
25	南京华康饭店	二	珠江路691号
26	南京紫京饭店	二	孝陵卫晏公庙53号

2014年玄武区域内主要旅行社一览表

序号	旅行社名称	地　址
1	南京东方国际旅行社有限公司	唱经楼西街1–12号
2	南京青年国际旅行社	傅厚岗11号
3	南京中山陵旅游发展有限公司旅行社	石象路7–3号
4	南京南方旅行社有限公司	中山东路311–2号
5	南京珍珠旅行社有限公司	珠江路389号
6	南京四季旅行社	孝陵卫双拜巷2号
7	南京长城旅游有限公司	中山陵西新村45号
8	南京金山旅游有限公司	龙蟠路101号
9	南京中园国旅游有限公司	鱼市街57号
10	南京文园旅行社	太平北路134号
11	南京现代旅游有限公司	鱼市街57号
12	南京龙昌旅游有限责任公司	板仓街206号板仓公寓
13	南京龙行天下旅行有限责任公司	鱼市街57号
14	江苏山水旅行社	龙蟠中路118号
15	南京海旅观光旅行社有限公司	珠江路498号未来城B座
16	南京台城旅行社	四牌楼2–15号
17	南京五方旅行社有限公司	太平北路35号–6
18	南京方园旅行社有限公司	锁金村83号
19	南京欢之旅旅行社有限公司	双龙巷5号双龙大厦B座
20	南京华茂旅行社有限公司	中央路258号锦赢大厦
21	南京鹏盛旅行社有限公司	碑亭巷141号
22	南京美景旅行社有限公司	后宰门西村87号
23	南京汉博旅行社有限责任公司	锁金4村6号
24	南京中亚旅行社有限公司	黄埔路2号黄埔花园
25	江苏省新华旅行社有限公司	百子亭34号
26	南京天缘旅行社有限公司	新安里9号
27	南京开源旅游有限公司	珠江路681号
28	南京景宏商务旅行社有限公司	双龙巷5号B座

序号	旅行社名称	地　址
29	南京逍遥游旅行社有限公司	蒋王庙6号
30	南京采风旅行社有限公司	双龙巷6号双龙大厦B座
31	南京大好旅行社有限公司	如意里32号
32	南京云游旅行社有限公司	珠江路685号
33	南京乐途商务旅行社有限责任公司	中山路268号汇杰广场
34	南京得运旅行社有限公司	珠江路88号
35	南京泰康旅行社有限公司	中山路248号
36	江苏省金钟山旅行社	中山东路307号
37	南京同程旅行社有限公司	童卫路7号
38	南京春天旅行社有限公司	后大树根37号
39	南京风行国际旅行社有限公司	中央路258-27号新立基大厦
40	江苏邮电旅游有限公司	龙蟠路133号新世纪酒店4楼
41	南京金秋旅行社有限公司	鱼市街57号同仁电讯308室
42	南京宁之旅旅行社有限公司	后宰门街23号
43	上海携程国际旅行社南京分公司	汇杰广场1幢1810-1811
44	江苏文物旅行社	中山东路321号
45	南京途牛旅行社有限公司	玄武大道699-32号
46	南京乐道旅行社有限公司	玄武区童卫路5号
47	南京北斗旅行社有限责任公司	珠江路191号希望商务中心
48	南京嘉豪旅行社有限公司	龙蟠中路168号
49	南京旅付通旅行社有限公司	珠江路88号新世界中心
50	中青旅江苏国际旅行社有限公司	中山路268号汇杰广场
51	江苏海达国际旅行社有限公司	高楼门60号4幢
52	江苏广电国际旅行社有限公司	进香河路33号时代华府
53	江苏金色假日旅行社有限公司	长江路网巾市9号
54	南京澳青旅行社有限公司	蒋王庙6号
55	南京紫气东来旅行社有限公司	晏公庙53号
56	南京东林旅行社有限公司	后宰门街23号
57	南京黄埔旅行社	黄埔路2-2号
58	南京漫游国际旅行社有限公司	长江路188号德基大厦
59	南京御途国际旅行社有限公司	南京长江路111号
60	南京泛美国际旅行社有限公司	玄武区玄武大道699-1号
61	南京好享启程旅行社有限公司	玄武区锁金村8号
62	南京世友国际旅行社有限公司	中山东路9号天时商贸中心
63	江苏南方旅行社有限公司	工艺美术大楼5楼
64	苏宁易购南京航空旅游服务有限公司	玄武大道699-19号
65	南京澳青国际旅行社有限公司	樱陀花园思立园
66	南京路易行国际旅行有限公司	龙蟠路155号2幢
67	上海众信国际旅行社有限责任公司南京分公司	长江路111号

玄武区现代化建设目标

玄武区2014年国民经济和社会发展计划

一、综合指标

（一）预期性指标

1.地区生产总值增长8.0%（责任单位：发改局）

2.公共财政预算收入增长6.0%（责任单位：财政局、国税局、地税局）

3. 全社会固定资产投资完成100亿元（责任单位：发改局）

4.社会消费品零售总额增长12.0%（责任单位：商务局）

5.实际利用外资完成15750万美元，增长5.0%；外贸出口增长5.0%（责任单位：投促局、商务局）

（二）调控性指标

6. 服务业增加值增长8.0%以上，提高服务业占GDP比重；R&D经费支出完成市下达数；新注册各类股权投资企业和股权投资管理企业3家，全区获得股权投资总额增长15.0%以上；文化产业增加值占GDP比重完成市下达数（责任单位：发改局、科技局、投促局、宣传部、文化局）

7.软件和信息服务业收入完成300亿元；服务外包执行额增长15.0%，其中离岸服务外包执行额增长15.0%［责任单位：发改局（经信办）、商务局］

（三）约束性指标

8. 新增城镇就业人员中大学以上学历占比完成市下达数（责任单位：人社局）

9.城市居民人均可支配收入增长9.0%；落实稳定物价和治乱减负目标责任制（责任单位：发改局、物价局）

10.规上工业能源消费总量控制目标完成市下达数［责任单位：发改局（经信办）］

二、重点任务

（一）创新玄武

11.新增领军型科技创业人才53人，培养科技创业家3人、引进高端人才团队1个，集聚“千人计划”创业人才2人［责任单位：组织部（人才办）、科技局、人社局］

12.科技服务业销售收入增长15.0%以上（责任单位：科技局）

13.创建全国电子商务示范基地，实现电子商务销售额175亿元，增长20.0%（责任单位：商务局）

14. 完成生命科学产业销售收入50亿元，增长25.0%［责任单位：发改局（经信办）］

15.新增高新技术企业8家（责任单位：科技局）

16.新增孵化器孵化面积完成市下达数，在孵企业及毕业数完成市下达数（责任单位：科技局）

17.发明专利申请量完成市下达数，发明专利授权量完成市下达数（责任单位：科技局）

18.培育1家企业技术中心［责任单位：发改局（经信办）］

19.建设“3D数字珠江路”（责任单位：珠管办）

（二）文化玄武

20.每万人拥有公共文化设施面积完成市下达数（责任单位：文化局）

21.城市社区“10分钟体育健身圈”覆盖率达到90.0%（责任单位：体育局）

22.举办系列文化活动，打造玄武文化活动品牌（责任单位：文化局）

23.举办玄武区第九届运动会，参加第十八届省运会，承办省级以上比赛项目（责任单位：体育局）

24.开展全国第一次可移动文物普查工作（责任单位：文化局）

25.建成“心廉心”廉政文化广场（责任单位：监察局、住建局）

26.创建江苏省星级数字档案馆（二期）（责任单位：档案局）

27.编纂出版《玄武诗词》（责任单位：档案局）

28.建设长江路历史文化休闲街区［责任单位：商务局（旅游局）］

（三）品质玄武

29.完成长江路街区城市设计、珠江路街区城市设计和中山门大街地区城市设计（责任单位：发改局）

30.引进世界500强和国内500强总部企业（分支机构）1个，引进注册资金1000万元以上规模企业50个（责任单位：投促局、工商分局）

31.新增亿元税收楼宇1幢（责任单位：发改局、财政局）

32. 实施第三次全国经济普查（责任单位：统计局）

33.贯彻商标战略,实施名牌战略(责任单位:工商分局、质监分局)

34.开展红山南路东延道路前期准备工作,完成鹤鸣路东进下穿土城头路段涵洞建设工程、汉府街人行通道东延工程等(责任单位:住建局)

35.推进政务信息化建设(责任单位:政府办、政务中心、法制办、政法委)

36. 做好迎接青奥会各项工作 (责任单位:体育局)

37.举办"重治会""金治会"等玄武专场活动,举办珠江路消费电子节[责任单位:投促局、发改局(经信办)、商务局(旅游局)、珠管办]

(四)绿色玄武

38.空气质量优良天数任务达标(责任单位:环保局)

39.城市生活垃圾分类收集覆盖率完成市下达数(责任单位:城管局)

40.完成污染企业搬迁任务[责任单位:发改局(经信办)]

41.完成内秦淮河北段等一批河道清淤项目(责任单位:住建局)

42.开工建设内秦淮河流域梅园新村片区雨污分流工程(责任单位:住建局)

43.创建餐饮业污染控制示范街2条,完成2家企业强制清洁生产审核(责任单位:环保局)

44.创市级绿色学校1所(责任单位:环保局)

45.建设一批小游园、绿地(责任单位:住建局)

46.推进社区科普益民工作(责任单位:科技局)

(五)幸福玄武

47.城镇登记失业率完成市下达数,新增城镇就业人数完成市下达数,培养高技能人才650人,开展各类技能培训、职业鉴定2万人(责任单位:人社局)

48.义务教育巩固率达100%,社区教育覆盖率达100%, 主要劳动年龄人口受教育年限完成市下达数(责任单位:教育局)

49.企业职工基本养老、医疗、失业、工伤、生育保险覆盖率99.0%,城乡居民养老保险覆盖率98.0%,城镇居民基本医疗保险覆盖率97.0%,落实全市最低工资标准(责任单位:人社局)

50.执行全市最低生活保障,实施低保及边缘人群救助"3+X"工程(责任单位:民政局)

51.和谐社区建设达标率完成市下达数(责任单位:民政局)

52.打造"环玄武湖社区建设示范带",建成玄武居家养老服务信息平台,建成玄武门暖心工程社区服务站和台城花园社区"家庭驿站",建设智慧锁金平台(责任单位:民政局、玄武门街道、锁金村街道)

53.深化人口计生综合改革,创建省"十二五"人口协调发展先进区,计划生育率达99.5%,流动人口管理服务率达95.0%以上(责任单位:计生局)

54.创建全国示范社区卫生服务中心,实施基本药物制度全覆盖,建设药品集中采购监管和药品(疫苗)电子监管系统,升级区域公共卫生信息管理系统(责任单位:卫生局)

55.创建玄武区食品药品网络化监管平台(责任单位:食药监局)

56.深化平安玄武建设,创建平安社区;深化法治街道创建工作,实施法治建设实事工程,提升法治建设满意度,公众安全感达到市下达数[责任单位:政法委(综治办)、公安分局]

57.开展安全街道创建工作,60.0%以上街道达到"市安全街镇"优秀标准。进一步推进社区安全工作站建设。建设安全监管综合操作平台,建设玄武区全民安全体验感受中心(责任单位:安监局)

58.加强老旧小区管理,推进单元防盗门安装工程[责任单位:城管局、政法委(综治办)]

三、重点项目

(一)"紫金山—玄武湖"城市中央公园

59.开工建设南京迪乐世界项目(责任单位:锁金村街道)

60.建设新隆基大酒店(责任单位:锁金村街道)

61.完成花园路都市文化产业园改造并招商(责任单位:玄武湖街道)

62.完成北极阁环亚广场改造并招商(责任单位:玄武门街道、投促局)

63.建设改造太阳宫等玄武湖东岸项目(责任单位:锁金村街道、发改局、投促局)

64.推进国展中心转型改造(责任单位:锁金村街道、发改局)

65.规划建设王家湾总部经济园(责任单位:玄武湖街道)

66.规划建设百子亭历史风貌区(责任单位:玄武城投公司、玄武门街道、老城办)

(二)南京CBD核心经济区

67.推进德基广场二期招商,丽思卡尔顿酒店完成装修(责任单位:投促局、新街口街道)

68.完成长江路九号三期主体工程(责任单位:新街口街道、投促局)

69.完成雨花巷总部企业楼主体工程(责任单位:新街口街道)

70.完成江苏省广电集团幸福传媒广场主楼建设(责任单位:新街口街道)

71.完成麦哲理国际金融中心一期主体工程(责任单位:新街口街道)

72.推进碑亭巷项目、东来商务楼招商(责任单位:投促局、梅园新村街道)

73.完成圣和文化广场建设(责任单位:梅园新村街道)

74.建设熊猫中央广场(责任单位:梅园新村街道)

75.规划建设梅园片区(责任单位:发改局、梅园新村街道)

76.完成龙蟠中路80号商务楼招商(责任单位:梅园新村街道)

77.完成龙蟠中路8号商务楼招商(责任单位:梅园新村街道)

78.规划建设青石街地块(责任单位:发改局、新街口街道)

(三)徐庄软件园、紫金(玄武)科创特区

79.苏宁易购总部投入使用(责任单位:徐管委)

80.建成物联网与集成电路设计产业园主体工程(责任单位:徐管委)

81.建成福中四期主体工程(责任单位:徐管委)

82.建成中星微电子研发测试基地主体工程(责任单位:徐管委)

83.开工建设先声药业"百家汇"项目(责任单位:徐管委)

84.开工建设江苏瑞华金融创新研发基地(责任单位:徐管委)

85.开工建设苏宁312国道南侧地块(责任单位:徐管委)

86.建设紫金(玄武)科技创业特别社区聚慧园组团(责任单位:科创办)

87.完善紫金(玄武)科技创业特别社区第二组团建筑方案设计、启动前期手续办理工作(责任单位:科创办)

(四)孝陵卫生态科技绿谷

88.完成森林摩尔旅游服务配套设施招商并开业(责任单位:孝陵卫街道、投促局)

89.完成金贝家俱广场配套设施招商并开业(责任单位:孝陵卫街道)

90.推进紫金山冶炼厂(生物医药园)招商并开园(责任单位:孝陵卫街道、投促局)

91.开工建设钟鼎山庄商业配套(二期)项目(责任单位:孝陵卫街道)

92.建设顾家营地块(责任单位:孝陵卫街道)

93.推进生命科学园国际社区园区改造(责任单位:孝陵卫街道)

94.建设生物基因产业园项目(责任单位:孝陵卫街道)

(五)红山北部新城核心区

95.完成常发广场裙楼建设并招商(责任单位:红山街道、投促局)

96.规划建设红山路以西地块(责任单位:红山街道)

97.开工建设华飞路1号地块(责任单位:红山街道)

98.规划建设藤子村、黄家圩、沈阳村、曹四地块(责任单位:发改局、红山街道)

四、为民办实事

99.创建5家市级绿色市场,建设肉菜流通追溯体系试点工程,开展农贸市场升级改造(责任单位:商务局)

100.完成保障房建设任务(责任单位:住建局)

101.完成一批老旧小区整治出新(责任单位:住建局)

102.建成樱驼花园地下停车场(责任单位:人防办、玄武湖街道)

103. 建设玄武区公共卫生事件应急处置中心大楼,完成玄武医院辅助楼和锁金村社区卫生服务中心医疗用房改造(二期)工程(责任单位:卫生局)

104.建设仙鹤门小学,完成人民中学教学楼改造工程,开工建设人民中学人防工程(责任单位:教育局、人防办)

105.新增养老机构1家以上,养老机构新增床位293张(责任单位:民政局)

106.建成玄武湖街道新南京人服务中心,开工建设仙鹤门老年养老活动中心和残疾人托养中心(责任单位:玄武湖街道)

107. 建成玄武区军休中心并投入使用 (责任单位:民政局、梅园新村街道)

108.打造食品安全星级街(区)(责任单位:食药监局)

玄武区2014年政治建设和党的建设工作目标

中共玄武区委

2014年1月15日

2014年玄武区政治建设和党的建设工作的指导思想是：认真贯彻落实党的十八大和十八届三中全会精神，扎实开展党的群众路线教育实践活动，进一步加强和改善党的领导，充分发挥党总揽全局、协调各方的领导核心作用，充分发挥人民群众积极性、主动性、创造性，为加快建设现代化国际性人文绿都标志区提供强有力的政治保证、组织保障和人才支持。

一、坚持人民主体地位，推动人民代表大会制度与时俱进

1.支持人大及其常委会依法行使职权。通过开展视察调研、听取和审议工作报告，督促"一府两院"依法行政、公正司法。不断深化监督工作的创新探索，通过组织人大代表对政府部门开展工作评议、满意度测评、专题询问、审议意见票决等，发挥人大监督和支持"一府两院"工作的职能作用。落实代表接待选民和代表向选民述职工作制度，支持并扩大公民有序政治参与。继续探索优化代表建议办理督办机制，加大督办力度，确保建议办结率达100%，满意率和基本满意率超过98%，建议办成率超过75%。

二、推进协商民主，团结一切可以团结的力量

2.健全社会主义协商民主制度。发挥人民政协作为协商民主重要渠道作用，推进政治协商、民主监督、参政议政制度化、规范化、程序化。以经济社会发展重大问题和涉及群众切身利益的实际问题为内容，开展广泛协商，坚持协商于决策之前和决策实施之中。充分发挥政协"人才库、智囊团"作用，开展调查研究、协商议政和建言献策活动。加强政协提案、反映社情民意信息和民主监督工作，推动解决群众关心关注的热点难点问题，努力提高办成率。

3.做好新时期统战工作。发挥统一战线在协商民主中的重要作用。坚持民主党派政情通报制度，党外领导干部、党外知识分子联席会制度，举办人大常委、政协常委、党外干部培训班。举办侨台人士联谊活动，做好侨台胞在玄武区经贸考察的服务工作。做好青奥会期间侨台人士保障工作。加强对台交流交往，做好港澳台、海外人士来宁的接待组织工作。继续推进"平安宗教活动场所"创建工作，开展"宗教慈善周"活动，加强对宗教活动场所的管理。通过开展创新项目、精品社区、调研课题"三个一"工程，提升社区统战工作品质。加强对工商联执委成员教育培训，新发展会员100家以上，成立1个行业协会。

三、发展基层民主，保障人民享有更多民主权利

4.进一步健全基层民主机制。完成区总工会换届，进一步深化党工共建，推进"三公开、四统筹"向非公企业、社区延伸。切实做好工会维权工作，积极开展创建劳动关系和谐企业活动，抓好工资集体协商制度建设，建立健全企事业单位民主管理制度。新建8家以上非公企业团组织，试点社区大团委建设，继续深化团代表常任制，充分发挥团代表在团代会闭会期间的作用。维护妇女合法权益，着力构建"5+2+X"家庭驿站服务模式，打造一站式专业化为民服务平台。大力推进社区居民自治，推广新型"民主协商"自治模式，建立健全居民监督机制，促进群众在社区治理、基层公共事务和公益事业中依法自我管理、自我服务、自我教育、自我监督。

5.有效保障公民的各项权利。提高"12345"政府服务呼叫中心的投诉办结率和群众满意率。加强网络舆情收集、分析、研判和引导，加大网上新闻宣传力度，用主流、权威、真实的声音引导公众。重视对社会主义民主政治建设的宣传，落实群众对政治建设工作的知情权，为政治文明建设营造良好的舆论氛围。

四、推进法治玄武建设，完善制约和监督机制

6.加快转变政府职能。创新行政管理方式，提高政府公信力和执行力，推动政府职能向创造良好发展环境、提供优质公共服务、维护社会公平正义转变。扎实推进机构编制实名制管理，做好教育系统人员编制核定及事业单位登记管理工作。稳步推进党政正职"三责联审"，追究违规责任，促进领导干部增强法制、廉政意识。加强岗位管理，落实公开招聘制度，完善事业单位人员聘用制度。强化政府社会管理和公共服务职能，进一步优化支出结构，确保城乡公共服务支出占区级一般预算支出比重不低于70%。

7.提升"法治玄武"和"平安玄武"建设水平。推进法治街道创建工作，全面开展玄武法治文化巡回讲坛，提升法治建设满意度。加强和创新社会管理，进一步提升"平安玄武"建设水平。加强领导干部"接访、约访、下访"工作，大力化解信访积案，减少信访存量。全

力做好青奥会的安全保障工作。深入开展法制宣传教育，提高领导干部运用法治思维和法治方式深化改革、推动发展、化解矛盾、维护稳定的能力。加大干部学法力度，坚持区管干部任前法律知识考试制度。不断扩大法律援助覆盖面，提升办案质量，切实做到应援尽援、应援优援。打好反邪教教育转化三年攻坚大决战，实现当年新增人员和往年积存人员全部转化。认真做好机要保密和国家安全工作。稳步推进"无邪教示范区"创建进程。

8.切实改进政风行风。健全领导干部带头改进作风、深入基层调查研究机制，深化"四解四促"活动，坚持区委常委分管街道、挂钩社区、联系群众制度，密切党群干群关系。改革会议公文制度，减少会议、文件，着力改进会风文风。不断完善机关作风建设意见建议征集、反馈和整改机制，继续开展群众评议机关活动和"一把手"信任度投票。加大对作风方面突出问题的整治力度，整治庸懒散奢等不良风气，坚决克服形式主义、官僚主义、享乐主义和奢靡之风。以"逐个包干察民情、十项公开听民意、百件实事暖民心、千名代表督民生、万件诉求解民忧"为主要内容，建立服务群众长效机制，增强为民办实事、解难事的服务意识和责任感。

9.形成科学有效的权力制约和协调机制。构建决策科学、执行坚决、监督有力的权力运行体系，健全惩治和预防腐败体系，建设廉洁政治，努力实现干部清正、政府清廉、政治清明。认真执行外出学习考察管理和区管领导干部因私护照证件管理规定，严格控制因公出国(境)。完善纪检监察工作"板块化"运行机制，深入推进"心廉心"品牌建设。强化对"一把手"的监督，坚持区管干部任前报告个人有关事项制度，实施区管领导干部经济责任审计。完善党务、政务和各领域办事公开制度，推进决策公开、管理公开、服务公开、结果公开。

五、深入开展党的群众路线教育实践活动

10.扎实开展教育实践活动。将开展党的群众路线教育实践活动作为新形势下从严治党的重大决策部署，摆上首要位置，突出把握好"学习教育、听取意见，查摆问题、开展批评，整改落实、建章立制"三个重要环节，敞开门、意见真查找，正衣冠、问题真整改，求实效、作风真转变。

六、坚持党管干部原则，打造高素质领导班子和干部队伍

11.深化干部人事制度改革。建立健全科学有效的选人用人机制，坚持以事择人，重德才、重一线、重实绩。按照重点岗位重点配备的要求，选优配强"一把手"，优化街道、园区、财经、城建条口的干部资源配置，确保用当其人、人岗相适。把考察识别干部的功夫下在平时，在全面考察和日常性了解基础上，深入分析研判领导班子运转状态和领导干部履职情况，及时提出改进建议。用好各年龄段干部，打破干部部门化，加强干部跨条块、领域交流。

12.加强和改进干部教育培训工作。举办第12期中青班、生产性服务业培训班，筹办中心城区科教资源转化与创新型经济高级研修班等主体班次，帮助优秀中青年干部快速成长，为事业发展储备人才。进一步优化干部自主选学和在线学习机制，不断改进在线学习考核管理办法，有效促进领导干部素质和能力的提升。积极配合省市委党校及相关部门做好干部调训工作。

13.进一步完善干部监督工作。落实领导干部问责制，完善从严管理干部队伍制度体系。开通使用"三员一网"干部监督网络，作为加强干部监督和整治"四风"的重要载体和抓手。坚持干部选拔任用工作全程记实，做到步步留记录，责任全明晰。进一步完善干部选拔任用工作责任追究制度和干部监督责任制，提高工作质量。广泛与干部谈心谈话，做到关键时点必谈、干部有约必谈。加强权力制约和监督，研究出台党政领导干部、权力运行重点领域与环节两项监督办法，建立基层党风廉政建设巡查工作机制。

七、建立集聚人才体制机制，打造区域人才高地

14.加大引才力度。延伸引才触角，在国内外建立10个工作站点。打造"魅力玄武·创赢紫金"品牌，围绕玄武四大主导产业、五类战略性新兴产业开展10次针对性引才活动。与市科委、投促委等对接，选聘10名部门领导作为玄武引才特聘专家，协同开发人才资源。深化玄武321人才创业大赛品牌效应，带动一批优质项目和高端人才在玄武落地。

15.优化服务载体。明确一体化人才服务流程，细化工作分工，引入社会化服务机构，完善人才服务责任体系。提供个性化服务方案，建立全区高层次人才"一人一档"数据系统，科学分析人才成长情况。成立专业化人才协会，开展专题研讨、会员沙龙等，强化对会员企业的专业指导。搭建多元化资源联姻平台，为金融资本与人才智本、科技成果与企业市场等多元主体的资源联姻穿针引线，推动科技创新成果向现实生产力转化。

16.完善服务机制。举办全区人才工作者集训班，着力培养一支政策咨询问不倒、项目把关难不倒、服务人才累不倒的人才工作者队伍。建立机关与街区、园区协作引才机制，联合开展引才活动、共同服务人才落地，增强小组引才工作合力。调整全区人才工作领导小组成员，定期召开工作会议，集中会办有关难题。发挥考核"指挥棒"作用，强化责任督察考核机制，严格实施人才工作目标考核。

17.高标准助推产业发展。高品质设计创新创业载体，将相同产业的载体资源加以整合，放大优质载体的辐射效应。高标准组建创业导师团队，聘请高水平科技、财务专家等组建玄武人才专家导师团，帮助人才提升驾驭企业、应对市场能力。大力度实施荣誉激励政策，设立优秀创业创新人才表彰奖励制度，培养能够代表南京乃至全省形象的人才典型。

八、突出服务导向，提升基层组织建设科学化水平

18.推行服务型党组织建设。在街道社区层面，加强"大工委"、"大党委"建设，推行议题设定、征求意见、汇总分析、完善方案、分类交办、督促实施"六步法"，夯实基层党建基础，抓好党组织书记和党务干部两支队伍建设，强化基层党组织服务发展、服务百姓的能力。在非公企业层面，深化街区、园区、楼宇党建机制，发挥党组织凝聚人心、引领发展、服务企业的能力。在社会组织层面，制定社会组织扶持办法，鼓励大学生社工承接政府公益项目，引导社会组织更好服务群众、促进发展。

19.推进党代表工作室建设。按照因地制宜、重在基层、创新创优、务求实效原则，在街道、社区、机关、企业、学校、社会组织等不同领域建立一批党代表工作室，做到有办公场地、有统一标识、有计划安排、有工作队伍、有制度规范、有台账记录。积极探索基层党代表大会代表任期制的具体办法，建立健全基层党代表联络、提案制度等，保证党的基层代表人会代表履行职责、行使权利、发挥作用。

20.加强党员队伍教育管理。落实中央《关于加强新形势下发展党员和党员管理工作的意见》，优化党员队伍结构，党员发展向园区、街区等重点领域、关键岗位、基层一线倾斜。科学制定处置不合格党员管理办法，围绕不合格党员的认定、处置、转化等三个难点，确保党员队伍的纯洁性，提升党员队伍整体品质。

玄武区2014年文化建设工作目标

中共玄武区委

2014年3月26日

2014年全区文化建设工作将紧紧围绕学习宣传贯彻党的十八大和十八届三中全会精神、围绕全面转型提升的工作大局，以改革创新为动力，以建设文化玄武为己任，进一步解放文化生产力、提升文化软实力，不断增强文化引领风尚、教育群众、服务社会、推动发展的作用，为建设现代化国际性人文绿都标志区提供强大的思想保证、精神动力、舆论支持和文化条件。

一、加强社会主义核心价值体系建设

1.强化理论武装工作。坚定不移地开展理想信仰信念教育。深入学习贯彻党的十八大和十八届三中全会精神。深入学习贯彻习近平总书记系列重要讲话精神。深入开展中国特色社会主义、中国梦等宣传教育。深入开展党的群众路线教育实践活动。完善区委中心组理论学习制度、领导干部学习考核制度。开展"玄武讲坛"、专家辅导和宣讲团基层宣讲等活动。深化"学习型玄武"建设，加强学习型机关、学习型企事业、学习型社区、学习型家庭等创建活动，形成学习型党组织与学习型城区建设互相促进的良好局面。结合开展党的群众路线教育实践活动，与市社科联合作开展专题理论研究，举办2014年区机关党员干部理论轮训班(第三期)。继续开展2014年区机关"书香玄武"文化系列活动。举办"第十三届社区学习节"、"第十一届学习创新节"。继续开展社科知识普及活动。开展群众性法制宣传活动，加强"18法制广场"、"法律夜校"、"月月送法进社区"等宣传教育主阵地建设，不断提高公民普法知晓率。推进"工人先锋号"工作创新，激发职工岗位奉献，加强"职工(劳模)创新工作室"、职工书屋、女职工周末学习建设，着力培养知识型、技能型、创新型职工队伍。

2.推进公民道德建设。大力培育社会主义核心价值观，继续开展"迎青奥、讲文明、树新风"系列活动，宣传青奥知识、倡导文明风尚、培养公民意识。持续提升公共文明指数，以公共交往、公共秩序、公共卫生、公共观赏、公共参与为重点，组织开展丰富多彩的市民参与文明活动。利用新闻媒体、短信平台、网站、社区宣传栏等多种渠道展开宣传，普及礼仪知识，倡导文明行为。进一步做好2014年"玄武好人"、第十三届南京好市民、"感动南京"2014年度人物评选推荐工作。依托玄武区见义勇为基金会,及时奖励、宣传见义勇为的好市民,弘扬社会正气。广泛普及学习雷锋、奉献他人、提升自己的志愿服务理念,大力倡导存好心、做好事、当好人、有好报的社会风尚。深化"心廉心"廉政文化特色品牌,拓宽品牌载体,建立"心廉心"廉政微讲堂,定期开展廉政主题讲座。建成明城墙"心廉心"廉政文化广场。

3.加强未成年人思想道德建设。加强中小学社会主义核心价值体系教育,大力开展德育创新活动,推广创新成果。学习贯彻十八届三中全会精神,组织"五老"宣讲团开展宣讲活动,开展"百场万人"主题宣讲活动,举办第十八届中小学生演讲比赛。开展"道德养成、洒扫应对、垃圾分类、书香校园"等实践教育活动;开展"我们的节日""网上祭英烈""做一个有道德的人"等主题教育实践活动。继续开展区美德少年评选活动。加强未成年人校外活动阵地建设,充分发挥区未成年人成长指导中心的作用,推进"校站结合",提高青少年校外教育辅导站水平。积极培育"未成年人思想道德建设创新案例",倡导富有吸引力的思想教育和文体活动。开展未成年人思想道德建设宣传周活动,着力打造未成年人思想道德建设工作品牌,以品牌的影响力,促进各项工作的不断深入。进一步丰富斯霞"爱"的教育内涵,引导学生群体的行为规范、价值观念和健康养成。以区校外未成年人心理辅导站、陶老师分站、中小学心理援助中心为重点,推进全区未成年人心理教育服务载体建设。开展争创"五好"民企关工委活动,力争在全区民企中有10家达到"五好"民企关工委的标准。继续开展雏鹰助学行动,帮助困难青少年不少于3000人次。强化对校园周边文化经营场所的监管,实施专项整治行动,为青少年成长创造良好的社会文化环境。

二、深化文明城市创建

1.巩固文明城市创建成果。以迎青奥为契机,按照创建文明城市工作长效化、常态化管理要求,进一步完善机制、强化责任,完善城市文明程度指数测评四级责任人体系,加强城市文明示范点的管理,做好迎接全国测评及省市文明程度指数测评的各项工作。继续开展区级文明指数第三方测评工作。

2.推动市民文明素质提升。发挥各级文明单位的资源优势,以履行社会责任、培育文化精神为重点,扎实开展文明城市创建。积极开展"四进社区、三下乡"活动,推动地区文明水平的整体提升。利用清明、端午、七夕、中秋、重阳、春节等传统节日,以"我们的节日"为主题,组织系列活动,弘扬传统文化。加强经营性公共场所的长效管理,各项卫生制度齐全、记录规范,卫生许可证持有率达100%,从业人员健康证达98%以上。开展全方位、全覆盖、全渗透的垃圾分类宣传活动,积极营造垃圾分类良好氛围。继续做好公益广告的投放发布工作,确保公益广告在全区户外广告投放比例不低于20%。加强行政服务大厅窗口文化建设,开展"比礼仪、赛文明""比服务、赛和谐"活动,努力打造窗口文明、务实、高效、廉洁的服务品牌。组织开展"玄武区第十四届科技活动周暨第二十六届科普宣传周"和2014年"全国科普日"系列活动。实施"社区科普益民计划"项目。通过组织政协委员"察效能"和人大代表对文明城区建设巩固成果工作的监督活动,发挥民主监督作用。

3.完善社会志愿服务机制。围绕青奥会,着力做好青奥志愿者服务系列活动,继续推进城市治理全覆盖社会监督和志愿服务工作,重点围绕校园周边、小区环境、驻区单位、主次干道、广场公园、网吧管理等开展监督和志愿服务。深入开展"关爱他人、关爱社会、关爱自然"志愿服务活动,深入开展关爱空巢老人、留守儿童、农民工、残疾人等特殊群体志愿服务。围绕省、市巾帼志愿者奉献日,开展巾帼志愿者服务活动。开展以传统节日为主题的志愿服务活动。同时积极推动以志愿服务为主体的道德实践活动,弘扬志愿精神,培养感恩文化,提升市民素质。发展壮大科普志愿者队伍,到2014年底全区科普志愿者人数达到5000人,注册科普志愿者人数占所属城镇人口比例达到1%以上。发展红十字志愿者队伍,组织开展志愿服务活动,开展应急救护知识普及培训。加强对玄武区志愿者协会的管理,注册志愿者人数占城镇人口比例达到15%,全年志愿服务不少于15000人次。

4.深化群众性精神文明创建。继续做好2013—2015年度文明单位、文明社区创建的指导工作。深化信用城区创建工作。以诚信为核心,创新思路、拓展领域,更广泛深入地开展"三信三优"诚信创建活动,推动价格诚信更上一层楼。2014年创建省、市诚信单位10家,区级诚信单位30家。推进诚信街区建设。以诚信建设为切入点,动员珠江路广大企业参与,凝集各部门力量,规范市场秩序,打击失信行为。鼓励支持企业大力塑造诚信服务品牌,为珠江路科技街创造诚信、和谐的市场环境,努力打造科技街诚信文化。在企业等市场主体中开展"重合同、守信用"、创建"诚信市场”等活动，引导广大经营者依法规范经营。做好“12315”投诉举报工作，维护消费者权益。

三、营造良好的社会舆论环境

1.强化舆论宣传引导。旗帜鲜明地做好意识形态工作。聚焦玄武加快转型提升中心工作，每季度组织各类媒体，对我区进行多视角、多层面的深入报道，集中宣传玄武创新发展的特色成果。抓好数字玄武网、玄武新闻网的建设，继续与龙虎网深度合作，同时加强与新华网、中国网、人民网、新浪网、凤凰网等重点网络平台的合作。深化政务微博的应用，加大政务信息发布和网民互动的力度。加强网络问政的办理效率，在全区范围开展各街道、各部门信息网络发布工作。在全区各个层面建立政务微博体系，扩大红客队伍规模，推动广大党(团)员、机关干部上网发出正面声音，建立起“网络工作统一战线”。

2.加强宣传干部队伍建设。完善新闻发言人团队服务机制、建立舆情收集研判机制、重大突发事件快速应对机制、基层舆情属地化快速处置机制等，提高舆情事件处置的效果。加强网上阵地建设。积极开展“网络媒体沙龙”“网络发言人访谈”等活动，传播网络文明，引导网络舆论。加强部门新闻发言人、网络发言人、信息员队伍建设和培训，及时处置各类媒体新闻事件，提升网络舆情监控、研判和应对能力。做好年度“好新闻”“优秀信息员”“好舆情”评选工作。

四、促进文化事业、产业繁荣发展

1.丰富公共文化服务。推进全国公共文化示范区创建，建成1个省级公共文化服务体系示范街道、1个市级示范文化站、1个金陵图书馆分馆，社区文化信息资源共享工程基层服务网点建成率达100%。每万人拥有公共文化设施面积达到市下达目标。继续推进区文化馆建设。举办第十八届“玄武之春”、第八届“金陵五月风”文学艺术节、第十一届长江路文化艺术节、第十二届社区文化艺术节等群众性文化活动，开展“玄武文化行”等文化惠民及文化拥军活动。加强文联协会工作，加大文艺创作力度。继续开展第一次全国可移动文物普查工作，逐步完善各级文保单位数据库建设。做好各级文物保护单位的保护、开发和利用工作，做好汛期明城墙防汛和各级文保单位的监管工作，举办第十二届“文博之夏”系列活动。积极培育残疾人文化艺术品牌，建成玄武区九州残疾人文化艺术基地。完善文化市场联防协作进基层工作机制，启动文化市场综合执法队伍建设，强化校园周边文化经营场所专项整治。加强非物质文化遗产保护，制定文化遗产保护、开发、利用的中长期规划。及时整理各类归档档案，完成《玄武年鉴(2014)》撰稿工作。

2.推进文化产业发展。2014年完成文化产业增加值占GDP比重13.52%的现代化考核指标。做好全区文化产业发展规划。组织和开展全区文化产业统计数据的分析和研究。加快推进徐庄版权示范基地内涵建设。整合资源抓好项目。抓住新街口青石街拆迁、玄武门百子亭历史风貌征收项目、锁金村江苏文化产业园租赁方调整的契机，发挥玄武发展文化产业的地域优势，引进一批有品牌特色的文化产业项目。推进江苏现代艺术馆实质性运作。加大为企业服务力度，按季度组织开展文化产业园区内外相关行业的统计调查工作，做好文化产业名录库新增企业基本情况录入工作。组织区域内文化企业申报市级文化产业引导资金项目。继续整合开发旅游资源，推进街区5A创建与提档升级。

3. 加快文化人才集聚。建立玄武文化人才资源库。积极借助各类媒体宣传玄武的优质资源和人才服务品质。加大文化人才培养引进力度，做好“321计划”人才引进工作，举办第二届玄武“321”文化人才创业大赛。加强文化创业人才队伍建设。积极整合盘活资源，提升玄武承载文化创业人才能力。完善激励保障机制，加大资金和政策服务扶持力度，营造人才成长的良好氛围。做好2013年全市文化及相关产业绩效考评工作，完成区文化人才目标考核任务。鼓励非物质文化遗产传承人(团体)开展传习活动。做好市级以上非遗项目和非遗传承人的申报工作。

五、持续开展幸福城区建设

1.提升社会文明和谐水平。继续实施“环湖示范带”建设工程，不断深化“中心化”改革，提升区域社会工作水平，建立多元主体共治的社区治理格局。加强幸福玄武建设的宣传教育，提高群众的满意度和幸福感。以推进居家养老服务社会化、项目化运作为出发点，加强老龄信息化建设，加快老龄管理现代化、为老服务信息化步伐，在不断实化、细化、优化老龄工作中体现玄武为老服务的文化内涵。积极推进家庭签约医生服务模式，2014年全人群签约率达30%，重点人群达65%。加大困难人员就业帮扶力度，稳定全区就业形势。深入开展就业帮扶活动，保持“零就业家庭”动态为零。帮助“零就业家庭”大学毕业生实现及时就业、稳定就业、体面就业。完善创业服务体系，深入开展“四创”活动和“创业孵化基地”建设，完善区、街、社区三级创业服务体系，鼓励创业带动就业。继续推进残疾人文化进社区工作，创建省、市级残疾人文化进社区各1个，残疾人社区文化参与率和满意率不断提升。举办玄武区第十一届邻里文化节系列活动。继续开展“婚育新风进万家活动”和“关爱女孩行动”。全年打造1~2个人口文化精品点。深化人口早期发展工作，培育1所育儿园，3~5所计时制亲子园。加强和创新社会管理，进一步提升平安玄武建设水平。做好法律援助民生工程，做到应援尽援、应援优援，不断提升法律援助办案质量。进一步深化法治玄武建设，推进法治街道创建工作，全面开展玄武法治巡回讲坛，提升法治建设满意度。继续拓展双拥共建工作，继续发扬和培植具有玄武特色、部队欢迎、军人满意的“全民拥军”品牌。

2.倡导市民健康科学生活方式。举办第九届驻区运动会，完善城市社区10分钟健身圈。开展“5·8世界红十字日”“5·12防灾减灾日”“世界急救日”等重要节日纪念活动。创新省级防震减灾社区科普工作站示范工作。结合“防震减灾日”，做好防震减灾知识的宣传和普及。启动玄武区全民安全体验感受中心建设。开展安全文化进校园、进企业系列活动。启动社区安全文化建设试点工作。开展“安全生产月”和广场咨询活动，利用安全宣传展板、安全知识宣传册及开展安全知识讲座、“防灾减灾进社区”“11·9消防日”等形式，普及安全知识，强化全民安全意识，努力在全社会营造“关注安全、关爱生命”氛围。不断强化反邪教警示宣传教育。开展“6·5”世界环境日环保宣传周活动。开展环保进社区活动，促进绿色家园建设。创建市级绿色学校1所。

玄武区2014年人才工作目标

中共玄武区委
玄武区人民政府

2014年3月18日

2014年玄武区人才工作指导思想是：坚持以科学发展观为指导，认真贯彻落实党的十八大和十八届三中全会精神，围绕全区“特色发展、幸福导向、美丽环境”的发展取向，以“创业创新走在最前列”为更高追求，进一步创新工作机制、优化发展环境、提升服务品质，推动形成高端人才加速集聚、创新红利持续释放、人才工作活力迸发的良好局面，加快打造向心力更强、美誉度更高、发展能级更优的高层次人才创业创新高地。

2014年玄武区人才工作的具体目标是：

一、实施高层次人才引进培育计划，确保完成全年人才引进目标

1.面向海内外引进集聚一批拥有自主知识产权、带技术、带项目、带资金来我区创业创新的高层次人才和团队。全年新引进领军型科技（文化）创业人才75名，培育科技创业家5名，集聚国家“千人计划”创业人才7名；新增市高端人才团队1个；“国家特支计划（万人计划）”、省“双创”计划入围人数力争位列全市第一方阵。〔责任单位：见附件一〕

2. 将招才引智与招商引资相结合。在招商工作中，从目标制定到招商活动组织开展，都要对引进高层次人才有明确要求。认真筹办“创洽会”“金洽会”等重大招商活动，邀请有意向来宁创业的人才参会，并积极向街道、园区引荐。全年引进在世界500强企业担任中级以上职务或中国500强企业担任高级职务的专业技术人才和经营管理人才2名。〔责任单位：区投促局〕

3.打造“魅力玄武·创赢紫金”品牌，围绕玄武四大主导产业、五类战略性新兴产业开展系列引才活动，有针对性地邀请符合玄武产业发展方向的高层次人才进行实地考察。将部门与街道、园区资源整合，共同组建玄武招才小分队，宣传推介玄武引才政策和发展环境。拓宽玄武引才渠道，与各类人才协会、专业机构开展合作，在美国、加拿大、北京、上海、广州等地设立一批人才工作站，加强与海内外高层次人才沟通联系，构建范围更广、覆盖更全的引才网络。〔责任单位：区委组织部（区人才办）、区科技局、区人社局、区投促局、各街道、徐管委〕

4. 进一步挖掘区域科教人才资源，组织科技创新、人才创业政策宣讲团，到驻区高校、科研院所开展政策宣传，鼓励高校、科研院所的高层次人才到玄武区科技创业。搭建引才信息共享平台，发挥部门职能优势，充分挖掘各类大型人才活动信息，全年提供区级以上较大规模引才活动信息不少于2次。〔责任单位：区委组织部（人才办）、区委统战部（区侨办）、区科技局、区人社局、区投促局、各街道、徐管委〕

5.举办南京·玄武科技人才创业大赛，广泛动员专业协会、驻区高校院所、投融资机构共同参与，吸引、带动一批优质项目和高端人才在玄武落地。〔责任单位：区委组织部（人才办）、区委宣传部、区科技局、

区人社局、各街道、徐管委〕

6.加强对博士后科研工作站的服务与管理。梳理全区企业博士后科研工作站运作情况,探索区域优质企业与高校、科研院所博士后工作站的交流,推动人才、项目、科研成果全面对接。徐庄软件产业基地国家级博士后工作站确保不少于2名博士后在站开展研究工作。〔责任单位:区人社局、徐管委〕

7.招录、引进16名具有研究生学历的公务员,充实党政人才队伍。〔责任单位:区委组织部、区人社局〕

8.培养高技能人才650名。〔责任单位:区人社局,指标分解见附件二〕

二、加快创业创新载体建设,积极营造干事创业的良好氛围

9.加快推进紫金(玄武)科技创业特别社区建设,确保项目按计划推进。到年底,一期聚慧园组团建设工程量完成过半,二期聚智园组团完成建筑方案设计,并启动前期手续办理工作。〔责任单位:区科创办〕

10.坚持"区校共建、园区共建、平台共享、产业共育",以载体整合为契机,加快钟山生命科学园建设,集聚30名生命科学产业高层次人才,在孵40家生命科学企业。〔责任单位:区委组织部(人才办)、区科技局、区投促局、孝陵卫街道〕

11.打造新街口"智汇大厦"创业园,加快园区企业置换和硬件改造工作。依托国防科技生产力促进中心,推进国防科技产业园建设,打造军民融合产业化基地。〔责任单位:新街口街道、玄武湖街道〕

12.推动东南大学国家大学科技园园区企业结构调整,打造核心孵化园高科技成果转化平台,全年引进3名以上带有自主知识产权的高校教授入园创办企业。〔责任单位:区科技局、梅园新村街道〕

13.打造南京紫金常春藤大学生创业园,创意中央"大学生创业园","南京理工大学徐庄创业服务中心",为大学生创业提供平台。配备成熟企业的负责人作为大学生创业导师,为入园创业学生提供辅导。〔责任单位:区科技局、区人社局、玄武门街道、孝陵卫街道、徐管委〕

14.全年组织开展不少于4次校(院)企人才项目对接活动,帮助高校、科研院所研究成果与区内优质企业进行对接,推进科技创新成果就地转化。〔责任单位:区科技局〕

15.全年组织开展不少于2次驻区高校、科研院所组织(人事)处、科技处负责人联席会。〔责任单位:区委组织部(人才办)、区科技局、区人社局〕

16.做好玄武区旅游人才联盟、玄武区高新技术产业人才协会、新街口核心区商贸商务业经营管理人才协会、玄武区青年党政人才协会、玄武人力资源管理协会等会员调整、增补工作,完善徐庄软件园区企业人力资源部长联席会、"新街口智造"博士俱乐部、珠江路IT人才沙龙、珠江路IT企业人力资源经理俱乐部、徐庄物联网产业联盟、党外知识分子联谊会、文化创意企业创新联盟运作,全年各开展活动不少于3次。举办锁金村第二届高科技人才创业交流会,分享创业经验,提供创业指导。完善玄武区文化产业人才交流平台,建立"文化创意企业创新联盟",进一步扩大平台影响力。〔责任单位:区委宣传部、区委统战部、区级机关工委、区科技局、区人社局、区商务局、区文化局、珠管办、新街口街道、玄武门街道、锁金村街道、徐管委〕

三、自主培育各类紧缺人才,充分发挥区域各层次人才作用

17.加大对企业资质认定的指导扶持力度,全年新增高新技术企业8家,力争新增企业技术中心1~2家。〔责任单位:区发改局、区科技局〕

18.以南京科技创业家联合会"创业讲堂"为依托,组建玄武人才专家导师团,开展创业辅导,为引进人才提供项目申报、企业管理、市场营销等业务辅导,提高人才项目申报通过率,帮助人才提升驾驭企业、应对市场的能力。〔责任单位:区委组织部(人才办)、区发改局、区科技局、区人社局〕

19.整合徐庄园区人才培训资源,以徐庄人才实训联盟为载体,全年为园区企业输送实用人才150人次以上,为园区在职员工提供培训300人次以上。〔责任单位:徐管委〕

20.充分发挥玄武区经济和社会发展专家咨询委员会作用,全年组织不少于2次活动,为推动我区科技创业特别社区(创业创新人才特别集聚区)建设献计献策。〔责任单位:区发改局、区法制办〕

21.组织党政人才参加领导干部进高校自主选学和干部在线学习,围绕区委中心工作,举办中青年干部培训班等主体班次,继续坚持选聘实践经验丰富、理论水平较高的党政领导干部担任授课教师,不断提高培训的针对性和实效性。〔责任单位:区委组织部〕

22.加强教育卫生系统专业技术人才培养。力争培养1名全省教授级中学高级教师,培育17个南京市优秀教研组。全年引进5名中级职称以上的卫生技术人才,完成专业技术人员培训1600人次、组织社区卫技人员到上级医院和预防保健机构进修学习不少

于20人次。〔责任单位:区教育局、区卫生局〕

23.持续推进“社工人才成长行动”计划,完善社会工作者注册备案制度,加大专项培训力度,落实社工待遇自然增长机制,不断为社工营造良好的成长环境。将项目运作与社工人才培育有机结合,实施专业督导项目,大力培育社会工作专业机构,全年新增不少于5个。〔责任单位:区民政局〕

四、明确人才工作组织保障职责,优化人才扶持与服务体系

24.加强人才服务体系规范化建设,进一步梳理人才服务内容,明确服务责任单位,细化工作分工,完善责任体系,规范玄武人才服务流程。建立全区高层次人才数据系统,针对国家“千人计划”特聘专家、省“双创计划”“321计划”等高层次人才建立“一人一档”,完善人才及企业基本信息,跟踪企业发展动态,及时了解企业需求,科学分析人才成长情况,为人才提供人才和科技项目申报、文化产业引导资金申报等个性化服务。〔责任单位:区委组织部(人才办)、区委宣传部、区科技局、区人社局、区统计局、各街道、徐管委〕

25.制定出台玄武“321计划”人才政策兑现办法,完成2013年入选的领军型科技创业人才项目落地及配套政策兑现。〔责任单位:区委组织部(人才办)、区人社局、各街道、徐管委〕

26.成立生物医药、电子信息、物联网与集成电路等产业人才协会,开展专题研讨、会员沙龙、专家讲座、现场观摩等活动,强化职能部门对企业的专业指导,畅通人才沟通交流、经验分享、市场开拓、合作共赢的渠道。〔责任单位:区委组织部(人才办)、区发改局、区科技局、区商务局、区卫生局〕

27.加快科技金融创新产品研发,以“政府搭台、企业唱戏”形式,积极开展科技金融对接会、科技与人才项目洽谈会等活动,为金融资本与人才智本、科技成果与企业市场等多元主体的资源联姻牵线搭桥,从科技金融的角度引导科技型人才创业企业的健康发展。全年开展科技金融对接沙龙活动不少于2次。〔责任单位:区发改局(金融办)〕

28.完善“毕业生人才中转站”,为高校毕业生提供就业见习推荐,为驻区企业提供人才交流服务,切实帮助高校毕业生解决就业实际困难,促进人才与企业供需对接。〔责任单位:玄武门街道〕

29.实施专家服务基层行动计划,推进我区重点企业项目与专家服务的对接,力争入选南京市专家服务基层项目1个。完善徐庄人力资源和社会保障服务中心、劳动争议调解室及徐庄网络人才人事服务平台运作机制,为园区高层次人才及企业提供便捷周到的人才引进、政策咨询、人事工作代理等综合性人才人事政务服务。依托创意中央产业园人才服务站,完善入园企业人力资源共享平台,组织园区企业与高校合作开展成果转化,为人才提供政策咨询等服务。〔责任单位:区人社局、玄武门街道、徐管委〕

30.按照不低于公共财政预算收入的3%的标准,安排人才发展专项资金总量。区财政每年安排不低于3000万元的人才专项资金,主要用于人才引进、培养、使用和奖励,引导各街道及产业牵头部门加大对人才工作的投入。健全人才项目评审和资金管理制度规范,成立区人才项目综合评审领导小组,对待引进项目或已落地企业运营情况进行先评估、再投入,以提高资金使用效益。〔责任单位:区委组织部(人才办)、区科技局、区财政局、区人社局〕

31.强化人才工作机构和人才队伍建设,确保街道、园区人才工作机构、职责、人员、经费“四到位”。举办全区人才工作者集训班,坚持将业务学习常态化,通过集中授课、参观考察等形式对区情概况、载体资源、人才项目、工作特色等内容进行系统培训。〔责任单位:区委组织部(人才办)、各街道、徐管委〕

32.调整全区人才工作领导小组成员,实行领导小组联席会议制度,定期召开工作会议,协调解决人才创业、生活等方面的困难和问题。〔责任单位:区委组织部(人才办)、各成员单位〕

33.完善区四套班子领导与玄武区重点人才联系制度,直接联系服务一批高层次人才。〔责任单位:区委办、区政府办〕

34.完善区人才工作考核体系,严格实施人才工作目标考核,考核过程严格公正,考核结果动真碰硬,切实发挥考核“指挥棒”作用。对全年工作表现突出、成绩显著的单位和个人予以表彰。〔责任单位:区委组织部(人才办)、区发改局〕

35.开展创业创新先进人物评选和表彰活动,选树科技创业家培养典型。对企业发展较好、社会贡献度较大的创业创新人才给予一定奖励,通过报纸、网络等媒体进行广泛宣传,全年通过南京日报等重要媒体进行宣传不少于6篇。〔责任单位:区委组织部(人才办)、区委宣传部、区科技局、区人社局、各街道、徐管委〕

附件:1.2014年玄武区“321”人才计划任务分解表

2.2014年高技能人才培养目标分解表

附件 1

2014 年玄武区“321”人才计划任务分解表

任务承担单位	领军型科技创业人才		科技创业家	国家“千人计划”创业人才	南京市高端人才团队
	完成数	申报数			
新街口街道	6			1	
玄武门街道	2				
梅园新村街道	6		1	1	
锁金村街道	3				
孝陵卫街道	6		1	1	
玄武湖街道	2				
红山街道	2				
徐庄管委会	26		3	4	1
人才办	2	40			
宣传部	1	20			
统战部	1	20			
发改局	2	40			
科技局	2	40			
教育局	1	20			
人社局	2	40			
投促局(贸促会)	2(1)	40(20)			
环保局	1	20			
商务局	1	20			
文化局	1	20			
卫生局	1	20			
食药监局	1	20			
珠管办	1	20			
团区委	1	20			
工商联	1	20			
合　计	74(1)	420(20)	5	7	1

注:区机关任务承担单位“领军型科技创业人才”完成数与街道、园区完成数不重复计算,考核标准为达到“完成数”或“申报数”,“申报数”以通过资格审查的申报数为准

附件 2

2014 年高技能人才培养目标分解表

任务承担单位	新增高技能人才数
新街口街道	70
玄武门街道	60
梅园新村街道	120
锁金村街道	60
孝陵卫街道	60
玄武湖街道	60
红山街道	60
徐庄管委会	80
区珠管办	80
合　计	650

文件目录

区委文件

2 月 17 日　玄委发(2014)29 号　关于深入开展党的群众路线教育实践活动实施意见

3 月 18 日　玄委发(2014)64 号　关于打造南京世界教育名城先行区建设学习型城区促进人的现代化的意见

3 月 18 日　玄委办发(2014)19 号　关于加快终身教育学习型城区建设的实施意见

4 月 10 日　玄委办发(2014)27 号　印发《关于建设玄武区新型社会服务体系的工作意见》的通知

5 月 6 日　玄委办发(2014)33 号　印发《关于推进全区社区治理和服务创新实验区建设的意见》的通知

10 月 27 日　玄委发(2014)168 号　关于城市治理全覆盖责任制的实施意见

11 月 14 日　玄委办发(2014)66 号　印发《关于健全行政执法和刑事司法衔接机制的实施意见》的通知

区政府文件

1 月 30 日　玄政(2014)1 号　关于表彰 2013 年度全区“现代化建设”先进集体、先进个人的决定

1 月 30 日　玄政 (2014)34 号　关于表彰 2013 年度区征兵工作先进单位的决定

4 月 14 日　玄政办(2014)22 号　关于印发《关于进一步加强老年人体育工作的意见》的通知

5 月 29 日　玄政办(2014)33 号　关于转发《玄武区加强和改进消防工作实施意见》的通知

5 月 30 日　玄政办(2014)29 号　关于转发《玄武区突发性地质灾害应急预案》的通知

5 月 30 日　玄政办(2014)31 号　关于转发《玄武区“城中村”消防安全专项整治行动方案》的通知

7 月 17 日　玄政(2014)196 号　关于印发《玄武区政府重大行政行为备案审查办法》的通知

8 月 27 日　玄政(2014)240 号　关于印发《玄武区区属公有房屋出租管理暂行办法》的通知

9 月 9 日　玄政(2014)253 号　关于表彰第九届“斯霞式”人民教师的决定

9 月 20 日　玄政(2014)262 号　关于对《加强玄武区区属国有企业资产处置监督管理意见》修改的通知

10 月 30 日　玄政办(2014)56 号　关于印发《玄武区危险化学品生产安全事故应急预案》的通知

10 月 30 日　玄政办(2014)57 号　关于印发《玄武区生产安全事故应急预案》的通知

11 月 20 日　玄政(2014)299 号　关于印发《玄

武区深化行政审批制度改革实施方案》的通知

11月29日　玄政(2014)305号　关于转发区城市管理局《关于建立玄武区渣土联合管理机制的意见》的通知

12月11日　玄政规(2014)1号　关于印发《玄武区“门前三包”责任区管理办法》的通知

文件选编

玄武区“门前三包”责任区管理办法

玄政规〔2014〕1号

为加强区域市容环卫“门前三包”责任区管理，建立落实“门前三包”责任的长效管理机制，创建优美、整洁、和谐的城市环境，依据《南京市城市治理条例》及我市“门前三包”责任区管理的相关要求，结合实际，制定本办法。

一、责任主体

1.实行物业管理的居住区、写字楼，由物业服务企业负责相应的“门前三包”管理工作，未实行物业服务的居住区，由街道办事处根据属地责任协调落实。

2.河流、地铁、隧道、高架道路、公路、铁路管理区域内的“门前三包”管理工作，由产权单位或其授权的经营、管理、养护单位负责。

3.文化、体育、娱乐、游览、公园、广场、公共绿地、车站等公共场所的“门前三包”管理工作，由产权单位、经营单位或其委托单位负责。

4.商店、超市、集贸市场、展览展销场馆、证券市场、宾馆、饭店等场地的“门前三包”管理工作，由产权单位、经营单位或其委托单位负责。

5.机关、团体、学校、部队、医院等单位以及企事业管理区域内的“门前三包”管理工作，由本单位负责。

6.建设工程或征收拆迁工程的施工现场的“门前三包”管理工作由施工或拆迁单位负责，尚未开工的建设工程用地(或收储土地)由用地单位或受委托单位负责。

建(构)筑物或者其他设施、场所的所有权人同时也是相应设施和场所的“门前三包”责任人。所有权人、管理人、使用人之间约定管理责任的，从其约定。

二、责任范围

“门前三包”责任区，是指单位和个人所有、使用或者管理的建(构)筑物和其他设施、场所的土地使用权范围以及管理范围。

“门前三包”责任区的范围，纵向为建(构)物沿街总长，横向为建(构)物(包括围墙)的墙基至车行道，立面为建(构)物的墙基至责任人使用权范围；具体范围由街道办事处界定。

三、责任内容和要求

(一)包环境卫生

1.负责“门前三包”责任区内地面清扫保洁，无乱倒垃圾、污水、粪便、废弃物、渣土等；无随地吐痰、无乱扔瓜果皮、纸屑、烟蒂等；无积水、积冰、积雪现象等。

2.实行垃圾分类，并按规定时间、地点及方式投放到公共卫生设施内，不得将垃圾扫入道路、下水道或绿地内。

3.责任区内外置电器设备保持整洁完好，不得在空调外机悬挂、晾晒等；不得擅自拆除、占用或移位公共卫生设施。

4.责任区路面不得从事清洗、维修、加工等影响“门前三包”的行为。

(二)包立面整洁

1.保持、维护责任区内建(构)筑物外立面整洁、完好，无乱张贴、乱涂写、乱刻画、乱悬挂等；建(构)筑物外立面和其他附属设施定期清洗、出新。

2. 责任区内店面招牌和夜景灯光等应按照相关规定设置，并保持规范整洁；有损坏行为的，由责任人按照相关设置规定在五日内进行修复。

3.责任区内空调外机、广告灯箱、店招店牌、遮阳雨篷、卷帘门的安装和阳台封闭符合规定，建筑物门窗保持整洁完好，无乱涂乱贴等现象。

(三)包门前秩序

1.责任区内保持、维护秩序良好，自行车、电动车、摩托车应当在划定停放点分类有序停放，不得随意占道停放。

2.不得占用道路从事摆摊设点、乱堆乱放、设置告示牌、宣传促销、散发广告等生产经营活动。

3. 保护和管理责任区内的花草树木，无攀折树木、践踏草坪、破坏和损坏绿化设施等行为。

四、管理分工

1.区城管局负责本区“门前三包”责任区的监督

管理工作。

2.各街道办事处具体负责落实"门前三包"责任区制度,完善管理措施,为进行日常管理的第一责任人。

3.社区(路长、网格责任人)为落实"门前三包"责任区巡查制度的具体责任人。

4."门前三包" 责任人应与所在街道办事处签订"门前三包"责任书,并接受"门前三包"管理部门和街道办事处的监督、检查和考核。

五、推进措施

各级"门前三包"责任区管理部门,要认真履行巡查督管责任,按照分级分类的管理原则,强化对"门前三包"责任单位的检查监督,落实严查严处。

(一)推行"门前三包"责任区记分卡制度

各街道加强巡查管理,建立检查记分卡制度,实施严管严处,促进"门前三包"责任区管理落到实处。

1.开展巡查记分。以月度为周期实施计分,各网格负责人对照检查记分标准,每天对"门前三包"责任单位履职情况检查1次以上,对存在问题的责任单位记扣分,并保留现场照片。

2.实行严查严处。当责任单位月记分卡扣分超过一定分值时,及时发放限期整改通知书,未违反相关法律法规的依法实施行政处罚。对存在普遍性问题的道路(网格),街道组织开展集中整改。检查记分作为红黑榜及加入示范单位联盟的主要依据。

3.建立红黑榜制。对严格履约的单位,及时吸纳为示范单位联盟成员,同时给予一定物质奖励。对拒不履约的单位,在依法查处的同时,通过多种渠道予以曝光。各街道(徐管委)每月各上报两名红黑榜单位,区城治办每月对上报的红黑榜单位进行通报,对上黑榜的单位作为诚信记录记入档案。

(二)引导"门前三包"示范单位联盟开展自治

以街区、行业、楼宇、小区为不同类别,由街道牵头成立"门前三包"责任区管理示范单位联盟并实行自治。

1.成立示范单位自治联盟组织。联盟成员由辖区"门前三包"责任区管理示范单位组成,推选示范单位负责人轮流担任会长,路长、河长、网格责任长担任秘书长。制定联盟组织管理公约,引导成员单位自我管理、自我规范。

2.实行准入、挂牌、淘汰制。对认真履行"门前三包" 管理或在城市管理工作做出特别贡献的单位,经街道批准后准予加入示范单位联盟组织,并授予荣誉称号,在单位醒目位置悬挂。"门前三包"责任区管理示范单位联盟实行动态管理,对长期履约较差,取消成员资格,并予以摘牌。

3.定期组织联盟活动。联盟组织每月开展活动,主要内容有:组织学习城市管理方面的法律、法规;讨论研究吸收新的成员单位;交流"门前三包"责任区管理工作经验;开展联盟单位自查互评等。

(三)开展"门前三包"责任区管理达标创建活动

以主次干道、支路街巷为单位,开展"门前三包"责任区管理达标创建活动。

1.实行申报制。各街道办事处对照"门前三包"责任区管理标准,结合本地实际,对辖区内有15家以上(含15家)店面或单位的道路、街巷制定达标验收申报表,明确各道路、街巷验收时间。

2.实行验收制。区城管局根据"门前三包"责任区管理内容,对申报街巷内的责任单位进行现场检查,涉及单位检查验收均在90分以上的,评为"门前三包"责任区管理达标道路(街巷)。

3.实行奖惩制。各街道办事处(徐管委)年度内所有街巷均需完成达标验收工作,经考核验收达标的道路(街巷),给予一定奖励。各街道办事处道路(街巷)"门前三包" 达标率计入城市治理全覆盖责任制考核。

(四)加强"门前三包"责任区管理行政处罚

加强对"门前三包"责任人业务指导,对"门前三包"责任人违反规定,不履行"门前三包"责任的,责令限期整改;对逾期未整改、符合《江苏省城市市容和环境卫生管理条例》情形的,由行政执法部门根据条例规定处以一百元以上一千元以下罚款。责任人对处罚决定不服的,可依法申请行政复议或提起行政诉讼。

六、工作要求

1.各路长、网格责任人要加强对"门前三包"责任区管理责任单位的巡查、记分,切实把日常巡查管理工作做深、做细,杜绝走过场。

2.要充分认识"门前三包"责任区管理工作重要性,要主动探索,在成立示范单位联盟、建立记分卡制度的基础上创新管理办法,确保"门前三包"责任区管理见实效。

3.对违反"门前三包"责任区管理的单位或个人,要处罚到位,各街道每月通报处罚"门前三包"责任区管理的典型案例。

4.加强宣传,争取得到群众支持和理解,引导各类"门前三包"责任区管理单位自觉参与到城市治理工作中来,共同为改善城市形象和生活环境做贡献。

本办法自2015年1月15日起实行。

玄武区区属公有房屋出租管理暂行办法

玄政〔2014〕240号

第一条 为加强我区公有房屋管理,规范公有房屋出租出借行为,提高经营性资产使用效益,防止国有资产流失,根据《行政单位国有资产管理暂行办法》(财政部令第35号)、《事业单位国有资产管理暂行办法》(财政部令第36号)、《南京市行政事业单位国有资产出租出借管理暂行办法》(宁财资规字〔2010〕7号)、《南京市国有企业房产出租管理办法》(宁国资委企〔2011〕35号)及预算管理等有关规定,结合我区实际,制定本办法。

第二条 本办法适用于全区各街道办事处、各党政机关、各类事业单位、纳入预算管理的社团组织和区属国有企业(及其所属子企业)、集体企业。区内各园区参照本办法制定园区公有房屋出租办法,报区政府常务会同意,区国资办备案。

第三条 本办法所称"单位公有房屋出租"是指单位在保证履行行政职能、完成事业任务和保障企业正常经营的前提下,经批准统一将占有、使用闲置的各类商业服务性用房、生产性用房、仓储性用房、居住性用房等房屋资源,在一定时期内以有偿方式让渡给公民、法人或其他组织使用的行为。

第四条 由区国资办牵头,区财政局、法制办、审计局、住建局等部门组成玄武区规范公有房屋出租工作领导小组,相关区领导任组长、副组长,对公有房屋公开招租工作进行指导、协调、监督。领导小组办公室设在区国资办。

第五条 区国资办代表区政府行使对各单位公有房屋出租行为统一管理的职能,区审计局负责对各单位公有房屋经营行为进行监督检查,区监察局负责依法查处违纪、违规行为。

第六条 对公有房屋经营行为的统一管理不改变原房屋所属单位的权利和义务(即房屋权属关系不变),房屋所属单位要继续履行对出租公有房屋日常管理、维护、修缮、监督等管理责任,确保房屋的安全和完整。房租收入继续按收支两条线进行管理。

第七条 对外出租公有房屋依法遵循"公开、公平、公正、择优"原则。

第八条 公有房屋出租原则上实行集中招租管理方式,向社会公开招租。不采用公开集中招租方式确定承租单位或个人的,须由经营单位提出申请,经区国资办审核,并报区规范公有房屋出租工作领导小组批准方可执行。

第九条 公有房屋出租事项经区国资办审核后,由出租单位委托江苏长三角技术产权交易中心等有资质的代理机构在玄武区政府网站、南京市房产网(市住建委主办的网站)等公众媒介公开发布招租信息。

第十条 区国资办委托有资质的中介机构,按房屋所在区域、地段,对房屋出租价格进行评估。评估价格经区国资办审核,报区规范公有房屋出租工作领导小组批准后,作为区公有房屋出租价格参照。

第十一条 公开招租遵循"价高优先"的原则,现场开标,综合考虑各意向承租方的资质、信用状况及租金报价等因素,以签订中标确认书为准,确定承租人。招租价格原则上不得低于评估值,如低于评估值,需做出专项说明,报区规范公有房屋出租工作领导小组批准。

第十二条 出租的公有房屋签订统一规范的制式合同文本,合同文本由区财政局会同相关部门统一制定,合同文本使用实行档案编号管理。房屋租赁合同由出租单位和承租单位分别作为甲乙双方签订,区国资办作为监管机构,在合同中列为鉴证单位。未经区国资办鉴证,所签合同无效(此条件需在合同中约定)。

第十三条 公有房屋出租的期限一般不超过三年。超过三年的租期需经区国资办审核后,报区规范公有房屋出租工作领导小组批准。

第十四条 全区各街道办事处、各党政机关、各类事业单位、纳入预算管理的社团组织的公有房屋出租收入,实行财政集中管理,全额上缴区政府非税收入专户,户名为:南京市玄武区公有房屋出租收入专户。房屋出租收入需开具非税收入统一票据,票据注明合同号、租金起讫时段等必要信息以便查验。相关税费由区国资办统一代扣代缴。

第十五条 行政事业单位出租公有房屋按照部门预算要求,编制本单位公有房屋经营收入的年度收支预算,报送区财政部门。收入按公有房屋经营收入的税后金额计算,支出用于出租房屋修缮、本单位自筹人员工资费用及补充办公经费不足。区财政部门根据单位实际收缴进度执行年初部门预算支出管理;区属国有企业、集体企业公有房屋出租收入收缴,根据《玄武区区属国有企业收益收缴使用管理暂行办法》相关规定执行。

第十六条 区国资办集中收缴2%的出租收入,

主要用于公有房屋统一管理的工作经费。原政策规定公有房屋出租收入收缴比例的,仍按原政策执行。

第十七条　原房屋所有单位需建立健全房屋出租内部管理制度,负责按时催交经营收入,明确专人负责管理,建立房屋出租管理台帐。若遇欠费、转租、损坏房屋结构以及用于违法经营活动等情况,应及时采取相应措施,保证国有资产安全。

第十八条　未按出租合同规定及时收取房租收入的,出租单位又不积极催缴,区国资办有权会同相关部门催缴,所得收入全额上交财政,不再返还原单位使用。

第十九条　区国资办在《玄武区国有资产管理系统》中建立"玄武区公有房屋出租信息管理模块",各出租单位按要求对出租公有房屋的登记、评估底价、出租报批、招投标以及合同签订等情况进行填报,实施动态监管。

第二十条　每季度初 10 日内,各单位向区国资办报送上季度公有房屋出租情况书面报表,核对房屋出租管理台账,及时更新《玄武区国有资产管理系统》中公有房屋出租信息。每年 1 月 31 日之前,各单位应将上年度的房屋出租及闲置情况说明,书面上报其主管部门,经主管部门汇总后,报送区国资办。

第二十一条　本办法实施前已经出租且租赁期尚未届满的房产,允许维持原租约至租期届满(在办法生效后的 30 日内报区国资部门备案),原租约履行结束后,一律按本办法执行。

第二十二条　对公有房屋的统一管理实行奖惩制度。对举报违反本办法第六条、第八条、第十一条、第十二条、第十三条、第十四条、第十七条、第十九、第二十一条、第二十三条有功的单位和个人,可以根据查出并已收缴入库的资金、税款和罚款的金额,给予一定金额的奖励(具体奖励金额由区规范公有房屋出租工作领导小组确定),经费由区国资办负担(从公有房屋出租收入 2%的管理费中列支)。

第二十三条　严禁私自出租出借公有房屋、以消费方式冲抵租金收入、"坐支" 公有房屋出租收入、私设"小金库"等违法违规行为。

第二十四条　对违反本办法规定的单位及责任人,依据《财政违法行为处罚处分条例》、《违反行政事业性收费和罚没收入收支两条线管理规定行政处分暂行规定》等法律法规进行处理。情节严重的,根据干部管理权限移送纪检监察部门。构成犯罪的,依法移送司法机关处理。

第二十五条　本办法自发文之日起施行,试行期一年。由区国资办负责解释。

玄武区生产安全事故应急预案

玄政办〔2014〕56 号

第一章　总则

1.1　编制目的

为了全面贯彻落实"安全第一、预防为主、综合治理"的安全生产方针,规范生产安全事故的应急管理和应急响应程序,提高我区综合处置生产安全事故的能力,最大限度地减少人员伤亡和财产损失,保障人民群众生命财产安全,维护经济发展和社会稳定。

1.2　编制依据

(1)《中华人民共和国安全生产法》

(2)《中华人民共和国突发事件应对法》

(3)《生产安全事故报告和调查处理条例》

(4)《南京市突发公共事件应急总体预案》

(5)《南京市生产安全事故应急预案》

(6)《玄武区突发公共事件总体应急预案》

1.3　工作原则

(1)以人为本,安全第一。切实履行政府的社会管理和公共服务职能,把保障人民群众生命财产安全、减少生产安全事故的人员伤亡作为首要任务,切实加强应急救援人员的安全防护,充分发挥人的主观能动性,发挥专业救援力量的骨干作用和人民群众的基础作用。

(2)统一领导,分级负责。在区委、区政府的统一领导下,建立健全分类管理、分级负责,条块结合、属地管理为主的应急管理和应急处置工作,认真落实企业安全生产主体责任,建立生产安全应急预案和应急机制。

(3)居安思危,预防为主。贯彻落实"安全第一、预防为主"的方针,增强忧患意识,坚持事故预防与应急相结合,常态与非常态相结合,做好常态下的风险评估、物资储备、队伍建设、完善装备、预案演练等工作。

(4)依法规范,加强管理。依据有关法律和行政法规,加强应急管理,维护公众的合法权益,使应对各类生产安全事故的工作规范化、制度化、法制化。

(5)快速反应,协同应对。加强以属地管理为主的应急处置队伍建设,建立联动协调制度,充分动员和发挥街道、社区、企事业单位、社会团体和志愿者队伍的作用,依靠公众力量,形成统一指挥、反应灵敏、功能齐全、协调有序、运转高效的应急管理机制。

第二章　组织体系

对生产安全事故的应急处置,建立集中统一、坚强有力的指挥机构,做到集中领导、统一指挥,功能全面、责任明确,信息畅通、反应快捷,运转高效、成本合理。

2.1　领导机构及职责

区安委会是全区生产安全事故应急指挥领导机构,负责指挥、协调全区生产安全事故应急处置工作。组成如下:

组长:分管副区长

副组长:区安监局局长、公安玄武分局分管局长、区总工会主席、区监察局局长

成员:区委宣传部、区检察院、区发改委、区公安消防大队、交警一大队、区财政局、区发改局、区人社局、区民政局、区住建局、区教育局、区商务局、区城管局、区科技局、区卫生局、区环保局、工商玄武分局、质监玄武分局、区旅游局、区药监局、区人防办等单位负责人。

主要职责

(1)贯彻落实省委、省政府、市委、市政府和区委、区政府的决策部署,领导、组织、协调全区生产安全事故应急工作。

(2)负责应急救援重大事项的决策,适时发布启动应急响应和终止应急响应状态的命令。

(3)向区委、区政府和市安委会报告事故和救援情况。

2.2　办事机构及职责

区设立生产安全事故应急指挥部,由区安委会相关成员单位领导组成。应急指挥部下设应急管理办公室,办公室主任由区安监局局长担任。主要职责如下:

(1)承担全区生产安全应急管理综合协调、指导、检查工作。

(2)在区安委会领导下,组织协调生产安全事故应急救援以及事故调查工作。

(3)负责全区生产安全事故应急救援体系的建设和管理,负责全区生产安全事故应急预案管理与备案工作。

(4)指导、协调、检查各街道、部门有关生产经营单位的生产安全事故应急管理工作。

(5)起草全区生产安全事故应急救援相关法规、规章、标准、制定相关应急流程,负责拟订应急救援计划和方案;组织开展应急管理宣传教育工作。

(6)负责向市安委会办公室、区政府报告事故和救援情况,必要时请求协调支援。

(7)组织指挥全区生产安全事故应急演练。

2.3　主要成员单位职责

区政府有关部门依据有关法律、行政法规和各自的职责,在区生产安全事故应急指挥部及其办公室统一组织领导下,做好相关专业领域的事故应急救援工作。

(1)区委宣传部负责组织指导生产安全事故新闻发布、报道工作;负责新闻记者在事故现场的采访管理,协调指挥应急救援中的宣传报道工作。

(2)公安玄武分局、玄武公安消防大队、交警一大队负责组织道路交通、火灾事故的应急救援工作,组织事故现场的治安保卫、道路交通管制。组织提供施救所需的救援器材和其他救援装备。

(3)区环保局负责组织协调环境污染的应急救援工作。负责组织协调生产安全事故现场环境监测和处置工作。

(4)区住建局负责组织协调建筑工程和市政公用基础设施建设工程生产安全事故的应急救援工作。

(5)区卫生局负责组织协调应急医疗救援和卫生防疫工作。

(6)区民政局负责组织协调受灾人员的临时生活救助,配合做好伤亡人员的善后处理工作。

(7)区质监局负责组织协调特种设备的应急救援工作。负责提供应急救援所需特种设备。

(8)区旅游局负责组织协调旅游安全事故应急救援工作。

2.4　现场指挥部职责

生产安全事故发生后,区政府应根据应急响应级别及有关应急预案的规定,成立现场应急指挥部,具体协调指挥现场应急救援工作。主要职责:担负事故应急救援的现场指挥,负责现场应急处置、救援保障和善后处理等工作,指挥现场所有参与应急救援的队伍和人员,及时向上一级应急领导机构及安委会办公室报告事态发展情况及应急救援情况。

2.5　街道职责

各街道建立生产安全事故应急处置指挥机构,制定和完善本辖区内生产安全事故应急预案,负责本行政区域内安全生产的应急管理工作。

2.6　生产经营单位职责

生产经营单位是生产安全应急管理的责任主体,应采取预防和预警措施,健全应急机制,编制应急预案,配备应急资源,落实生产安全责任制和相关安全

管理规定,做好应急处置工作。

第三章 预警预防机制

3.1 事故灾难监控与信息报告

区政府有关部门、系统和各街道应当加强对重大危险源和危险场所的监控,对可能引发生产安全事故的险情,或者其他灾害、灾难可能引发生产安全事故的重要信息及时上报。

生产安全事故发生后,事故现场有关人员应当立即报告单位负责人,单位负责人接到报告后,应当立即报告当地街道办事处和区有关部门。报告或报警的内容包括:事故发生的单位、详细地点、事故类别、简要经过、伤亡人数、直接经济损失的初步估计、事故发生原因的初步判断、事故采取的措施及事故控制情况、现场救援所需的专业人员和抢险设备、器材、交通线路及联系人姓名、电话等。

对自然灾害、公共卫生和社会安全方面的突发事件可能引发生产安全事故的信息,生产安全事故应急指挥部应当及时分析处理,各街道及区有关部门应当及时相互通报,并按照分级管理的程序上报,紧急情况,可越级上报。

发生生产安全事故的有关部门、单位要及时、主动向区生产安全事故应急指挥部提供与事故应急救援有关的信息和资料,事故发生地街道安监站督促相关单位提供有关资料,为区生产安全事故应急指挥部研究制订救援方案提供参考。

第四章 应急响应和处置

4.1 分级处置

根据生产安全事故严重程度、可控性、救灾难度和影响范围,原则上按照发生一般(Ⅳ级)、较大(Ⅲ)、重大(Ⅱ级)、特大(Ⅰ级)四级事故响应。生产安全事故发生后,按事故的级别分别启动相应级别应急预案,组织实施应急救援工作。

Ⅰ级事故标准:造成30人以上死亡(含失踪),或者危及30人以上生命安全,或者100人以上中毒(重伤),或者需要紧急转移安置10万人以上,或者经济损失1亿元以上。

Ⅱ级事故标准:造成10人以上、30人以下死亡(含失踪),或危及10人以上、30人以下生命安全,或者50人以上、100人以下中毒(重伤),或者直接经济损失5000万元以上、1亿元以下的生产安全事故灾难。

Ⅲ级事故标准:造成3人以上、10人以下死亡(含失踪),或危及10人以上、30人以下生命安全,或者30人以上、50人以下中毒(重伤),或者直接经济损失较大生产安全事故灾难。

Ⅳ级事故标准:造成1人以上、3人以下死亡(含失踪),或危及1人以上、10人以下生命安全,或者1人以上、30人以下中毒(重伤),或者直接经济损失较大生产安全事故灾难。

Ⅰ级、Ⅱ级、Ⅲ级应急响应行动的启动由市以上政府决定,市以上安委会办公室或市政府以上有关部门组织实施。当市以上安委会办公室或市政府以上有关部门进行应急响应行动时,区政府按照本预案全力以赴组织救援和配合救援工作,并及时向市政府报告救援工作进展情况。

Ⅳ事故响应行动的启动由区政府决定,区政府根据事故或险情的严重程度启动相应的应急预案,超出其应急救援处置能力时,及时报请市应急救援指挥机构启动市级应急预案实施救援。

4.1.1 区政府有关部门的响应

Ⅳ级事故响应时,区政府有关部门根据发生的生产安全事故的类别,按照其职责和预案进行响应,组织应急救援,并及时向区政府及区安委会办公室报告救援工作进展情况。需要其他部门应急力量支援时,及时提出请求。

4.1.2 区安委会办公室的响应

(1) 开通与事故现场应急指挥部的通信联系,随时掌握事态发展情况。

(2) 及时向区政府报告生产安全事故基本情况、事态发展和救援进展情况。

(3)通知有关部门相关人员和专家到现场,指导现场应急救援,并提供必要的技术支持。

(4)对可能或者已经引发自然灾害、公共卫生和社会安全突发事件的,区安委会办公室要及时上报区政府,同时负责通报相关领域的应急救援指挥机构。

(5)必要时,报请区政府在全区范围内紧急征用、调配施救物资、设备、车辆和人员。

4.2 指挥协调

进入应急响应后,区政府有关部门及其专业应急救援指挥机构立即按照预案组织相关应急救援力量,实施应急救援。

区应急管理办公室根据事故的情况开展应急救援协调工作。通知有关部门及其应急机构、救援队伍按照各自应急预案提供增援或保障。有关应急队伍在现场应急指挥部统一指挥下,密切配合,共同实施抢险救援和紧急处置行动。

现场应急指挥部负责现场应急救援的组织、指挥，事发单位和各应急救援队伍必须迅速、有效地实施处置，全力控制事故发展态势，防止次生、衍生和耦合事故（事件）发生，果断控制和切断事故灾害链。

4.3　紧急处置

事故发生后，发生事故的单位和有关部门、街道应按照应急预案迅速采取措施。

根据事态发展变化情况，出现急剧恶化的特殊险情时，现场应急指挥部在充分考虑专家和有关方面意见的基础上，依法及时采取紧急处置措施。

4.4　医疗卫生救助

区卫生局负责组织开展紧急医疗救护和现场卫生处置工作。

区卫生局和区应急管理办公室根据事故发生情况，立即启动区突发卫生事件应急处置预案，及时协调有关专业医疗救护机构和专科医院派出有关专家、提供特种药品和特种救治装备进行支援。

4.5　应急人员的安全防护

现场应急救援人员应根据需要携带相应的专业防护装备，采取安全防护措施，严格执行应急救援人员进入和离开事故现场的相关规定。

现场应急指挥部根据需要具体协调、调集相应的安全防护装备。

4.6　群众的安全防护

现场应急指挥部负责组织群众的安全防护工作，主要工作内容如下：

（1）企业应当与当地街道、社区建立应急互动机制，确定保护群众安全需要采取的防护措施。

（2）决定应急状态下群众疏散、转移和安置的方式、范围、路线、程序。

（3）指定有关部门负责实施疏散、转移。

（4）启用应急避难场所。

（5）开展医疗防疫和疾病控制工作。

（6）负责治安管理。

4.7　警戒保卫

在现场应急指挥部统一部署下，由事发地公安机关及事发单位保卫机构组织实施。

（1）保护事故现场和相关区域内人员及财产的安全。

（2）负责安全保卫、治安管理和现场警戒封闭，阻止未经批准的现场拍摄、采访等；控制旁观者进入事故现场和事故危险区域。

（3）负责交通管制，进行人员车辆的疏导和分流工作。

（4）防止和处理事故现场可能发生的其他刑事、治安案件。

4.8　社会动员

现场应急指挥部视情组织调动本区域内社会力量参与应急救援工作。

4.9　现场监测与评估

根据需要，现场应急指挥部成立事故现场监测、鉴定与评估小组，综合分析和评价检测数据，查找事故原因，评估事故发展趋势，预测事故后果，为制订现场抢救方案和事故调查提供参考。检测与评估报告要及时上报。

4.10　信息发布

发生生产安全事故，由区委宣传部负责组织协调，区政府办会同事故主管部门具体负责本预案适用范围内事故信息的发布工作。相关部门应指定专人负责信息汇集的新闻舆论联络工作，拟定信息发布方案、确定发布内容，及时采用适当方式发布信息。

信息发布应当及时、准确、客观、全面。事故发生的第一时间要向社会发布简要信息，随后发布初步核实情况、政府应对措施和公众防范措施等，并根据事件处置情况做好后续发布工作。

4.11　应急结束

当遇险人员全部得救，事故现场得以控制，环境符合有关标准，导致次生、衍生事故隐患消除后，经现场应急指挥部确认和批准，现场应急处置工作结束，应急救援队伍撤离现场。

由现场应急指挥部向各应急救援队伍下达应急终止命令。

第五章　后期处置

5.1　善后处置

区政府牵头会同事故发生地街道、有关部门（系统、单位）负责组织生产安全事故的善后处置工作。尽快消除事故影响，妥善安置和慰问受害及受影响人员，保证社会稳定，尽快恢复正常秩序。

5.2　事故调查

生产安全事故调查应严格按照《生产安全事故报告和调查处理条例》和《南京市安全生产条例》进行。

5.3　总结分析

生产安全事故善后处置工作结束后，区政府及事故主管部门应分析总结应急救援经验教训，提出改进应急救援工作的建议，于应急终止20个工作日内，完成应急处置总结报告并及时上报。

第六章　应急保障

6.1　通信与信息保障

建立健全生产安全事故应急救援综合信息网络系统和信息报告系统；建立完善救援力量和资源信息数据库；规范信息获取、分析、发布、报送格式和程序，保证应急机构之间的信息资源共享，为应急决策提供相关信息支持。

6.2 救援装备保障

各专业应急救援队伍和企业根据实际情况和需要配备必要的应急救援装备。专业应急救援指挥机构应当掌握本专业的特种救援装备情况，各专业队伍按规定配备救援装备。

6.3 应急队伍保障

危险化学品、交通运输等行业或领域的企业应当依法组建和完善救援队伍。各街道、部门、系统应急救援机构负责检查并掌握相关应急救援力量的建设和准备情况。

6.4 交通运输保障

各部门、系统应急救援机构建立运输工具动态数据库，为处置生产安全事故做好运输保障。区交警一大队负责紧急处置交通安全保障的组织与实施，依法实施道路交通管制。

6.5 医疗卫生保障

生产安全事故发生后，必须快速组织医疗救护人员对伤员进行应急救治，尽最大可能减少伤亡。在区卫生局指导下，医疗急救小组负责院前急救转运工作，送相关医院后续救治；红十字会等群众性救援组织和队伍应积极配合专业医疗队伍，开展群众性卫生救护工作。同时，要根据事故特性和需要，做好疾病控制、消毒隔离和卫生防疫准备，并严密组织实施。

6.6 物资保障

区发改局、区商务局等部门负责组织、协调救援物资的储备、调拨和紧急供应，区药监分局负责药品的储存、供应。紧急处置工作中的救援物资的调用，由区应急救援指挥部组织协调，各相关职能部门负责实施。

区政府及有关部门、企业应当建立应急救援设施、设备、救治药品和医疗器械等储备制度，储备必要的应急物资和装备。

6.7 资金保障

对生产安全事故应急处置工作所必须的专项资金和有关战略物资储备资金，从政府有关经费列支。生产经营单位应当做好事故应急救援必要的资金准备。生产安全事故应急救援资金首先由事故责任单位承担，事故责任单位暂时无力承担的，由政府协调解决。

6.8 社会动员保障

由区民政局牵头组建各类生产安全事故应急志愿者队伍。相关职能部门要加强对红十字等志愿者队伍的组建、管理和日常训练工作的指导和专业支持。全区社区保安队伍要充分发挥群防群治的作用，协助专业队伍进行现场维护治安等工作。

6.9 应急避难场所保障

根据防灾、避灾的要求，在大型城市广场、公园、绿地、学校操场和人防设施等项目建设时应考虑增加应急避难场所的功能。应急避难场所的配套所需由区相关部门负责协调和实施。

6.10 技术储备保障

区安委会成立生产安全事故应急救援专家组，为生产安全事故应急救援提供技术支持和保障。要充分利用安全生产技术支撑体系的专家和机构，研究生产安全事故应急救援重大问题。

6.11 宣传、培训和演习

(1)宣传

区安委会和有关部门组织应急法律法规和事故预防、避险、避灾、自救、互救常识的宣传工作，提高全民的危机意识。

(2)培训

区安委会办公室负责组织全区应急救援成员单位管理人员的安全知识、专业知识等方面的综合培训。

区有关部门组织本行业应急管理机构及专业救援队伍开展相关人员的上岗前培训和业务培训。

有关部门、单位根据自身实际情况，做好兼职应急救援队伍的培训，积极组织社会志愿者的培训，提高公众自救、互救能力。

(3)演练

区安委会每年至少组织一次相关应急救援力量开展综合应急救援演练；各企事业单位应当根据自身特点，定期组织本单位的应急救援演习。演习结束后应及时进行总结。

第七章 附则

7.1 预案管理

随着应急救援相关法律法规的制定、修改和完善，以及实施过程中发现存在问题或出现新的情况，由区安监局修订完善本预案，并负责解释与组织实施。

全区各街道、有关部门应根据本预案，制定相应生产安全事故应急救援预案。

7.2 奖励与责任追究

在生产安全事故应急救援工作中做出突出贡献的先进集体和个人，应依据有关规定给予奖励。

对迟报、谎报、瞒报和漏报生产安全事故或者在安全生产应急管理中有失职、渎职行为的，依法对有关责任人追究行政责任；构成犯罪的，依法追究刑事责任。

7.3 预案实施

本预案自发布之日起实施。

玄武区危险化学品生产安全事故应急预案

玄政办〔2014〕57号

1 总则

1.1 目的和原则

为高效、有序地做好玄武区危险化学品事故的预防和突发性事故的应急救援工作，最大限度地减少人员伤亡和财产损失，维护社会稳定，按照“安全第一、预防为主、综合治理”的方针和“以人为本、安全发展”的理念；坚持统一领导、分级管理，条块结合、以块为主，单位自救和社会救援相结合的原则，编制本预案。

1.2 编制依据

《中华人民共和国安全生产法》《危险化学品安全管理条例》《江苏省安全生产条例》《玄武区突发公共事件总体应急预案》《玄武区安全生产事故应急预案》等。

2 适用范围

本预案适用下列安全生产事故的应对工作：

(1) 造成人员伤亡或急性中毒的危险化学品事故。

(2)需要区政府或区安全生产委员会(以下简称安委会)处置的危险化学品事故。

凡涉及跨行政区域的危险化学品事故，或超出本区人民政府应急处置能力的，依据《南京市危险化学品生产安全事故应急预案》处置。

3 组织指挥体系及职责

3.1 危险化学品事故应急救援组织及职责

3.1.1 危险化学品事故应急救援组织

成立区危险化学品事故应急救援指挥部，负责组织实施危险化学品事故应急救援工作。

区危险化学品事故应急救援指挥部组成：

总指挥：主管安全生产工作的副区长

副总指挥：区政府办公室主管安全生产的副主任，区安全生产监督管理局、区公安分局、区环保局负责人。

成员单位：区政府办公室、区安监局、公安玄武分局、区环保局、玄武消防大队、交警一大队、区卫生局、质监玄武分局、区发改局、区住建局、区城管执法局、区民政局、区监察局、区委宣传部、区总工会、有关街道办事处、企业主管部门。

3.1.2 职责

(1)指挥部职责

统一指挥领导全区危险化学品事故应急救援工作。负责组织全区应急救援演习，负责监督有关单位制定应急救援预案及预案演练，负责评估应急救援行动及应急预案的有效性。

危险化学品事故发生后，总指挥应赶赴事故现场进行现场指挥，成立现场指挥部，指挥事故应急救援工作。

现场指挥部职责：指挥、协调现场的应急救援工作。批准现场救援方案，组织现场抢救；组织确定事故现场的范围，实施必要的交通管制和强制措施；负责发布和解除应急救援命令和信号；核实人员伤亡和经济损失情况，并及时上报；负责审定对外发布的事故信息；根据事故应急救援的需要，紧急指挥调度供水、供电、车辆、物资及通信等单位；协调参加危险化学品事故救援工作；组织有关善后事宜。必要时，向南京市政府请示启动市级危险化学品事故应急救援预案，在技术、物资上予以支持。

(2)成员单位职责

区政府办公室：承接危险化学品事故报告；请示总指挥启动应急救援预案；通知指挥部成员单位立即赶赴事故现场；协调各成员单位的抢险救援工作；及时向市政府和区政府报告事故和抢险救援进展情况；落实市政府和区政府领导关于事故抢险救援的指示和批示。

区安监局：负责区危险化学品事故应急救援指挥部的日常工作。负责建立应急救援专家组，组织专家开展应急救援技术咨询服务。组织全区应急救援演习，负责区有关部门和街道办事处及危险化学品从业单位事故应急救援预案备案工作；负责重大危险源申报登记工作，并提供给各有关成员部门。负责事故的报告和调查处理工作。

公安玄武分局：负责制定人员疏散和事故现场警戒预案。组织事故可能危及区域内的人员疏散撤离，并对人员撤离区域进行治安管理；维护事故现场秩序和事故现场保护工作。

区环保局：负责制定危险化学品污染事故监测与

环境危害控制应急预案。负责及时测定事故现场环境危害的成分和程度；对可能存在较长时间环境影响的区域发出警告，提出控制措施并进行监测；事故得到控制后指导现场遗留危险物质对环境产生污染的消除；负责调查危险化学品污染事故和生态破坏事件。

玄武消防大队：负责制定危险化学品事故的灭火抢险救援预案。负责事故现场扑灭火灾，控制易燃、易爆、有毒物质泄漏和有关设备容器的冷却；事故得到控制后负责洗消工作；组织伤员的搜救。

交警一大队：负责事故现场区域周边道路的交通管制工作，禁止无关车辆进入危险区域；负责保障救援道路的畅通；协助伤员的搜救；负责制定公路、水路运输抢险预案。负责组织事故现场抢险物资和抢险人员的运送。

区卫生局：负责制定救护应急预案。培训医护人员，确定救护定点医院和受伤人员专业治疗方案；指导定点医院储备相应的医疗器材和急救药品。负责事故现场调配医务人员、医疗器材、急救药品，组织现场救护及伤员转移；负责伤亡人员的统计；负责危险化学品事故有害物质的毒性鉴定。

质监玄武分局：负责制定压力容器、压力管道、锅炉和其它特种设备的事故应急预案。提出事故现场压力容器、压力管道等特种设备的处置方案；负责危险化学品事故中涉及特种设备类的调查处理和救援行动。

区发改局：负责组织、筹备各类器材和物资；会同有关部门做好器材和物资的调配。

区住建局：负责调派挖掘机、吊车、铲车等工程设备、设施以及建筑材料等物资，参加抢险救援；配合城管局提出涉及城市公共设施事故的现场处置方案。

区民政局：负责灾民基本生活的保障工作。

区委宣传部：负责事故现场新闻媒体的协调、管理，组织各新闻单位把握准确的舆论导向，及时发布事故信息。

区总工会：配合有关部门做好事故善后处理工作，参加事故调查工作。

区财政局：负责提供处理事故、善后工作的相应资金。

区城管执法局：负责提出涉及城市公共设施事故的现场处置方案。对因事故遭受破坏的公共设施进行现场紧急抢修，保证救援工作的需要。配合维持现场秩序、抢救伤员、物资运输、人员疏散、清理现场等。

区监察局：负责对应急救援工作开展效能监察。

有关街道办事处、企业主管部门：在组织本辖区救援工作的同时，配合指挥部开展救援行动，及时向指挥部报告现场救援情况，提供救援期间的后勤保障服务。

3.1.3 根据事故的发展，必要时请求南京市提供支持内容：

①消防力量支持；

②驻宁防化部队支持；

③重要工程设备的支持；

④化工专家队伍支持。

3.2 专业救援组的组成与职责

指挥部根据事故实际情况，成立下列救援专业组。

3.2.1 危险源控制组

(1)人员组成：由玄武消防大队、质监玄武分局、事故单位抢险人员和有关专家组成，由玄武消防大队负责。必要时请求市级专家技术支持、市消防支队和驻宁部队作为后援力量。

(2)职责：负责在紧急状态下的现场抢险作业，及时控制危险源，并根据危险化学品的理化性能立即组织专用的防护用品及专用设备。

3.2.2 伤员抢救组

(1)人员组成：由区卫生局急救中心或指定的具有相应能力的医院组成，由区卫生局负责。

(2)职责：负责在现场附近的安全区域内设立临时医疗救护点，对受伤人员进行紧急救治并护送重伤人员至医院进一步治疗。医疗机构应根据伤害或中毒的特点及时提出救护方案并组织实施。

3.2.3 抢险救援组

(1)人员组成：由玄武消防大队、交警一大队、区环保局、区住建局、质监玄武分局等有关部门和企业抢险人员组成，由玄武消防大队负责牵头。根据危险化学品事故发生的不同类型，由指挥部指定配合和参与部门。必要时请求市消防支队和驻宁部队作为后援力量。

(2)职责：负责现场灭火、现场伤员的搜救、设备容器的冷却及事故后对被污染区域的洗消等工作。

3.2.4 安全疏散组

(1)人员组成：由公安玄武分局、交警一大队、区发改局、城管执法局和事故单位安全保卫人员及事故所在街道有关部门人员组成，由区公安分局负责。

(2)职责：负责对现场及周围人员进行防护指导、人员疏散及周围物资转移等工作。

3.2.5 安全警戒组

(1)人员组成：由公安玄武分局、交警一大队、城管执法局、事故所在街道组成，由区公安分局负责。

(2)职责：负责布置安全警戒，禁止无关人员和车辆进入危险区域，保护事故现场不遭人为破坏，在人员疏散区域进行治安巡逻，对撤离现场工作区域的人员进行清点。

3.2.6 物资供应组

(1)人员组成：由区发改局、区民政局、区住建局、区财政局、区城管执法局等部门和事故所在街道及事故单位组成，由区发改局负责。

(2)职责：负责组织抢险抢救物资的供应，组织车辆运送抢险抢救物资。

3.2.7 环境保护组

(1)人员组成：由环境监测及化学品检测机构组成，由区环保局负责，区卫生局配合。

(2)职责：负责对大气、水体、土壤等进行环境即时监测，确定危险物质的成分及浓度，确定污染区域范围，对事故造成的环境影响进行评估，制定环境修复方案并协助事故所在街道组织实施。

3.2.8 综合信息组

(1)人员组成：区安监局。

(2)职责：向上级有关部门报送事故相关信息，与本区相关街道和部门做好事故信息通报与沟通工作。

3.2.9 新闻发布组

(1)人员组成：区委宣传部，成员包括：区安监局、事发地街道等。

(2)职责：组织起草新闻发布稿和危险化学品事故情况通告，制定新闻发布方案，组织接待记者，适时组织新闻发布会。

3.2.10 专家咨询组

(1)人员组成：由区安监局会同公安玄武分局、质监玄武分局、区环保局、事故单位等有关部门根据事故的不同类型拟定专家组人员名单。该组由区安监局负责，必要时请求南京市安监局提供专家咨询和技术支援。

(2)职责：负责对事故应急救援提出应急救援方案和安全措施，为现场指挥救援工作提供技术咨询。

3.2.11 善后工作组

(1)人员组成：由区民政局、公安玄武分局、区总工会、区卫生局、区财政局、区城管执法局等有关部门及事故所在街道、事故单位组成，由事故所在街道负责。

(2)职责：核实伤亡人员数量、姓名、身份等基本情况，并及时上报；负责受灾人员的安置、遇难人员及家属的安抚、抚恤、赔偿等善后处理工作；抢险救援工作结束后负责清理现场。

3.2.12 后勤保障组

(1)人员组成：由事故所在街道和事故单位组成，由事故所在街道负责。

(2)职责：负责应急救援的后勤保障工作。

3.2.13 事故调查组：

(1)人员组成：安监局、公安分局、总工会、监察局、有关专家等，由安监局负责，指挥部可根据实际情况指定相关部门参与。

(2)职责：负责事故原因、产生后果、预计损失、责任单位和人员的认定。向指挥部及其领导报告调查结果，并通知相关执法部门或司法部门依法对责任人员进行责任追究。

调查组在救援工作的同时介入，开展调查。

3.3 应急处置流程

危险化学品生产安全事故应急救援工作程序如下图所示(略)。

4 应急响应

4.1 响应程序

4.1.1 危险化学品从业单位发生危险化学品事故，该单位主要负责人应当按照本单位制定的应急救援预案，立即组织救援，并报告当地街道值班室及安监、公安、消防、环保、质监等部门，各部门要立即赶赴事故现场。街道值班室接到报告后应立即向区政府总值班室报告，尽可能简明扼要地说明事故单位、事故地点、现场伤亡人数、事故原因、事故性质、危害程度、事故现状等情况。

4.1.2 区政府总值班室接到事故报告后，应立即向区政府领导(总指挥)报告。总指挥根据掌握的事故情况，决定启动预案；不符合预案启动条件的，如认为有必要的也可下令启动预案。预案一旦启动，指挥部各成员单位接到通知后立即赶赴事故现场，按照《预案》开展救援工作。事故发生地原有的救援力量由区指挥部统一调度指挥，一般情况下原专业救援组应加入到相应的区级专业救援组中。

4.1.3 当应急救援指挥部确定危险化学品事故不能很快得到有效控制，可能导致严重后果的，应立即请求市危险化学品应急救援指挥部给予支援。原有救援人员配合市危险化学品事故应急救援预案的行动。

4.2 报告

各成员单位以最短的时间快速赶赴现场，并立即向指挥部报告。已经参与救援工作的成员单位在现场指挥部成立后立即向指挥部汇报现场情况。

4.3 现场指挥与控制

4.3.1 组建专业救援组

指挥部根据事故实际情况和本预案，组建各专业救援组，指挥救援工作。

4.3.2 现场工作区域划分

指挥部根据危险化学品事故的危害范围、危害程度与危险化学品事故发生的位置以及气象条件等进行数据分析后，把现场工作区域划分为事故中心区域、事故波及区域和事故可能影响区域，便于救援工作的开展。

4.3.3 应急救援

各成员单位应按照本单位制定的预案立即组织开展救援工作，指挥专业救援组进行救援行动。各专业救援组应及时向指挥部报告现场情况，听取指导意见。

针对事故不同类型，在确保救援人员安全的基础上，采取不同的处置措施。其中主要措施包括：灭火、点火、隔绝、堵漏、拦截、稀释、中和、覆盖、冷却、泄压、转移、收集等。

4.3.4 应急救援人员的安全防护现场救援小组由区危险化学品应急指挥中心发指令进入事故现场救援，根据不同情况配备装备，要有安全抢救技术方案，人员须防止次生事故伤害，经现场指挥部同意可以撤离现场。

救护人员由区危险化学品应急指挥中心通知医疗单位，进入事故现场进行救护，应配备必须的医疗器械、药品、临时帐篷等，现场抢救人员应有防止伤害措施；医疗队在任务完成后，报请现场指挥部同意可以撤离现场。

消防人员由区危险化学品应急指挥中心通知消防支队，由消防支队派出消防人员进入事故现场，应配备与事故救援相适应的消防器材、设施、工具等；应穿戴安全服、防毒面具等，完成消防任务后报请现场指挥部同意，可离开现场。

4.3.5 群众的安全防护应急情况下的疏散撤离在指挥部的统一指挥下，由公安分局组织指挥；疏散撤离的范围、路线及紧急避难场所由街道或公安分局建议现场指挥部根据危险化学品事故的危害程度和级别划定。

由区卫生局负责调度卫生技术力量，抢救伤病员，对重大伤情实施管理救治；由公安玄武分局负责指导转移、安置疏散的群众；由区发改局指挥相关单位组织抢险救援物资运往事故现场；确保在最短时间内应急物资运送到位，确保应急期内抢险工作和群众的基本生活保障。由区民政局管理、分配受事故影响的周围群众的救灾款物。

5 保障

指挥部各成员单位及各街道办事处所需的危险化学品事故应急救援专项工作经费由同级财政列入预算；区财政应保证危险化学品事故应急救援专项经费的落实。

危险化学品单位发生危险化学品事故造成人员伤亡、财产损失的，应当依法承担赔偿责任。

6 附则

6.1 预案管理

本预案管理单位为玄武区安全生产监督管理局。

6.2 预案解释

本预案作为危险化学品事故应急救援的子预案，区危险化学品应急救援指挥部各成员单位应根据本预案及自身职能制定相应的具体预案，一旦发生重大事故，则同时启动。

6.3 名词术语解释

危险化学品：是指列入以国家标准公布的《危险货物品名表》(GB12268)，剧毒化学品和未列入《危险货物品名表》的其他危险化学品，由国务院有关部门共同确定并公布。

危险化学品事故：指由危险化学品造成的人员伤亡、财产损失或环境污染事故。

危险化学品事故类型：危险化学品火灾事故、危险化学品爆炸事故、危险化学品中毒和窒息事故、危险化学品灼伤事故、危险化学品泄漏事故以及其他危险化学品事故。

7 附件

危险化学品事故处置措施

附件

危险化学品事故处置措施

1.隔离、疏散

(1)建立警戒区域

事故发生后，应根据化学品泄漏扩散的情况或火焰热辐射所涉及到的范围建立警戒区。并在通往事故现场的主要干道上实行交通管制。建立警戒区域时应注意以下几项：

①警戒区域的边界应设警示标志，并有专人警戒；

②除消防、应急处理人员以及必须坚守岗位的人

员外,其他人员禁止进入警戒区;

③泄漏溢出的化学品位易燃品时,区域内应严禁火种。

(2)紧急疏散

迅速将警戒区及污染区内与事故应急处理无关的人员撤离,以减少不必要的人员伤亡。

紧急疏散时应注意:

①如事故物质有毒时,需要佩戴个体防护用品或采用简易有效的防护措施,并有相应的监护措施;

②应向上风或侧风方向转移,明确专人引导和护送疏散人员到安全区,并在疏散或撤离的路线上设定哨位,指明方向;

③不要在低洼处滞留;

④要查清是否有人留在污染区与着火区。

2.现场处置措施

(1)灭火扑救人员应占领上风或侧风地带,先对火情进行侦查、判断确定。在灭火初期,应使用就近的灭火器迅速控制火情,关闭起火点上下游阀门,切断进入起火点的一切物料。

(2)抢险灭火组人员要熟悉发生火灾、爆炸的化学品的危险特性、物化性质及其相应的灭火措施,有针对性地选择正确的灭火措施。注意自我保护。应该先控制、后灭火。

(3)接到指挥部紧急撤离的指令、事故有异常时,汇报指挥部后清点本组人数无误后撤离。

3.防护

根据事故物质的毒性及划定的危险区域,确定相应的防护等级,并根据防扩等级按标准配备相应的防护器具。

玄武区人民政府办公室

2014年10月30日印发

玄武区突发性地质灾害应急预案

玄政办〔2014〕29号

一、总则

(一)为高效有序地做好我区地质灾害防治和抢险救灾工作,避免或最大限度地减轻突发性地质灾害造成的损失,维护人民生命、财产安全和社会稳定,根据《地质灾害防治条例》(国务院令第394号),结合本区实际制定本预案。

(二)本预案所称突发性地质灾害,是指自然因素或者人为活动引发的危害人民生命和财产安全的崩塌、滑坡、泥石流、地面塌陷等与地质作用有关的地质灾害。

(三)地质灾害应急工作遵循以人为本、快速反应;统一领导、分工负责;依靠科学、因地制宜;未雨绸缪、有备无患的原则。

(四)本预案所称地质灾害应急是指发现灾害的灾前应急、灾害发生过程中应急和灾害发生后应急。

(五)本预案适用于发生在玄武区境内的突发性地质灾害应急防治和抢险救灾工作。

二、地质灾害等级划分

地质灾害按照因灾人员伤亡、经济损失的大小,分为四个等级:

(一)特大型:因灾死亡30人(含30人)以上,或者直接经济损失1000万元以上的;

(二)大型:因灾死亡10人(含10人)以上30人以下,或者直接经济损失500万元以上1000万元以下的;

(三)中型:因灾死亡3人(含3人)以上10人以下,或者直接经济损失100万元以上500万元以下的;

(四)小型:因灾死亡3人以下,或者直接经济损失100万元以下的。

本预案适用于以上四个等级的地质灾害,同时对减轻一般性地质灾害的行动具有指导作用。

三、应急机构和有关部门的职责分工

(一)玄武区汛期地质灾害防治应急指挥部

区政府成立玄武区汛期地质灾害防治应急指挥部(以下简称指挥部),统一领导全区地质灾害防治应急和抢险救灾工作。

1.指挥部组成:

指挥长:分管副区长

副指挥长:市国土资源局玄武分局局长

成　　员:市国土资源局玄武分局(以下简称国土玄武分局)、区应急办、发改局、住建局、财政局、民政局、卫生局、安监局、城管局、科技局、公安分局、交巡警一大队、消防大队和各街道办事处等有关部门和单位负责人。

2.指挥部职责:

(1)统一领导和指挥全区地质灾害抢险救灾工作。

(2)调动、整合全区救灾力量,决定并组织制定抢险救灾对策和措施。

(3)根据抢险救灾工作需要,启动《玄武区突发性地质灾害应急预案》。

(二)指挥部办公室

指挥部下设办公室。办公室设在国土玄武分局，具体负责指挥部的日常工作。

1.办公室组成：指挥部办公室主任由国土玄武分局分管副局长兼任，成员由其相关科所的负责人组成。

2.办公室职责：

(1)迅速了解、收集、汇总及分析灾情，及时向指挥部报告；

(2)传达指挥部的工作指令并监督落实；

(3) 负责与上级地质灾害应急机构保持联系，协调区政府的应急救灾工作；

(4)组织有关部门和专家会商地质灾害发展趋势，对灾害损失及影响进行评估，为指挥部决策提供依据；

(5)负责灾情和抢险救灾工作的信息发布，统一向新闻单位提供信息，做好宣传报道等工作；

(6)负责处理指挥部日常事务，办理指挥部交办的其他事项。

(三)有关部门的职责：

国土玄武分局：承担本区汛期地质灾害防治应急指挥部的日常工作；组织汛前地质灾害调查，建立健全地质灾害预警体系、汛期值班制度、险情巡查检查制度和灾情速报制度，构建群测群防网络；组织应急调查、灾情核查和灾害监测工作并对灾害的发展趋势进行预测；会同区有关部门做好抢险、救助的部署、监督和技术指导工作；会同有关部门进行灾害评估，确定地质灾害应急治理项目。

发改局：负责重大救灾项目和应急治理项目计划的协调安排和监督管理。

住建局：组织发生或可能发生地质灾害地区的行业主管部门进行危房检查，指导群众安全转移；协调灾区供水、供气、城市道路、排水等有关设施的防护、巡查、抢修和排险，保障灾区供水、供气；组织行业主管部门抢修因灾受损的市政公用设施，帮助灾区制定重建规划。

财政局：负责筹集救灾应急资金及其下拨、管理和监督检查工作；为救灾应急工作提供资金保障。

民政局：及时掌握灾民安置动态，组织调运救灾物资，协助灾区各街道办事处及时设置避险场所和救济物资供应点；制定应急救灾款物的使用、分配方案以及应急救灾款物的管理工作；妥善安置和救济灾民，安排好灾民生活并及时向地质灾害应急指挥部报告灾民救助和安置情况。

卫生局：负责组织医疗急救和卫生防疫队伍，调集必要的卫生器械、药品等，及时赶赴灾区投入抢救治病和防疫工作；保证灾区饮水和食品卫生安全；负责灾区疫情监测和信息收集报告工作。

安监局：负责灾区企业的生产安全，并指导、监督灾区迅速恢复生产；负责露采矿山企业、地下矿井、尾矿等的安全检查、监督，并向地质灾害应急指挥部报告。

公安分局：负责应急工作的治安管理，维护抢险救灾秩序和灾区社会治安，协助组织灾区群众安全撤离或转移，打击各种违法犯罪活动，防止因地质灾害引发的群体性治安事件的发生。

科技局：负责提供由地震引发的地质灾害应急处置所需要的其他地震信息资料，并对地质灾害有关的地震进行监测和趋势判断。

环保局：负责地质灾害可能造成次生突发环境污染事件发生地及周边地区环境监测和实时报告，对事故产生的废气、废水和固体废弃物等有害物的处置提出建议，并协助区相关部门进行处理。

各街道办事处：负责本地区地质灾害的了解、巡查，与指挥部办公室保持联系，及时向指挥部办公室报告本地区灾情；落实指挥部及其办公室的指令，配合指挥部办公室的汛前地质灾害调查和汛期巡查工作；配合指挥部和有关部门做好抢险救灾工作；负责本地区因自然因素引起的地质灾害的治理；加强地质灾害的宣传。

其他有关部门：在区政府的统一领导下，按照职责分工，参与抢险救灾工作。

四、监测和预报

(一) 国土玄武分局和各街道办事处要加快地质灾害预警体系建设，完善地质灾害群测群防网络，组建群专结合的监测队伍，形成覆盖全区的地质灾害监测网络。

(二)国土玄武分局要严格执行汛期24小时值班制度，健全灾情速报制度，保障紧急情况信息报送渠道畅通。接到地质灾害险情报告后，要立即摸清情况，并向区政府和市国土资源局报告，对属于特大型、大型地质灾害的，在向区政府和市国土资源局报告的同时，还应直接报告省人民政府和省国土资源厅。

(三)建立地质灾害险情巡查检查制度。国土玄武分局要充分发挥地质灾害群测群防网络的作用，进行定期和不定期的检查，加强对地质灾害重点地区的监测和防范，发现险情时，应及时向区政府报告，同时会同各街道办事处组织群众转移避让或采取排险防治措施，并在危险区域设置警示牌。

(四)国土玄武分局要及时将气象、地震等部门发布的信息和防灾要求通知到各街道办事处及重要地质灾害危险点的防灾责任人、监测人和危险区内的群众;各街道办事处和当地群众要对照"防灾明白卡"和"避险明白卡",做好防灾的各项准备工作。

(五)发现地质灾害险情或灾情的单位和个人,应当立即向当地人民政府或国土玄武分局报告。接到地质灾害险情报告的各街道办事处和社区应当根据实际情况,及时动员受到地质灾害威胁的群众以及其他人员转移到安全地带;情况紧急时,可以强行组织避险疏散。

(六) 地质灾害预报由市国土资源局会同气象部门发布,任何单位和个人不得擅自向社会发布地质灾害预报。禁止隐瞒、谎报或者授意他人隐瞒、谎报地质灾害灾情。

五、备灾工作

地质灾害特别是突发性地质灾害的应急防治是一项长期的、持续的、跟踪式的、深层次的和各阶段相互联系的工作,是有组织的科学与社会行为,而不是随每次灾害的发生而开始和结束的活动,因此,做好备灾工作是非常重要的。

(一)指挥部办公室及各成员单位,应按照职责分工,制定具体的抢险救灾应急行动方案,进一步明确、细化工作任务,逐项落实具体职责,保证抢险救灾应急行动有序进行。各成员单位所制定的抢险救灾应急行动方案需报指挥部办公室备案。

区综合应急救援大队明确"险时救援,平时防范"的工作方针,要确保发灾后应急救助手段及时到位。各街道办事处要组织建立突发性地质灾害应急抢险救灾队伍,协助负责地质灾害的应急调查、灾情勘测和应急治理工作。

(二)建立救治物资储备制度。指挥部各成员单位要储备用于灾民安置、医疗卫生、生活必需品等必要的抢险救灾专用物资,保证抢险救灾物资的供应。

(三)筹集救灾资金。区财政局根据近三年地质灾害防治工作所需经费情况,将本年度地质灾害应急抢险救灾经费纳入年度预算,安排必要的资金,专项用于应急工作的组织、抢险救助、避让搬迁、应急治理和灾后恢复与重建的经费补助,确保抢险救灾工作的顺利进行。

(四)加强救灾能力建设。指挥部各成员单位应根据各自的职责,组织相关专业的抢险队伍,加强岗位业务技术培训,组织相关的实战演练,提高抢险救灾人员的业务素质。

(五)加强防灾知识的宣传教育。指挥部各成员单位要加强公众防灾、减灾知识的宣传普及,增强公众的防灾意识和自救互救能力。

六、应急防治反应

(一)特大型地质灾害应急

发生特大型地质灾害后,各街道办事处应立即采取应急处置措施,判定地质灾害级别及诱发因素、灾害规模等,并于6小时内将灾情速报国土玄武分局和区人民政府,同时可直接上报市国土资源局,在应急处置过程中,应及时报告处置工作进展情况,直至应急处置工作结束。

区人民政府和国土资源部门组织并调集有关部门和抢险救灾力量赶赴现场,开展抢险救助工作,防止地质灾害进一步发展。

特大型地质灾害发生后,区汛期地质灾害防治应急指挥部应在上级应急指挥部和区政府的统一指挥协调下,按照职责分工,分别负责现场抢险救灾、应急队伍保障、交通运输保障、医疗保障、物资保障、通讯保障、电力保障、治安保障、善后处置、信息报送等各项工作。

(二)大型地质灾害应急

大型地质灾害发生后,各街道办事处应迅速采取应急处置措施,判定地质灾害级别及诱发因素、灾害规模等,并于12小时内将灾情速报区人民政府和国土玄武分局,同时可直接上报市国土资源局,在应急处置过程中,应及时报告处置工作进展情况,直至应急处置工作结束。

区人民政府接到灾情报告后,立即向市人民政府和市国土资源局报告。在市人民政府和国土资源部门的领导下,迅速组织力量赶赴现场开展施救工作,控制地质灾害进一步发展。

大型地质灾害发生后,区汛期地质灾害防治应急指挥部应在省应急指挥部和区政府的统一指挥协调下,赶赴现场,按照职责分工,开展应急救灾各项工作。

(三)中型地质灾害应急

中型地质灾害发生后,灾害所在镇、街道办事处应于24小时内速报区人民政府,同时报国土玄武分局和市国土资源局,在区人民政府的领导下,开展调查和作出应急处理,并将调查报告上报市国土资源局。

(四)小型地质灾害应急

小型地质灾害发生后,灾害所在街道办事处应立即向区人民政府报告,并组织国土资源等有关部门开展应急处置工作。并将调查报告上报区人民政府和国土玄武分局。

七、善后处理工作

(一)地质灾害发生后,各街道办事处要做好灾区群众的思想工作,稳定群众情绪,组织灾区群众开展生产自救,尽快恢复生产,及时部署地质灾害治理工作,组织地质灾害危险区内的群众避让搬迁,协调处理善后工作。民政局等相关部门要根据职责做好救灾物资调配和灾民安置工作。宣传部门要加强协调和指导,组织新闻单位及时、准确、客观地报道抢险救灾的工作情况。

(二)国土资源部门要按照有关规定,及时组织专业人员进行地质灾害调查,并将地质灾害调查处置结果上报区人民政府和市国土资源局。

(三)因救灾需要,临时调用单位和个人的物资、设施、设备或者占用其房屋、土地的,应及时归还;无法归还或者造成损失的,应当给予相应的补偿。

(四)对在地质灾害防治工作中有突出贡献的单位和个人,根据有关法律、法规及有关规定给予表彰和奖励。

(五)对不及时按本预案报告地质灾害灾情信息,不服从指挥调度,玩忽职守造成严重后果和重大影响的,依法追究单位负责人和有关责任人的责任。

八、附则

(一)本预案将根据地质灾害抢险救灾应急工作实际需要,由区汛期地质灾害防治应急指挥部适时进行修改。

(二)地震、洪水引发的地质灾害和长江沿线防汛依照相关的规定处置。

(三)各单位应参照本预案,从实际情况出发,制定应急措施。

(四)本预案解释权归玄武区汛期地质灾害防治应急指挥部办公室。

(五)本预案经区政府批准后实施。

关于建立玄武区渣土联合管理机制的意见

玄政〔2014〕305号

为认真贯彻落实市政府宁政发〔2014〕228号文件精神,进一步理顺我区渣土管理职能,明确责任分工,切实提高渣土管理水平,现就建立区、街二级渣土联合管理机制提出如下意见:

一、主要目标

按照属地化管理原则,进一步落实各街道渣土管理责任,进一步调整理顺区各相关部门渣土管理职责职能,建立资源优化、优势互补、政令畅通、行动高效的管理机制,严格规范渣土运输行为,缓解渣土外运带来的污染城市环境、危害交通安全、影响城市形象等突出问题,切实提升渣土管理工作效能和水平。

二、组织领导

区政府成立区渣土联合整治管理工作领导小组(成员名单见附件),领导小组各成员单位要按照《南京市渣土运输管理办法》的要求,切实履行、紧密协作、形成合力,落实长效管理各项措施。

领导小组下设办公室(以下简称区联管办),负责制定全区渣土管理整治工作计划;指导、协调、监督、考核各街道、部门的渣土运输管理工作;编制渣土管理工作简报;整合精简现有的渣土运输联合执法队伍,对媒体曝光、领导批示、重大污染等违法、违规行为进行查处,建立倒查源头和责任追究机制。

三、责任分工

区政府成立由区分管领导牵头,区城管、住建、环保、交警、治巡警及各街道办事处组成的渣土联合整治管理办公室(以下简称区联管办),负责落实辖区范围内渣土运输各项管理工作。区住建、环保、城管、交警等部门要按照要求,分别牵头建立施工现场、扬尘污染、弃置场地和道路交通的行业执法和督察体系,各牵头单位要明确协同部门和单位的职责分工,建立联席会议、信息通报、工作考核等相关制度,加强联合执法和工作督察。具体责任分工如下:

(一)区联管办

1. 区整治行动由区渣土联合整治管理办公室统一牵头,区渣管办主任为第一责任人,负责强化属地管理责任,落实辖区内整治工作。

2.实行渣土运输企业和车辆月审验制度。按照属地化管理的原则,对全区已准入的渣土运输企业和运输车辆进行审验。区渣管办加强对渣土运输企业的管理,对照相关要求对所管辖区域内的渣土运输企业进行每月一次的月度审核,填写企业月度审核表,并将审核情况上报至市渣管办。

3.负责对辖区内工地内部道路硬化不到位、冲洗设施不达标、冲洗措施不落实、渣土超高装载等违法行为进行查处;对运输车辆道路交通违法、抛洒污染路面、随意倾倒,无合法证件车辆运输渣土等违法行为进行查处;对渣土装载、运输、弃置过程中产生扬尘污染等违法行为进行查处;对违反许可条件收纳渣土、私设渣土弃置场的违法行为进行处罚并予取缔;

负责对本辖区范围内“五小”工程车的管理。

4.安排专人24小时落实工地监控探头的日常监管工作。

5.对在网格内发生重大污染、乱倒事故或无许可证外运渣土施工处置不当的予以通报。

6. 负责对街道办事处上报的渣土运输企业的各类违法行为，及时上报市联管办，依据《南京市城市渣土运输企业管理规定》进行处理。

7.城市道路挖掘、市政设施抢修，施工现场无法设置车辆冲洗设施的，监督采取其他保洁措施，保证净车出场。

(二)区住建局

1.对市、区立项的在建工地加强源头监管，监督建设单位或者施工单位现场设置渣土运输处置公示牌，标明运输企业名称以及城市管理、交通管理、环境保护部门等投诉电话；设置车辆冲洗设施，保证净车出场；渣土不能在四十八小时内清运的，应当采取全覆盖等措施控制扬尘。

2.督促区立项在建工地开工前主动到市、区联管办完成渣土申报程序，确保使用有渣土运输资质的车辆拖运渣土。

3.对不服从管理的单位，通知区相关执法部门查处。

(三)区环保局

1.对施工工地扬尘和建筑物堆放扬尘污染行为进行查处，督促建设单位、施工单位落实扬尘管控措施。

2. 对施工工地违反冲洗平台设置施工管理规定的违法行为进行查处。

(四)街道办事处

1.各街道办事处要落实专门的管理人员，对区域范围内的施工工地和渣土运输实行网格化管理，网格管理人为网格内工地规范作业、渣土规范运输的责任人，负责在开工前上门宣传渣土管理的各项要求，对工地进行备案；在工地渣土外运期间，安排专人在施工现场24小时进行监管，对工地规范作业、防尘防染、规范运输等方面进行监督、检查，发现违规违章行为及时制止，并报告相关部门进行查处。

2.各街道办事处网格员要严防死守，加强网格巡查，对网格内发现的渣土乱倒现象，及时通知所在街道办事处进行清理，并通报区联管办倒查源头。

3.对网格内发现的抛洒污染现象，及时通知环卫企业进行清理，并倒查源头，确保管理工作落到实处。

4.打击黑土场。由街道网格员对网格区域内存在的黑土场及涉黑土场进行系统的摸底调查，并将信息上报所在街道，由街道汇总后报区公安分局和区联管办；对黑土场带有涉黑现象的报区公安刑侦部门介入，协同区渣管办统一组织对辖区内黑土场的打击工作，对违规涉黑的土场，严厉加大整治打击力度。

(五)交警一大队

1. 每月对辖区内的渣土运输车辆的安全性能进行审核，经审查合格的发放安全证，对不符合要求的坚决不予发放安全证。

2.加大路面执法力度。严查渣土车超速、抛洒滴漏行为，通过GPS卫星定位装置全程监测渣土车行驶速度，强力推进限速装置改装工作，严厉查处无合法证件车辆上路运输渣土的违法行为。

3.严查渣土车闯红灯现象、严查不按规定时间、不按规定路线运输渣土、严查渣土车驾驶人员疲劳驾驶等，切实降低渣土车交通事故发生率，全力避免渣土车交通肇事致人死亡事故。

4.配合区联管办，对辖区内发生的渣土偷倒、抛洒污染等违规行为通过技术手段调取相关证据，提供监控录像。

(六)治巡警大队

抽调精干力量常驻联合管理办公室办公，对区、街渣土执法过程中发生的暴力抗法、阻拦执法的现象严厉打击。

(七)环卫企业

建立渣土污染快速清理保洁机制，对网格员通报的抛洒污染现象，及时进行清理恢复路面整洁，确保影响降至最低。

四、相关要求

1. 区有关部门和街道办事处要切实落实属地管理责任，尽快建立工作组织架构、责任体系，并及时报区联管办。

2.区财政部门要将区、街道二级渣土运输联合管理经费纳入预算，给予保障。

3.各责任单位要建立渣土管理长效工作机制，务求渣土运输管理工作取得根本性好转，对在渣土管理和行政执法工作中拒绝、推诿、不履行法定职责的，无法律依据或者不依照规定权限、规定程序、规定时限改造职责的行为造成不良后果或影响的责任单位和个人，将按照规定进行责任追究。

新闻媒体报道题录

新华日报

2月21日　南京太平门复建方案敲定(鹿琳　勤丰　巍钟)

2月24日　公共资源，岂是“私家领地”(顾巍钟　鹿琳)

3月22日　南京市府办公楼台城大厦“削”6层(颜芳)

3月24日　南京玄武区中小学名校托管薄弱校(鹿琳　袁勤丰)

4月7日　南京首批城市治理督导员上岗(王佩杰)

4月10日　长江路东延告别断头路(鹿琳)

4月10日　让犯罪者“无痕”回归(陈月飞)

4月10日　教育均衡化，学区房应是“阵痛”(鹿琳　顾巍钟　王拓)

4月11日　百日大扫除南京首度“亮剑”(吴德　王世停)

4月16日　南京太平门复建修旧如旧有看头(鹿琳)

4月25日　南京百子亭打造“民国范儿”(鹿琳)

5月17日　南京太平门改建获批(王宏伟)

10月28日　全区781名社工逾半获职称(王世停)

11月13日　“打包”中小企授信120亿(鹿琳)

11月19日　南京将拆除最后摊点群(鹿琳)

南京日报

1月3日　玄武法院执行局副局长突发脑溢血昏迷不醒(玄法　殷学兵　王成兵　张源源)

1月7日　电子商务成玄武经济新引擎(玄宣　马道军)

1月7日　玄武地税局将发票真伪验证的网页地址制作成税收二维码，张贴在经营场所方便广大市民使用(图片)(徐萍　祁晨)

1月10日　玄武尝试国有资产公开竞价租赁(马道军　周永波)

1月14日　玄武法院邀8位法学教授会诊疑难案件(玄法　张源源)

1月25日　检方提醒：小心，报箱成小偷的“导航”(王洁　姚远)

1月28日　看看新一年南京城管要忙些啥(孙琳　张蓉)

1月29日　玄武为50多万居民购买“民生保险”(翟晓军　马道军)

2月9日　玄武区为民办实事开展“个十百千万”行动(马道军)

2月11日　玄武警方抓获4名火锅店大盗(周爱明　杨维斌)

2月12日　大年初一晚，蒙面男紫金山持刀抢劫(周爱明　杨维斌)

2月19日　精密施工　不让城墙损伤分毫(王馨)

2月19日　八旬妪湿毛巾捂鼻火场成功逃生(兰肖)

2月19日　玄武消防之友俱乐部寓教于乐学防火(姚远　王远)

2月19日　洪武北路小学：举行“共话青奥、同筑梦想”开学典礼(秦意洁　孙红雨)

2月20日　汉府街东延及跨河桥工程本月启动(马道军)

2月22日　汉府街东延工程7月竣工(袁勤丰　马道军)

2月26日　玄武中专荣获江苏省教学成果奖二等奖(任阳)

2月28日　“一把手”要把自己摆进去把责任担起来(毛庆　柳汀)

2月28日　患者母亲用伞敲打护士属实　未见患者父亲打护士(周爱明　张源源　杨维斌)

3月1日　毗卢古寺石刻山门整体北移(袁勤丰　马道军)

3月2日　板仓街整治　先听居民有啥建议(王馨)

3月4日　玄武区成立街道志愿服务工作站(袁勤丰　马道军)

3月5日　“我们都是柴乾岳老人的接班人”(马道军)

3月5日　“居民有困难，还找韩先林工作室”(马道军)

3月19日　“刺青男”深夜抱数十斤重保险箱暴走(周爱明　杨维斌)

3月19日　红山片区、两桥片区打造北部新城、雨花新城(韦铭　吴明亮)

3月22日　父亲生前最大心愿是再上紫金山(周爱明)

3月22日　珠江路小学将和南师附小合并(钱红艳　马道军)

3月22日　北京东路43-2号楼拆除降层开工

3月23日　80后才女社工投身公益创业(马道军)

3月25日　玄武地税局践行党的群众路线，不断深入社区，服务群众(图片)(戚宁炫　邹群)

3月25日　遭遇电信诈骗女士一言不发非要汇款(周爱明　杨维斌)

3月28日　推动消费市场美丽转身　整合资源展示美丽绿都(曹丽珍　赵越)

3月31日　长江路街区要打造“旅游联盟”(李子俊)

3月31日　露天剧场近水而设　荷花将遍布环湖路两侧(王馨)

3月31日　这个违建玻璃房，为何拆除这么难？(许震宁　宁督宣)

4月2日　毗卢古寺石刻山门8日整体北移让道（袁勤丰　马道军)

4月4日　人民中学明年恢复"女中"只招女生(钱红艳)

4月5日　参与城市管理,督导员可当证人(刘有仪)

4月5日　汉府街东延工程施工尽量不扰民(马道军)

4月7日　中山门两侧都将建成游园(王馨)

4月7日　木马公寓一居民家突发燃气爆炸(马道军)

4月7日　玄武医院电梯失火　保安及时扑灭(王成兵)

4月8日　聚焦我们身边的脏乱差(王馨　陈忠胜　徐赟　邵妤)

4月9日　都市里的大"杂"院(王馨　陈忠胜　徐赟　邵妤)

4月9日　41户受灾家庭每户最高赔付2.5万元(马道军)

4月10日　依靠群众，建设美丽精致新玄武(马道军)

4月10日　珠江路小学将挂牌南师附小珠江路校区(钱红艳)

4月11日　3起"脏乱差"事件　18名责任人被集中问责（吴德　许震宁)

4月14日　江苏首个智慧社区综合服务平台落户南京锁金街道(林苏　曹丽珍)

4月16日　龙脖子路与九华山段城墙暂不"牵手"(袁勤丰　马道军)

4月20日　玄外招生登记首日　大雨中家长凌晨4点到校排队(钱红艳)

4月22日　我市首现"行人涉嫌交通肇事案"(吴晓晖　朱玉　王茸)

4月23日　80后大学生办"蘑菇庄园"帮助残障青年(马道军)

4月25日　3家海外招商引才工作站揭牌(张璐)

4月25日　百子亭打造"民国范"都市休闲客厅(马道军)

4月30日　以最顶真的态度打好环境整治攻坚战(马道军)

4月30日　玄武区组建纪检监察助理队伍(吴春峰　翁宏业　许震宁)

4月30日　心廉心　玄武推出非公企业员工廉洁教育微动漫（吴德　吴春峰　许震宁)

4月30日　玄武区新平安促进会成立(马道军　卢伟)

5月4日　走在民生纠结处(吴明亮)

5月7日　18岁少女学校旁租公寓扮"学生妹"卖淫(杨维斌　周爱明)

5月8日　长江路酝酿打造旅游文化休闲地下街区(李子俊)

5月9日　北京东路宰客"黑酒吧"死灰复燃(周爱明　杨维斌)

5月12日　玄武创业"骡马会",各路精英路演找"东家"(李东辉)

5月13日　玄武大道旁将建保障房小区(吕宁丰)

5月14日　阳光男孩单簧管夺冠保送南艺(钱红艳)

5月14日　"鱼翅皇酒楼"悬挑店招被拆除(王成兵　王骁)

5月16日　玄武区为残疾人购买意外伤害险（吴敏　伏虎　马道军)

5月19日　"南京之中——走进新街口街道"专题上线(卢伟)

5月22日　毗卢寺石刻山门昨整体完成北移(马道军)

5月27日　玄武地税局根据珠江路一条街转型升级的发展趋势,积极组织税务人员走进各大电脑卖场,贴紧市场状态,做好税户清查,掌握税源情况,摸清市场和商户的涉税需求(图片)(解成龙　胡洁)

5月28日　汉府街东延工程7月竣工

6月11日　中山门外大街将新添民国风情街区(吕宁丰)

6月12日　欠债人动刀划伤讨债人被拘留(杨维斌　周爱明)

6月12日　毕业聚餐,14名学生食物中毒(杨维斌　周爱明)

6月12日　"连理树"工作室一月劝和离婚夫妻64对(马道军　鲁羚)

6月14日　外来工子女参观南艺作品展(钱红艳)

6月17日　玄武地税局跟随玄武区"心廉心"艺术团,深入社区，通过老百姓喜闻乐见的形式向社区群众宣传廉政文化，同时通过廉心互动，广泛听取老百姓对于税务部门的意见和建议（图片)(李明明)

6月25日　居民打开电视，便享"衣食住行"服务（邹德勇　马道军　彭欣桐)

7月1日　玄武检方听证后决定将其批捕(韩立勇　许震宁)

7月2日　北安门社区58名党员集体"庆生"(袁勤丰　马道军)

7月2日　斯霞勤廉教育馆揭牌（吴德　吴春峰　刘瑾　彭欣桐　许震宁)

7月3日　200多名志愿者将服务青奥(蒋庆　马道军　彭欣桐)

7月4日　善始善终抓活动　扶正祛邪改作风(吴明亮)

7月8日　用心用情,打造温暖民心的"民城墙"(马道军)

7月10日　玄武区环境治理成效明显（城市环境综合整治成果系列报道之一)

7月13日　酒后驾车撞飞两人一死一伤(王成兵)

7月14日　玄武区新平安促进会参与平安共建(蒋书余　马道军)

7月17日　警方侦破假苹果手机案　案值1000多万元(杨维斌　周爱明)

7月18日　樱驼花园人防地下停车场今起投用(张昊)

7月18日　干道整治，美丽石城打造“一路风景”(城市环境综合整治成果系列报道之八)

7月22日　我市9个区被命名为“省双拥模范区”(韦铭　钱德胜　练红宁)

7月27日　汉府街东延道路昨正式通车(袁勤丰　马道军)

8月1日　锁金村街道拆除占道16年水果摊(马道军)

8月2日　玄武区660名民兵平安志愿者昨上岗(胡德照　丁超　张源源)

8月4日　玄武　当好东道主　盛装迎青奥(玄武区委宣传部)

8月5日　玄武地税局服务青奥会专项工作小组，积极为青奥提供优质的纳税服务，认真做好青奥的税收服务保障(图片)(孙伟　汤婷婷)

8月7日　“蘑菇庄园”帮残障少年融入社会(朱凯)

8月8日　鼓楼、玄武区支路夜间停车收费标准出台(刘有仪)

8月9日　玄武区支路泊位夜间免收停车费(张源源　刘有仪)

8月15日　打响“文化古都休闲玄武”特色品牌(玄武区商务局)

9月5日　仙鹤门一废弃停车场内垃圾遍地(王成兵)

9月11日　玄武区金洽会力推智慧产业(曹芳　马道军)

9月15日　求人帮择校　15名家长共被骗20多万元(杨维斌　周爱明)

9月17日　果皮+红糖+水=环保洗洁精(张源源)

9月22日　租地建游园，连通明城墙(马道军)

9月23日　玄武地税局组织税务人员走进珠江路，了解新入驻商户的经营情况，积极做好税收相关政策的辅导，帮助商户正确贯彻国家政策(图片)(杨阳　何燕)

9月23日　20年“黑户”老人终于有了身份证(李文　周爱明)

9月25日　玄武：四措施保党政纪处分到位(许震宁　吴春风)

9月27日　800多孩子由樱花小学接收(钱红艳)

10月6日　玄武宗教界向贫困生捐款40多万元(马道军)

10月10日　为偷奢侈品，无业男满身名牌逛商场(杨维斌　周爱明)

10月17日　韶山路288号小区脏乱差现象严重(江瑜)

10月20日　小营小学将新建体育馆(江瑜)

10月21日　玄武区昨拆除一国企大型违建(刘有仪　王骁)

10月21日　玄武地税局开展专题调研活动，走进辖区内各大卖场，规范税收管理，助力升级发展(图片)(解成龙)

10月30日　老人摔倒获救牵出一段拥警佳话(杨维斌　周爱明)

10月30日　学校水上运动会　玄武湖畔赛龙舟(图片)(冯芃)

11月3日　中山路国际名品街区初具规模(陈乙华　朱海峰　马道军)

11月10日　红山片区首家面向市场招“园丁”(王馨)

11月11日　玄武地税局下半年积极开展企业所得税申报的后续管理，对所得税汇算清缴企业进行企业所得税复审，分析测算税收风险，对存在中度风险以上的企业，主动上门，做好政策解读和辅导服务，帮助企业有效应对税收风险(图片)(解成龙　胡洁)

11月12日　“五个中心”改革获批国家标准化试点(朱海峰　陈放　马道军)

11月13日　“10银百企”集中授信120亿元(马道军)

11月14日　“低碳”生活进社区(图片)(胡樱花　王成兵)

11月18日　双11不再只是电商的促销大战，线下的各大卖场也纷纷加入双11促销当中(图片)(李明明)

11月19日　改革先行先试，各区将有哪些探索(吴明亮)

11月19日　我市最后一疏导摊点群开拆(马道军)

11月20日　市民关注法治宣传(图片)(杨维斌　吴彬)

11月24日　玄武区成立开放大学提供各类培训(钱红艳)

11月25日　玄武地税局注重纳税人需求分析，对有共性需求的纳税人进行集中式授课辅导，对个性化需求的纳税人实行一对一的政策辅导，进一步提高了税收政策服务的有效性(图片)(梁俊　王斌)

11月25日　玄武中专获全国信息化教学大赛两金(钱红艳)

11月26日　城市干道成亮丽风景

12月1日　玄武中等专业学校打造卓越的职业教育(钱红艳　段标)

12月2日　网上消费困惑多，税务专家来排忧(苏爱军　徐萍)

12月2日　玄武地税局利用税收风险应对平台，对纳税人各类申报数据进行关联比对分析，找出纳税人可能存在的税收违法

风险点，并通过询问核查，帮助纳税人找出税收风险存在的症结(图片)(梁俊　王斌)

12月2日　30多家单位争抢首批5个项目(陆遥　马道军)

12月3日　为小微科企打通“最后一公里”(赵晓磊　杨欣　黄琳燕)

12月3日　孙双金：培养情智交融的“大写的人”(　孙红雨)

12月8日　玄武5部门联手为被拆迁经营户送岗位(马道军)

12月9日　大门没反锁，家中近20万元财物被偷　(宁公宣　王成兵)

12月9日　战士获嘉奖　荣誉送到家(图片)(张宁峰　王成兵)

12月9日　机扫落叶效率高(图片)(徐琦)

12月10日　玄武铁北地区将打造休闲景观廊道(江瑜)

12月14日　“大手拉小手”共筑和平梦(冯芃　吴彬　徐琦)

12月14日　北极阁丛葬地癌友合唱《为了和平永驻人间》感动全场(马道军)

12月15日　南京“最美人民调解员”　潘建新同志简要事迹

12月16日　八旬老人走失民警10分钟找回(杨维斌　王成兵)

12月29日　民创民享，让公众评判锁金幸福

12月31日　孝陵卫中心小学举行建校90周年校庆活动(张蜜　何洁)

扬子晚报

1月2日　明心幼儿感恩表演(刘浏)

1月3日　上午到北安门社区看“宠物变装秀”(郑幼明)

1月6日　北小孩子与塞尔维亚人“拉钩钩”(杨柳珺　李冲)

1月6日　“宠物变装秀”上猫咪与主人共舞获冠军(熊莉　顾斐　张晨晔　朱威　郑幼明)

1月7日　熊猫厂内将建3万平米高档住宅(玄宣　董婉愉)

1月9日　“玄奘”送上腊八粥(图片)(宋峤)

1月13日　为“请”九旬当事人，他上演“三顾茅庐”(施轩　陈婧)

1月14日　玄武创业企业学习微信营销(董婉愉)

1月14日　红山街道开听政会　宣布拆除违建车棚(刘孟熊　董婉愉)

1月14日　镇江女子赶来南京　为一养老院送棉被(董婉愉)

1月21日　爷爷患癌症　奶奶还要照顾5岁孙女(彭理　马潇　马莉　吴俊)

1月21日　网上找人提高信用卡额度后被盗刷(杨维斌　罗双江)

1月24日　成贤街小学：选出500多名“成贤好少年”

1月27日　老婆酒吧内被人搂了下，他掏刀就捅(玄检　贾晓宁)

2月18日　4贼专偷火锅店椅背上的外套(杨维斌　罗双江)

2月20日　长江路将东延“牵手”龙蟠中路(袁勤丰　董婉愉)

2月21日　30年前玄武区就曾小升初对口直升(王璟)

3月1日　道路出新遇难题，邀居民开议事会(秋光训　陈郁)

3月1日　给汉府街东延让道　毗卢寺山门后退5米(董婉愉)

3月3日　新建道路将从五个方面减少对业主影响(袁勤丰　宋南非)

3月3日　志愿服务进社区(图片)(刘浏)

3月4日　女子抱婴儿作掩护偷走游客手机(杨维斌　罗双江)

3月7日　锁眼被堵　半夜总有人敲门(裴睿　鲍瑞)

3月10日　绿色小使者上演生态童话剧(许国春　王雪　熊莉　郑幼明)

3月11日　“心灵保姆”上门聊天为老人解心结(熊莉　董婉愉)

3月13日　北小、南师附小和科利华一起被引进六合(王璟)

3月14日　声称月入百万“微信营销”会上打起来(杨维斌　罗双江)

3月19日　毛贼半夜撬门抱走奶茶店保险箱(杨维斌　罗双江)

3月22日　珠江路小学与南师附小合并(袁勤丰　董婉愉)

3月28日　街道要拆他家违建　他拎把仿真枪冲进办公室(季宇轩)

4月2日　汉府街东延项目即将全面启动(袁勤丰　董婉愉)

4月9日　汉府雅苑东大门昨日被拆除(宋峤)

4月10日　玄武区一批学校改挂名校分校牌(王璟)

4月11日　玄武区红山街道藤子村脏乱差

4月11日　玄武区前半山园居民区脏乱差

4月11日　梅园新村街道自折屋顶违建(张可)

4月15日　中英高中生PK篮球(图片)(卢颖　王璟　宋峤)

4月20日　南京玄外2014年小升初登记　奶奶为宝贝孙女收集了110张“证书”(朱姝　王璟)

4月21日　一百多斤的保险箱够重吧　还是被四小偷抬走了(杨维斌　罗双江)

4月24日　玄武区残疾人康复中心启用(袁勤丰　金丽娟

董婉愉）

4月25日　玄武区长吆喝百子亭民国印象街区（张明亚　袁勤丰　董婉愉）

4月29日　54中开设个性课程　开发学生潜能（王璟）

5月5日　今秋起新的南师附小一年级新生均在珠江路校区就读（王璟）

5月7日　被质疑是未批先建的"造假古董"　南京太平门通道工程被叫停（张可）

5月8日　城区组玄武排第一　建邺居末位（张可）

5月9日　带外地客到黑酒吧　的哥提成拿大头（杨维斌　罗双江）

5月15日　玄武中专校一学生夺省技能大赛金奖被保送本科（段标　王璟）

5月16日　《青奥火炬手》进中小学巡演（图片）（董婉愉　尤晓源）

5月16日　玄武区残联举办助残日活动（图片）（董婉愉）

5月21日　"八礼四仪"有了京剧唱腔版　成贤街小学每个孩子都能"来一段"（杨甜子）

5月22日　孝陵卫街道可申领骨科援助基金（杨彦）

5月22日　锁二小区道路出新（图片）（董婉愉）

5月26日　锁金村街道为残疾人赠意外保险（刘浏　董婉愉）

5月27日　玄武门街道整治老旧小区环境（图片）（董婉愉）

5月28日　南京九中校长与网友家长面对面——中考填志愿支招六策略

5月30日　8.8米高石佛像在毗卢寺开光（图片）（王文）

6月5日　北京东路小学邀书法家现场挥毫（图片）（杨甜子）

6月6日　藤子二村车辆能走通了（董婉愉）

6月7日　收废站藏在闹市区无证经营（任国勇）

6月11日　九中高三毕业生发出倡议——送一本书或学习笔记给学弟学妹们（王璟）

6月12日　玄武区婚姻登记处成立调解工作室（马红　董婉愉）

6月16日　为环卫工捐款（图片）（周健）

6月17日　玄武中专选手夺"中职模特新星"冠军（段标　王璟）

6月24日　轻按遥控器　看电视就可选服务（董婉愉）

7月1日　北安门社区58名党员集体过生日（卢慧　董婉愉）

7月1日　中山路国际名品街区知识产权保护站揭牌（图片）（董婉愉）

7月2日　斯霞勤廉教育馆揭牌开放（吴德　春峰　刘瑾　仇惠栋）

7月9日　江苏"C"板启动半年　南京玄武区52家创新企业挂牌（朱寅莹　董婉愉）

7月9日　10人骑车行9城宣传青奥会（图片）（梅建明）

7月10日　搬走垃圾山　新增停车位　出新城墙根（朱海峰　袁勤丰　董婉愉）

7月11日　青奥志愿者总动员（图片）（董婉愉　宋峤）

7月17日　又假又暴利，这样的"苹果"不能"吃"（杨维斌　罗双江）

7月23日　人民中学操场下将"挖出"356个车位（仇惠栋）

7月23日　两位社工主持"社区新闻联播"（朱松林　管明珍　孙然　胡杨梅　刘蕾　郑幼明）

7月23日　"娱乐养老"侯国新将建150家银发饭桌（董婉愉）

7月24日　徒步助青奥（图片）（晓风）

7月30日　绑架赌档"大姐大"勒索40万元（杨维斌　罗双江）

7月31日　青奥志愿者总动员（图片）（董婉愉　宋峤）

7月31日　玄武门街道邀官兵登明城墙（图片）（董婉愉　宋峤）

8月9日　价格分四级，晚8点至早8点免费停车（刘蕾　张可）

8月14日　小志愿者恭候青奥小顾问（薛玲　黄映霞）

9月4日　过道装铁门被指责坏风水（杨维斌　罗双江）

9月4日　玄武区昨举办港澳台侨联谊会（图片）（董婉愉　宋峤）

9月11日　多次猥亵女童被抓竟称"脑子有病"（杨维斌　罗双江）

9月15日　戴笠办公处将成生命科学园（曹芳　董婉愉）

10月9日　玄武老人展风采（图片）（董婉愉　刘浏）

10月15日　新街口街道240位独居老人欢聚（周智慧　董婉愉）

10月27日　玄武警方成立客运派出所（杨维斌　罗双江）

11月1日　"文明在玄武"发布公益宣传（图片）（刘永进　董婉愉）

11月13日　徐庄软件园信用企业将优先获银行贷款（董婉愉）

11月14日　行人横穿马路"撞死"骑车人赔26万（罗双江）

11月18日　12岁前，给孩子一个"诗样童年"（朱姝）

11月19日　锁金东路小商小贩摊位群将被拆除（董婉愉）

11月19日　他因一则定律迷上了学物理（杨甜子）

11月24日　非法行医被查两次赖交罚款（王洁　贾晓宁）

12月1日　公益伙伴联盟为长江路社区居民解难题（董婉愉）

12月9日　新兵小伙子　送

荣誉给父母(张宁峰　王娟)

12月10日　铁北地区将变身"高大上"总部基地(仇惠栋)

12月12日　玄武疾控举办吃动平衡讲座(李强　董婉愉)

12月16日　硬骨头面前就得头皮更硬

12月26日　红山街道将建小吃小贩中心(仇惠栋)

12月29日　锁金村,搬出去的居民想回来(董婉愉)

现代快报

1月6日　昏倒前,他还在研究第二天的案件(马薇薇)

1月9日　街道办事处在马路上圈了个"停车场"(李宇龙)

1月14日　QQ群里竟有1800多人　原来在搞色情表演(杨维斌　陶维洲)

1月15日　菜摊摆在路上交了"保护费"就没人赶?(赵守诚)

2月11日　专偷火锅店食客,一分钟就能搞定(杨维斌　陶维洲)

2月15日　明故宫社区有了"幸福小饭桌"(胡涛　孙羽霖)

2月27日　放心,玄武区5条道路延缓出新(余乐)

3月22日　珠江路小学并入百年名校南师附小(欧阳丽蓉　马乐乐　余乐　黄艳)

3月22日　南京启动新一轮教育布局调整

3月25日　两个片区排名末3位街镇主要领导将诫勉谈话(鹿伟)

4月4日　玄武区200名城市治理督导员上岗(王骁　赵丹丹)

4月10日　珠小更名南师附小珠江路校区(杨亮红　欧阳丽蓉　黄艳)

4月10日　曾国荃种的老银杏树将回归毗卢寺(余乐)

4月11日　处理脏乱差,南京问责18名责任人(吴德　鹿伟)

4月11日　城墙根下垃圾遍地,脏了谁的脸?(丁丽琼　陈志佳　胡玉梅)

4月12日　九华山下这片垃圾,谁来清(金悦然　丁丽琼　陈志佳　张玉洁)

4月12日　下马坊地铁站旁两"地块"荒了10年　市民着急:老说动工,可还是没动(浦丽娜　顾元森)

4月12日　九中篮球馆,来了英国小伙伴(王艳飞　黄艳)

4月15日　部分街巷违停车扎堆　装上探头都挡不住(张雷　孙玉春　施向辉)

4月15日　交警集中整治5辆车被查扣(金悦然　张玉洁)

4月17日　太平北路等4条干道将重点整治(黄逸群　鹿伟)

4月19日　居民楼旁的违建,为啥一直没拆?(张雷　孙玉春)

4月25日　百子亭将重现灰墙黑瓦的"民国范"(袁勤丰　黄逸群　鹿伟)

4月28日　大龄青年说慢慢来,父母急得不得了(吴頔　仲茜　郝多　孙羽霖　钟晓敏)

4月29日　火灾都过去5年了这里还是一片狼藉(廖健伟　江舟)

4月30日　锁金村街道"百日大扫除"中好人好事不少(吴頔)

4月30日　玄武湖旁边有个垃圾中转点　游客都要捂着鼻子走过去(陈志佳)

5月1日　9月,每个街道开放一所学校体育馆(鹿伟)

5月5日　新南师附小一年级新生将在珠江路校区读书(黄艳)

5月7日　一起加入他们吧做独居老人的"心灵保姆"(仲茜)

5月10日　玄武大道12棵大树被偷砍,谁干的?(孙申　程瑶)

5月20日　唱经楼社区"韶老太"为民服务走进"微时代"(叶海阳　钟晓敏)

5月22日　大学生组团,给外来工子女"开小灶"(吴頔)

5月31日　城管局督察组现场协调　玄武栖霞"领任务"立即清理(孙玉春)

5月31日　南京一公务员小区内与人打架引争议(孙申)

6月3日　尖角营小区成立"阳光公益基金",助推小区自治(钟晓敏)

6月5日　西瓜临时摊点出摊了　但进小区还是不容易(王骁　赵丹丹)

6月18日　玄武门前的天然大草坪,为啥打"补丁"(陈志佳)

6月18日　南京设立"离婚劝和工作室"　7成闹离夫妻在这里回心转意了(项凤华)

7月10日　百日大扫除以来南京"城市客厅"变美了(袁勤丰　余乐)

7月11日　"僵尸车"长期占位,警方将"人肉搜索"车主(杨维斌　陶维洲)

7月27日　小鬼当家如何自护　警察支招:把电视机打开(刘茜　黄艳)

7月29日　4起环境"脏乱差"18名责任人被问责(吴德　鹿伟)

8月19日　手拉手,一秒变朋友(严莉　刘茜　孙倩雯　王颖菲　仲茜　钟晓敏　黄艳)

9月9日　红山外来工子弟学校招生被叫停(孙玉春)

9月27日　800多个孩子成了公办校学生(黄艳)

9月30日　玄武警方成立

"客运派出所"(杨维斌　陶维洲)

10月28日　小学生跳的芭蕾舞　专业演员都点赞(黄艳)

12月25日　南京小胖墩踢球才3个月　一脚"电梯球"引3.2万网友围观(严莉　黄艳)

12月29日　居民在家点点鼠标，就能享受便利社区服务(徐岑　项凤华)

金陵晚报

1月7日　"梅花桩"拆后违停车辆又来了(李有明)

1月10日　万元赃款藏内裤只为瞒同伙(杨维斌　徐宁)

1月11日　长江路上大理石墩代替了隔离桩(申曙)

1月13日　法官李伟：在审判台上休婚假(施中轩　董红伟)

1月13日　锁四社区领居民"带着摄影去旅行"(孙梅欣)

1月25日　霸气的贼　吃你的喝你的再搬空你家(陈菲　刘露琪　玄检)

1月27日　社区文化长廊里的"中国梦"(赵一涵)

2月10日　环卫工12年春节没回家团圆(蒋朋才　肖玥雯)

2月11日　玄武警方冰天雪地追捕逃犯(杨维斌　段仁虎)

2月12日　年初一紫金山发生蒙面抢劫迷案(杨维斌　徐宁　王彦为)

2月19日　儿子赶考丢了证　老爸自制"身份证明"(杨维斌　徐宁)

2月20日　青奥前汉府街东延直通龙蟠中路(陈岑)

2月22日　新建道路原是市政规划用地(袁勤丰　陈岑)

2月24日　红山社区成立"爱心之家"(刘蓉)

2月28日　警方公布"口腔医院护士被打"视频(杨维斌　徐宁)

2月28日　又见煤气爆燃　又因软管老化(张彪)

3月3日　玄武成立17个志愿服务工作站(袁勤丰　陈岑)

3月3日　25岁小伙托养了30名智障人(蒋晓春)

3月4日　执法车追查中遭一轿车两撞(王骁　湛月玲　董梦颖　张彪　黄昆)

3月4日　警方发布赏梅防范提示：当心扒手和卖假票的(杨维斌　徐宁)

3月4日　这个副总不仅收钱，他还喜欢收房子(陈菲　雒呈瑞　王洁)

3月5日　自认没证据　小偷自称帮忙抓贼(杨维斌　徐宁)

3月7日　儿子被绑架　要掏35万？骗人呢(顾羽宁)

3月7日　南京九中校园里，有两棵曹雪芹家的树(于峰　潘冬)

3月10日　玄武区就东延工程召开征求意见会(陈岑)

3月11日　身份证丢失　准妈妈"被"开公司(陈美　林巧芬)

3月12日　志愿者与中小学生共植"青奥树"(蒋学飞　王维　陈蕴萱)

3月14日　"实验室"搬进菜场　验出甲醛银鱼(罗渐　李花)

3月14日　南京破获首例微信传销案(杨维斌　徐宁)

3月17日　"雏鹰"少年加盟"幸福小饭桌"(玄武区文明办)

3月19日　盗走奶茶店保险箱　嫌疑人截图公布(杨维斌　徐宁)

3月19日　虎凤蝶老人柴乾岳卧床不起仍念山(徐赟)

3月20日　40个孩子只来14个　只因怕"调皮王"？(陈岑)

3月20日　就快创业成功　名校研究生酒后抢劫(杨维斌　徐宁)

3月22日　南师附小与珠江路小学9月前合并(潘冬　陈岑　郝也)

3月22日　"虎凤蝶老人"柴乾岳昨离世(徐赟)

3月24日　她为400位独居老人找回笑声(蒋晓春)

3月25日　南师附小在校生基本不流动(张彪　苏晓　叶晶　郝也)

3月25日　老小区卫生差没物管亟待"出新"(景绍渊)

3月26日　15岁少年离家出走　回家时已染上毒瘾(杨维斌　徐宁)

3月29日　为摊位捅死两人　200多乡亲说他"老实"(董红伟)

3月31日　40分钟教会初中生"破译"军事密码(郝也)

3月31日　香铺营有"齐家义塾"了(玄武区文明办)

4月1日　玄外公布小升初自主招生门槛(郝也)

4月2日　玄武湖东岸片区明年全面建成开放(钱奕羽)

4月2日　毗卢寺石刻山门8日整体北移(袁勤丰　陈岑)

4月7日　木马公寓突发爆炸　消防员背老人逃生(胥欣)

4月7日　一开门　医院电梯轿厢烧了起来(胥欣)

4月8日　玄武区，来认领你的脏乱差(王馨　陈忠胜　徐赟　邵好)

4月8日　事故原因还在查　楼内仍停气(胥欣)

4月9日　乱就一个字　要说多少次(王馨　陈忠胜　徐赟　邵好)

4月9日　南京木马公寓电梯恢复运行(陈岑)

4月10日　拆迁工地上五栋

民国建筑牵动人心(于峰)

4月10日　“义气”少女失手打瞎他人眼(陈菲　玄检)

4月11日　3起“脏乱差”事件18名责任人被问责(吴德)

4月11日　万元烧烤秘方遗落在出租车上(杨维斌　徐宁)

4月11日　德基广场失火浓烟飞上天(张彪)

4月11日　大干一百天　小雏鹰来帮忙(玄武区文明办)

4月13日　连续两天“砰砰”玻璃窗出现两个“洞”(徐赟)

4月15日　玄武区人大常委会司机公车送女上学(黄昆)

4月15日　有望复建的蒋王庙原来是这个模样(于峰)

4月16日　消失半个世纪太平门7月重新亮相(陈岑)

4月16日　玄武区：世界500强企业来得还挺多(陈岑)

4月20日　带“一大袋证书”的家长少了(潘冬)

4月20日　扫不属于自己职责的马路　7年无报酬(肖玥雯)

4月21日　重达百斤的保险箱失踪之后……(杨维斌　徐宁)

4月21日　喜迎青奥会　争当小主人(玄武区文明办)

4月22日　老人倒地身亡行人逃跑被刑拘(李有明　吴晓辉　朱玉)

4月25日　百子亭将打造民国范文化商业街区(熊伟玲　张彪)

4月25日　玄武区将建南京的“生物硅谷”(熊伟玲　张彪)

4月27日　仅8米宽的单行道路停了两排车(徐千惠)

4月28日　迎青奥　亲子行(玄武区文明办)

4月29日　数码港内一片狼藉无人清理(徐赟)

4月29日　在这里，读书变成一种风景(杨婧)

4月30日　全员参与绘出美丽“街景图”(方昊　陈岑)

4月30日　玄武区人大机关参与“虎风蝶行动”(丁媛媛)

5月1日　南京试点学校体育设施对公众开放(钱奕羽)

5月1日　锁金村街道发动居民参与大扫除(张婧婧　张朋)

5月7日　居民质疑小区出新只重美观(徐赟)

5月9日　长江路酝酿打造“民国范”地下街区(陈岑)

5月31日　网传公务员在小区打伤人　记者调查真相(张彪)

6月14日　社区大妈组成倡廉“草根”艺术团(吴德　吴春峰　黄昆)

6月24日　女毒枭竟已怀孕8月(苏公瑾　宁公宣　杨维斌　段仁虎　董红伟)

6月24日　锁金村将建全省首家“智慧社区”(邹德勇　姜静)

7月8日　南林大志愿者送青奥知识进社区(陈蕴萱　季增)

7月9日　80位独居老人获赠意外伤害险(吴敏)

7月9日　玄武区52家创新创业企业挂牌(陈岑)

7月10日　环境大扫除　玄武区环境治理后见成效(刘鹏)

7月11日　百余老人陷集资陷阱被骗2500多万(杨维斌　徐宁　王彦为)

7月11日　玄武警方发动居民“人肉”搜索“僵尸车”车主(杨维斌　徐宁　王彦为)

7月12日　太平北路刚出新就变马路菜场？(顾羽宁)

7月13日　汽车冲向路边撞飞一对亲姐妹(胥欣)

7月14日　图书包裹给他带来1个月的噩梦(杨维斌　徐宁　王彦为)

7月17日　看看那些“超低价苹果手机”的秘密(杨维斌　徐宁　王彦为)

7月18日　干道整治，美丽石城打造“一路风景”(周爱明　梁莹　黄昆　程俊翔)

7月19日　成贤街43号院整治后焕然一新(殷学兵　张彪)

7月27日　断头路打通　汉府街东延线通车(袁勤丰　陈岑)

7月28日　八旬老人退休后一直忙于公益事业(缪丽娟　尹馨　姜静)

7月30日　地下赌档黑吃黑剧情如同警匪片(杨维斌　徐宁　王彦为)

7月31日　玄武志愿者进入“青奥时间”(卢君　陈岑)

8月4日　10多棵有隐患的死树清理掉了(李有明　宗岳奇)

8月4日　红山街道中小学生观摩3D技术(梁秣陵　许军)

8月4日　梅园新村街道开展亲子游(卢惠　胡涛)

8月5日　玄武中专女生为青奥闭幕式“压轴”(潘冬)

8月9日　玄武区支路泊位晚8点至早8点免费(黄昆)

8月11日　墨香山庄社区为孩子办文艺演出(葛珊珊　许军)

8月15日　玄武区取缔3家食品黑作坊(王骁　杨林林　黄昆)

8月29日　落网小偷家属为啥给民警送锦旗(杨维斌　徐宁)

8月30日　十几名家长收到假录取通知书(肖玥雯)

9月5日　转学生两头不发书　家长只得自己买(潘冬)

9月11日　市民一声吼　吓退正抱走女童的色狼(杨维斌　徐宁)

9月15日　“玄武文化行”走进海军指挥学院(柏杨　沈抒　胡涛)

9月18日　南京欲打造铁北红山新城(刘永进　曹芳　陈岑)

9月27日　南京红山外来工子弟学校"终止办学"(潘冬)

9月29日　一夜过后太平北路成了"烂菜路"(胥欣)

10月7日　钱包刚到手扒手就被"便衣"扑倒(杨维斌　徐宁)

10月9日　串门时"顺便"偷走旧同事苹果手机(杨维斌　徐宁)

10月9日　小区成了沿街铺面后厨(徐赟)

10月10日　电梯坏了6小时　高层居民出行受阻(张彪)

10月11日　电动车引燃杂物　夜跑小伙及时报警(胥欣)

10月13日　玄武区让每所学校都变成"名校"(孙娓娓)

10月13日　非遗嘉年华精彩纷呈(姜静　张婧婧)

10月13日　孩子表演逗乐独居老人(张彪)

10月14日　玄武区教育实现师资力量均衡配置(孙娓娓)

10月14日　"工商开放日"受欢迎(陈新星　林巧芬　傅秀)

10月15日　迎双节玄武军民大联谊(甘志坚)

10月16日　玄武区实现义务教育资源优质均衡(孙娓娓)

10月17日　新街口街道150人参与"虎凤蝶"行动(陈岑)

10月22日　国防教育日街社活动多(甘志坚　王芳)

10月26日　人行道坑洼不平成碎石路(徐赟)

10月27日　丹凤街已走三遍苦苦搜寻你的地址(杨维斌　徐宁)

10月27日　居民才艺多多魔术、白局也"信手拈来"(董自正　丁媛媛　杨洋)

10月28日　玄武警方捣毁跨省贩毒团伙(杨维斌　段仁虎)

10月30日　建6000平方米违建　菜场呼吁"共同维护"(于志兵)

10月30日　城管拆违建车棚　边上却现历史遗留问题(徐赟)

10月30日　1400多人冒雨赛龙舟(许军)

10月31日　菜场"超级违建"将拆除占路建筑(于志兵)

11月2日　南京站北广场可定时定点跳(张彪)

11月3日　"文明玄武在行动"沙龙开讲(刘永进　陈岑)

11月3日　大学社团给中学社团"传经"(潘冬)

11月6日　非法拘禁逼债?他悔悟报了警(杨维斌　徐宁)

11月6日　红山街道成立社区教育中心(许军)

11月10日　背街停车不规范　脚下污秽多(徐赟)

11月12日　千条假冒优衣库内裤被查(高煜　林巧芬　傅秀)

11月12日　玄武个私协会助力小微(王朝德　林巧芬)

11月12日　玄武召开农贸市场管理会(张纬　林巧芬　傅秀)

11月13日　徐庄首创集中授信(陈岑　刘永进)

11月14日　千条涉假内裤被查(王小飞　林巧芬)

11月15日　居民楼墙体渗水　物业迅速整修(徐赟)

11月15日　民警打4个电话寻失主　3个把她当成骗子(杨维斌　徐宁)

11月17日　家有8犬扰民遭投诉　民警帮寻好心人领养(杨维斌　徐宁)

11月19日　下月玄武区将"拆"通锁金东路(刘永进　陈岑)

11月25日　小巷里违停车辆排了100多米(张彪)

11月26日　非法行医两次被查　他赖着不交罚款(陈菲　玄检)

11月26日　捡到大学生钱包咋找主人?(徐宁　杨维斌)

11月28日　"美味"猪蹄竟产自居民楼内黑作坊(徐赟)

12月4日　民警凭照片6小时找到被盗手机(杨维斌　徐宁)

12月9日　男子后悔购房报警称中介下"迷魂水"(杨维斌　徐宁)

12月9日　入室大盗亲口承认:凌晨三点最好偷(董红伟　宁公宣)

12月10日　铁北核心区将建无机动车绿色廊道(许军)

12月10日　宣传环保横幅下出现脏乱差(张彪)

12月13日　玄武区开展消防安全专项检查(程阳宁)

12月15日　军转站进社区献爱心(杨春)

12月15日　成贤街小学开展公祭日宣传活动(玄武区文明办)

12月22日　锁一社区开设"老年心灵茶吧"(玄武区文明办)

12月30日　老人到家,家人自动收到报平安短信(姚媛媛)

索引

Index

责任编辑 苏成

E

F

G

H

J

P

Q

R

S

Y

Z